Die Heiden

Juden, Christen und das Problem des Fremden

herausgegeben von
Reinhard Feldmeier und Ulrich Heckel

mit einer Einleitung von
Martin Hengel

J.C.B. Mohr (Paul Siebeck) Tübingen

Die Deutsche Bibliothek – CIP-Einheitsaufnahme

Die *Heiden*: Juden, Christen und das Problem des Fremden /
hrsg. von Reinhard Feldmeier und Ulrich Heckel. Mit einer
Einl. von Martin Hengel. – Tübingen: Mohr, 1994.
  (Wissenschaftliche Untersuchungen zum Neuen Testament; 70)
  ISBN 3-16-146147-9
NE: Feldmeier, Reinhard [Hrsg.]; GT

Das Buch wurde von Gulde-Druck in Tübingen aus der Times-Antiqua gesetzt, auf alterungs-
beständiges Werkdruckpapier der Papierfabrik Buhl in Ettlingen gedruckt und von der
Großbuchbinderei Heinr. Koch in Tübingen gebunden.

ISSN 0512-1604

Vorwort

Die antike Welt war eine multikulturelle Gesellschaft. Die Begegnung und das Zusammenleben von Menschen verschiedener Herkunft, Kultur und Religion bedeutete ohne Zweifel eine Erweiterung des Horizonts, konnte aber auch als Infragestellung der eigenen Traditionen und als Bedrohung für die eigene Identität erlebt werden. Dies galt besonders für Juden und Christen, denen der seit dem Alexanderzug bestehende und im römischen Reich politisch geeinte hellenistische Kulturraum einzigartige Möglichkeiten der Entfaltung bot. Zugleich waren ihnen aber in diesem Schmelztiegel der hellenistisch geprägten Welt Grenzen der Assimilierung gesetzt, wollten sie nicht ihre Bindung an den einen Gott und seine Offenbarung preisgeben. Diese ‚undurchdringlichen Wälle und eisernen Mauern‘ (epAr 139) zwangen die Juden und – in anderer Weise – auch die Christen immer wieder zu einer nicht selten heftig umstrittenen Positionsbestimmung zwischen Öffnung und Abgrenzung, Rückbesinnung und Neuinterpretation.

In diesem Kontext sind auch die Aussagen über die „Völker" zu sehen, die in der frühjüdischen und urchristlichen Literatur immer wieder als Inbegriff von Götzendienst und Lasterhaftigkeit begegnen. Dieses äußerst einseitige Bild ist ein polemischer Topos, der sich auch in der Übersetzung von הגוים / τὰ ἔθνη mit „die Heiden" spiegelt. Das Problem dieser Wiedergabe besteht darin, daß sie die ursprüngliche Bedeutungsbandbreite des hebräischen bzw. griechischen Begriffs „Völker" auf die negativen Aspekte reduziert und damit den Sprachgebrauch bis heute prägt. Demgegenüber zeigen die vorliegenden Untersuchungen, daß in der jüdischen und christlichen Literatur von den „Völkern" nicht nur in dieser abschätzigen Weise gesprochen wird. Selbst dort, wo die Abgrenzung von der als „heidnisch" qualifizierten Lebensweise vorherrscht, lassen die einschlägigen Bemerkungen erkennen, daß das konkrete Gegenüber durchaus differenzierter wahrgenommen wird, als es die Polemik auf den ersten Blick vermuten läßt. In diesem Sinn wollen die folgenden Untersuchungen zeigen, wie Juden und Christen bei der Begegnung mit dem Fremden ihren Glauben immer wieder neu verstanden und interpretiert haben.

Herzlich danken möchten wir deshalb allen Autorinnen und Autoren, die sich auf die Fragestellung eingelassen und durch ihre Beiträge diese thematische Aufsatzsammlung ermöglicht haben. Unser besonderer Dank gebührt Herrn Prof. Dr. Drs. h. c. Martin Hengel DD für seine umfassende Einführung in den historischen und forschungsgeschichtlichen Hintergrund der Problematik. Ihm sei zusammen mit Herrn Prof. Dr. Otfried Hofius als den Herausgebern dieser Reihe auch gedankt für die Aufnahme in die Wissenschaftlichen Untersuchungen zum Neuen Testament. Zu danken haben wir auch dem Verlag J. C. B. Mohr (Paul Siebeck) für die sorgfältige Betreuung dieses Bandes, Frau cand. theol. Marion Sieker für die Anfertigung des Stellenregisters sowie den Autoren für die Stichwortlisten, die für das Begriffsregister zusammengefaßt und noch etwas vereinheitlicht wurden.

Boppard, September 1993   Reinhard Feldmeier und Ulrich Heckel

Inhalt

2. Die frühchristliche Literatur

3. Ein Beispiel für die innerpagane Polemik

Einleitung

In der neutestamentlichen Forschung seit dem Zweiten Weltkrieg hat sich weltweit immer mehr das Interesse dem jüdischen Hintergrund, man könnte auch sagen den jüdischen Wurzeln des frühesten Christentums zugewandt, während in dem Jahrhundert zuvor und bis in die Zeit nach dem Ersten Weltkrieg der Schwerpunkt der wissenschaftlichen Aufmerksamkeit bereits in der Tübinger und dann noch stärker in der religionsgeschichtlichen Schule eher bei der heidnischen, d. h. griechisch-römischen bzw. „hellenistisch-orientalischen" Umwelt und ihrem Synkretismus gelegen hatte, der schon das „Spätjudentum" und erst recht das „Urchristentum" massiv beeinflußt haben soll. Beim frühesten Christentum dachte die religionsgeschichtliche Schule dabei vor allem an den Einfluß des heidnischen „hellenistischen" Syriens, eine Hypothese, die sich nicht verifizieren ließ.

Wenn wir dagegen heute von „hellenistischem" Einfluß auf das früheste Christentum sprechen, so denken wir zunächst vor allem an das vielschichtige griechischsprechende Judentum, das durchaus nicht nur in der Diaspora zu Hause war, sondern auch im palästinischen Mutterland. Jerusalem war ja eine zweisprachige Stadt mit einer ganz eigenen, typisch jüdischen „hellenistischen" Kultur. D. h. „Hellenismus" und „Heidentum" sind im 1. Jh. n. Chr. durchaus nicht mehr einfach deckungsgleich, vielmehr muß man davon ausgehen, daß es vornehmlich die vielfältigen Anschauungen des griechischsprechenden Judentums waren, die den christlichen Missionsgemeinden während des 1. Jh.s auch außerhalb des jüdischen Palästinas ihr Gepräge gaben. Religiöse Phänomene, die unmittelbar ohne „jüdisch-hellenistische" Vermittlung aus dem griechisch-römischen oder auch „orientalischen" Heidentum eingeflossen sind, lassen sich im frühen Christentum des 1. Jh.s kaum nachweisen.

D. h. die ersten überwiegend „heidenchristlichen" Gemeinden standen noch ganz im Schatten der Synagoge, und sie rekrutierten sich vor allem aus „Gottesfürchtigen" und „Sympathisanten", die schon vor ihrer Hinwendung zu der neuen messianischen Bewegung am Judentum interessiert gewesen waren und mit einer gewissen Regelmäßigkeit den Synagogengottesdienst besucht hatten. Der jüdische „ethische Monotheismus", der in den großen Zentren des römischen Reiches von Alexandria bis Rom z. T. auf fast philosophische Weise verkündigt werden konnte, gab dem synagogalen Wortgottesdienst eine beträchtliche Anziehungskraft. Weil Paulus „Heiden", genauer Gottesfürchtige und Sympathisanten, für das Evangelium gewinnen wollte, begann er seine missionarische Wirksamkeit darum bewußt in den Synagogen, weil er diese dort am besten antreffen konnte. Lukas hat hier von seiner Missionstaktik ein recht reales Bild gezeichnet. Wenn man in diesen frühesten Missionsgemeinden von einem direkten „heidnischen Einfluß" sprechen kann, so handelt es sich in der Regel um die alten menschlich-allzumenschlichen Sünden dieser ehemaligen „Gottesfürchtigen" aus ihrer eigenen heidnischen Vergangenheit im ethischen Bereich, Sünden, die man auch in der Synagoge nicht so ohne weiteres abgelegt hatte, da die alten familiären und gesellschaftlichen Verpflichtungen weiterwirkten. Dazu gehören das Problem der sexuellen Laxheit, alte polytheistische Bindungen oder auch die abergläubische Vorstellung von der magischen oder mysterienhaften Wirkung der Sakramente. Diese einstigen „Gottesfürchtigen" hatten sich ja, solange sie noch der Synagoge nahe standen, d.h. vor ihrem Eintritt in die christliche Missionsgemeinde durch die Taufe, gerade noch nicht zur Beschneidung und der damit verbundenen Verpflichtung des ganzen Gesetzesgehorsams entschließen können[1]. M. a. W.: Es ging dabei vornehmlich um solche Unsitten, die schon in der relativ offenen Gruppe der „Sympathisanten" im Umkreis der Synagogengemeinden verbreitet gewesen waren, und die u. U. deren vollen Übertritt zum Judentum bisher verhindert hatten. Daß die Mehrzahl der Heidenchristen der paulinischen Missionsgemeinden aus diesem Milieu stammen, ergibt sich daraus, daß der Apostel dort ganz selbstverständlich die Kenntnis und Autorität der Septuaginta als Heilige Schrift und eine Vertrautheit mit jüdischen Sitten voraussetzen kann.

Das Urchristentum erscheint uns heute darum viel „jüdischer" und weniger „heidnisch", als es die unter dem Einfluß der religionsgeschichtlichen Schule stehende Forschung noch in der ersten Hälfte dieses Jahrhunderts wahrhaben wollte.

Dementsprechend ist es auch um die einst heftig und kontrovers diskutierte Frage einer „vorchristlichen Gnosis" und ihres Einflusses auf Paulus und seine Gemeinden, die für manche Forscher fast einen dogmatischen Rang erhalten hatte, sehr viel ruhiger geworden, und wo man glaubt, auf (prä)gnostische oder gnostisierende Strömungen (was immer darunter zu verstehen ist) nicht verzichten zu können, nimmt man heute in der Regel ganz selbstverständlich deren jüdische Herkunft an. Im Blick auf den Einfluß der „hellenistischen Mysterienreligionen", ich gebrauche hier einen durchaus fragwürdigen Begriff, ist man noch zurückhaltender geworden. Auch hier gilt, daß, wenn man schon „mysterienhafte" Züge oder Sprachelemente im frühesten Christentum annehmen will, eine „jüdisch-hellenistische" Vermittlung vorauszusetzen ist.

Die Gründe für dieses steigende Interesse am Judentum in Verbindung mit einer weitgehenden Zurückdrängung des unmittelbaren „heidnischen Einflus-

---

[1] Vgl. Gal 5,2f; Rö 2,25ff.

ses" im Urchristentum sind vielfältig. Zum einen hängt es daran, daß das Judentum in den letzten hundert Jahren durch unzählige archäologische Entdeckungen und neue Texte, Inschriften, Papyri, Synagogenfunde und vor allem das „Textwunder" von Qumran uns viel plastischer und konkreter gegenübertritt, als dies im ausgehenden 19. Jh. der Fall gewesen war. Hinzu kommen neue Texteditionen der Pseudepigraphen, der Septuaginta, der wichtigsten rabbinischen Texte und der Hekhalotliteratur; aber auch in den gnostischen Texten von Nag Hammadi, den Manichaica und Mandaica, den Zauberpapyri, ja selbst in den Hermetica wird ein überraschend starker religiöser Einfluß des antiken Judentums sichtbar. Dieses lebte in der Antike noch durchaus nicht in einem geistigen Ghetto, sondern stand in einem ständigen lebendigen Austausch mit seiner „heidnischen" Umwelt, was mitunter oft spannungsvolle, ja leidenschaftliche Auseinandersetzungen nicht ausschloß. Die heute gerne idealisierte „multikulturelle Gesellschaft" war in den antiken Großstädten bereits eine sehr lebendige, aber auch konfliktreiche Realität. Man lese nur die Satiren Juvenals. Spannungsvoll war das Verhältnis der jüdischen Diasporagemeinden zu ihrer „heidnischen" Umwelt deshalb, weil sie immer zugleich bestrebt waren, ihr eigenes jüdisches Gottes- und Offenbarungsverständnis und damit ihre religiöse, soziale und ethnische Identität trotz aller Anfeindung, Unterdrückung, ja Verfolgung zu erhalten. Damit verbunden war aber auch eine besondere Ausstrahlung, die diese in der Antike einzigartige Religion für die „Heiden" attraktiv machte. Dieses Bestreben und die damit verbundene missionarische Tendenz setzen sich in analoger Weise in den christlichen Gemeinden fort. Die Analogie in der Entwicklung von „Mutter" und „Tochter" zeigt sich etwa in der Fortführung des jüdischen Ethos des Dekalogs und des Liebesgebots, im Wortgottesdienst oder in der jüdischen und christlichen Apologetik gegenüber den Heiden wie auch in der Verwandtschaft des antiken heidnischen „Antisemitismus" mit der späteren Christenfeindschaft. Das griechischsprechende Judentum der Diaspora und das frühe Christentum stehen im Vergleich zu den sie umgebenden „heidnischen" Kulten viel näher beieinander, als man lange Zeit wahrhaben wollte. Ein Römer, der zur Zeit, als Clemens von Rom seinen Brief nach Korinth schrieb, zuerst einen synagogalen und dann einen christlichen Gottesdienst besuchte, wird – im Vergleich zu heidnischen Kultfeiern – zwischen beiden keinen allzu großen Unterschied entdeckt haben; nur daß im letzteren die Anrufung Christi im Gebet in der Verbindung mit Gott eine zentrale Rolle spielte[2].

Ein zweiter Anstoß, der in der deutschen Forschung freilich erst in den sechziger Jahren allmählich sichtbar wurde, geht von selbstkritischem Nachdenken über gewisse latent antijüdische Tendenzen in der älteren deutschen Forschung seit der Tübinger Schule und von den furchtbaren Verbrechen an

---

[2] Vgl. 1. Clem 59–61.

den Juden aus, die sich zwischen 1933 und 1945 in Deutschland ereigneten.
Auch einzelne neutestamentliche Forscher ließen sich in diesen dunklen zwölf
Jahren durch den Irrgeist des Nationalsozialismus verführen. Diese Katastrophe öffnete vielen Theologen die Augen, nicht nur im Blick auf die lange
Geschichte christlicher Verfehlungen gegenüber dem jüdischen Volk, sondern
auch gegenüber dem Gewicht des Faktums, daß der eigene Glaube historisch
seine Existenz dem jüdischen Volk verdankt und aus ihm hervorgewachsen ist.
Die immer stärker werdende antichristliche Haltung des Nationalsozialismus
hing ja nicht zuletzt mit dem Vorwurf der jüdischen Herkunft des Christentums
zusammen.

Über all dem ist die Frage nach den „Heiden", d. h. den „Nichtjuden", in den
letzten Jahren zumindest *relativ* zurückgetreten, obgleich sich doch der Pharisäer Saulus durch die Vision des auferstandenen Christus und Gottessohnes
gerade zu ihnen gesandt wußte: „damit ich ihn unter den ‚Völkern' verkündige"
(Gal 1,16), und damit eine religiöse Revolution einleitete. Auch waren es ja
besonders die Israel umgebenden Fremdvölker, die in persischer und hellenistischer Zeit dazu beigetragen hatten, daß Gottes Volk – in ständiger polemischer und positiver Auseinandersetzung mit ihnen – seine religiöse und ethnische Identität bewahrte. M.a.W.: Israel brauchte die „Völker" zu seiner
eigenen Selbstfindung, es mußte sich von ihnen und ihren Göttern abgrenzen
und hatte doch andererseits eine ihm von dem einen wahren Gott anvertraute
Botschaft, ja ein Vermächtnis für die „Völker", das auch diesen bekannt
gemacht werden sollte.

In der für die Formung des jüdischen Volkes und seiner Frömmigkeit grundlegenden Perserzeit begegnen uns darum zwei gegensätzliche Haltungen, die
das jüdische Volk von jetzt an auf seinem Weg durch die Geschichte beständig
begleitet haben und die in veränderter Form auch im frühen Christentum
weiterwirkten. So wird in den Büchern Esra und Nehemia die Absonderung
von den umgebenden Völkern bis hin zur Verstoßung nichtjüdischer Frauen
gefordert, während fast gleichzeitig im Buch Jona auf dramatische Weise
geschildert wird, daß Gottes Bußruf und Heilswille auch den „Völkern" gilt,
die auf seine, Gottes Botschaft hören; im Gegensatz dazu steht der Gottes
Auftrag widerstrebende Prophet. Und im Buch Ruth, dieser archaisierenden
Novelle der spätpersischen oder frühhellenistischen Zeit, ist es – entgegen der
Forderung Nehemias, sich von den fremdstämmigen Frauen zu trennen –
gerade die Moabiterin Ruth, die durch Gottes Heilswillen zur Stammutter
König Davids wurde. Der „Judenchrist" und Schriftgelehrte Matthäus hat
später bewußt die vier heidnischen Frauen im Stammbaum Christi namentlich
festgehalten[3]. Dieser wird so von Anfang an auch mit den "Völkern" verbunden, zu denen er am Schluß des Evangeliums die Jünger aussendet. Alle vier

---

[3] Mt 1,3.5.6.

Schriften, Esra, Nehemia, Jona und Ruth, wurden in den hebräischen Kanon aufgenommen. Auch der jüdische Autor des Buches Kohelet im 3. Jh. v. Chr. spricht nur einmal von Israel als vergangener Größe bei der Erwähnung König Salomos (1,12), selbst das Wort Gojim ist ihm fremd und ebenso das Tetragramm, er kennt nur Gott (ᵃlohîm mit und ohne Artikel) und den (oder die) Menschen. Was er sagt, gilt allen ohne Unterschied, allen, die Weisheit annehmen wollen, Israel wie den Völkern. Es gehört zur Ironie der Geschichte, daß Kohelet, wenn auch mit Schwierigkeiten, noch in den hebräischen Kanon kam, dagegen der nur wenige Jahrzehnte jüngere Ben Sira, der bewußt nur zu Israel spricht und die „Heiden" und „Fremden" verachtet, nur noch in den christlichen der LXX aufgenommen wurde. Der sich bei ihm bereits anbahnende Konflikt bricht bald nach ihm in einer den Glauben der Väter und damit die Identität Israels bedrohenden Krise auf, beim Regierungsantritt Antiochos IV. Epiphanes 175 v. Chr.:

„In jenen Tagen gingen abtrünnige Menschen aus Israel hervor. Sie überredeten viele mit ihrem Vorschlag: ‚Wir wollen hingehen *und uns mit den Völkern ringsum verbrüdern.* Denn seitdem wir uns von ihnen abgesondert haben, traf uns viel Unheil.' Dieser Vorschlag fand ihren Beifall."[4]

Die hier sichtbar werdende Krise der „hellenistischen Reform" in Jerusalem selbst, die nach wenigen Jahren in eine blutige Verfolgung ausartete, zusammen mit ihrer wider Erwarten erfolgreichen gewaltsamen Überwindung durch den Makkabäeraufstand, führte zu einem tiefen Trauma und verstärkte – zumindest im Mutterland – in den folgenden drei Jahrhunderten die Aversionen gegen die „Heiden" und Fremden. Am Ende dieser tragischen Entwicklung standen die furchtbaren Katastrophen der drei Vernichtungskriege 66–73, 115–117 und 132–136 mit dem scheinbaren Sieg des letzten, vierten heidnischen Weltreiches, „Edoms" bzw. „Babels", d. h. Roms.

Daß es eine andere Entwicklungslinie gab, zeigt der aus der ägyptischen Diaspora Alexandrias stammende Aristeasbrief[5], den ein unbekannter jüdischer Autor einen heidnischen Sympathisanten schreiben läßt, um die wunderbare Übersetzung der Tora in die griechische Weltsprache zu verherrlichen, deren Wahrheit auch die Griechen kennen sollen, oder der ebenfalls dort verfaßte Roman Joseph und Aseneth, der die wunderbare Bekehrung der heidnischen Priestertochter und Frau Josephs schildert. Selbst im Mutterland war man auch nach den siegreichen Makkabäerkämpfen innerhalb der jüdischen Aristokratie noch stolz darauf, gemeinsam mit den ruhmreichen Spartanern von Abraham abzustammen, und die Urgeschichte wie die profetischen

---

[4] 1. Makk 1,11ff.

[5] Vgl. den ursprünglich für diesen Band vorgesehenen Aufsatz von REINHARD FELDMEIER: Weise hinter „eisernen Mauern". Tora und jüdisches Selbstverständnis zwischen Akkulturation und Absonderung im Aristeasbrief, in: M. Hengel/A. M. Schwemer (Hg.): Die Septuaginta zwischen Judentum und frühem Christentum, WUNT, Tübingen (im Druck).

Verheißungen hielten die Erinnerung wach, daß der Gott Israels zugleich der Gott aller Völker und Herr der Weltgeschichte sei.

Auch das zu den „Völkern" strebende Urchristentum hat seine Heimat im jüdischen Mutterland. Dort waren es die griechischsprechenden Glieder der neuen, sich auf den Messias Jesus von Nazareth berufenden eschatologischen Bewegung, die ihre Botschaft über die Grenzen des Landes hinaus zu den „Völkern" trugen, allen voran der ehemalige Pharisäer Paulus. Ihr missionarisches Wirken führt zu einem unerwarteten Umbruch, der den Lauf der Weltgeschichte völlig veränderte. Es ist hier nicht der Ort, das Rätsel dieser in ihren Folgen unabsehbaren, umstürzenden Veränderung zu ergründen; ich möchte hier nur auf ein Phänomen verweisen, das diesen Umbruch insgeheim vorbereitet und überhaupt erst möglich gemacht hatte: die Septuaginta.

Sie ist ein in der Antike einzigartiges Werk. Wir wissen von keinem vergleichbaren Selbstzeugnis einer anderen „barbarischen" Religion, das wie die „Tora Moses" in hellenistischer Zeit ins Griechische übersetzt worden wäre und zum Medium religiöser Propaganda wurde. Diese Übertragung dokumentierte, nicht zuletzt auf Grund der nicht wenigen „interpretationes graecae", die Zuwendung der jüdischen Diasporagemeinde zur überlegenen fremden, „heidnischen" Kultur, zugleich aber auch das Beharren auf ihrer eigenen religiös-nationalen Identität, dem Glauben an den einen Gott, der Israel in einem Akt der Liebe als sein Volk erwählt und diesem sein Gesetz anvertraut hatte, inmitten einer feindlichen Umwelt, die gegen die Juden ständig den Vorwurf der „Fremdenfeindlichkeit" erhob, weil diese auf Grund ihrer Glaubensüberzeugung jede kultische Gemeinschaft mit den „Heiden" ablehnen mußten.

In der Septuaginta finden wir einen Hinweis, wie die unbekannten Übersetzer des Pentateuch in Alexandrien schon in der 1. Hälfte des 3. Jh. s v. Chr. das Problem der Nichtjuden und Fremden auf positive Weise reflektierten. Sie übertrugen das häufige hebräische „*ger*", der Fremde, der unter den Israeliten als Schutzbürger wohnte, nicht mit dem zu erwartenden griechischen Äquivalent ξένος. Dieses wird nur noch einmal in Hi 31,32 für *ger* und fünfmal in später übersetzten Texten für *nokrî* verwendet, das sonst schon im Pentateuch vornehmlich durch ἀλλότριος wiedergegeben wird. Für *ger* schaffen die Übersetzer dagegen ein ganz neues Wort, προσήλυτος, das bezeichnenderweise erstmals in Ex 12,48f im Zusammenhang mit der Einsetzung des Passahfestes, d. h. bei der Konstituierung des Gottesvolkes durch den Auszug aus Ägypten, erscheint. Insgesamt begegnet es in der ganzen LXX 77mal als fast stereotypes Äquivalent von *ger*, und hier vornehmlich im Pentateuch. Nur an vierzehn Stellen wird es anders übersetzt, davon elfmal mit πάροικος, und zwar vor allem dort, wo Israel selbst als „Fremdling" bezeichnet wird. Mit diesem eigenwilligen Sprachgebrauch verbindet sich eine Bedeutungsverschiebung gegenüber dem hebräischen Äquivalent: προσήλυτος ist in erster Linie der, der zum religiös-nationalen Verband Israels „hinzutritt", das zeigt die Bildung aus προσέρχεσθαι, d. h. der, der sich der israelitischen Kultusgemeinde anschließt und bereit ist, sich beschneiden zu lassen und die dem Gottesvolk anvertrauten Gebote zu halten. Es vollendet sich hier bei der Übersetzung der Tora ins Griechische eine Tendenz, die sich bereits bei der Verwendung von *ger* im Priesterkodex vorbereitet hatte. Damit lösten die Übersetzer ein semantisches Problem, das für sie mit dem traditionellen griechischen Wortschatz nicht bewältigt werden konnte. Zugleich wird durch diese Übersetzung deutlich, daß schon die jüdische Diaspora in Ägypten, wo ja die Situation eine ganz andere war als im geschlossenen jüdischen Siedlungsgebiet der Provinz Jehud, daran interessiert war, griechischsprechende „Heiden" zum Anschluß an die jüdische Gemeinde zu bewegen und daß sie damit auch erfolgreich war. Es ist die Zeit, in der – noch im 3. Jh. – die ersten jüdischen gottesdienstlichen Gebäude in griechischen Inschriften erwähnt werden, die, ebenfalls mit einem neuen griechischen Wort bedacht, προσευχή, „Stätten des Gebets" genannt werden. Sie sollten nicht mit heidnischen Heiligtümern verwechselt werden. Offenbar war ihr reiner Wortgottesdienst mit Schriftlesung, Auslegung, Gebet und Gesang auch für manche „Heiden" attraktiv.

Die Zuwendung zu den „Heiden" im Urchristentum knüpft so durchaus an eine jüdische Tradition an, auch wenn man dort noch nicht von „Mission" im strengen Sinne sprechen konnte: eine wirkliche ἀποστολὴ ... εἰς τὰ ἔθνη gab es bisher noch nicht[6], eine solche erhielt erst Paulus durch den auferstandenen Christus: Es war der eschatologisch-christologische Impuls, der von Jesus von Nazareth ausging, vor allem von seinem Tod und seiner Auferstehung, der auf jüdischer Grundlage die christliche „Heidenmission" begründete und damit am Ende die religiöse Welt der Antike grundlegend veränderte.

Der vorliegende Band von Freunden und Schülern wendet sich mit der Frage, welche Bedeutung und Funktion die Heidenpolemik für das jüdische und christliche Selbstverständnis, für die eigene Identität und die Auseinandersetzung mit dem Problem des Fremden hat, einem bisher vernachlässigten Thema zu, das gleichwohl für Juden – das habe ich in den vorausgehenden allzu knappen Überlegungen zu zeigen versucht – wie erst recht für die Christen – auch wenn sie nicht direkt in massiver Weise vom „heidnischen Synkretismus" beeinflußt wurden – von grundlegender Bedeutung war und die geschichtliche und theologische Entwicklung beider so eng verbundenen Religionen in entscheidenden Punkten – und doch wieder auf ganz andere Weise – geprägt hat. Für die Christen wurde die Frage nach dem eschatologischen Heil „der Heiden" zu einer elementaren Voraussetzung des Wahrheitsanspruchs ihrer Botschaft wie auch ihrer weltgeschichtlichen Wirksamkeit. Wie es zu dieser – innerhalb von zwei Generationen den Raum des Judentums aufsprengenden –

---

[6] Gal 2,9, vgl. Rö 1,5.

Zuwendung zu den „Heiden" kam, gehört zu den wichtigsten Fragen des frühesten Christentums, die wir immer noch nicht befriedigend beantworten können und die vielleicht – historisch gesehen – ständig eine offene Frage bleiben wird. Denn so entscheidend die Person des Apostels Paulus für die Entwicklung der „Heidenmission" war, diese wurde nicht durch ihn allein begründet, sondern sie mag – in allerersten tastenden Versuchen – schon vor ihm existiert haben (Josephus bezeugt, daß es gerade in Damaskus besonders viele „gottesfürchtige" Frauen gab[7]) und hat sich dann sicher auch neben ihm entwickelt, auch wenn er gewiß der erfolgreichste Heidenmissionar gewesen ist.

Die Autoren dieses Bandes stellen dieses für Juden wie Christen brennende Problem der Auseinandersetzung mit den „Heiden" nicht in umfassender, zusammenhängender Weise dar, vielmehr konzentriert sich jeder auf einen größeren oder kleineren Ausschnitt aus seiner Arbeit. Es ergibt sich so eine Vielzahl von Aspekten, die sich gegenseitig beleuchten und ergänzen:

Peter Marincović stellt zwei sehr verschiedene Berichte von heidnischen Machthabern, die den Gott Israels verehren, einander gegenüber: 2. Kön 5 mit dem Syrer Naeman und die Bekehrung des Izates von Adiabene nach Josephus.

Naoto Umemoto referiert in äußerster Gedrängtheit über Juden, Heiden und Menschheit bei Philo von Alexandrien und zeigt dabei die scheinbar widerspruchsvolle Dialektik philonischen Denkens, die universale Weite und jüdischen Partikularismus miteinander verbindet.

Folker Siegert, der die bislang völlig übersehenen armenisch erhaltenen jüdischen Predigten De Jona und De Sampsone sowie ein echtes Philofragment der Forschung zugänglich gemacht hat, erläutert die Rolle der Heiden in der Predigt über Jona.

Mit *Roland Deines* wechseln die Studien zum palästinischen Judentum über. Er untersucht die Rolle der Gefährdung des Heiligtums durch Heiden als ein wesentliches Motiv für die Fremdenfeindlichkeit im palästinischen Judentum und hier wieder besonders in der Qumrangemeinde.

Mein Nachfolger in Tübingen, *Hermann Lichtenberger*, behandelt die Heiligkeit von Eretz Israel und die sich daraus ergebende Konsequenz der „Heiligung" des Lebens, die notwendigerweise eine Distanz zum „unreinen" Nichtjuden zur Folge haben mußte.

Ein minutiöses Kabinettstück schenkt uns *Anna Maria Schwemer*, indem sie das Geheimnis einer rätselhaften rabbinischen Legende erhellt und zeigt, wie Elia in der Gestalt eines scheinbar verhaßten Heiden, genauer eines Arabers, erscheinen konnte, um die Geburt des Messias anzukündigen.

Beate Ego kehrt noch einmal zur Jonageschichte zurück und erläutert die verschiedenen rabbinischen Deutungen der Buße der heidnischen Bevölkerung von Ninive.

---

[7] Bell 2,559–561.

Friedrich Avemarie zeigt, wie Esau, der Zwillingsbruder Jakobs, als „Edom" in der frührabbinischen Literatur zum Symbol Roms, des Erzfeindes des Gottesvolks, werden konnte.

Reinhard Feldmeier eröffnet den Reigen der Untersuchungen zur frühchristlichen Literatur mit der Untersuchung des einzigen Streitgesprächs, in dem Jesus sich selbst überzeugen lassen mußte – von einer heidnischen Frau, Mk 7,24–30.

Jörg Frey hat in der ihm eigenen Gründlichkeit die Bedeutung der Heiden für das 4. Evangelium untersucht und darin eine ganze Reihe fragwürdiger Hypothesen der Forschung zurechtgerückt.

Ulrich Heckel führt dazu in knapper präziser Form und im Anschluß an seine grundlegende Dissertation über 2. Kor 10–13 die analoge Untersuchung bei Paulus durch, während sich *Gottfried Schimanowski* auf 1. Thess 4,11ff konzentriert, wo Paulus der neugegründeten Gemeinde Anweisungen gibt, wie sie sich gegenüber ihrer heidnischen Umwelt verhalten soll.

Jorg Christian Salzmann analysiert die in einem frühchristlichen Schreiben um 100 n. Chr. ganz ungewöhnliche Hervorhebung „vorbildlicher Heiden" in 1. Clem 55, in der ein späteres apologetisches Motiv vorweggenommen wird.

Gewissermaßen die Klimax des Bandes bildet der Beitrag von *Christoph Markschies*: Er enthält Text, Übersetzung und ausführlichen Kommentar eines bisher wenig beachteten Lehrgedichts *Contra Paganos* aus dem Jahre 393/ 94 n. Chr., das in haßerfüllter Polemik den Versuch des Symmachuskreises angreift, die traditionelle heidnisch-römische Religiosität auf philosophischer Basis wiederzubeleben. Sollte einmal die Geschichte der religiösen Polemik in Judentum und Christentum geschrieben werden, käme diesem Traktat als abschreckendem Beispiel eine besondere Bedeutung zu.

Daß Heiden untereinander kaum besser miteinander umgingen, zeigt am Ende die Studie von *Arnd Rehn* über die Polemik gegen Epikur und seine Anhänger in der römischen Literatur. Gerade in der Polemik begegnet uns so eine nicht nachahmenswerte Gemeinsamkeit – man könnte sie auch Unart nennen – bei Juden, Christen und Heiden: Man gebraucht vor allem feste Klischees, um den Gegner zu diffamieren.

Besonderer Dank gilt den beiden Herausgebern Reinhard Feldmeier und Ulrich Heckel, die nicht nur beide mit einem substantiellen Beitrag in diesem Band vertreten sind, sondern die vor allem die thematische Konzeption entwikkelten und den Rahmen dieser Aufsatzsammlung abgesteckt haben. Reinhard Feldmeier konnte dabei von seiner Tübinger Habilitationsschrift, Christen als Fremde. Die Metapher der Fremde in der antiken Welt, im Urchristentum und im 1. Petrusbrief, WUNT I/64, Tübingen 1992, Ulrich Heckel von seiner großen Paulusarbeit, Kraft in Schwachheit. Untersuchungen zu 2. Kor 10–13, WUNT II/56, die in Kürze erscheinen wird, ausgehen. Ohne ihre Initiative wäre dieser Band nie Wirklichkeit geworden.

Am Ende möchte ich noch auf eine Untersuchung aufmerksam machen, die in den letzten Monaten auf Grund eines Humboldt-Stipendiums in Tübingen entstand und dasselbe Thema, konzentriert auf die Hintergründe der paulinischen Mission, behandelt: James M. Scott, Paul and the Nations. The Old Testament and Jewish Background of Paul's Mission to the Nations, die voraussichtlich im nächsten Jahr in WUNT erscheinen wird.

Der Bogen des vorliegenden Bandes ist weit gespannt, aber eben die Fülle der Gesichtspunkte, die darin behandelt werden und zwischen denen doch immer ein sachlicher Zusammenhang besteht, macht ihn besonders interessant.

Tübingen, im Juli 1993   Martin Hengel

1. Die frühjüdische Literatur

„Geh in Frieden" (2 Kön 5,19)

Sonderformen legitimer JHWHverehrung durch ‚Heiden' in ‚heidnischer' Mitwelt

von

PETER MARINKOVIĆ

1. Hinführung

Die Beziehung Israels zu den ‚Heiden' ist gerade in nachexilischer Zeit sehr unterschiedlich bestimmt worden. Besonders deutlich wird dies an den antithetischen Motiven von Völkerkampf und Völkerwallfahrt, die in exilisch-nachexilischen Prophetentexten des Alten Testaments eine weite Verbreitung gefunden haben[1]. Wenngleich beiden Motiven die Tendenz zu einer eschatologisch orientierten und durchaus radikalen Israel- bzw. Jerusalembezogenheit anhaften mag, belegt eine Reihe von Texten aus der Erzählliteratur, daß das Alte Testament auch Formen des „alltäglicheren" Umgangs von Israeliten mit ‚Heiden' kennt, in denen deren Eigenständigkeit nicht negativ betrachtet wird. So belegen Texte wie Gen 21,22−34;23;26,26−33 eine zum Teil vertraglich geregelte, relativ friedliche Koexistenz von Israeliten und Nichtisraeliten.

Eine ausführliche Untersuchung des Phänomens „Israel und die ‚Heiden'" im Alten Testament würde allerdings den Rahmen eines Aufsatzes weit über-

---

[1] Völkerkampf z. B. in Ez 38f; Joël 2,1−20; 4,1−3.9−12.13f; Sach 12,1−8; 14,1−5.12−15; Völkerwallfahrt z. B. in Jes 2,1−4* par. Mi 4,1−5; Jes 60; Zeph 3,9−11; Sach 8,20−23; 14,16−21. In der konkreten Ausgestaltung dieser Motive und in ihrer Einbettung in den jeweiligen Kontext zeigt sich eine große Vielfalt an Aussageintentionen. Es können sogar beide Motive miteinander kombiniert werden, wie es in Sach 14 der Fall ist (in der Abfolge Kampf − Wallfahrt, V. 1−15* bzw. 16−21), einem späten, vermutlich aus hellenistischer Zeit stammenden Text. Näheres hierzu bei LUTZ 1968, bes. 111ff, der v. a. die Motive „Kampf der Völker gegen Jerusalem" und „Jahwes Kampf gegen die Völker" unterscheidet, sowie SCHMIDT 1968, bes. 158ff, der sich in expliziter Weise mit den Motiven „Völkerversammlung", „Völkerhuldigung" und „Völkerwallfahrt" befaßt hat. Darüber hinaus wird im AT der Heilswille JHWHs auch in bezug auf die Völkerwelt neben den bereits genannten Völkerwallfahrtstexten bes. in Texten wie Gen 12,1−3; Jes 42,6; 49,6 zum Ausdruck gebracht, während der Gedanke des Gerichts JHWHs gegen die Völker (vgl. Völkerkampf) v. a. in den Sammlungen prophetischer Fremdvölkersprüche dokumentiert wird (wie z. B. Jer 46−51; Ez 25−32).

steigen[2]. Das Verhältnis Israels zu den ‚Heiden' läßt sich aber besonders aufschlußreich an einem heiklen Punkt seiner Identitätsbestimmung wahrnehmen, nämlich anhand der Selbstdefinition Israels im Gegenüber zu JHWH als Gottesvolk und der Festlegung von dessen Grenzen im Gegenüber zu den Völkern.

Als wichtigstes Kriterium der Zugehörigkeit zum Volk des Gottes Israels galt in nachexilischer Zeit die Abstammung aus einem der zwölf Stämme Israels (s. z. B. Neh 9,2)[3]. Dementsprechend wurde als dem JHWHvolk nicht angehörig betrachtet und somit als ‚Heide' gewertet, wer aufgrund seiner ethnischen Herkunft nicht zum Volk Israel zu rechnen war. Dies galt nach all dem, was wir heute wissen, auf jeden Fall in der durch die Reformen Esras und Nehemias geprägten persischen Provinz Jehud, deren Grundkonstituenten (Theokratie, Endogamie, Jerusalemer Tempelkult, Gesetzesobservanz) Julius Wellhausen beispielhaft rekonstruiert hat und dessen Bild von der nachexilischen Zeit weite Teile der atl. wie der ntl. Forschung bis heute geprägt hat[4]. Doch ist auch außerhalb der Provinz Jehud mit Israeliten und Judäern zu rechnen, die sich – genealogisch weitherzig betrachtet – auf einen der zwölf Ahnväter Israels zurückführen könnten: zum einen innerhalb Palästinas auf dem Gebiet des ehemaligen Nordreichs, wo sich aufgrund der assyrischen Deportationspraxis nach 722 v. Chr. eine Mischbevölkerung herausgebildet hat, die sich wohl im Laufe des 5. und 4. Jh. v. Chr. zur samaritanischen Gemeinde formiert hat (vermutlich als Reaktion auf die politischen und religiösen Entwicklungen in der Provinz Jehud)[5], zum andern außerhalb Palästinas, dort wo sich Bereiche jüdischer Diaspora herausgebildet haben, wie z. B. die Militärkolonie Elephantine in Ägypten oder die ‚Kolonie' der Nachfahren judäischer Exulanten in der Nähe von Nippur in Babylonien, die nach dem Fall Babylons (539 v. Chr.) nicht nach Juda zurückgekehrt waren[6]. All dies zeigt, daß es in nachexilischer Zeit,

---

[2] S. hierzu jüngst die aufschlußreiche Arbeit von LEMCHE 1991, die sich mit dem Problem der Kanaanäer als Prototyp der fremden nichtisraelitischen Völkerschaften auseinandersetzt.

[3] Daher legen gerade die exilisch-nachexilischen Partien des Alten Testaments besonders großen Wert auf Genealogien, z. B. die Priesterschrift (Gen 5,1–32*; 6,9f; 10,1–32* u. a. m.) und die Chronik (zur sog. genealogischen Vorhalle, 1 Chr 1–9, s. jüngst OEMING 1990, der sich ausführlich mit der nachexilischen Konzeption Israels als ethnisch definiertem Gottesvolk befaßt).

[4] So v. a. in den Prolegomena zur Geschichte Israels (Berlin 1927[6]). Eine ausführliche Kritik der bis heute noch einflußreichen, aber zu stark schematisierenden Rekonstruktion Wellhausens kann hier nicht geleistet werden. Eine differenziertere Darstellung der nachexilischen Entwicklungen bietet neuerdings ALBERTZ 1992, 461ff, in kritischer Weiterführung der Ansätze von Plöger, Steck und Crüsemann (dort referiert, 462–464).

[5] Mit eigenem Tempel auf dem Garizim und mit eigenem Kanon, dem samaritanischen Pentateuch. Näheres zum sog. samaritanischen Schisma s. DONNER 1986, 316.429.435f.443; ALBERTZ 1992, 576–589.

[6] Dies wird z. B. „durch die Akten des bedeutenden babylonischen Handels- und Bankhauses *Murašû & Söhne* in Nippur bestätigt, in denen öfter Geschäftsfreunde mit jüdischen Namen aus eben dieser Gegend genannt werden", DONNER 1986, 384.

zumindest außerhalb der Provinz Jehud, eine ganze Reihe von Berührungs-
möglichkeiten mit ‚Heiden' gegeben hat[7]. Von daher ist es gut denkbar, daß es
in Einzelfällen dazu gekommen sein mag, daß auch Nichtisraeliten Teilhabe an
der JHWHverehrung zu erlangen suchten. Und hier mußte sich bei Anwendung des genealogischen Kriteriums (im engeren, an Endogamie gebundenen
Sinn) konsequenterweise ein Problem ergeben. Konnte ‚Heiden' der Zugang
zur JHWHverehrung gestattet werden? Konnten darüber hinaus ‚Heiden' in
die JHWHgemeinschaft aufgenommen werden und somit zum Gottesvolk
hinzukommen? In Jes 56,3−8[8] haben wir deutliche Hinweise dafür, daß eine
rigorose Praxis der Abgrenzung, wie sie z.B. die Lösung der Mischehenproble-
matik durch Esra und Nehemia (Esra 9f; Neh 13) vorsieht, nicht die einzige
gewesen sein dürfte oder, vorsichtiger formuliert, als Position nicht unwider-
sprochen geblieben ist[9].

Darüber hinaus ist uns im Alten Testament auch ein konkretes Fallbeispiel
überliefert, wo ein Nichtisraelit Zugang zu JHWH als alleinigem Gott gefunden
und dies in seiner Lebenspraxis zum Ausdruck zu bringen gesucht hat: die
Erzählung von Elischa und dem aramäischen Heerführer Naaman (2 Kön 5).
Schon Hermann Gunkel hat im Blick auf die darin berichtete folgenreiche
Heilung Naamans die These aufgestellt: „So wird er [Naaman] der erste Prose-

---

[7] Leider wird uns im AT kaum etwas Konkretes über die Situation von Israeliten und
Judäern außerhalb der Provinz Jehud überliefert. Allerdings finden sich Hinweise auf die
Verhältnisse in der Diaspora z.B. im Buch *Esther*, in der *Josefserzählung*, Gen 37; 39−50 (vgl.
hierzu MEINHOLD 1969 u. 1975f) sowie im Aufriß des *Pentateuch* nach der Endredaktion bzw.
in der Priesterschrift, wo die Daseinsweise der Väter als exemplarisches Leben im fremden
Land geschildert wird, ohne Tempel, ohne ausgeprägten Opferkult, ohne die Fülle der
Gesetze, als Gemeinschaft nur konstituiert durch das Einhalten von Sabbat (Gen 2,2f; Ex 16,
bes. V. 10; 25,2ff), Blutenthaltung (Gen 9,4), Beschneidung (Gen 17) und Passa (Ex 12f), also
ein Leben, das dem in der Diaspora weitgehend entsprochen haben dürfte(!), s. CRÜSEMANN
1985, 216 u. 220f.

[8] Die Bestimmungen von Jes 56,3−8 (Aufnahme von Fremdlingen und Eunuchen, sofern
sie den Sabbat bewahren, am Bund festhalten und JHWH dienen bzw. tun, was ihm gefällt)
stehen im Gegensatz zu den dtr. Bestimmungen von Dtn 23,2−9, wo sowohl Eunuchen als
auch Ausländer der Zugehörigkeit zur JHWHgemeinde ausgeschlossen werden.

[9] Als weitere atl. Texte, in denen Nichtisraeliten eine ausgesprochen positive Rolle spielen,
sind zu nennen: das Buch *Hiob*, wo ein Nichtisraelit als vorbildhafter JHWHverehrer dargestellt wird; das Buch *Jona*, in dem das Erbarmen JHWHs für die Völkerwelt ausgerechnet am
Beispiel Ninives verdeutlicht wird, der Hauptstadt des gefürchteten und verhaßten Assyrer-
reiches; vgl. hierzu auch die Deutung FOHRERS 1969, 370: „Das... Buch trat dem in dem
Propheten Jona Gestalt gewordenen partikularistischen Gedanken von der Beschränkung des
Heils auf Israel und der unbedingten Gültigkeit der Drohungen gegen andere Völker entgegen und widersprach der partikularistischen Intoleranz und Überheblichkeit. Ebenso spricht
aus dem Buch *Ruth* die Weitherzigkeit gegenüber den Angehörigen eines anderen Volkes, in
deren Geschick die gütige Vorsehung Jahwes waltet und denen sein Segen gewünscht wird."
Besonders auffällig sind auch Stellen, wie z.B. Jona 1,14.16; Mal 1,11, wo offenkundig eine
durchaus israelunabhängige Beziehung von ‚Heiden' zu JHWH (in Form einer Opferpraxis)
ihren Niederschlag gefunden hat.

lyt der Jahwe-Religion in der Bibel"[10]. Auch wenn Gunkel hier den Begriff
„Proselyt" nicht im engeren Sinn[11] verwendet haben dürfte, so hat er doch
erkannt, daß es in 2 Kön 5 nicht nur um ein herausragendes monotheistisches
Bekenntnis Naamans zum Gott Israels[12] geht (V. 15), sondern auch insbesondere um dessen Umsetzung in konkrete Lebenspraxis durch Naaman und ihre
Billigung durch Elischa (V. 17–19). Insofern ist es vielleicht zulässig im Gunkelschen Sinn, hier von einer Frühform des Proselytentums[13] zu sprechen, bei
der es weniger um die Aufnahme in eine weitgehend territorial und ethnisch
definierte Lebensgemeinschaft (Israel) geht, als vielmehr um die Zulassung
zum Kreis derjenigen, die den Gott dieser Lebensgemeinschaft (JHWH als
Gott Israels) legitim verehren[14] und sich von daher als Teil des Gottesvolkes
sehen dürfen. In dieser Hinsicht stellt 2 Kön 5 (als Bestandteil des DtrG) einen
Sonderfall dar, der nicht so ganz den Hauptlinien der deuteronomistischen
Theologie entspricht (ein Gott – ein Volk – ein Land – ein Tempel, s. z.B. Dtn
6; 12)[15], die in exilisch-nachexilischer Zeit für die innere Konstitution des sich
neu bildenden Gemeinwesens in Juda von maßgeblichem Einfluß gewesen
ist[16]. Doch auch bei der Betrachtung der Ausnahmen wird etwas von den
üblicherweise geltenden Regeln deutlich. Daher sei nun der Versuch gemacht,
anhand der Naamanerzählung eine Antwort auf die Frage zu finden nach den
Umgangsweisen des Gottesvolkes Israel mit ‚Heiden' hinsichtlich ihrer Zulassung zur JHWHverehrung und somit auch zum JHWHvolk im weiteren Sinn.

---

[10] GUNKEL 1922, 39.

[11] Als Proselyten werden i. d. R. diejenigen Nichtisraeliten bezeichnet, die durch Beschneidung und Übernahme der vollen Toraverpflichtung dem Judentum offiziell beigetreten sind;
man rechnet mit ihrem Auftreten (in dieser Form!) meist erst ab der hellenistischen Zeit.
Hierzu sowie zur Unterscheidung von Proselyt, Gottesfürchtigem und *ger toshab* s. KUHN
1959, 727–745, LEIPOLDT/GRUNDMANN 1966, 310f, und Bill. II, 715–723.

[12] Vgl. hierzu RENDTORFF 1991, 117f.

[13] So stellen auch die jüdischen Kommentatoren COGAN/TADMOR 1988, 67, fest (und befinden sich damit nicht weit entfernt von der Gunkelschen These): „By forsaking his master's
gods and acknowledging the supremacy of YHWH, *Naaman, in effect, becomes a ‚proselyte'.*
Like other foreigners in this early period (e. g., Ruth), he is *admitted into the community of the
worshippers of YHWH without the requirements of rite of conversion* or polemic which were
the hallmarks of the post-exilic period." [Hervorhebungen P. M.]

[14] Vgl. hierzu die Antwort Elischas an Naaman (2 Kön 5,19), die das Bekenntnis und die
Anliegen des Aramäers bezüglich seiner Glaubenspraxis über den Rang eines rein privaten
Geschehens zwischen Naaman und JHWH hinaushebt und die – aufgrund der Stellung
Elischas als Prophet – u. U. sogar als eine autoritative Äußerung seitens einer von JHWH
selbst legitimierten Instanz des JHWHvolkes gewertet werden darf.

[15] Vgl. ALBERTZ 1989, 45. Vgl. auch den Hinweis von ROBINSON 1976, 52: „There are many
stories in Kings which seem to show that Israel was meant to hate and fear all foreigners – the
story of Elijah's contest on Mount Carmel is an obvious example (1 Kings 18: 17–40) – but this
story goes some way to redress the balance. It takes its place with the teaching given in
Isa. 40–55 and in Jonah".

[16] Vgl. ALBERTZ 1992, 465ff u. 496ff.

2. Der Aramäer Naaman und Elischa (2 Kön 5,1–19.20–27)

Der erfolgreiche aramäische Heerführer Naaman leidet an Aussatz (V. 1). Aufgrund des Rats einer israelitischen Gefangenen (V. 2–4) macht er sich mit einem Sendschreiben seines aramäischen Königs und kostbaren Geschenken auf den Weg nach Israel, um dort Heilung von seiner Krankheit zu suchen (V. 5). Doch der israelitische König wertet das Anliegen Naamans und die Bitte des Aramäerkönigs als Affront gegen seine Person (V. 6f: „...bin ich denn ein Gott...?"). Nur das Eingreifen des Gottesmannes Elischa, der von selbst seine Hilfe anbietet (V. 8), vermag die Entstehung eines politischen Konfliktes zu verhindern. Nun ist Naaman endlich am Ziel seiner Reise angelangt (V. 9). Um so verblüffender erscheint dann der Fortgang der Erzählung (V. 10–12). Es kommt erneut zum Eklat: Naaman entrüstet sich über die wenig ehrerbietige Behandlung durch Elischa (V. 11) und lehnt die durch einen Boten überbrachte Order des Propheten ab, sich siebenmal in den Jordan zu tauchen[17] (V. 12: „Sind nicht... die Flüsse von Damaskus besser als alle Gewässer Israels?... So wandte er sich ab und ging im Zorn."). Naamans Hoffnung auf Heilung scheint ein abruptes Ende zu nehmen. Erst auf die Intervention seiner Diener hin (V. 13) erfüllt er die Auflagen Elischas und wird wieder gesund (V. 14). Zurückgekehrt zum Gottesmann legt er ein einzigartiges Bekenntnis zum Gott Israels ab (V. 15a: „Ja, ich habe erkannt, daß es auf der ganzen Erde keinen Gott gibt außer in Israel"[18]) und bietet ein Dankgeschenk an (V. 15b), das Elischa aber entschieden zurückweist (V. 16). Daraufhin bittet er statt dessen[19] um zwei Maultierlasten israelitischer Erde, „denn dein Knecht wird keinem andern Gott mehr Brand- und Schlachtopfer darbringen als JHWH allein" (V. 17). Allerdings schließt er eine weitere Bitte an, um deren noch verfänglicheren und fragwürdigeren Charakter er wohl selbst weiß, wie an seiner Wortwahl zu erkennen ist: „Im folgenden Punkt möge JHWH deinem Knecht verzeihen: Wenn mein Herr in den Tempel des Rimmon geht, um sich dort zur Anbetung niederzuwerfen, stützt er sich dabei auf meinen Arm, so daß auch ich mich im Tempel Rimmons zur Anbetung niederwerfen

---

[17] HELLER 1990, 38, vermutet, daß die Aufforderung Elischas „an das Gebot der rituellen Bäder bei der Reinigung des Aussätzigen Lev 14" anknüpft, zumal „[a]uch die bedeutsame Zahl sieben... in diesem Kapitel mehrmals" vorkommt. Aus der prophetischen Umbildung der durch Gesetz bestimmten Form (Jordanbad!) schließt Heller (ebd.) mit Bezug auf seine Untersuchung von 2 Kön 2,19–22; 4,42–44 auf ein enges, zugleich aber auch freies Verhältnis Elischas zum Gesetz.

[18] Übersetzung nach SCHMITT 1972, 213; wo nichts anderes vermerkt wird, werden eigene Übersetzungen geboten.

[19] D. h. statt einer Bezahlung Elischas durch ein Geschenk. Der Aramäer hat wohl erkannt, daß Elischa sich nicht als eigentlichen Retter Naamans sieht, sondern nur JHWH der Dank gebührt. Naaman hatte in seinem ersten Dankbarkeitsgefühl zunächst JHWH, dann aber eben auch Elischa als Empfänger seines Dankes und somit als Urheber seiner Genesung betrachtet; erst die Antwort Elischas in V. 16 verweist ihn schließlich auf JHWH allein.

muß, wenn er es tut. In diesem Punkt möge doch JHWH deinem Knecht verzeihen"[20] (V. 18). Auf beide Anliegen hin ergeht Elischas weiterzige Antwort: „Geh in Frieden"[21] und Naaman geht[22] (V. 19). Naaman verläßt Elischa als ein nicht nur an seinem Leib, sondern als ein umfassend Geheilter. Hier erreicht der Text seinen eigentlichen Zielpunkt. Im Anschluß daran findet sich aber noch eine Episode, in der Gehasi, der aus der Erzählung über die Sunamiterin (2 Kön 4,8–37; 8,4f) bekannte Diener Elischas, den entgangenen Prophetenlohn erheischen will und statt dessen – in einer merkwürdig anmutenden Übertragungshandlung – die bereits eliminierte Krankheit Naamans erhält (V. 20–27).

Auffälligerweise werden in 2 Kön 5 kaum Informationen mitgeteilt, die für die Datierung einer Erzählung hilfreich sind: weder datierbare Ereignisse[23] noch die Namen des aramäischen wie des israelitischen Königs. Auch die anderen Personen, die im Anfangsteil der Erzählung eine Rolle spielen, die Frau Naamans und die israelitische Gefangene, die den hilfreichen Ratschlag erteilt, werden nicht mit Namen genannt. Und selbst Elischa, eine der beiden Hauptpersonen der Handlung, der doch wohl mit dem Hinweis auf den „Propheten in Samaria" (V. 3) gemeint sein muß, wird erst in V. 8 namentlich erwähnt. Es scheint, als würde der Erzähler zunächst nur Naaman und Elischa ins Rampenlicht der Darstellung stellen wollen, erst ab V. 20 begegnet – etwas unvermittelt – eine dritte namentlich genannte Person, Gehasi, der Diener Elischas. 2 Kön 5 ist offenkundig komponiert als eine Erzählung mit zwei Protagonisten und einigen wenigen Nebendarstellern[24]. Die Namenlosigkeit

---

[20] Übersetzung von V. 18a.bδ nach SCHMITT 1972, 213.

[21] Gemeint ist: „geh zu-frieden, ver-gnügt, wohl-gemut!" Vgl. hierzu GERLEMAN 1984, 928. Größer kann der Kontrast zum Befinden Naamans am Ende von V. 12 wohl nicht ausgedrückt werden: dort Zorn, hier Zufriedenheit; dort Krankheit, hier Heilsein.

[22] Das Verb הלך spielt in 2 Kön 5 eine signifikante Rolle und wird an entscheidenden Schaltstellen des Textes eingesetzt, so z. B. gerade am Schluß von V. 12, dem großen Kontrapunkt der Erzählspannung, und bei der Antwort Elischas und der Reaktion Naamans in V. 19, dem erzählerischen Zielpunkt des Textes. Die formale Parallele ist um so auffälliger, als beidemal narratives הלך, mit dem das Handeln des Aramäers beschrieben wird (V. 11a u. dann V. 12b: „er ging *im Zorn*"; V. 19b: „und er ging ... "), auf eine Aufforderung des Gottesmannes folgt, die eine Form von הלך enthält (V. 10b: imperativisch gebrauchter absoluter Infinitiv „geh und wasche dich siebenmal im Jordan ... "; V. 19a: Imperativ „geh *in Frieden*").

[23] In 2 Kön 5 finden sich weder explizite Datierungsangaben noch aufgrund anderer Quellen datierbare Ereignisse, s. auch SMELIK 1988, 47 Anm. 1.

[24] Gerade dies ist ja das Bemerkenswerte an der Gehasi-Episode (V. 20–27), daß dort einer der Diener, Gehasi, in besonderer Weise aus der Reihe der anderen herausgestellt wird und zur *dritten* Hauptperson der Erzählung avanciert, wogegen in V. 1–19 die Diener Elischas nie mit Namen genannt werden und damit die Strenge der *nur zwei* Haupthandlungsträger durchgehalten wird; vgl. hierzu SCHMITT 1972, 78f, der auch auf den Wechsel des Erzählthemas in V. 20–27 ausdrücklich verweist und wie VAN DEN BORN 1958, 148, und GRAY 1977, 456, die Gehasi-Episode für eine spätere Erweiterung der Grunderzählung hält. Die Mehrzahl der Ausleger hält es für wahrscheinlich, daß 2 Kön 5 aus zwei bzw. drei literarisch unabhängigen Erzählfäden (mit den Themen Wunder V. 1–14, Bekehrung V. 15–19 und Habgier

der übrigen Personen gibt der Erzählung den Charakter des Zeitlosen, Typischen, Beispielhaften. Es kommt dem Erzähler offenkundig auf die Grundzüge der Rollen an und weniger auf ihre historisch konkrete Ausgestaltung. Er typisiert, was sich auch am vielseitig verwendeten Stilmittel der Kontrastierung[25] zeigt: Der König von Aram ist eben ein mächtiger Gegenspieler des israelitischen Königs einerseits und Herr seines Knechts Naaman andererseits, und nichts anderes an ihm ist für den Verlauf der Erzählung von Interesse[26]. Ähnlich steht es um die israelitische Dienerin der Ehefrau des Naaman. Durch sie wird Naaman auf den Weg nach Israel gebracht. Diese Beobachtungen bieten für die Bestimmung der Erzählform und damit auch für die sachgemäße Interpretation von 2 Kön 5 einige nicht unwesentliche Hinweise. Dies sind erste Hinweise darauf, daß hier die Gattung einer typisierenden *Lehrerzählung* mit Beispielcharakter zugrunde liegen könnte.

Von Anfang an wird in der Erzählung herausgestellt, daß JHWH hinter allem Heilshandeln steht. Sein Wirken wird durch das Handeln von Menschen transparent gemacht. Schon in V. 1a heißt es, JHWH habe durch Naaman Aram Siege verliehen[27], eine im Kontext der israelitischen Aramäerkriege

---

V. 20−27, wobei die ersten beiden z. T. zu einem einzigen vereint werden) entstanden ist, so z. B. (zusätzlich zu den bereits genannten) BRONGERS 1970, SCHULT 1975, SEEBASS 1982, HENTSCHEL 1982 u. 1985, JONES 1984, WÜRTHWEIN 1984 und sinngemäß auch SIEGERT 1974. In jüngster Zeit wird jedoch stärker die literarische Integrität des Textes befürwortet, so z. B. von ROFÉ 1974 u. 1988, REHM 1982, STIPP 1987, COGAN/TADMOR 1988 und MOORE 1990. Wie man sich im einzelnen auch entscheiden mag, eine thematische Dreiteilung mit drei verschiedenen erzählerischen Schwerpunkten ist dennoch deutlich zu erkennen und wird auch von den meisten Vertretern der Einheitlichkeitshypothese offen zugestanden: V. 1−14. 15−19*.20−27. Auch bei COHN 1983, 171f, und SMELIK 1988, 30−33, die beide ebenfalls für eine literarische Einheitlichkeit von 2 Kön 5 plädieren, bildet die Gehasi-Episode einen eigenen Unterabschnitt der Gesamterzählung. Cohn zerlegt 2 Kön 5 in drei „units": A 1−14; B 15−19; C 20−27, während Smelik eine Unterteilung in sechs Abschnitte vorschlägt: I 1; II 2−7; III 8−14; IV 15−19; V 20−24; VI 25−27, wobei er aber durchaus die stärkere inhaltliche Zusammengehörigkeit von I−III sowie von V−VI anerkennt und die Möglichkeit der Verwendung älterer Vorlagen keineswegs ausschließt, so z. B. aaO. 47 [Hervorhebungen P. M.].

[25] S. hierzu v. a. VON RAD 1974, der dies im Rahmen seiner Nacherzählung deutlich herausgearbeitet hat, und in Kurzform bei VON RAD 1975, 39f, sowie die listenartige Zusammenstellung bei SMELIK 1988, 45.

[26] Wenngleich Naaman nach der Heilung in V. 15.17f sich selbst gegenüber Elischa fünfmal als „dein Knecht" bezeichnet (s. BALTZER 1975, 104) und damit Elischa als Herrn über sich anerkennt, so nennt er in V. 18 den König von Aram weiterhin „mein Herr" (vgl. die indirekte Formulierung von V. 1.4 „sein Herr"); weitere Belege für diese Formel aus dem Munde des jeweils Rangniederen aus der judäischen Königszeit bei SMELIK 1988, 38. Naaman erkennt demzufolge zwei irdische Herren an: den aramäischen König als politisch-staatlichen Oberherrn und Elischa quasi als „religiöses" Oberhaupt (bzw. als Mittelsmann JHWHs, vgl. V. 18). Diese Praxis wird von Elischa lt. V. 19 durchaus gebilligt (vgl. Anm. 21), zumindest aber nicht ausdrücklich abgelehnt.

[27] Während in Jes 5,25ff; 10; Jer 25,9; 27,6 bzw. Jes 45,1 JHWH fremde Völker und Könige als Werkzeuge für sein Gerichts- bzw. Heilshandeln an Israel benutzt, geschieht sein Eingreifen durch Naaman zum Wohl Arams, also zugunsten eines ,heidnischen' Volkes.

(1 Kön 20; 2 Kön 6f u. ö.) erstaunliche Aussage. Allerdings wird im weiteren Verlauf der Erzählung kein aktives Eingreifen JHWHs mehr berichtet, wenngleich an mehreren Stellen deutlich wird, daß die Heilung Naamans (bzw. die Bestrafung Gehasis) letztlich JHWH zu verdanken ist[28]. An seiner Statt greift Elischa als Repräsentant und Bevollmächtigter JHWHs in das Geschehen ein (V. 8ff)[29]. JHWH ist in der Erzählung letztlich als der mittelbar Wirkende dargestellt[30] und findet – abgesehen von V. 1a – nur durch die namentliche Erwähnung seitens der Protagonisten Eingang in die Handlungsebene (V. 11.16–18.20; implizit in V. 15a). Elischa aber ist derjenige, durch dessen Handeln JHWHs Wirken in Israel offenkundig zutage tritt (V. 8b: „dann wird er [Naaman] erfahren, daß es einen Propheten gibt in Israel"). Der Beziehung Elischa – Naaman im Vordergrund der Erzählung entspricht also die *Beziehung JHWH – Naaman* in der Tiefenstruktur des Textes[31] (V. 15a: „Ja, ich habe erkannt, daß es auf der ganzen Erde keinen Gott gibt außer in Israel"). Diese Gottesbeziehung bzw. ihre angemessene Umsetzung in konkrete Lebensvollzüge ist das eigentliche Leitthema von 2 Kön 5,1–19.

In V. 15–19 wird nun im einzelnen verdeutlicht, welches Bekenntnis und welche Verehrungsformen daraus erwachsen und als durchaus JHWH gemäß legitimiert werden können. Während in V. 15 das monotheistische Bekenntnis eines ‚Heiden' zum Gott Israels formuliert wird, geht es in V. 17f um die mögliche Umsetzung dieses Bekenntnisses in konkrete Lebenspraxis außerhalb Israels. Interessanterweise sind beide Konkretisierungsvorschläge Naamans der Sache nach für israelitische Ohren recht mißverständlich angelegt. So scheint Naaman in V. 17 ein *magisch-dingliches* Verständnis der Bedeutung des Landes Israel für die rechte JHWHverehrung an den Tag zu legen[32]. Und V. 18 könnte man dahingehend mißinterpretieren, als ginge es Naaman nur um einen *verinnerlichten* Glauben und ein bloßes Lippenbekenntnis zu JHWH. V. 17 aber belegt im Gegenüber zu V. 18, daß Naaman sehr wohl zeichenhafte *äußere* Formen sucht, um im eigenen Land, also außerhalb Israels, seiner JHWHverehrung Ausdruck zu verleihen – es geht ihm demnach auch um *religio bzw.* λατϱεία, nicht nur um *confessio*. Allerdings ist es in diesem Zusammenhang

---

[28] So z. B. implizit in der Frage des israelitischen Königs (V. 7a: „… bin ich denn ein Gott …?") [, im Grübeln Naamans (V. 11b)] und in der ablehnenden Antwort Elischas auf Naamans Dankgeschenk hin (V. 16). Von Rad 1974, 54, geht sogar noch einen Schritt weiter und sieht bereits in der kleinen israelitischen Sklavin, die im Dienst der Frau Naamans steht (V. 2–4), das „erste Werkzeug, das Gott zur Rettung dieses Mannes ausgesetzt hat".

[29] Dies ist bezeichnend für die in der Erzählung vertretene Auffassung der Beziehung zwischen JHWH, dem Gott Israels, und Elischa, seinem Propheten, s. hierzu auch Smelik 1988, 44.46.

[30] So auch Meinhold 1979, 42.

[31] In ähnlicher Weise gilt dies auch für die Gehasi-Episode (V. 20–27), in der vordergründig Elischa und Gehasi, eigentlich aber JHWH und Gehasi eine Auseinandersetzung führen.

[32] Der Wunsch des Aramäers, zwei Maultierlasten israelitischer Erde nach Damaskus mitzuführen, wirkt jedenfalls nach dem Bekenntnis von V. 15a etwas befremdlich.

auffällig, daß Elischa, der Israelit und Prophet JHWHs, Naaman keinerlei religiöse Pflichten auferlegt, ja überhaupt keine Leistungen (z. B. Toraeinhaltung, Beschneidung o. ä.), die er zu erbringen hätte. Elischa reicht das Bekenntnis Naamans völlig aus, und er gewährt Naaman das Ansinnen, JHWH *religio bzw.* λατρεία zu erweisen durch Opfergaben auf einem Altar, der vermutlich auf der mitgenommenen israelitischen Erde errichtet werden sollte[33].

V. 18 behandelt ein Problem, das sich wegen der hohen gesellschaftlichen Stellung Naamans ergibt, nämlich die (notwendige) Teilnahme Naamans am „Rimmon"-Kult[34] als Begleiter seines Königs (V. 18). Von Elischa, dem israelitischen Propheten(!), wird auch dies gestattet (V. 19a)[35]. Diese „Anstößigkeit" der Textaussage wird aber in atl. Zeit offenkundig nicht als unvereinbar mit dem JHWHglauben aufgefaßt. Sonst wäre es kaum zu erklären, warum der Text an dieser Stelle so einwandfrei überliefert worden ist. Eine Tilgung von V. 18 böte erzähltechnisch kein Problem. V. 19 wäre dann eben die Antwort Elischas auf das erste Anliegen Naamans, also die Erlaubnis der Mitnahme israelitischer Erde. Gerade die Beibehaltung von V. 18 im Duktus der vorliegenden Geschichte muß einen Grund haben, der in der Erzählung selbst liegt. Und auch die Abfolge „monotheistisches Bekenntnis zum Gott Israels – Opfer in der Heimat außerhalb Israels (Diaspora) auf israelitischer Erde – Rücksicht auf die dortige Mitwelt aus staatspolitischen Gründen" scheint kein Zufall, sondern planvolle erzählerische Absicht zu sein. Es werden nämlich in V. 17 bzw. V. 18 zwei extreme Positionen hinsichtlich der Konkretisierung des monotheistischen Grundbekenntnisses in alltägliche religiöse Praxis vor Augen gestellt und durch die doppelte Gewährung so aufeinander bezogen, daß sie sich gegenseitig kontrollieren. Auf diese Weise entsteht nun ein neues Drittes, eine echte Synthese, die möglichen Mißdeutungen der jeweiligen Einzelpositionen (nämlich in V. 17 ein magisch-dingliches und in V. 18 ein rein innerliches Glaubensverständnis Naamans zu sehen) entgegenwirkt. So wehrt einerseits V. 17 jedes rein innerliche Glaubensverständnis entschieden ab (V. 15–19 ohne V. 17 könnte einem solchen Verständnis nämlich durchaus Vorschub leisten). Andererseits wehrt V. 18 die Umsetzung des monotheistischen Bekenntnisses in eine rein magisch-dingliche Religiosität ab. Es könnte sonst der Eindruck entstehen, als sei „heilige" Erde aus dem „heiligen" Land eine notwendige Voraussetzung für legitime JHWHopfer.

---

[33] S. hierzu SCHULT 1975, 10; ähnlich SCHMITT 1972, 128 Anm. 1. WÜRTHWEIN 1984, 301 Anm. 24, nennt Beispiele für vergleichbare Bräuche von Diasporajuden aus späterer Zeit.

[34] „Rimmon" ist vermutlich eine entstellte Lesart von „Ramman", d. h. „der Donnerer", ein Beiname des Gottes Hadad. Näheres darüber (und über die altsyrischen Religionen insgesamt) bei GESE 1970, bes. 220.

[35] PREUSS 1984, 198, charakterisiert dieses Verhalten Elischas als „nichts anders als das, was wir heute vom Neuen Testament her die Gerechtsprechung eines Sünders allein aus Gnaden nennen würden".

Der in 2 Kön 5,15–19 dargestellte JHWHglaube eines ‚Heiden' trägt durchaus Züge, die ihm einen lehrhaften Beispielcharakter verleihen. In Naaman könnte uns auch der Prototyp eines allein JHWH verehrenden ‚Heiden' begegnen. Vielleicht hatte Gunkel dies ausdrücken wollen, als er Naaman den „erste[n] Proselyt der Jahwe-Religion" nannte[36].

Dies gibt erneut Hinweise auf die in 2 Kön 5 vorliegende Gattung. Sie ist in Weiterentwicklung der Erkenntnisse von Rofé und Cohn als exemplarische Lehrerzählung zu bestimmen[37], die bestimmte Grundanschauungen anhand eines Beispiels lehrhaft verdeutlichen soll. In 2 Kön 5 ist eine ganze Reihe von solchen Einsichten enthalten, angefangen vom im Laufe des Erzählfortgangs korrigierten Mißverständnis, daß der israelitische König selbst Naaman heilen könnte (V. 5–7) bis hin zum geradezu mustergültigen Bekenntnis Naamans (V. 15) und seinen Bitten bezüglich seiner Umsetzung dieses Bekenntnisses in konkrete Lebenspraxis in seiner Heimat (V. 17f), die von Elischa in einer nahezu modellhaften Antwort gewährt werden (V. 19). Dies alles erweckt letztlich auch den Eindruck, als könnte in 2 Kön 5 weniger eine tatsächliche Begebenheit aus dem Leben Elischas bzw. Naamans dargestellt worden sein, sondern als wäre vielmehr mit Hilfe dieser beiden Protagonisten ein Fallbeispiel konstruiert worden. Das Bekenntnis zum Gott Israels aus dem Munde Naamans wäre dann tatsächlich so etwas wie eine Musterformulierung eines solchen monotheistischen Credos. Die Bitten, die isoliert betrachtet eher Extrempositionen möglicher Verehrungsformen JHWHs in nichtisraelitischer Mitwelt umschreiben (s. o.), könnten tatsächlich die Pole markieren, zwischen denen sich zulässige, legitime Sonderformen der JHWHverehrung außerhalb des Landes Israel bewegen durften. In dieser Sicht wird Naaman zum Prototyp des JHWHverehrers außerhalb Israels, der auf keine genealogisch abgesicherte Zugehörigkeit zum Volk Israel zurückgreifen kann und dessen Teilhabe an der JHWHverehrung dennoch als legitim betrachtet wird. Auf diese Weise gewinnt auch er Zugang zum JHWHvolk, ohne daß dies in der Erzählung ausdrücklich thematisiert wird.

Demgegenüber ist der Versuch von Schult, anhand der Texte Jdt 14,6 (V) = 14,10 (LXX); Est 8,17 (vgl. 9,1ff); 2 Makk 3, bes. 24ff; 9,17; Jon 1,9.14–16; Dan 2–4; 2 Chr 33,11–13; Jos 2,9–11; 9, bes. 9f.24f[38]; Ex 18 eine Gattung Bekehrungsgeschich-

---

[36] Gunkel 1922, 39 (s. Anm. 10).

[37] Rofé 1974, 147, u. 1988, 129, und Cohn 1983, 183, bestimmen die Gattung als „ethical legenda" bzw. „didactic legendum"; sie betonen allerdings zu stark das Element des Wunderhaften und Magischen, weshalb ich ihrer Einstufung von 2 Kön 5 als „Legende" nicht ganz zustimmen kann und lieber allgemeiner von einer „Erzählung" reden möchte.

[38] Anhand der beiden Texte aus dem Josuabuch hat Bächli 1970, 21–26, versucht aufzuzeigen, daß Fremde (Rahab bzw. die Gibeoniten) in die altisraelitische Kultgemeinde aufgenommen werden konnten, wenn sie sich mittels des Bekenntnisses zu JHWH der Ordnung und dem Heilshandeln des Bundesgottes unterwarfen.

ten im Alten Testament zu verifizieren, hinsichtlich des formgeschichtlichen Ergebnisses negativ zu bewerten, in traditionsgeschichtlicher Hinsicht allerdings recht aufschlußreich[39].

Um den zeitgeschichtlichen Hintergrund von 2 Kön 5 und die Stellung seiner Beispielantworten im damaligen Kontext erhellen zu können, wenden wir uns nun der Frage einer möglichen Datierung zu. Für die Datierung der Erzählung wird heute einhellig eher die nach- denn die vorexilische Zeit in Betracht gezogen. Die Spannbreite reicht aber von einer Ansetzung in vorexilischer Zeit bis hinein in die hellenistische Ära[40]. Bei einer vorexilischen Datierung erhebt sich die Frage, weshalb die Deuteronomisten eine solche Geschichte im Rahmen ihres Geschichtswerks ohne korrigierende Zusätze tradiert haben, denn die Formulierungen von V. 17−19 stehen ja im eklatanten Gegensatz zum dtr. Programm[41]. Eine nachexilische Datierung, die zumindest für den Abschnitt

---

[39] SCHULT 1975, 3−5, verweist in diesem Zusammenhang auf eine Untersuchung von P. HEINISCH (Die Idee der Heidenbekehrung im A.T., BZfr 8/1−2, Münster 1916), der er wohl diese Textzusammenstellung entnommen hat.

[40] Falls eine vorexilische Datierung in Frage kommt, dann ist wohl am ehesten denkbar, daß die V. 15−19 eine Situation nach 722 v. Chr. im Nordreich widerspiegeln, also in Samaria und Umgebung (vgl. V. 3, sonst ungebräuchliche Bezeichnung für Elischa!), wo durch die Deportations- und Umsiedlungspraxis der Assyrer eine Mischbevölkerung entstanden war, die notgedrungen mit dem Problem des Zusammenlebens mit fremden, nichtisraelitischen Mitmenschen fertig werden und Lösungen hierfür finden mußte (die Texte der sog. elohistischen Pentateuchschicht könnten einen schriftlichen Niederschlag dieser Situation bieten, so SCHMITT 1986, 103−106, bes. 103 Anm. 103, im Anschluß an MEINHOLD 1975, 320−323, u. SCHMITT 1992, 210−213; Schmitt weist darauf hin, daß innerhalb dieser Textgruppe auch Heiden Offenbarungs- und Rettungserfahrungen durch den einen israelitischen Gott zuteil werden, daß „Israel ... gegenüber der Völkerwelt dadurch ausgezeichnet" ist, „daß es Propheten besitzt", daß „nach dem Ende der Staatlichkeit Israels die Prophetie die Führung des Gottesvolkes zu übernehmen hat" und daß „Gott ... nicht direkt in die Geschichte" eingreift, „sondern ... dazu Mittler" gebraucht, SCHMITT 1986, 101.105.106, u. DERS. 1992, 213, vgl. hierzu bes. 2 Kön 5,8.15−19). Auch ROFÉ 1988, 131, hält als Hintergrund des Textes die Zerstreuung der Nordreichbevölkerung durch die Assyrer für wahrscheinlich und datiert den Text in das ausgehende 8. bzw. in das beginnende 7. Jh. v. Chr. Für eine konsequente Spätdatierung in die hellenistische Zeit plädiert hingegen SCHULT 1975, 13, weil er der Meinung ist, daß 2 Kön 5 das historisch verifizierbare Auftreten jüdischen Proselytentums bereits voraussetzt. Demgegenüber vertritt SCHMITT 1972, 128, mit seiner Ansetzung von V. 15−19 in die erste Hälfte des 5. Jh. v. Chr. aufgrund von sprachlichen Beobachtungen (v. a. das Verb סלח, V. 18) eher die *communis opinio*; die Grundschicht von V. 1−14 setzt er gegen Ende des 9. Jh. an, aaO. 108, für V. 20−27 und V. 15−19 als terminus a quo, aaO. 129 (ähnlich auch WÜRTHWEIN 1984, 302). Die Vertreter der literarischen Einheitlichkeit von 2 Kön 5 enthalten sich entweder jeglicher Datierungsversuche, so z. B. COHN 1983, STIPP 1987, SMELIK 1988 oder argumentieren konservativ und setzen den ganzen Text im ausgehenden 9. Jh. v. Chr. an, wie z. B. COGAN/TADMOR 1988, 67, und REHM 1982, 61.

[41] Vgl. ALBERTZ 1989, 45 (s. Anm. 15). Auch REHM 1982, 65, weist auf diese Differenz hin, zieht aber hinsichtlich der Datierung andere Konsequenzen: „Das dtr Grundgesetz, das Jerusalem als einzige Opferstätte und die levitischen Priester als alleinige Kultdiener anerkannte, war dem vor-dtr Verfasser noch unbekannt."

V. 15—19 weitgehend angenommen wird, könnte dazu beitragen, die in späterer, vermutlich talmudischer Zeit tatsächlich als anstößig getilgten Aussagen[42]
als Produkt der nachexilischen Zeit zu betrachten und somit eine nachdtr.
Bearbeitung oder Gesamtkomposition der Erzählung für wahrscheinlich zu
erachten. Dies würde zumindest erklären können, warum die Deuteronomisten die Geschichte (bzw. diejenigen Passagen, die ihren Widerspruch erregen
könnten) nicht getilgt oder zumindest theologisch gereinigt haben[43].

Allerdings bliebe selbst dann eine Frage offen, nämlich, warum bei einer
Ansetzung in nachexilischer Zeit weder *Beschneidung* noch *Sabbateinhaltung*[44]
erwähnt oder gefordert werden. Diese beiden Kennzeichen gelten doch weithin geradezu als Erkennungsmerkmale des nachexilischen JHWHvolkes[45].
Darüber hinaus wird aber auch eine *Gesetzesobservanz* nicht gefordert (vgl. die
Bestimmungen in Jes 56,3—8). Wie ist dies möglich, angesichts des Vorherr-
schens der deuteronomistischen Gemeindekonzeption bzw. einer durch die
strengen Reformen Esras und Nehemias geprägten JHWHgemeinde zumindest in der Provinz Jehud? Die in 2 Kön 5 gewährten Formen der JHWHverehrung bleiben auch von einem nachexilischen Hintergrund her betrachtet ungewöhnlich und scheinen eher einen Sonderfall denn den Hauptstrom legitimer
JHWHverehrung zu belegen.

An dieser Stelle erscheint es nicht ganz unwichtig, die textlichen Hinweise
auf Lokalitäten im Gebiet des Nordreiches einer näheren Prüfung zu unterzie-
hen. Die Erzählung spielt nach einem kurzen Vorspiel in Aram (V. 1—3)
vorwiegend im Nordreich Israel. V. 3 erwähnt ausdrücklich den „Propheten in
Samaria", der Abhilfe gegen den Aussatz Naamans schaffen kann. Diese
Hinweise belegen eindeutig, daß als Hintergrund der Erzählung nur das Nordreich, also Israel bzw. Samaria, nicht aber Juda oder Jerusalem in Frage
kommen. Auch die übrigen Elischaerzählungen (2 Kön 2—9; 13) spielen vorwiegend im Nordreich.

Und doch ist es hier auffällig, daß Elischa als „Prophet in Samaria" bezeich-

---

[42] Einige Exegeten machen darauf aufmerksam, daß V. 18f in der Zeit des rabbinischen
Judentums als anstößig empfunden und gereinigt worden sei; einen Hinweis auf solche Texte –
ohne konkrete Angaben allerdings – geben von Rad 1974, 60, und mit Berufung auf diesen
auch Würthwein 1984, 302; bei Bill. II, 715—723, bes. 722, findet sich Material (z. B. bSanh
96b), das Rückschlüsse in o. g. Richtung zuläßt. Eine ausführliche textkritische Diskussion zu
V. 18f bietet Montgomery 1951, 375.379.

[43] Eine Textänderung im Sinne des dtn.-dtr. Gesetzes wäre leicht zu bewerkstelligen; denn
eine Auslassung von V. 17f würde im Erzählablauf von 2 Kön 5 keine auffällige Lücke
hinterlassen.

[44] Vom Sabbathalten ist in 2 Kön 5 nicht die Rede, nur vom Opfern vermutlich auf einem
auf israelitischer (Nordreich-!)Erde errichteten Altar in Syrien.

[45] S. hierzu z. B. Albertz 1992, 422—427, der darüber hinaus auch die Speisebräuche und
das Passafest zu den wichtigen Elementen der nachexilischen Religion zählt.

net wird (V. 3)[46]; denn dies ist sonst an keiner Stelle des AT mehr der Fall[47]. Weshalb wird in 2 Kön 5 also darauf Wert gelegt? Naaman wird auf diese Weise ganz betont auf die Hilfe eines Propheten aus *Samaria* verwiesen (als Mittler des Heilshandelns JHWHs). Die Darstellung des israelitischen Königs und seiner Reaktion (V. 6f) verstärkt das Nordreichambiente der Erzählung. Und schließlich ist es bei aller exegetischer Vorsicht dennoch auffällig, daß Naaman hier letztlich um die Mitnahme von *Samaria*-Erde und nicht von Jerusalem- oder Juda-Erde bittet! Es scheint, als ginge es in 2 Kön 5 nicht nur um die Legitimierung von Naamans Form der JHWHverehrung als Prototyp einer zulässigen Sonderform, sondern ebenso darum, dem Nordreich Israel einen Propheten als legitimen JHWHrepräsentanten zuzugestehen (vgl. V. 8b: „... erkennen, daß es einen Propheten gibt in Israel" = Nordreich!). Elischas Handeln an Naaman ist demnach legitim, auch wenn die dabei gewährte Form der Hauptlinie judäischer JHWHverehrung nicht entspricht. Die Aufnahme der Erzählung in das deuteronomistische Geschichtswerk belegt dies ganz eindeutig. Daher könnte die Vermutung nicht ganz von der Hand zu weisen sein, daß 2 Kön 5 als Lehrbeispiel gegen Tendenzen in Juda angehen will, die die Entwicklungen im Nordreich nach dessen Fall kritisch bis ablehnend betrachteten. Denn nach 722 v. Chr. entstand aufgrund der assyrischen Deportationspolitik auf dem Gebiet des ehemaligen Nordreichs eine Mischbevölkerung, weshalb in Juda die dort praktizierten Formen der JHWHverehrung zunehmend auf Ablehnung stießen. In diese Situation hinein will die Naaman-Elischa-Erzählung sagen: Es gibt auch noch andere Lösungsmöglichkeiten für eine legitime Umsetzung des monotheistischen Bekenntnisses zu JHWH, dem Gott Israels, als die des DtrG bzw. des Esra und des Nehemia, die sich in Juda im Laufe der exilisch-nachexilischen Entwicklung weitgehend als Hauptrichtung durchgesetzt haben[48].

In merkwürdiger Analogie wird sehr viel später, bei Josephus, eine Diskussion berichtet um zwei ähnlich unterschiedliche Formen der Konkretisierung des Bekenntnisses zum Gott Israels durch einen Nichtisraeliten in hoher gesellschaftlicher Stellung, nämlich in einer Episode, die Josephus im Rahmen seines Berichtes von der Konversion einiger Mitglieder des Königshauses von Adiabene mitteilt.

---

[46] Am häufigsten wird Elischa „der Gottesmann" (2 Kön 4,7.21f; 5,8.14f; 6,6.15 u. ö.) genannt, aber auch mit „der Prophet" (2 Kön 5,13; 9,1) oder „der Prophet in Israel" (2 Kön 6,12; vgl. 5,8) betitelt.

[47] In 2 Kön 2,25; 6,19.20 wird Elischa zwar mit Samaria in Verbindung gebracht (indem erzählt wird, daß er sich dorthin begibt), aber nicht als „Prophet in Samaria" o. ä. bezeichnet.

[48] Nach all dem zu urteilen, was wir aufgrund der spärlichen Quellenlage für die nachexilische Zeit rekonstruieren können, s. DONNER 1986, 416ff; in rabbinischer Zeit scheint der (volle) Zugang zum Gott Israels eindeutig nur über Beschneidung, Tauchbad und volle Toraobservanz möglich gewesen zu sein, s. SCHÜRER 1986, 150–176.

3. Iazathes von Adiabene und Ananias
(Jos Ant 20,2, bes. 20,2.4)

Iazathes von Adiabene[49] (ca. 36–60 n. Chr.[50]) will sich beschneiden lassen, um den wahren einzigen Gott, den Gott Israels, zu verehren[51]. Seine Mutter Helena und sein Glaubenslehrer Ananias, ein jüdischer Kaufmann den Iazathes in Charax Spasini (20,2.3) kennengelernt hat[52], raten ihm, im Blick auf seine gesellschaftliche Stellung (als König und somit Vorbild seiner Untertanen) von seinem Vorhaben Abstand zu nehmen. Nach Ananias reicht es völlig aus, die „väterliche Tradition der Juden"[53] einzuhalten, die wichtiger als die Beschneidung sei (Jos Ant 20,2.4). Eleazar hingegen, ein Jude aus Galiläa, der nach Josephus den Ruf besaß, es mit der väterlichen Tradition sehr genau zu nehmen[54], macht Iazathes deutlich, daß er sich am mosaischen Gesetz und auch an Gott selbst verfehlen würde, wenn er sich nicht beschneiden ließe. Daraufhin läßt Iazathes sich beschneiden, so wie es sein ursprünglicher Wunsch gewesen war. Die von Ananias und Helena befürchteten negativen Folgen im Volk von Adiabene bleiben aus. Interessant und ungewöhnlich an diesem Bericht des Josephus ist nicht der Ausgang der Geschichte. Auffällig und spannend ist der Lösungsvorschlag des Ananias, eines Juden, der vermutlich in Adiabene, also von Palästina aus betrachtet in der Diaspora lebt, und der mit Rücksicht auf die gesellschaftliche Stellung des Iazathes ein Proselytentum für möglich und durchführbar erklärt, das von der vollen Einhaltung des mosaischen Gesetzes, insbesondere der Beschneidung, absieht („Gott selbst werde es ihm [= Iazathes] wohl nachsehen"). Das Bemerkenswerte hieran ist, daß die Einhaltung der väterlichen Tradition der Juden als weniger gesellschaftlich auffällig empfunden worden ist als die Beschneidung, die doch in der Öffentlichkeit kaum sichtbare Konsequenzen nach sich gezogen haben dürfte. In dieser Geschichte stehen sich zwei innerjüdische Auffassungen von Proselytentum gegenüber: zum einen die bekannte Position der vollen Einhaltung des Gesetzes (einschließlich des Beschneidungsgebots), zum anderen die der Verehrung Gottes unter Einhaltung der kultischen Gesetzesbestimmungen u. a. m.

---

[49] Das Königreich von Adiabene lag nördlich von Assur, östlich des Tigris, südlich von Armenien, also ungefähr im Gebiet des heutigen Nordirak, DE LANGE 1984, 26.

[50] Nach DE LANGE 1984, 26.

[51] Auf diese interessante Begebenheit weist auch FELDMEIER 1992, 131 Anm. 185, hin. Ausführlicheres zur Konversion des Königshauses von Adiabene bei NEUSNER 1964, 60–66; LEIPOLDT/GRUNDMANN 1966, 310f; SCHIFFMAN 1982, 247–265, sowie DERS. 1987, 293–312.

[52] Josephus berichtet über die Person des Kaufmanns Ananias keine weiteren Details; aus der Darstellung in Jos Ant 20,2 geht lediglich hervor, daß er wohl in der Diaspora Handel trieb und dort vermutlich lebte.

[53] Was mit „ζηλοῦν τὰ πάτρια τῶν ᾿Ιουδαίων" konkret gemeint ist, wird im Text nicht genauer definiert; nur von der Beschneidung wird (an dieser Stelle!) ausdrücklich abgesehen. Vermutlich ist an die Opferpraxis, an Speisegebote u. ä. zu denken.

[54] Jos Ant 20,2.4.

(ohne Beschneidung). Während die erste Position reich belegbar ist, findet sich für die zweite innerhalb der jüdischen Tradition (auch in der Diaspora) nur wenig Analoges[55].

Drei auffällige Beobachtungen ergeben sich aus den Antworten in dieser Geschichte:

1. Zum einen stehen sich zwei *Alternativen* für die Umsetzung des monotheistischen Bekenntnisses zum Gott Israels in praktische Lebensvollzüge gegenüber: die *Verehrung* JHWHs gemäß der jüdischen Väterüberlieferung (Ananias) oder, wie es Eleazar fordert, die *Beschneidung* und als Folge davon vermutlich auch die volle Toraobservanz[56].

2. Auffällig ist ferner, daß die erstere, offenere Antwort ein Jude gibt, der in der Diaspora lebt und wirkt, während die zweite, rigorosere Antwort von einem Juden stammt, der aus Galiläa kommt, aus einem Teil des jüdischen Stammlandes also. Gibt es demnach auf die Frage nach der rechten Umsetzung des Bekenntnisses zu JHWH in die Lebenspraxis (praxis pietatis) eine charakteristisch unterscheidbare Antwort zwischen den Vertretern des Diasporajudentums (Mesopotamiens) einerseits und solchen aus dem palästinischen Judentum andererseits?

3. Und zuletzt scheint die Frage nach der Rücksicht auf die nichtjüdische Mitwelt für die Differenz in der Antwort eine entscheidende Rolle zu spielen, jedenfalls nach der Antwort des Ananias zu urteilen!

Die Lösung des Galiläers Eleazar beruht letztlich auf der Überzeugung, daß die volle Gesetzeskonformität wichtiger ist als die Rücksichtnahme auf negative gesellschaftliche Auswirkungen in deren Folge (Jos Ant 20,2.4). Demgegenüber nimmt Ananias im Blick auf den Umgang mit der gesellschaftlichen Stellung die Gegenposition ein. Auch die Naamanerzählung weist in eine ähnliche Richtung. Elischa gewährt Naamans Anliegen, der unter Hinweis auf seine hohe Stellung am Hof seines Königs die Bitte äußert, als rechte Hand seines Herrn mit in den Tempel des Rimmon gehen zu dürfen, um dort die Proskynese zu erweisen (2 Kön 5,18f). Angesichts des monotheistischen Bekenntnisses Naamans zu JHWH ist dieser Wunsch an sich schon erstaunlich. Weit erstaunlicher ist allerdings, daß Elischa sich gegen Naamans Ansinnen

---

[55] SCHÜRER 1986, 163–165, bietet aus der antiken Literatur eine Reihe von Hinweisen auf eine differenziertere Praxis im Umgang mit Nichtisraeliten, die dem Gott Israels Verehrung zuteil werden ließen (z. B. Tertullian Nat I 13,3–4 oder Juv XIV 96–106), und kommt zu folgendem Fazit: „The possible forms of the union of gentiles to Judaism, and the extent of their observation of the Jewish Law, were clearly very varied. Tertullian speaks of gentiles who worshipped their pagan gods as well as observing individual Jewish precepts ... On the other hand, those who underwent circumcision presumably undertook thereby the obligation to observe the entire Law to its full extent... Between these two extremes there were presumably various intermediate positions" (164).

[56] Dies wird bei Josephus nicht explizit erwähnt und ist daher nur hypothetisch vermutbar, letztlich aber nicht definitiv erschließbar.

nicht verwahrt und es eindeutig zurückweist. Ebenso bemerkenswert ist es schließlich, daß 2 Kön 5 (einschließlich V. 15–19!) als Teil des DtrG Aufnahme unter die kanonischen Schriften des Judentums gefunden hat. Es kann somit als eine kanonisch akzeptierte und damit legitime Möglichkeit der Umsetzung des JHWHbekenntnisses in Lebenspraxis gelten, wenngleich diese Lösung nicht von den besonderen äußeren Bedingungen abstrahiert gesehen werden darf (Naaman als Nichtisraelit, der außerhalb des jüdischen Kernlandes lebt und Rücksicht auf seinen gesellschaftlichen Rang nehmen muß).

Von daher ist es durchaus denkbar, daß sich im Judentum erst nach der Kanonisierungsphase eine strengere Auffassung durchgesetzt hat hinsichtlich der Auflagen, die einem Nichtisraeliten gemacht werden müssen, der den Wunsch hegt, den Gott Israels voll und ganz zu verehren[57]. Das Beispiel von Iazathes könnte ein Stadium auf dem Weg zu einer verbindlicheren und allgemeiner (d. h. sowohl in der Diaspora als auch im Stammland) gültigen Regelung belegen: Einerseits gab es offenkundig unter den Juden selbst unterschiedliche Auffassungen über die von ‚heidnischen' JHWHverehrern zu erfüllenden religiösen Pflichten. Andererseits setzte sich im Verlauf der Diskussion um Iazathes nach der Darstellung des Josephus die rigidere Haltung durch, ohne daß dies allein auf einleuchtendere Argumente seitens Eleazars zurückgeführt werden konnte[58].

Mit dem Aufkommen christlicher Gemeinden, die ja zunächst als Teile jüdischer Gemeinden entstanden, und der Trennung von Synagoge und Kirche mußten wohl festere Regeln für die Zugehörigkeit eingehalten werden. Die Entwicklung zu solcher Regelhaftigkeit könnte mit 2 Kön 5 (in ganz weitherziger Weise) eingesetzt haben. Die Josephusepisode könnte dann den endgültigen Übergang zu einem fester reglementierten Zugang zur JHWHverehrung markieren, während die Tendenzen, die schon in der hellenistischen Zeit und gerade in der Makkabäerzeit zur Abwehr von zu starken Fremdeinflüssen auf die jüdische Religion deutlich eingesetzt haben[59], eine Zwischenphase bilden könnten.

Naaman, der Nichtisraelit, der ethnisch nicht zum Volk gehörige und Unbeschnittene, ein ‚heidnischer' Militär, wird zum Zeugen JHWHs, des Gottes Israels, und seines Heilswillens auch für die fremden Völker, weil ein israelitisches Mädchen außerhalb Israels auf den Propheten als Repräsentanten JHWHs hingewiesen hat. Dieses Verhalten kommt der Auffassung nahe, die Deuterojesaja im Blick auf die Aufgabe des JHWHvolkes (bzw. des Gottesknechts) umschrieb mit dem Zeugesein *für* JHWH *vor* den Völkern (Jes 44,8;

---

[57] Vgl. zu weiteren möglichen Sonderpositionen auch 1 Makk 1,11ff; Jes 19,16–25; 56,3–8; Jona 1,14.16 und Mal 1,11 (evtl. Ps 86,8f) sowie die bei SCHÜRER 1986, 163–165, zitierten antiken Schriftstellen (vgl. Anm. 55).

[58] Letztlich bleibt bei Josephus offen, was den entscheidenden Ausschlag gab.

[59] S. hierzu HENGEL 1988, 555–564.

49,6; 55,4f). Und nochmals wird in der Bibel ein unbeschnittener ‚heidnischer' Militär, der einer Israel feindlichen Großmacht zugehört, zum Zeugen für den Gott Israels und sein Heil für die Welt: der römische Hauptmann, der im Angesicht des Kreuzes die Gottessohnschaft Jesu bekennt (Mk 15,39).

Bibliographie

ALBERTZ, R. 1989: Die Intentionen und die Träger des Deuteronomistischen Geschichtswerks, in: DERS. u. a. (Hg.), Schöpfung und Befreiung, FS C. Westermann, Stuttgart 1989, 37–53.

– 1992: Religionsgeschichte Israels in alttestamentlicher Zeit, 2. Vom Exil bis zu den Makkabäern, ATD/E 8/2, Göttingen 1992.

BÄCHLI, O. 1970: Zur Aufnahme von Fremden in die altisraelitische Kultgemeinde, in: H. J. Stoebe u. a. (Hg.), Wort – Gebot – Glaube, FS W. Eichrodt, AThANT 59, Zürich 1970, 21–26.

BALTZER, K. 1975: Die Biographie der Propheten, Neukirchen-Vluyn 1975.

VAN DEN BORN, A. 1958: Koningen. Uit de grondtekst vertaald en uitgelegd, BOT 4/2, Roermond und Maaseik 1958.

BRONGERS, H. A. 1970: II Koningen (De Prediking van het OT), Nijkerk 1970.

COGAN, M./TADMOR, H. 1988: II Kings. A new Translation with Introduction and Commentary, AB 11, New York 1988.

COHN, R. L. 1983: Form and Perspective in 2 Kings V, VT XXXIII (1983), 171–184.

CRÜSEMANN, F. 1985: Israel in der Perserzeit, in: W. Schluchter (Hg.), Max Webers Sicht des antiken Christentums. Interpretation und Kritik, Frankfurt a. Main 1985, 205–232.

DONNER, H. 1986: Geschichte des Volkes Israel und seiner Nachbarn in Grundzügen, 2. Von der Königszeit bis zu Alexander dem Großen. Mit einem Ausblick auf die Geschichte des Judentums bis Bar Kochba, ATD/E 4/2, Göttingen 1986.

FELDMEIER, R. 1992: Die Christen als Fremde. Die Metapher der Fremde in der antiken Welt, im Urchristentum und im 1. Petrusbrief, WUNT 64, Tübingen 1992.

FOHRER, G. 1969: Geschichte der israelitischen Religion, Berlin 1969.

GERLEMAN, G. 1984: Art. שלם šlm genug haben, THAT II, [3]1984, 919–935.

GESE, H. 1970: Die Religion Altsyriens, in: H. Gese u. a.: Die Religionen Altsyriens, Altarabiens und der Mandäer, Die Religionen der Menschheit 10,2, Stuttgart u. a. 1970, 1–232.

GRAY, J. 1977: I & II Kings. A Commentary, OTL, London [3]1977.

GUNKEL, H. 1922: Geschichten von Elisa, Meisterwerke hebräischer Erzählkunst I, Berlin o. J. [1922].

HELLER, J. 1990: Von der Schrift zum Wort. Das Alte Testament zwischen Gestern und Heute, Berlin 1990.

HENGEL, M. 1988: Judentum und Hellenismus. Studien zu ihrer Begegnung unter besonderer Berücksichtigung Palästinas bis zur Mitte des 2. Jh.s v. Chr., WUNT 10, Tübingen [3]1988.

HENTSCHEL, G. 1982: Die Heilung Naamans durch das Wort des Gottesmannes (2 Kön 5), in: L. Ruppert u. a. (Hg.): Künder des Wortes. Beiträge zur Theologie der Propheten, FS J. Schreiner, Würzburg 1982, 11–21.

– 1985: 2 Könige, NEB, Würzburg 1985.

JONES, G. H. 1984: 1 and 2 Kings. Vol. II: 1 Kings 17,1 – 2 Kings 25,30, NCeBC, London 1984.

KUHN, K. G. 1959: Art. προσήλυτος, ThWNT VI, 1959, 727–745.

DE LANGE, N. 1984: Jüdische Welt, Weltatlas der alten Kulturen, München 1984 [Engl. Originalausgabe: Atlas of the Jewish World, Oxford 1984].

LEIPOLDT, J./GRUNDMANN, W. (Hg.) 1966: Umwelt des Urchristentums, I. Darstellung des neutestamentlichen Zeitalters, Berlin 1966 (⁶1982).

LEMCHE, N. P. 1991: The Canaanites and Their Land. The Tradition of the Canaanites, JSOT Suppl. Series 110, Sheffield 1991.

LUTZ, H.-M. 1968: Jahwe, Jerusalem und die Völker. Zur Vorgeschichte von Sach 12,1–8 und 14,1–5, WMANT 27, Neukirchen-Vluyn 1968.

MEINHOLD, A. 1969: Die Diasporanovelle. Eine alttestamentliche Gattung, Diss. Greifswald 1969.

– 1975f: Die Gattung der Josephsgeschichte und des Estherbuches: die Diasporanovelle, Teil I: ZAW 87 (1975), 306–324, Teil II: ZAW 88 (1976), 72–93.

– 1979: Die Transparenz der Namen Naemi und Naeman, in: J. Rogge/G. Schille (Hg.): ThV X, Berlin 1979 [Manuskript 1975 abgeschlossen], 39–44.

MONTGOMERY, J. A. 1951: The Book of Kings, ICC, hg. v. H. S. Gehman, Edinburgh ¹1951.

MOORE, R. D. 1990: God Saves. Lessons from the Elisha Stories, JSOT Suppl. Series 95, Sheffield 1990.

NEUSNER, J. 1964: The Conversion of Adiabene to Judaism, JBL 83 (1964), 60-66.

OEMING, M. 1990: Das wahre Israel. Die genealogische Vorhalle 1 Chronik 1–9, BWANT 128, Stuttgart u. a. 1990.

PREUSS, H. D. 1984: Das Alte Testament in christlicher Predigt, Stuttgart u. a. 1984.

VON RAD, G. 1974: Naaman. Eine kritische Nacherzählung, in: DERS.: Gottes Wirken in Israel. Vorträge zum Alten Testament, hg. v. O. H. Steck, Neukirchen-Vluyn 1974, 53–64 [zuerst veröffentlicht in: Medicus viator. Fragen und Gedanken am Wege Richard Siebecks. Eine Festgabe seiner Freunde und Schüler zum 75. Geburtstag, Tübingen/Stuttgart 1959, 297–305].

– 1975: Theologie des Alten Testaments II. Die Theologie der prophetischen Überlieferungen Israels, München ⁶1975.

REHM, M. 1982: Das zweite Buch der Könige. Ein Kommentar, Würzburg 1982.

RENDTORFF, R. 1991: Offenbarung und Geschichte. Partikularismus und Universalismus im Offenbarungsverständnis Israels, in: DERS.: Kanon und Theologie. Vorarbeiten zu einer Theologie des Alten Testaments, Neukirchen-Vluyn 1991, 113–122 [zuerst veröffentlicht in: J. J. Petuchowski/W. Strolz (Hg.): Offenbarung im jüdischen und christlichen Glaubensverständnis, QD 92/Weltgespräch der Religionen 7, Freiburg u. a. 1981, 37–49].

ROBINSON, J. 1976: The Second Book of Kings, CBC, Cambridge 1976.

ROFÉ, A. 1974: Classes in the Prophetical Stories: Didactic Legenda and Parable, in: G. W. Anderson u. a. (Hg.): Studies on Prophecy. A Collection of twelve Papers, VT.S XXVI, Leiden 1974, 143–164.

– 1988: The Prophetical Stories. The Narratives about the Prophets in the Hebrew Bible – Their Literary Types and History, First English Edition, Jerusalem 1988 [first published in Hebrew 1982, ²1986].

SCHIFFMAN, L. H. 1982: Proselytism in the Writings of Josephus, in: U. Rappaport (Hg.): Josephus Flavius, Jerusalem 1982, 247–265.

– 1987: The Conversion of the Royal House of Adiabene in Josephus and Rabbinical Sources, in: L. H. Feldman/G. Hata (Hg.): Josephus, Judaism and Christianity, Detroit 1987, 293–312.

SCHMIDT, H. 1968: Israel, Zion und die Völker. Eine motivgeschichtliche Untersuchung zum Verständnis des Universalismus im Alten Testament, Marburg 1968.

SCHMITT, H.-C. 1972: Elisa. Traditionsgeschichtliche Untersuchungen zur vorklassischen nordisraelitischen Prophetie, Gütersloh 1972.

– 1986: Die Erzählung von der Versuchung Abrahams Gen 22,1–19* und das Problem einer Theologie der elohistischen Pentateuchtexte, BN 34 (1986), 82–109.

– 1992: Das sogenannte vorprophetische Berufungsschema. Zur ‚geistigen Heimat' des Berufungsformulars von Ex 3,9–12; Jdc 6,11–24 und I Sam 9,1–10,16, ZAW 104 (1992), 202–216.

SCHULT, H. 1975: Naemans Übertritt zum Yahwismus (2 Könige 5,1–19a) und die biblischen Bekehrungsgeschichten, DBAT 9 (1975), 2–20.

SCHÜRER, E. 1986: The History of the Jewish People in the Age of Jesus Christ (175 B. C. – A. D. 135). A new English Version revised and edited by G. Vermes, F. Millar, M. Goodman, Vol. III/1, Edinburgh 1986.

SEEBASS, H. 1982: Art. Elisa, TRE 9, 1982, 506–509.

SIEGERT, F. 1974: Narrative Analyse als Hilfe zur Predigtvorbereitung – ein Beispiel, LingBibl 32 (1974), 77–90.

SMELIK, K. A. D. 1988: Das Kapitel 2. Könige 5 als literarische Einheit, DBAT 25 (1988), 29–47.

SMYTH-FLORENTIN, F. 1970: Histoire de la guérison et de la conversion de Naaman (2 Rois 5,1–19), Foi et Vie 69,3 [= Cah. Bibl. 9] (1970), 29–43.111–116.

STIPP, H.-J. 1987: Elischa – Propheten – Gottesmänner. Die Kompositionsgeschichte des Elischazyklus und verwandter Texte, rekonstruiert auf der Basis von Text- und Literarkritik zu 1 Kön 20.22 und 2 Kön 2–7, ATS 24, St. Ottilien 1987.

WÜRTHWEIN, E. 1984: Die Bücher der Könige. 1. Kön 17 – 2. Kön 25, ATD 11/2, Göttingen 1984.

Juden, „Heiden" und das Menschengeschlecht in der Sicht Philons von Alexandria[1]

von

NAOTO UMEMOTO

In der Antike gab es kein Wort, das exakt dem modernen Begriff „Heiden" entspricht im Sinne von Menschen, die nicht zur jüdischen bzw. zur christlichen Glaubensgemeinschaft gehören. In der Septuaginta drückte man z. B. oft die „Heiden" mit τὰ ἔθνη (die Völker) aus, während man das jüdische Volk als ὁ λαός bezeichnete. Die Grenzlinie zwischen Juden und „Heiden" ließ sich aber in diesem Wortgebrauch nicht immer klar ziehen, weil der Begriff ἔθνη nie frei war von der neutralen Bedeutung der „Völker" im Sinne einer aus verschiedenen ethnischen Gruppen bestehenden Einheit. Auch wenn sich so das jüdische Volk als λαός von den übrigen Völkern unterschied, verlor es selbstverständlich seinen eigenen Charakter als ἔθνος (Volk) nicht. Auch das jüdische Volk gehörte als ἔθνος zu den „Völkern".

Diese Einsicht verwehrte es den Juden, ihr Verhältnis zu den anderen Völkern als das zweier völlig getrennter Kreise zu begreifen. Dies führte vielmehr dazu, sich selbst als einen besonderen Kreis gegenüber einem anderen aufzufassen, wobei der zweite den ersten völlig in sich einschließt, ja sogar (in einem gewissen Sinn) mit dem ersten völlig deckungsgleich ist. Diese Denkweise forderte von dem Volk Israel, seine Identität weniger durch Trennung, Unterscheidung oder – möglicherweise – Ablehnung von den fremden Völkern zu gewinnen und zu bewahren, als vielmehr dadurch, daß das Volk sich selbst als Verkörperung der Wesensbestimmung der Menschheit verstand, die Gott für jedes Volk gelten läßt.

Philon von Alexandria entfaltet seine Gedanken sehr intensiv in diese Richtung und bietet uns das vielfältigste Material. Man braucht eine umfassende Untersuchung, um sein Verständnis der „Heiden" systematisch darzustellen, was den vorgegebenen Rahmen eines Aufsatzes in diesem Sammelband spren-

---

[1] Für inhaltliche Anregungen und sprachliche Mithilfe bei der Formulierung dieses Aufsatzes danke ich sehr herzlich meinen Kollegen Ulrich Heckel, Katrin Henke und Matthias Laidig.

gen würde. Deswegen möchte ich hier nur einen Überblick über dieses Thema geben[2].

I. Das jüdische Volk und die „heidnischen" Völker

1. ἔθνος und λαός. Ein statistischer Überblick über den Wortgebrauch

1.1. ἔθνος

Eine statistische Untersuchung[3] des Wortgebrauchs von ἔθνος und λαός bei Philon zeigt sofort, wie weit Philon von der traditionellen Unterscheidung von Juden und „Heiden" entfernt ist.

Das Wort ἔθνος taucht nach dem *Index Philoneus* 280mal auf[4]. Fast genau die Hälfte der Belege (insgesamt 141) zeigt, daß τὸ ἔθνος bzw. ἔθνος ohne den bestimmten Artikel das jüdische Volk bedeutet. Dagegen verwendet Philon nur 10mal τὰ ἔθνη[5], 17mal ἔθνη ohne den bestimmten Artikel[6] und 3mal τὸ ἔθνος im Singular mit dem bestimmten Artikel für die „heidnischen" Völker[7]. Dies sind somit erstaunlich wenige Beispiele, nämlich 30 insgesamt. Näher betrachtet, findet man keinen Beleg dafür, daß Philon τὰ ἔθνη ohne weitere Angabe benutzt und damit τὰ ἔθνη als Bezeichnung für die „heidnischen" Völker insgesamt verwendet. Philon benutzt also im Gegensatz zur Septuaginta den Begriff τὰ ἔθνη an keiner Stelle als *terminus technicus* für die „Heiden". Der Begriff ist immer mit einer näheren Angabe versehen und bezeichnet nur einen Teil der „heidnischen" Völker. Auch von den Belegstellen für ἔθνη ohne den bestimmten Artikel findet man maximal 7, an denen es sich um die „heidnischen" Völker im Gegensatz zum jüdischen Volk handelt[8]. Dies zeigt,

---

[2] Dieser Aufsatz ist eine stark gekürzte Version der ausführlichen Untersuchung, die hoffentlich in nicht allzu ferner Zukunft veröffentlicht wird. Die Zitate der Philontexte sowie die Fußnoten sind darum auf ein Minimum reduziert, und von den zahlreichen Parallelen wird in der Regel nur *eine* bedeutende als Beispiel erwähnt.

[3] Diese statistische Untersuchung wurde allein an Hand von G. Mayers *Index Philoneus* (G. MAYER, Index Philoneus, Berlin / New York 1974) ausgeführt; die auf Armenisch erhaltenen Schriften Philons wurden nicht berücksichtigt.

[4] Die folgenden Angaben im *Index Philoneus* müssen korrigiert werden: Das Wort ἔθνος findet sich in Abr 98 2mal statt 1mal. Statt VitMos I,129 muß es VitMos I,139 heißen. Das Wort kommt in Flacc 45 nur 2mal statt 3mal vor.

[5] Mos I,263; Mos II,19; SpecLeg III,110; SpecLeg IV,179; Legatio 10.144.147.207.240; Hypoth 6,2 = 356.

[6] Post 90; Abr 181.183.226; Mos I,278.290.291; Mos II,20.19; SpecLeg I,2; Praem 95.107.172; Flacc 45 (2mal); Legatio 10.256.

[7] Abr 188; Jos 37; Virt 34.

[8] Post 90; Mos I,278.290.291; Praem 172; Flacc 45 (2mal). Diese Zahl reduziert sich auf zwei Belege, wenn man den Einfluß der LXX (Post 90) sowie die begrenzende Aussage wie z.B. „viele Völker" (Mos I,290.291) und „Völker des Orients bzw. des Westens" (2mal in Flacc 45) berücksichtigt.

wie wenig Interesse Philon an dem Denkschema „Juden und Heiden" hatte.
Die wenigen Textstellen, die sich auf das Verhältnis zwischen dem Volk Israel
und den „heidnischen" Völkern beziehen, sind jedoch durchaus interessant,
weil sie von der Zukunft des jüdischen Volks und der „heidnischen" Völker
sprechen (s. u. S. 47 ff).

Aufallend ist, daß Philon 44mal ἔθνη ohne den bestimmten Artikel in einem
Atemzug mit einer Reihe von unterschiedlichen sozialen Einheiten der Menschen erwähnt: einzelne Menschen, Häuser, Städte, Länder und Erdteile. Ἔθνος bzw. ἔθνη in diesem Wortgebrauch bedeutet eine der sozialen Einheiten,
zu denen alle Menschen gehören, gleichgültig ob sie Juden oder „Heiden" sind.
Dieser Wortgebrauch hat nichts mit dem Verständnis der „Heiden" bei Philon
zu tun. Er ist jedoch wegen des proportionalen Gedankens (s. u. S. 40) sehr
wichtig, um sein Verständnis der Identität des jüdischen Volkes im Zusammenhang mit der gesamten Menschheit zu begreifen.

1.2. λαός

Was den philonischen Gebrauch des Begriffs λαός angeht, so läßt sich eine
klare Tendenz erkennen. Philon benutzt den Begriff fast nur im Zitat aus der
Heiligen Schrift. Von den insgesamt 87 Textstellen, die der *Index Philoneus*
registriert, sind z. B. 51 Fälle ein direktes Zitat aus der Septuaginta bzw. stehen
in direktem Zusammenhang mit einem Zitat[9], und 11 Fälle geben einen bestimmten Septuagintatext frei, aber eindeutig wieder[10]. Weitere 5 Textstellen
spielen zwar nicht auf einen eindeutigen Septuagintatext an, stehen aber deutlich unter dem Einfluß des Wortgebrauchs der Septuaginta und hängen eng mit
dem Exodus bzw. der Wüstenwanderung des Volkes Israel zusammen[11]. Nur
an wenigen Stellen benutzt Philon den Begriff aus eigener Initiative[12].

Allein diese einfache Statistik zeigt deutlich, wie passiv Philon den Begriff
benutzt hat. Dieser Eindruck wird verstärkt durch die Tatsache, daß Philon den

---

[9] LegAll II,77 (3mal).94; III,88 (3mal).90.162.225.231; Sacr 4.5.6 (2mal).7.87 (2mal); Post
89; Agr 78.84.88; Plan 59; Ebr 67.96.98; Sobr 10 (2mal); Conf 27.28.58.94; Migr
47.56.58.62.68; Heres 20 (4mal).251 (2mal); Congr 163; Somn I,71.89 (2mal); Decal 47;
SpecLeg I,230; Virt 184.185. Die erste Textstelle in Somn I,89 stammt von Philon selbst unter
dem Einfluß der Bibelstelle. Er ändert nämlich Israel in Num 25,1 in λάος.

[10] Ebr 37 (Ex 18,13f); Somn II,270 (Num 21,16); Mos I,87 (Ex 5,1).139 (Ex 12,33).278
(eine freie Wiedergabe von Num 23,9).284 (Num 23,24); Mos II,165 (Ex 32,7); Decal 45 (Ex
19,15); Praem 123 (Lev 26,12).125 (Dt 4,6).

[11] Migr 14 (Exodus); VitCon 86 (Exodus); Hypoth VIII,6,1 = 355 (Exodus); VIII,6,2
(Wüstenwanderung); VIII,6,3 = 356 (Wüstenwanderung).

[12] Ebr 67 (Ex 32,28); Migr 59 (ändert Philon ἔθνος in Dt 4,6 in λάος?); Congr 83 (oder
benutzt Philon den Begriff bewußt, weil es hier um die Seele geht?); Mos I,290 (von Philon
selbst geändert von αὐτός in Num 24,8 in ὁ λαός); Mos II,225 (Philons Umschreibung von οἱ
υἱοὶ Ισραηλ aus Num 9,7 unter einem schwachen Einfluß von Num 9,13 oder unter dem
Einfluß einer von Philon benutzten Passaüberlieferung. Dazu s. Anm. 13).

in einem zitierten Text stehenden Begriff λαός in dem kurz danach folgenden Auslegungsteil weitgehend durch τὸ ἔθνος ersetzt[13]. Das Schema von τὰ ἔθνη und ὁ λαός in der Septuaginta ist bei Philon fast gänzlich demontiert.

Auch das Bedeutungsumfeld des Begriffs λαός unterscheidet Philon von der Septuaginta. Übereinstimmend mit der Septuaginta verwendet Philon den Begriff zwar fast nur für das Volk Israel und nur selten für die nichtjüdischen Völker[14]. Völlig neu ist aber bei Philon, daß der Begriff einen anthropologischen Charakter erhält. Philon legt nämlich λαός allegorisch als die menschliche Seele aus. Er benutzt das Wort jedoch ziemlich frei, so daß es verschiedene Bedeutungsnuancen erhält: „das ganze System der Seele" (LegAll III,163), „Volksmenge der Seele" (Agr 44), „das ganze Volk der Seele" (Ebr 37) oder einfach „die Seele" (LegAll II,77ff).

Es gibt außerdem mehrere Variationen der λαός-Auslegung bei Philon. Der Begriff λαός kann z. B. den „vernunftlosen Seelendrang aller Menschen" (Agr 41), „unser Inneres" (Ebr 97f.: τὰ περὶ ἡμᾶς), diejenigen, „die durch Anhören und Unterweisung lernen" (Sacr 7), oder „Tugend und Laster" (LegAll III,88) bezeichnen. Ferner findet man eine Stelle, an der der Begriff „das Volk Gottes Israel" (λαὸς αὐτοῦ Ἰσραήλ) nicht die menschliche Seele, sondern „die Schar der weisen Seelen" meint (Plant 58).

Durch diese Identifikation des Volkes Israel mit der menschlichen Seele beschreibt Philon den Rettungsprozeß der Seele. Denn er sieht in der Geschichte des Volkes, das aus Ägypten herausgeführt wurde und ins Land Kanaan gelangte, den Läuterungsprozeß der Seele, die von Lastern und Affekten befreit und zur Gottesschau geführt wird. Die einmalige Rettungsgeschichte des Volkes Israel durch Gott wird somit zum allgemeingültigen Geschehen des Heils aller Menschen. Auch hier kann man erkennen, daß es bei Philon in erster Linie nicht um den Unterschied zwischen dem jüdischen Volk und den „Heiden", sondern um die die gesamte Menschheit integrierende Rolle des jüdischen Volkes geht.

2. ἔθνη *als die nichtjüdischen Völker*

2.1. Griechen und Barbaren

Die nichtjüdischen Völker können in „die barbarischen und die hellenischen Völker" (Cher 91) unterteilt werden.

Philon benutzt den Begriff βάρβαρος 37mal. Es fällt dabei auf, daß er meistens (33mal) den Begriff und sein Gegenstück Ἑλλάς / Ἕλλην / ἑλληνικός /

---

[13] Mos I,86f.139; Mos II,165f.224f; SpecLeg I,230; Virt 184−6; Hypoth VIII,6,1f = 355. Vgl. auch Sacr 4; Migr 56.68, wo die beiden Begriffe in der Septuaginta austauschbar sind. Der Übergang vom λαός zum ἔθνος findet sich auch in SpecLeg II,146. Philon könnte hier wie auch in Mos II,225 eine Passaüberlieferung benutzen, in der λαός vorkommt.

[14] Z. B. die etymologische Erklärung von Amalek.

Ἑλληνιστί nicht antithetisch, sondern parallel gebraucht, um die gesamte Menschheit bzw. die ganze Welt auszudrücken. Ähnliches zeigt auch der Gebrauch des Adjektivs βαρβαρικός. An sieben von insgesamt elf Textstellen, an denen das Adjektiv benutzt wird, erscheinen Griechisches und Barbarisches parallel. Dies zeigt, wie wenig Philon in der herkömmlichen Unterscheidung zwischen den Griechen und den Barbaren einen Sinn fand.

Der Begriff behält zwar auch bei ihm die Nuance der ungebildeten, wilden Völker. So spricht er von den „barbarischen" Steuereinnehmern, „die keine edle Bildung genossen haben" (SpecLeg III,163). Diese Stelle ist aber die einzige Ausnahme, an der Philon ohne Zögern die „Barbaren" negativ darstellt. Gewiß taucht der Begriff auch im Zusammenhang mit einer grausamen Sitte wie dem Kinderopfer auf. Philon distanziert sich aber von der pauschalen Verurteilung der „Barbaren", indem er eine Zwischenbemerkung einfügt: „wie man es von *einigen* Barbaren sagt" (Abr 184). Er versucht außerdem, die Barbaren gegen ein Mißverständnis zu verteidigen, das aus dem Text von Dt 12,31 entstehen könnte: „die Verbrennung der Kinder wäre bei allen Barbarenvölkern Sitte". Er behauptet: „so völlig verwildert ist ihr Sinn ja nicht, daß sie ihren liebsten Angehörigen im Frieden anzutun vermöchten, was sie nicht einmal Gegnern und unversöhnlichen Feinden im Kriege antun" (SpecLeg I,313).

Für Philon ist die Gemeinsamkeit der Griechen und der Barbaren viel wichtiger als deren Unterschiede. Beide stehen z. B. in der Weisheit und der Wissenschaft auf der gleichen Ebene. So stellt Philon aufgrund der Überlieferung die Barbaren als die Völker dar, die selbst die von den Griechen bewunderte Weisheit besitzen (Prob 94).

Philon findet aber nicht nur in der Weisheit und dem tugendhaften Leben der Griechen und Barbaren gemeinsame Phänomene, sondern auch in den Lastern der Menschen und in ihren sündhaften Sitten. Ein Beispiel hierfür ist die Knabenverführung, die zur Vernichtung des Menschengeschlechts führen würde (Abr 136). Verurteilt wird auch „die Art und Weise, Gelage zu feiern, die jetzt überall Mode ist, weil man nach dem italischen Aufwand und Luxus verlangt" (VitCon 48). Auch Kriege, die die Begierde der Menschen verursacht, betreffen die Griechen und die Barbaren gemeinsam.

Ein wichtiger Grund dafür, daß Philon auf diese Weise die Barbaren genau so hoch bzw. gering wie die Griechen schätzt, liegt darin, daß Philon Gott als den die ganze Menschheit Liebenden begriffen hat (s. u. S. 44). Angesichts dieser Liebe Gottes treten die Unterschiede zwischen beiden in den Hintergrund.

2.2. Gesetze und Sitten der „heidnischen" Völker

Philon spricht von den „heidnischen" Völkern besonders im Zusammenhang mit religiösen Sitten und Bräuchen, die er meist kritisch betrachtet. Ihre Gesetze und Sitten unterscheiden sich, so Philon, nicht nur voneinander, sondern haben sich auch in ihrem geschichtlichen Verlauf ihrer früheren Gestalt gegenüber erheblich verändert, während die jüdischen von Anfang an unverändert aufbewahrt sind (Ebr 193). Ein Volk zollt deswegen den Gesetzen und Sitten anderer Völker und anderer Städte keinen Respekt, sondern „jedes Land und Volk und Staatswesen steht den fremden Bräuchen mit Abneigung gegenüber" (Mos II,18f).

Auch einzelne Gesetze und Sitten der „heidnischen" Völker greift Philon an. Er verurteilt z. B. die Sitte der Aussetzung von Kindern und bezeichnet sie als „Frevel, der bei zahlreichen anderen Völkern infolge ihrer angeborenen Menschenfeindlichkeit gang und gäbe geworden ist" (SpecLeg III,110). Das Kriterium der Verurteilung ist dabei die Liebe zum Menschengeschlecht. Philon nennt daher die Eltern, die ihre Kinder aussetzen, „unversöhnliche Feinde des ganzen Menschengeschlechts" (Virt 131). Er spricht somit zwar von den „anderen Völkern", es geht aber in erster Linie nicht um das Verhältnis zwischen den „heidnischen" Völkern und dem jüdischen Volk. Dementsprechend richtet sich die Kritik nicht an die „Heiden" im allgemeinen, sondern an „die zahlreichen anderen Völker". Außerdem weist er nicht die „Heiden", sondern die Sitte an sich zurück.

Philon hält jedoch an einem Unterschied zwischen den jüdischen und den „heidnischen" Sitten und Gesetzen fest. Er betont mehrmals die Überlegenheit der jüdischen Gesetze und Sitten. Er unterstreicht z. B. durch den Hinweis auf das Verbot der Aussetzung der Kinder durch Mose (SpecLeg III,117) die Menschenliebe der jüdischen Sitten und Gesetze. Ähnliches findet man auch in der Aussage über die jüdischen Feste im Gegensatz zu den Festen der Barbaren und Hellenen (VitCont 40–90).

Die mosaischen Gesetze sind für Philon ein Gegenstück zu den „heidnischen" Gesetzen und Sitten. Sie locken, so Philon, „alle an sich und wissen sie zu gewinnen, Barbaren, Hellenen, Bewohner des Festlands, Inselbewohner, Völker des Orients und des Okzidents, Europa, Asien, die ganze bewohnte Erde von einem Ende bis zum andern" (Mos II,20). Denn Mose war „der beste von allen Gesetzgebern, soviele es ihrer in allen Landen bei Hellenen oder Barbaren gegeben hat", und seine Gesetze sind „vortrefflich, ja wahrhaft göttlich, denen nichts von dem, was erforderlich ist, mangelt" (Mos II,12).

Philon äußert hier nicht seine von der Realität entfernten Wünsche und Träume, sondern eine Wirklichkeit, deren Ansatz schon einige „heidnische" Zeitgenossen mit besorgniserregendem Blick erkannt haben. Seneca zieht z. B. aus der Tatsache, daß die Sitte des Sabbats „in der ganzen Welt akzeptiert worden ist", den Schluß, daß „die Besiegten den Siegern Gesetze gegeben haben"[15]. Auch die Tatsache, daß das in der ganzen östlichen Hälfte des römischen Reichs verbreitete Judentum zahlreiche Sympathisanten und Prose-lyten gewann, verstärkt die Überzeugung Philons, daß die mosaischen Gesetze wegen ihres universalen Charakters von der „heidnischen" Bevölkerung ak-zeptiert werden (Mos II,20). Es ist deswegen kein Zufall, daß Philon als Motiv für die griechische Übersetzung der hebräischen Bibel nicht das Bedürfnis der griechischsprechenden Juden, sondern die Zugänglichkeit der Heiligen Schrift für das gesamte „Menschengeschlecht" angibt (Mos II,27).

Philon erhebt somit den Anspruch auf eine Universalität der jüdischen Sitten und Gesetze. Sie stehen zwar im ersten Augenblick den „heidnischen" Geset-zen entgegen, erfüllen aber im Grunde ihr Ziel und vertiefen ihren Sinn. Das mosaische Gesetz und die jüdische Sitte verwirklichen so z. B. das griechische Ideal der „Menschenliebe". Sie gründen außerdem nicht im guten Willen der Menschen, sondern in der Menschenliebe Gottes. Es geht daher bei Philon im Grunde nicht um die Gegenüberstellung der jüdischen und der „heidnischen" Gesetze, sondern um den universalen Charakter, den die jüdischen Gesetze haben (Mos II,12−16). Die mosaischen Gesetze verlangen von allen, „Hei-den" wie auch Juden, die Bekehrung zu Gott.

II. Das jüdische Volk und das Menschengeschlecht

3. Das Menschengeschlecht

3.1. Die Schöpfung des Menschengeschlechts

Das Wort γένος wird nicht nur im biologischen Sinne, sondern seit Aristoteles auch als Fachausdruck der Logik gebraucht und bedeutet: „Gattung". Nach der Zeitenwende wird das Wort als Terminus „für jede zusammenfassende höhere Gruppierung" gebraucht, während εἶδος („Art") für die kleinste Grup-pe steht[16]. Philon versteht in diesem Sinne die Angabe, daß Gott κατὰ γένος bzw. κατὰ γένη die Lebewesen geschaffen hat (Gen 1,11.21.24.25).

Das Menschengeschlecht (τὸ γένος ἀνθρώπων) ist somit bei Philon nicht nur die Summe der einzelnen Menschen oder ein Oberbegriff, der aus dem jüdi-schen Volk und den „heidnischen" Völkern besteht, sondern auch die „Gat-tung" (γένος) der Lebewesen, die Gott schuf, für die er direkt die Verantwor-tung trägt. Gott ist deswegen für Philon „der Urheber des Menschenge-schlechts" (Opif 79), und dieses Geschlecht ist das „Lebewesen, das Gott am meisten liebt" (Opif 114). Diese direkte Beziehung zwischen Gott und dem

---

[15] Seneca, De superstitione, bei Augustinus, CivD VI,11 = STERN, GLAJJ I, 431 Nr. 186.
[16] H. M. BAUMGARTNER / F. KRAFT / H. M. NOBIS, Art. „Gattung, Genus", in: Historisches Wörterbuch der Philosophie III, Darmstadt 1974, 24−30.

Menschengeschlecht kennzeichnet Philons Verständnis der „Heiden" (s. u. S. 31 f).

Die Behauptung Philons, daß Gott die Gattung des Menschen geschaffen hat, enthält eine massive Polemik gegen die peripatetische Lehre, die von Theophrastos, dem Nachfolger des Aristoteles (Aet 130), und von Dikaiarchos, einem Schüler des Aristoteles und des Theophrastos[17], sowie von Kritolaos, dem Schulhaupt des Peripatos in der ersten Hälfte des zweiten Jahrhunderts v. Chr.[18], vertreten wurde: die Gattung des Menschen bestehe von Ewigkeit her. Die Anfangslosigkeit der Menschheit ist eine Folgerung des peripatetischen Dogmas von der Ewigkeit der Welt, das wiederum als Polemik gegen das stoische Dogma der Ekpyrosis entstanden ist. Philon sieht in den beiden Dogmata der philosophischen Schulen eine Gefahr des Mißverständnisses, daß die Existenz der Menschheit in die Ketten eines ewigen Prinzips eingegliedert und damit mechanisch, d. h. unabhängig vom Verhalten der Menschen und vom Willen Gottes, für die Ewigkeit gesichert wird. Die Gattung des Menschen wird für Philon nur deswegen erhalten, weil Gott es so will.

3.2. Das Menschengeschlecht als erbärmliches Wesen

Das Menschengeschlecht, das ohne Gnade Gottes lebt, ist für Philon ein erbärmliches Wesen. Das Menschengeschlecht geht, so Philon, ohne Gott „leicht auf unwegsamen Pfaden in die Irre" (Decal 81). Es wird außerdem stets von Hunger und Durst bedroht (VitCon 37), und sein Dasein ist von Sorgen (Decal 153) und Ängsten erfüllt. Die Menschen können sich ferner nicht einmal von Herzen freuen, „denn das Menschengeschlecht ist trübselig und ängstlich, sei es, daß ein Unglück da ist oder erwartet wird, so daß es entweder über gegenwärtige unangenehme Dinge Qual empfindet oder in Unruhe und Furcht vor zukünftigen zittert" (Abr 202). Ein Mensch kann deswegen kein Fest ohne Betrübnis feiern. Denn das Menschengeschlecht wird durch „den traurigen und ängstlichen Charakter" geprägt und ist voll von „zahllosen Schlechtigkeiten, die durch die Begehrlichkeit der Seele und die Gebrechen des Körpers erzeugt und durch die Wechselfälle des Geschickkes und die Anfechtungen unserer Mitmenschen vermehrt werden, die uns unsagbar viel Böses antun oder von uns erfahren" (SpecLeg II,52).

Die Schlechtigkeit ist somit „in dem sterblichen Geschlecht bei den Menschen immer lebendig" (Fuga 64). Sie erscheint besonders in Lastern und Affekten (Heres 272), die das Verhalten der Menschen übermächtig bestim-

---

[17] F. WEHRLI, Die Schule des Aristoteles, 12 Bde., Basel / Stuttgart [2]1967–1978, Bd. I, 22 Fr. 47 und 48. Zu Dikaiarchos s. F. WEHRLI, Schule I.
[18] Aet 55 = F. WEHRLI, Schule X, 51 Fr. 13; Aet 70 = F. WEHRLI, Schule X, 51 Fr. 12. Zu Kritolaos s. F. WEHRLI, Schule X, 45–74.

men wollen, vor allem in der Lust (LegAll II,17). Der Gipfel der Schlechtigkeit ist aber die Gottlosigkeit (SpecLeg III,125).

Das Menschengeschlecht wird somit ohne Gott immer von den Schlechtigkeiten beherrscht und ist zur Selbstvernichtung bestimmt. Es stolpert über seine eigenen Sünden und kann sich aus eigener Kraft nicht wieder erheben. Das Menschengeschlecht ist das Wesen, das „von selbst auch nicht einen Tag bestehen könnte" (Heres 58).

Philon sieht einen wichtigen Grund für das Elend des Menschengeschlechts darin, daß das Geschlecht eine starke Abneigung gegen die Tugend hat, die Gott ihm geschenkt hat (LegAll I,48). Das Geschlecht haßt nämlich die Tugend oder hat sie schon verloren. „Die Tugend ist daher im sterblichen Geschlecht nicht sehr weit verbreitet" (Virt 10). Philon verliert dennoch seine Hoffnung für das Menschengeschlecht nicht. Denn es gibt noch eine geringe Anzahl der „Freunde der Tugend", die einst auf das ganze Menschengeschlecht einen entscheidenden Einfluß ausüben werden. Philon betrachtet Seth als „Ahnherrn" der „Freunde der Tugend" und behauptet, daß die Nachkommen Seths niemals das Menschengeschlecht verlassen, sondern in den Nachkommen Abrahams fortleben, der die Blutsverwandtschaft verlassen und in der Verwandtschaft mit Gott gelebt hat (s. u. S. 37).

3.3. Gott und das Menschengeschlecht

3.3.1. Die von Gottes Erbarmen abhängige Existenz der Menschen

Ein Charakteristikum der theologischen Gedanken Philons besteht, wie gesagt, in dem unmittelbaren Verhältnis Gottes zum Menschengeschlecht: Gott erweist dem Geschlecht seine Gnade und Liebe. Er streckt z. B. angesichts der Neigung des Geschlechts, sich selbst „aus eigener Schuld" zu ruinieren, „seine rechte und erlösende Hand aus, richtet empor und läßt es nicht zu, daß das ganze Geschlecht vernichtet und vertilgt wird" (Deus 73). Gott verzichtet außerdem auf die harte und gerechte Strafe, die das Menschengeschlecht wegen seiner Gottlosigkeit verdienen müßte (Opif 169). Philon betont dabei, daß Gott deswegen gegen die gesamte Menschheit „das verdammende Urteil" nicht fällt, weil er die von ihm selbst geschaffene Gattung, das Menschengeschlecht, nicht vernichten, sondern erhalten will (Deus 75f). Er findet darin das Erbarmen Gottes.

Die Gnade und Liebe Gottes zeigt sich über das Erbarmen hinaus in der „Wohltätigkeit" Gottes gegenüber dem Menschengeschlecht. Gott schenkt z. B. dem Menschengeschlecht „die jährlichen Gaben", „um ihm seinen Lebensbedarf in Hülle und Fülle zu gewähren" (SpecLeg II,158). Die bedeutendste Wohltätigkeit Gottes besteht jedoch darin, daß Gott „dem Geschaffenen Beachtung schenkt und von den Enden des Himmels zu den Grenzen der Erde herabkommt" und schließlich „unsere Seele" zu einer „würdigen Wohnstätte Gottes" macht (Cher 98f).

Gott gönnt außerdem dem Menschengeschlecht die Freude, mit der es Feste feiern kann. Denn er läßt nicht zu, daß es „nur von unheilbaren Schmerzen, Leiden und Beschwerden verfolgt werde" (Abr 207). Die Hoffnung des Menschengeschlechts liegt somit allein in Gott, der es „vor Schaden und Verderben" bewahrt. Daher darf niemand „überhaupt als Mensch gelten, der nicht seine Hoffnung auf Gott setzt" (Praem 14).

Die Menschen brauchen somit stets die Gnade und Güte Gottes, um sich vor der selbstzerstörerischen Neigung zu bewahren. Was sie angesichts seines „rettenden Mitleids" Gott gegenüber machen müssen, ist „Danken und Flehen". Da aber das Menschengeschlecht schon viel von ihm erhalten hat, fleht es vor allem darum, daß die Gnade Gottes und seine Geschenke bleiben (Somn II,149). Vor allem ist es für „das vernünftige Geschlecht" notwendig, Gott zu bitten, daß die vernünftige natürliche Anlage „gesund und unsterblich" erhalten bleibt. Denn diese Anlage ist eine Voraussetzung für das „tugendhafte Leben, das im wahrsten Sinne Leben ist" (Mut 213).

Die Menschen brauchen zum Bitten und Anflehen den richtigen Namen Gottes. Da Gott eigentlich keinen Namen braucht und die Menschen die sein Wesen treffende Bezeichnung nicht erfahren können (Deus 77), stellt Gott die „passende" Bezeichnung zur Verfügung, „als wäre es der Eigenname", „damit das Menschengeschlecht nicht gänzlich der Benennung des höchsten Gutes ermangle" (Mut 12).

3.3.2. Das unmittelbare Verhältnis des Menschengeschlechts zu Gott

Gott wendet sich somit unmittelbar dem Menschengeschlecht zu, ohne irgendeinen Vermittler. Weder durch einen Messias noch durch das jüdische Volk, sondern direkt schenkt Gott ihm Notwendiges, fällt das milde Urteil und gewährt ihm einen Anteil an der Glückseligkeit Gottes. Die Vernunft und die Kräfte Gottes spielen zwar eine vermittelnde Rolle (Cher 106), haben aber einen transzendenten Charakter. Gott schenkt sie außerdem direkt dem Menschengeschlecht.

Diese Unmittelbarkeit im Verhältnis Gottes zum Menschengeschlecht drückt sich in den Gesetzen des Mose aus. Ein Mensch wird sich seiner täglichen Erfahrung der Liebe und Gnade Gottes bewußt, indem er die „Philosophie" und Gesetze des Mose, die Wort Gottes und gleichzeitig Naturgesetz sind, befolgt und danach lebt. Gott hat das Gesetz des Mose gegeben, nicht um das unmittelbare Verhältnis Gottes zum Menschengeschlecht zu behindern, sondern um es zu verdeutlichen.

Es bleibt eine Tatsache, die dieses unmittelbare Verhältnis stört. Die meisten Menschen lehnen nämlich die Liebe und Gnade Gottes ab, während nur eine geringe Anzahl der Menschen sie annehmen. So klagt Philon mehrmals, daß es wenige der „Besonnen, Gerechten und Tüchtigen" gibt, die zum „von Gott geliebten Geschlecht" bzw. zu „den auserwählten Besten" gehören (Post 42f; Migr 68; Mut 213; SpecLeg II,47; Virt 10; Praem 172).

Die Tatsache, daß es nur die geringe Anzahl der „auserwählten Besten" gibt, veranlaßt Philon jedoch nicht, die Hoffnung auf die Zukunft des Menschengeschlechts zu verlieren und zu resignieren. Eher ermutigt ihn die Tatsache, daß es dennoch die Schar der Besonnenen, Gerechten und Tüchtigen gibt, wenn diese Schar auch klein ist (Prob 72). Philon findet deswegen die Aufgabe der Weisen und des „weisen Volkes" Israel darin, daß sie Gott um die Geduld und Güte für das ungehorsame übrige Menschengeschlecht bitten (s. u. S. 42f).

Die Existenz der „auserwählten Besten" schließt daher das unmittelbare Verhältnis des Menschengeschlechts zu Gott nicht aus, sondern Gott setzt durch sie ein Zeichen dafür, daß er „das Menschengeschlecht, das sonst leicht auf unwegsamen Pfaden in die Irre geht, auf einen sicheren Weg führen will, „damit es der Natur folge und dadurch das edelste Ziel erreiche, nämlich die Erkenntnis des wahrhaft Seienden" (Decal 81).

4. Die Trennung des Volkes Israel vom Menschengeschlecht

4.1. Die „heiligere Verwandtschaft" und die Blutsverwandtschaft

Die Frage nach der Identität des jüdischen Volkes beginnt bei Philon mit der Frage nach der wahren Verwandtschaft (συγγένεια). Die Blutsverwandtschaft (SpecLeg III,25: συγγένεια τῶν ἀφ' αἵματος), die dem jüdischen Volk weitgehend zugrunde liegt, ist für ihn eine unzureichende Antwort. Die Zugehörigkeit zur jüdischen Blutsverwandtschaft zeigt zwar eine „edle Abstammung" (εὐγένεια), entscheidend aber ist für Philon, ob einem diese edle Abstammung nützt. Es gibt nämlich unter den Juden „einige, denen die Tugenden der Vorfahren gar nichts genützt haben, sobald sie sich tadelnswerter und straffälliger Handlungen schuldig machten". Die Kinder Abrahams (außer Isaak) und Esau sind Beispiele hierfür (Virt 206—210).

Philon bezeichnet deswegen die Juden, „die auf die edle Abstammung (sc. die Zugehörigkeit zum auserwählten Volk) Anspruch erheben, als wäre sie nur ihr Eigentum", als „Feinde sowohl des jüdischen Volkes als auch aller Menschen an allen Orten". Hierfür nennt er folgenden Grund:

„Feinde des jüdischen Volkes, weil sie ihren Stammesgenossen die Freiheit gewähren wollen, ein vernünftiges und sittlich gekräftigtes Leben zu verachten im Vertrauen auf das Verdienst der Vorfahren. Feinde der anderen Menschen, weil diese auch dann, wenn sie den Gipfel der Tüchtigkeit erreichen, keinen Nutzen davon haben sollen, weil sie nicht tadellose Eltern und Großeltern gehabt hätten" (Virt 226).

Philon polemisiert hier gegen die Juden, die die Blutsverwandtschaft als das einzige Kriterium für die „wahre" Gemeinschaft betrachten, so daß sie einerseits die Veredelung ihres eigenen Lebens vernachlässigen und andererseits den Proselyten die Gleichberechtigung verweigern. Es ist deswegen für Philon eine „äußerst schädliche Lehre", wenn sie behaupten, „daß weder die von braven Eltern Abstammenden und dann schlecht Gewordenen die gerechte Strafe treffen noch den Braven, die von schlechten Eltern abstammen, Ehre zuteil werden soll" (Virt 227).

Die ‚wahre' Verwandtschaft muß für Philon „nicht nach dem Blut allein gemessen werden, wo Wahrheit herrscht, sondern nach der Gleichheit im Handeln und nach dem Streben nach denselben Zielen"[19]. Die „höchste Verwandtschaft" des jüdischen Volkes besteht aus „*einer* Verfassung, des gleichen Gesetzes und *eines* Gottes, dem alle Glieder dieses Volkes angehören" (SpecLeg IV,159). Die Blutsverwandtschaft soll schließlich „völlig abgeschüttelt werden", wenn sie ihr Ziel nicht in der Verehrung Gottes hat (SpecLeg I,317f).

4.2. Die Urväter des Volkes Israel und ihre Blutsverwandtschaft

Die Behauptung Philons, daß man das einzige Merkmal der Verwandtschaft in der Verehrung Gottes sehen soll, führt nicht sogleich zur Behauptung, daß die Blutsverwandtschaft des jüdischen Volkes keine Bedeutung mehr hat. Im Gegenteil. Denn das jüdische Volk besteht für Philon aus den Nachkommen der Patriarchen, die ihre Blutsverwandten verließen und in die Verwandtschaft mit Gott eintraten. Die Patriarchen sind somit für das Volk das nächstliegende Vorbild, das es nachzuahmen gilt.

Abraham ist z.B. „auf göttlichen Befehl von allen Blutsverwandten weggezogen" (Heres 277) und „strebte nach der Verwandtschaft mit Gott" (Virt 218). So läßt Philon Abraham sagen: „Allein du, Gebieter, bist mein Vaterland, meine Verwandtschaft, mein väterlicher Herd, meine Ehre und Freiheit, mein großer, gepriesener und unentreißbarer Reichtum" (Heres 27). Isaaks Opferung ist ein anderes Beispiel dafür, daß Abraham „von der Liebe zu Gott beherrscht" war und „mit aller Kraft jegliche verwandtschaftliche Liebe und Zärtlichkeit überwand" (Abr 170). Ähnliches gilt für Mose und die Leviten. Unter den Zeitgenossen erachtet Philon die Therapeuten, die Proselyten und die Pilgerschaft der Juden nach dem Jerusalemer Tempel als vorbildliche Nachkommen der Patriarchen.

Das jüdische Volk gewinnt somit die Bedeutung seiner Blutsverwandtschaft paradoxerweise dadurch, daß das Volk die Blutsverwandtschaft verläßt und

---

[19] Virt 195f. Die Gleichheit liegt dabei nach Philon in „Sittsamkeit, Wahrhaftigkeit, Mäßigung in den Leidenschaften, Bescheidenheit und Unschuld". Vgl. auch SpecLeg I,317: die „erhabenere und heiligere Verwandtschaft" besteht im Streben, „Gott zu gefallen und in Wort und Tat stets für die Frömmigkeit zu wirken".

völlig in die Verwandtschaft mit Gott hineingeht. Das Volk bewahrt dadurch die Tradition seiner Vorfahren.

4.3. Adam als „Stammvater des Menschengeschlechts"

Philon trennt, wie gesehen, die Verwandtschaft mit Gott, die er als Ziel der jüdischen Glaubensgemeinschaft ansah, strikt von der Blutsverwandtschaft. Dies bedeutet aber auch, daß die Verwandtschaft mit Gott keinesfalls ein spezifisches Privileg ist, das Gott ausschließlich den Nachkommen Abrahams gegeben hätte. Der Archetypus, der die enge Verwandtschaft mit Gott genossen hat, ist für Philon weder Abraham noch Mose, sondern Adam, der „Stammvater des Menschengeschlechts".

Philon führt dabei mehrere Faktoren an, die der nahen Verwandtschaft des Stammvaters mit Gott[20] zugrunde liegen: „der göttliche Hauch", den Gott Adam einblies, und die Bestrebung Adams, „alles zum Wohlgefallen des Vaters und Königs zu reden und zu tun" (Opif 144). Statt des göttlichen Hauches nennt er aber auch den menschlichen Geist (Decal 134: νοῦς) bzw. die Vernunft (Opif 77: λόγος), die das Ebenbild Gottes ist.

Adam war auch Kosmopolit, der nach dem „vernünftigen Naturgesetz" gelebt und mit den göttlichen Wesen, d. h. den Engeln und Gestirnen, verkehrt hat (Opif 143f). Philon bezeichnet in Anlehnung an die stoische Definition (s. u. S. 39) den Kosmopoliten als Weisen (Opif 148). So lebte Adam, der Stammvater des Menschengeschlechts, in der engen Verwandtschaft mit Gott und „gelangte bis hart an das Endziel menschlicher Glückseligkeit" (Opif 150).

Adam ist nicht nur für das jüdische Volk, sondern auch für alle Menschen Vorbild. Die Voraussetzung dafür, nach diesem Vorbild zu leben (Opif 79), ist ebenso allen Menschen gegeben, da jeder Mensch Ebenbild Gottes ist, d. h. „hinsichtlich seines Geistes der göttlichen Vernunft verwandt ist" (Opif 146).

Juden und „Heiden" teilen aber nicht nur diese positive Seite Adams, sondern auch seine negative Seite. Das ideale Leben Adams war rasch vorbei. Die ersten Menschen, Adam und Eva, mißbrauchten nämlich die von Gott geschenkte Freiheit, sich selbst zu bestimmen (Deus 47). Sie lebten „anfangs in Unschuld und Einfalt, zogen aber später der Tugend die Sünde vor" (Opif 157). So sind sie der Schlechtigkeit und Vergänglichkeit verfallen und schließlich aus dem Garten Eden vertrieben worden.

Das Schicksal der aus dem Garten Eden Vertriebenen betrifft somit alle

---

[20] Die Verwandtschaft Adams mit Gott bedeutet selbstverständlich nicht die Gleichheit der Natur von Gott und Adam. Denn Adam ist für Philon ein Symbol für den „erdhaften und vergänglichen Geist", der „in jedem von uns" vorhanden ist. Philon setzt damit eine klare Grenze zwischen Gott und Adam. Die Verwandtschaft mit Gott bedeutet nur eine Brücke, die Gott dem Menschen als „Gabe" (Opif 77) gewährt hat, damit der Mensch zu Gott einen Zugang finden kann.

Menschen, und kein Mensch kann der Sterblichkeit, Wandelbarkeit und Unbeständigkeit entkommen (Opif 151). Selbst das Volk Israel kann nicht mehr *vollständig* zum Garten Eden zurückkommen. Adam bleibt auch für das Volk Israel „der Stammvater des Menschengeschlechts" (Mut 64). So sagt Philon, daß Adam „der Stammvater unseres *ganzen* Geschlechts (sc. Menschengeschlechts)" ist (Opif 136).

Das Schicksal, das auch das Volk Israel als Mitglied des Menschengeschlechts mit den übrigen Völkern teilt, ist, daß niemand von den Nachkommen Adams mehr die „Vorzüglichkeit" genießen kann, die er einst besaß. So bezeichnet Philon Adam als „die höchste Blüte" des ganzen Menschengeschlechts und führt aus:

„Alle, die jetzt leben und vor uns gelebt haben, übertraf er (sc. Adam) bei weitem; denn wir stammten von Menschen ab, ihn aber hat Gott gebildet. ... so war auch offenbar der zuerst gebildete Mensch die höchste Blüte unseres ganzen Geschlechts, während die späteren nicht mehr zu gleicher Blüte gelangen, da die Nachkommen immer schwächere Formen und Kräfte bekommen. ... Ähnliches also scheint das Geschlecht der Menschen zu erfahren, da sie mit jeder Generation immer mattere Fähigkeiten und Eigenschaften sowohl des Körpers als auch der Seele erhalten" (Opif 140f).

4.4. Das Volk Israel als der zweite Adam

Adam ist aber nicht nur Berührungspunkt von Juden und „Heiden", sondern auch ihr Trennpunkt. Philon findet in dem einmaligen „geschichtlichen" Ereignis der Vertreibung Adams den Zustand des menschlichen Geistes, „der sich die unheilbare Krankheit der Unvernunft zugezogen hat" und „für alle Zeit aus der Stätte der Tugenden hinausgetrieben" wurde (Cher 10). Im Zusammenhang mit dieser Auslegung über die Vertreibung findet man eine eigenartige Aussage Philons über die Bitte, die Mose an Gott gerichtet hat:

„Mose aber bedauert die aus dem Tugendgarten Vertriebenen und fleht zu Gottes unbeschränkter Macht und seinen sanften und milden Kräften, daß an der Stelle, von welcher der erdhafte Adam verbannt wurde, die Sehenden eingepflanzt werden" (Plant 46).

„Die Sehenden" meint bei Philon „das gottschauende Volk Israel". Philon drückt damit sein Verständnis aus, daß Israel wie der zweite Adam nach dem Naturgesetz leben und „das höchste Ziel der Seligkeit" erreichen kann (Plant 49).

Eine Gegenposition nehmen die Nachkommen Adams ein, die Philon in Anlehnung an Dt 32,8 als „Söhne Adams" bezeichnet. Sie teilen mit Adam das gleiche Schicksal. Gott vertrieb nämlich die Söhne Adams aus dem Garten Eden. Diese „Söhne Adams" sind nach Philon „alle erdgebundenen Naturen, die sich nicht darum bemüht hatten, ein himmlisches Gut zu erblicken" (Congr 58).

In den Garten Eden dürfen also nur diejenigen hineingehen, die sich darum bemühen, „ein himmlisches Gut zu erblicken", d. h. das gottschauende Volk Israel. Mit anderen Worten: Wer „dem göttlichen Samen", der „die Seele des Volkes Israel erzeugt", d. h. dem λόγος σπερματικός, gehorcht, darf in Eden leben. Die „Söhne Adams", die „dem rechten Logos nicht gehorchen können", müssen dagegen im Chaos leben (Plant 60).

Man muß sich aber vor der simplen Dichotomie zwischen dem Volk Israel und den Söhnen Adams hüten. Denn das erstere stammte von den letzteren. Die biblische Geschichte des Menschengeschlechts besteht nämlich nach Philon aus zwei Weltperioden: von Adam bis zur Sintflut und von Noah bis zur Gegenwart (Abr 56f). Philon bezeichnet Noah und seine Familie als „Häupter einer Wiedergeburt und die Urväter einer zweiten Weltperiode" (Mos II,65). Das Volk Israel wird erst mit Abraham, Isaak und Jakob zu *einem* Volk und trennt sich von den übrigen Völkern.

Der Sterblichkeit und der Veränderlichkeit kann, wie gesagt, auch das Volk Israel nicht völlig entkommen. Das Volk muß somit in dieser Begrenzung die Rolle des ‚zweiten Adams' spielen. Gerade hierin liegt die Schwierigkeit der Aufgabe des Volkes. In den folgenden Abschnitten werden wir das Verhältnis des Menschengeschlechts zu Gott und die Position und Aufgabe des Volkes Israel näher betrachten.

5. *Das jüdische Volk als „gottschauendes Volk"*

5.1. Israel und das jüdische Volk

Philon bezeichnet oft das jüdische Volk als „das (gott)schauende Volk" (Congr 51; Migr 18). Er sagt z. B. mit Stolz: „Wir sind das Geschlecht der Auserwählten des gottschauenden Israel" (Conf 56)[21]. Dieser philonische Begriff des „gottschauenden Volkes Israel" ist aber nicht mit der jüdischen „Blutsverwandtschaft" identisch. Denn Philon spricht mit dem Begriff nicht nur auf der ethnischen, sondern auch auf der anthropologischen Ebene, und beides ist mit dem proportionalen Verhältnis eng verbunden, d. h. Israel steht zum Menschengeschlecht im selben Verhältnis wie der νοῦς zur ganzen Seele (s. u. S. 41). Israel kann somit z. B. „der Gott und Welt schauende Geist" bedeuten (Somn II,173). Da Philon gemäß der antiken Philosophie den νοῦς als Auge der Seele versteht, kann Israel auch „das klarste, reinste und überaus scharf-

---

[21] Die Gottesschau ist für Philon „der Gipfel der Glückseligkeit" (Abr 58) und „das vollkommene Gute, das selbst die Bitternisse der Seele in Süßigkeit verwandeln kann" (Migr 36). Sie ist Anfang und Ende der Glückseligkeit (QE II,51). Die Schau Gottes ist aber nach Philon weder mit der Schau der harmonischen Bewegung der Gestirne identisch wie in der antiken Astrologie noch mit dem Kosmos wie in der stoischen Philosophie. Gottesschau heißt, den „Vater und Schöpfer des Alls" zu schauen (Migr 36). Die Gottesschau ist somit bei Philon mit dem Glauben eng verbunden, daß Gott der Schöpfer des Kosmos ist.

blickende Seelenauge, dem allein es gegeben ist, Gott zu schauen", meinen (Congr 92). Als Israel bezeichnet er außerdem kollektiv die Schar der Menschen, die mit dem Gesetz der Natur harmonisch leben (Conf 56). Israel ist daher mit der Schar der Weisen identisch (s. u. S. 39).

Diese anthropologische Interpretation des Begriffs Israel steht jedoch der grundlegenden Ansicht Philons nicht entgegen, daß das jüdische Volk zu diesem Volk Israel gehört. Denn es ist für Philon selbstverständlich, daß nicht eine philosophische Überlegung, sondern die Heilige Schrift seines Volkes das anthropologische Verständnis des Begriffs Israel entfaltet hat. Außerdem präsentiert Philon die Bibelauslegung nicht für eine unbestimmte und unbekannte Leserschaft, sondern für seine Glaubensgenossen. Israel wäre für Philon ein leeres Wort gewesen, wenn es den Zusammenhang mit dem jüdischen Volk verloren hätte und zu einem abstrakten philosophischen Begriff geworden wäre.

Mit der anthropologischen Interpretation des Begriffs Israel versucht Philon, seinem Volk zu zeigen, was eigentlich die Zugehörigkeit zum Volk Israel bedeutet: das ‚wahre' Israel ist mehr als die Zugehörigkeit zur jüdischen Blutsverwandtschaft und hat eine universale Bedeutung. Das Lebensziel des ‚wahren' Israel liegt darin, den Gipfel der menschlichen Glückseligkeit zu erreichen, d.h. Gott zu schauen. Seine Aufgabe besteht darin, der Pflicht nachzukommen, die eigentlich dem gesamten Menschengeschlecht auferlegt ist, aber von ihm vernachlässigt wird, nämlich Gott zu dienen (s. u. S. 38f und 42).

Es ist deshalb kein Wunder, daß Philon den Urahn Israels nicht nur in Jakob mit dem Beinamen „Israel", sondern auch in Abraham findet, der seine Blutsverwandten verließ und nur Gott gehorchte. So bezeichnet Philon Abraham als ἐθνάρχης καὶ γενάρχης des gottschauenden Volkes und das Volk als „das die Naturdinge betrachtende und schauende Reis", das aus der Wurzel Abrahams hervorsproßte (Heres 279).

Die Trennlinie zwischen dem jüdischen Volk und den „heidnischen" Völkern ist somit zwar unverkennbar vorhanden. Sie ist aber in der Väterzeit wie auch zur Zeit Philons durchlässig, was die Bekehrung Abrahams und zahlreiche Beispiele der Proselyten und der Gottesfürchtigen zeigen. Sie ist aber auch verschiebbar. Denn „der Anfang der Völker" ist in der Seele des gottschauenden Individuums vorhanden (LegAll III,186).

Abraham ist somit nach der Ansicht Philons primär nicht Vorbild für die „Heiden", die sich von der zweitrangigen Betrachtung des Kosmos zur erstrangigen Schau des „wahrhaft Seienden" bekehren sollen, sondern Vorbild für das jüdische Volk, das der Blutsverwandtschaft gegenüber die Verwandtschaft mit Gott bevorzugen soll. Er ist für das Volk auch deswegen Vorbild, weil er an der „Verwandtschaft mit Gott" festgehalten hat. Denn ein Mitglied des Volkes steht immer in der Gefahr des Abfalls von der Gemeinschaft der Gottschauenden (Congr 51).

5.2. Die Gottesschau unter der Macht Gottes

Mit dem Hinweis darauf, daß Abraham, der Urahn des Volkes Israel, seine
Blutsverwandtschaft verließ und nur Gott gehorchte, wollte Philon vor dem
Mißverständnis bewahren, daß das Volk das Vermögen der Gottesschau als
sein Eigentum besitzen könnte und sie nie verlieren würde. Im Gegenteil. Gott
hat, so Philon, dem menschlichen Körper keine Seele geschaffen, „die aus sich
selbst imstande wäre, den Schöpfer zu schauen" (Det 86). Die menschliche
Seele kennt daher von sich aus keinen Weg zur Schau Gottes, so daß selbst
Mose Gott darum flehen mußte, ihm ein Führer auf dem Wege zu sein (Migr
168). Auch wenn das Volk Israel imstande ist, Gott zu schauen, kann es diese
Fähigkeit jederzeit verlieren. Dafür findet Philon in der Vergöttlichung des
goldenen Stiers durch das Volk Israel ein Beispiel (Mos II,271).

Das Vermögen der Gottesschau ist deshalb kein Eigentum des Volkes,
sondern ein Geschenk Gottes (Migr 46). Das Volk kann Gott schauen, so lange
Gott ihm die Fähigkeit verleiht und „mit seinen Kräften die Seele emporhebt
und mit mächtiger Wucht zu sich heranzieht" (Abr 59). Die Gottesschau wird
somit nur dadurch möglich, daß Gott dem Volk „auf Flehen" des Volkes seine
Existenz kundtut. Denn wie „das Licht nur durch das Licht gesehen wird", so
„wird Gott durch sich allein gesehen" (Mut 81).

6. *Das jüdische Volk als Erbe Gottes*

Im Alten Testament findet sich eine besondere Rolle des Volkes Israel gegenüber den übrigen Völkern darin, daß das Volk direkt in der Obhut Gottes steht,
während die Völker nur in der des jeweiligen Schutzengels stehen (Dt 4,19).
Der Gedanke der Schutzengel der Völker wurde in der späteren jüdischen
Literatur weiterentwickelt (Sir 17,17). Philon greift dieses Motiv auf und
behauptet, daß das Volk Israel „Anteil und Erbe Gottes" ist (Plant 58ff).

Das Erbe Gottes ist aber nach Philon keineswegs das Besitztum, über das das
Volk Israel frei verfügen könnte, sondern „die besondere Zugehörigkeit", wie
sie z. B. die auserwählten Untertanen zu ihrem König haben (Plant 54–56).
Philon nennt deswegen das Volk „eine Auslese des Menschengeschlechts"
(SpecLeg IV,157).

Die besondere Zugehörigkeit des Volkes hat jedoch eine Kehrseite. Denn
Gott verlangt mit dieser außerordentlichen Liebe zugleich eine besondere
Aufgabe vom Volk: Gott zu dienen (Plant 38). Wenn das Volk jedoch seinen
Pflichten nicht nachkommt, verdient es von Gott her „gerade größeren Zorn".
Die besondere Zugehörigkeit des Volkes besteht außerdem keinesfalls im
„vollendeten" Zustand (SpecLeg IV,182). Sie ist vielmehr das dynamische
Verhältnis, das das Volk zum guten Handeln befähigt und ermahnt.

Philon stellt dem Volk Israel, das „Erbe Gottes" ist, „Adams Söhne" gegenüber. Er benutzt diesen Begriff „Adams Söhne" in Anlehnung an Dt 32,8 als Bezeichnung für die „heidnischen" Völker (Plant 54–56). Dabei stellt er das Volk Israel und die „Söhne Adams" als zwei verschiedene Menschentypen dar: die Menschen, die ihre Grundhaltung des Lebens darin finden, nach Gott zu suchen und ihm zu dienen, und diejenigen, die unfähig sind, der Führung des rechten Logos zu gehorchen (Plant 59ff).

Man findet somit wieder einen proportionalen Gedanken Philons: Das Verhältnis des Volkes Israel zu den „heidnischen" Völkern entspricht dem Verhältnis der Gott Dienenden zu den Ungehorsamen. Philon wollte damit wohl das Volk Israel anthropologisch neu als Schar der „der Führung des rechten Logos Gehorchenden" definieren und eine universale Bedeutung des jüdischen Volkes gewinnen. Es liegt ihm dabei am Herzen, daß er das ganze jüdische Volk zur Gottesschau und zum Dienst für Gott anleitet, damit das Volk „die höchste Glückseligkeit" der Menschen erleben kann.

7. Das jüdische Volk und die Weisheit

7.1. Der Weise, das weise Volk und das Menschengeschlecht

Das philonische Verständnis der Weisen wird von der stoischen Philosophie stark beeinflußt. Ein Weiser ist nach der Meinung der Stoiker ein „Kosmopolit", der nach der Ordnung des Kosmos, dem Gesetz der Natur, lebt. Philon ist aber der Ansicht, daß die Urväter des Volkes Israel als die Weisen in diesem Sinne viel früher in der Urzeit gelebt haben, als die stoischen Philosophen zur Einsicht gekommen sind. So nennt er Adam, Abraham, Jakob und Mose Weise und bezeichnet Adam und Abraham als Kosmopoliten.

Diese biblische Uminterpretation des stoischen Begriffs des Weisen bestimmt die Ansicht Philons, daß ein Gottschauender ein Weiser ist. Denn der Weise Abraham, der nach dem Gesetz der Natur gelebt hat, bevor Mose seine Gesetze gegeben hat, schaute über die wunderbare Ordnung des Kosmos hinaus den Schöpfer des Kosmos. Der stoische Gedanke des Weisen ist dadurch mit dem jüdischen Glauben an den Schöpfer fest verbunden worden. Es ist deshalb kein Wunder, daß Philon viele biblische Personen, einschließlich der Propheten (Migr 38), für Weise hält.

Die untrennbare Verbindung der Weisheit mit der Gottesschau findet sich nicht nur auf der Ebene eines einzelnen Weisen, sondern auch auf der des Volkes Israel. Philon bezeichnet daher das gottschauende Volk als „das weise und wissende Volk" (Migr 58) und „das Geschlecht der Weisheit" (Somn I,175).

7.2. Der Segen für alle Völker durch „das weise Volk"

Die Parallelität des „weisen Volkes" Israel zu den Weisen kann man in verschiedener Hinsicht beobachten. Ein Beispiel ist die Rolle, die die Weisen ebenso wie das Volk zur Vermittlung des Segens für die ganze Welt spielen. Der Ausgangspunkt dieses Gedankens ist Gen 28,14: „alle Stämme werden in dir (sc. Jakob) gesegnet werden." Philon legt diesen Text zunächst auf zwei verschiedenen Ebenen aus: auf der seelischen Ebene innerhalb eines Menschen und auf der sozialen Ebene innerhalb eines Volkes. Und diese zwei Ebenen werden durch ein proportionales Verhältnis, d. h. durch ein Entsprechungsverhältnis, verbunden[22]. Es handelt sich in dem griechischen Bibeltext um die Verheißung Gottes, nach der alle Stämme „der Erde", d. h. die ganze Welt, durch Jakob gesegnet wird. Philon macht aber aus dieser biblischen Geschichte einen allgemeingültigen philosophischen Satz: ein Mensch wird durch seinen geläuterten Geist, und ein Haus, eine Stadt, ein Land oder ein Volk durch „einen Liebhaber vernünftigen Denkens", d. h. einen Weisen, gesegnet. Dieser Weise steht jedoch nicht nur für ein Volk, sondern für alle Menschen[23].

Mit diesem allgemeingültigen Satz drückt Philon aus, daß auch nichtjüdische Weise, wie z. B. Herakleitos, Pythagoras und Platon, ein Licht für alle Menschen werden können. Die Rolle des Weisen kann aber nach der Ansicht Philons nicht nur von einem einzelnen weisen Menschen, sondern auch von einem weisen Volk ausgeübt werden. Ein weises Volk steht nämlich gegenüber den Völkern im gleichen Verhältnis wie ein Weiser zu einer Stadt (Praem 113f). Ebenso hat „das Geschlecht der Weisheit" die Aufgabe, ein Licht für das Menschengeschlecht zu werden (Somn I,175), das in einer tiefen Finsternis wohnt.

7.3. Der glimmende Funke der Weisheit bzw. der Tugend

Die Parallelität des Volk Israel zu den Weisen zeigt sich besonders deutlich an dem Verhältnis zum Menschengeschlecht. Der Weise ist bei Philon wie in der stoischen Philosophie „der Erste des Menschengeschlechts" (Abr 272). Im Verhältnis zum Menschengeschlecht stehen der Weise und „das weise Volk" eng nebeneinander. Philon erwähnt daher beides in einem Atemzug und bezeichnet „das weise Volk" als „das Haupt des Menschengeschlechts" (Praem 125).

---

[22] Jakob: alle Stämme = „Geist in mir": die „Stämme des Irdischen um mich" = „ein Liebhaber vernünftigen Denkens": (Haus, Stadt, Land oder) „Volk" (Somn I,176f).

[23] Darauf weist der diesem Text vorausgehende Satz: der Weise (ὁ ἀστεῖος) ist nämlich „nicht nur sein eigenes, sondern auch das allgemeine Gut für alle, und bereitwillig reicht er den von ihm ausgehenden Vorteil dar. Denn wie die Sonne Licht ist für alle, die Augen haben, so auch der Weise für alle, die an der vernünftigen Natur teilhaben" (Somn I,176).

Ein Grund für diese Parallelität liegt in der gemeinsamen Rolle, die die Weisen und das Volk als „glimmender Funke" für das Menschengeschlecht spielen. Philon ist nämlich der Ansicht, daß die Tugend bzw. die Weisheit jederzeit wieder belebt und kräftig werden können, auch wenn sie schwach und gering sind (Migr 122f).

Von der Wiederbelebung des „kleinsten glimmenden Funkens" spricht Philon nicht nur auf der Ebene der Tugend innerhalb eines Menschen, sondern auch auf der sozialen Ebene. Beide Ebenen werden jedoch wieder durch ein proportionales Verhältnis verbunden: Der Nus verhält sich zur Seele wie der Gerechte zum Menschengeschlecht (Migr 124). Das Gleichnis des „kleinsten glimmenden Funkens" dient dabei zur Schilderung, daß der Nus bzw. der Gerechte gegenüber der ganzen Seele bzw. dem ganzen Menschengeschlecht zwar schwach und klein ist, jedoch die potentielle Kraft hat, letztere wieder zu beleben.

Das Verhältnis des Gerechten zum Menschengeschlecht läßt sich in diesem Text ohne weiteres durch das des Weisen ersetzen, wobei der Weise nicht nur ein jüdischer, sondern auch ein „heidnischer" Weiser sein kann. Die Weisen sind dabei Vorbild aller Menschen. Wenn alle nach diesem Vorbild leben, entsteht die ideale Welt „voller Glückseligkeit". Nur sind die „Eingeübten in der Weisheit" (ἀσκηταὶ σοφίας) „eine kleine Schar und ein schwachglimmender Funke der Weisheit in den Städten" (SpecLeg II,44.47).

Parallel zu diesen „Eingeübten in der Weisheit" spielt das jüdische Volk die gleiche Rolle im Verhältnis zur ganzen Welt. Das Volk erscheint, so Philon, oft den „Heiden" als „ein unansehnliches und verachtetes Volk", ist jedoch in der Tat „ein adliges, in welchem der glimmende Funke des Adels noch vorhanden ist, nach dessen Wiederanfachung der früher erloschene Ruhm wieder hervorleuchtet". Durch diesen „kleinen Kern", das jüdische Volk, werden die Städte und die Völker wieder gedeihen (Praem 171f).

Philon schließt somit die Möglichkeit nicht aus, daß ein „Heide" wie ein Jude zu den „Eingeübten in der Weisheit" gehört. Man darf jedoch daraus nicht die Folgerung ziehen, Philon hätte sich einen dritten Oberbegriff geschaffen, der die „Heiden" und die Juden in sich einschließt. Denn die Absicht Philons besteht eher darin, eine neue universale Identität für die Juden zu gewinnen. Die Identität beruht nämlich nicht auf der jüdischen Blutsverwandtschaft, sondern auf der Weisheit Gottes, die auch die „Heiden" meistern können. So gehören zu den „Eingeübten in der Weisheit" nicht nur die Proselyten, sondern auch beispielsweise die griechischen Philosophen, die von Mose seine Philosophie gelernt haben.

Philon fordert mit dieser neuen Identität des jüdischen Volkes seine Glaubensgenossen auf, den glimmenden Funken der Weisheit in sich wahrzunehmen und ihn nicht zu vernichten, sondern ihn aufflammen zu lassen, zumal eine pessimistische Meinung verbreitet ist, es gebe überhaupt keine Weisheit, und

es existiere kein Weiser (Mut 36). In der Tat mußte Philon feststellen, daß diese
Ansicht nicht nur die stoischen Philosophen[24], sondern auch die jüdischen
Gebildeten stark beeinflußt. Seine Glaubensgenossen sind deswegen „zau-
dernd" und „fortwährend saumselig", ihre eigene Aufgabe für das Menschengeschlecht zu erfüllen. Er weist sie daher auf die Tatsache hin, daß die Weisen zwar
nur „eine kleine Schar" bilden, jedoch vorhanden sind (Prob 71f).

8. Das jüdische Priestertum und die Menschheit

8.1. Das jüdische Volk als Priester für die ganze bewohnte Erde

Philon bezeichnet in Anlehnung an Ex 19,6 das jüdische Volk als „Königreich,
Priestertum und heiliges Volk"[25]. Das jüdische Volk steht dabei nach der
Ansicht Philons zur ganzen Welt im gleichen Verhältnis wie ein Priester zu
seinem Staat. So sagt er: „Was für den Staat der Priester, das ist das Volk der
Juden für die ganze bewohnte Erde" (SpecLeg II,163).

Daß das Volk der Priester der Welt ist, zeigt sich nach Philon an der seelischen
Reinheit des Volkes, die das göttliche Gesetz des Mose bewirkt (SpecLeg
II,163). Die Priesterschaft des Volkes wird auch an einer Wiedergutmachung
sichtbar. Die „heidnischen" Völker verehren nämlich nicht Gott, der „in
Wahrheit existiert, dessen Dasein alle, Hellenen und Barbaren, einmütig zuge-
ben" (SpecLeg II,164—166). Das jüdische Volk macht als Priester für die
bewohnte Erde diesen Fehler der „heidnischen" Völker wieder gut, „indem es
über alles Gewordene hinwegging... und ausschließlich den Dienst des Ungewordenen, Ewigen erwählte" (SpecLeg II,166). Dieser Dienst des einzigen,
ungewordenen, ewigen Gottes ist eigentlich Pflicht eines jeden Volks. Da „sich
die anderen Völker der Pflicht dieses Dienstes entzogen haben", leistet das
jüdische Volk stellvertretend für sie den Dienst (SpecLeg II,167).

Ein Beispiel für diese Pflicht kann man in dem Vorwurf finden, den der Leiter
der griechischen Gesandtschaft, Isidoros, den jüdischen Gesandten vor dem
Kaiser gemacht hat: „Während alle Menschen für deine Errettung Dankopfer
opferten, erdreisteten sich allein diese, nicht zu opfern. Wenn ich aber ‚diese'
sage, schließe ich auch die anderen Juden mit ein" (Legatio 355).

Der Charakter des jüdischen Volkes als Priester für das ganze Menschengeschlecht läßt sich aber auch an dem Gebet erkennen, das das jüdische Volk für die
ganze Menschheit verrichtet (VitMos I,149). Das jüdische Volk betet nämlich
dafür, daß das ganze Menschengeschlecht ethisch veredelt werde, indem sich die

---

[24] So weisen F. H. COLSON und G. H. WHITAKER, LCL Philo V, 587f auf Seneca, Ep 42,1 wie
auch auf Seneca, De Const 2,1; Quintilian XII,1; Eusebius, PraepEv VI,8.13 hin.

[25] Abr 56. Die Septuaginta übersetzt den masoretischen Text in Ex 19,6: ממלכת תהיו-לי ואתם
קדוש וגוי כהנים mit ὑμεῖς δὲ ἔσεσθέ μοι βασίλειον ἱεράτευμα καὶ ἔθνος ἅγιον, so daß das
jüdische Volk nicht als „ein Königreich von Priestern und ein heiliges Volk", sondern als
„königliche Priesterschaft und heiliges Volk" bezeichnet wird.

Menschheit von den Lastern abwendet und ein tugendvolles Leben verbringt. Das Volk ist vom Anbeginn an zum Dienst für die Fürbitte bestimmt (Abr 98).

Die stellvertretende Rolle des Volks beruht aber nicht auf der Tatsache, daß das Volk Gott nahesteht, sondern gerade umgekehrt darauf, daß Gott dem Volk nahesteht. Denn Gott macht „den Betenden unverzüglich sich zu eigen und kommt dem Willen des aufrichtig und wahr zu seinem Dienste sich Nahenden entgegen" (Virt 185). Gerade darin liegt auch die „Größe" des Volkes (Praem 84).

8.2. Die Kulthandlung im Jerusalemer Tempel für das Menschengeschlecht

Der priesterliche Charakter des jüdischen Volkes wird vor allem an der Kulthandlung im Jerusalemer Tempel sichtbar. Denn der jüdische Hohepriester „spricht seine Bitt- und Dankgebete nicht nur für das ganze Menschengeschlecht, sondern auch für die Teile der Natur, Erde, Wasser, Luft und Feuer; denn die ganze Welt betrachtet er als sein Vaterland, wie sie es ja auch in Wirklichkeit ist, und für sie erfleht er in innigem Gebet die Gnade des Meisters, den er bittet, von seiner Milde und Güte dem Erschaffenen mitzuteilen" (SpecLeg I,97). Der jüdische Hohepriester ist somit für Philon ein Kosmopolit, der für den ganzen Kosmos betet.

Auch der universale Charakter der Kulthandlung im Jerusalemer Tempel wird an den Opfern deutlich. So sagt Philon, daß die Opfer „teils für das ganze (jüdische) Volk oder vielmehr in Wahrheit für das ganze Menschengeschlecht dargebracht werden, teils für einzelne Personen, die sie darzubringen wünschen" (SpecLeg I,168). So werden Dankopfer (SpecLeg I,169) sowie Ganzopfer (SpecLeg I,190) für das Menschengeschlecht verrichtet.

Auch die jüdischen Feste haben eine universale Bedeutung. Der Sabbat wird als „Geburtstag der ganzen Welt" gefeiert (SpecLeg I,170). Man feiert auch das Fest der ungesäuerten Brote (SpecLeg II,150), das Garbenfest (SpecLeg II,162.171) und das Tranpetenfest (SpecLeg II,188−192) für die gesamte Menschheit.

9. Das jüdische Volk in der antijüdischen Umwelt

9.1. Die sogenannte Menschenfeindlichkeit der Juden

Die Behauptung Philons, daß das jüdische Volk als Priester der Menschheit stets für das Menschengeschlecht Gebet und Opfer verrichtete und dadurch „den Fehler der anderen Völker wiedergutmachte", drückt nicht nur ein theologisches Verständnis der Identität des jüdischen Volkes aus. Sie hängt auch mit dem judenfeindlichen Vorwurf zusammen, daß dieses Volk menschenfeindlich (ἀπάνθρωπος) sei (SpecLeg II,167).

Dieser Vorwurf erschien zum ersten Mal bei Hekataios aus Abdera (ca. 200 v. Chr.), findet sich aber in der Antike durchgehend bei verschiedenen griechischen und lateinischen Schriftstellern. Für Philon und seine jüdischen Zeitgenossen war eine derartige Anschuldigung ein besonders ernstes Problem, weil ihr Erzfeind Apion mehrmals in seinem Buch *Aegyptiaca* die Menschenfeindlichkeit der Juden propagiert hat.

Derartige Vorwürfe veranlaßten die Juden, eine neue Dimension in das bisherige Verständnis des Verhältnisses zwischen Juden und „Heiden" einzuführen. Die Frage nach dem Verhältnis zwischen Juden und „Heiden" wurde traditionell primär aus der Perspektive der Juden dargestellt. Bei dieser Perspektive kommt selten die Überlegung vor, wie sich das jüdische Volk zur gesamten Menschheit verhält, zu der das Volk selbst gehört. In der Auseinandersetzung mit dem antijüdischen Vorwurf, daß das Volk menschenfeindlich sei, und in der Gegenbehauptung von jüdischer Seite, daß das Volk menschenfreundlich ist, gewann aber der Begriff „die Menschheit" ein größeres Gewicht als „die Heiden". Es ist daher kein Zufall, daß bei Philon der die Septuaginta charakterisierende Unterschied zwischen λαός und τὰ ἔθνη keine Rolle spielt. Für ihn ist es wichtiger, angesichts des antijüdischen Vorwurfes den universalen Charakter des jüdischen Glaubens deutlich darzustellen und sein Volk davon zu überzeugen.

9.2. Die „Menschenfreundlichkeit" der Juden

Philon betont deswegen, daß die Liebe Gottes nicht nur dem auserwählten Volk, sondern dem ganzen Menschengeschlecht gilt. So weist Philon mehrmals in seiner theologischen Anthropologie auf die Menschenfreundlichkeit Gottes hin. Gott ist nämlich „gütig und menschenfreundlich" (Abr 203). Die Menschenfreundlichkeit Gottes zeigt sich besonders darin, daß nicht die menschliche Seele Gott, sondern Gott den an ihn herantretenden Seelen entgegenkommt (Abr 76). Er läßt sich schließlich in der Seele bzw. der menschlichen Vernunft (λογισμός) als „Wohnstätte Gottes" bzw. „Tempel auf der Erde" nieder (Cher 98–100; Virt 188). Diese Menschenfreundlichkeit Gottes erweist sich außerdem in seiner Großzügigkeit. Gott gewährt „als Freund der Tugend, des Schönen und des Menschen dem Menschengeschlecht die Güter spontan und bereitwillig" (Opif 81). So schenkt er ihm „reichen Segen" (Abr 137) und die Freude, die eigentlich Gott allein zukommt (Abr 203). Auch Gottes Kräfte und Logoi sind von der Menschenliebe geprägt[26].

---

[26] Fuga 96. Philon faßt diese verschiedenen Gnadenakte Gottes aus Menschenliebe mit dem Wort „Wohltaten" zusammen und schreibt: Gott ist „König der Könige und der Allherrscher, der aus Gnade und Menschenfreundlichkeit dem Geschaffenen Beachtung schenkt und von den Enden des Himmels zu den Grenzen der Erde herabkommt, um unserem Geschlecht (sc. dem Menschengeschlecht) Wohltaten zu erweisen" (Cher 99).

Philon wehrt sich nicht nur durch die Betonung der Menschenfreundlichkeit Gottes, sondern auch durch die der Patriarchen des jüdischen Volkes gegen den Vorwurf, daß das Volk menschenfeindlich sei. So stellt er Abraham, Isaak und Joseph als Freunde der Menschen dar. Vor allem betont er aber die Menschenliebe Moses und seiner Gesetze. Mose ermahnt, so Philon, „als Freund der Tugend, als Freund des Guten und Schönen und ganz besonders als Menschenfreund alle Menschen überall, Frömmigkeit und Gerechtigkeit eifrig zu üben" (Virt 175). Die Gesetzgebung des Mose ist daher „fast ganz von Vorschriften zur Übung von Mitleid und Menschenliebe erfüllt" (SpecLeg IV,72).

Philon findet auch in verschiedenen einzelnen Gesetzen Moses diese Menschenfreundlichkeit, wie z.B. in den Bestimmungen über die Armen (Virt 88), Herrn und Sklaven (SpecLeg I,126), aber vor allem in denen über Sabbatjahr (SpecLeg II,71) und Jobeljahr (Decal 164).

Philon faßt außerdem die gesamten mosaischen Gesetze zu zwei verschiedenen Arten von Liebe zusammen: die Gottesliebe und die Menschenliebe. Die zehn Gebote, in die alle sonstigen einzelnen Gesetze eingeordnet werden können, lassen sich ebenso in die zwei Abschnitte der beiden Arten von Liebe unterteilen[27]. Mose gab aber nicht nur die Liebesgesetze, sondern er war selbst zugleich gott- und menschenfreundlich (Mos II,163).

Schließlich hat Philon eine polemische Schrift, *Hypothetica*, gegen den Antijudaismus geschrieben und behauptet, daß die Juden menschenfreundlich seien. Er findet außerdem „den Eifer für die Tugend und die Sehnsucht nach der Menschenfreundlichkeit" als entscheidende Merkmale der Essener (Hypoth VIII,11,2 = 632). Diese Menschenliebe ist so für Philon ein Teil des dreifachen Maßes, das an jedem Sabbat in der Synagoge der Therapeuten gelehrt wird: die Liebe zu Gott, die Liebe zur Tugend und die Liebe zu den Menschen (Prob 83).

Philon versucht, durch diese Betonung der Menschenfreundlichkeit die antijüdische Behauptung zu widerlegen, daß Mose die Menschenfeindlichkeit und den Fremdenhaß eingeführt habe[28]. Er weist dadurch auch die Kritik zurück, daß die Lehrer der Juden nicht die Gesetze der Tugend, sondern die der Schlechtigkeit seien[29].

---

[27] Decal 110. Es gibt daher „zwei Grundlehren, denen die zahllosen Einzellehren und Einzelsätze untergeordnet sind: in bezug auf Gott das Gebot der Gottesverehrung und Frömmigkeit, in bezug auf die Menschen das der Menschenliebe und Gerechtigkeit" (SpecLeg II,63).

[28] Hekataios bei DiodSic, Bibliotheca XL,3 = Stern, GLAJJ I, 26 Nr. 11.

[29] Apollonius Molon bei Jos. c. Apion II,148 = Stern, GLAJJ I,155 Nr. 49.

9.3. Die Versöhnung der Völker

Diese Auseinandersetzung findet allerdings nicht immer auf derselben Ebene statt. Mit der Menschenfeindlichkeit werfen die Antijudaisten den Juden die Ungeselligkeit, die Isolation und den Fremdenhaß vor. Es geht ihnen nicht um die innerjüdische humane Gesellschaft, Solidarität und Eintracht, die auch ihnen bekannt waren[30]. Philon versteht dagegen unter der Menschenfreundlichkeit oft die humanen Gesetze und Sitten, die selten über die Grenze der jüdischen Gemeinschaft hinaus wirksam waren. Die Menschenfreundlichkeit gilt somit oft nicht der gesamten Menschheit, sondern nur den Juden. So spricht Philon von der „menschenfreundlichen und treuen Gesinnung des Mose gegenüber *seinem ganzen Stamm* (πρὸς ἅπαν τὸ ὁμόφυλον αὐτοῦ φιλανθρωπίας καὶ πίστεως)" (Virt 66). Oder „es gibt unter den Einzelgesetzen noch viele andere wohlwollende und menschenfreundliche Bestimmungen *für die Volksgenossen* (πρὸς τοὺς ὁμοεθνεῖς)" (Virt 101).

Dennoch hat Philon die Tragweite klar vor Augen, die die Menschenliebe der mosaischen Gesetze über die Grenze der jüdischen Gemeinschaft hinaus für alle Menschen hat. Die Menschenfreundlichkeit, die Gott dem jüdischen Volk gezeigt und Mose durch seine Gesetzgebung den Juden gelehrt hat, ist zwar das Grundprinzip, das das Leben der Juden bestimmt und durch und durch jüdisch ist. Jüdisch-Sein bedeutet aber für Philon keinesfalls „Absonderung und Ungeselligkeit", wie es die Antijudaisten den Juden vorwerfen. Er will gerade das Gegenteil behaupten. Nicht den Glauben der Väter aufzugeben, sondern konsequent jüdisch zu sein und Jude zu bleiben, bricht die Spirale der „gegenseitigen Kränkung". Denn die Liebe zur Menschheit und die Verwandtschaft aller Menschen sind eben Gottes Wille, der sich in der Geschichte des jüdischen Volkes offenbart hat und in den Gesetzen des Mose niedergeschrieben worden ist (Virt 140f).

Philon ist deswegen zuversichtlich, daß die Zeit der Versöhnung der Völker kommt. Einen Schlüssel zur „Lösung der Feindschaft" findet Philon in der Vorschrift aus Ex 23,4f, man solle dem Feind sein verirrtes Rind oder seinen Esel zurückbringen und dem unter der Last zusammengebrochenen Esel des Feindes helfen. Wenn man nämlich diese „edle Tat" leistet, folgt daraus „ganz notwendig" „die Lösung der Feindschaft", und Philon fährt fort:

---

[30] Hierauf weist z. B. Cicero in seiner Verteidigungsrede für Flaccus, den *propraetor* von Asia, hin, der die über die Reichsgrenze hinaus nach Jerusalem transportierte Tempelsteuer konfisziert hat (Cic. Flacc 28,66 = Stern, GLAJJ I,196 Nr. 68). Auch Tacitus, Hist V,5,1, schreibt, daß unter den Juden „unverbrüchliche Treue und hilfsbereites Mitleid walten, gegen alle anderen aber feindseliger Haß" *(apud ipsos fides obstinata, misericordia in promptu, sed adversus omnes alios hostile odium)*. Vgl. auch Juvenal, XIV,102–104: Mose schreibe vor, „keinem den Weg zu zeigen als dem, der Gleiches verehrt, und die Beschnittenen allein zur gesuchten Quelle zu führen" *(non monstrare vias eadem nisi sacra colenti, quaesitum ad fontem solos deducere verpos)*.

„denn einerseits wird der Empfänger einer solchen Wohltat selbst wider seinen Willen durch den Liebesdienst gefesselt und zur Versöhnlichkeit getrieben, andererseits hat einer, der von edler Handlungsweise geleitet einen solchen Dienst erweist, damit schon beinahe sein Herz zur Versöhnung gewandt. Das ist es aber hauptsächlich, was der fromme Prophet durch seine ganze Gesetzgebung erreichen will: Eintracht, Gemeinschaftsgefühl, Gleichheit der Gesinnung und Harmonie der Charaktere, Eigenschaften, durch die Familien und Städte, Völker und Länder und überhaupt das ganze Menschengeschlecht zur höchsten Glückseligkeit gelangen können. Allerdings sind das bis zum gegenwärtigen Augenblick bloß fromme Wünsche, sie werden aber, wie ich fest überzeugt bin, zu wahrer Wirklichkeit werden, wenn Gott ebenso, wie er die jährlichen Früchte spendet, rechtes Gedeihen auch den Tugenden bescheren wird; mögen wir ihrer nie verlustig gehen, die wir das Verlangen nach ihnen seit frühester Jugend in uns tragen" (Virt 118−120).

Philon ermahnt somit sein Volk, die Völkerversöhnung durch die Initiative der Juden zu beginnen, obwohl das Volk immer wieder unter den ungerechten Verleumdungen und Mißhandlungen gelitten hat. Nur so wird das Herz der „Feinde" zur Versöhnung gewendet. Der „Liebesdienst" ist zwar keine Garantie für die friedliche Völkergemeinschaft und bringt nicht sofort Früchte. Man sollte aber nicht enttäuscht sein, wenn auch der Erfolg der Bemühung nicht sichtbar wird, man sollte aber auch nicht allzu optimistisch und enthusiastisch sein, wenn die Bemühungen nur kleine Früchte getragen haben. Denn die Zukunft des Menschengeschlechts liegt letztendlich nicht in der Hand der Menschen, sondern in der Gottes, der menschenfreundlich ist.

10. Die Zukunft des jüdischen Volkes und der „heidnischen" Völker

10.1. Die Rückkehr des jüdischen Volkes aus den fremden Ländern

Die Ansicht, daß die Juden in der Diaspora zur Endzeit wieder in das heilige Land zurückkehren, war zur Zeit Philons ein fester Glaube der Juden mit wenigen Ausnahmen. Auch Philon teilt diese Ansicht und legt den klassischen Text für dieses Thema, Dt 30,1−6, folgendermaßen aus:

„Und selbst wenn sie (sc. die bekehrten jüdischen Apostaten) an den äußersten Enden der Erde als Knechte dienen werden bei den Feinden, die sie als Kriegsgefangene weggeführt haben, sollen sie wie auf eine Verabredung alle an einem Tage frei werden, weil ihre völlige Bekehrung zur Tugend ihren Herren Schrecken einjagen wird: sie werden sie freilassen, weil sie sich scheuen, über Bessere zu herrschen. Wenn sie aber die so unerwartete Freiheit erlangt haben, werden die vorher in Hellas und im Barbarenlande, auf den Inseln und auf dem Festland Zerstreuten mit einem Male sich erheben und von allen Seiten nach einem ihnen angewiesenen Ort hineilen, geleitet von einer göttlichen, übermenschlichen Erscheinung, die für andere unsichtbar und nur für die Wiedergeretteten sichtbar ist" (Praem 164f).

Die Rückkehr der Diasporajuden in das heilige Land ist also nach Philon nicht ein Prozeß, dessen Ziel im Laufe der Geschichte allmählich erreicht wird, sondern ein göttliches wunderbares Ereignis, das an einem Tag schlagartig verwirklicht wird. Auch die unmittelbare Wirkung Gottes wird durch die göttliche „Erscheinung" betont, die die Rückkehr des jüdischen Volkes begleitet. Es gibt hier keinen Raum für den messianischen König. Eigenartig ist, daß Philon den letztendlichen Grund für die Rückkehr in der Barmherzigkeit Gottes gegenüber dem Menschengeschlecht findet. Denn er schreibt unmittelbar vor dem obigen Zitat:

Wenn die von der Lehre der Väter entfremdeten Juden sich bekehren und ihre Sünden laut bekennen werden, „dann werden sie Wohlwollen (εὐμενείας) erlangen bei Gott, dem Retter und Barmherzigen, der dem Menschengeschlecht ein ganz besonderes und bedeutsames Gnadengeschenk gewährt hat, die Verwandtschaft mit der göttlichen Vernunft (τὸν αὐτοῦ λόγον), nach deren Ebenbild der menschliche Geist (ὁ ἀνθρώπινος νοῦς) geschaffen ist" (Praem 163).

Der nationalen Hoffnung des jüdischen Volkes liegt hier die universale Barmherzigkeit Gottes zugrunde, der dem Menschengeschlecht den Geist geschenkt hat. Denn dieser Geist ruft im Volk die Tugend hervor, die wiederum die Befreiung des Volkes von den Fremdherrschern bewirkt. Der Geist „verbessert" das Volk und führt „zum Frieden und zur Versöhnung" mit Gott, was die Voraussetzung für die Rückkehr in das heilige Land ist. Auch die Frömmigkeit, durch die die Patriarchen das Volk mit Gott versöhnen, ist nur unter der Mitwirkung des Geistes entstanden.

10.2. Der zukünftige Sieg des jüdischen Volkes über seine Feinde

Der Gedanke, daß die Feinde des jüdischen Volkes, ganze Haufen von Völkern oder alle Völker zur Endzeit vernichtet werden, ist ein fester Bestandteil in der Apokalyptik. Auch Philon ist fest von der Ankunft der Zeit überzeugt, in der die Feinde bzw. die Völker besiegt werden. Die apokalyptischen Motive sind aber bei ihm fast gänzlich zurückgetreten. Von den Vorzeichen der Endzeit und dem Aufstand der Völker gegen den Messias ist keine Rede. Seine Zukunftserwartung hat kaum eschatologische Charakterzüge, sondern eine innergeschichtliche Ausrichtung.

Die „Feinde", die Philon vor Augen hatte, sind die Antijudaisten, die die Diasporajuden im Alltag unweigerlich spüren. So spricht er von den Feinden im Zusammenhang mit den Flüchen in Dt 30,7 folgendermaßen:

„Ein Umschwung in allen Dingen (μεταβολὴ δὲ πάντων) wird plötzlich eintreten; denn Gott wird die Flüche gegen diejenigen Feinde der Reumütigen kehren, die sich über die unglücklichen Schicksale (κακοπραγίαις) unseres Volkes gefreut und es geschmäht und verspottet haben, als ob sie selbst das Glückslos (κλῆρον εὐτυχίας) für immer sicher hätten, das sie ihren Kindern und Enkeln als Erbe zu hinterlassen hofften, und als ob sie die Gegner nur immer in beständigem und unwandelbarem Unglück (βεβαίῳ καὶ ἀϰλινεῖ δυστυχίᾳ) sehen würden, das auch für die späteren Geschlechter aufbewahrt sei" (Praem 169f).

Die Feinde, denen Gott in der zukünftigen Geschichte entgegentreten wird, verspotten hier das Mißgeschick der Juden und rühmen sich ihres eigenen Glückloses. Sie dürften wohlhabende und politisch angesehene Römer sein, wie z.B. Cicero, der das jüdische Volk als „besiegtes", „tributpflichtiges" und „versklavtes" Volk verschmäht (Flacc 28,69). Sie dürften aber auch die antijüdisch gesinnten alexandrinischen Bürger gewesen sein, wie Apion, der behauptet, es komme dem jüdischen Volk zu, „daß das Volk kein Herrscher, sondern Sklave ist, mal von einem, mal von einem anderen, und Jerusalem von Mißgeschick mehrmals heimgesucht wurde" (Jos c. Apion II,125). Gegen derartig böswillige Kritiker des Judentums wehrt sich Philon mit der Mahnung, daß das Schicksal nicht für ewig andauert, sondern die Sache Gottes ist, der Schicksalsschläge plötzlich eintreten läßt.

Was das zukünftige Schicksal der Feinde angeht, interessiert sich Philon weniger für die Strafe und die Vernichtung als vielmehr für die Anerkennung des Volkes durch die Feinde und die Rettung der gesamten Völker. So drückt er in Praem 171f die Strafe der Feinde nur mit der Wendung „den Lohn für ihre Grausamkeit empfangen" aus und erwähnt dies äußerst flüchtig im Bedingungssatz. Dafür richtet Philon die ganze Aufmerksamkeit der Leser auf zwei Punkte: die Wiederherstellung des Ruhms des jüdischen Volkes und das zukünftige Gedeihen der Völker.

Im ersten handelt es sich um die Anerkennung der Edelgeburt des jüdischen Volkes durch die Feinde. Das Wesen der Edelgeburt liegt dabei nicht darin, daß das Volk immer eine vollkommen edle Eigenschaft hat, sondern darin, daß es den „glimmenden Funken" der Edelgeburt besitzt, der jederzeit wieder aufflammen kann. Dieser „Funke" hängt eng mit dem zweiten Punkt zusammen: die Städte und die Völker werden durch den „kleinen Kern", das jüdische Volk, wieder gedeihen. Denn der glimmende Funke ist nichts anderes als der Funke der Weisheit, der im Volk Israel versteckt ist und darauf wartet, für das Menschengeschlecht entfacht zu werden (Prob 71f).

Der zukünftige Sieg des jüdischen Volkes über die Völker wird vor allem darin sichtbar, daß die Völker ihre eigenen Sitten und Gesetze aufgeben und sich durch die Annahme der jüdischen Gesetze zum jüdischen Glauben bekehren werden. So findet Philon darin, daß die mosaischen Gesetze trotz der unglücklichen Gegenwart des jüdischen Volkes von den „Heiden" hochgeschätzt werden, eine glänzende Zukunft der Gesetze und sagt:

„So erweisen sich die Gesetze als eifrig begehrt und geschätzt bei allen Gemeinen und Vornehmen, und dies, obwohl das Volk seit langer Zeit nicht glücklich ist; gewöhnlich pflegen ja die Vorzüge derer, die sich nicht im Glück befinden, irgendwie in den Schatten zu treten. Wenn aber erst für dies Volk der Beginn eines glänzenderen Loses einträte, wie groß würde wohl der Zuwachs sein? Die anderen würden wohl alle, meine ich, ihre eigenen Sitten aufgeben und den väterlichen Gebräuchen mit Freuden absagen und sich ausschließlich zur Wertschätzung dieser Gesetze bekehren. Denn mit dem Glück des Volkes werden gleichzeitig seine Gesetze durch ihren Glanz die andern verdunkeln wie die Sonne bei ihrem Aufgange die Sterne" (Mos II,43f).

Philon hebt mit dem Ausdruck „mit Freuden" (χαίρειν) hervor, daß die Völker freiwillig ihre eigenen Gesetze und Sitten aufgeben, was in der Geschichte des jüdischen Volkes nicht immer geschah. Die hervorragende Tugend des Volkes führt dann nicht nur die böswilligen „Feinde" des Volkes, sondern auch ‚die anders Denkenden' zur „Wertschätzung" der mosaischen Gesetze. Schließlich werden alle „heidnischen" Gesetze aufgehoben (QE II,22).

III. Zusammenfassung

Die traditionelle Unterscheidung zwischen dem jüdischen Volk (λαός) und den Völkern (τὰ ἔθνη) ist bei Philon fast gänzlich verschwunden. Statt dessen tritt der Begriff „Menschengeschlecht" in den Vordergrund, der das jüdische Volk miteinschließt.

Gott und das Menschengeschlecht stehen in einer unmittelbaren Beziehung zueinander. Das Menschengeschlecht ist ohne Gott ein erbärmliches Wesen und kann von selbst auch nicht einen Tag bestehen. Gott trägt aber direkt die Verantwortung für das Geschlecht, das er selbst geschaffen hat, und will es erhalten. So richtet sich die Liebe Gottes in erster Linie nicht auf das jüdische Volk, sondern auf die gesamte Menschheit.

Die Unmittelbarkeit der Beziehung Gottes zum Menschengeschlecht drückt sich vor allem in den menschenfreundlichen Gesetzen Moses aus. Gott hat dem jüdischen Volk diese Gesetze gegeben, jedoch nicht um diese unmittelbare Beziehung zum Menschengeschlecht zu behindern, sondern um sie zu verdeutlichen.

Die Identität des jüdischen Volkes findet Philon im „gottschauenden Volk Israel", das nicht auf der „Blutsverwandtschaft", sondern auf der „Verwandtschaft mit Gott" beruht. Abraham, der „Urahn des Volkes Israel", ist somit primär nicht Vorbild für die „Heiden", sondern Vorbild für das jüdische Volk, das der Blutsverwandtschaft gegenüber die Verwandtschaft mit Gott bevorzugen soll.

Philon verbindet die Gottesschau mit dem stoischen Begriff des Weisen. Das gottschauende Volk Israel ist „das weise und wissende Volk" und steht im gleichen Verhältnis zum Menschengeschlecht wie die Weisen. Das Volk Israel ist zwar eine kleine Schar, sie stützt jedoch das Menschengeschlecht und führt zur höchsten Glückseligkeit.

Israel ist für Philon auch ein anthropologischer Begriff: Israel ist Symbol für den menschlichen Geist, der im gleichen Verhältnis zur ganzen Seele eines Menschen steht wie das gottschauende Volk zum Menschengeschlecht. Er führt so die Seele zum höchsten Ziel der Glückseligkeit.

Philon will mit dieser Identifizierung das jüdische Volk auffordern, das ‚wahre' Israel zu sein. Das Lebensziel des ‚wahren' Israel liegt nämlich darin, den Gipfel der menschlichen Glückseligkeit zu erreichen, d. h. Gott zu schauen. Seine Aufgabe besteht darin, der Pflicht nachzukommen, die eigentlich dem gesamten Menschengeschlecht auferlegt ist, aber von ihm vernachlässigt wird, nämlich Gott zu dienen. Das ‚wahre' Israel ist somit für Philon nichts anderes als die Schar der ‚wahren' Menschen, die nach diesem Ziel strebend leben und diese Pflicht auf sich nehmen. Der philonische Begriff Israel bietet damit den Juden ihre Identität *und* den „Heiden" das Bild des ‚wahren' Menschen, den der Stammvater des Menschengeschlechts, Adam, verkörpert.

Die Heiden
in der pseudo-philonischen Predigt *De Jona*

von

FOLKER SIEGERT

Auf christlichen Darstellungen der Jona-Geschichte sieht man meist nur drei Szenen:

– Jona wird ins Meer geworfen, in den Rachen des Ungeheuers;
– Jona wird von diesem wieder aufs Land gespien;
– Jona ruht sich unter der Kürbislaube aus.

Von der Stadt Ninive und ihren Bewohnern ist wenig, oft gar nichts zu sehen. Der Skopos des Jona-Buches, das auf Buße und Rettung eines Heidenvolkes hinausläuft, ist aufgegeben zugunsten einer allegorischen Deutung des Jona-Schicksals auf die individuelle Auferstehung der Frommen.

Nicht so in der antiken Synagogenpredigt, die in armenischer Übersetzung unter dem Titel *Yalags Yovnanow (De Jona)* auf uns gekommen ist[1]. Von ihren 218 Paragraphen (in Hans Lewys Einteilung) befassen sich § 99–218 mit Jona 3–4 und damit hauptsächlich mit dem Schicksal der Niniviten. Die Nacherzählung ist mit Jonas Rettung nicht zu Ende, sondern mündet in einen zweiten Teil, der den Heiden von Ninive eine nicht geringe Aufmerksamkeit schenkt. In einer abschließenden Rede Gottes an den enttäuschten Propheten – er hätte lieber das Schauspiel der Zerstörung Ninives betrachtet – wird der Skopos des Buches überführt in den der Predigt; diese endet folgendermaßen:

Auch die Niniviten waren einst ohne Früchte der Frömmigkeit. Sie kannten nicht die Frucht der göttlichen Gerechtigkeit; und die Ehre, die dem Schöpfer gebührt, erwiesen sie dieser Welt. Aber jetzt geben sie nicht mehr der Natur den Dank für ihre Früchte und halten der wärmenden Kraft der Elemente keinen Gottesdienst mehr, sondern sie bekennen sich dazu, den Geber der

---

[1] Näheres habe ich u. d. T. „Drei hellenistisch-jüdische Predigten. Ps.-Philon, ‚Über Jona‘, ‚Über Simon‘ ...“, Bd. I: Übersetzung aus dem Armenischen und sprachliche Erläuterungen, WUNT 20, Tübingen 1980 veröffentlicht; dazu jetzt *dito* Bd. II: Kommentar, WUNT 61, Tübingen 1992. Die jeweils ersten Seiten informieren über frühere Editionen und über die Einleitungsfragen zu *De Jona* und *De Sampsone*.

Früchte für die Früchte zu ehren, und haben sich verpflichtet, statt dieser Welt ihren Baumeister anzubeten (§ 216f).

Dies dargestellt zu haben, resümiert der Synagogenredner anschließend selbst als *die Predigt von Gottes Menschenliebe* (§ 218).

Der „Sitz im Leben" dieser bemerkenswerten Worte war nach aller Wahrscheinlichkeit die Haphtara, also die Schlußlesung im Nachmittagsgottesdienst des Großen Versöhnungstages. Dafür ist das Jona-Buch noch heute im rabbinischen Perikopenkalender vorgesehen, dessen Geltung für die Diaspora der neutestamentlichen Zeit durchaus wahrscheinlich ist[2]. Das Thema der Buße, auch das der göttlichen Verzeihung, wäre damit vorgegeben, nicht jedoch das außergewöhnliche Interesse am Heil der Heiden, das dieser – dem Neuen Testament etwa zeitgenössische – Prediger an den Tag legt. Mehrere Motivationen sind denkbar und würden sich gegenseitig verstärken:

1. Der Synagogengottesdienst, von Natur öffentlich und mit Nebenabsicht eine Selbstdarstellung des Judentums (so in Josephus' und Philons Würdigungen), hatte heidnische Hörer, insbesondere die sog. Gottesfürchtigen. Die neu entdeckte Synagogeninschrift von Aphrodisias nennt uns solche nicht nur in größerer Zahl, sondern zeigt sie uns auch in synagogalen Ehrenämtern.

2. Der Prediger von *De Jona*, Großstadtmensch und offenbar in einer Großstadt wirkend[3] (es kommt fast nur Alexandrien in Frage), war durch sein Amt mitverantwortlich für den prekären Burgfrieden, den die religiösen und ethnischen Gruppen einer „multikulturellen" antiken Polis untereinander auszubalancieren hatten. Verbale Aggressivitäten konnten da leicht als Bumerang zurückkommen, Worte durch Handgreiflichkeiten verstärkt werden. Polemische Töne, wie sie in der gleichfalls pseudo-philonischen Predigt *De Sampsone* zu hören sind, dürften die Grenze dessen markieren, was ohne öffentlichen Skandal sagbar war. Jenseits davon liegen die – seien sie auch noch so berechtigten oder verständlichen – Haßtiraden etwa eines 3. Makkabäerbuchs oder der nicht ohne Grund anonymen und verdeckt kursierenden Apokalypsenliteratur.

3. Schon ehe christliche Missionare auszogen, aber auch gleichzeitig mit ihnen und in sicherlich bewußter Konkurrenz, war ein liberaler Flügel des antiken Judentums darum bemüht, Anhänger aus den Heiden zu gewinnen, wenn möglich zu Proselyten. Das spannungsreiche Verhältnis zwischen Abrahams Segen und Esras Rassenpolitik führte zu Akzentsetzungen teils mehr auf der einen, teils mehr auf der anderen Seite. Hierbei fließen nicht nur Glaubensüberzeugungen mit ein, sondern auch die eben schon benannten sozialen Rücksichten: Personen der jüdischen Oberschicht konnten aus geistigen wie

---

[2] Die Nachweise, die v. a. Ralph MARCUS und James ROYSE geliefert haben, sind referiert im eben genannten Kommentarband, 29f.
[3] Ebd. 49−51.

aus materiellen Gründen nur interessiert sein an einem vorteilhaften Ausgleich mit dem umgebenden Heidentum[4].

Auf den folgenden Seiten soll nun dargelegt werden, wie der *auctor de Jona* seiner heidnischen Umwelt die mosaische Religion empfiehlt, und wie er – dies vor allem – seiner Gemeinde Mut macht zum offenen Zugehen auf Andersgläubige.

I

Der Ausdruck *Heide* kommt – wenn ich nichts übersehen habe – in *De Jona* nicht vor. (Anders in *De Sampsone*.) Weder die Seeleute von Jona 1 noch die Niniviten werden so bezeichnet. Die Seeleute beten mit ausgebreiteten Händen (*De J.* § 28); der Zusatz „jeder zu seinem Gott" (Jona 1,5) wird weggelassen. Als sie das Los werfen, gelten sie sogar ausdrücklich als *fromme Männer* (§ 46). Schließlich ist es nicht ihre, sondern Jonas Sünde, was die Wirkung des Gebets vereitelt. – Die anderen religiösen Handlungen auf dem Schiff, nämlich Opfer und Gelübde (Jona 1,16), so sehr sie in der Alten Welt als lobenswert galten, werden übergangen: aus rabbinischen Kommentaren erfahren wir, daß sie halachisches Kopfzerbrechen bereiteten. Um so freier ist der Prediger später bei der Darstellung religiöser Handlungen der Niniviten (unten IV).

Die Predigt als ganze hat zwei Hauptgesichtspunkte: Gottes Unentrinnbarkeit – die erfährt Jona – und Gottes Menschenliebe (*mardasēr* = φιλάνθρωπος), welche von Jona nicht verstanden, um so deutlicher aber von den Niniviten erlebt wird. Auf diesem Hintergrund ist es bemerkenswert, daß schon die Seeleute als Beispiele für Humanität hingestellt werden (§ 48.51): sie wollen *keine Unmenschen* sein und lassen sich darum, trotz drohender Lebensgefahr, reichlich Zeit mit der Ermittlung der Sturmursache und vor allem mit einem fairen Gerichtsverfahren für Jona. Und schließlich, als Jona nach einem abenteuerlichen Umweg in Ninive anlangt, heißt es: er kam *zu den Menschen*, nicht etwa: zu den Heiden (§ 102).

II

All dies bedeutet nicht, daß der Prediger zimperlich wäre in der Benennung der Sünde als *Sünde*. Die Verfehlungen der Niniviten werden ausführlich dargestellt, ja erweitert, und zwar sowohl in dem Auftrag Gottes an Jona (§ 10–19) als auch in dessen Ausführung (§ 103–107). Die hier vorgetragenen Lasterkataloge machen Gebrauch von dem auch bei den Rabbinen zu findenden Topos

---

[4] Ebd. 51, nach M. HENGEL.

einer Angleichung Ninives an Sodom. Die philosophisch-theologische Bewertung der κακία Ninives (Jona 1,2 LXX) ist jedoch die eines *Leidens*, einer
Krankheit; und Gott ist der *Arzt* (§ 5). In einer Reihe von Aussagen, die mir
nur im Neuen Testament angemessene Parallelen zu haben scheinen, ist Gott
freundlich zu den Sündern (§ 71.87). Die Aufforderung zur Buße, durch Jona
ausgerichtet, ist der erste Erweis der Freundlichkeit Gottes in Ninive; bei den
Bewohnern liegt es, darauf zu antworten. In einer nicht aufgeteilten Einheit
des Geschehens ist auch ihre Antwort mit Gottes Werk. Das ist, wenn ich recht
sehe, die eingangs genannte *Frucht der göttlichen Gerechtigkeit* (§ 216).

　　Gott ist *der Menschenfreund* (§ 8 u. ö.): dieser in der griechischen Theologie
längst geläufige, in der Septuaginta aber nur zweimal der Weisheit Gottes
angeheftete Begriff (Weish 1,6; 7,23) durchzieht die ganze Predigt. In der
Antinomie von Güte und Strenge Gottes (z. B. § 88.218) überwiegt die erstere.
Der Polytheismus, hier wie bei Paulus (Gal 4,9) als Dienst an den *Elementen*
qualifiziert und bei den Niniviten durchaus als Bestandteil ihrer Verirrungen
dargestellt, wird ohne alle Schärfe abgelehnt, oder vielmehr: zurückgelassen
(§ 217f, eingangs zitiert).

III

Dem entspricht auf der anthropologischen Ebene der geradezu moderne Gedanke, daß Menschsein eine Aufgabe sei. Was wir als Idee der Aufklärung
kennen – Lessings, Herders Humanitätsideal –, ist im einen wie im anderen
Falle angewandter Stoizismus. *Zunächst und vor allem haben wir dieses Geschenk von Gott empfangen, daß wir Menschen sind* – so sagen, Jonas Bußpredigt fortsetzend, die Niniviten zu sich selber. Und dann stellen sie fest, daß sie
auf die Stufe von Tieren abgesunken sind, als sie versäumten, Gott für seine
Gaben der Nahrung, der Gesundheit, des Verstandes, ja auch der Gotteserkenntnis zu danken und ihn dafür zu ehren (§ 120ff). Eine ganz starke natürliche Theologie wird in diesem Zusammenhang vorgetragen: Es sei schuldhaft,
wenn Menschen aus all den Wundern und der Ordnung der Natur, auch aus
ihrem eigenen Bewußtsein des Guten, Gott nicht erkennen (ebd.; vgl. § 104f
und Röm 1,20−23).

　　Der Begriff der Menschen-*Würde* (τιμή liegt zugrunde), wie er in § 135
entwickelt wird, verrät am stärksten die Herkunft der Gedanken aus dem
Stoizismus: *Uns aber, die wir menschliche Gesichter, aber nicht Gedanken
gezeigt haben, wurde zur Selbsterkenntnis und zu unserer Würde die Gabe des
Denkens verliehen; und diese Auszeichnung haben wir, so sehr wir die Welt
betrachten, nicht erkannt und den Steuermann, so sehr wir den vielfältigen Inhalt
des Schiffes mustern, nicht bemerkt.*

　　In meinen Augen ist es die Anerkennung des Predigers gegenüber seiner

Quelle, also intellektuelle Redlichkeit, die ihn veranlaßt, gegenüber dem – von ihm nicht so genannten – Heidentum milde zu sein. Seine Kritik des Polytheismus als Teil einer Geistesverirrung ist abgewandelter Stoizismus! Keine Rede von den nichtigen „Götzen" oder gar von Dämonen[5], die dahinterstünden. Der Polytheismus hat für unseren Autor eine lediglich negative – und keine dämonische – Wurzel; er ist Unkenntnis. Was in dem *šāw'* prophetischer Götzenpolemik gesteckt hatte, wird in stoischer Terminologie zur Klarheit gebracht.

IV

Die Tora, in unserer Predigt nur beiläufig genannt (§ 4 in *Gesetzgebung* = νομο-θεσία enthalten; § 115 in der singulären Gotteskennzeichnung *Herr des Gesetzes;* § 176 in der Einleitung eines Prophetenzitates) wird – für einen Juden erstaunlich – nirgends als Maßstab eingeführt, weder die schriftliche noch die mündliche. Es wird das Bild einer allgemeinen Religiosität entworfen, in der sich die Pflichten des Menschen als Menschen offenbar erschöpfen: Unterweisen der Söhne (worin, wird nicht ausdrücklich gesagt; gemeint ist sicher das natürlich erkannte Gute); Dankgebet an Gott bei der Geburt eines gesunden Kindes, über Tisch, in der Hochzeitsgesellschaft (§ 124)[6]. Nur einen Teil der Lebens- und Arbeitszeit beansprucht der Herr von seinen Knechten (§ 155)[7].

Die Konsequenzen der natürlichen Gotteserkenntnis für eine ebensolche Ethik werden nicht ausdrücklich gezogen, sondern schlicht für selbstverständlich erklärt: *Wie aber können wir wissen, welches Leben Gott gefallen hätte? – Wir brauchen nur anzusehen, was bei uns vorgeht* (gemeint ist die bisherige Zerrüttung), *und wir werden erkennen, wonach wir suchen* (§ 118). Die geforderte Lebensführung wird summiert als *Dank* gegenüber Gott (§ 153 u.ö.) – Dank für seine Freigebigkeit, worunter auf ethischer Ebene deren Nachahmung im gegenseitigen Umgang zu verstehen ist. Die Bußleistungen der Niniviten, verstärktes Abbild des Geforderten, unterstreichen dies unter dem Leitwort der *Demut* (§ 145–149).

---

[5] So Dtn 32,17 LXX (zitiert in 1 Kor 10,20); Ps 96(95),5 LXX etc. Vgl. Minucius Felix, Octavius 27,1.

[6] Diese Liste ist sicherlich beispielhaft gemeint. Eine auch nur relative Vollständigkeit anzustreben (wie etwa in den sieben Noachidischen Geboten der Rabbinen), wäre im Sinne eines hier gerade vermiedenen Legalismus.

[7] Diese Haltung ist offenbar milder als die von Lk 17,7–10, dem Gleichnis von den „unnützen Knechten". Ich erinnere mich, bei einem modernen Rabbi (Robert Gradwohl?) gelesen zu haben, es sei *nicht* jüdische Auffassung, das ganze Leben zu heiligen. – Billerbeck gibt zu der genannten Stelle wenig her.

Solche Buße erhält, ohne daß ein einziges Tora-Zitat begegnete, das Adjektiv *schriftgemäß* (§ 145)[8].

V

Der christliche Leser der biblischen Jona-Geschichte, der in Jona 3,5 LXX die Worte findet: καὶ ἐνεπίστευσαν οἱ ἄνδρες Νινευη τῷ θεῷ, und der Exeget, der in der Literatur liest, hier sei der Gebrauch von πιστεῦσαι = „zum Glauben kommen" erstmals festzustellen oder doch wenigstens vorgebildet, würde vielleicht gerne den jüdischen Prediger fragen: Meinst du, die Niniviten seien „zum Glauben gekommen"[9]?

Doch kommt „Glaube an Gott" in unserer Predigt so nicht vor. § 108 sagt – in Abschwächung des Bibeltextes –: die Niniviten glaubten *dem Propheten*, sie glaubten *seiner Predigt*. Vgl. noch § 93: *den Vorkommnissen... Glauben schenken*.

Glaube „an Gott" begegnet nur einmal, in einem Verbalsyntagma, in § 95: Jona, in seiner Person *Zeuge* für Gottes Macht und *Wahrzeichen der Wiedergeburt* geworden, sagt in seinem – Jona 2 nachempfundenen – Gebet von seiner zu erwartenden Wirkung auf die Niniviten: *Man wird das Sinnbild der Wahrheit verstehen und, auch wenn man nur einen Teil sieht, in allem an dich glauben.* Das liegt auf der Ebene eines ἔχετε πίστιν θεοῦ (Mk 11,22). Der christlichkirchliche Sprachgebrauch, wo πίστις πρὸς θεόν / ἐπὶ θεόν / εἰς θεόν (1 Thess 1,8; Hebr 6,1; 1 Petr 1,21)[10] zur Abgrenzung einer bestimmten, sich lehrmäßig definierenden Religion wurde, ist unserem *De Jona* offenbar fremd. Weder die Halacha noch ein irgendwie gefülltes Glaubensbekenntnis bestimmen, wer in den Augen des Predigers ein *Gerechter* wäre. Der Ausdruck begegnet in § 94 in einer Anspielung auf Noah...

Gott ist in unserer Predigt *der Erlöser Aller* (§ 182). Anders als in den scheinbaren Parallelen Test L 10,2; 14,2; Test B 3,8 und Test D 6,9 var. besteht hier kein Verdacht auf christliche Interpolation; die Predigt im ganzen ist ja die Durchführung dieses Gedankens. Gott gleicht einem *Mensch(en), der einen Sklaven um Geld gekauft hat*, u. z. hat er ihn *aus dem Tod ins Leben zurückgekauft* (§ 154). Diesen Vergleich gebrauchen die Niniviten von sich selber. Das Erstaunliche ist hierbei, daß der Herr des Sklaven – in der Sachhälfte also Gott – den Kaufpreis selbst bezahlt! Der Preis kann also nicht in den Bußlei-

---

[8] Am ehesten dürfte dieses Wort sich auf den Bericht des Jona-Buches beziehen, also nicht auf die Tora (denn diese schreibt Heiden keine Buße vor!).

[9] So faßt es z. B. Clemens v. Alexandrien auf: Prot 10 (S. 72, Z. 14−16 Stählin).

[10] Nochmals anders beschaffen ist der *genitivus subjectivus* πίστις θεοῦ in Röm 3,3: „Verläßlichkeit Gottes".

stungen der Niniviten liegen; er besteht vielmehr in Gottes Zuwendung durch das Wort des Propheten, und er liegt in Gottes unverdientem Verzeihen.

Gott ist es, der den Menschen nachgeht, um sie zu retten. Auch dem abtrünnigen Jona gegenüber ist der *der Menschenjäger* (§ 178). Wer dächte hier nicht an die „Menschenfischer" von Mk 1,17?

Näher als *De Jona* ist wohl kein Zeugnis jüdischer Theologie je an die Botschaft Jesu und an das Evangelium der Kirche herangekommen. Nicht zufällig; denn es ist eine Predigt, die es wagt, die Heiden ganz unvoreingenommen in den Blick zu nehmen, und die ermutigt, auf sie zuzugehen[11].

Gerade wenn man unseren Text unter dem Gesichtspunkt des vorliegenden Sammelbandes betrachtet, ist er ein Ruhmesblatt des hellenistischen Judentums.

---

[11] Die andere ps.-philonische Predigt, *De Sampsone*, ist, ihrem Text gemäß (Ri 13ff), ganz anders gefaßt. M. E. spricht dies nicht einmal gegen die Identität desselben Autors. *Beide* Tendenzen charakterisieren seit Esra das Judentum.

Die Abwehr der Fremden in den Texten aus Qumran

Zum Verständnis der Fremdenfeindlichkeit in der Qumrangemeinde*

von

ROLAND DEINES

I. Alttestamentliche Voraussetzungen

Die Stellung des Alten Testaments zu den „Völkern" ist bekanntlich mehr-schichtig. In der vorexilischen, staatlichen Zeit Israels sind die „Völker" vor-wiegend als nationale Gegner dargestellt, ohne daß dadurch einzelne Fälle von Freundschaft oder Bündnis ausgeschlossen wären. Die universale Mission Israels für die heidnischen Nationen ist noch nicht im Blick. Erst in der exilischen und nachexilischen Literatur häufen sich die Belege, die von einem Auftrag oder einer Sendung Israels an die Völker sprechen[1]. Diesem theologi-schen Universalismus steht die notvolle Erfahrung der eigenen Wirklichkeit im verheißenen Land gegenüber. Die Exulantengemeinde ist nicht annähernd in der Lage, das ehedem jüdische Land wieder in Besitz zu nehmen. Stattdessen ist sie gezwungen, unter heidnischer Herrschaft, Seite an Seite mit „Heiden" im eigenen Land zu leben. Die daraus erwachsene Gefahr der Vermischung mit den Völkern wird zu einem bestimmenden Thema der zweiten Tempel-Peri-ode. Die Sendung des jüdischen Volkes an die Heidenwelt drohte in der Vermischung des Volkes mit seinen Nachbarn *unterzugehen* – so die Befürch-

---

* Angesichts der zunehmenden Spezialisierung und ausufernden Literaturproduktion auf dem Gebiet der Qumranforschung wird es für Nichtfachleute immer schwieriger, mit der Entwicklung und dem jeweiligen Forschungsstand Schritt zu halten. Auch der vorliegende Beitrag kann die inzwischen in immer schnellerer Folge erscheinenden Quellen und die Literatur nur sehr selektiv verarbeiten, insbesondere wurden die literarkritischen Arbeiten zu den einzelnen Texten nicht berücksichtigt. Angesichts des hypothetischen Charakters meiner Überlegungen ist dies besonders bedauerlich. Darum möchte ich den Aufsatz als einen Diskussionsbeitrag verstanden wissen, der darum bemüht ist, die Qumran-Gemeinde wieder etwas mehr vom Himmel zurück nach Jerusalem zu bringen.

[1] Vgl. die Einleitung in dem Beitrag von P. MARINKOVIĆ in diesem Bd., bes. Anm. 1. Außerdem HULST 1984, 322f; LIPIŃSKI 1989, 193f; SCHMIDT 1987, 319–324 (§ 16 Hoffnung für alle Völker).

tung der einen, oder sich zu *erfüllen* – so die Hoffnung der anderen. Nationaler Partikularismus und missionarischer Jahwe-Universalismus standen sich gegenüber. Doch dieser ‚ideale Gegensatz' trug in der Wirklichkeit des Alltags viel profanere Züge. Die sich auf den prophetischen Universalismus Berufenden waren oftmals in Wirklichkeit mehr am freien Handel und am wirtschaftlichen und kulturellen (und das bedeutet immer auch am religiösen) Kontakt mit den übrigen Völkern interessiert als an missionarischen Intentionen. Bei den Nationalgesinnten trat neben die berechtigte Sorge um die Erhaltung der eigenen Identität nicht selten ein auf der Erwählung basierendes Überlegenheitsgefühl, das diese streitbaren Gottesmänner zu nicht immer ganz angenehmen Zeitgenossen machte. Die Gestalt des Nehemia ist hierfür typisch, der Streit um die Mischehen im Esra- und Nehemiabuch zeigt die konkreten Konflikte. Sie wurden durch persönliche Animositäten zusätzlich angeheizt, wie der Streit zwischen Nehemia und dem „Ammoniter-Knecht" Tobija zeigt (vgl. Neh 2,10.19;6,18f;13,4−9), dessen Nationalität – bezeichnenderweise(!) – nicht eindeutig festgestellt werden kann. Sein Name und der seiner Familienangehörigen weist ihn als Anhänger des Jahwe-Glaubens aus, wofür auch seine guten familiären und politisch-religiösen Beziehungen zur jüdischen Aristokratie und Priesterschaft sprechen (vgl. 6,18f;13,4−9)[2].

In den Zusätzen des chronistischen Bearbeiters der Nehemia-Denkschrift wird die Feindschaft gegen Ammoniter und Moabiter noch vertieft, indem Dtn 23,3f ausdrücklich zitiert wird (in Neh 13,1−3; s. a. 13,23−27); andererseits bleibt das Werk offen für die, „die sich absondern von den Völkern der Länder hin zur Tora Gottes" (10,29)[3], wobei die Betonung auf der Absonderung liegt. Das Ärgernis des Tobija aber war, daß er als Angehöriger der Jahwe-Kultgemeinde nicht mit den heidnischen Nachbarn brach und mit dieser Haltung offensichtlich nicht allein war. In der Familie der sehr wahrscheinlich von ihm abstammenden Tobiaden, die mit dem Jerusalemer Hohepriester Onias II. verschwägert waren, zeigten sich ähnliche Tendenzen ab der Mitte des 3. Jh.s v. Chr.[4] Es waren gerade solche Negativerfahrungen mit Proselyten oder Ju-

---

[2] Vgl. GUNNEWEG 1987, 101 anders 56f.165f, wo er die jüdische Abstammung abschwächt. Vgl. a. HENGEL 1988, 487: „Ob dieser Tobia z. Zt. Nehemias ein judaisierter Ammoniter oder ein wirklicher Jude war, ist schwer zu entscheiden..." Allgemein zum Konflikt zwischen der weltoffenen („syncretistic party" bzw. „assimilationists") und der partikularistischen Gruppe („Yahweh-alone group" bzw. „separatist party") s. SMITH 1987, 96−146.

[3] כל־הנכדל מעמי הארצות אל־תורת האלהים Diese Erweiterung des wahren Israels über den Kreis der Heimkehrer aus Babel hinaus wird von GUNNEWEG 1987, 120 (s. a. 132 u. DERS. 1985, 116f) einer nachchronistischen Überarbeitung zugeschrieben, auf die auch Esra 6,21 und Neh 9,2 zurückgehen soll: „E 6,21 wie N 9,2 setzen mit dieser ihrer Korrektur die theologische Konzeption des Chr nicht schlichtweg außer Kraft, sondern schreiben sie fort: Mag es wahr sein, daß nur die aus dem Gericht des Exils Heimgekehrten das wahre Israel der nachexilischen Zeit darstellten – damals darstellten! –, so gehören doch heute zur Gemeinde alle, die sich vom fremden Wesen absondern und sich in wahrer Buße zu Israels Gott bekennen."

[4] Vgl. dazu HENGEL 1988, 486−495; DERS. 1978, 345.

den, die engen, auch familiären Kontakt zu den heidnischen Nachbarvölkern unterhielten, die dazu führten, die Grenzen gegen alles Fremde so eng wie möglich zu machen[5].

Der schwelende Konflikt zwischen Anpassung und Absonderung entfachte sich in der Regierungszeit des Antiochus IV. Epiphanes (175–164 v. Chr.) zu einem lodernden Aufstand, der innerhalb weniger Jahre die Tempelprovinz Jerusalem in einen bedeutenden Territorialstaat verwandelte. Für einen Moment schien der Partikularismus endgültig die Oberhand zu gewinnen, doch die Hasmonäer als neue Machthaber erkannten sehr schnell, daß das junge Staatsgebilde nur lebensfähig sein würde, wenn es politisch und militärisch nach hellenistischen Vorbildern geführt würde. Damit traten die Vorkämpfer für die nationale, am Gesetz orientierte jüdische Identität das Erbe jener heidenfreundlichen Bewegung an, die schon im 4. und 3. Jh. v. Chr. das kulturelle Bild des Judentums bestimmten[6].

Die Übernahme des Erbes verursachte einschneidende Veränderungen, die sich aus der neugewonnenen politischen Souveränität ergaben. Der Wiedereroberung des verheißenen Landes korrespondiert eine theologische Neubewertung des Landes Israel, wie sie in den Jahrhunderten der Fremdherrschaft nach dem Exil nicht mehr möglich war[7]. Die Reinheit des Landes von allem Fremden wurde zu einem politisch-theologischen Programm, mit dem einerseits eine expansive Eroberungspolitik verteidigt und andererseits die Bedenken der konservativen, gesetzesorientierten Bevölkerungsschichten ausgeräumt werden konnten. Das wechselhafte und spannungsvolle Verhältnis des jüdischen Volkes zu seinen hasmonäischen Herrschern ist in der Janusköpfigkeit ihrer Politik begründet. Es ist von daher auch verständlich, daß die innerjüdische Opposition gegen die Hasmonäer von der Partei ausging, die theologischen Erwägungen den Primat vor politischen einräumte: den Pharisäern. Und es ist bezeichnend, daß der pharisäische Einfluß auf das Volk im politischen Bereich immer dann zurückging, wenn nationale Parolen die Emotionen hochschaukelten[8].

---

[5] Vgl. dazu Hengel 1976, 190–223.

[6] Vgl. Hengel 1988, 55–61: Besonders die in jener Zeit beliebte Gattung der Hofgeschichten zeichnen ein positives Bild der Beziehung zwischen jüdischen Untertanen und heidnischen Herrschern. Das Verschwinden dieser Gattung nach dem 2. Jh. v. Chr. (58) spiegelt die veränderte Situation unter der seleukidischen Herrschaft und in der hasmonäisch-römischen Epoche bis 70 n. Chr. wider. Auch 4 QPrNab (= 4 QOrNab) gehört zu dieser Gattung, dessen positive Darstellung des heidnischen Herrschers völlig untypisch für die Gemeinschaft der Essener ist (s. Hengel, ebd. 56 Anm. 202). Meyer 1989, 117f denkt für die Abfassungszeit dieses Textes an die „persische Periode des Judentums", deren „tolerante Staatsreligion" ein solches „universales Weltgefühl" erzeugte; van der Woude gibt als Datum das 3. Jh. v. Chr. an, vgl. 1992, 33–35.

[7] Vgl. Mendels 1987; Kasher 1990, 131 u. ö.

[8] Vgl. Wellhausen 1967, 96.102.110.

Neben den Pharisäern bildeten die Essener eine weitere Gruppe innerhalb des jüdischen Volkes, die das geistliche Amt höher achtete als das weltliche. Die Entstehungsgeschichte der essenischen Bewegung liegt noch immer im Dunkeln, doch kann als sicher gelten, daß sie schon vor der Religionsnot unter Antiochus IV. bestand, wenn auch wohl kaum schon sehr lange in einer fest organisierten Form[9]. Diese protoessenischen Kreise waren das Sammelbecken apokalyptisch-eschatologischer Traditionen und Hoffnungen, die von einem starken Gegensatz zwischen Israel und den heidnischen Völkern geprägt waren. Die Wurzeln dieser Bewegung reichen in die persische Zeit zurück, die eigentliche Bildung der Essener als separatistische Partei kann jedoch erst auf das Jahr 152 angesetzt werden. Damals legte sich der Makkabäer Jonathan (152–143 v. Chr.) als Nicht-Zadokide den hohepriesterlichen Ornat an, was ihm innerhalb der Sekte den Titel „Frevelpriester" einbrachte. Die sich anschließenden hundert Jahre zwischen 150 und 50 v. Chr. gelten als die Zeit der Abfassung der genuinen Sektenschriften (CD, 1 QS, 1 QM, 1 QH, Pesharim), wobei diese Liste durch die inzwischen edierten Texte um ein Vielfaches verlängert werden muß (etwa um 4 QMMT, 11 QT und zahlreiche weitere, fragmentarische liturgische und halachische Textfragmente vor allem aus Höhle 4). Sehr viel weniger ist aus der Zeit von 50 v. bis 70 n. Chr. bekannt. Als sichere Ergebnisse gelten die Aufgabe der Siedlung in Qumran beinahe während der ganzen Regierungszeit des Herodes, die möglicherweise mit dem Tempelbau zusammenhängt[10], und die aktive Beteiligung der Essener am Aufstand gegen Rom[11]. Erinnert sei hier besonders an den gescheiterten Angriff auf Askalon (Jos, Bell 3,9–28), der u. a. von dem Essener Johannes angeführt wurde und dessen Durchführung Elemente des Heiligen Krieges aufwies[12]. Die Beteiligung des Johannes hängt möglicherweise mit Aussagen der Kriegsrolle zusammen, die in ihrer ersten Kolumne neben Edom, Moab und Ammon auch die Philister in ihrer Gegnerliste nennt (Z. 2), bzw. nach der Einnahme Jerusalems (die m. E. in Z. 3 vorauszusetzen ist, s. u. S. 65), von

---

[9] HENGEL 1988, 319f: Die 390 Jahre von CD 1,5f verweisen „für die straffere Formierung der ‚Frommen' ungefähr auf die Zeit zwischen 175 und 170 v. Chr., als die hellenistische Reform in Jerusalem in höchster Blüte stand" (320, vgl. a. Laato 1992, 606f). Für einen früheren Ansatz in die Zeit um 200/199 v. Chr. plädiert DIMANT 1984, 544f. Sie sieht darin eine Reaktion auf den Übergang Israels von ptolemäischer in seleukidische Herrschaft, der zudem mit dem Tod des hochverehrten Hohepriesters, Simons (II.) des Gerechten, zusammenfällt. Dessen Sohn Onias III. ist der letzte rechtmäßige zadokidische Hohepriester in Jerusalem. Dimant und Hengel berufen sich beide auf äthHen 85–90 (‚Tier-Apokalypse'), wo die Weltgeschichte bis zur Aufrichtung des messianischen Reiches dargestellt ist. Die darin vorausgesetzte Chronologie verweist ebenfalls auf eine Entstehung in der ersten Hälfte des 2. Jh.s v. Chr.

[10] Vgl. BAUMGARTEN 1977, 61.73f; BROOKE 1988, 225f. Zum Jerusalemer Essenerviertel s. RIESNER 1985, 69–74.

[11] BROOKE 1988, 234–236.

[12] Vgl. HENGEL 1976, 290.

einem Feldzug gegen die ägyptischen Kittäer redet (Z. 4). Askalon wäre der erste Ort auf diesem Weg gewesen[13].

II. Die Stellung zu den Fremden/Heiden im eschatologischen Horizont der Qumrangemeinde

Im Rahmen des Themas dieses Sammelbandes geht es im folgenden darum, die Stellung dieser rigoristisch-konservativen Gruppe innerhalb des jüdischen Volkes zu den Fremden zu beschreiben, wobei der Schwerpunkt auf jenen Texten liegt, die von einzelnen Fremden reden (als זר oder נכרי bzw. בן נכר bezeichnet). Der „Fremde" ist dabei, entsprechend dem alttestamentlichen Sprachgebrauch, der Heide, der keinen Anteil an der wahren Jahwe-Verehrung hat[14]. Daneben tauchen in den Texten häufig die heidnischen „Völker" (גוים oder עמים) als Kollektivbegriff auf[15]. Meistens handelt es sich dabei um eine Bezeichnung für die historischen oder gegenwärtigen nationalen Feinde und Eroberer. Letztere konnten mit den eschatologischen Feinden zusammengesehen werden, weil die Gemeinde in Qumran sich selbst „on the threshold of the *eschaton*" (DIMANT 1984, 539) glaubte. Ihre eigene Existenz und ihre Taten waren von einer unmittelbaren Naherwartung geprägt, da sie offenbar davon überzeugt waren, daß die ersten Ergebnisse des Enddramas bereits stattgefunden hatten. Die in 1 QM 1,1−2 beschriebenen Kämpfe liegen m.E. bereits weitgehend *hinter* der Gemeinde! Die Befreiung des Landes hatte mit Judas Makkabäus bereits begonnen, und nur der Ungehorsam des Volkes und seiner Führer brachte eine „Verzögerung" der Endereignisse, die erst aufgehoben sein würde, wenn die Gemeinde der Frommen die Führung des Volkes übernommen haben wird. Dann beginnen die Ereignisse nach dem Plan von 1 QM 1,3ff sich zu ereignen[16].

---

[13] Auch das unverzagte und trotzige zweite Anrennen gegen die Stadt nach der anfänglichen katastrophalen Niederlage (Jos, Bell 3,22) läßt sich mit der Theologie der Kriegsrolle in Einklang bringen, die Niederlagen als Anfechtungserfahrung in den Kriegsverlauf eingeplant hat (vgl. 1 QM 16,11ff).

[14] Vgl. LANG 1986, 454−462: sowohl in den deuteronomistischen als auch in den priesterschriftlichen Traditionen meint נכרי bzw. בן נכר den „Ausländer", der sich nicht für die Jahwereligion öffnet (anders die singuläre Stelle Jes 56,6, wo es einen Proselyten meint). Mehrdeutiger ist זר, das vor allem in prophetischen Texten die Feinde Israels meint, dann aber auch alle Personen, die sich durch ihr Verhalten oder Ergehen als „fremd" erweisen, vgl. SNIJDERS 1977, 559−564. Davon zu unterscheiden ist der גר, der ebenfalls nicht eindeutig als Ausländer verstanden werden kann, aber im Gegensatz zum זר keine Bedrohung oder Gefährdung darstellt. Bei גר ist zudem die starke Wandlung des Sprachgebrauchs zwischen vorexilischer („sozialer Typenbegriff") und nachexilischer Zeit (Begriff des Sakralrechts) zu berücksichtigen, vgl. dazu jetzt BULTMANN 1992, 22 u.ö. 200f.207.214.216f.

[15] Vgl. die Hinweise bei HULST 1984, 324f.

[16] Vgl. dazu a. HENGEL 1988, 343f, der ausgehend von äthHen 90,6−13 zu einem ganz ähnlichen Ergebnis kommt, das er ebenfalls mit 1 QM in Beziehung setzt. Mit den Siegen des

Dieses Wissen um das Hineingerissensein in die letzte Zeit bestimmt auch die Haltung gegenüber den Fremden. Die These des vorliegenden Beitrages ist, daß die allem Anschein nach zweistufige Eschatologie der Qumrangemeinde[17] mit der ambivalenten alttestamentlichen Stellung zu den Heiden im Eschaton verrechnet werden kann. Dabei ist die erste Stufe geprägt von einer völligen Trennung von allem Fremden, das im heiligen Volk, im heiligen Land, in der heiligen Stadt und im heiligen Tempel Gottes keinen Raum haben darf. Dieser totalen Absonderung nach außen entspricht ein Reinigungs- und Sühnungsprozeß im Innern, dessen Ziel die Restauration des Bundesvolkes ist und dessen Zentrum und Mittelpunkt der erneuerte und vollkommene Tempelkult auf dem Zion unter der Leitung der legitimen Priesterschaft ist. Diese erste Phase kann möglicherweise in weitere Etappen unterteilt werden:

(1) Die Bildung der Qumrangemeinde als Nucleus des neuen Bundesvolkes „in der Wüste" als „Überwinterungsort" für das ausgesetzte Eschaton, nachdem die Befreiung des Landes von den Heiden bereits begonnen hat[18].

Judas Makkabäus gegen die Heidenvölker, die ihn trotz aller Anstrengungen nicht zu überwinden vermochten, beginnt der eschatologische Endkampf (90,14—19). S. a. Dimant 1986, 181 m. Anm. 40. Die Stellung von Kol. 1 im Rahmen von 1 QM ist bekanntlich umstritten. Es spricht jedoch vieles dafür, daß sie erst nachträglich mit dem aus Kol. 2—9 bestehenden Teil verschmolzen wurde. Wann und warum dies geschah, läßt sich nicht mit hinreichender Klarheit sagen. Denkbar ist, daß die historischen Entwicklungen im 2. und 1. vorchristlichen Jh. immer neu eine Adaption an gegenwärtige politisch-militärische Situationen erforderte, die mittels Textveränderungen oder Neuinterpretation von Gegnerbezeichnungen erfolgte. Eine Übersicht über ältere Vorschläge und einen eigenen Versuch, die Genese von 1 QM zu beschreiben bietet Davies 1977, speziell zu Kol 1. s. 113—121 (s. a. 25f); vgl. ferner van der Woude 1992, 12—16, zu Kol. 1 s. 13f. Über den eschatologischen Charakter der Kriegsrolle s. a. Hengel 1976, 283—287.

[17] Vgl. Wise 1991, 113 u. dazu unten S. 79f; Smith 1991, 77 schreibt zu 4 Q 462 Z. 10: „the passing of a period of darkness and the appearance of a period of light, issuing in an eternal rule."

[18] Vgl. Rappaport 1981, 86: „The conquest of Palestine and eradication of its foreign elements, above all the *poleis* (…), was almost completed towards the middle of the first century B.C.E." S. a. Kasher 1990, 116—169. Die militärischen Erfolge der Hasmonäer machten es der Gemeinde in Qumran schwer, eine eindeutige Position zu beziehen. Unter den Schriftrollen befinden sich eindeutig antihasmonäische Texte (vgl. Eshel 1991, 418f), aber auch solche, die die Hasmonäer im Stil des 1 Makk feierten, vgl. dazu den nun veröffentlichten Text 4 Q 448 (Eshel/Yardeni 1991). Die drei schmalen Kolumnen enthalten in der oberen Kolumne Teile von Ps 154 (s. u. S. 69), dessen letzte Verse (18—20) auf einen eschatologischen Richter und Erlöser Israels vorausschauen. Sie sind in 4 Q 448 i 9 sicher vorauszusetzen: [...] עני מיד זרים. In den 2 darunterstehenden Kolumnen findet sich ein Psalm auf König Jochanan:

„(Z. 1) Die heilige Stadt(?). (Z. 2) Auf (על) Jochanan, dem König, (Z. 3) und der ganzen Gemeinde deines Volkes (Z. 4) Israel, (Z. 5) welches ist in den vier (Z. 6) Richtungen des Himmels, (Z. 7) sei völliger Friede. (Z. 8) Und wegen deiner Königsherrschaft (Z. 9) werde dein Name gepriesen."

Die dritte Kolumne ist unvollständig, aber auch hier ist von Jochanans Königtum die Rede (Z. 6.8), außerdem taucht das Stichwort „Krieg" auf (Z. 7). Der Kontext ist wie in Kol. 2 eindeutig ein positiver. Von den Herausgebern wird Jochanan mit Alexander Jannai identifi-

(2) Die Inbesitznahme und Reinigung von Jerusalem und dem Tempel durch die Sektenmitglieder, die m. E. in 1 QM 1,3f angedeutet ist (vgl. a. 1 QM 3,11; 7,4):

„(…), bei der Rückkehr der Exulanten der Söhne des Lichts von der Wüste der Völker um zu lagern in der Wüste Jerusalems. Und nach dem Krieg werden sie von dort herausziehen ge[gen alle Scharen] der Kittäer in Ägypten."[19]

Danach erfolgt die vollständige Befreiung des Landes von den letzten heidnischen Bastionen. Damit geht die Restitution des Volkes einher, die möglicherweise mit einer Rückführung aller Juden aus den Ländern ihres Exils verbunden ist, vielleicht sogar mit einer ersten Auferstehung der Toten[20]. „[… Das] ist die Zeit des Heils für das Volk Gottes und die Zeit der Herrschaft für alle Menschen seines Loses, aber ewige Vernichtung für das ganze Los Belials" (1 QM 1,5)[21].

(3) Damit ist die dritte und letzte Etappe der ersten Phase eingeläutet, in der das eschatologische Israel gegen die übriggebliebenen Einwohner des verheißenen Landes in den Gen 15,18−21 gesetzten Grenzen und anschließend gegen alle übrigen Nachkommen der drei Noah-Söhne Krieg zu führen hat[22]. Davor

---

ziert. Wegen der ablehnenden Haltung der Essener gegenüber den Hasmonäern denken sie, daß der Text nicht in Qumran entstand, sondern von einem Mitglied der Sekte bei seinem Eintritt in die Gemeinschaft dorthin mitgebracht worden war. Geschrieben wurde die Handschrift im 1. Viertel des letzten Jh.s v. Chr.

[19] הכתיים במצרים ואחר המלחמה יעלו משם ע[ל כול גדודי] Zu עלה + על als militärischem Terminus vgl. 1 Kön 20,22; 2 Kön 12,18;17,3;18,13; Jer 50,3; Ez 38,11.16; Joël 1,6; Nah 2,2 u. ö. Problematisch ist die Fortsetzung des 1 QM-Textes, weshalb vielfach eine andere Lesung des fehlenden Textes vorgeschlagen wurde, vgl. die Zusammenstellung bei DAVIES 1977, 117f.

[20] Vgl. SMITH 1991, 77 zu 4 Q 462: „The text may be understood as a predication of the return of the Jewish people from the diaspora, culminating in the restoration of a pure Jerusalem." Als Parallele vgl. 11 QT 59,2−13. Elemente der hesekielschen Vision der Totengebeine scheinen hier ferner wichtig geworden zu sein, vgl. 4 Q 385 Second-Ezekiel[a] 2−3 (hg. v. STRUGNELL/DIMANT 1988). Das Fragment interpretiert die Totengebein-Vision „as predicting historical or eschatological events" (DIES. 1988, 48 u. KISTER/QIMRON 1992, 596), d. h. die Auferstehung der Gerechten könnte durchaus für diese Phase des Eschatons erwartet worden sein, vgl. dazu jetzt 4 Q 521 2ii12. Zum Einfluß von Hesekiel auf Qumran s. COTHENET 1988.

[21] So auch 4 QpPs 37 ii 6f, die Auslegung von Ps 37,10 auf die Zeit nach den 40 Jahren, wenn die Frommen allein das Land besitzen werden (s. a. ii 4f;iv 2f), und die Gottlosen, das sind wie in 1 QM 1,2 die Heidenvölker und diejenigen Juden, die ihnen gleich geworden sind, nicht mehr gefunden werden: Die, die umgekehrt sind in die Wüste, werden für immer im Land wohnen (4 QpPs 37 ii 26−iii 2), sie erhalten als Erbteil die ganze Welt ל[תב]ם נחלת כול [...] (iii 10) und werden den Berg Israels mit seinem Tempel besitzen (iii 11).

[22] Vgl. YADIN 1962, 18ff, der 3 Kampfphasen unterscheidet: 1. die Nachbarvölker (1 QM 1,1f), die innerhalb der Grenzen des verheißenen Landes leben; 2. die Kittäer in Ägypten (1 QM 1,4) und 3. die Könige des Nordens, die er mit den Nachkommen der Noahsöhne identifiziert (vgl. ebd. 258, wo Yadin als Anm. zu „Könige des Nordens" auf seine Auflistung der Noahsöhne 26−33 verweist). Die Dreiteilung der Kriegszeit in der 1. Kol. harmonisiert Yadin mit den Angaben über die 40 Jahre Krieg von Kol. 2, wo für die ersten 6 Kampfjahre, in denen das Volk nach der Interpretation Yadins gemeinsam zu kämpfen hat, keine Gegner

hat das Volk den Kampf gemeinsam sechs Jahre lang vorzubereiten[23], danach kämpfen mehrere Einzelkampfgruppen gleichzeitig an verschiedenen Orten (1 QM 2,10ff). Diese sechs Jahre der Vorbereitung, die durch das erste Sabbatjahr in dem 40-Jahr-Zyklus abgeschlossen werden, beinhalten die Restitution des Volkes und des Tempeldienstes (1 QM 2,1−6). Damit erklärt sich auch zwanglos die Tatsache, daß 1 QM Opfer und Tempelgottesdienst nennt, obwohl 1 QS und andere Qumrantexte hier sehr viel ablehnender sind. In dieser Etappe wurde dann auch spätestens das Auftreten des davidischen Messias erwartet, der als Führer die letzte Schlacht um die Weltherrschaft Gottes leiten wird (vgl. HENGEL 1976, 281−283).

Mit der endgültigen Unterwerfung der Heidenwelt unter den König auf dem Zion beginnt die zweite Stufe des universalen Heils, die Zeit, in der die Völker der Erde zum Zion wallfahren, um dorthin ihre Schätze zu bringen und von dorther Belehrung und Erleuchtung zu erfahren[24]. Um diese heilsgeschichtliche Mission an der Völkerwelt zu vollbringen, ist jedoch zuvor eine völlige Trennung von den Völkern notwendig. *Die Abwehr alles Fremden von Tempel und Land, die die erste eschatologische Phase bestimmt, ist demnach zu verstehen als die Voraussetzung für die Ermöglichung des Heils der Völker.* Mit diesem eschatologischen Entwurf gelingt es der Gemeinde von Qumran, beiden alttestamentlichen Traditionsströmen gerecht zu werden. Hineinverwoben in dieses Endgeschehen ist die umstrittene qumranische Messianologie, auf die im folgenden nicht eingegangen werden kann. Es erscheint mir jedoch wahrscheinlich, daß die Vorstellung des priesterlichen Messias im Zusammenhang mit der Kultreorganisation steht, während der davidische Messias erst unmit-

---

genannt werden (s. dazu die nächste Anm.). In diese Zeit verlegt Yadin darum die ersten beiden Phasen, während für die übrigen 29 Jahre die Noahsöhne als Gegner annimmt, auf die in Kol. 1 nur sehr summarisch Bezug genommen wird (1,6).

[23] Die Deutung der ersten 6 Jahre als Vorbereitungszeit widerspricht der Annahme Yadins und anderer, nach denen in dieser Zeit die in 1 QM 1,1−4 genannten Feinde bekämpft werden (vgl. YADIN 1962, 265; DAVIES 1977, 25f), doch die Terminologie von 1 QM spricht eindeutig für die von mir vorgeschlagene Deutung. Das hier gebrauchte Verb ערך bedeutet in den Qumrantexten immer „herrichten", „organisieren", „rüsten" oder „mustern", aber niemals „kämpfen", vgl. 1 QM 2,5.9 (2x); 7,3; 1 QS 6,4; 1 QSa 2,17. Besonders aufschlußreich ist 1 QH 4,24, wo es sich auf die Vorbereitungsphase für den in 4,26 beschriebenen Endkampf bezieht. Zu Recht übersetzt LOHSE 1981, 185: „In den fünfunddreißig Jahren des Dienstes soll der Krieg sechs Jahre lang gerüstet werden, und es soll ihn die ganze Gemeinde gemeinsam rüsten" (1 QM 2,9).

[24] Für diesen Teil müssen aus Platzgründen einige Stellenangaben genügen: 1 QM 12,13−16;19,4−7; 1 QSb 3,18−21.27f;4,27f;5,24−29; 4 QpJes^a (= 4 Q 161) 7 ii 22−29. Der letztgenannte Text ist von besonderer Bedeutung, weil sich auch in ihm das oben skizzierte eschatologische Szenario in der Auslegung von Jes 10,22−11,5 nachweisen läßt: Zuerst kämpft der „Rest" für das Volk (4 QpJes^a 2−6 ii 17−19 entspricht 1 QM 1,3 [s. HORGAN 1979, 78f]), dann beginnen die letzten Tage, in denen der Kampf Akko und den Philistern gilt (4 QpJes^a 2−6 ii 26−29, vgl. 1 QM 1,2.4). Der letzte Feind sind die Kittim (4 QpJes^a 7 iii 7−13), deren Unterwerfung ein universales Friedensreich vom Zion aus begründet, das von einem Davididen regiert werden wird. Vgl. a. WOLFF 226f.

telbar vor oder während des neunundzwanzigjährigen Völkerkrieges auftritt. Dem Lehrer der Gerechtigkeit könnte dann in einer späteren Geschichtsdeutung die Rolle des Elia redivivus zugefallen sein, der durch sein Werk und seine Schriften den Grundstein für das erneuerte Bundesvolk und den erneuerten Tempelkult legte, bei dem der Messias aus Aaron als Hohepriester Sühne für das ganze Volk und die ganze Welt erwirkt (vgl. DIMANT 1984, 540f).

III. Die Texte

1. *Die Heidenvölker in den protoessenischen Traditionen – ein Überblick*

Innerhalb des Corpus der Qumran-Literatur gibt es eine Fülle von poetischen, hymnischen und mit den biblischen Psalmen verwandte Texte. Darunter befinden sich etliche Psalmenkollektionen, deren Texte aus der spätpersischen und frühhellenistischen Zeit stammen. Ihr Vorkommen in Qumran-Handschriften aus der hasmonäischen Epoche zeugt von einer gewissen Wertschätzung dieser Texte in den Kreisen der Qumranfrommen. Man kann darum annehmen, daß ihr ursprünglicher Sitz im Leben die Konventikel jener „Frommen" waren, aus denen die chasidische und dann später die essenische Bewegung entstammte.

Diese Psalmen stehen den kanonischen in vielem sehr nahe, hier wie dort ist der Gegensatz zwischen dem Gerechten und dem Frevler ein zentrales Motiv. Dazu kommen schöpfungstheologische Aussagen und eine starke Betonung der Erwählung Israels, wodurch auch die übrigen Völker in den Blick geraten. Das Festhalten an Jahwe als Weltschöpfer zwang Israel, und damit auch die partikularistischen Zirkel der Frommen, immer wieder neu über das Verhältnis zu den Heidenvölkern nachzudenken. Die Handschrift 4 Q 381 kann dafür als Beispiel dienen. Das erste Fragment (4 Q 381 1) beschreibt Jahwes Schöpfung als Quelle der Weisheit und Einsicht für den, der sich damit beschäftigt (vgl. 1 QM 10,8b−16; 1 QH 1,1−20;13,7−16)[25]. In den Fragmenten 69 und 76f, die nach Meinung der Herausgeberin einen zusammenhängenden Text bilden, fehlen zwar die Schöpfungsaussagen im erhaltenen Text (vgl. a. Frgm. 76f, Z. 1 u. Z. 16 [Anfang]), dennoch sind Parallelen zu Frgm. 1 erkennbar. Shuller verweist zudem auf die enge Parallelität von 4 Q 381, Frgm. 69 + 76f mit dem Gebet in Neh 9,6−37, das ebenfalls mit einem Bekenntnis zu Jahwe als Schöpfer einsetzt (9,6). Daran schließt sich ein Rückblick auf die Heilsgeschichte Gottes mit seinem Volk an (7−37: Von Abrahams Erwählung bis zur eigenen Gegenwart). Das Exil und die gegenwärtige Fremdherrschaft wird als Strafe für die Gesetzesübertretung genannt[26], das Gebet schließt (oder bricht ab?)

---

[25] „The emphasis is not on God's wisdom in creation, but on instruction to the simple and the ignorant so that they might understand", so SHULLER 1986, 85.

[26] Vgl. a. 4 Q 381 Frgm. 33, Z. 8−11, ein Psalm, der die Überschrift trägt: „Gebet Manasses, des Königs von Juda, als ihn der König von Assyrien gefangennahm." Wegen der Sünde

ohne Bitte, nur mit der Klage: „Wir sind in großer Not." Der Psalm in 4 Q 381
blickt ebenfalls auf die Geschichte Gottes mit seinem Volk zurück, und in
beiden Texten ist das Thema des Landes zentral (vgl. Frgm. 69, Z. 1.2.6; in Neh
9 kommt 14x ארץ vor). Wichtig ist Z. 8, wo der Bruch des Bundes mit Gott am
Sinai, der zur Landgabe und Landnahme führte, als „to act as a stranger"
(להנכר)[27] beschrieben wird. Die Hitpael-Form (vgl. Gen 42,7; 1 Kön 14,5)
steht dabei parallel zu להפיר ברית „den Bund brechen". Das Fragment 76f redet
von Gottes Eigentumsvolk (Z. 5: עם סגלתו, vgl. Ex 19,5; Dtn 7,6;14,2;26,18; Ps
135,4), das in einer himmlischen Gerichtsszene angeklagt und von Jahwe
gerichtet wird. Die Schlußzeilen beschreiben, wie Jahwe sich sein Volk aus
starken und zahlreichen Nationen erwählte (בחר), damit es sein Volk sei, dazu
bestimmt, über alle anderen Völker zu herrschen (Z. 15: [...] למשל בכל; zu
ergänzen ist wahrscheinlich עמים oder גויים)[28]. In der letzten Zeile ist, wohl in
Anlehnung an Dtn 28,1, Israel beschrieben als das Volk „most high over every
nation of the earth" (ולעליון על כל גוי הארץ).

Dieser Ausblick auf die eschatologische Herrschaft Israels spiegelt sich auch
in den verschiedenen Zionshymnen wieder, von denen sich einer auch in 4 Q
380 Frgm. 1 findet[29]. Der wohl bekannteste Zionshymnus stammt aus der
Psalmenrolle 11 QPs[a]. Diese Rolle enthält die kanonischen Psalmen 101 bis 150
in einer z.T. vom masoretischen Text abweichenden Anordnung und darüber
hinaus einige nichtkanonische hymnische Stücke, die wie bei 4 Q 380 und 4 Q
381 aus dem protoessenischen Überlieferungsstrom herrühren. Nach 11 QPs[a]
Zion (xxii 1−15) werden allein die Gerechten und Frommen den Zion bewoh-
nen, dessen Herrlichkeit den Erdkreis erfüllen wird. Die Reinen, die um Zion
getrauert haben (Z. 9), werden jubeln inmitten der Stadt, deren Feinde ring-
sumher ausgetilgt sind (Z. 13). Aus diesen frühen Texten mit ihrer ‚naiven'
Eschatologie entstanden in der Folgezeit mit einer gewissen inneren Notwendigkeit Beschreibungen wie die des Neuen Jerusalems (1 Q 32; 2 Q 24; 4 QNJ; 5
Q 15; 11 QNJ) und der Tempelrolle. In diesen späteren Werken wird, inspiriert
durch den Tempelentwurf Hesekiels (40−48), detailliert geplant und beschrie-

---

des Königs erfolgte das Exil und die Herrschaft eines fremden Volkes über Juda. Der
Qumran-Psalm zeigt m.E. deutliche Anklänge an 2 Chr 33,10−13.18f (gegen SHULLER 1986,
162). Zum „Sin-Exile-Return pattern" (SCHULLER 1990, 356) s. jetzt 4 Q 372 1.

[27] Zur Form vgl. SHULLER 1986, 208.

[28] Vgl. 4 Q 503 (= pap 4 QPrQuot), ein Text aus der Frühzeit der Gemeinde (die
Handschrift stammt aus dem 1. Jh. v. Chr.). Die Rolle enthält Gebete für den Beginn jedes
Tages am Abend und für den Aufgang der Sonne am Morgen, d.h. hier ist der traditionelle
Kalender und die essenische Verehrung der Sonne kombiniert. In Frgm. 24−25, Z. 4 heißt es:
[Und beim Aufgehen der Sonne um zu erleuchten] die Erde preisen wir [und singen und
sprechen: Gepriesen sei der Gott Israels, wel]cher uns erwähl[te] als seinen Sohn aus allen
Völkern in [...]." Zu der Rolle vgl. BAUMGARTEN 1985−87.

[29] SHULLER 1986, 248−257. Nach Shuller (ebd. 2) handelt es sich bei 4 Q 380 und 4 Q 381 mit
einiger Wahrscheinlichkeit um zwei Kopien desselben Werkes, die jedoch unterschiedliche
Teile repräsentieren. Zu Parallelen s. ebd. 257; FLUSSER 1984, 556−558.

ben, wie das Leben in der Gottesstadt geordnet sein soll. Es sind konkrete Utopien, die schon jetzt das Leben in der erneuerten Gottesstadt einüben, da mit der Gemeinde des Lehrers der Gerechtigkeit der Bau bereits spirituell vorweggenommen wurde[30].

In Ps 154 (= 11 QPs[a] xviii) wird zur Bildung einer heiligen, reinen Gemeinschaft, in der das Gesetz Gottes den Mittelpunkt bilden soll, eingeladen. Diesem Aufruf zur Separation[31] korrespondiert jedoch ein universaler Zug, bezeichnenderweise erneut mit dem Zion als Mittel- und Ausgangspunkt (Z. 15f = V. 18−20):

> „Preist den HERRN,
> der erlöst den Armen aus der Hand der Feind[e]
> [und errettet die Untadeligen aus der Hand der Übeltäter].
> [Er errichtet ein Horn aus Ja]kob
> und einen Richter [der Völker aus Israel].
> [Er spannt sein Zelt aus auf dem Zion]
> [und bleibt für immer in Jerusalem].“[32]

M. Hengel kommentiert dazu (1988, 323): „Der Hinweis auf die Befreiung des Demütigen von der Hand des Fremden und auf Gottes Gericht über die Völker außer Israel demonstriert deutlich die Bedrohung durch die Fremdherrschaft.“

Ps 155 (= 11 QPs[a] xxiv 3−17) ist ein sehr persönlich gehaltenes individuelles Danklied, dem das Klagelied inkorporiert wurde. Auch in ihm ist ein exklusiver Partikularismus mit einer universalen Hoffnung verbunden (Z. 8f = V. 9f):

> „Erläutere *mir*, HERR, dein Gesetz,
> und deine Rechtsentscheide lehre *mich*,
> damit *viele* hören werden von deinen Taten
> und Völker (עמים) bekennen werden deine Herrlichkeit.“

Hier sind die beiden Stufen der qumranischen Eschatologie bereits in nuce angelegt: Die vollkommene Übereinstimmung des erwählten Volkes mit Gottes offenbartem Willen ist Auftakt und Voraussetzung des kosmischen Heils. Die strengen Bestimmungen in den genuinen Sektenschriften, mit ihrer Aufforderung zur Meidung von allem Heidnischen und Fremden, sind die konsequente Fortführung des hier sich aussprechenden Glaubens.

Ein weiterer Text aus der Vorzeit der Gemeinde in Qumran ist in den

---

[30] Vgl. 1 QH 6,24−28;7,8f; CD 3,19 u. JEREMIAS 1963, 248; s. a. unten S. 85. Inwieweit sich diese Entwürfe ent- oder widersprechen, ob sie von einem eng zu fassenden Autorenkreis herrührend gedacht, oder nur als Traditionskompilationen zu verstehen sind, kann hier außer acht bleiben. Die zahlreichen in Qumran gefundenen Handschriften, die sich mit solchen Utopien beschäftigen, zeigen auf alle Fälle ein starkes Interesse an diesem Themenkreis. Gegen eine Deutung dieser Texte in eine ‚Restaurationsphase‘ s. GARCÍA MARTÍNEZ 1988, 450f.

[31] Vgl. HENGEL 1988, 323.

[32] Die Ergänzung des hebräischen Textes erfolgte nach dem Syrischen, vgl. SANDERS 1965, 64.67; HENGEL 1988, 323 Anm. 450; VAN DER WOUDE 1977, 45.

Gebeten „Worte der Lichter" (4 QDibHam^{a-c} = 4 Q 504—506: die drei Handschriften stammen aus verschiedenen Zeiten, d. h. der Text wurde wiederholt in Qumran kopiert) erhalten. Es handelt sich um Gebete für jeden Tag der Woche, wobei die historischen Anspielungen innerhalb der Woche chronologisch von der Erschaffung Adams bis zum Exil fortschreiten. Die sich an das Exil anschließende Periode (für den Freitag) wird von Esther G. Chazon als „subsequent sin, punishment and spiritual return" (CHAZON 1991, 448) bzw. „Later Sin, Punishment, Atonement" (ebd., 449) beschrieben.

In diesen Gebeten spielt die Erwählung Israels eine herausragende Rolle. Vor den Augen der Völker hat Jahwe sein Volk befreit (1—2 ii 12;iii 5; vgl. i 8f)[33]; Israel allein hat Gott mit Namen erkannt, es ist sein Erstgeborener, die Völker dagegen sind vor Gott nichts: „Alle Völker sind [wie ni]chts gegenüber Dir, [wie] Chaos und Nichts (sind [sie] geachtet) vor Dir" (1—2 iii 3, vgl. Jes 40,17). Die Erwählung Jerusalems als Wohnort Gottes zeigt, daß Gott Israel vor allen Völkern liebt. Der Stamm Juda und David als ewiger König sind Träger der Erwählung (1—2 iv 2—8). Die davidische Regentschaft wird in eschatologischen Farben geschildert, ein goldenes Zeitalter für Israel und die Völker (1—2 iv 8—13):

> „Und alle Völker sahen deine Herrlichkeit, wie du heilig gehalten wurdest inmitten deines Volkes Israel. Und deinem großen Namen brachten sie als Gaben Silber und Gold und Edelsteine, zusammen mit allem Kostbaren ihrer Länder (vgl. Hag 2,7), um zu ehren dein Volk und Zion, die Stadt deiner Heiligkeit und deines wunderbaren Hauses. Aber kein Widersacher und kein Unglück, sondern Friede und Segen [...]."

Aber Israel war undankbar, es verließ die Quelle lebendigen Wassers und diente in „seinem Land" einem „fremden Gott" (אל נכר). Darum gewannen die Feinde Gewalt über das Land, so daß es zur Wüste wurde (1—2 v 2—4, vgl. CD 5,21):

> „Dennoch hast du nicht verachtet den Samen Jakobs und hast nicht von dir gestoßen Israel in seiner Gesamtheit, um den Bund mit ihnen zu brechen, denn du allein bist der lebendige Gott und es ist keiner außer dir. Und du hast an (deinen) Bund gedacht, weswegen du uns herausgeführt hast vor den Augen der Völker (לעיני הגויים). Du hast uns nicht verlassen in den Völkern (בגויים). Du warst deinem Volk Israel gnädig in all [den] Ländern, in welche du sie verstoßen hattest, um ihre Herzen dazu zu bringen, umzukehren zu dir, und zu hören auf deine Stimme, [gemäß] allem, was du geboten hast durch die Hand deines Knechtes Mose (1—2 v 6—14)."

---

[33] Vgl. a. 4 Q 185, eine weisheitliche Mahnrede aus vorqumranischer Zeit, die Israel an die Machttaten Jahwes in Ägypten erinnert. Auch in diesem Text durchdringen sich partikularistische und universale Tendenzen, vgl. LICHTENBERGER 1978, 158f; VAN DER WOUDE 1992, 37: „Das besondere Spezifikum des Textes beruht darauf, daß nicht allein Israel angeredet wird, sondern auch die Völker in bezug auf die Weisheit (das Gesetz) angesprochen sind."

Die Umkehr im Exil bereitet die Heimkehr ins Land vor. Es ist m. E. denkbar, daß in den sich anschließenden Zeilen die Mitglieder der Gruppe, die hinter dieser Liturgie stehen, sich als die geistbegnadeten Vorboten jener Heilszeit sehen (1–2 v 15–18, vgl. a. vi 4–8). Noch ist Not und Bedrückung da, aber die Erlösung hat bereits begonnen. Der 6. Tag rühmt die Reinigung von aller Schuld, die Gott gewährt. Daran schließt sich die Bitte um die Rückführung Israels aus dem Exil an (1–2 vi 11–15):

> „Sieh [unsere No]t und unser Elend und unsere Bedrängnis und errette Dein Volk Isra[el aus allen] nahen und fernen Ländern, wo[hin Du es verstoßen hast], alle, die im Buch des Lebens geschrieben sind [...] um Dir zu dienen und zu preisen [...].“[34]

2. Das Fernhalten alles Fremden vom Tempel

In den bisher behandelten Texten ist die eschatologische Hoffnung für das Land noch nicht mit konkreten Handlungsanweisungen verbunden. Das Heraufführen der Gottesherrschaft ist in diesen frühen Texten, wie im Danielbuch, Gottes Tat allein. Doch die Erfolge unter Judas Makkabäus wirkten offenbar als eine Art Katalysator für die Erkenntnis der menschlichen Möglichkeiten, das Endgeschehen herbeizuzwingen oder wenigstens die Voraussetzungen dafür zu schaffen (vgl. HENGEL 1988, 343f). Diesem nur kurze Zeit währenden eschatologischen Enthusiasmus, in dem viele den Beginn der eschatologischen Herrschaft des jüdischen Volkes sahen, folgte eine Phase der Ernüchterung und Neuorientierung, die mit der Konsolidierung der makkabäischen Usurpation der Hohepriesterwürde einherging. Da das Volk und ebenfalls die Mehrheit der Chasidim bereit war, sich mit dem status quo abzufinden, entstand eine Spaltung der Bewegung. Der größere Teil wandelte sich in die pharisäische Partei um, während in der verbliebenen Gruppe die eigene Situation mittels der alttestamentlichen „Rest"-Konzeption verarbeitet wurde. Die Gemeinde der Frommen trat die Stelle des Volkes an und bereitete durch ihre Existenz die Heilszeit vor (vgl. HENGEL 1988, 411). Dabei spielt das Thema Reinheit/Reinigung eine entscheidende Rolle. Ein Aspekt jener umfassenden Reinheitsbestrebungen sind die im folgenden zu besprechenden Aussagen über die Fremden, die als Heiden zur Profanierung des Landes beitragen. Dabei ist daran zu erinnern, daß diese feindliche Haltung gegenüber Nichtjuden im Heiligen Land kein ausschließliches Spezifikum der Essener war. Erinnert sei hier nur an die Zwangsbeschneidung und Vertreibungspolitik unter den Hasmonäern, die zelotischen Maßnahmen gegen alles Heidnische und an den den Zeloten nahestehenden radikalen pharisäischen Flügel, der kurz vor Ausbruch des Aufstandes gegen

---

[34] Die Zerstreuung Israels unter den Heiden ist wohl auch Thema von 6 Q 12. Für weitere Rückschlüsse ist das Fragment zu spärlich, vgl. SCHÜRER 1973–87, III/1,306f.

Rom seine fremdenfeindlichen Dekrete mit Gewalt durchsetzte (vgl. Hengel 1976, 201–211).

Es besteht zweifelsfrei ein direkter Zusammenhang zwischen den „18 Halachot" und der Einstellung des täglichen Opfers für den römischen Kaiser im Jerusalemer Tempel. Die Ablehnung dieses von einem Heiden bezahlten und angeordneten Opfers war die offene Kriegserklärung an Rom. Die Wurzeln der sich darin aussprechenden Überzeugung gehen bis in die Anfänge der essenischen Bewegung zurück und die Teilnahme der Essener am Aufstand gegen Rom findet hierin eine Erklärung.

A. Die Ablehnung der Gaben von Fremden

Die Haltung, die hinter der Ablehnung des Kaiseropfers im Jerusalemer Tempel zu Beginn des jüdischen Aufstandes erkennbar ist, ist schon in einem der ältesten Texte der Qumran-Gemeinschaft vorhanden. Im 2. Teil (= B) von 4 QMMT, dem berühmten sogennanten „Brief des Lehrers der Gerechtigkeit", der eine Liste spezieller Halachot enthält, die zwischen den Dissidenten und der offiziellen Priesterschaft strittig waren, wird verlangt, keine „Getreidehebe der Heidenvölker" ([...] ועל תרומת ד[גן ה]גוים [...] Z. 3) anzunehmen. Weder sollen die Priester davon essen, noch soll sie überhaupt zum Heiligtum gebracht werden (Z. 4f)[35]:

„[... and not to be eaten] from the corn of the [Ge]ntiles [is not] to enter the sanctuary [...] (מדגן [הג]וים [ואין] לבוא למקדש)."

Daran schließt sich eine Bestimmung über die Reinheit der für das Opfer gebrauchten Geräte an, wobei nicht klar ist, ob auch dabei ein Zusammenhang mit den Heiden besteht. Das ist immerhin möglich, da die folgende Halacha wieder ausdrücklich auf das „Schlachtopfer der Heiden" ([...] ועל זבח הגוים Z. 8) Bezug nimmt. Was dabei beanstandet wird, geht aus dem zerstörten Text nicht hervor[36]. In CD 11,18–21 wird generell einem unreinen Menschen verbo-

---

[35] Zum Text und der Übersetzung vgl. die anonyme Edition in The Qumran Chronicle 2, Krakau 1990, 1–12 (hg. v. Z. J. Kapera; Bibliographie zu 4 QMMT ebd. 10–12). E. Qimron und J. Strugnell geben der ersten Halacha in dieser Liste den Vermerk „A prohibition against accepting sacrifices from gentiles", s. dies. 1985, 401.

[36] Schiffman 1989, 245 gibt dieser Halacha die Bezeichnung: „Prohibition against accepting sacrifices from non-Jews." Obwohl es auch in der rabbinischen Literatur Tendenzen gibt, keine Abgaben und Opfer von Nichtjuden bzw. aus dem Ausland zu akzeptieren, spiegeln die Texte mehrheitlich doch die weitverbreitete Praxis von heidnischen Spenden wieder, die vielfach persönlich nach Jerusalem gebracht wurden, vgl. dazu Safrai 1981, 105–111 und 287. Auch die Berichte des Josephus und Philo bestätigen diese Haltung: „Obwohl Heiden den Juden als ‚unrein' galten, war es ihnen nicht verwehrt, zum Tempel zu kommen und Opfer darzubringen (...). Heiden durften ihre Opfer am Tempel darbringen, waren aber von deren Verzehr ausgeschlossen. Diese Verordnung, daß Opfer von Heiden akzeptiert werden, ist in der talmudischen Literatur sehr verbreitet und auch bei Josephus erwähnt (110f, zu den

ten, Opfergaben zum Tempel zu senden, und entsprechend dürfte auch das
Verbot in 4 QMMT motiviert sein. Die Heiden werden in Qumran zweifellos
für unrein gehalten (vgl. a. Jos, Bell 2,150).

Über die Datierung von 4 QMMT kann bisher nichts Endgültiges ausgesagt
werden, aber es ist nach den bisher veröffentlichten Hinweisen das Wahrscheinlichste, daß es sich in der Tat um ein Schreiben des Lehrers der Gerechtigkeit handelt, in dem er gegenüber seinen früheren Kollegen am Jerusalemer
Tempel sein Handeln begründet (vgl. bes. den Schlußabschnitt des Textes). So
urteilen auch die beiden Herausgeber, Qimron und Strugnell, die den Text als
Einzige vollständig kennen[37].

Unter Zugrundelegung der Identifizierung des Gegenspielers des Lehrers
der Gerechtigkeit mit dem makkabäischen Hohepriester Jonathan (s. o. S. 62)
ergibt sich ein zeitlicher Ansatz für 4 QMMT[38]. Jonathan gelangte durch
Wortbruch in syrische Gefangenschaft und wurde wenig später ermordet.
Sofort nach seiner Gefangennahme übernahm sein Bruder Simon die militäri-
sche Leitung (1 Makk 12,50−13,11) und folgte ihm auch im hohepriesterlichen
Amt, doch scheint dazwischen eine gewisse Zeit verstrichen zu sein (vgl. 1
Makk 14,30−39). Es ist vorstellbar, daß in den Monaten zwischen Gefangennahme und Tod Jonathans und der Investitur seines Nachfolgers der Lehrer mit
seinem Schreiben den Versuch unternahm, die abtrünnige Priesterschaft auf
den rechten Weg zurückzurufen. Die Abhängigkeit des noch unsicheren makkabäischen Machtgebildes von syrischen Usurpatoren, ägyptischer Hilfe und
römischer Billigung mußte zudem die Erinnerung an die alttestamentlichen
Propheten wecken, die voller Abscheu solche unheiligen Allianzen als Hurerei
geißelten. Konsequent verlangt darum der Lehrer, den eingeschlagenen Weg
weiter zu gehen: Gott hat sein Volk aus den Händen der heidnischen Besatzer
befreit und nun liegt es am Volk, sich auch seinerseits völlig von allem Heidnischen und Fremden abzusondern. Dies gilt zuallererst und zuallermeist für den
Tempel, jenen heiligen Zentralpunkt, von dem aus allein Volk und Land
zusammengehalten werden. Hinter dieser radikalen Haltung stehen möglicherweise autobiographische Erfahrungen des Lehrers, der sich offenbar eine
zeitlang in heidnischer Gefangenschaft befunden hatte. In dieser Not widerfuhr

---

Belegen s. die Anmerkungen). Zu den ablehnenden Bestimmungen s. ebd. 154 ff. Die Stellen
sind auch gesammelt bei Schürer 1973−87, II,309−313 (s. a. 81−84).

[37] „From the moderate tone of the polemic, and from the fact that the author still hopes that
his opponent will be persuaded to accept the sect's viewpoint, we assume that the text is of an
early date in the development of the Qumran schism. This assumption is not inconsistent with
the palaeographical results. MMT may then be the earliest Qumranic work, probably written
immediately after the separation of the sect. It should be noted that a polemic-halakhic letter
such as our work is unique in early Hebrew literature" (Qimron/Strugnell 1985, 401). Von
dem Text existieren 6 Handschriften.

[38] Vgl. dazu Jeremias 1963, 64ff u. ö. Dieses Ergebnis wird von den meisten neueren
Arbeiten zu Qumran übernommen, s. a. Hengel 1988, 407f. Auch Qimron 1988, 10 verweist
als wahrscheinlichen Adressaten auf „Jonathan the Prince".

ihm dann seine Berufung zur Sammlung einer reinen Gemeinde[39]. Der in diese
Richtung deutbare Abschnitt der autobiographischen Loblieder[40] (1 QH
5,5−19) lautet (Z. 5):

„Ich will dich preisen, Herr, denn du hast mich nicht verlassen, als ich unter dem fremden
Volk weilte (בגורי בעם נכרי[41])."

In der 8. Zeile des Liedes redet er von seinem Fremdlingsaufenthalt (מגור),
indem er Motive aus Jer 16,16 aufnimmt, die von Fischern und Jägern reden,
die Jahwe aussendet, um sein Volk aufzuscheuchen und aus dem Exil im
Norden heimzutreiben. Vielleicht ist das ein Hinweis auf einen freiwilligen
Aufenthalt im Ausland, währenddessen er plötzlich in Lebensgefahr geriet.
Denkbar ist, daß er als Geisel irgendwo bei den Seleukiden festgehalten wurde
und so am eigenen Leib erfuhr, was es heißt, nur noch ein Spielball der Heiden
zu sein. Damals hat sich ihm Gott offenbart und er erkannte seinen Auftrag.
Dem Ansturm der „Frevler der Völker" (רשעי עמים[42]) widerstand er dank der
Hilfe Gottes.

B. Die Reinhaltung des Tempelkults von allen fremden Einflüssen

Der nächste Schritt der qumranischen Gemeinde nach der Abweisung ihrer
Reformvorschläge war die völlige Neukonzeption des Kultes, wie er ihrer
Meinung nach in Jerusalem abgehalten werden sollte. Das Ergebnis dieser
Neubesinnung liegt in der Tempelrolle vor. Sie ist leider an vielen Stellen so
beschädigt, daß die Stellung zu den Heiden im Zusammenhang mit dem Tempel nicht eindeutig bestimmt werden kann, doch die erhaltenen Hinweise
machen es wahrscheinlich, daß der oder die Verfasser dieses Entwurfes von
keinem Nichtjuden innerhalb der Grenzen des verheißenen Landes, geschwei-
ge denn im Tempel, etwas wissen wollten. Schon die ersten erhaltenen Zeilen
aus der 2. Kolumne warnen vor jeglichem Bündnis mit den Völkern des Landes
(Ex 34,11−13), damit nicht durch sie Israel zum Götzendienst verführt wür-

---

[39] HENGEL 408f, s. bes. Anm. 678.

[40] Vgl. JEREMIAS 1963, 168−177.218−226. Die Möglichkeit eines Exilaufenthalts des Lehrers wird auch schon von Jeremias erwogen, s. 224.

[41] Die Wendung עם נכרי findet sich Ex 21,8. Zur Lesung von נכרי vgl. JEREMIAS 1963, 218
Anm. 2. Vgl. a. 1 QH 4,8. Zu verweisen ist ferner auf 4 QSir[b] (= 4 Q 511 Cantiques du Sage),
einen Text, der zahlreiche Parallelen zu 1 QH besitzt, so daß der Herausgeber M. Baillet von
einem gemeinsamen Verfasser spricht: „On pense évidemment à celui qu'on appelle d'habitu-
de ‚le‘ Maître de Justice" (BAILLET 1982, 220). Frgm. 18 ii 6−10 (BAILLET 1982, 230) redet der
Verfasser davon, wie ihn Gott mit Weisheit und Verständnis erleuchtet und sich ihm gegenüber als gerechter Richter erwiesen hat, „trotz aller Schuld, die ich zu büßen hätte. Denn Gott
(ist) mein Richter, und in die Hand des Fremden nicht [... das Verb und die Fortsetzung
fehlen ...]." Zu der Wendung ביד זר als Topos der Gerichtsrede vgl. Ez 7,21;11,9;
28,10;30,12. Zur Erlösung aus der Hand der Feinde s. 11 QPs[a] xviii 15f (s. o. S. 69).

[42] 1 QH 5,17. Zur Lesung s. JEREMIAS 1963, 220 Anm. 18; zur Sache s. a. HENGEL 1988, 409f.

de[43]. Zwischen die Zitate aus Exodus 34,13 und 14 wird Dtn 7,25f eingeschoben (Z. 7−11). Diese Verse warnen davor, das Gold und Silber, mit dem die heidnischen Götterbilder des Landes verziert sind, zu begehren. Sie sind ein Greuel „und einen Greuel sollst du nicht in *dein* Haus bringen" (אל־ביתך).

Da mit בית immer auch der Tempel gemeint sein kann, ist hier m. E. davon die Rede, daß Israel nichts Heidnisches in „*sein* Haus" bringen solle, denn entgegen dem normalen Wortgebrauch[44] ist in Kol. 3,4 unter möglicher Aufnahme von 1 Kön 8,16; 9,3 vom *Haus* die Rede, auf das Gott seinen Namen legen will, womit eindeutig der Jerusalemer Tempel gemeint ist[45].

Anschließend an die einleitende Einbettung der Tempelrolle in die Sinaioffenbarung werden die Baumaterialien des künftig zu errichtenden Heiligtums beschrieben, deren Reinheit gefordert wird. Yadin sieht in Kol. 3, Z. 5 einen erneuten Bezug auf Dtn 7,25 und J. Maier erläutert: „Zl. 5−6 warnt anscheinend vor der Verwendung von Material aus der Fremde – möglicherweise eine Kritik am Tempelbau Salomos."[46]

Zu der Abwehr fremder Einflüsse auf den Tempelkult gehört auch ein sehr fragmentarisches Stück aus 4 QpHos[a] (= 4 Q 166)[47], ein aus 2 Kolumnen

---

[43] Über die „Greuel dieser Völker", nämlich Kinder durchs Feuer gehen lassen, Zauberei, Beschwörung, Wahrsagerei und Hexerei, Bannfluchungen und Totenbefragungen vgl. 11 QT 60,17ff. Die hier aufgezählten Sünden der heidnischen Völker verursachen ihre Vertreibung aus dem Land durch die Israeliten. Um nicht dasselbe Schicksal zu erleiden, muß sich das Volk davor hüten. Kol. 62,5ff behandelt die Behandlung feindlicher Städte nach ihrer Eroberung. Städte außerhalb des Landes dürfen geplündert werden, nur die männliche Einwohnerschaft ist zu töten. Frauen, Kinder, Vieh und alle bewegliche Habe kann Israel als Beute nehmen. Anders bei den Völkern des Landes, den Hittitern, Amoritern, Kanaanitern, Hiwwitern, Jebusitern, Gergasitern und Peresitern: sie sollen ohne Ausnahme getötet werden, damit sie Israel nicht den Götzendienst lehren. Vgl. a. Kol. 48,11f (Beerdigung der Toten nicht wie die Völker); Kol. 51,19f (kein Schlachten von Opfern an jedem beliebigen Ort, wie bei den Völkern üblich). Zu den Bestimmungen bezüglich des Krieges und des Königs s. den Beitrag von H. Lichtenberger in diesem Band (92−107, bes. 94ff). Dort findet sich auch die wichtigste Literatur zur Tempelrolle, die darum hier nicht noch einmal genannt wird. Zu den Kriegsgesetzen ergänze noch Schiffman 1988, 299−311.

[44] In der Tempelrolle meint בית normalerweise nicht den Tempel als Ganzes, sondern nur einzelne Räumlichkeiten der Tempelanlage, die an den verschiedenen Höfen liegen. Häufiger noch meint בית ganz normal das Wohnhaus, ohne Bezug zum Tempel. Andererseits ist ein Qal wa-Chomer-Schluß naheliegend: Wenn es schon verboten ist, heidnisches Götzengold in ein Privathaus zu nehmen, um wieviel mehr ist es dann ein Unding, einen solchen Greuel in den Tempel zu bringen. Vgl. a. 11 QT 51,13−16 (Verbot der Annahme von Bestechungsgeldern), wo mit „Haus" ebenfalls der Tempel gemeint sein dürfte, vgl. Yadin 1983, I,383f;II,228f; Janowski/Lichtenberger 1983, 40.

[45] Vgl. Yadin 1983, II,5.

[46] Yadin 1983, II,6; Maier 1978, 72.

[47] Wegen einer Verwechslung von 4 Q 166 mit 4 Q 167 (= 4 QpHos[b]) in der Vorveröffentlichung durch J. M. Allegro, JBL 78 (1959), 142−147 kommt es in der Literatur zu diesen beiden Texten immer wieder zu Verwechslungen. In der offiziellen Edition (Allegro 1968) ist der Fehler berichtigt, d. h. 4 Q 166 = 4 QpHos[a] und 4 Q 167 = 4 QpHos[b]. Bei den Arbeiten, die in der Zwischenzeit entstanden, ist dagegen 4 Q 166 als 4 QpHos[b] und 4 Q 167 als 4 QpHos[a] bezeichnet, so z. B. bei Maier 1960, I,189f;II,167; vgl. Horgan 1979, 138.

bestehender knapper Kommentar zu Hos 2,8–14. Die besser erhaltene zweite
Kolumne enthält einige historische Hinweise, die eine Einordnung des Doku-
ments in die Endphase der hasmonäischen Herrschaft erlauben. Vieles spricht
dafür, die erwähnte Hungersnot (Kol. 2,12) mit den von Josephus (Ant
14,19–28) berichteten Ereignissen während des Bürgerkriegs zwischen Hyrkan II. und seinem Bruder Aristobul II. im Jahr 63 v. Chr. zu identifizieren[48].
Zweimal werden in diesem Zusammenhang die Heidenvölker (הגואים Z. 13
und 16) erwähnt. In der Auslegung von Hos 2,11f heißt es (ii 12–14):

> „Seine Deutung ist, daß er (= Gott) sie schlug mit Hungersnot und Blöße, so daß sie
> wurden zu Schma[ch] und Schanden vor den Augen der Heidenvölker, auf welche sie
> sich gestützt hatten. Aber sie werden sie nicht retten von ihren Bedrängnissen."

Über die Identifizierung der הגואים liegen unter Annahme des historischen
Bezugs auf das Jahr 63 v. Chr. verschiedene Vorschläge vor: Dupont-Sommer
sieht in ihnen die Römer, aber das wird von Carmignac und Amoussine
abgelehnt, die beide darauf verweisen, daß auf die Römer eher mit Kittim
Bezug genommen worden wäre. Stattdessen schlagen sie die Seleukiden (Carmignac) bzw. die Nabatäer (Amoussine) vor[49]. M. E. ist es jedoch nicht nötig,
die qumranische Kritik an den Hilfegesuchen bei den Heidenvölker auf Römer,
Seleukiden *oder* Nabatäer einzugrenzen, denn für ihr Verständnis war das
Verhalten beider Parteien ein Frevel. Auch die Hungersnot als Gericht Gottes
betraf ja beide Kontrahenten mit ihrem Anhang, so daß die Auslegung von Hos
2,11f auf das ganze abtrünnige Volk (im Verständnis der Qumranexegeten)
bezogen werden sollte[50]. Die „Heiden" sind immer, egal für welche Partei, die
falschen Bündnispartner, so daß die allgemeine Bezeichnung gewählt sein
kann, um den Sachverhalt als solchen klar zu machen. Das wird auch durch die
anschließende Auslegung von Hos 2,13 („Und ich mache ein Ende all ihrer
Freude, d. i. ihrem Fest, ihrem Neumond und ihrem Sabbat und allen ihren
Feiertagen [מועדה]") gestützt, in der es heißt (ii 15–17): „The interpretation of
it is that they make [the fe]asts go according to the appointed times of the
nations (במועדי הגואים). And [all] [joy][51] has been turned for them into

---

[48] Amoussine 1969–71, 548ff; Amusin (= ders.) 1977, 146–150; vgl. a. Betz 1987, 68f;
Horgan 1979, 139f: sie weist darauf hin, daß 4 QpPs 37 von demselben Schreiber wie 4 Q 166
stammt und die Anspielungen auf historische Ereignisse sich möglicherweise gegenseitig
ergänzen. Bei ihr findet sich auch eine Übersicht der anderen Deutungsvorschläge.
[49] S. Horgan 1979, 139f.
[50] Vgl. dazu Betz 1987, der zeigt, daß sich beide Konfliktparteien gegen die Bestimmungen
in 11 QT 64,6–13 vergangen haben. Sie besagen, daß jeder mit der in Dtn 21,22f geforderten
Strafe zu belegen ist, der Israel verleumdet und an eine fremde Nation ausliefert bzw. der zu
den Heiden flieht, um von dort aus das Gottesvolk zu verfluchen. Das von Josephus Ant 14,24
überlieferte Gebet des Choni will verhindern, „daß das in der Tempelrolle erwähnte und von
Deut 21,23 abgeleitete Verbrechen der Verfluchung ‚Seines Volkes' (עמו) begangen wird,
und zwar weder von ihm selbst noch von den beiden feindlichen Parteien" (70).
[51] So Horgan 1979, 147, die die Lücke zu Beginn von Z. 17 mit שמחה ausfüllt unter Berufung

mourning" (es folgt dann das Zitat von Hos 2,14)[52]. Die Tempelfeste haben nach dieser Deutung ihren Festcharakter verloren, weil sie nach einem heidnischen Kalender gefeiert werden. Damit zeigt sich, daß es in der Frage des Kalenderstreits (vgl. a. CD 3,14;6,18f u. ö.) zwischen den essenischen Anhängern des Sonnenkalenders und ihren Gegnern, die einen „geschalteten Mondkalender" befolgten, auch um die Abwehr eines als heidnisch verstandenen Einflusses auf den Tempel und seine Ordnungen ging.

Weitere Hinweise finden sich in einer stark zerstörten Rolle aus Höhle 4 (4 Q 513), die sich – vergleichbar mit 4 QMMT – mit halachischen Problemen verschiedenster Art beschäftigt, wobei auch hier der Tempel im Mittelpunkt steht. Erkennbare Themen sind der Zehnt, der Genuß von Priesterhebe, das von den Essenern abgelehnte Salben mit Öl, das Darbringen der Erstlingsgarben und das Erlaßjahr. Die Themen sind im Kontext der Stichworte „Reinheit/Unreinheit", „Schuld", „Heiligtum", „Söhne Israels", „Söhne Aarons", „Priester" und „Heiden" abgehandelt, wobei letztere nur an zwei textlich völlig zerstörten Stellen auftauchen, die keinerlei Interpretation zulassen[53].

Im ersten Fragment der Rolle geht es um die richtige Verhältnisbestimmung der verschiedenen Maßeinheiten zu den im Tempel gültigen. Die jeweils nach Meinung des Verfassers der Rolle falsche Verhältnisbestimmung wird mit dem Satz kommentiert: „und davon (geht) Unreinheit aus". Auch die Umrechnung des Schekels in Zuzim, offenbar im Zusammenhang mit der jährlichen Steuer für den Tempel (Ex 30,13.15;38,26), wird auf diese Weise beanstandet. Baillet sieht darin einen Vorwurf gegen heidnisches Geld, das den Tempel profaniere[54].

In Kolumne 2 von Fragment 2 ist von der Priesterhebe die Rede, die als „Speise der Engel" bezeichnet wird „pour en faire une expiation agréable en faveur d'I[sraël]" (Z. 4). Dieses Vorrecht wird von den Priestern verachtet, indem sie die Heiligkeit der Hebe durch ihre „Hurerei" (זנות in Z. 2 u. 5) verunreinigen. Teil dieser Hurerei sind auch die „Frauen von Ausländern"

---

auf die alttestamentliche Entgegensetzung von Trauer und Freude, vgl. etwa Koh 7,4. Vielleicht ist hier jedoch חגיהם zu lesen in Anlehnung an Am 8,10, wo Gott den Israeliten androht: והפכתי חגיכם לאבל „und ich verwandle eure Feste in Trauer".

[52] So die Lesung des Textes von HORGAN 1979, 141.146f. Zu den abweichenden Kalendern s. a. 1 QpHab 11,6−8 u. dazu HORGAN, ebd. 50.

[53] Vgl. Frgm. 8−9 i 2: in der Anordnung der Fragmente durch BAILLET (1982, 290f) zwischen den Bestimmungen über die Erstlingsgarben und dem Erlaßjahr plaziert. An der zweiten Stelle ist die Lesung unsicher, vgl. Frgm. 13 Z. 6: „[H]eiden zum Tran[k]." Die Frgme. 12 u. 13 handeln von der Salbung mit Öl, deren Ablehnung also möglicherweise mit der Abwehr heidnischer Praktiken zusammenhängt, vgl. BAUMGARTEN 1967−69, 93f.

[54] 4 Q 513 Ordonnances (Ord[b]) 1−2 i 3 und dazu BAILLETS Kommentar (1982, 288): „S'acquitter de l'impôt religieux avec des monnaies païennes serait une profanation du sanctuaire." Zum Charakter des Zuz als heidnische Währung vgl. BEN-DAVID 1974, 331f u. 437 Anm. 3. Über die korrekten Maßeinheiten vgl. a. 4 Q 159 Ordinances (Ord[a]) 1 ii 6−14 (ALLEGRO 168, 8f; Literatur bei WEINERT 1974, 179f Anm. 4).

(בעלות לבני הנכר [Z. 2]), denen es gestattet ist „zu berühren die Reinheit [des Hei]ligen" (Z. 1). Darunter sind nach Baillet (1982, 289) ausländische Ehefrauen von Israeliten zu verstehen (vgl. Ex 34,15f; Dtn 7,3f), oder „untaugliche" Priesterfrauen (vgl. Lev 21,7.14f; Ez 44,22).

Zusammenfassend läßt sich sagen, daß die offensichtlichen oder angeblichen Fremdeinflüsse auf das Heiligtum in Jerusalem Teil jener „Befleckung des Tempels" (טמא המקדש) sind, die in CD 4,15−18 (vgl. 6,11−13) als eines der drei Netze Belials bezeichnet wird. Durch sie wird das Volk Israel eingefangen und in die Irre geführt[55].

C. Das Zutrittsverbot von Fremden zum Tempel

Aus dem vorhergehenden Abschnitt ergibt es sich gleichsam von selbst, daß eine Gruppe, die Gaben, Baumaterial, Kalenderangleichungen u. ä. für den Tempel ablehnte, es auch nicht dulden kann, daß Fremde den Tempel betreten. Der eindeutigste Text dafür ist der Pesher zu 2 Sam 7,10f, der Teil einer Sammlung von eschatologischen Midraschim ist, die unter dem Namen 4 QFlorilegium (= 4 Q 174) bekannt sind. Ausgangspunkt ist die Verheißung des Propheten Nathan an David, in der er dem König von einem Tempel weissagt, der nicht mehr Gefährdungen durch fremde Völker ausgesetzt sein soll, wie sie seit der Zeit der Richter die israelitischen Heiligtümer bedrohten. Der Verfasser von 4 QFlor bezieht diese Verse in Verbindung mit Ex 15,17f (Moselied, das aus der Wüste auf den Tempel vorausblickt) auf den Tempel der letzten Tage und von ihm schreibt er (i 3−6):

„Dies ist das Haus, in welches nicht hineinkommen wird [ein Unbeschnittener am Herz oder ein Unbeschnittener am Fleisch für][56] immer, und (auch nicht) ein Ammoniter und Moabiter und Bastard (ממזר) und Ausländer (בן נכר) und Proselyt (גר) für immer, denn sein Heiliger ist dort (כיא קדושי/ו שם)[57]. Er wird (sich?) offenbaren und [in] ewiger

---

[55] Vgl. a. Hengel 1976, 215−219: Die Entweihung des Heiligtums von jüdischer Seite.

[56] Zur Ergänzung dieser Liste werden verschiedene Vorschläge gemacht, die sich alle an atl. Ausschlußreihen orientieren, so etwa der hier wiedergegebene Vorschlag von Strugnell, der an Ez 44,9 orientiert ist. Eine Übersicht der angebotenen Lösungen bietet Brooke 1985, 101, der sich selber für eine Lesart entscheidet, die möglichst nahe an Dtn 23,3f orientiert ist, der Stelle, die neben Eunuchen und Bastarden auch den Ammonitern und Moabitern den Zugang zur Gemeinde verwehrt. Der Ausschluß soll auch über die 10. Generation hinaus wirksam sein. Entsprechend liest Brooke (92, hebr. Text 86): „that is the house to which shall not come [even to the tenth generation and for] ever, Ammonite (...)."

[57] Diese Passage ist äußerst unklar, da der letzte Buchstabe des zweiten Wortes ein *yod* oder ein *waw* und das dritte Wort „Name" oder „dort" bedeuten kann, vgl. die verschiedenen Übersetzungsvorschläge, die alle nicht völlig befriedigen: Lohse 1981, 257: „sondern diejenigen (dürfen in das Heiligtum treten, R.D.), die den Namen Heilige tragen"; Maier 1960, I,185: „denn Seine Heiligen werden dort se[in...] für immer"; Dimant 1986, 170: „for there his holy ones"; Brooke 1985, 92: „for his holy ones are there." Die Pluralinterpretation des Suffixes ist angesichts der häufigen Defektivschreibung in den Rollen möglich (vgl. etwa zur 3. Person 1 QpHab 3,6f, wo Hab 1,8 zitiert wird und das eindeutige Plural-Suffix des MT

[Herrlichkeit] wird er beständig über ihm erscheinen und nicht noch einmal werden Fremde (זרים) es zerstören, wie sie zerstörten vormals das Heilig[tum Is]raels wegen ihrer Sünde. "

Der zitierte Vers aus 2 Sam 7,10 nennt den Bedrücker Israels בֶּן עַוְלָה „Sohn der Verderbtheit", und die Anspielung auf die Richterzeit macht deutlich, daß es hier um Fremdvölker geht, die als Feinde „das Wohnen Israels im verliehenen Land" in Abrede stellen wollen. עַוְלָה charakterisiert dabei Menschen, die „sich nicht an den kundgegebenen Willen Gottes halten"[58], ein Ausdruck, der im AT sowohl auf Israeliten wie auf Heiden anwendbar ist und der auch in Qumran über 40mal begegnet, bezogen i. d. R. auf die Gegner der Gemeinde, deren Kennzeichen eben die Ablehnung der besonderen Willenskundgebung Gottes an die „Söhne des Bundes" darstellt. Das am heftigsten umstrittene Problem des zitierten Textes ist jedoch die Frage, ob darin von zwei oder drei Tempeln die Rede ist. Nach der Analyse von D. Dimant ist mit den futurischen Aussagen der eschatologische Tempel gemeint, während mit den imperfektischen Verben auf die konkreten Jerusalemer Tempel Bezug genommen wird[59]. Zwischen beiden steht der מקדש אדם, der „menschliche Tempel", der als Bindeglied zwischen beiden fungiert: „The Temple of Men represents an interim stage between the Temple of Israel of the past (and present?) and the eschatological Temple of the future."[60] Dimant rechnet also mit drei zu unterscheidenden Tempeln. Ebenfalls von zwei verschiedenen Tempeln redet die Tempelrolle in Kol. 29,8−10 und man kann überlegen, ob nicht die Heiligtümer in 4 QFlor und 11 QT identisch sind, aber unterschieden werden müssen von dem nur in 11 QT 29,8f angesprochenen Tempel der erst am Ende *des noch einmal*

---

defektiv geschrieben ist, so daß es sich orthographisch nicht vom Singular-Suffix unterscheidet), aber nicht zwingend, zumal 4 QFlor konsequent *plene* schreibt. Zu der hier vorgeschlagenen singularischen Deutung vgl. Ps 106,16: Aaron ist der Heilige Jahwes; zu קדושׁו vgl. a. Jes 10,17;49,7: beide Male ist es Jahwe in einem messianischen Kontext. Umfassend informiert BROOKE 1985, 103−107.

[58] SCHREINER 1986, 1137.

[59] Hier zu unterscheiden zwischen dem salomonischen Tempel und dem „zweiten Tempel" wird der typologischen Geschichtsschau nicht gerecht. Sie weiß nur von einem verunreinigten Tempel und einem Ersatztempel mit Platzhalterfunktion für den endzeitlichen Tempel. Vgl. dazu DIMANT 1986, 174f. Nach ihrer Analyse ist sowohl dem ersten als auch dem zweiten Tempel die Profanierung durch „Fremde" gemeinsam. Dazu schreibt sie: „(...) the pesher may be referring to both temples. In doing so it would be following the common practice of post-biblical authors to depict contemporary events in terms of biblical language. If this (...) interpretation is correct, the pesher may be referring here to common characteristics of both the historical Temples of Israel, the First and the Second, namely that both were desolated and profaned by ‚strangers'. ‚Strangers' may refer here not only to gentiles but also to proselytes or to opponents of the sect who practice the halakha in a different way (...)" (175).

[60] DIMANT 1986, 177. Auch VAN DER WOUDE 1992, 30−32 schließt sich dieser Deutung an. In dem Interimstempel findet aber schon jetzt der reine eschatologische Gottesdienst statt, an dem auch die Engel partizipieren, vgl. 4 QŠirŠabb und dazu SCHWEMER 1991, zu 4 QFlor ebd. 74−76. In den Texten der Sabbatlieder wird Gottes Königsherrschaft uneingeschränkt gefeiert. ‚Heiden' sind dort kein Thema mehr!

erneuerten Jerusalemer Heiligtums nun wirklich *erscheinen* wird. Das setzt ein Verständnis der Tempelrolle voraus, wie es unlängst M. O. Wise dargelegt hat. Demnach ist die Beschreibung in 11 QT nicht in erster Linie ein „idealized First Temple, the one which Salomon should have built"[61], und auch nicht nur eine Kritik am gegenwärtigen Jerusalemer Tempel, sondern die theoretische Begründung des restituierten Heiligtums der ersten eschatologischen Phase. „Obviously, according to this understanding both temples of *TS* XXIX are eschatological temples. Such a possibility is not improbable *a priori*. In common with other literary works of the Second Temple period, the redactor of the *TS* apparently conceived of a two-stage eschaton. If he followed the scheme of those other books, the first stage would constitute a messianic millenium. The second would be altogether more glorious – nothing less than a New Creation."[62]

Die Geschichte der Sekte wird so zu einer Rekapitulation der Heilsgeschichte: ihr Aufenthalt in der Wüste entspricht der Situation vor der Landnahme, danach wird das Land, zuletzt die heilige Stadt selbst, erobert, und ein reiner Tempeldienst beginnt, gleichsam als Voraussetzung für die sich dann anschließende „Welteroberung", an deren Ende die sichtbare Königsherrschaft Gottes auf dem Zion in dem dann endgültig verwandelten Heiligtum steht.

Der Tempelentwurf der Tempelrolle und auch von 4 QFlor beschreiben programmatisch diese in naher Zukunft erwartete Heilszeit, in der nach der Restitution des Heiligtums gemäß dem Entwurf der Tempelrolle die Zeit zu Ende sein wird, in der die Heiden es zertreten.

Besonders hervorgehoben zu werden verdient noch die Erwähnung des Proselyten (גר 4 QFlor 1,4) in der Liste derer, die nicht mehr zum Heiligtum kommen dürfen. Damit ignoriert die Gruppe in Qumran eine Entwicklung innerhalb des Alten Testaments, die den „Fremdling" immer stärker in Volk und Bund integriert bis er schließlich in den zur Priesterschrift gerechneten Gesetzeskorpora in seinen Rechten und Pflichten dem geborenen Israeliten nahezu gleich ist. Sein Recht zum Opfer ist ausdrücklich festgehalten (Lev 17,8;22,18; Num 15,15f), aber gewiß unter der in Ex 12,48f (vgl. a. Num 9,14) formulierten Bedingung des Beschnittenseins, d. h. seines Übertritts zum Ju-

---

[61] 1991, 112 gegen die Interpretation von Yadin und vielen anderen, die aber dennoch ihre Berechtigung nicht verliert, wenn man davon ausgeht, daß der protoeschatologische Tempel eine *Erneuerung* des konkreten Jerusalemer Heiligtums darstellt. Vgl. a. die ungedruckte Dissertation von M.O. WISE, The Temple Scroll: Its Composition, Date, Purpose and Provenance, PhD Diss., Chicago 1980 (n. v.) u. ders. 1989, 49–60.

[62] 1991, 113. Schwierig erscheint mir jedoch der Versuch von Wise, diesen protoeschatologischen Tempel von 11 QT mit dem „menschlichen Tempel" aus 4 QFlor zu identifizieren. Dazu ist er gezwungen, weil er in 4 QFlor nur zwei Tempel zu erkennen glaubt und die Konzeption eines spirituellen Heiligtums ablehnt (s. 115). Das ist aber m. E. nicht zwingend. Geht man stattdessen davon aus, daß für Qumran die protoeschatologische Phase bereits begonnen hat (s. o. S. 63), dann besteht zwischen dem spirituellen und eschatologischen Verständnis des „menschlichen Tempels" kein Widerspruch.

dentum. In einer gewissen Spannung dazu stehen die Aussagen von Dtn 23,4−6 und 25,17−19, wo den Ammonitern, Moabitern und Amalekitern für immer der Zugang zur Gemeinde Israels verwehrt wird, begründet durch ihr feindliches Verhalten während Israels Wüstenzeit. Aber hier geht es gerade nicht um den גר, der „in alter Zeit doch wohl als Staatenloser" gilt[63], sondern um *Angehörige eines bestimmten Volkes*, die nicht zugleich mit ihrer ursprünglichen Volkszugehörigkeit auch der Gemeinde Jahwes angehören können. Daß die Texte so verstanden werden konnten, zeigt die Geschichte des Ammoniters Achior im Buch Judith, und es ist wohl kein Zufall, daß von diesem Buch bisher noch keine Reste unter den über 500 Handschriften gefunden wurden[64]. Die Gemeinde zieht aus der Geschichte die Konsequenz, den גר wieder stärker vom Volk abzurücken auf die Seite der Fremden, wobei sie sich auf einige alttestamentliche Aussagen stützen konnten (etwa Ez 44,7.9)[65]. Diese Abweisung betrifft jedoch nach der in dieser Arbeit vorgeschlagenen Unterscheidung von restituiertem und eschatologischem Heiligtum nur das erstere.

Die Verdrängung sowohl der Heiden als auch der Proselyten aus dem Tempel spiegelt sich auch im Entwurf der Tempelrolle wieder. In den drei Hofanlagen, die sich wie konzentrische Kreise um das Heiligtum legen, gibt es keinen Raum mehr für einen „Heidenvorhof". Der äußerste Hof in 11 QT entspricht

---

[63] KELLERMANN 1973, 984, s. aber den ganzen Artikel 979−991 (Lit.: 979f). Vgl. dazu jetzt BULTMANN 1992, 103−119.140 zu Dtn 23,2−9: „Die Ammoniter und die Moabiter gelten... als so durch die Verehrung der eigenen Götter geprägt, daß sie für eine Gefahrenquelle gehalten werden und darum in der judäischen Landschaft in keinen *qᵉhal JHWH* kommen sollen" (112).

[64] So auch VAN DER WOUDE 1990, 302: „Das Buch Judith ist wohl aus religiös-politischen Gründen abgelehnt worden, wenn es tatsächlich vor 130 v. Chr. entstanden ist." Dasselbe gilt für Esther, das einzige kanonische atl. Buch, das nicht in Qumran gefunden wurde. Anstößig war die Ehe mit einem Ausländer. Auch Nehemia fehlt, aber das muß „als Zufall betrachtet werden", da das nur Neh 10,35 belegte „Holzfest" in der Qumrangemeinde vorgeschrieben war. Außerdem fand sich ein Esra-Fragment (4 Q 117), und van der Woude nimmt an, daß „Esra-Handschriften wohl auch den Text von Neh enthalten haben" (ebd. 279, vgl. dazu auch 302 und DERS. 1989, 237 zum Holzfest, das in 11 QT 23−25,2 angeordnet ist). Ein neu edierter Text (4 Q 409) nennt in einer Liste von Festen ebenfalls das Holzfest (QIMRON 1989/90, 342.345).

[65] Andere mußten aber außer Kraft gesetzt werden, vgl. etwa Ez 47,22f und bes. Jes 56,6f, eine Verheißung an die בני־נכר („Ausländer"), die sich Jahwe anschließen. Ihnen wird ausdrücklich der Zugang zum Tempelberg, zum Altar und zum Opfer zugesichert. Auch PsSal 17,26−33 zeigt die Schwierigkeit, die Reinheit des Volkes einerseits und die eschatologische Völkerwallfahrt zum Zion zusammenzudenken. Vgl. zu dem wachsenden Rigorismus auch HENGEL 1988, 563f. BAUMGARTEN 1972−75, 76ff sah in den „Ausländern" von Ez 44,6b−9; Jes 56,3−7 u. 4 QFlor 1,4 ursprünglich die ausländischen Tempelsklaven, die wahrscheinlich schon am vorexilischen Tempel Dienst taten und die in den nachexilischen Büchern durchgängig נתנים genannt werden. Ihr Ausschluß in den Qumrantexten war s. E. mit der Vorstellung des menschlichen Heiligtums verbunden, das die Frommen konstituierten (81). Durch die Veröffentlichung der Tempelrolle ergaben sich für Baumgarten gewisse Korrekturen, vgl. ders. 1982, 217. Zu den נתנים vgl. auch die sehr gute Zusammenstellung bei LIPINSKI 1986, 709−712.

funktional dem Frauenvorhof des herodianischen Tempels, er ist nur den
rituell reinen israelitischen Frauen und Kindern unter 20 Jahren zugänglich,
sowie für Proselytennachkommen ab der 3. Generation (Kol. 40):

„Und du sollst machen einen d[ritten] Hof [...] (Z. 5), [...] für ihre Töchter und für die
Proselyten (הגרים), die [ihnen] gebore[n werden als dritte Generation][66] (Z. 6)."

Die Yadinsche Ergänzung basiert auf seiner Lesung der Bestimmungen, die
den 2. Innenhof, den Israelitenvorhof, betreffen. In Kol. 39,4–8 werden in
einem sehr lückenhaften Text diejenigen aufgezählt, die keinen Zugang haben
sollen. In Z. 5 ist דור רבי[עי] lesbar, und in Z. 7f liest Yadin: „(...) a woman and
a child shall not(?) enter it until the day that he shall fullfill the law [...]."[67]
Unter der Voraussetzung, daß in Z. 5 derselbe Duktus vorliegt, läßt sich
vermuten, daß erst Proselyten ab der 4. Generation bis hierher Zutritt haben
sollten.

Auch in den Lagern des eschatologischen Heeres hatten Frauen und Kinder
unter 20 Jahren keinen Zutritt (vgl. 1 QM 7,3f; 1 QSa 1,8f), und, so darf
geschlossen werden, noch viel weniger Proselyten und Fremde, denn der
Kampf galt ja gerade den heidnischen Völkern.

Die Verschärfung biblischer Vorschriften, die eindeutig im Gegensatz zu den
übrigen Quellen stehen[68], zwingt zu der Frage nach der Stellung der Proselyten
(גרים) innerhalb der übrigen Qumrantexte[69].

---

[66] So die Ergänzung von YADIN 1983, II,170 in Analogie zu Kol. 39,5 (II,166).

[67] YADIN 1983, II,166. In dem „vierten Geschlecht" sieht er eine Bezugnahme auf Gen
15,16, wo Abraham gesagt wird, daß seine Nachkommen erst in der 4. Generation das Land
nach ihrem Fremdlingsaufenthalt in Ägypten wieder in Besitz nehmen werden, weil die
Schuld der Amoriter noch nicht erfüllt ist. Yadin verweist ferner auf Ex 20,5: „(...) Gott, der
die Schuld der Völker heimsucht bis ins dritte und vierte Geschlecht an den Kindern derer, die
mich hassen", was m. E. besser paßt, wenn man die „die Jahwe hassen", als Heiden interpretiert. In der 4. Generation nach der ‚Bekehrung' endet die Strafverfolgung durch Gott. Dem
entspricht die immer nähere Zulassung zum Heiligtum: die 3. Generation in den äußeren Hof,
die 4. Generation in den inneren Hof. Yadin zitiert in diesem Zusammenhang auch 4 QFlor
1,3f, dessen Aussage keinen Widerspruch zum Text von 11 QT bildet (vgl. I,247f: „... that the
scroll [= 11 QT], too, forbids sojourners to enter the Temple; only the third generation of their
children may enter"). Die Übersetzung von גר durch „Fremdlinge" (sojourners) ist Folge
eines Harmonisierungsversuches mit rabbinischen Quellen, die ebenso wie das AT selbst,
nichts von einem Ausschluß der Proselyten vom Tempelkult wissen. Dagegen gilt festzuhalten, daß גר in Qumran wie in den rabbinischen Literatur „the sense of a religous proselyte"
hat, so BAUMGARTEN 1972–75, 75 Anm. 1, vgl. a. DERS. 1982, 216f.

[68] Vgl. BLIDSTEIN 1972–75: Für den Ausschluß von Proselyten aus dem Tempel oder gar
aus Jerusalem gibt es in der rabbinischen Literatur keine Parallelen „on the contrary, rabbinic
sources assume and require their presence" (433). Dennoch sind sie einem geborenen Juden
nicht in allen Dingen gleichgestellt (vgl. mBik 1,4; bQid 70b). Dazu kommt das rabbinische
Verbot an die Priestergeschlechter, Proselyten oder deren Töchter zu heiraten mQid 4,1, vgl.
dazu BAUMGARTEN 1972–75, 80ff; DERS. 1982, 217.225: Auch er betont, daß der Zugang zum
Tempel dem Proselyten offenstand, trotz gelegentlicher gegenteiliger Äußerungen wie etwa
bei dem von ihm im besonderen untersuchten Fall von Agrippa I. Auf eine weitere antiprose-

3. Essenischer Pragmatismus: Die Regelung des alltäglichen Umgangs mit Fremden

Solange die ersehnte Vollendung der Heilszeit noch ausblieb, war die Gemeinde gezwungen, sich mit den gegenwärtigen Gegebenheiten abzufinden, und dazu gehörte auch der Umgang mit Fremden im Alltag. Bezeichnenderweise ist es wieder die Damaskusschrift, die darüber Bestimmungen trifft, lebten doch die Befolger dieser Regel inmitten des Volkes, im Gegensatz zu der Gruppe in Qumran, die ohne solche Kontakte auskommen konnte. CD 12,6–11 ist eine kleine, zusammenhängende Sammlung solcher Vorschriften:

„Man soll nicht seine Hand ausstrecken, um Blut eines Mannes von den Heiden zu vergießen um Besitzes oder Gewinnes willen. Und man soll auch nicht etwas von ihrem Besitz wegnehmen, damit sie nicht lästern – es sei denn auf Beschluß der Gemeinschaft

---

lytische Stellungnahme in der rabbinischen Literatur macht BROOKE 1985, 261f (Anm. 275) aufmerksam: bAZ 3b, s. a. 178–182. SCHWARTZ 1990, 165f, sieht in dieser Ablehnung priesterliches Denken am Werk, für den Exklusivität und Erwählung nicht ablösbar von einer reinen Genealogie ist.

[69] Aus Raumgründen kann sie hier nur in Form einer Stellenauflistung geleistet werden (zur Lit. s. Anm. 68). 3 Belege sind in der Damaskusschrift enthalten, wovon 2 von Proselyten innerhalb der „Lager" ausgehen, vgl. CD 14,3–6. Dies mag damit zusammenhängen, daß CD einen weiteren Kreis ansprach, der nicht wie die Gruppe in Qumran außerhalb des Volksverbandes lebte, vgl. HENGEL 1978, 342; LICHTENBERGER 1980, 39; BEALL 1988, 8f.48f. Die מחנות („Lager") erscheinen 15x in CD, aber nie in 1 QS, davon 6x im Plural: 7,6f par 19,2;12,23;13,20;14,3.9; Singular: 9,11;10,23;13,4f.7.13[2x].16;20,26) Auch עיר („Stadt") erscheint 6x in CD, 3x bezogen auf Jerusalem und 3x bezogen auf andere Städte, in denen Essener leben (10,21;11,5f;12,19), vgl. dazu Jos, Bell 2,124; Philo, Omn Prob Lib 76 (die Essener leben nur in Dörfern und meiden die Städte); Hyp 11,1 (sie leben in Dörfern *und* Städten). Zu den Lagern vgl. a. MAIER 1960, II,57. Er hält die Deutung von גר als Proselyt angesichts der sonstigen Haltung der Qumrangemeinde für unwahrscheinlich; die Nennung des Fremdling stammt darum s. E. entweder aus älterer Zeit oder wurde übernommen, weil sie sich auch in alttestamentlichen Gesetzestexten findet. Eventuell bezeichne sie auch Nicht-Vollmitglieder oder Novizen, so ebd. II,59f, wo Maier auch die Vertreter der traditionellen Deutung „Proselyt" nennt. In CD 6,21 steht der גר in einer Aufzählung zusammen mit dem „Armen und Elenden", einer festen alttestamentlichen Wendung (Dtn 24,14; Jer 22,16 u. ö.), während der „Fremdling" im AT in Reihen normalerweise mit „Witwen und Waisen" verbunden ist (Dtn 14,29;16,11.14;24,17.19–21; Jer 7,6; 22,3 u. ö., vgl. aber Ex 23,6.9). Der ganze Abschnitt ist angelehnt an biblischen Sprachgebrauch (bes. an das Deuteronomium) und wirkt sehr archaisierend, so daß m. E. גר hier durchaus den „Fremdling" im Sinne des Schutzbefohlenen meinen kann und nicht den Proselyten. Die abschließende Wendung „Fleisch von seinem Fleisch" (CD 7,1) könnte sogar darauf hinweisen, daß der hier gemeinte Fremdling nicht ein Ausländer und Nichtjude, sondern einfach ein ortsfremder Jude ist (vgl. a. 4 Q 159 Frgm. 1 ii 3 nach der Ergänzung von WEINERT 1974, 182). In 4 QpNah ii 9 ist der גר in einem gegen die Pharisäer gerichteten Abschnitt genannt, der möglicherweise eine Kritik an der pharisäischen Missionspraxis enthält (vgl. die Deutung von Nah 2,14 in ii 1). In 11 QT 60,12 wird der Levit als גר bezeichnet (?), an zwei weiteren Stellen läßt der fragmentarische Zustand der Texte keine Deutung zu. Sie zeigen aber, daß das Thema in den Schriftrollen vorkam (4 Q 520,45,3; 4 Q 498,7,1), s. auch unten S. 84 zu 4 Q 159.

Israels. Nicht darf ein Mann reine Tiere oder Vögel an Heiden verkaufen, damit sie sie nicht opfern. Von seiner Tenne und von seiner Kelter soll er ihnen unter keinen Umständen verkaufen. Und seinen Knecht und seine Magd soll er ihnen nicht verkaufen, denn sie sind mit ihm in den Bund Abrahams eingetreten."

In seiner Analyse dieses Abschnitts kommentiert L. H. Schiffman (1982–84, 381–383) die ersten beiden Verbote über Mord und Plünderung eines Heiden als essenische Kritik an der Eroberungspolitik der Makkabäer, die nicht in Übereinstimmung mit „der Gemeinschaft Israels" geschehe, sondern aus reiner Profitgier[70]. Erst wenn das Zeichen zum letzten Krieg (wieder?) gegeben wird, darf das Töten im Krieg vorübergehend geübt werden (vgl. 1 QS 9,21–23). Die weiteren Verbote betreffen den Handel mit Fremden: Verboten ist der Verkauf reiner Tiere und unverzehnteter Produkte an Heiden, ebenso wie von nichtjüdischen Sklaven, die im Besitz eines jüdischen Haushalts waren, da man offenbar wie in der rabbinischen Literatur davon ausging, daß er sich innerhalb einer bestimmten Zeit der jüdischen Religion anschloß (Schiffman, ebd., 388). Gerade die letzte Bestimmung zeigt, daß die Essener im Alltag weniger fremdenfeindlich waren, als sie es ,der reinen Lehre nach' sein müßten[71].

Schuldsklaverei war aber nicht das ausschließliche Problem der Heiden, sondern betraf in jenen oft kummervollen Zeiten sehr häufig auch Angehörige des jüdischen Volkes. Auch darüber sind in Qumran zwei Regelungen erhalten. In CD 14,15 wird angeordnet, daß von dem Geld, das die Mitglieder der „Lager" dem Aufseher abliefern sollen, Gefangene freigekauft werden sollen, die zu einem „fremden Volk" (לגוי נכר) verschleppt wurden. Hier ist sicher in erster Linie an Mitglieder der Gemeinschaft zu denken, aber darüber hinaus galt diese Pflicht wohl auch für die übrigen Angehörigen des jüdischen Volkes. Den Aufenthalt von Juden unter Heiden in einem fremden Land galt es unter

---

[70] Vgl. aber 1 Q 22 (= 1 QDM) iii 6: Bei den Bestimmungen über das Erlaßjahr wird festgehalten, daß die Erlaßpflicht für Darlehen in jedem Fall gegenüber einem Juden eingehalten werden muß (vgl. die anderslautende Prosbul-Erklärung Hillels), während der „Fremdling" (הנכרי), mit dem also geschäftliche Beziehungen vorausgesetzt sind, gedrängt werden darf.

[71] Nur hingewiesen sei auf die schwierige Stelle in CD 9,1, in der es um die Todesstrafe „nach den Satzungen der Heiden" geht. Die Deutungsvorschläge sind ebenso zahlreich wie widersprüchlich (vgl. DERRETT 1982–1984, 409 Anm. 1), doch scheint mir die Lösung am wahrscheinlichsten zu sein, die u. a. LOHSE 1981, 83 m. Anm. 55 vorschlägt: „Wenn also ein Jude einen anderen Juden vor ein heidnisches Gericht bringt und dieses ihn zum Tode verurteilt, so ist der Denunziant des Todes schuldig" (289). Vergleichbar wäre mit dieser Deutung 11 QT 64,6–13, wo es ebenfalls um Landesverrat geht, sowie 4 QD^e 9 ii 13, wo in einer Liste von Verbrechen gegen das eigene Volk auch der Verrat „des Geheimnisses seines Volkes an die Heiden" genannt ist (den Hinweis auf diese Stelle verdanke ich Frau Anna Maria Schwemer). Zu den Handschriften der Damaskusschrift aus Höhle 4 (4 QD^a–h), die, wie an der genannten Stelle, oft zusätzliches Material über die Genizafragmente hinaus enthalten, s. VAN DER WOUDE 1992, 49–56 und die Texte bei WACHOLDER/ABEGG 1991 (die zitierte Stelle ebd. 41).

allen Umständen zu verhindern. 4 Q 159, ein Text, der in mancher Hinsicht mit der Damaskusschrift verwandt ist[72], verbietet, ausgehend von Lev 25,47.55, den Verkauf (auch den Selbstverkauf?) in die Schuldsklaverei, wenn es sich beim Käufer um einen גר (Frgm. 2–4, Z. 1 nach der Lesart des Textes bei WEINERT 1974, 182.197f) oder Heiden handelt (Z. 2: [...[73]] הגויים בזר). Als Begründung wird auf Gottes Befreiungstat aus der ägyptischen Knechtschaft verwiesen, in die niemand freiwillig oder gezwungenermaßen zurück soll.

Darüber hinaus enthält CD noch zwei weitere Hinweise über den Kontakt mit Fremden im Zusammenhang der Sabbatheiligung. Darin wird untersagt, einen „Ausländer" (בן נכר) mit irgendeiner Dienstleistung am Sabbat zu betrauen, die einem Juden vom Gesetz verboten ist (11,2), desgleichen soll man den Sabbat überhaupt nicht in der Nähe von Heiden verbringen (11,14f)[74]. Beide Verbote zeigen, daß der werktägliche Umgang mit Heiden nicht problematisiert wurde, obwohl das sabbatliche Gebot deutlich macht, daß die Trennung von ihnen das Ideal darstellt, so wie es die Gruppe in Qumran lebt, die sich in einem der Lehrergebete so beschreibt (1 QH 6,24–28):

> „Und ich war wie einer, der in eine befestigte Stadt kommt und sich hinter einer hohen Mauer verschanzt zur Rettung. Und ich [freute mich über] deine Wahrheit, mein Gott; denn du legtest ein Fundament auf Fels und einen Querbalken nach rechtem Maß und re[chter] Setzwaage, [...] die bewährten Steine zu einem starken Bau[75], der nicht erschüttert wird; und alle, die hineintreten, werden nicht wanken. Denn kein Fremdling (זר) wird [zu] ihren [Tor]en eingehen, schützende Tore, durch die man nicht hereinkommt, und feste Riegel, die nicht zerbrochen werden."

Die Gründung des Lehrers der Gerechtigkeit ist schon jetzt eine solche „Stadt", die mit Türmen, Mauern und ewigen Fundamenten bewehrt, jeden Fremden abzuweisen vermag, sie ist der „menschliche Tempel", der seinerseits wieder der Vorläufer des restituierten Heiligtums ist. An einer zweiten Stelle (1 QH 7,8f) beschreibt sich der Lehrer selbst mit der Metaphorik des Baus, so daß deutlich ist, daß seine eigene Gründung auch die Stadt ist, die ihn selbst schützend geborgen hat. Auch hier können autobiographische Elemente seiner Exilszeit verarbeitet sein[76]. Die Metapher vom Bau der Gemeinde als endzeitli-

---

[72] Vgl. WEINERT 1974, 204–207. Der Text geht wie die Damaskusschrift vom Umgang mit Frauen, Teilhabe am Kult in Jerusalem und Handel mit Nichtjuden aus, und ist daher derselben Gruppe innerhalb der Sekte zuzuordnen. Die Annahme Weinerts von einer essenischen Gemeinschaft in der Diaspora erscheint mir aber doch zu weit hergeholt, gerade auch angesichts der Aussagen über den Aufenthalt in heidnischen Ländern; vgl. a. VAN DER WOUDE 1992, 37.

[73] ALLEGRO 1968, 8 ergänzt zu זרים und übersetzt mit „Gentiles among strangers"; WEINERT 1974, 182.184 ergänzt zu זרוע und übersetzt nach Dtn 5,15 „with arm outstretched ...", da zu Beginn von Z. 3 „Ägypten" zu lesen ist.

[74] Vgl. dazu SCHIFFMAN 1975, 104–106.123f.

[75] Vgl. JEREMIAS 1963, 236 m. Anm. 4.

[76] S. dazu oben S. 73f u. JEREMIAS 1963, 212.

chem Heilsort findet sich ferner in 1 QS 8,5–10 und 4 QpPs 37 iii 15f. Was im gereinigten Heiligtum der Endzeit nicht mehr sein wird, hat schon jetzt in dem Stellvertreterheiligtum der Gemeinde keinen Platz mehr.

4. *Fremde als Bedrücker und Plünderer des Tempels und des Heiligen Landes*

Die Ablehnung der Fremden hat nicht nur religiöse Gründe, sondern ist eng verbunden mit der Geschichte des jüdischen Volkes, das immer wieder die Erfahrung der Zerstörung und Schändung des Tempels durch heidnische Feindvölker erlebte, aber nie in dem Ausmaß, wie seit den Tagen des Antiochus IV. Epiphanes bis zur endgültigen Zerstörung des Tempels 70 n. Chr.[77]

In dem oben zitierten Text aus 4 QFlor (S. 78f) wird die Abweisung der Fremden vom zukünftigen Heiligtum damit begründet, daß „sie in früherer Zeit das Heilig[tum Is]raels wegen ihrer Sünde (בחטאתמה) zerstörten". In der Wurzel für „zerstören" (שׁמם) ist der Gedanke an Zerstörung wegen Gesetzesübertretung enthalten (vgl. Lev 26,31; Ez 30,12.14 u. ö.)[78], so daß sich das Possessivsuffix bei חטאתמה auf Israel beziehen kann, aber es ist wahrscheinlicher, daß das Pluralsuffix auf die Sünde der „Fremden" (זרים) verweist, die in ihrem Übermut zu weit gegangen sind[79]. Obwohl die Essener die Heidenvölker als Gerichtswerkzeuge Gottes anerkennen können (so etwa in 4 QpPs 37 ii 19; iv 10; 1 QpHab 9,3–6 u. ö.), bleibt doch ein letzter Vorbehalt: sie dürfen *das Volk* im Auftrag Gottes strafen, aber indem sie sich *gegen Gott selbst* wenden, dadurch daß sie sein Heiligtum entweihen, setzen sie sich selbst ins Unrecht. Im „Buch der Geheimnisse" (1 Q 27 = 1 QMyst) wird in einer beinahe „geschichtsphilosophischen Reflexion" (HENGEL 1978, 355) über diesen unheilvollen Zug im Menschen und den Völkern reflektiert (1 Q 27 i 8–12). Obwohl alle Völker das Unrecht hassen, „breitet es sich doch durch sie alle aus". Die Wahrheit gilt allen Völkern als Ideal, und doch ist allerorten Lug und Trug zu finden. Die Völker sehnen sich nach einem Leben ohne Bedrückung, Plünderung und Fremdherrschaft, „aber welches Volk hat nicht seinen Nachbarn unterdrückt? Wo gibt es ein Volk, das nicht den Besitz [eines andern] geraubt hat [. . .]?"

Auch die gegenwärtige Situation der Gemeinde in Qumran ist noch immer die der Bedrängnis von innen und außen. Die Zeit der Läuterung und des Klagens über die ‚Fremden' ist solange nicht zu Ende, wie die Erfüllung der eschatologischen Hoffnungen noch aussteht. In einem bisher wenig beachteten Fragment (4 Q 501 = 4 QapLam[b], BAILLET 1982, 79f) ist eine der bitteren

---

[77] Vgl. die Übersicht bei HENGEL 1976, 211–215: „Solange Israel die gottlosen Zwingherren ertrug, mußte es auch stets mit einer Profanierung des Heiligtums rechnen" (214).

[78] Vgl. BROOKE 1985, 184 m. Anm. 285 (S. 264). Er verweist auf 2 Sam 13,20; Ez 6,4; Jer 12,11.

[79] BROOKE 1985, 184.264f (Anm. 287f).

Klagen erhalten geblieben[80]. Sie soll darum am Abschluß dieser Übersicht über die Fremden in Qumran stehen.

„Gib nicht den Fremden (לזרים) unser Erbteil, und unseren Arbeitsertrag den Ausländern (לבני נכר)[81]! Gedenke, daß

[wir die Ausgeschlossenen] deines Volkes sind und die Verstoßenen deines Erbteils. Gedenke der Söhne deines Bundes, die verlassen sind,

[der Glieder] deines [Loses], die sich willig erwiesen haben: Sie irren umher, und keiner führt zurück; sie sind zerbrochen, und keiner verbindet;

[sie sind gebeugt und keiner ri]chtet auf. Uns umringen die Bösewichte deines Volkes mit ihrer trügerischen Sprache und sie wenden sich

[gegen] deine [...] und dein Gezweig, den Fraugeborenen. Blick hin und sieh die Schande der Söhne

[deines Volkes, denn verbrannt ist] unsere Haut, und Erregungen erfaßten uns angesichts der Sprache ihrer Lästerungen. Nicht

[...] in deinen Geboten und nicht sei ihr Same unter den Söhnen deines Bundes

[...] gegen sie mit der Fülle deiner Kraft und übe an ihnen Rache

[denn ...] deine [...] und sie hatten dich nicht vor sich und erhoben sich über den Armen und Elenden."

Die Erfüllung dieser Bitte, die Befreiung von allen Fremden, die den Ertrag des Landes plündern und das Volk verführen, würde, so hoffte die Gemeinde in Qumran zuversichtlich, der Anfang der Heilszeit sein. Das so aus der Macht Belials befreite Israel wird dann auch die Heidenvölker von der Finsternis ins Licht führen. Der nationale Partikularismus ist so verstanden nicht Ausdruck einer grundsätzlichen Fremdenfeindlichkeit, sondern steht in enger Verbindung zum Wissen um Gottes Handeln in der Geschichte. Erst wenn das Volk, das sich Gott selbst zum Eigentum erwählt hat, damit es ihm allein diene, seiner Berufung gehorsam geworden ist, kann der Zion seine Tore auch für die Völker der Welt öffnen. Wer aber solcherart die eigene Vervollkommnung zur Bedingung der Möglichkeit göttlichen Handelns macht, schließt auf Dauer alle Heiden von Gottes Nähe aus. Das Neue Testament bezeugt dagegen ein

---

[80] Vgl. SCHIFFMAN 1987, 40f. Im Hintergrund steht s.E. Joël 2,17, außerdem bestehen Parallelen zu 4 QDibHam. „This text appeals to God to remember the down-trodden position and disgrace of Israel and not to hand over the land (*nahalâ*) to foreigners. God is asked to avenge the wrongs that the nations have perpetrated against his nation" (40). Die Abschrift erfolgte nach BAILLET 1982, 79 zwischen 50 u. 24 v. Chr., also in einer Zeit wirtschaftlicher Not (s. nächste Anm.). Nach VAN DER WOUDE 1990, 258 „muß es sich um eine an Gott gerichtete Klage eines Mitgliedes der Qumrangemeinde handeln". Die im Text genannten Widersacher „lassen sich nicht identifizieren, obgleich eher politische als religiöse Feinde ins Auge gefaßt sein dürften."

[81] Zur wirtschaftlichen Situation der essenischen Anlagen entlang des Toten Meeres s. HENGEL 1978, 338f. Die hier vorauszusetzende Domänenwirtschaft kann zu hohen Abgaben an ausländische Besitzer geführt haben; dies gilt besonders für die Tage der pompeianischen und gabinianischen Restauration Judäas, aber auch noch für die Zeit unter Herodes, der dieses Gebiet zeitweise an die ägyptische Königin Kleopatra abtreten mußte (vgl. SCHÜRER 1973–87, I,268f.298–300). Hengel verweist ferner auf 1 QS 9,22, wo er einen Hinweis auf essenische Pachtzahlungen sieht.

Programm, wo Gott selbst um des Heiles der Menschen willen Schranken abbricht und unvollkommene Menschen befähigt, sein Heil in alle Welt zu tragen (vgl. Eph 2,11–21).

Bibliographie

1. Textausgaben und Übersetzungen

ALLEGRO, J. M. 1968: Qumrân Cave 4. I (4 Q 158–4 Q 186) (DJD V), Oxford 1968.

BAILLET, M. 1982: Qumrân Grotte 4. III (4 Q 482–4 Q 520) (DJD VII), Oxford 1982.

ESHEL, H. u. L./YARDENI, A. 1991: A Scroll from Qumran which includes Part of Psalm 154 and a Prayer for King Jonathan and his Kingdom, Tarbiz 60 (1991), 295–327 (hebr., engl. summary I).

HORGAN, M. P. 1979: Qumran Interpretations of Biblical Books, CBQ.MS 8, Washington DC 1979.

LOHSE, E. 1981: Die Texte aus Qumran, Darmstadt ³1981.

MAIER, J. 1960: Die Texte vom Toten Meer, 2 Bde., München/Basel 1960.

MAIER, J. 1978: Die Tempelrolle vom Toten Meer, München 1978.

PUECH, É. 1992: Une Apocalypse Messianique (4 Q 521), RdQ 15 (1991/92), 475–519.

QIMRON, E. 1989/90: Times for Praising God: A Fragment of a Scroll from Qumran (4 Q 409), JQR 80 (1989/90), 341–347.

SANDERS, J. A. 1965: The Psalms Scroll of Qumrân Cave 11 (DJD IV), Oxford 1965.

SHULLER, E. M. 1986: Non-Canonical Psalms from Qumran. A Pseudepigraphic Collection (Harvard Semitic Studies 28), Atlanta/Georgia 1986.

SHULLER, E. 1990: 4 Q 372 1: A Text about Joseph, RdQ 14 (1989/90), 349–376.

SMITH, M. S. 1991: 4 Q 462 (Narrative) Fragment 1: A Preliminary Edition, RdQ 15 (1991/92), 55–77.

STRUGNELL, J./DIMANT, D. 1988: 4 Q Second Ezekiel, RdQ 13 (1988), 45–58.

WACHOLDER, B. Z./ABEGG, M. G. 1991: A Preliminary Edition of the Unpublished Dead Sea Scrolls. Fascicle One, Washington DC 1991.

VERMES, G. 1987: The Dead Sea Scrolls in English, London/New York ³1987.

WOUDE, A. S. van der 1977: Die fünf syrischen Psalmen (einschließlich Psalm 151), JSHRZ IV/1, Gütersloh ²1977, 29–47.

YADIN, Y. 1962: The Scroll of the War of the Sons of Light against the Sons of Darkness, Oxford 1962.

– 1983: The Temple Scroll, 3 Bde., Jerusalem 1983.

2. Sekundärliteratur

AMOUSSINE, J. D. 1969–71: Observatiunculae Qumranae III: Interprétation d'Osée (4 Q 166, col. II), RdQ 7 (1969–71), 545–552.

AMUSIN, J. D. 1977: The Reflection of Historical Events of the First Century B. C. in Qumran Commentaries (4 Q 161; 4 Q 169; 4 Q 166), HUCA 48 (1977), 123–152.

BAUMGARTEN, J. M. 1967–69: The Essene Avoidance of Oil and the Laws of Purity, RdQ 6 (1967–69), 183–193, jetzt in: DERS., Studies in Qumran Law, SJLA 24, Leiden 1977, 88–99.

- 1972–75: The Exclusion of „Netinim" and Proselytes in 4 Q Florilegium, RdQ 8 (1972–75), 87–96, jetzt in: DERS., Studies in Qumran Law, SJLA 24, Leiden 1977, 75–87.
- 1977: The Essenes and the Temple – A Reappraisal, in: DERS., Studies in Qumran Law, SJLA 24, Leiden 1977, 57–74.
- 1982: Exclusions from the Temple: Proselytes and Agrippa I, JJS 33 (1982), 215–225.
- 1985–87: 4 Q 503 (Daily Prayers) and the Lunar Calendar, RdQ 12 (1985–87), 399–407.

BEALL, T. S. 1988: Josephus' Description of the Essenes Illustrated by the Dead Sea Scrolls, SNTS.MS 58, Cambridge 1988.

BEN-DAVID, A. 1974: Talmudische Archäologie I, Hildesheim/New York 1974.

BETZ, O. 1987: Der Tod des Choni-Onias im Licht der Tempelrolle von Qumran. Bemerkungen zu Josephus Antiquitates 14,22–26, in: DERS., Jesus. Der Messias Israels, WUNT I/42, Tübingen 1987, 59–74 (urspr. hebr. in: FS A. Schalit, Jerusalem 1980, 61–84).

BLIDSTEIN, G. 1972–75: 4 QFlorilegium and Rabbinic Sources on Bastard and Proselyte, RdQ 8 (1972–75), 431–435.

BROOKE, G. J. 1985: Exegesis at Qumran. 4 QFlorilegium in its Jewish Context, JSOT SupplSeries 29, Sheffield 1985.
- 1988: The Temple Scroll and the Archaeology of Qumran, 'Ain Feshkha and Masada, RdQ 13 (1988), 225–237.

BULTMANN, CHR. 1992: Der Fremde im antiken Juda. Eine Untersuchung zum sozialen Typenbegriff ‚ger' und seinem Bedeutungswandel in der alttestamentlichen Gesetzgebung, FRLANT 153, Göttingen 1992.

CHARLESWORTH, J. H. u. a. 1991: Graphic Concordance to the Dead Sea Scrolls, Tübingen/Louisville 1991.

CHAZON, E. G. 1991: 4 QDibHam: Liturgy or Literature?, RdQ 15 (1991/92), 447–455.

CLEMENTS, R. E. 1973: Art. גוֹי, ThWAT I, 1973, 965–973.

COTHENET, E. 1988: Influence d'Ézéchiel sur la spiritualité de Qumrân, RdQ 13 (1988), 431–439.

DAVIES, PH. R. 1977: 1 QM, the War Scroll from Qumran. Its Structure and History, BibOr 32, Rom 1977.

DERRET, J. D. M. 1982–84: „BEHUQEY HAGOYIM" Damascus Document IX, 1 Again, RdQ 11 (1982–84), 409–415.

DIMANT, D. 1984: Qumran Sectarian Literature, in: M. E. Stone (Hg.), Jewish Writings of the Second Temple Period, CRINT II/2, Assen/Philadelphia 1984, 483–550.
- 1986: 4 QFlorilegium and the Idea of the Community, in: Hellenica et Judaica, FS V. Nikiprowetzky, hg. v. A. Caquot, M. Hadas-Lebel u. J. Riaud, Leuven/Paris 1986, 165–184.

ESHEL, H. 1991: The Historical Background of the Pesher Interpreting Joshua's Curse on the Rebuilder of Jericho, RdQ 15 (1991/92), 410–420.

FITZMYER, J. A. 1990: The Dead Sea Scrolls. Major Publications and Tools for Study, SBL Resources for Biblical Studies 20, Atlanta/Georgia 1990.

FLUSSER, D. 1984: Psalms, Hymns and Prayers, in: M. E. Stone (Hg.), Jewish Writings of the Second Temple Period, CRINT II/2, Assen/Philadelphia 1984, 551–577.

GARCIA MARTINEZ, F. 1988: L'interprétation de la Torah d'Ézéchiel dans les MSS de Qumran, RdQ 13 (1988), 441–452.

GUNNEWEG, A. H. J. 1985: Esra, KAT XIX/1, Gütersloh 1985.

- 1987: Nehemia, KAT XIX/2, Gütersloh 1987.

HENGEL, M. 1976: Die Zeloten, AGJU 1, Leiden [2]1976.

- 1978: Qumran und der Hellenismus, in: M. Delcor (Hg.), Qumrân, BEThL 46, Paris/ Leuven 1978, 333–372.

- 1988: Judentum und Hellenismus, WUNT I/10, Tübingen [3]1988.

HULST, A. R. 1984: Art. עַם/גּוֹי *'am/gōj* Volk, THAT II, [3]1984, 290–325.

JANOWSKI, B./LICHTENBERGER, H. 1983: Enderwartung und Reinheitsidee. Zur eschatologischen Deutung von Reinheit und Sühne in der Qumrangemeinde, JJS 34 (1983), 31–62.

JEREMIAS, G. 1963: Der Lehrer der Gerechtigkeit, StUNT 2, Göttingen 1963.

KASHER, A. 1988: Jews, Idumaeans, and Ancient Arabs, TSAJ 18, Tübingen 1988.

- 1990: Jews and Hellenistic Cities in Eretz-Israel (TSAJ 21), Tübingen 1990.

KELLERMANN, D. 1973: Art. גּוּר, ThWAT I, 1973, 979–991.

KISTER, M./Q(U)IMRON, E. 1992: Observations on *4 Q Second Ezekiel (4 Q 385 2–3)*, RdQ 15 (1991/92), 595–602.

LAATO, A. 1992: The Chronology in the *Damascus Document* of Qumran, RdQ 15 (1991/ 92), 605–607.

LANG, B. 1986: Art. נכר, ThWAT V, 1986, 454–462.

LICHTENBERGER, H. 1978: Eine weisheitliche Mahnrede in den Qumranfunden (4 Q 185), in: M. Delcor (Hg.), Qumrân, BEThL 46, Paris/Leuven 1978, 151–162.

- 1980: Studien zum Menschenbild in Texten der Qumrangemeinde, StUNT 15, Göttingen 1980.

LIPINSKI, E. 1986: Art. נתן, ThWAT V, 1986, 694–712.

- 1989: Art. עַם, ThWAT VI, 1989, 177–194.

MENDELS, D. 1987: The Land of Israel as a Political Concept in Hasmonean Literature, TSAJ 15, Tübingen 1987.

MEYER, R. 1989: Das Gebet des Nabonid. Eine in den Qumran-Handschriften wiederentdeckte Weisheitserzählung, SSAW.PH 107.3, Berlin 1962, jetzt in: DERS., Zur Geschichte und Theologie des Judentums in hellenistisch-römischer Zeit, Neukirchen-Vluyn, 1989, 71–129.

QIMRON, E./STRUGNELL, J. 1985: An Unpublished Halakhic Letter from Qumran, in: Biblical Archaeology Today. Proceedings of the International Congress on Biblical Archaeology Jerusalem, April 1984, Jerusalem 1985, 400–407.

RAPPAPORT, U. 1981: Jewish-Pagan Relations and the Revolt against Rome in 66–70 C. E., The Jerusalem Cathedra 1 (1981), 81–95.

RIESNER, R. 1985: Essener und Urkirche in Jerusalem, BiKi 40 (1985), 64–76.

SAFRAI, S. 1981: Die Wallfahrt im Zeitalter des Zweiten Tempels, Neukirchen-Vluyn 1981.

SCHIFFMAN, L. H. 1975: The Halakha at Qumran, SJLA 16, Leiden 1975.

- 1982–84: Legislation Concerning Relations with Non-Jews in the *Zadokite Fragments* and in Tannaitic Literature, RdQ 11 (1982–84), 379–389.

- 1987: The Dead Sea Scrolls and the Early History of Jewish Liturgy, in: L. I. Levine (Hg.), The Synagogue in Late Antiquity, Philadelphia/Penn. 1987, 33–48.

- 1988: The Laws of War in the Temple Scroll, RdQ 13 (1988), 299–311.

SCHMIDT, W. H. 1987: Alttestamentlicher Glaube in seiner Geschichte, Neukirchen-Vluyn [6]1987.

SCHREINER, J. 1986: Art. עָלַל, ThWAT V, 1986, 1135–1144.

SCHÜRER, E. 1973–87: The History of the Jewish People in the Age of Jesus Christ (175

B.C.–A.D. 135), rev. u. hg. von G. Vermes, F. Millar u. M. Goodman, 3 Bde., Edinburgh 1973–1987.

SCHWEMER, A. M. 1991: Gott als König und seine Königsherrschaft in den Sabbatliedern aus Qumran, in: Königsherrschaft Gottes und himmlischer Kult, hg. v. M. Hengel u. A. M. Schwemer, WUNT I/55, Tübingen 1991, 45–118.

SMITH, M. 1987: Palestinian Parties and Politics that Shaped the Old Testament, London ²1987.

SNIJDERS, L. A. 1977: Art. זור/זר, ThWAT II, 1977, 556–564.

STRUGNELL, J. 1969–71: Notes en marge du volume V des „Discoveries in the Judaean Desert of Jordan" RdQ 7 (1969–71), 163–276.

WEINERT, F. D. 1974: 4 Q *159:* Legislation for an Essene Community outside of Qumran?, JSJ 5 (1974), 179–207.

WELLHAUSEN, J. 1967: Die Pharisäer und die Sadducäer, Göttingen ³1967 (= ¹1874).

WISE, M. O. 1989: The Covenant of the Temple Scroll XXIX,3–10, RdQ 14 (1989/90), 49–60.

– 1990: The Eschatological Vision of the Temple Scroll, JNES 49 (1990), 155–172.

– 1991: 4 QFlorilegium and the Temple of Adam, RdQ 15 (1991/92), 103–132.

WOLFF, K. E. 1989: „Geh in das Land, das ich Dir zeigen werde..." Das Land Israel in der frühen rabbinischen Tradition und im Neuen Testament, EHS.T 340, Frankfurt/ M. u. a. 1989.

WOUDE, A. S. VAN DER 1989: Fünfzehn Jahre Qumranforschung (1974–1988), ThR 54 (1989), 221–261.

– 1990: Fünfzehn Jahre Qumranforschung (1974–1988) (Fortsetzung), ThR 55 (1990), 245–307.

– 1992: Fünfzehn Jahre Qumranforschung (1974–1988) (Fortsetzung), ThR 57 (1992), 1–57.

„Im Lande Israel zu wohnen wiegt alle Gebote der Tora auf"

Die Heiligkeit des Landes und die Heiligung des Lebens[1]

von

Hermann Lichtenberger

I. Hinführung

In einem aufsehenerregenden Zeitungsartikel hat Jacob Neusner die USA als verheißenes Land der Juden bezeichnet[2]. Es ist verständlich, daß dies nicht überall mit Beifall aufgenommen wurde. Freilich gab es immer Stimmen, die die Diaspora-Situation des Judentums nicht nur negativ gesehen haben. Ein antikes Beispiel mag die begeisterte Schilderung der Großen Synagoge von Alexandria darstellen: „Jeder, der nicht den Doppelsäulenbau von Alexandrien in Ägypten gesehen hat, der hat all sein Lebtag nicht die Herrlichkeit Israels gesehen ..." (tSuk 4,6; bSuk 51b). Gerade Ägypten scheint als Einwanderungsland das Amerika des antiken Judentums gewesen zu sein[3]. Philo beschreibt in Flacc 45 die Diaspora so:

„Denn die Juden kann wegen ihrer großen Zahl ein Land nicht fassen. Deswegen wohnen sie in den meisten und reichsten Ländern Europas und Asiens, auf Inseln und auf dem Festland. Als Mutterstadt (μητρόπολις) betrachten sie die „Heilige Stadt", in der der heilige Tempel des höchsten Gottes erbaut ist. Was sie aber von ihren Vätern und Großvätern und Urgroßvätern und den weiteren Vorfahren als Wohnsitz übernommen haben, das halten sie

---

[1] Überarbeitete Gastvorlesung in Basel, Bern, Zürich, Rostock; E. Reimann und J. Kalms danke ich für das Schreiben des Manuskripts.

[2] Neusner 1987, („If ever there was a Promised Land, we Jewish Americans are living in it", 17).

[3] Zum Judentum in Ägypten s. zusammenfassend Schürer 1986, 46−50; grundlegend Hengel 1988, passim; Hengel 1976; Hengel/Lichtenberger 1981; Kasher 1985. Jüdische Einwanderung nach Ägypten ist seit dem 6. Jh. v. Chr. nachweisbar, s. den Abriß von V. Tcherikover in CPJ I, 1−111; zur Verschleppung von Juden als Kriegsgefangene unter Ptolemaios I Soter s. Aristeas-Brief 12−14. Der Brief des Claudius an die Alexandriner CPJ II, Nr. 153 dokumentiert deutlich die andauernde jüdische Einwanderung (Z. 96, deutsche Übersetzung bei Barrett/Thornton 1991, 52; dort Z. 102f).

jeweils für ihr Vaterland (πατρίς), in dem sie geboren und aufgewachsen sind."[4]

Beachten wir: vom Land Israel als Wohnort ist nicht die Rede, πατρίς ist die jeweilige Diaspora. Dem korrespondiert, daß Philo die Verheißung des Landes bei den Vätern durchweg allegorisch deutet, z.B. auf Weisheit, Erkenntnis, Tugend[5]. Freilich wird das Land Israel schließlich der endzeitliche Ort der Sammlung ganz Israels beim Erscheinen des Messias sein (Praem Poen 165–172)[6].

In der Zeit des 2. Tempels – und vor allem in den beiden Jahrhunderten um die Zeitenwende – lebten zwar weitaus mehr Juden in der Diaspora[7] (es ist ein vor allem in christlichen Kreisen weit verbreiteter Irrtum, die Diaspora sei eine Konsequenz der Tempelzerstörung des Jahres 70 n. Chr. gewesen – realistisch ist ein Verhältnis etwa von 1:5; manche gehen bis 1:10), sie blieben aber intensiv mit dem Mutterland und Jerusalem und seinem Tempel durch Wallfahrten, durch freiwillige Gaben und vor allem durch die Tempelsteuer verbunden. Hinzu kommen Boten, die die Verbindung aufrechterhielten[8].

Daß dies alles kein äußerliches Aufrechterhalten einer historischen Verbindung, sondern ein religiöses Anliegen war, wird immer deutlicher an den Gräber- und Ossuarfunden um Jerusalem, deren Inschriften zeigen, daß dabei oft Rückwanderer aus der Diaspora bestattet wurden, die ihren Lebensabend im Land Israel verbringen und in Jerusalem sterben wollten[9]. Diese Abstimmung mit den Füßen der Rückkehrer zeigt die Wertschätzung und religiöse Bedeutung, die das Land Israel auch für die außerhalb Lebenden hatte.

Die prägnante Formel faßt dies zusammen: „Im Lande Israel zu wohnen wiegt alle Gebote der Tora auf." (tAZ 4,3)

Hier deutet sich etwas an, das wir uns näher an zwei paradigmatischen Themen des antiken Judentums veranschaulichen wollen: Das Wohnen im Land Israel mit dem Spezialfall Jerusalem und die damit verbundenen Gebote.

Die beiden Textgruppen sind die Texte vom Toten Meer (Qumrantexte) und die frühe rabbinische Literatur. Also einerseits die Auffassungen einer jüdischen Sondergemeinde der Zeit des 2. Tempels (ca. Mitte 2. Jh. v. Chr. bis 68 n. Chr.) und andererseits die Vorstellungen der Lehrer nach 70, die grundlegend für das rabbinische Judentum geworden sind.

---

[4] Deutsche Übersetzung nach SCHALLER 1983, 174.

[5] SCHALLER 1983, 174; s. aber Spec Leg II 162–170 und dazu SCHALLER 1983, 176–178.

[6] Zur Auseinandersetzung mit FISCHER 1978, s. SCHALLER 1983, 185 Anm. 45; HENGEL 1989, 657f.

[7] Überblick zur jüdischen Diaspora s. SCHÜRER 1986, cp. cit. 1–176; SAFRAI/STERN 1974.

[8] SAFRAI/STERN 1974, 204–214, hebt die besondere Bedeutung der Jerusalemer Boten für kalendarische Fragen hervor.

[9] SAFRAI/STERN 1974, 213; SCHÜRER 1986, II 25f;79f.

II.

Wir beginnen mit den Qumrantexten[10] und hier mit der Tempelrolle, in der Fragen des Tempels, seines Kults, der kultischen Reinheit, des Landes Israel und der umliegenden heidnischen Länder eine besondere Rolle spielen.

1. Die Tempelrolle

Die Tempelrolle schildert den Tempel und seinen Kult nicht, wie sie gegenwärtig in Jerusalem sind, sondern wie sie nach Gottes Willen sein sollten. Die Qumrangemeinde hatte sich ja vom Jerusalemer Tempelkult getrennt, weil er in ihren Augen von den dort wirkenden Priestern entweiht wurde (CD 4,17f). Und so entfaltet die Tempelrolle das ‚utopische‘ Gegenbild eines sich von den Grenzen des Landes in konzentrischen Kreisen von Stufe zu Stufe der Heiligkeit hin aufbauenden Systems mit dem Kulminationspunkt im Allerheiligsten des Tempels[11].

Das Land Israel ist heiliges Land, reines Land[12]. Die Heiligkeit dokumentiert sich einerseits in der Abgrenzung von den umgebenden heidnischen Ländern, dann aber auch in der Ablehnung aller heidnischen Bräuche für die Bewohner des Israellandes. Wenn eine Stadt Israels sich zum Götzendienst verführen läßt, werden die Bewohner ausgerottet, die Stadt verbrannt, „als Ganzopfer für den Herrn, deinen Gott, und sie soll für immer ein Trümmerhaufen bleiben; nicht darf sie wieder aufgebaut werden" (55,5−10)[13].

Trifft die Ausrottung bei Götzendienst im Lande Israel eine Stadt kollektiv, so viel mehr das Individuum. „Erweist sich als zuverlässig wahr, daß diese Greueltat (Götzendienst) in Israel begangen worden ist, so führe diesen Mann oder diese Frau hinaus, und ihr sollt sie steinigen" (55,19−21).

Dieses Land stellt auch den äußersten Kreis jener konzentrischen Kreise dar, deren Mittelpunkt im Allerheiligsten ist. Höhere Heiligkeit und Reinheit als das Land hat die Stadt, höhere das Heiligtum, höhere das Allerheiligste.

Bleiben wir noch beim Land selbst, also Israel außerhalb der Stadt des Heiligtums. In diesem Land tauchen eigentlich nur noch in biblischen Reminiszenzen (Dtn) Fremde, Heiden auf; für den Autor der Tempelrolle gibt es sie nur als Bedrohung von außen, nicht mehr als Problem des alltäglichen Le-

---

[10] Siehe dazu (mit Literatur) Janowski/Lichtenberger 1983.

[11] Zur Tempelrolle Yadin 1977; Yadin 1983; Bibliographie García Martínez 1986 (dort Übersetzungen S. 430; deutsche Übersetzung Maier 1978); zum Tempel der Tempelrolle, Jerusalemer Tempel und eschatologischem Tempel s. Lichtenberger 1980a; Callaway 1985; Wise 1989; Wentling 1989; siehe vor allem die Arbeiten von J. Maier zur Tempelrolle, zuletzt Maier 1989; Maier 1990; Maier 1990a.

[12] Zum Folgenden s. Stegemann 1983, 159ff.

[13] Übersetzung 11 QT nach Maier 1978.

bens[14]. Nicht nur, daß ein Fremder nicht König werden kann (56,14f); auch dessen Frau ist aus dem engsten Kreis (‚Brüder‘, ‚Clan‘) zu nehmen (57,15−17)[15].

So wird verständlich, daß auf Landesverrat die Kreuzesstrafe steht (64,6−8)[16]. Im Kriegsfall geht es in erster Linie darum, den (heidnischen) Feind nicht ins Land zu lassen (bis zur Hälfte der Krieger an der Grenze, die andere Hälfte sichert die Städte; 58,10−11). Strikt verboten sind − wie es sie schon bei David, aber auch im hasmonäisch-jüdischen Heer seit Johann Hyrkan gab − heidnische Söldnertruppen (57,3−8)[17]. Die heidnische Kriegsgefangene, die zur Frau genommen werden soll (Dtn 21,11−13), wird über die Tora hinausgehend 7 Jahre von den Opfern ausgeschlossen (63,15).

Eignet so schon dem Land ein solcher Grad der Heiligkeit, daß es für Nicht-Israeliten verboten ist, so steigert sich der Grad der Heiligkeit, kommt man nach Jerusalem. Keine Stadt im Lande ist so heilig und rein wie die Stadt des Heiligtums. So darf nicht einmal die Haut eines reinen Tieres, das in einer der Städte des Landes geschlachtet worden war, in die Stadt des Heiligtums gebracht werden (47,7f). Häute dienten ja zum Transport von Nahrungsmitteln, bes. auch Wein und Öl. Für Nahrungsmitteltransporte in die Heilige Stadt dürfen nur Häute von Tieren verwendet werden, die im Tempel geschlachtet worden waren. Ja, man würde mit den in ‚profanen‘ Schlachtungen gewonnenen Häuten Heiligtum und Stadt verunreinigen. Und mit ihnen die Speisen, die man so transportiert[18].

Konkreter das alltägliche Leben bestimmend und in dieses eingreifend sind die Reinheitsbestimmungen im Umkreis des Sexualtabus: (45,7−14) „... Und hat e[iner] einen nächtlichen Samenerguß, dann darf er nicht betreten das ganze Heiligtum bis er drei Tage [vollen]det. Und er wasche seine Kleider und bade sich am ersten Tag, und am dritten Tag wasche er seine Kleider, und bade sich‘, und nachdem die Sonne untergegangen ist, komme er zum Heiligtum. Aber sie dürfen nicht in ihrer sexuellen Unreinheit in mein Heiligtum kommen, so daß sie (es) verunreinigen... Liegt einer bei seiner Frau mit Samenerguß, so darf er nicht betreten die ganze Stadt des Heiligtums, in der ich meinen Namen einwohnen lasse, drei Tage lang ... Keine blinden Leute dürfen sie betreten alle ihre Tage, damit sie nicht die Stadt verunreinigen, wo ich einwohne in ihrer Mitte, denn ich JHWH wohne inmitten der Söhne Israels für immer und

---

[14] STEGEMANN 1983, 160.

[15] Dazu und zur Bedeutung für die Datierung der Tempelrolle HENGEL/CHARLESWORTH/MENDELS 1986.

[16] HENGEL 1977, 84f; HENGEL 1981, 106−108; HENGEL 1984; zur weiteren Bibliographie zum Thema s. GARCÍA MARTÍNEZ 1986.

[17] HENGEL/CHARLESWORTH/MENDELS 1986, 32f.

[18] STEGEMANN 1983, 159f.

ewig."[19] Die Toilettenanlagen müssen außerhalb Jerusalems sein: „Und du sollst für sie einen Abort machen, außerhalb der Stadt, wohin sie hinausgehen sollen nach außerhalb nordwestlich der Stadt, Häuschen und gezimmerte Balken und Gruben in ihnen, in die Kot hinabfallen kann und nicht sichtbar bleibt, und zwar mit einer Mindestdistanz von der Stadt von dreitausend Ellen." (46,13—16). Und weiter: „Und du sollst machen drei Plätze im Osten der Stadt, voneinander getrennt, an den hinkommen sollen die Aussätzigen und die Ausflußbehafteten und die Leute, die einen Samenerguß hatten. (16—18)"

Durch bauliche Maßnahmen soll der Tempel nach der Stadt hin geschützt werden: (46,9—12) „Und du sollst eine Böschung rings um das Heiligtum machen, hundert Ellen weit, damit sie trenne zwischen dem heiligen Heiligtum und der Stadt und man nicht unversehens eintritt in mein Heiligtum und es entweiht, sondern mein Heiligtum heilig hält und sich ehrfürchtig verhält zu meinem Heiligtum, denn ich wohne in ihrer Mitte." Jeder Verstoß der Priester gegen die dem Heiligtum zukommende kultische Reinheit wird auch im peripheren Priesterbereich mit dem Tod bestraft (35,5—8).

Und selbstverständlich gibt es keinen ‚Vorhof der Heiden' mehr, lediglich den für israelitische Frauen und Proselyten (-nachkommen) (40,5—6).

Besondere Vorrichtungen um den ganzen Tempel (46,1—2) sollen verhindern, daß ein unreiner Vogel den Tempel überfliegt oder sich darauf niederläßt (vgl. Jos Bell 5,224).

Für die Tempelrolle bedeutet Heiligung des Lebens in erster Linie kultische Reinheit: In den konzentrischen Kreisen der Reinheit und Heiligkeit, deren Mittelpunkt das Allerheiligste ist, bis an die Grenze des Heiligen Landes als niedrigster Stufe israelitischer Heiligkeit (aber durch Welten geschieden vom angrenzenden Heidenland) hat sich jeder in den seinem Aufenthaltsort entsprechenden Grad der Reinheit zu versetzen und darin zu bleiben.

Wer die Heiligkeit des Ortes verletzt, an dem er sich befindet, verfällt dem Tod: das trifft zu für den Israeliten im Land, der Götzendienst treibt, wie für den Priester, der im Priesterdienst die Reinheit verletzt[20].

Heiligung des Lebens entsprechend der Heiligkeit von Land, Stadt des Heiligtums, Heiligtum wird hier also primär kultisch verstanden und entspricht priesterlichem Denken und priesterlicher Weltordnung.

---

[19] Vgl. Lev 21,16ff; 1 QSa 2,4—9; 1 QM 7,4—6; CD 15,15ff; s. LICHTENBERGER 1980, 225—227.

[20] Die strengen Ordnungen der Reinheit dokumentieren sich noch deutlicher in 4 QMMT (Text in: Qumran Chronicle; DOMBROWSKI 1992); siehe vor allem SCHIFFMAN 1989; SCHIFFMAN 1990; SCHIFFMAN 1990a.

2. Weitere Qumrantexte

Kultisches Denken verbindet sich in dem weiteren Bereich der Qumrantexte mit einem Exklusivanspruch. War in der Tempelrolle das Land Israel ein Land mit konkreten Grenzen gewesen, traditionell-idealtypisch aufgeteilt in den Erbbesitz der 12 Stämme, so wird in den übrigen Qumrantexten viel weniger deutlich, was das Land ist und welche Heiligkeit bzw. Reinheit ihm zukommt.

Offenbar ist die Perspektive auf Judäa beschränkt[21], aber es herrscht weniger Interesse am Land selbst als an den Bewohnern, und auch hier wieder mit der Einschränkung des besonderen Status der Qumrangemeinde.

4 QpPs 37 mit der Auslegung ‚Landverheißung' in Ps 37 kann das illustrieren: „„Die von ihm Gesegneten werden das Land besitzen, und die von ihm Verfluchten werden ausgerottet' (37,21f). Seine Deutung bezieht sich auf die Gemeinde der Armen [...] Erbe der ganzen Welt [...]. Sie werden den hohen Berg Israels besitzen und sich an dessen Heiligtum erfreuen. ‚Aber die von ihm Verfluchten werden ausgerottet.' Sie sind die Gewalttätigen am [Bund, die Go]ttlosen Israels, die ausgerottet und vertilgt [werden] in Ewigkeit." (4 Q 171 [pPs 37], 3,9–13). Hier wird Land schon nicht mehr konkret gefaßt als das Land Israel; die Gesegneten sind Erbe der ganzen Welt, deren Mittelpunkt aber ist Jerusalem und der Tempel. Und was wichtig ist: Die Gegner sind nicht Fremde, sondern Gottlose aus Israel, Gewalttätige am Bunde, die die Bundesgemeinde (Qumrangemeinde) bedrängen. D. h. das Land Israel als Ort ganz Israels ist aufgehoben. Israel selbst ist aufgespalten. Darum kommt auch ganz spezifisch nur der Qumrangemeinde ‚zu sühnen für das Land', das Sühneleisten, zu (1 QS 8,6): „Und sie sollen zum Wohlgefallen sein, um Sühne zu leisten für das Land und Urteil zu fällen über die Gottlosigkeit, so daß es keinen Frevel mehr geben wird." (1 QS 8,10).

1 QS 9,3ff wird noch ausführlicher: Die Qumrangemeinde leistet ohne Schlachtopfer durch Lobpreis und vollkommenen Wandel das, was eigentlich am Jerusalemer Tempel geschieht oder geschehen müßte[22]: Sühne für das Land, doch sicher das Land Israel bzw. der Teil des Landes, der im Horizont der Qumrangemeinde liegt. Das neue Land ist jetzt faktisch die Gemeinde.

Die Grenzen zwischen Gemeinde und außenstehendem Israel – dazu die Heiden, die wenig in den Blick kommen – werden gezogen durch Gegensätze von Kult und Ethik, wobei der Übergang von ethischen und kultischen Vorstellungsweisen oft sehr fließend ist.

Die Trennung der Qumrangemeinde vom Tempel in Jerusalem hat sicher in erster Linie kultische Gründe, doch wird das Verhalten der Jerusalemer Priesterschaft sowohl kultisch als auch moralisch kritisiert: CD 4,17f: Israel ist

---

[21] STEGEMANN 1983, 163.
[22] KLINZING 1971; LICHTENBERGER 1980a, 161–164.

durch drei Netze Belials gefangen: Unzucht, Reichtum, Befleckung des Heiligtums.

Der Ort der Heiligkeit, Jerusalem und der Tempel, ist entweiht, die Gottesgegenwart von Jerusalem gewichen: „Das ist, wenigstens zum Teil der Grund dafür, daß die Essener es zu einem bestimmten Zeitpunkt notwendig fanden, ein eigenes Reich der Heiligkeit, und damit der Reinheit, außerhalb des Tempels zu gründen."[23] Die kultische Reinheit der Gemeinde entspricht der Heiligkeit und Reinheit, die die Priester bei ihrem Dienst im Tempel zu beachten hatten[24]. So nehmen die Essener vor dem Essen ein Tauchbad, während andere Gruppen, z.B. die Pharisäer, sich mit dem Waschen der Hände begnügen (cf Mk 7,3).

Heiligkeit und Reinheit haben sich vom ‚Land' als geographischem Ort, insbes. im Blick auf Jerusalem, gelöst und haben ein priesterliches Eigenleben entwickelt (1 QSa 2,3f). Der Raum der Gemeinde wird so zum ‚Land Israel'. Die Ausschlußgründe für Priester vom Dienst (und der Kämpfer vom hl. Krieg) werden Ausschlußgründe aus der Gemeinde. Juden, die nicht der Gemeinde angehören, ihre kultischen Ordnungen befolgen und ihrem Verständnis der Gebote – mögen sie auch im Land Israel leben, so leben sie doch in Unreinheit und entweihen die Heiligkeit des Tempels und der Stadt des Heiligtums. Nur im Land Israel zu leben bedeutet hier gar nichts. Entscheidend ist allein das Befolgen der Ordnungen der Reinheit und des Kultes als Angehöriger der qumran-essenischen Heilsgemeinde. Die Radikalisierung führt zu einer faktischen Aufhebung der Bedeutung des Landes Israel.

III. Die rabbinische Literatur

Kommen wir mit unserer Fragestellung von den Qumrantexten zur rabbinischen Literatur, ist sogleich auffällig: Die strenge Verbindung von Heiligkeit des Landes und Heiligung des Lebens ist nur im ‚Heiligen Land', im Land Israel möglich[25].

1. Das Land

Ein Nasiräer, der eine Auslandsreise macht, muß sich nach der Rückkehr kultisch reinigen, um der Heiligkeit des Landes zu entsprechen. Erst nach 7 Tagen darf er an den heiligen Mahlzeiten teilnehmen und den Tempel besuchen (mNaz 7,3).

---

[23] NEUSNER 1984, 78.
[24] NEUSNER 1984, 77–82.
[25] Zum Folgenden s. besonders SAFRAI 1983; STEMBERGER 1983; siehe dazu jetzt VETTER 1992.

Juden, die im Ausland leben, sind ständig umgeben von Unreinheit und verunreinigen sich an ihr; ein ganz der Tora entsprechendes Leben kann nur im Land Israel gelebt werden (vgl. b Naz 54b–55a).

Darum ist es auch dringend nötig, daß die Grenzen des Landes genau bestimmt werden. Wir kennen eine solche Grenzbeschreibung aus talmudischer Zeit, inschriftlich belegt in einer Inschrift von Rehob[26]. Als der jüdische Reisende Benjamin von Tudela (1172/73) im 12. Jh. von Spanien Eretz Israel besucht, schreibt er, als er Akko erreicht: „Akko, ...Anfang des Landes Israel."[27]

Die Bestimmung der Grenzen ist auch darum notwendig, weil bestimmte Gebote nur für das Israelland verbindlich sind. Grundsätzlich gilt der Satz von mQid 1,9: „Jedes Gebot, das an das Land gebunden ist, gilt nur im Land; jedes aber, das nicht an das Land gebunden ist, gilt sowohl im Land als auch außerhalb des Landes."

D. h. Sabbatgebot, Verbot des Götzendienstes und ethische Gebote gelten innerhalb und außerhalb des Landes Israel, dagegen die Bestimmungen, die mit der Bebauung des Landes zusammenhängen, gelten nur für das Land Israel: Zehnter, Sabbatjahr, Jobeljahr, um nur die wichtigsten zu nennen, aber eben auch Vorschriften für den Anbau. Wir hören gelegentlich auch von der Diaspora, daß dort Verzehnten üblich war, wenn auch wegen der damit verbundenen wirtschaftlichen Problematik nicht verbreitet[28].

Doch das Sabbatjahr war nur im Land Israel üblich. Es wurde trotz der damit verbundenen wirtschaftlichen Schwierigkeiten in nachexilischer Zeit möglichst eingehalten. Die Beharrlichkeit, mit der Juden das Sabbatjahr beachteten, fiel selbst Tacitus auf, auch wenn er es mit der angeblichen Faulheit der Juden in Verbindung bringt (Hist V,4,3)[29]. Die Bedeutung der Einhaltung des Sabbatjahres läßt sich schön schon in 2 Chr 36,21–23 sehen, wo die 70 Jahre Jeremias für das Exil als 70-jährige Ruhe des Landes gedeutet werden, in denen „die nicht eingehaltenen Sabbatjahre abgetragen werden"; damit ist die Übertretung des Heiligkeitsgesetzes wiedergutgemacht[30].

Warum kommt dem Land Israel eine solche Heiligkeit zu? Nun, zunächst einmal, weil Gott es erwählt und es Abraham und seinen Nachkommen verheißen und gegeben hat[31]. Dann aber, weil die mit dem Land verbundenen Ge-

---

[26] Sussmann 1981; s. dort 146 die rabbinischen Belege.

[27] Benjamin von Tudela 1988, 15 u. 31; Benjamin von Tudela 1990, 34 u. S. 31,9; Benjamin von Tudela 1991, 37.

[28] Safrai 1983, 205.

[29] Stern 1980, 37f.

[30] Hanhart 1983, 128.

[31] Das ist ja die eigentliche Bedeutung des Wortes ‚Gelobtes Land' – nicht das zu lobende, zu preisende Land, sondern das angelobte, versprochene Land! Grimm's Deutsches Wörterbuch, Bd. IV, 3047f.

bote wie Verzehnten, Sabbatjahr, Jobeljahr entsprechend dem Gotteswillen eingehalten werden.

Darum waren die Pharisäer so besorgt um das Verzehnten, damit im Land nichts verzehrt würde, das nicht durch den Zehnten geheiligt wäre. Dem einfachen, nicht in pharisäischen Gemeinschaften organisierten Volk mißtrauten die Pharisäer zutiefst, sie schlossen sich zu Genossenschaften zusammen um sicherzugehen, daß die landwirtschaftlichen Produkte, die man kaufte, verzehntet waren[32].

An einem weiteren Aspekt wird nicht nur die Bedeutung, sondern auch die Heiligkeit des Landes deutlich: Es ist verboten, Grundstücke an Heiden zu verkaufen oder zu verpachten[33]. Heiden treiben Götzendienst, halten nicht die Gebote ein (z. B. Verzehnten) und entweihen damit das Land[34].

Heiden gab es zwar schon genug im Land, die dies alles taten. Heidnische Heiligtümer, Theater etc. im eigenen, heiligen Land, riefen den schärfsten Protest der Rabbinen hervor, so daß man sich auch bemühte, jüdischen Grund und Boden von Heiden zurückzukaufen, was sogar am Sabbat gestattet war[35]! Römer beanspruchten und konfiszierten viel jüdisches Land, vor allem nach 70.

Wir wenden uns noch einmal speziell den landwirtschaftlichen Fragen zu. Diese brachten große Einschränkungen und damit oft schwierige wirtschaftliche und versorgungsmäßige Probleme mit sich, unter ihnen die Gebote über zweierlei Saat (Dtn 22,9), die Feldecke (Armenecke) (Lev 19,9–10) und vor allem die Gebote über den Zehnten.

2. *Der Zehnte*[36]

Von allen Produkten des Landes mußte der Zehnte abgegeben werden, jedoch nur die Priesterhebe galt als heilig und konnte nur von Priestern im Zustand kultischer Reinheit gegessen werden. Wie wichtig dieses Essen der Priester war, läßt sich illustrieren am Beginn der Mischna: (mBer 1,1) ‚Von wann an liest man das Schema am Abend? Von der Stunde an, da die Priester hineingehen, von ihrer Hebe zu essen ...‘

Ein kompliziertes Zehntensystem ergab sich aus der Kombination von P und Dtn, die jeweils nur von einem Zehnten sprechen:

P: Levitenzehnter Num 18,21ff.

---

[32] Siehe Neusner 1984, 24–28; weitere Literatur Neusners s. im Vorwort von Hengel 1989, VII–XII.

[33] mAZ 1,8; tAZ 2,8, s. Safrai 1983, 210.

[34] Safrai 1983, 211.

[35] Safrai 1983, aaO.

[36] Zum Zehnten allgemein s. Weiß; Wischnitzer; mTer und mMaas; Oppenheimer 1977, 23ff.

Dtn: Zehnter soll von Eigentümer im Tempel verzehrt werden, 14,22f, dazu Armenzehnter (Dtn 14,28f; alle 3 Jahre an Arme).

Daraus ergibt sich ein Gesamtsystem für den 7-Jahreszyklus.

Eine Begründung braucht nicht gegeben zu werden: Der Traktat über den Zehnten beginnt mittendrin: „Alles, was man ißt und was bearbeitet wird und von der Erde aufwächst, muß verzehntet werden." (mMaas 1,1). Dagegen ist wild wachsendes Gemüse nicht zu verzehnten (s. Schluß des Traktats).

In der Zeit des NT war den Zehnten den Leviten zu geben überflüssig geworden: Die Landverhältnisse waren nicht mehr so, daß Priester und Leviten nicht eigenes Land besessen hätten. Andauernde Diskussionen beruhen darauf, daß es wenig Leviten, dagegen viele Priester gibt und die Priester immer wieder versucht haben, den Zehnten für sich einzufordern.

Warum ist der Zehnte zu geben, auch wenn er sozial kaum eine Rolle spielt? Die Antwort ist einfach: (1) Gott hat ihn geboten. (2) Nur so wird dem Relationsgefüge zwischen Gott, Land und Bewohner des Landes entsprochen.

Noch schwieriger war freilich das Gesetz des Sabbatjahres einzuhalten, denn alle 7 Jahre Brache des ganzen Landes konnte zu großen wirtschaftlichen Problemen führen. Schon im 6. Jahr durfte nur geerntet werden, im 7. Jahr lag alles brach, nicht einmal der Nachwuchs des Getreides durfte geerntet werden (Lev 25,5). Man behalf sich mit Baumpflanzungen, die aber von jedermann abgeerntet werden durften.

Alexander d. Gr. hat nach Josephus den Juden im Land Israel im Sabbatjahr Steuerbefreiung gewährt (Ant 11,338), so auch Caesar (Ant 14,202). Erst nach dem Bar Kokhva-Aufstand hört die Befreiung wohl auf, möglicherweise konnte man dann nicht mehr das Sabbatjahr einhalten[37]. Heiden machten sich über die hungernden, im Sabbatjahr „Dornengestrüpp" essenden Juden lustig[38].

3. Reinheit[39]

Einen besonderen Bereich des täglichen Lebens stellen die Reinheits- und Unreinheitsvorstellungen dar.

Gerade die Pharisäer und danach die Rabbinen versuchten die Ordnungen der Reinheit, wie sie für die Priester im Tempel galten, auszuweiten auf ganz Israel, das im Lande lebte.

Den Verunreinigungsanlässen aus der Tora (Geschlechtsverkehr, Berühren eines toten Tieres, Ausflüsse, Aussatz, Totenunreinheit) fügt die mündliche

---

[37] SAFRAI 1983, 205.
[38] EkhR Peticha 17.
[39] Dazu NEUSNER 1974, s. besonders Bd. 22, The Mishnaic System of Uncleanness, Leiden 1977; NEUSNER 1984, 74–92; OPPENHEIMER, aaO. 51ff.

Überlieferung hinzu: der Heide, sein Wohnort, alles Land außerhalb Israels[40] und Götzendienst.

Auch Essen unterliegt den Regeln der Reinheit – Unreinheit. Nicht nur, daß es z. B. unreine Speisen (Tiere) gibt, die verboten sind, auch erlaubtes Essen kann verunreinigt werden, z. B. bei der Berührung mit verunreinigenden Flüssigkeiten.

Die sogenannten Hemerobaptisten badeten jeden Morgen, in Sorge, sie hätten eine Ejakulation gehabt[41].

Die pharisäisch-rabbinische Frömmigkeit hat mit dieser Heiligung des Lebens jedes einzelnen Israeliten die Heiligkeitsforderungen des Tempelpriesters auf das ganze Volk übertragen (Ex 19,6).

Insbesondere Reinheits- und Speisegesetze bezeugen das: Alles Essen hat im Zustand ritueller Reinheit (und reinen Essens!) zu erfolgen, so als wäre man Tempelpriester. So forderten die Pharisäer für alle Juden den Reinheitszustand eines Tempelpriesters. „Der Tisch im Haus eines jeden Juden ist wie der Tisch des Herrn im Jerusalemer Tempel."[42] Das ganze Land ist heilig, und seine Bewohner haben entsprechend den Gesetzen der Heiligkeit zu leben. „Der Altar im Tempel von Jerusalem sollte so im Tisch ganz Israels abgebildet werden."[43].

Alle Mahlzeiten erfordern rituelle Reinheit, Tisch, Bett, Gehen, Liegen waren rituell geordnet: eine ständige und durchdringende kultische Ritualisierung des täglichen Lebens.

Aber dies alles ohne Vernachlässigung des Ethos. Denn gerade die kultischen Gebote (Reinheitsgebote) schlossen den Gebrauch unlauter erworbener Güter, der Verletzung der ehelichen Gemeinschaft etc. aus.

Universalierend spricht Neusner von dem großen Symbol von Jabne: „Einst, als Rabban Johanan ben Zakkai aus Jerusalem kam, folgte ihm Rabbi Joshua und sah den Tempel in Ruinen. ‚Wehe uns', rief Rabbi Joshua, ‚daß dies, der Ort wo die Sünden Israels gesühnt wurden, wüst liegt!' ‚Mein Sohn', sagte Rabban Johanan zu ihm, ‚sei nicht bekümmert. Wir haben eine andere Sühne, die so wirksam ist wie diese. Und welches ist sie? Es sind Taten der Barmherzigkeit, wie es heißt: Denn ich will Barmherzigkeit und nicht Opfer' (Hos 6,6)"[44]. Die Heiligkeit des Priesters ist im Alltag verwirklicht, die Sühne des Tempels in der Barmherzigkeit der Menschen zueinander. So wurde der Tempel in doppelter Weise ersetzt, der heilige Ort erstreckt sich nun in das ganze Land hinaus: Überall im Land kann Israel heilig sein und Barmherzigkeit üben.

Heinrich Heine hat den Gedanken auf die Diasporasituation ausgeweitet,

[40] Safrai 1983, 206–211.
[41] Siehe, mit Literatur, Rudolph 1981, 8f.
[42] Neusner 1984, 25.
[43] Neusner 1984, 30.
[44] Neusner 1984, 29; ARN A4.

wenn er von der Tora als dem portativen Vaterland der Juden gesprochen hat[45] (Brief an Betty Heine vom 7. Mai 1853).

IV. ‚Relationalität'

Der Gedanke der Heiligkeit des Landes beruht also nicht allein auf der göttlichen Erwählung dieses Landes für sein Volk und der Verheißung, sondern auch auf dem Zusammenhang von bestimmten Ordnungen für seine Bewohner, die im alltäglichen Leben diesen Ordnungen zu entsprechen hatten: als Königreich von Priestern, als heiliges Volk (Ex 19,6).

In diesem Entsprechungsverhältnis ist letztlich die Heiligkeit des Landes begründet: daß es aufgrund der göttlichen Erwählung heilig ist, daß es aber auch durch Israel geheiligt wird, weil Israel sich heiligt. Darin liegt eine Grunddifferenz zur christlichen Rede vom ‚Heiligen Land', auf das Christen auch durch die Jahrhunderte mit Sehnsucht geblickt haben. Für Christen ist das Land ‚heilig' wegen der heiligen Geschichte Jesu in diesem Land, es sind dies bestimmte Orte, wie die Geburtsgrotte oder Golgata wegen des besonderen Geschehens an jenen Orten (und der Erwartung der Ankunft Christi). Die Vergegenwärtigung geschieht im Erinnern – es ist das solchem Ort angemessene Verhalten –, aber eben nicht in einem entsprechenden Tun.

1. Irdischer und himmlischer Gottesdienst

Das angesprochene relationale Beziehungsgefüge soll noch an dem Beispiel des irdisch-himmlischen Gottesdienstes erläutert werden[46]. Unter den rabbinischen Lehrern der Frühzeit ist strittig, ob Gott nach der Zerstörung des Heiligtums den heiligen Ort verlassen habe und mit seinem Volk in der Zerstreuung, im Exil sei und erst wieder mit seinem Volk zurückkehre. Diese Auffassung wird von einigen wenigen geteilt; andere denken eher daran, daß Gott sich ins himmlische Heiligtum zurückgezogen habe, bis das irdische wieder erbaut wäre.

Die Mehrheit aber sagt: „Es hat keinen Rückzug Gottes gegeben: Die Shekhina, Gottes Weise der Gegenwart in der Welt, verläßt nicht die Westmauer des zerstörten Heiligtums, Gott gibt das zerstörte Haus nicht auf, und es gibt... auch keinen Rückzug Gottes in ein himmlisches Jerusalem, denn seit

---

[45] Bezug auf bBer 8a(?): „Anfangs pflegte ich zu Hause zu lernen und im Bethause zu beten, nachdem ich aber das gehört, was R. Jijab b. Ami im Namen Ulas gesagt hat, seit dem Tage, an dem das Heiligtum zerstört wurde, habe der Heilige, gepriesen sei er, in seiner Welt nichts weiter als die vier Ellen der Halakha, bete ich nur da, wo ich lerne" (Übers. Goldschmidt).

[46] Siehe zum folgenden GOLDBERG 1976.

der Zeit, da das Heiligtum zerstört wurde, hat Gott das himmlische Heiligtum nicht betreten."[47]

D. h. wenn auf der Erde im zerstörten Tempel kein Gottesdienst möglich ist, kann es ihn auch im Himmel nicht geben. Hier wird das relationale Verhältnis auf den Punkt gebracht: Gottesdienst im irdischen und himmlischen Heiligtum entsprechen sich nicht nur, sondern der himmlische Gottesdienst hängt vom irdischen geradezu ab.

Ein Text frühjüdischer Mystik setzt diesen Gedanken in Handlung um: Wenn die Zeit naht, daß in den Synagogen die Lobgesänge Israels beginnen, horcht einer der Angesichtsengel, wann das Lob ertönt. Und erst dann gibt er das Zeichen zum Beginn des himmlischen Lobpreises.

„Weil die Dienstengel keine Erlaubnis haben, zuerst ein Loblied zu sprechen von oben, bevor (nicht) Israel von unten seinen Mund aufgetan hat mit seinem Loblied... Und alle Dienstengel und alle Engel ... die den Schall der Loblieder und Lobpreisungen hören, die Israel von unten spricht, eröffnen von oben mit: Heilig, heilig, heilig" (Hekh § 178−179, Übers. P. Schäfer)[48].

Dieses Festhalten an der alltäglich gelebten Heiligkeit im Lande in geschichtlicher Existenz soll noch einmal kurz im Kontrast zu apokalyptischem Denken in den Blick kommen.

2. Transzendierung des Landes in der Apokalyptik

Apokalyptisches Denken hat in Aufnahme der prophetischen Ankündigung eines Neuen Himmels und einer Neuen Erde (Jes 65,17) als Heiligtum die Stadt Jerusalem, das Land Israel und schließlich die ganze Erde transzendiert: Die alte Welt vergeht in den Katastrophen und Untergängen der Endzeit und Gott schafft alles neu. Repräsentativ dafür sind 4 Esr und Offb. Dort wird es nicht mehr das Problem der ‚Fremden' geben, alle werden Gott in Heiligkeit dienen.

Das im rabbinischen Denken entwickelte Entsprechungsverhältnis von Mensch, Land und Gebot bleibt dagegen dieser Erde und Welt verbunden. Der geschichtliche Mensch soll in dieser geschichtlichen Welt auf dieser geschichtlichen Erde in diesem geschichtlichen Land der Heiligkeit Gottes entsprechen.

Und so gilt auf anthropologischer Ebene, was wir soeben im Blick auf den Gottesdienst gesagt haben: „Der heilige Mensch, der Gerechte, steht Gottes Thron näher als die himmlischen Wesen."[49] Die Rabbinen haben den Menschen auf der Erde gelassen, damit er dort in Entsprechung zum Heiligen sein Leben heilige.

Während die Qumrangemeinde diesen Ort der Heiligkeit und Heiligung exklusiv auf ihre Gemeinde begrenzt und apokalyptisches Denken eine künfti-

---

[47] GOLDBERG 1976, 28.
[48] SCHÄFER 1987, 115f.
[49] GOLDBERG 1976, 29.

ge, transzendental-jenseitige, heilig-reine Welt erwartet, soll Israel in imitatio Dei, gemäß dem ‚Ich bin heilig und ihr sollt heilig sein/euch heiligen', sein Leben führen: in Befolgung der Weisung bis hin zur ‚Heiligung des Namens' (qiddush hashem).

Die Lehrer der frühen Zeit haben dies besonders für die Bewohner des Landes Israel durchdacht. In diesem Relationsgefüge von der Weisung des HEILIGEN, Erwählung des Volkes und Verheißung des Landes konnten sie den Ort des einzelnen im Hier und Jetzt bestimmen.

Sind für christliche Sicht das Land und die Stadt ‚heilig' wegen ihres Erinnerungswertes an geschichtliche Ereignisse (Geschichte Jesu), so kommt in rabbinischer Sicht noch ein besonderer Grund hinzu: nämlich nicht (nur) im Blick darauf, was hier war, sondern was sich hier noch ereignen muß: „wenn Gott endgültig seinen erwählten Ort einnehmen wird inmitten seines erwählten heiligen Volkes"[50]. Und hier verschmelzen dann doch die Horizonte gegenwärtigen geheiligten Lebens und zukunftsorientierter, apokalyptischer Erwartung.

Bibliographie

BARRETT, CH. K./THORNTON, C.-J. 1991: Texte zur Umwelt des Neuen Testaments, Tübingen ²1991.

BENJAMIN VON TUDELA 1988: Buch der Reisen, ins Deutsche übertragen von R.P. Schmitz, Frankfurt... 1988.

– 1990: Syrien und Palästina nach dem Reisebericht des Benjamin von Tudela, übersetzt und erklärt von H.P. Rüger, Wiesbaden 1990.

– 1991: Benjamin von Tudela, Petachja von Regensburg: Jüdische Reisen im Mittelalter, aus dem Hebräischen übersetzt, mit Anmerkungen und einem Nachwort von St. Schreiner, Leipzig 1991.

CALLAWAY, PH. 1985: Exegetische Erwägungen zur Tempelrolle XXIX, 7–10, RdQ 12 (1985–1987), 95–104.

DOMBROWSKI, B.W.W. 1992: An Annotated Translation of Miqsāt Maʿaśēh ha-Tôra (4 QMMT), Weenzen 1992.

FISCHER, U. 1978: Eschatologie und Jenseitserwartung im hellenistischen Diasporajudentum, Berlin 1978.

GARCÍA MARTÍNEZ, F. 1986: El Rollo del Templo (11 Q Temple). Bibliografía sistemática, RdQ 12 (1986), S. 425–440.

GOLDBERG, A. 1976: Die Heiligkeit des Ortes in der frühen rabbinischen Theologie, FJB 4, 1976, 26–31.

HANHART, R. 1983: Das Land in der spätnachexilischen Prophetie, in: G. Strecker (Hg.), Das Land Israel in biblischer Zeit. Jerusalem-Symposion 1981, Göttingen 1983, 126–140.

HENGEL, M. 1976: Juden, Christen und Barbaren, Stuttgart 1976.

– 1977: Crucifixion, London 1977.

---

[50] GOLDBERG 1976, 31.

- 1981: La Crucifixion, Paris 1981.
- Rabbinische Legende und frühpharisäische Geschichte. Schimeon b. Schetach und die achtzig Hexen von Askalon, AHAW.PH 2, 1984, Heidelberg 1984.
- 1988: Judentum und Hellenismus, Tübingen ³1988.
- 1989: Messianische Hoffnung und politischer „Radikalismus" in der „jüdisch-hellenistischen Diaspora". Zur Frage der Voraussetzungen des jüdischen Aufstandes unter Trajan 115–117 n. Chr., in: D. Hellholm (Hg.), Apocalypticism in the Mediterranean World and the Near East, Tübingen ²1989, 655–686.

DERS./CHARLESWORTH, J. H./MENDELS, D. 1986: The Polemical character of ‚On Kingship' in the Temple Scroll: An Attempt at Dating 11 Q Temple, JJS 37 (1986), 28–38.

DERS./LICHTENBERGER, H. 1981: Die Hellenisierung des antiken Judentums als Praeparatio Evangelica, Humanistische Bildung 4 (1981) 1–30.

JANOWSKI, B./LICHTENBERGER, H. 1983: Enderwartung und Reinheitsidee. Zur eschatologischen Deutung von Reinheit und Sühne in der Qumrangemeinde, JJS 34 (1983), 31–62.

KASHER, A. 1985: The Jews in Hellenistic and Roman Egypt, Tübingen 1985.

KLINZING, G. 1971: Die Umdeutung des Kultus in der Qumrangemeinde und im NT, Göttingen 1971.

LICHTENBERGER, H. 1980: Studien zum Menschenbild in Texten der Qumrangemeinde, Göttingen 1980.

- 1980a: Atonement and Sacrifice in the Qumran Community, in: W. S. Green (Hg.), Approaches to Ancient Judaism, Ann Arbor, Michigan 1980, 159–171.

MAIER, J. 1978: Die Tempelrolle vom Toten Meer, München/Basel 1978.

- 1989: The architectural history of the Temple in Jerusalem in the light of the Temple Scroll, in: G. J. Brooke (Hg.), Temple Scroll Studies, Sheffield 1989, 23–62.
- 1990: The Temple Scroll and tendencies in the cultic architecture of the Second Commonwealth, in: L. H. Schiffman (Hg.), Archaeology and history in the Dead Sea Scrolls, Sheffield 1990, 67–82.
- 1990a: Zu Kult und Liturgie der Qumrangemeinde, RdQ 14 (1990), 543–586.

NEUSNER, J. 1974: A History of the Mishnaic Law of Purities, 22 Bände, Leiden 1974–1977.

- 1984: Das pharisäische und talmudische Judentum, Tübingen 1984.
- 1987: America is the best Promised Land, The Guardian, 22. 3. 1987, 17–18.

OPPENHEIMER, A. 1977: The 'Am ha-aretz. A Study in the Social History of the Jewish People in the Hellenistic-Roman Period, ALGHJ 8, Leiden 1977.

QUMRAN 1990: The Qumran Chronicle, Appendix A, Nr. 2, Kraków 1990.

RUDOLPH, K. 1981: Antike Baptisten. Zu den Überlieferungen über frühjüdische und -christliche Taufsekten, SSAW.PH 121,4, Berlin 1981.

SAFRAI, S./STERN, M. 1974: The Jewish people in the first century, CRJ 1, Assen ²1974; S. 117–183 (The Jewish Diaspora, M. Stern) und S. 184–215 (Relations between the Diaspora and the Land of Israel, S. Safrai).

SAFRAI, S. 1983: The Land of Israel in Tannaitic Halacha, in G. Strecker (Hg.), Das Land Israel in biblischer Zeit. Jerusalem-Symposion 1981, Göttingen 1983, 201–215.

SCHÄFER, P. 1987: Übersetzung der Hekhalot-Literatur II, Tübingen 1987.

SCHALLER, B. 1983: Philon von Alexandreia und das „Heilige Land", in: G. Strecker (Hg.), Das Land Israel in biblischer Zeit. Jerusalem-Symposion 1981, Göttingen 1983, 172–187.

SCHIFFMAN, L. H. 1989: The Temple Scroll and the System of Jewish Law of the Second

Temple Period, in: G. J. Brooke (Hg.), Temple Scroll Studies. Papers presented at the International Symposion of the Temple Scrolls. Manchester 1987, Sheffield 1989, 239–255.

– 1990: The New Halakhic Letter (4 QMMT) and the Origins of the Dead Sea Sect, BA 55 (1990), 64–73.

– 1990a: Miqṣāt Maʿaśēh ha-Tôra and the Temple Scroll, RdQ 14 (1990), 435–457.

Schürer, E. 1986: The History of the Jewish People in the Age of Jesus Christ, Vol. III,1, revised and edited by G. Vermes, F. Miller, M. Goodman, Edinburgh 1986.

Stegemann, H. 1983: „Das Land" in der Tempelrolle und in anderen Texten aus den Qumranfunden, in: G. Strecker (Hg.), Das Land Israel in biblischer Zeit. Jerusalem-Symposion 1981, Göttingen 1983, 154–171.

Stemberger, G. 1983: Die Bedeutung des „Landes Israel" in der rabbinischen Tradition, Kairos 25 (1983), 176–199.

Stern, M. 1980: Greek and Latin Authors on Jews and Judaism. Vol. II, Jerusalem 1980.

Sussmann, J. 1981: The Inscription in the Synagogue at Rehob, in: L. I. Levine (Hg.), Ancient Synagogues Revealed, Jerusalem 1981, 146–153.

Vetter, D. 1992: Die Bedeutung des Landes in der jüdischen Überlieferung, Kirche und Israel 7 (1992), 107–118.

Weiß, H.-F.: Art. Zehnte, BHH III, 2208–2209.

Wentling, J. L. 1989: Unraveling the Relationship between 11 QT, the Eschatological Temple, and the Qumran Community, RdQ 14 (1989), 61–73.

Wischnitzer, M.: Art. Tithe, EJ 15, 1156–1162.

Wise, M. O. 1989: The Covenant of Temple Scroll XXIX, 3–10, RdQ 14 (1989), 49–60.

Yadin, Y. 1977: Megillat ham-Miqdaš, Vol. I–III A, Jerusalem 1977.

– 1983: The Temple Scroll, Vol. I–III A, Jerusalem 1983.

Elija als Araber

Die haggadischen Motive in der Legende vom Messias Menahem ben Hiskija
(yBer 2,4 5a; EkhaR 1,16 § 51)
im Vergleich mit den Elija- und Elischa-Legenden der Vitae Prophetarum

von

ANNA MARIA SCHWEMER

Unter den vielen Legenden, die sich um den Propheten Elija ranken[1], finden sich wenige, aber doch auffallende, in denen Elija in der Gestalt eines Heiden, eines Arabers, auftritt. Da Elija in vielen Verkleidungen erscheinen kann, könnte man annehmen, daß auch an der Erscheinungsform als „Araber" nichts Besonderes wäre[2]. Elija träte als Helfer in der Not oder in seinem heiligen Eifer strafend oder auch nur warnend einfach jeweils in der Gestalt auf, in der er an Ort und Stelle am besten eingreifen kann[3]. Als Araber, so könnte man mutma-

---

[1] Die häufig zitierten Werke: Billerbeck (Bill.) und GINZBERG, Legends werden hier nicht nach dem Erscheinungsjahr der Bände, sondern mit Bandzahl angegeben.
Bill. eröffnet seinen Exkurs: „Der Prophet Elias nach seiner Entrückung aus dem Diesseits" (IV,2,764–798) mit den Worten: „Von den Großen des AT.s hat keiner eine solche Popularität in der alten Synagoge erlangt wie der Prophet Elias."

[2] „As an angel he enjoys the power of assuming the most various appearances to accomplish his purposes. Sometimes he looks like an ordinary man, sometimes he takes the appearance of an Arab sometimes of a horseman, now he is a Roman court-official, now he is a harlot." GINZBERG IV,203; vgl. VII,134 Index s. v. „Elijah, the various assumed by". Vgl. VOLZ 1949, 109: „Elia ist ganz vom göttlichen Geheimnis umwoben. Er lebt eigentlich nicht in der Welt ... kommt wie ein überirdischer Engel mit dem göttlichen Auftrag und wird dann nicht mehr gesehen."

[3] Als *Nothelfer*: RutZ 4,11 (Buber, 49 [= Bill. IV,2,772 zitiert nach: Yalq zu Rut 4,11 § 607]): „Ein Frommer war einmal in seinem Vermögen heruntergekommen, und seine Frau war auch fromm; schließlich wurde er Lohnarbeiter. Einmal pflügte er auf dem Felde. Da begegnete ihm Elijas gesegneten Angedenkens in der Gestalt eines Arabers. Dieser sprach zu ihm: ‚Es stehen dir sechs gute Jahre bevor ...' Er antwortete ihm: ‚Du bist ein Zauberer ... also scheide von mir in Frieden ...'." (Üs. nach Bill.). *Strafend:* bBer 6b: „Ein Mann betete einmal hinter einer Synagoge, ohne sein Gesicht der Synagoge zuzuwenden. Es ging Elija vorüber, indem er in seinem Aussehen einem Araber glich; er sprach zu ihm: ‚Ist es jetzt erlaubt, vor deinem Herrn zu stehen?' Er zog sein Schwert und tötete ihn." (Üs. Bill. IV,2,776). *Warnend* tritt er auf und erscheint R. Eleazar b. Jose zwar nicht direkt als Araber, aber als Kameltreiber: 4000 schwerbeladene Kamele treibt er vor sich her, sie sind so schwer beladen durch Zorn und Grimm über diejenigen, die während ihrer Gebete schwätzen. Diese Legende ist jedoch erst mittelalterlich belegt. Der „Eiferer" und der „Nothelfer" verbinden

ßen, stellt er den Fremden[4] schlechthin dar, der plötzlich auftaucht und ebenso plötzlich wieder verschwindet, ganz wie man es von einem Nomaden erwartet, – und wie es charakteristisch ist für Elija in den atl. Überlieferungen.

Wie selbstverständlich man mit dem „nomadischen" Aussehen des Propheten im 1. Jh. n. Chr. gerechnet hat, zeigt der äußere Habitus Johannes des Täufers: Er trat in die Fußstapfen Elijas, indem er sich kleidete wie sein Vorbild (Mk 1,6 par Mt 3,4): Er trug einen Mantel aus Kamelhaaren und einen Ledergurt. Der Priestersohn Johannes verzichtete auf das priesterliche Leinengewand, das die Pharisäer gerne übernahmen (Lk 20,46), und erhob einen viel höheren Anspruch, indem er sich als Nachfolger Elijas und letzten Rufer vor dem Gericht unmißverständlich zu erkennen gab. Kein Wunder, daß er für den Elija redivivus gehalten wurde (Mk 9,11ff; Mt 9,10−13)[5]. Elija selbst wird damit in seinem Aussehen als Nomade gekennzeichnet, aber noch lange nicht als „Araber".

Doch der Boden, auf dem das Motiv von Elija, dem Araber, gewachsen ist, läßt sich, so denke ich, noch finden, und die verschlungenen Pfade, auf denen es in der Überlieferung gewandert ist, lassen sich noch aufspüren und verfolgen. Wenn man diesem „Araber" nachgeht, eröffnen sich – an einem kleinen Beispiel – Einblicke in die Zusammenhänge zwischen frühjüdischer Geschichte und Legende und der späteren rabbinischen Überlieferung.

1. Die Legende

In einer besonders eindrücklichen, rabbinischen Legende[6] begegnet uns ein Araber, der von den Gelehrten, die diese „Begebenheit" anführen und diskutieren, keineswegs mit Elija in Zusammenhang gebracht und identifiziert wird. Die Geschichte erzählt in aramäischer Sprache von der Ankündigung der

---

sich zum „Warner" in einer Gestalt; s. dazu die Stellenangaben bei GINZBERG VI, 329 Anm. 63 (vgl. IV, 203.206; VI, 327f Anm. 58). Zur Nachwirkung dieses Motivs vgl. die von WIENER 1978, 138 (aus S. KLAPHOLZ [Hg.], Sippure Eliyahu ha-Nabi I, Tel Aviv 1968, 172, non vidi) mitgeteilte Erzählung: Hier erscheint Elija zuerst als Araber in der Wüste, dann als Arzt und schließlich in seiner wahren Gestalt, um einen Frommen über die Geringfügigkeit seiner Verdienste im Vergleich mit Gottes Vorhersehung und Gnade aufzuklären. Bei LEVINSON 1929, 14.31f.44 Anm. 67.50; WIENER 1978, 52.138 wird das Thema „Elija als Araber" mit Beispielen belegt; auch Bill., loc. cit. nennt die Stellen.

[4] bBM 86b (par BerR 48.9): Abraham hält die drei fremden Männer, die ihn unter der Eiche von Mamre besuchen, für Araber.

[5] HENGEL 1968, 39 Anm. 71. Bezeichnend ist, daß sowohl Lk wie Joh (aber auch Josephus) auf die Beschreibung des Äußeren des Täufers verzichten, denn für sie war der Täufer nicht der Elija redivivus. Zum Aussehen der Araber s. STAUBLI 1991, 156f;252.257: Elija und Elischa gehören nach dem AT in bäuerliches Milieu.

[6] yBer 2,4 (5a) und EkhaR 1,16 § 51 (Midrasch Rabba, Romm. Wilna, II, 36; Midrasch Echa Rabbati. Sammlung agadischer Auslegung der Klagelieder, S. Buber, Wilna 1899, 89f).

Geburt des Messias durch einen Araber an einen jüdischen Bauern und endet mit dem Raub des Messiaskindes durch Winde. Sie berührt durch ihre starke Spannung zwischen Trauer, Freude, Enttäuschung, Unverständnis und eschatologischer Hoffnung. Der mantisch begabte Araber bringt das ganze Geschehen ins Rollen, indem er dem Juden das Gebrüll seiner Kuh als Omen auf die für sein Volk – in Unheil und Heil – entscheidenden Ereignisse deutet: die Tempelzerstörung und die Geburt des Messias. Der Araber weiß auch, wie der Messias heißt: Menahem ben Hiskija, und sein Geburtsort ist Betlehem. Danach verschwindet der Araber aus der Szene so unvermittelt wie er auftrat. Der jüdische Bauer jedoch begibt sich auf die Suche nach dem Messias.

Wie schon lange erkannt, muß es sich bei dieser Legende um ein älteres Traditionsstück handeln. Sie erweckte besondere Aufmerksamkeit, weil sie in die Zeit kurz nach der Katastrophe von 70 n. Chr. zu weisen scheint und wir – außerhalb des NT – nur verhältnismäßig wenige Belege für die frühe Ausgestaltung einer „Messias-Haggada" besitzen[7].

1.1 Der Kontext

Die früheste Version der Legende[8] wird mit leichten Abweichungen im Jeruschalmi und im Midrasch Rabba zu den Klageliedern überliefert: In den Kontext ist die Erzählung assoziativ eingebunden; sie folgt auf das Stichwort

---

[7] Deshalb wird unsere Legende als Beispiel von BERGER/COLPE 1987, 129f zitiert. „Erzählen" konnte man vom Messias vermutlich erst richtig, nachdem er „da" war. Neben den verhältnismäßig zahlreichen „prophetischen" und deshalb mehr oder weniger poetisch geformten Texten (PsSal 17;18; 3 Sib 767–807; 4 QFlor; 4 QM^a[?]; AhA 1[?]; Test L 18; Test Jud 24; äthHen [Bilderreden] etc.), fällt der Mangel an jüdischen, darstellenden Erzählungen auf. LAB bricht mit Saul ab. Die halachischen Erörterungen aus Qumran tragen nicht viel zur Erhellung der haggadischen Frage bei: Vgl. endzeitliches Gericht durch das Schwert: CD 19,9ff; in 1 QSa 2,11–22: die *Geburt* eines irdischen Menschen; etwas deutlicher spricht die Auslegung von Jes 10,28–11,14 in 4 QpJes^a (dazu u. Anm. 20); vgl. TALMON 1987, 111–137; CHARLESWORTH 1987, 225–264 (230–233). Doch die Graphic Concordance, CHARLESWORTH 1991, verspricht weitere Texte. Ausführliche Kindheitslegenden sind z. B. für Noach (1 QGenAp), Melchisedek (slav Hen 71f), Mose (Jos, Ant 2,205–237; LAB c.9) und kürzere für den Messias, Elija und Elischa in den VP (dazu u. S. 121. 126. 131 Anm. 97) erhalten. Vgl. zu Abraham GINZBERG V, 209f Anm. 13–15.

[8] GRESSMANN 1929, 450ff führt noch drei weitere – deutlich – spätere Ausgestaltungen der Geschichte an, die alle hebräisch überliefert werden:
1) Sefer ha-Jalqut ha-Makhiri 'al Mischle . . . , ed. L.(E.) Grünhut, Frankfurt 1902, 103b, v. mir zitiert nach Ndr. Jerusalem 1964 (= Greßmann „b").
2) Midrasch EkhaZ 1,2 Rez. B, ed. S. Buber, Berlin 1894, 73 (Greßmann versehentlich: 133), v. mir zitiert nach Ndr. Jerusalem o. J. (= Greßmann „c").
3) Midrasch Bereschith Rabbati von Greßmann übersetzt nach dem Text von Abrabanel, Jeshuoth Meshicho II,2, Königsberg 1860, 43a (non vidi) (= Greßmann „d"; v. mir zitiert nach Midrash Bereshit Rabbati, ed. Ch. Albeck, Jerusalem 1940, 131; diese Version auch in: R. Martini, Pugio Fidei, Leipzig 1687, 350 (= Ndr. 1967) und EVEN-SHEMUEL 1968, 304f.
Die beiden letzteren Versionen in dt. Üs.: BIN GORION 1966, 103f (= Greßmann „d"); 105f (= Greßmann „c"); ältere Üs.: GRESSMANN 1929, 451 Anm. 3; ZOBEL 1938, 136ff.

„Menahem". Beide Traditionswerke stellen unsere Geschichte in einen ähnlichen Rahmen und betten sie in eine Diskussion unter palästinischen Amoräern der 3. bzw. 4. Generation ein; aber diese fiktive Diskussionsrunde ist jeweils nicht völlig identisch. Die Verankerung im weiteren Kontext ist unterschiedlich, in beiden Fällen locker, aber sinnvoll:

Im Traktat yBer erörtern die Gelehrten in der Diskussion über das Achtzehn-Gebet bei der 14. Benediktion auch die Frage nach dem Namen des Messias. Ausgangspunkt ist die Überzeugung der Gelehrten, daß der Messias „David" heiße, gleichgültig ob er ein lebender Mensch sein werde oder ein von den Toten Auferstandener. Dann werden verschiedene Namen des Messias diskutiert u. a. auch Menahem[9]. Als Beleg für den Namen „Menahem" wird unsere Geschichte angeführt. Sie unterstreicht das Anliegen der 14. Bitte: „Erbaue den Bau (des Tempels) und den Thron Davids" durch die Gewißheit: „Der Geburt des Messias am Tage der Tempelzerstörung entspricht sein Kommen, wenn das Heiligtum neu gebaut wird."[10]

Im Midrasch zu den Klageliedern schließt sich der entsprechende Komplex an die Textstelle: „Fern von mir ist mein Tröster (מנחם)"[11], als Auslegung an. Unsere Geschichte steht dabei fast am Ende eines langen Abschnittes, in dem unterschiedliche Materialien u. a. zum Untergang Jerusalems, über Hadrian, aber auch die Märtyrerlegende von 2 Makk 7 in abgewandelter Form mitgeteilt werden. Im engeren Kontext geht es um den Namen des Messias.

Mit der Geschichte wird jeweils die Reaktion eines Gelehrten verknüpft: R. Bun (= R. Abin II palästinischer Amoräer um 370) lehnt diesen Bericht rundweg ab: Was soll man von einem Araber lernen? Es steht doch längst in der Schrift (Jes 10,34): „der Libanon wird durch einen Mächtigen fallen" und direkt darauf folgt (Jes 11,1): „ein Sproß wird aufgehen aus dem Wurzelstock Isais". Da in EkhaR der Anknüpfungspunkt an die Schriftstelle gegeben ist, könnte man annehmen, daß die Geschichte sich aus der Auslegung des Verses Klgl 1,16 bzw. Jes 10,34;11,1 entwickelt hätte, wie es immer wieder vorgeschlagen wird[12].

In yBer 2,4 (5a) gipfelt die Erörterung zur 14. Benediktion in unserer Geschichte und schließt mit der Ablehnung durch R. Bun in dem abfälligen Urteil über den „Araber" und dem Verweis auf Jes 10,34;11,1. EkhaR 1,16 § 51 fügt

---

[9] Vgl. Goldberg 1979, 10ff.

[10] Schäfer 1978b, 41 mit Hinweis auf dieselbe Bitte im Tischgebet: „Erbarme dich Herr ... über das Reich des Hauses Davids, deines Gesalbten, und über das große heilige Haus, über dem dein Name genannt wird" (Sidur Sefat Emet, Bamberger, Basel 1986, 280f).

[11] Klgl 1,16:
„Darüber muß ich weinen, mein Auge strömt von Tränen,
denn fern ist mir mein Tröster, der mich erquickte.
Meine Kinder sind verstört, denn der Feind ist gewaltig."

[12] Mit Berufung auf Goldberg 1979, 32−35; de Jonge 1974, 216 jetzt Karrer 1991, 144f dazu u. Anm. 24.100.180; ähnlich Neusner 1984, 94; Neusner 1989, 181.

noch eine Diskussion um die Namen „Shilo", „Chanina" etc. an, um bei „David" zu enden. Damit wird im Kontext von EkhaR der Eindruck, den unsere Legende hervorrufen muß, abgeschwächt, obwohl ja nur sie innerhalb der Aufzählung von messianischen dicta probantia den Schriftvers Klgl 1,16 „wirklich" auslegt.

In yBer wird durch das besondere Achtergewicht, das auf das Jesaja-Zitat gelegt wird, die Ausgangsthese, daß der Messias auf jeden Fall „David" heißen muß, noch einmal betont: Der „Sproß" aus der „Wurzel Jesse" ist niemand anders als der neue und alte David. So weist der Schluß nachdrücklich auf den Anfang zurück und mindert die Aussagekraft unserer Legende.

Immerhin wird unsere Geschichte, obwohl sie auf Ablehnung stößt, in der Hauptüberlieferung der rabbinischen Literatur nicht getilgt.

1.2 Der Text

Die Parallelüberlieferungen yBer 2,4 (5a) und EkhaR 1,16 § 51 weisen Abweichungen untereinander auf, doch gehen sie – wenn EkhaR nicht direkt von yBer abhängig ist – zumindest auf eine gemeinsame Quelle zurück. Von EkhaR wiederum besitzen wir zwei (Haupt)rezensionen, die auch an dieser Stelle leicht differieren[13]. Dalman bietet eine sehr gute Textform von EkhaR nach einer Handschrift aus dem Britischen Museum, die er durch Vergleich mit anderen Versionen gereinigt hat[14].

Der Kürze halber werden hier nur jeweils eine Version von yBer und EkhaR in Übersetzung einander gegenübergestellt[15].

yBer 2,4 (5a)	EkhaR 1,16 § 51 (Buber 89f)
Ein Ereignis geschah mit einem Juden, der beim Pflügen war.	Ein Ereignis geschah mit einem Mann, der beim Pflügen war.
Da brüllte (געת) seine Kuh (תורתיה).	Da brüllte seine Kuh (געת הדא תורתיה).
Vor ihm ging ein Araber vorüber und hörte ihre Stimme (קלה).	Ein Araber ging an ihm vorüber.
	Er sagte zu ihm: Was bist du?
	Er sagte zu ihm: Ich bin ein Jude.
Er sagte zu ihm: Sohn eines Juden, Sohn eines Juden, spann deinen Ochsen (תורך) aus und spann deinen Pflug ab, denn der heilige Tempel wurde zerstört.	Er sagte zu ihm: Spann deinen Ochsen (תורך) aus und spann deinen Pflug ab.
	Er sagte: Warum?
	Er sagte: Weil der Tempel der Juden zerstört ist.

---

[13] Zu den Versionen s. STRACK/STEMBERGER 1982, 264.

[14] Zu seinen Quellen s. DALMAN 1927, 14 Anm. 18 und 19. Üs. der Fassung von Dalman bei MEYER 1940, 76f; diese übernommen von BERGER/COLPE 1987, 129f. In den Genizafragmenten zu EkhaR, die Rabinovitz ediert hat, ist unsere Stelle nicht erhalten.

[15] Zu den Varianten in yBer s. SCHÄFER/BECKER 1991, 62f. Vgl. u. Anm. 44. Die textkritischen Probleme in EkhaR sind schwerwiegender, s. Edition Buber und Dalman, loc. cit. Im Folgenden wird nur darauf eingegangen, wenn sie sich mit unserem Thema berühren. EkhaR hat stärker hebräisches Vokabular.

Als sie dann ein zweites Mal brüllte (גּעת),
sagte er zu ihm: Sohn eines Juden, Sohn
eines Juden, spanne deine Ochsen (תּורִיךָ)
wieder ein und spanne deine Pflüge wieder
an, denn der König, der Messias, ist geboren.
Er sagte zu ihm: Wie ist sein Name?
Menahem.
Er sagte zu ihm: Wie ist der Name seines
Vaters?
Er sagte zu ihm: Hiskija.
Er sagte zu ihm: Von wo ist er?
Er sagte zu ihm: Aus der Königsstadt Betlehem in Judäa.
Er ging, verkaufte seine Ochsen (תּורַוי),
verkaufte seinen Pflug und wurde ein
Händler mit Windeln für Säuglinge. Und
er ging von Stadt zu Stadt, bis er in den
(richtigen) Ort kam. Da kauften alle Frau-
en, die Mutter Menahems aber kaufte
nicht.
Da hörte er die Stimmen der Frauen, die
riefen:
Mutter Menahems, Mutter Menahems,
komm, kauf doch etwas für deinen Sohn!
Sie sagte: Ich möchte alle Feinde Israels
erwürgen, denn an dem Tage, an dem er
geboren wurde, wurde der Tempel zerstört.

Er sagte zu ihr: Wir sind dessen sicher,
wenn um seinetwillen der Tempel zerstört
wurde, so wird er um seinetwillen wieder
aufgebaut.
Sie sagte zu ihm: Ich habe kein Geld. Da
entgegnete er ihr: Das macht mir nichts
aus, kaufe etwas für ihn; wenn du heute
keines hast, so werde ich in einigen Tagen
kommen und mir (mein Geld) holen.
Nach einiger Zeit kehrte er in diese Stadt
zurück.

Er sagte: Woher weißt du das?
Er sagte: Ich weiß es durch das Gebrüll
deines Ochsen (תּורְךָ).
Während er mit ihm verhandelte, brüllte
sie (גּעת) zum zweiten Mal.
Er sagte zu ihm: Binde deinen Ochsen an,
binde deinen Pflug an, denn der Erlöser
der Juden ist geboren.
Er sagte zu ihm: Wie (ist) sein Name?
Er sagte zu ihm: Menahem (ist) sein
Name.
Und sein Vater, wie lautet sein Name?
Er sagte zu ihm: Hiskija.
Er sagte zu ihm: Wo leben sie?
Er sagte zu ihm: In Birat Arba in Betle-
hem von Judäa.
Der Mann ging, verkaufte seine Ochsen,
verkaufte seinen Pflug und wurde ein
Händler mit Windeln für Säuglinge. Er
ging von Stadt zu Stadt und von Provinz zu
Provinz, bis er zu dem Ort kam. Alle Be-
wohner kauften von ihm, aber die Mutter
dieses Kindes kaufte nicht von ihm.

Er sagte zu ihr: Warum kaufst du keine
Kinderwindeln?
Sie sagte zu ihm: Weil sein Omen unheil-
bringend ist.
Er sagte zu ihr: Warum?
Sie sagte zu ihm: Weil um seinetwillen das
Heiligtum zerstört wurde.
Er sagte zu ihr: Ich setze mein Vertrauen
auf den Herrn der Welt, daß (wie) es um
seinetwillen zerstört wurde, wird es um
seinetwillen (wieder) aufgebaut.
Er sagte zu ihr: Du, nimm dir von diesen
Windeln für dein Kind. [...]
Und nach einigen Tagen werde ich in dein
Haus kommen, um das Geld zu holen.
Sie nahm etwas und ging.
Nach einigen Tagen sagte der Mann: Ich
will gehen und sehen, wie es dem Kind
geht:

Er sagte zu ihr: Wie geht es dem Kind?

Sie sagte zu ihm: Nachdem du mich gesehen hattest, kamen Sturmwinde, warfen mich zu Boden und rissen mir ihn (das Kind) aus den Händen.

Er kam zu der Frau und sagte: Wie geht es dem Kind?

Sie sagte: Sagte ich dir nicht, daß sein Omen verderbenbringend sei? Um seinetwillen hat sich ein Omen ereignet, denn seit der Stunde (wo du gingst) waren Winde und Stürme kamen und nahmen ihn weg.

Er sagte zu ihr: Ist es nicht, wie ich dir gesagt habe, wie er um seinetwillen zerstört wurde, so wird er um seinetwillen wieder aufgebaut werden.

Darauf sagte R. Bun: Wozu brauchen wir uns von diesem Araber belehren zu lassen? Dies ist doch ausdrücklich aus einem Vers zu entnehmen. (Es heißt doch): „Und der Libanon wird durch einen Mächtigen fallen" (Jes 10,34). Was steht gleich darauf geschrieben: „Und ein Reis wird hervorgehen aus dem Stumpf Isais." (Jes 11,1)[16].

R. Abin sagte: Warum soll ich (das) von einem Araber lernen, belegt das nicht der Bibel(vers), wo geschrieben ist: „Und der Libanon wird durch einen Mächtigen fallen" (Jes 10,34), und direkt danach geschrieben ist: „Und ein Reis wird hervorgehen aus Isais Stumpf und ein Schoß aus seinen Wurzeln wird fruchtbar sein." (Jes 11,1).

Unsere Geschichte gliedert sich deutlich in drei Szenen: 1. Auf dem Acker: die Begegnung zwischen Juden und Araber. 2. Auf dem Marktplatz in Betlehem: Jude und Mutter. 3. Im Haus der Mutter: die Unterhaltung zwischen Mutter und jüdischem Händler. Dabei ist die erste Szene deutlich von der zweiten abgesetzt, die zweite und die dritte dagegen wird von denselben Personen gespielt; sie gehören enger zusammen. Entsprechend der Dreierregel bzw. Zweierregel ist, auch wenn jeweils nur zwei Personen handelnd erscheinen, immer von einer dritten, dem „Kind" die Rede, das selbst nie auftritt, aber – trotz seiner Abwesenheit – ebenso durch die ganze Geschichte hindurch anwesend ist wie der Jude. Alles andere erscheint als „Staffage": Die Tiere beim Pflügen, der Name des Vaters, die Frauen von Betlehem, die die Chorrolle nur sehr unvollständig spielen dürfen. Den Schluß des „Rahmens" habe ich bewußt zum Text hinzugestellt. Wahrscheinlich war er bereits mit unserer Geschichte verbunden, bevor sie in den jetzigen jeweiligen Kontext aufgenommen wurde[17]. Er ist im Jeruschalmi und im Midrasch Ekha völlig identisch: R. Bun antwortet mit einem Schrifthinweis, dessen erste Hälfte sonst als ein Dictum R. Johanan ben Zakkais (bGit 56b vgl. ARN B c.6; ARN B c.4 [Schechter, 19f.22f]; EkhaR 1,5 § 31 [Buber, 65ff]) überliefert wird. Johanan soll mit Jes 10,34 Vespasian die Weltherrschaft und die Tempelzerstörung durch diesen Kaiser angekündigt haben. Diese Tradition illustriert die romfreundliche Hal-

---

[16] Zur Üs. vgl. HOROWITZ 1975, 64f; GOLDBERG 1979, 10f.

[17] Ähnlich GOLDBERG 1979, 15: „Das Ma'ase und das folgende Dictum R. Abins gehören zusammen. Beide standen in einer Vorlage, die der Redaktor der Sugya in yT verwendete."

tung Johanans, die einen historischen Anhaltspunkt hat[18] und sich in den zahlreichen Überlieferungen über Johanan spiegelt.

Da die Metonymie Libanon = Tempel schon früh belegt ist[19], könnte die Deutung von Jes 10,34 in Verbindung mit Jes 11,1 schon im Aufstand selbst eine Rolle gespielt haben. Ein vaticinium ex eventu scheint diese Schriftauslegung von Hause aus nicht zu sein[20]. Auf jeden Fall stützt sich R. Bun auf alte Auslegungstradition.

R. Bun stimmt damit der zeitlichen Aufeinanderfolge von Tempelzerstörung und der Geburt des Messias[21] ausdrücklich zu. So anrührend die Geschichte von dem von seiner Mutter nicht geliebten und schließlich verschwundenen Säugling auch klingt: Auf R. Bun macht sie keinen Eindruck, nur die Schriftstelle Jes 10,34;11,1 bringt die Gewißheit der messianischen Hoffnung zum Ausdruck.

Doch den prophetischen Araber lehnt er scharf ab. Was hat das für Gründe? Steckt dahinter Heidenfeindlichkeit? Wie kommt dieser Heide in unsere Geschichte? Ist er durch eine Erinnerung an Bileams Weissagung verursacht? Taucht hier etwa der Topos auf, daß die Araber als besonders mantisch begabt gelten[22]?

Die Vermutung legt sich nahe, daß sich in den befremdlichen Details, mit denen die Erzählung geschmückt ist, und in den Ungereimtheiten, die in den beiden alten, aramäischen Versionen in EkhaR und yBer weniger geglättet sind als in den späteren hebräischen Varianten, die Spuren des Traditionsweges noch erkennen lassen.

---

[18] Zu dieser umstrittenen Stelle s. VERMES 1975, 220; NEUSNER 1962, 119f; NEUSNER 1970, 115.118.151.163.228ff; SCHÄFER 1979, 43–101; STEMBERGER 1983b, 67f; CHARLESWORTH 1985, 293.

[19] 1 QpHab 12,3–5. S. dazu VERMES 1961, 26–29; SCHÄFER 1979, 87f; SCHWEMER 1991b, 351.

[20] Bereits 4 QpJes^a (= 4 Q 161) deutet Jes 10,28ff auf den Kampf mit den Kittim (= Römern) und bringt die Stelle mit dem Endkampf des Messias gegen Gog und Magog in Verbindung. Leider ist der Text zu Jes 11,1ff sehr schlecht erhalten. Josephus' Prophetie an Vespasian mag auf ähnlichen Deutungen beruhen (Bell 3,399–408[401]). Vgl. Tac, Hist 1,10;5,13; Suet, Ves. 4;5,6; Dio C, 66,1,4. Die rabb. Tradition schreibt eben diese Prophetie über die Weltherrschaft an Vespasian sekundär Johanan ben Zakkai zu; vgl. die o. genannten Stellen.

[21] Vgl. o. Anm. 10; MÜLLER 1991, 316.

[22] Das deutet schon GRESSMANN 1929, 453 an: „aber ein Araber versteht die Tiersprache und dolmetscht sie. Ein Araber muß es sein, weil die Fremden zauberkundiger sind als die Einheimischen."

1.3 Der historische Kern

Zum historischen Anhaltspunkt hat Hengel im Grunde schon alles Wesentliche zusammengetragen[23]. Weil jedoch keineswegs ein Konsens darüber erreicht ist, daß unsere Legende das Schicksal des historischen Menahem ben Juda ben Hiskija reflektiert[24], rufen wir für unseren Zweck kurz den historischen Hintergrund in Erinnerung:

Schon längst vermutet man hinter diesem „Menahem ben Hiskija" eine der tragischen messianischen Heldengestalten des 1. Jüdischen Aufstandes. Wäre dieser Menahem nicht bereits zu Beginn des Aufstandes ermordet worden, so hätte der 1. Jüdische Krieg gegen die Römer wahrscheinlich einen anderen Verlauf genommen[25].

Menahem (Sohn bzw. Enkel des Judas) Sohn des Hiskija entstammte der Dynastie der zelotischen Führer, die auf Judas Galiläus zurückgeht. Ob seine Familie davidischer Abstammung war, läßt sich nicht mehr beweisen[26]. Von diesem Menahem berichtet Josephus, daß er zu Beginn des Aufstandes im Jahre 66 eine wichtige Rolle spielte[27]. Unter seiner Führung eroberten die Aufständischen die Festung Masada. Er entnahm dem dortigen Waffenarsenal[28] Waffen für sich und seine engere Gefolgschaft, erwarb sich weitere Anhänger und bewaffnete sie. Mit dieser gut ausgerüsteten Truppe griff Mena-

---

[23] HENGEL 1976, 301f.369ff; vgl. SCHÄFER 1983, 136; SCHÄFER 1981, 57f; FELDMAN 1984, 490.671.

[24] Vgl. z.B.: DE JONGE 1974, 216; GOLDBERG 1979, 32−35 (32 Anm. 1): „auch wenn Menahem der Name dieses oder eines anderen Messiasprätendenten war, so hat er doch jede Beziehung zur historischen Person verloren. Das apokalyptische Motiv (Entrückung des Messiaskindes) konnte gar nicht auf den historischen Menahem übertragen werden, der im Mannesalter getötet wurde."; auch KARRER 1991, 144f haben einen Bezug auf den historischen Menahem bestritten, denn „die rabbinische Legende (bezieht sich) nicht weiter als bis zu einem am Tag der Tempelzerstörung geborenen(!) Menachem zurück" (KARRER, 1991, 145 Anm. 243). HORSLEY 1985, 348 liest in HENGEL 1976, 302 diese Ansicht, obwohl dort das Gegenteil steht.

[25] HENGEL 1976, 365−373.

[26] JEREMIAS 1962, 309f; HENGEL 1976, 306. Eigenartig ist das Gewicht, das Jos auf die niedrige Abkunft des Menahem legt, sie wäre mit die Grund gewesen, weshalb Menahem von der Partei des Eleazar abgelehnt worden sei. Lag dahinter doch zumindest der Anspruch auf davidische Herkunft? Mit der 1971 entdeckten Ossuarinschrift aus Jerusalem: „Der Familie Davids…" haben wir ein weiteres Zeugnis dafür, daß man in dieser Zeit durchaus den Anspruch auf die Abstammung von David erheben konnte, s. FLUSSER 1986, 40 Anm. 9: auch wenn die Familie Menahems nicht davidischer Herkunft war, konnte diese Annahme entstehen, weil aus ihr Messiasprätendenten kamen.

[27] Bell 2,408.433−448.

[28] Masada war die stärkste jüdische Festung (Jos, Bell 1,237f.286). Gleich nach seinem Regierungsantritt baute Herodes I. Masada zur Residenz aus, verstärkte die Befestigung und füllte die Waffenarsenale. Masada muß bekannt gewesen sein, denn Strabo lokalisiert das Tote Meer mit Hinweis auf Masada (16,2,44 = STERN 1974, 298). Schließlich konnten sich die Aufständischen in Masada am längsten halten (Bell 7,252−406). Vgl. die Zusammenfassung der literarischen und archäologischen Belege bei KEEL/KÜCHLER 1982, 368−401.

hem dann in das Geschehen in Jerusalem ein. Wie ein König zog er bereits in die Stadt ein. Er entschied mit seiner Streitmacht die Belagerung der Königsburg zugunsten der Aufständischen. Die römischen Soldaten mußten sich in die sicheren Türme Hippikos, Phasael und Mariamne zurückziehen. Der (ehemalige) Hohepriester Ananias[29] und sein Bruder Hiskija werden dagegen von den Leuten des Menahem aufgespürt und hingerichtet. Die Partei der priesterlichen Zeloten um den Tempelhauptmann Eleazar b. Ananias b. Nedebai lehnt Menahems Führungsanspruch ab und beseitigt ihn: Als Menahem in königlichen Gewändern mit seiner Gefolgschaft dem Tempelgottesdienst beiwohnt, wird er von ihnen überfallen. Einem kleinen Teil seiner Anhänger gelingt nach vergeblichem Widerstand die Flucht und sie ziehen sich nach Masada zurück. Menahem selbst wird auf dem Ophel – südlich vom Tempel, aber noch in nächster Nachbarschaft – ergriffen und unter grausamen Folterungen ermordet. Er ist der erste, der im Lauf des Aufstandes unter der Folter stirbt[30]. Warum man gerade ihn und die bedeutenden unter seinen Anhängern gefoltert hat, gibt Josephus nicht an. Sollten er und seine Anhänger gestehen, daß er, Menahem, *nicht* der „Messias" sei[31]?

Hinter dieser Auseinandersetzung wird mehr als persönliche Rivalität gestanden haben: Die priesterliche Partei der Zeloten wollte nicht nur der „Tyrannis"[32] des Menahem ein Ende bereiten, sondern griff so brutal durch, um diesen erfolgreichen „Messias", der sich so selbstverständlich an die Spitze gestellt hatte, ein für alle Mal zu beseitigen[33]. Auch das Konzept, daß nur Gott allein die Herrschaft zukommt und keinem Menschen, könnte hinter diesem radikalen Bruch und dem Zerfall der Einheit der zelotischen Partei stehen. Eleazar selbst scheint jedenfalls keinen Führungsanspruch als priesterlicher Messiasprätendent erhoben zu haben[34].

---

[29] Er amtierte ca. 47–59 n. Chr., war bekannt für seinen Reichtum und seine Habgier, die die einfache Priesterschaft verarmen ließ. Nach Jos erpreßten ihn die „Sikarier" schon vor dem Aufstand, um in römische Gefangenschaft geratene Zeloten zu befreien: Jos, Ant 20,103.131.206–213; vgl. SCHÜRER 1979, 231. Die religiösen und sozialen Gegensätze prägten die Vorgeschichte der Auseinandersetzung zwischen dem Priesteradel, den Pharisäern und dem Laienflügel der zelotischen Partei, den Menahem anführte. Diese Konflikte spiegeln sich noch in den u. S. 118 angeführten rabbinischen Erzählungen.

[30] So vor allem die am Ende des Aufstandes gefangenen Sikarier, die sich auch unter der Folter weigern, den Kaiser als ihren Herrn anzuerkennen, Jos, Bell 7,418. Zur Bereitschaft zum Martyrium bei den Zeloten s. HENGEL 1976, 261–277.

[31] Das Geständnis erspart dagegen dem Messias Jesus von Nazareth die Folter.

[32] Diesen Grund gibt Jos an. Den Begriff „Tyrann" wählt Jos mit Bedacht: Die Herrschaftsform der Tyrannis wird bereits im locus classicus, Xenoph, Mem 4.6.12 (als Ausspruch des Sokrates), definiert als μὴ κατὰ νόμους.

[33] Vgl. HENGEL 1976, 299f.371f.

[34] Anders HENGEL 1976, 300; vorsichtiger dagegen op. cit., 407. Jedenfalls trat dieser Eleazar b. Ananias hinter Eleazar Sohn des Simon in der Führung der priesterlichen Zeloten bald darauf zurück (Jos, Bell 2,564ff). Er wurde wahrscheinlich als Feldherr nach Idumäa geschickt. Jos erwähnt ihn von da an nicht mehr (Jos, Bell 2,566). Vgl. HENGEL 1976, 377.

„Obgleich sein (Menahems) Gastspiel in Jerusalem nur knapp vier Wochen dauerte, scheint er doch ‚einen tiefen Eindruck‘ bei seinen Zeitgenossen hinterlassen zu haben."[35] Josephus nennt Menahem einen σοφιστής (Bell 2,445), betont die Gefährlichkeit seiner Überzeugungskraft als Pseudomessias (vgl. Mk 13,22 par)[36] und seine pharisäisch-zelotische Herkunft. Dieser Messiasprätendent war kein schlichter Haudegen.

Daß wir diesem Menahem in zwei verschiedenen Legenden[37] in der rabbinischen Literatur begegnen, mag mit seiner davidischen Abstammung, seinen Anfangserfolgen im Aufstand gegen die Römer und dem jähen, grausamen Ende zusammenhängen[38]. Hinzu kommt das Sakrileg, daß man ihn im Tempelbereich angriff und in der Nähe des Tempels umbrachte. Der Mord signalisiert gleichsam den Anfang des Endes: Vier Jahre später ging der Tempel in Flammen auf[39].

Hengel hat in diesem Zusammenhang zu Recht darauf hingewiesen, daß der Satz „um seinetwillen wurde der Tempel zerstört, um seinetwillen wird er wieder aufgebaut" zum Kern unserer Erzählung gehört. Beides, die Tempelzerstörung und den Mord an Menahem, konnten diejenigen, die hinter der Entstehung dieser Tradition standen, offensichtlich nur verwinden und verstehen, wenn es einem anderen, höheren Konzept der göttlichen Providenz entsprach[40].

---

[35] HENGEL 1976, 301; GRESSMANN 1929, 460 nennt Menahem „Märtyrer".

[36] Wenn die Notiz des Jos (Bell 2,445) glaubwürdig ist und nicht nur seiner Tendenz entstammt, könnte man daraus entnehmen, daß das Volk zur spontanen ‚Lynchjustiz‘ entschlossen zu Steinen griff, um die kollektive Hinrichtung an dem Gotteslästerer zu vollziehen.

[37] Außer unserer Legende und ihren Varianten, siehe die Berichte von Menahem, dem Schüler Hillels, der seinen Lehrer – zusammen mit 80 Paaren von Gelehrtenschülern bekleidet mit goldenen Panzern – verlassen habe (yHag 2,2; bHag 16b; ARN A 14 (Schechter 29a). Dazu HENGEL 1976, 302; HENGEL 1984, 44. Auch diese Nachricht unterstreicht, daß Menahem aus dem Milieu der zelotischen Pharisäer kam.

[38] Vgl. bSan 93b: Die Rabbinen haben Bar Kochba ohne ordentliches Gerichtsverfahren getötet, weil er nicht „riechen" konnte, d. h. das messianische Unterscheidungsvermögen nicht besaß. Wahrscheinlich wurde das Schicksal Menahems auf Bar Kochba übertragen. Das „Riechenlassen" könnte eine Reminiszenz an die Folterung Menahems sein.

[39] Dazu HENGEL 1976, 302. In der Niederlage von Herodes Antipas im Krieg gegen die Nabatäer, sahen manche Juden die gerechte Strafe für den Justizmord an Johannes dem Täufer (Jos, Ant 18,116).

[40] Vgl. SCHWEMER 1991a, 72ff zu Ex 15,17f; 4 QFlor. Jos gibt den „Tyrannen der Juden" und ihrem „Räuberanhang", d. h. den Zeloten, und den „blutbefleckten Händen" der Aufständischen die Schuld daran, daß Gott sein Heiligtum verlassen und der Zerstörung preisgegeben habe; so betont hervorgehoben im Proöm des Bellum (1,9–12) und vor allem in seiner Rede vor den Mauern Jerusalems (Bell, 5,401–407 u. ö.). Vgl. u. Anm. 64.

2. Die Motive

Um die Verbindung und den Unterschied zwischen dem historischen Schicksal Menahems und seiner Darstellung in der Legende zu erklären, griff man zur literarkritischen Schere. Meyer[41] hat im Anschluß an Greßmann[42] diese Erzählung in zwei Schichten geschieden: Die erste Schicht sei eine Legende, die auf der „apokalyptischen Berechnung" beruhe, daß an dem Tage, an dem der Tempel in Flammen aufging, der Messias kommen solle. Sie sei nach der Katastrophe von 70, dem Ausbleiben des Messias entsprechend, umgewandelt worden. In dieser sekundären Überarbeitung sei nun Menahem ben Hiskija und die Notiz „Wir glauben, daß wie der Tempel um seinetwillen zerstört worden ist, er auch um seinetwillen (wieder) aufgebaut wird" ergänzt worden. Und so kommt Meyer – in der Sprache seiner Zeit – zu dem Schluß, auf diese Weise habe man in den Zelotenführern Hiskija und Menahem „das Dogma vom entrückten und wiederkehrenden Messiaskönig Gestalt gewinnen lassen"[43].

Diese Argumentation hat heute ihre Überzeugungskraft verloren (s. GOLDBERG, loc. cit. o. Anm. 24).

Genaueren Aufschluß über die Zusammenhänge verspricht dagegen die Untersuchung der Motivik.

2.1 Die Kuh und der Ochse

Auffällig erscheint auf den ersten Blick das seltsame Nebeneinander von einer schreienden Kuh und einem Ochsen vor dem Pflug, den der Jude nach der Anweisung des Arabers aus- und wieder einspannen soll. Wenn die Tiere von der Szene abtreten und verkauft werden, dann werden sie zusammengefaßt als „Rinder" (תורי)[44].

Die Erzählung scheint damit zu rechnen, daß der Pflüger ein ungleiches Paar in sein Joch gespannt hat. Das widerspricht zwar nicht dem Kil'ajim-Gesetz (Dtn 22,10 vgl. mKil 2,8), scheint aber doch ungewöhnlich. Der Jochbalken,

---

[41] MEYER 1940, 77ff.

[42] GRESSMANN 1929, 460: „Diese Erzählung ist nicht im Hinblick auf Menschen erdichtet worden; sie war vielmehr als herrenloses Gut vorhanden und wurde auf seinen Namen überschrieben. Das muß *bald nach dem Jahre 70 n. Chr.* geschehen sein" (im Original gesperrt).

[43] MEYER 1940, 79.

[44] Die HSS und Editionen zeigen eine Variantenvielfalt, die dem Bemühen entspringt, entweder nur von einer Kuh oder nur von Ochsen zu sprechen. So soll z.B. in yBer von MS Paris und MS London die Kuh auch aus- und eingespannt werden (s. SCHÄFER/BECKER 1991, 62f). Diese Tendenz zeigt sich auch in den hebr. Fassungen der Legende. Die modernen Übersetzer (mit Ausnahme von Bill. und Meyer) haben sich dagegen durchgehend für „Ochse(n)" entschieden. Entsprechend wird das Problem in der Sekundärliteratur übersehen.

der in der Antike verwendet wurde, verlangt etwa gleichgroße und gleichstarke Tiere vor allem bei der schweren Arbeit des Pflügens[45]. Sprichwörtlich und normal war ein Ochsengespann vor dem Pflug[46]. Doch man pflügte natürlich auch durchaus mit Kühen[47].

Die denkwürdigste Begegnung zwischen einem mit Ochsen pflügenden Bauern und einem vorübergehenden Mann finden wir im AT bei der Berufung Elischas durch Elija[48]: Zum Zeichen für den Bruch mit dem seßhaften bäuerlichen Leben, schlachtet Elischa seine zwölf Joch Ochsen an Ort und Stelle zum Opfermahl für seine Knechte. Die hölzernen Pflüge dienen als Feuerholz.

Wenn unsere Geschichte auf dieses geläufige Vorbild anspielt, wogegen nichts ernsthaft spricht – im Gegenteil: Der überraschende Wechsel in den Plural in yBer „spann deine *Ochsen* wieder ein, spann deine *Pflüge* wieder ein", könnte durch 1 Kön 19,19ff veranlaßt sein –, so formt sie den Stoff ganz frei um: Der Ochse wird wohl aus- und nicht wieder eingespannt, die Rinder aber nur verkauft und nicht geschlachtet. Der Bruch mit der Vergangenheit dient anscheinend nur einem Berufswechsel. Dieser (schein)realistische Zug läßt dennoch immer noch etwas von der Plötzlichkeit des Umschwungs in der alten Berufungserzählung mitschwingen[49].

Seltsamer mutet die schreiende Kuh an. Hier könnte man an das Ordal denken, bei dem die Philister, um die Lade Gottes wieder loszuwerden, junge Kühe von ihren Kälbern trennten und vor den Wagen mit der Lade spannten. Diese rannten brüllend, aber schnurstracks von ihren eingesperrten Kälbern weg und brachten die Lade zurück nach Israel (1 Sam 6). Doch hat unsere Geschichte damit etwas zu tun[50]?

Unter den vielen Erzählungen von der Geburt einer Rettergestalt bzw. eines Heilskönigs, die mit Geburtsankündigung (an Mutter oder Vater) bzw. der Geburtsverkündigung an Außenstehende verbunden sind, findet sich auch eine, die unserer Legende darin erstaunlich nahe kommt, daß eine schreiende

---

[45] Sir 26,7: „Ein schwankendes Ochsenjoch ist eine böse Frau..."

[46] In den antiken Fabeln lassen sich Beispiele für die Bedeutung des Ochsen in der antiken Landwirtschaft finden: zum Pflügen mit Ochsen vgl. Aesop, Bauer und Wolf (SCHNUR 1985, 70f); Frau und Bauer (SCHNUR, 1985, 158f); Avian, Bauer und Schatz (SCHNUR, 1985, 328f); Feldarbeit verrichtete man mit Ochsen s. Babr, Nr. 21, Ochsen und Metzger (SCHNUR, 1985, 258f); sie dienten aber auch als Zugtiere vor Wagen, s. Babr, Nr. 20, Herakles und Kuhhirt (SCHNUR, 1985, 258).

[47] Vgl. Dtn 21,3; Num 19,1ff. Auch die hebräischen Varianten unserer Legende in YalqM Mish (Grünhut 103b) und EkhZ B 1,2 (Buber 73) sprechen von einer Kuh vor dem Pflug, lassen dann aber konsequent den Ochsen ganz weg.

[48] 1 Kön 19,19ff. Zur Wirkungsgeschichte s. HENGEL 1968, 18f.

[49] Deshalb nennt KRAUSS 1911,8 unseren Juden einen „Schwärmer", s. dazu u. Anm. 66.

[50] Zum „Schreien" der Kühe von 1 Sam 6,12 in der rabbinischen Exegese s. ALEXANDER 1983, 231; vgl. PRIGENT 1990, 210. Ebenfalls auf einer anderen Ebene liegt der von B. EGO, in diesem Band S. 165ff. 169, besprochene Bußritus der Araber.

„Kuh" eine entscheidende Funktion erhält[51]. In den Vitae Prophetarum (VP)[52] heißt es in der Geburtslegende des Elischa[53]:

> 22.1 Elisaios war aus Abelmaoul (aus dem) Land des (Stammes) Ruben.
>
> 2 Und bei diesem ereignete sich ein Vorzeichen,
> denn als er geboren wurde,
> schrie in Gilgal das Goldene Kalb (= Kuhkalb) gellend,
> so daß es in Jerusalem zu hören war.
>
> 3 Und der Priester sagte durch die Orakelsteine:
> „Ein Prophet wurde (in) Israel geboren,
> der ihre behauenen und gegossenen (Götterbilder) zerstören wird.

Die gemeinsamen Elemente:

1. Es handelt sich in beiden Fällen um eine Geburtslegende.
2. Die Geburt wird durch ein Omen Außenstehenden angekündigt.
3. Das Omen wird durch eine schreiende „Kuh" gegeben.
4. Das Omen wird durch einen „Experten" gedeutet:
   a) auf die Geburt eines Kindes,
   b) auf die Zerstörung von Götterbildern/des Heiligtums.
5. Gemeinsam ist die örtliche Trennung von der Stelle, an der das Omen gegeben wird, und dem Geburtsort.

Zwar lassen sich für einzelne Motive andere Parallelen finden[54], doch diese Häufung an Gemeinsamkeiten scheint kein Zufall zu sein. Der Schrei einer Kuh[55] als Omen begegnet m. W. nur an diesen beiden Stellen.

---

[51] ZELLER 1991, 751ff (Lit.) beschreibt unsere Stelle mißverständlich: „Nach pBer 2,4 (Bill. I, 83) hört ein Araber die Kuh eines Juden brüllen: ‚Geboren war der König, der Messias.'." Davon, daß die Kuh mit menschlicher Stimme schreit, steht nichts in unserem Text. In EkhaZ B (Buber 73) wird dagegen das Schreien der Kuh zweimal von einer Himmelsstimme übernommen, die den Araber verdrängt hat. In BerRbti (Albeck, 131 = Even-Shemuel 1968, 304f; u. ö.) hört *Elija* zweimal eine Himmelsstimme, die für die Ankündigung der Zerstörung des Tempels ein altes aramäisches Orakel verwendet. Zu diesem Orakel, s. SCHWEMER 1991b. In EkhZ B 1,2 tritt Elija an die Stelle des Bauern und Händlers in unserer Geschichte, s. dazu u.

[52] Text: T. Schermann, Prophetarum vitae …; (Teubner) Leipzig 1907; die sog. anonyme Rezension auch im Textanhang von DENIS 1987, 868−871. Meine Kapitel- und Verszählung richtet sich nach DENIS 1987. Die VP, die als Schrift insgesamt nur christlich tradiert wurden, gehen auf eine jüdische Grundschrift zurück. Sie enthalten in knapper Form biographische Nachrichten über die atl. Propheten. Die VP zeigen u. a. Berührungen mit zelotischen Vorstellungen. D. h. aber nicht, daß sie ihrem Ursprung nach zelotisch sind. Sie gehören in den größeren Bereich des pharisäischen Milieus, aus dem auch die Zeloten letztlich stammten. Ausführlicher dazu in meinem fast abgeschlossenen Kommentar zu den VP.

[53] Text: Schermann, 95 vgl. 7.53.67.

[54] HENGEL 1976, 301 Anm. 2 weist schon auf das Motiv der Tempelzerstörung in der Geburtslegende von Alexander d. Gr. hin.

[55] δάμαλις „Kuhkalb" ist in der LXX (1 Kön 12,28.32; 2 Kön 10,29;17,16; Tob 1,5) die pejorative Übersetzung für die (Stier-)Kälber (עגל) Jerobeams; daß aus עגל/δάμαλις wiederum eine ausgewachsene Kuh werden kann, zeigt Jos, Bell 4,3, wo er vom Heiligtum in Dan als dem „Tempel der goldenen Kuh" (τὸν τῆς χρυσῆς βοὸς νεώ) spricht, vgl. Michel/Bauernfeind/Betz 1958; zur polemischen Umkehrung der Geschlechter: HENGEL 1984, 50ff; ein

Während in der Menahem-Legende die „Kuh" völlig unmotiviert erscheint und mit dem Ochsen vor dem Pflug in eine seltsame Konkurrenz tritt, steht die „Kuh" in der Elischa-Legende in einem sinnvollen Zusammenhang: Das Goldene Kalb in Gilgal[56] kündigt durch seinen einmaligen Schrei an, daß es selbst und alle seinesgleichen vernichtet werden wird durch den neugeborenen Propheten. Deshalb stößt es einen Schmerzensschrei aus. In der Deutung des Omens durch den Priester wird jedoch die positive Aussage zuerst hervorgehoben: Ein Prophet ist geboren! Und der „Götze" selbst muß damit seinen Untergang ankündigen. Der Schrei des Goldenen Kalbes in Gilgal ist wie das Brüllen unserer Kuh ein unartikulierter Tierschrei, der als reines Omen der Deutung bedarf. Doch während das Kuhkalb von Gilgal ein und für sich stummer Götze ist, der nur einen „dämonischen" Schrei ausstoßen kann, wird das Motiv in der Menahem-Legende ganz realistisch verwendet, wodurch allerdings der Wechsel zwischen Kuh und Ochse um so erstaunlicher wird. Diese realistische Verwendung bringt es mit sich, daß in der Menahem-Legende eine direkte Beziehung zwischen dem omengebenden Tier und der Deutung fehlt[57].

Es kommt zu einer doppelten Brechung: Einmal entstammt ja das Tier vor dem Pflug, der Ochse, der Erzählung von Elischas Berufung. Die Kuh tritt völlig unmotiviert auf den Plan, deshalb kommt es zu den oben erwähnten Korrekturen (s. Anm. 44), die den Wechsel der Geschlechter zu vermeiden suchen. Die „Kuh" muß jedoch wie der „Ochse" zur ursprünglichen Geschichte gehört haben, sonst hätte sie sich nicht so zählebig in den Textvarianten erhalten. In den späteren hebräischen Fassungen ist dann nur noch von der פרה die Rede[58]. Erst die Nonchalance moderner Übersetzer (wohlgemerkt nicht Billerbeck und Meyer!) hat sie völlig aus dem Text von yBer und EkhR vertrieben: Hier gibt es nur noch „Ochse(n)".

Zum anderen wird der ursprünglich „eine" Schrei in zwei Phasen[59] aufge-

---

Exemplar eines solchen „Stierkalbes" fand man jetzt in Askalon, s. STAGER 1991. Aber auch den umgekehrten Fall gibt es: Auf der Westwand in der Synagoge von Dura Europos (GOODENOUGH 1964, Pl. 334) sind in der Schilderung von 1 Sam 6 deutlich Ochsen vor dem Wagen mit der Lade dargestellt.

[56] Zu dieser Lokalisierung s. meine Untersuchung zu den VP.

[57] Die direkte Beziehung zwischen dem Omen gebenden Tier und den Ereignissen wird in einer späteren Version (EkhZ B 1,2, Buber, 73; dt. Üs. GRESSMANN 1929, 450f u. ö.) sekundär wiederhergestellt: Zuerst trauert die Kuh, indem sie unaufhörlich brüllt. In ihr Klagen stimmt der Bauer ein, sobald eine Himmelsstimme es ihm erklärt. Doch „nach zwei, drei Stunden stellte sich die Kuh wieder auf die Beine und hüpfte freudig umher", und wieder gibt die Himmelsstimme die Deutung. Vgl. die Himmelsstimmen in BerRbti, o. Anm. 51.

[58] YalqM Mish (Grünhut, 103b); EkhZ B 1,2 (Buber, 73); GRESSMANN 1929, 450f.

[59] Wir werden der Aufteilung in zwei „Phasen" noch einmal bei der Betrachtung unserer Legende begegnen. Ihr verdanken – nicht nur – die rabbinischen Legenden viele Details; analog verwendet schon Mt diese Methode in der Schriftauslegung, um „die wörtliche Erfüllung der profetischen Weissagung durch die Geschichte Jesu" aufzuzeigen, HENGEL 1987b,

teilt: Der erste kündigt die Zerstörung an; erst der zweite die Geburt des Kindes. Damit werden die beiden Geschehnisse gegenüber der Elischa-Legende umgetauscht und dem Zweck der neuen Erzählung angepaßt, wonach zuerst der Tempel zerstört und dann der Messias geboren wird. Daß bei bzw. nach der Zerstörung des Tempels der Messias ‚geboren' wird, geht bekanntlich auf die Auslegung von Jes 10,34 und 11,1 zurück, die R. Bun nicht als erster vorgebracht hat[60].

Während der Jude, der Araber und die Kuh sich an einem unbestimmten Ort – nirgendwo und überall – befinden[61], betrifft die Deutung des Omens zwei Orte: Jerusalem und Betlehem. In der Elischa-Legende wird dagegen die Deutung des Omens in Jerusalem gegeben, denn dort war der Schrei zu hören. Auch hier legt es sich nahe zu vermuten, daß ein Motiv legendär umgewandelt wird. Denn wenn bei der Bildung unserer Legende die Geburtslegende Elischas Pate gestanden haben sollte, könnte man annehmen, daß vielleicht ursprünglich sogar der negative Aspekt in der Elischa-Legende mit hereingespielt hat: Der Zweite Tempel wäre dann mit den „Götzen" Altisraels gleichgesetzt worden[62]. Jedenfalls könnte man, wenn die Bezüge zwischen dem Stoff der VP und unserer Legende sich weiterhin als verhältnismäßig eng erweisen sollten, eine solche – den Zweiten Tempel ablehnende – polemische Tendenz in unserer Geschichte nicht von vornherein abweisen[63]. Wenn dem so ist, so schwingt diese polemische Verschlüsselung in unserer Geschichte nur noch ganz untergründig mit. Im Vordergrund – und solche Mutmaßungen korrigierend – steht dagegen der Satz des Juden zur Mutter: „Wenn um seinetwillen der Tempel zerstört wurde, so wird er um seinetwillen wieder aufgebaut."[64]

---

343 Anm. 30. Zur Weiterbildung und Verschlüsselung historischer und legendärer Stoffe in den rabbinischen Legenden vgl. HENGEL 1984.

[60] S. dazu o. S. 115 Anm. 18.20.

[61] Auch das wird später berichtigt: Nach EkhZ B 1,2 (Buber, 73) pflügt der Bauer vor den Toren Jerusalems, und das Kind wird in Jerusalem geboren. GRESSMANN 1929, 455 hielt diese Variante für die ursprünglichste. Man wird ihm kaum folgen können.

[62] Vgl. Mk 14,58: „mit Händen gemacht" legt dem Tempel „ein ganz schlimmes Epitheton" bei (GNILKA 1988, 426); nach atl. Sprachgebrauch (Dtn 5,4.23;6,27 u.ö.) sind Götzen „mit Händen gemacht"; vgl. Apg 6,13f;7,47–50; SCHWEMER 1991b, 351–357.

[63] Vgl. Jos, Bell 4,386f.

[64] Normalerweise wird die Zerstörung des Tempels ganz anders begründet: „Um unserer Sünden willen wurde der Tempel zerstört", s. dazu Aquila u. TJon zu Jes 53,5; 4 Esr 3,25 u.ö.; sBar 77,10. Doch diese Einsicht ist schon älter, auf den Ersten Tempel bezogen: Ez 8–11 u.ö.; Klgl 1,5;3,42; Bar 2,26; vgl. 4 QFlor (wo der Zweite eingeschlossen ist). Entsprechend hat sich nach 70 auch die ältere Legende vom Tod Sacharja ben Jojadas (2 Chr 24,17–22) verändert: Wegen des Mords an diesem Propheten im Tempel wurde der Erste Tempel zerstört. Zur variantenreichen rabbinischen Überlieferung s. DUBOIS 1978, 73–118.308a–320b. Eine der Menahem-Legende analoge Historisierung finden wir in Mt 23,35: Während in der Logienquelle von Sacharja ben Jojada (2 Chr 24) als letztem ermordeten Propheten die Rede war, aktualisiert Matthäus und bestimmt diesen Propheten und Gerechten näher als Sacharja Sohn des Bareis (Berechja = Jos, Bell 4,334–344), der etwa im Jahr 67/68 von Zeloten im Tempel umgebracht wurde. Judenchristliche Überlieferung führt die Zerstörung auf den gewaltsamen

Sicher scheint mir zu sein, daß sowohl die Begegnung mit dem mit einem Ochsen pflügenden Bauern wie die „brüllende Kuh" aus dem Legendenkreis um Elischa/Elija stammen. Nur so wird der erstaunliche Wechsel zwischen Ochs und Kuh in unserem Text verständlich. Er weist auf den Propheten Elischa hin und indirekt über ihn wieder auf Elija.

2.2 „Suchen und Finden" und die „Kinderwäsche"

Wie der Mann im Gleichnis (Mt 13,44) verkauft der Jude alles, was er hat, und wird Händler[65] für Säuglingswäsche[66]. Dieser Zug der Erzählung kommt überraschend. Denn Name, Vatersname und Heimatstadt des neugeborenen Messiaskindes waren dem Mann doch bekannt. Mit solchem Wissen hätte er schnurstracks nach Betlehem gehen und sich am Tor der Stadt nach Straße und Haus erkundigen können[67]. Diesen eigenartigen Bruch haben Greßmann und Meyer gesehen: Wenn man den zweiten Teil des Zwiegesprächs zwischen dem Araber und dem Juden mit den Angaben über Herkunft und Namen des Messias herausschneidet, fällt der – für moderne Augen – logische Anstoß in der Erzählung weg: Wenn der Jude höchstens weiß, daß der Messias geboren ist und sonst nichts, dann muß er sich auf die Suche nach dem Kind und seiner Mutter machen.

Doch man wird diesem logischen Bruch nicht literarkritisch beikommen. Die Ungereimtheit ist nicht größer als der Wechsel zwischen Kuh und Ochse und liegt ganz auf derselben Ebene: der Mischung legendärer Topoi. Es könnte sein, daß hier – ganz abgesehen davon, daß das Motiv der Suche nach Mutter

---

Tod des Herrenbruders Jakobus (im Jahr 62) zurück (Hegesipp bei Eus, Hist Eccl 2,23,4−18; Orig, Comm in Mt 10,17 [GCS 10,22] vgl. HENGEL 1985, 75). Die großkirchliche Polemik sieht darin mit schärferer antijüdischer Tendenz die Strafe für die Kreuzigung des „Gesalbten" Gottes, aber auch für die Verfolgung der Apostel (Eus, Hist Eccl 3,5,7 vgl. 3,5,3); vgl. Tertullian, Marc 3,23,3f (CChr.SL I, 540); Jud 13,1.24.26 (CChr.SL II, 1339ff); Hipp, Jud 7 (SBAW 1936, 3, 21, 8−12); Orig, Cels I 48; IV 23 u.ö. Christliche Polemik und unsere jüdische Legende gehen in diesem Punkt parallel.

[65] Die Verkleidung in einen Händler ist ein altes orientalisches Erzählmotiv. Die Händler par excellence der Antike waren zu Land die Araber; ihnen entsprechen die Kreter, die Handelsmacht auf dem Meer. Vgl. Apg 2,11 stehen in der Aufzählung der „frommen Männer aus allen Völkern", die wohnhaft waren in Jerusalem, die Kreter und Araber an letzter Stelle.

[66] KRAUSS 1911, 8: „Die Ausstattung des Kindes kam gar nicht billig zu stehen; jemand, allerdings ein Schwärmer, verkaufte Ochsen und Pflug, um dem Kind Wickelkleider kaufen zu können." Krauss ist entgangen, daß unsere Geschichte ganz (schein)realistisch erzählt: Ohne Kapital kann man keine neue Existenz als Unternehmer gründen.

[67] Auch die Kindheitserzählungen der Evangelien kennen das Motiv der Suche nach dem Messiaskind. Sie betonen jedoch viel stärker das wunderbare Gelingen des Findens (Mt 2,11 wird im Gegensatz zu Lk 2,16 auch nur von Mutter und Kind geredet); nur Mt enthält ein retardierendes Moment (den Aufenthalt der Weisen in Jerusalem bei Herodes), das die folgenden Ereignisse motiviert und einleitet.

und Kind (in Betlehem) wahrscheinlich zur Messias-Haggada[68] gehört – auch die Elija-Haggada hereinspielt: Daß Elija die Witwe in Sarepta sofort fand, erscheint in den VP erklärungsbedürftig: So heißt es in der Jona-Vita der VP abweichend von 1 Kön 17,17ff: Elija *fand* die Witwe *und ihren Sohn,* weil er sich nicht bei Unbeschnittenen aufhalten konnte[69]. Die spätere Erklärung dafür, daß Elija die Witwe sofort fand, hält sich an den Schrifttext und ist schriftgelehrter: Er machte es wie Elieser bei der Brautschau für Isaak und verlangte zu trinken[70]. Möglich ist auch, daß noch ein weiteres Motiv aus 1 Kön 17 hier hereinspielt. Denn 1 Kön 17,17−24 berichtet vom Tod und der Wiederbelebung des Kindes durch Elija. Rationalem Denken scheinen zwischen der Sarepta-Episode und unserer Erzählung Welten zu liegen. Doch legendarische Erzählweise rechnet mit den assoziativen Verbindungen, die sich beim Hörer/ Leser unmittelbar einstellen. Deshalb ist es gar nicht unwahrscheinlich, daß eine solche Assoziation in der Erzählung intendiert und die Wiederbelebung des Kindes der Witwe von Sarepta antitypisch aufgenommen wird. Die frühjüdische Fassung der Legende erzählte, dieses Kind sei der Prophet Jona gewesen[71]. In späterer Überlieferung kann es dagegen heißen, es habe sich um den Messias ben Joseph[72] gehandelt. Diese Abwandlung wird durch unsere Menahem-Legende verständlicher, die Legende vom Messias ben Joseph würde dann in ihre Nachgeschichte gehören und nähme Gedankenverbindungen auf, die in der Menahem-Legende angelegt sind.

Doch dieser Bezug erscheint verhältnismäßig locker. Wenn von der Geburt des Messias die Rede ist, taucht jedenfalls das Paar „Mutter und Kind" auf (vgl. Jes 7,14). Mit der Mutter tritt die dritte handelnde Person auf die Bühne des Geschehens, die Menge der Frauen stellt – wie schon gesagt – nur den „Chor" im Hintergrund dar, der durch die (schein)realistische Umformung bedingt ist. Das Motiv der „Kinderwäsche"[73] unterstreicht, daß es sich bei dem neugebore-

---

[68] Mt 2,1−12, wo sogar bei Mt in V. 11 nicht vom Vater die Rede ist, obwohl der in seiner Kindheitserzählung eine wichtige Rolle spielt; Lk 2,12.16 wird dagegen auch Joseph erwähnt.

[69] VP 10,5 (Schermann, 83 vgl. 19.31.56f).

[70] Auch Jos hält die Stelle für erklärungsbedürftig und schiebt eine weitere göttliche Offenbarung an Elija ein (Ant 8,321).

[71] Jona-Vita: VP 10,5 (Schermann, 83f vgl. 19.31.57).

[72] GINZBERG VI, 351 Anm. 38 (vgl. 318 Anm. 9): SER c. 18 (Friedmann, 97f). Wenn Zusammenhänge mit unserer Geschichte bestehen, könnte man auf die Annahme christlichen Einflusses (so Ginzberg) verzichten. Der Messias ben Joseph ist der leidende Messias, er stirbt im Endgeschehen und steht dem Messias ben David gegenüber. Zur Teilung der Messiasbilder s. Müller 1991, 319ff.

[73] Auch completum, s.v. „gekrämpeltes Zeug, Filz"; Levy, s.v. „gekrempeltes grobes Zeug für Kinder"; Jastrow, s.v. „felt-clothes for children"; KRAUSS 1911, 432 Anm. 78 „die Kleider heißen לבדין ... wie es scheint nicht Windeln allein, sondern die ganze Kleiderausstattung". DALMAN 1927, 58 „grober dichter Stoff (Filz)". Das dazugehörige Verb לבד hat die Grundbedeutung „verbinden, befestigen", s. Auch completum, s.v. Vgl. die – allerdings wesentlich ältere – Darstellung der Bänder und Windeln bei der „Göttermutter mit Zwillingen" aus Megara Hyblea, um 540−530 v.Chr. (FUCHS 1969, 250, T. 274).

nen Kind um einen hilflosen, „normalen" Säugling handelt[74]. Nun hat eine werdende Mutter – in der Antike wird es nicht anders gewesen sein – vieles vorbereitet für das kommende Kind, besonders natürlich die Windeln für das hilflose, kleine Wesen. Es gehört zu den Geheimnissen unserer Geschichte, daß der Jude als Händler mit *Windeln* die Mutter finden will. Uns ist das Motiv wohlvertraut, denn die Hirten werden „das Kind finden in Windeln gewickelt", d. h. neugeboren, aber fürs erste wohl versorgt; daß es in einer Krippe liegt, deutet die besonderen Umstände seiner Geburt an: Damit wird dem Hirtenmilieu der David-Haggada ein realistischer Zug entnommen[75].

Hier erscheint jedoch eine Mutter, die ihr Kind nicht gut versorgt[76], die ihm den Tod wünscht. Vielleicht ist in der Betonung der „Kinderwäsche" noch ein weiteres Element der Elija-Legende, wie sie die VP bewahrt haben, enthalten. In der Geburtslegende der Elija-Vita der VP heißt es: Der Vater (bzw. die Mutter) sieht im Traum kurz vor der Geburt des Kindes, wie Engel diesen Sohn u. a. in Feuer wickeln[77]. Das wird nun wiederum auf die künftige Rolle des Propheten Elija gedeutet, der damit von Anfang an in enge Beziehung zu den Engeln und der himmlischen Welt rückt. Es könnte hier einen Anknüpfungspunkt geben.

Frühe und späte Legenden berichten, daß Elija den Armen mit einer Leihgabe aus der Not hilft[78] und wiederkommt, um zu sehen, ob sie richtig damit umgegangen sind. Es ist deshalb gar nicht so verfehlt, wie Greßmann (451 Anm. 3) denkt, wenn in einer späteren, hebräischen Variante unserer Geschichte der „Händler" als Elija gedeutet wird[79], sondern zeigt, daß man immer noch den alten Zusammenhang unserer Geschichte mit Elija erkannt hat.

---

[74] Dagegen wird Melchisedek nach slav Hen 71 aus der toten Mutter geboren und erscheint als dreijähriges, *bekleidetes* und sprechendes Kind mit dem „Siegel" der Hohenpriesterschaft (= Ephod oder Urbild der Priesterschaft?) auf der Brust, vgl. ANDERSEN 1983, 206f; BÖTTRICH 1992, 207ff. Vgl. u. Anm. 96.

[75] LXX Ps 151; 11 QPs[a] 151 (DJD IV, 54−64); s. HENGEL 1973, 56.

[76] Besonders ausgestaltet wird dieses Motiv in der Variante BerRbti (Albeck, 131 [u. a.]): Die Mutter läßt das Kind in seinem Blut vor der Haustür liegen (vgl. Ez 16,4) und sitzt untätig daneben.

[77] VP 21,2 (Schermann, 93 vgl. 6.53.66f)
   „Als er geboren werden sollte,
   sah Sobacha, sein Vater,
   daß weißleuchtende Männer ihn begrüßten,
   und daß sie ihn in Feuer wickelten
   und ihm eine Feuerflamme zu essen gaben."

[78] Zu Elija als Nothelfer vgl. LEVINSOHN 1929, 17−24; WIENER 1978, 136−140 u. ö.; BERLIN 1976, 69−76. Zum Geldleihen: Dtn 15,7−11; Sir 29,1f; Mt 5,42; Bill. I, 346−353; GRESSMANN 1929, 455.

[79] GRESSMANN 1929, 451f; BerRbti (Albeck 131; u. ö.; s. o. Anm. 3).

2.3 Der Raub des Kindes durch Stürme

Auf sicherem Boden bewegen wird uns dagegen wieder bei der Entrückung[80] des Kindes. Meyer erkannte im Anschluß an Greßmann in der Entrückung Menahems wieder das Messias-„Dogma"[81]. Doch der Raub des Kindes durch „Wirbelstürme" signalisiert schon durch die Wortwahl das atl. Vorbild: die Entrückung Elijas[82].

Daran daß der gewaltsame Tod Menahems als Entrückung verstanden wurde, ist zunächst nichts Ungewöhnliches. Den unzeitigen, frühen Tod umschreiben griechische Grabgedichte gern euphemistisch mit „Entrückung"[83]. Wie naheliegend es auch im jüdischen Bereich war, den frühen Tod so zu deuten, zeigt Weish, wo der Tod des Gerechten analog zu Henochs Entrückung beschrieben wird[84]. Unsere Legende wählt jedoch als direktes Vorbild Elija, nicht Henoch, – und das aus guten Gründen. Denn Elija wurde wegen seines *Eifers* für das Gesetz von Gott entrückt (1 Makk 2,58):

Ἠλιας ἐν τῷ ζηλῶσαι ζῆλον νόμου ἀνελήμφθη [ὡς] εἰς τὸν οὐρανόν[85].

In den VP heißt es entsprechend über Elija in der vollständigeren Fassung der Rezension Ep 2, die hier die ursprünglichere Textform bewahrt hat (Schermann, 67)[86]:

---

[80] Vgl. Schmitt 1990, 543–547; Schmitt 1986, 325–347; Lohfink 1971, 69 weist auf unsere Stelle hin mit der Bemerkung: „Das ist zwar eine wirkliche Entrückung. Sie bleibt für uns jedoch uninteressant, da sie *vor* dem öffentlichen Auftreten des Messias geschieht." In der Aufzählung der Zahl der Entrückten in DEZ 1,20 „Es gibt neun, die den Gan Eden lebendig betraten" folgt auf Elija sofort der Messias; vgl. dazu den Kommentar van Loopik 1991, 205–218, der jedoch für den Messias nur auf 4 Esr hinweist (205).
Auch das Melchisedek-Kind wird nach slav Hen 71f (Andersen 1983, 206ff) „entrückt": 40 Tage hält es sich im Zelt seines Pflegevaters Nir auf, danach wird es von Michael ins Paradies geholt, um in der Endzeit wieder zu erscheinen.

[81] Meyer 1940, 79, s. dazu o. S. 119.

[82] TJon zu 2 Kön 2,11: בעלעולא; yBer: עלעולי; EkhR: עלעולין; den Pl. sollte man nicht auf Dämonen deuten, so Jastrow, s.v., obwohl die Winde natürlich als kräftige Männer mit Flügeln abgebildet werden; vgl. zur Darstellung der Winde als geflügelte Männer bei der Apotheose eines Kaisers: Grabar 1967, 285.287 (Abb. Nr. 327.328); der Wirbelwind von 2 Kön 2,11 wird Zohar Hadash Ruth 1,1 als Todesengel, den Elija besiegt und unter seine Füße getan habe, interpretiert, s. Ginzberg IV, 201; VI, 323 Anm. 33.

[83] Vgl. Peek 1960, dort allein 17 Stellen; Schmitt 1986, 336.

[84] Weish 4,7–11; dazu Schmitt 1986.

[85] Zum Text vgl. Kappler, Göttinger LXX ³1990, 61: ὡς ist sehr gut belegt, es fehlt jedoch in der ältesten HS, dem Sinaiticus, und mehreren Minuskeln etc.; es könnte durch die Par. 2 Kön 2,1.11 verursacht sein. Rahlfs zieht den Sinaiticus vor, während Kappler dem Alexandrinus etc. folgt. Man wird dieses ὡς nicht überbewerten dürfen, Vg ist eindeutig: *receptus est in caelum*. Vgl. Hengel 1976, 158.

[86] Dazu (und den möglichen christlichen Partien dieser Stelle) ausführlicher meine Untersuchung zu den VP.

„Und da er ja als Eiferer und Hüter der Gebote Gottes genau war
und der höchsten Geheimnisse und der göttlichen Gnadengaben gewürdigt
wurde,
wurde er aufgenommen im feurigen Wagen."

Elija, der „Eiferer" für Gesetz und Reinheit Israels, war wie der „Eiferer"
Pinhas das Vorbild im „Eifer" beim makkabäischen Freiheitskampf und erst
recht im 1. Jüdischen Aufstand gegen die Römer[87]. Der Eifer für Gesetz und
Heiligtum war nicht nur in zelotischen Kreisen zum Schiboleth für jüdische
Glaubenstreue geworden, sondern auch bei den politisch gemäßigteren Pharisäern vor dem Ausbruch des Aufstandes[88]. Elija und Pinhas werden in LibAnt
48,1ff[89] identifiziert, und Pinhas wird als Elija/Pinhas entrückt. Am Ende der
Zeit wird er mit den anderen Entrückten beim Endkampf(?) eingreifen und
sterben.

Elija/Pinhas, der „Eiferer", wurde zum Heros Eponymos der Aufständischen, die den Ehrennamen „Zeloten" wählten. Im zelotischen Umfeld lag
nichts näher, als den um seines „Eifers" willen zum Märtyrer gewordenen
Menahem wie Elija/Pinhas als Entrückten zu schildern. Wenn Goldberg und
(im Anschluß an ihn) Karrer meinen, der erwachsene Menahem könne sich
nicht in der Legende in einen Säugling wandeln, so unterschätzen sie die
Freiheit der Haggada und die ihr eigenen „apokalyptischen" Gesetze der
Entsprechung[90].

Die Sturmwinde, die der Mutter das Kind entreißen, kann sich nur die
Mutter nicht deuten. Da die Erzählung mit diesem Unverständnis schließt[91],
erweckt sie mit Betonung den Eindruck eines tragischen Ausgangs nicht den
des tremendum vor der göttlichen Offenbarung. Es scheint nicht bloß ein
erzählerischer Kunstgriff zu sein, der die Zukunft offen läßt und dennoch schon
alles andeutet, sondern kann durchaus einen genuinen Nachklang vom wirklich
tragischen Geschick des historischen Menahem enthalten. Denn nur die negativ interpretierbare Seite von Elijas Entrückung, der Wirbelwind, wird aufgenommen, nicht der Feuerwagen[92].

Darin zeigt sich wieder die scheinrealistische Erzählweise unserer Legende.

---

[87] HENGEL 1976, 151−234 u. ö.

[88] Vgl. HENGEL 1991, 84; HENGEL/HECKEL 1992, Index s. v. „Eifer", „Pinchas", „Zeloten".

[89] Harrington, SC 229,320. Es ist immer noch umstritten, ob LAB vor oder nach 70 n. Chr.
abgefaßt wurde, doch scheint mir die Frühdatierung wahrscheinlicher, s. auch HARRINGTON
1985, 299; es wird sich um eine Vorstellung handeln, die die Zeloten beeinflußt hat, falls sie
nicht genuin zelotisch ist, s. HENGEL 1976, 167−172 u. ö.

[90] GOLDBERG 1979, 10ff.32−35; KARRER 1991, 144f. Vgl. u. S. 146f.

[91] EkhaR läßt es nicht bei diesem negativen Schluß, sondern wiederholt das Bekenntnis des
Händlers.

[92] Zur Darstellung von Elijas/Helios mit dem Feuer- bzw. Sonnenwagen im Zentrum des
Bodenmosaiks in der Synagoge von Bet Alpha, s. DEQUEKER 1988, 145−150.154 (Elija als
eschatologischer Retter); gegen PRIGENT 1990, 159−173 (170), der in „Helios" einen Namen
Gottes, ja Gott selbst dargestellt sieht.

Sie will damit nicht völlig platt beim Wort genommen werden, sondern auf die „wirklichen" Zusammenhänge verweisen[93]. Deshalb zitiert sie mit den „Wirbelwinden" die Entrückung des Vorbilds für alle Eiferer: Pinhas/Elija. Sapienti sat! Daß nicht gesagt wird, *wohin* das Kind verschwunden ist, hängt mit der realistischen Schilderung zusammen. Auch der Realismus ist eine Verschlüsselung des Geheimnisses[94].

Daß der Jude das Messiaskind jetzt nicht mehr „findet", hat wiederum seine Entsprechung in den Elija-Legenden des AT: Die Prophetenjünger suchten ihn drei Tage lang nach seiner Entrückung ohne Erfolg (2 Kön 2,15f; vgl. die Aufnahme desselben Motivs in Joh 7,33−36;8,21). Wie das „Suchen" und „Finden" hat auch das „Nicht-mehr-Finden" bei Elija sein Vorbild.

Durch die Entrückung wird das Messiaskind bewahrt für seine endzeitliche Aufgabe[95]. Menahem wird wie der Melchisedek des slav Hen als Kleinkind entrückt[96]. Der Messias kommt wieder zur Errichtung des eschatologischen

---

[93] MÜLLER 1991, 318f dagegen denkt an Henoch als Vorbild und betont deshalb, Menahem sei „nicht in die Nähe der göttlichen Gegenwart gebracht", sondern an einen irdischen Ort entrückt worden, wofür die späteren Versionen die Belege liefern würden. Es soll nicht verschwiegen werden, daß auch bei der Entrückung Henochs „Winde" mitspielen: 1 QGenAp 14,8f (vgl. BEYER 1984, 239) ist der aramäische Text schlecht erhalten, doch die griechische Übersetzung bietet: ἄνεμοι, νεφέλαι und ὁμίχλαι; vgl. dazu BLACK 1985, 146 u. 250 zu äthHen 70,2, wo „der Wagen des Geistes" dem Feuerwagen Elijas sekundär entnommen ist; zu den Targumim Gen 5,23f s. die synoptische Textzusammenstellung der Versionen bei GLESSMER 1988, 58. Von „Wirbelwinden" (LXX 2 Kön 2,1.11: ἐν συσσεισμῷ) ist bei Henoch keine Rede.

[94] Es wird sekundär wieder aufgelöst in YalqM Mish (Grünhut, 103b): „Wohin ist er gegangen? Einige sagen nach Rom. Denn es steht geschrieben: ‚Dort weiden Kälber, dort lagern sie und vernichten ihre Zweige'."; vgl. BerRbti (Albeck, 131) dazu SCHOLEM 1982, 339f: „Dieses tiefe Gefühl von der Unberechenbarkeit der messianischen Zeit hat... die Idee von der Verborgenheit des Messias hervorgebracht, der irgendwo schon immer da ist und den eine tiefsinnige Legende nicht umsonst am Tag der Tempelzerstörung geboren sein läßt... die Vorstellung des ständig in der Verborgenheit wartenden Messias, die viele Formen angenommen hat, freilich keine großartigere als jene, welche in einer maßlosen Antizipation den Messias unter die Aussätzigen und Bettler an den Toren Roms... versetzt hat."

[95] Vgl. MÜLLER 1991, 291f.318f; zu den dort erörterten Stellen kommt bes. slav Hen 71.72 (Melchisedek) hinzu, aber auch die Überlieferungen über die Tempelgeräte, die wie Personen angesehen und entrückt werden, z.B.: VP 2,9.11−14.

[96] Melchisedek wird ebenfalls im zarten Alter von 40 Tagen entrückt (slav Hen 72,1 [Üs. und Kommentar: Andersen 1985, 210f]). Neugeboren sah er schon aus wie ein Dreijähriger, d.h. er hatte das *Säuglingsalter* schon hinter sich (vgl. 1 Sam 1,24). Auch hier haben wir ein scheinrealistisches Element, das ganz der inneren Logik haggadischer Erzählweise folgt: Melchisedek wurde ja aus einer toten Mutter geboren und nur von Männern aufgezogen, bevor er von Michael ins Paradies geholt wurde. Auch wenn die Ausführungen über seine Wiederkunft zu seiner endzeitlichen Aufgabe jetzt stark christlich bearbeitet sind, braucht diese Passage im Ursprung nicht christlich zu sein. Zur christlichen Fortschreibung in diesen Kapiteln s. jetzt BÖTTRICH 1992, 43ff.118−125.129f. Vgl. die im Bericht des Epiph über die Melchisedekianer, Haer 55 (GCS 2 [26], ²1980, 324−337) referierte Polemik gegen jegliche − jüdische und christliche − Melchisedek-Spekulationen: Melchisedeks Mutter war eine Hure (bzw. Astarte: 326,3), deshalb ist er vater- und mutterlos (55,7,1f; op. cit. 333).

Tempels bzw. bei seiner Errichtung durch Gott. EkhaR unterstreicht diese Sicht und läßt den Händler diese Grundüberzeugung noch einmal wiederholen. Hier endet die Geschichte selbst nicht mit dem Unverständnis der Mutter, sondern mit der prophetischen Verheißung: „Wenn er um seinetwillen zerstört wurde, wird er um seinetwillen wieder aufgebaut."

2.4 Die messianischen Motive

Es ist hier nicht der Ort, die messianologischen und christologischen Probleme aufzuwerfen und zu diskutieren, doch möchte ich wenigstens kurz die als genuin messianisch angesehenen Elemente unserer Geschichte aufzählen.

2.4.1 Die Verborgenheit des Messias

Beginnen wir mit dem Motiv der „Unbekanntheit" des Messias, das dem zuletzt angesprochenen von der Entrückung des Kindes und dem Unverständnis der Mutter entspricht[97].

Durch ein paar Notizen bei Justin können wir eine andere, verwandte Ausbildung der jüdischen Messiaserwartungen in die Mitte des 2. Jh.s n. Chr. datieren[98].

Nach Justin (Apol I, 35,1) belegt Jes 9,5, daß der Messias „nach seiner Geburt verborgen leben muß vor anderen Menschen, bis er erwachsen ist". Justin kennt die Ansicht vom verborgenen Messias als jüdisch. Er legt sie seinem jüdischen Gesprächspartner Tryphon in den Mund: „Der Messias aber, wenn er geworden ist (d. h. nun existiert) und irgendwo lebt, ist unbekannt, und auch er selbst kennt sich noch nicht... bis Elija kommt und ihn salbt und ihn allen offenbar macht." (Dial 8,4f; vgl. 110,1)[99]. Es ist zwar keineswegs direkt unsere Menahem-Geschichte, die bei Justin anklingt, sondern die sehr vorsichtige, resignierte, jüdische Haltung nach drei mißlungenen messianischen Aufständen der Juden gegen Rom. Doch in der Vorsicht demgegenüber, wo und wie der Messias existiert, und in der Ansicht, daß der Messias nichts von sich selbst weiß und ihn Elija gewissermaßen erst mit sich selbst bekanntmachen und inthronisieren muß durch Salbung und Proklamation[100], berühren sich die

---

[97] Zur ‚pessimistischen' Messiasvorstellung in 4 Esr 7,29 vgl. STONE 1987, 209–224; STONE 1990, 216f; CHESTER 1992, 32f. Zum Motiv s. VP 2, 7f; vgl. meinen Kommentar z. St.

[98] Wie in der Mischna spiegelt sich hier die Vorsicht gegenüber messianischen Erwartungen, die die Zeit nach 135 n. Chr. prägt, dennoch werden die Hoffnungen nicht aufgegeben; vgl. mBer 1,5; mSota 9,15 dazu NEUSNER 1987, 270.

[99] S. SJÖBERG 1955; SKARSAUNE 1987, 266 (Lit.).

[100] Entstellend: KARRER 1991, 320f: „So wächst ab talmudischer Zeit der Herrschergesalbte erneut und verzweigter als im späten 1. Jh. zu einer übergroßen Gestalt... während Elija von seinem Salber zum Vorläufer zurückgenommen wird." (321) Das trifft auf christliche Vorstellungen zu (die sich bereits im NT finden), aber nicht auf die Fülle der hohen Funktionen, die

Notizen bei Justin und unsere Geschichte. Die Formulierungen in Dial 8,4 sind so zurückhaltend, daß sie auch einen „entrückten" Messias nicht ausschließen, aber eher unwahrscheinlich machen. Die Frage erhebt sich dann, wo und ob der Prophet „Elija" auch in der Menahem-Legende verborgen vorhanden ist, der auch nach einer ntl. Traditionslinie unabdingbar „zuvor" kommen muß, bevor der Messias sich offenbart (Mk 9,11ff)[101].

2.4.2 Betlehem

Nur aus den ntl. Kindheitsgeschichten und verhältnismäßig wenigen rabbinischen Belegen[102] wissen wir, wie wichtig die Prophetie Mi 5,1 in frühjüdischer Zeit gewesen sein muß. Sowohl Jesus von Nazareth wie unser Menahem sind gewiß nicht in Betlehem geboren, doch der Messias, als neuer Davidide, mußte dort geboren werden. Deshalb insistieren sowohl die ntl. Geburtslegenden[103] wie unsere Geschichte auf diesem Ort. Spätere Auseinandersetzungen zwischen Juden und Christen scheinen dafür zu sprechen, daß man jüdischerseits das in Mi 5,1 genannte Betlehem fast „aufgegeben" hat. Zwar hält der Prophetentargum an der messianischen Interpretation von Mi 5,1 fest, verschiebt aber das Gewicht auf die prämundane Erschaffung des Messias bzw. seines Namens[104].

Daß unsere Legende diesen Geburtsort Betlehem betont, scheint für ihr Alter zu bürgen[105].

2.4.3 Der Messias und der Tempel

Der Kernsatz unserer Legende ist im Bekenntnis des jüdischen Händlers enthalten:

Elija in der jüdischen Haggada erhält und die, wenn man so will, im Mittelalter in der Gleichsetzung von Elija mit Sandalfon erst ihren Höhepunkt findet.

[101] S. dazu u. 3.2.

[102] S. dazu HENGEL/MERKEL 1973, 140. Außer unserer Stelle in der rab. Lit.: PesR 33,6; PRE 3 (2b) und bes. TJon Mi 5,1: „Und du, o Betlehem Ephrat, du, die du zu klein bist, um unter die Tausende des Hauses Juda gezählt zu werden, aus dir soll hervorkommen vor mir der Messias, um die Herrschaft über Israel auszuüben, er dessen Name genannt ist seit dem Anfang, seit den Tagen (der Erschaffung) der Welt." Hier wie in TJon zu Mi 4,8 liegt der Ton auf der Verborgenheit und Präexistenz des Messias, nicht auf Betlehem; vgl. SCHIMANOWSKI 1985, 122−135.

[103] Joh 7,42 lehnt eine solche Ansicht als zu schlicht ab.

[104] Vgl. SCHIMANOWSKI 1985, 132.

[105] SCHIMANOWSKI 1985, 133f dagegen ordnet unseren Text der Auseinandersetzung zwischen Juden und Christen = Araber („hier vielleicht verschlüsselt für den Christen") zu, deshalb spiele Betlehem in ihm eine Rolle.

„um seinetwillen[106] wurde der Tempel zerstört,
um seinetwillen wird er aufgebaut"[107],

d. h. um Menahems willen[108], oder bei „seinem Kommen"[109] ereignen sich
Zerstörung und Wiederaufbau des Tempels[110]. Steht hinter der Bildung unseres Ma'ase das Schicksal des historischen Menahem, so erklärt sich dieses
‚Prophetenwort' am einfachsten[111]. Die Strafe für den Mord an dem Messias
Menahem war die Tempelzerstörung. Bei seiner endzeitlichen Wiederkunft
wird der Tempel wieder aufgebaut.

Formal und inhaltlich kommen diesem – in antithetischem Parallelismus
gebildeten – Bekenntnis folgende Stellen am nächsten:

Das Tempelwort Jesu

> „Ich werde diesen Tempel niederreißen,
> der mit Händen gemacht ist,
> und in drei Tagen einen anderen aufbauen,
> der nicht mit Händen gemacht ist."[112]

Auch wenn es sich um kein authentisches Jesuswort handeln würde, sondern
nur um eine falsche Anklage, muß man sagen: „Dem... Sprecher des Wortes
ist... nicht nur Kritik am bestehenden Tempel... unterschoben, sondern auch
ein messianischer Anspruch"[113], denn diese Anklage löst, wie der Evangelist
deutlich betont, die Messiasfrage des Hohenpriesters aus.

Barn 16,3 heißt es:

> „Ferner spricht er (Jesaja?) wiederum:
> Siehe, die diesen Tempel niedergerissen haben,
> werden ihn selbst aufbauen."[114]

---

[106] So DALMAN 1927, 68: „in seinem Gefolge"; Vgl. Jastrow, s. v. 1449: „in his luck"; Levy,
425 s. v. ריגלא: „um willen"; „infolge".

[107] In yBer zwei passivische Partizipien: חריב; מתבניי (Ithpe). EkhaR dagegen faßt חרב
aktivisch auf. Dennoch ist immer Gott der Handelnde.

[108] MEYER 1940, 76; dagegen betont GOLDBERG 1979, 11: „durch ihn", stärker die aktive
Rolle des Messias Menahem.

[109] So SCHÄFER 1978b, 41.

[110] Auffälligerweise fehlt dieser Satz in allen drei späteren Versionen unserer Legende. Es
könnte sich um eine Reaktion auf christliche Vorstellungen und antijüdische Polemik handeln, vgl. o. Anm. 64.

[111] Das ist das Argument von HENGEL 1976, 302 mit Hinweis auf Schlatter.

[112] Mk 14,58 par. Mt 26,61; Joh 2,19; vgl. Apg 6,14. Vgl. o. Anm. 62.

[113] PESCH 1984, 434; vgl. 435.442f dort auch Hinweis auf 4 QFlor und den alten TJon zu Jes
53,5; s. dazu u.

[114] Ed. Wengst, 182ff. Damit wird den Juden der Wiederaufbau ihres Tempels durch die
Römer angedroht. Vgl. HENGEL 1987a, 171f.

Hier wird mit scharf antijüdischer Polemik wahrscheinlich Jes 49,17 (LXX)[115] aufgenommen und unmißverständlich interpretiert (16,4): „Das geschieht. Weil sie nämlich Krieg führten, wurde er von den Feinden niedergerissen. Jetzt sollen ebenfalls die Diener der Feinde ihn wieder aufbauen." In der polemischen Zuspitzung durch Barn drückt das Prophetenwort denselben apokalyptischen Grundsatz der Entsprechung aus, wie das Bekenntnis des jüdischen Händlers in unserer Legende. Doch Barn denkt an die Römer, unreine Heiden, womit er die jüdische Hoffnung auf den Wiederaufbau des Tempels ad absurdum führt[116].

Einer theologisch reflektierten Aussage über die Verbindung zwischen der Zerstörung des Tempels „um unserer Sünden willen" und die Errichtung des eschatologischen Tempels „um des Messias willen" begegnen wir in TJon Jes 53,4f.12:

> „4 Dann wird er für unsere Sünden Fürbitte tun,
> und unsere Verschuldungen werden um seinetwillen vergeben werden.
> 5 Und er wird den Tempel wieder aufbauen,
> der entweiht wurde durch unsere Sünden
> und der zerstört wurde durch unsere Ungerechtigkeiten.
> Durch seine Unterweisung wird sein Friede reichlich sein für uns,
> und wenn wir uns um seine Worte versammeln,
> werden uns unsere Sünden vergeben werden...
> 12 Hierauf will ich ihm den Raub vieler Völker zuteilen...
> dafür daß er seine Seele dem Tod übergab
> und die Empörer dem Gesetz unterwarf.
> Und er wird für viele Sünden Fürbitte tun,
> und den Empörern wird um seinetwillen vergeben werden."

Der Messias erwirkt durch seine fürbittende Interzession die göttliche Sündenvergebung[117]. Dadurch erbaut er den neuen Tempel. Daß Gott um des Messias willen den Empörern vergibt, beruht auf dessen Fürbitte und seiner Bereitschaft, sein Leben einzusetzen, um den Toragehorsam durchzusetzen (53,11f).

---

[115] In LXX (und 1 QJesᵃ) heißt es abweichend von MT: „Und schnell wirst du aufgebaut werden von denen, die dich zerstört haben. Und die, die dich verwüstet haben, werden von dir fortgehen." D.h. diejenigen, die Zion zerstört haben, müssen zur Strafe die Last des Wiederaufbaus tragen, aber danach Jerusalem verlassen.

[116] Der Abschnitt begann mit einem Urteil über den Zweiten Tempel in 16,1f: „Aber auch noch über den Tempel will ich euch mitteilen, wie die Unglückseligen dem Irrtum verfallen auf das Gebäude ihrer Hoffnung setzten, als wäre es das Haus Gottes, und nicht auf ihren Gott, der sie geschaffen hat. Fast nämlich wie die Heiden haben sie seine Heiligkeit auf den Tempel begrenzt." (Üs. Wengst)

[117] Die vielfältigen Probleme dieses Textes liegen außerhalb unseres Themas. Vgl. JEREMIAS 1954, 691ff; doch Jeremias' Deutung der Stelle als „antichristliche Polemik" (693) wird sich nicht halten lassen; ebensowenig ist „Und er wird den Tempel wieder aufbauen" eine durch Sach 6,12f (s.u. Anm. 118) verursachte Glosse (auch gegen DALMAN 1927, 10). Vgl. bes. JANOWSKI 1982, 173–176. Die Rabbinen haben Pinhas' „Eifer für das Gesetz" gemäß Jes 53,12 interpretiert, s. HENGEL 1976, 161f.

„Um... willen" wird im T mit בדיל (+ Suffix) ausgedrückt, während der Bekenntnissatz unserer Legende mehr den zeitlichen Aspekt (infolge = um... willen) betont. Der TJon Jes ist alt und geht wohl bis ins 2. Jh. zurück. Im Gegensatz zu unserer Legende wird die aktive Rolle des Messias beim Tempelaufbau betont[118]. Sie hat jedoch ihre Voraussetzung in der göttlichen Vergebung. Der Tempelzerstörung „um unserer Sünden willen" entspricht die Sündenvergebung um der Bitte des Messias willen, dadurch ist die Gegenwart der Schekhina wieder möglich, und der Messias kann den Tempelbau errichten.

In yBer 4,3 (8a) wird eine Einschaltung im Achtzehngebet diskutiert und zitiert, die noch im heutigen Sidur im Minchagebet am 9. Ab nach der 14. Benediktion des Achtzehngebetes ihren Ort hat und die das Gedenken an die Zerstörung Jerusalems und die Hoffnung auf die Wiedererrichtung wachhält, wo es u. a. heißt:

> „Du hast sie (= Jerusalem) durch Feuer verbrennen lassen
> und wirst sie einst auch durch Feuer wieder aufbauen,
> wie es heißt:
> *Und ich selbst will ihr – so spricht Gott – eine feurige Mauer errichten*
> *und sie mit meiner Herrlichkeit erfüllen.*" (Sach 2,9)[119].

Daß Gott seinen Tempel wieder bauen wird als eschatologisches Heiligtum, mit oder ohne Mitwirkung des Messias, gehört zu den Grundüberzeugungen des antiken Judentums nach der Zerstörung von 70 n. Chr. Gewichtiger als die Diskussionen der Gelehrten und die apokalyptischen Entwürfe, die z. T. wie 4 Esr überhaupt auf den Messias als Tempelbauer verzichten können, erscheint das Thema in der täglichen Bitte im Achtzehngebet. Es bestimmt das Beten und Hoffen eines jeden frommen Juden, wenn er spricht:

> „Erbarme Dich ... über Jerusalem, Deine Stadt, und über Zion, die Wohnung Deiner Herrlichkeit, und über das Königtum Davids, deines gerechten Gesalbten."[120]

---

[118] Vgl. TJon zu Sach 6,12.13: „So spricht der Herr der Heerscharen: ,Siehe der Mann dessen Name „Der Messias" ist. Er wird offenbar und gesalbt werden, und er wird den Tempel des Herrn bauen... und auf seinem Thron sitzen.'" Diese Stelle gehört neben TJon zu Jes 53,5 und dem Tempelwort Jesu zu den wenigen Belegen über die aktive Rolle des Messias beim Bau des eschatologischen Tempels.

[119] Üs. Horowitz; Sidur Sefat Emet, 44; vgl. ELBOGEN 1931, 53.129; HEINEMANN 1977, 70–76.289.

[120] Zum täglichen Sprechen des Achtzehngebetes: mBer IV,3; yBer 4,2 (7d); dagegen spricht sich Karrer gegen den Zukunftsaspekt in der 14. Bitte aus. Er sei ihr erst später zugewachsen, das Gebet flehe „um das Erbarmen Jahwes (sic!) über das Untergegangene, ohne einen futurisch-messianischen Ausblick zu formulieren" (268). Auch die „Trauernden um Zion" erhofften zu allen Zeiten die endgültige Restitution, und trauerten nicht nur über „Untergegangenes". Erst recht traf das zu in einer Situation (wie nach 135), in der das Betreten der Stadt nicht möglich war. Richtig: SCHOLEM 1982, 340: „Vom Moment der tiefsten Katastrophe an gibt es die Chance der

Dagegen ist, daß *um des Messias willen der Tempel zerstört* wurde, im jüdischen Bereich – soweit ich sehe – singulär[121]. Es spricht für das Alter der Menahem-Geschichte, da dies zu einem bereits gegen Ende des 2. Jh.s immer wieder geäußerten, schließlich stereotypen, christlichen Vorwurf wurde[122].

Die Kritik an dieser engen Bindung zwischen dem Schicksal des Messias Menahem und der Zerstörung und dem Wiederaufbau des Tempels schwingt in dem Verweis R. Buns auf Jes 10,34;11,1 mit. Das Prophetenwort des Arabers und die Schriftstelle sind ja nicht völlig bedeutungsgleich. Der Tempel wurde zudem nicht um Menahems willen zerstört, sondern durch einen „Mächtigen", d. h. nach rabbinischer Tradition durch Vespasian. Dennoch gehören eschatologischer Tempel und „David" traditionell zusammen[123].

Mit den Vorstellungen von Elijas eschatologischen Aufgaben ergeben sich auch hier Querverbindungen, denn Elija ist nach späterer Tradition u. a. derjenige, der als himmlischer Hoherpriester für die Sünden Israels Sühnopfer im himmlischen Heiligtum darbringt[124], der am Ende der Tage die Tempelgeräte – das Manna, den Stab Aarons, das Reinigungswasser und das Salböl – zurückbringt[125] und als eschatologischer Hoherpriester im Heiligtum auf dem Zion amtiert[126]. Während in der christlichen Überlieferung die Verbindung zwischen Jerusalemer Tempel und Messias zurücktreten kann und muß[127], findet sie im Judentum immer wieder neue Gestalt.

Damit mischen sich in der Menahem-Legende drei Konzepte: Einmal die Zerstörung des Tempels wegen des Frevels an dem „Gesalbten"[128]. Zweitens kommt dazu die Überzeugung, daß der irdische Zweite Tempel zerstört werden muß, um dem eschatologischen Platz zu machen, den Gott durch seinen Messias errichten wird. Zum dritten wird der Messias am Tag der Tempelzerstörung geboren (Jes 10,34;11,1). Ihren prägnanten Ausdruck findet diese Traditionsmischung in einer auf Menahem zugeschnittenen, prophetisch-apokalyptischen Verheißung.

Der Geburtsort Betlehem und die Verbindung seines Geschicks mit dem Tempel, aber auch die Unwissenheit und Verborgenheit des Messias sind die messianischen Elemente in der Menahem-Legende. Das Motiv, das wir uns für den Schluß aufgespart haben, weist wieder stärker in die prophetische Linie.

Erlösung. ‚Israel spricht vor Gott: wann wirst Du uns erlösen? Er antwortet: wenn Ihr auf die unterste Stufe gesunken seid, in der Stunde erlöse ich euch.'"

[121] Die späteren hebräischen Versionen lassen deshalb diesen Satz aus.

[122] Vgl. o. Anm. 64.113.

[123] Vgl. SCHWEMER 1991b, 317. In der David-Apokalypse wird ebenfalls betont, daß von dem Eintritt der „tiefsten Katastrophe" (Scholem, 1982, 340 Anm. 120) an, die „Chance der Erlösung" besteht.

[124] Dazu EGO 1991, 372ff.

[125] MekhY be-shallah § 5 (Horovitz/Rabin 172); vgl. BÖHL 1976, 63–80.

[126] S. WIENER 1978, 69.73f; WILLEMS 1988, 96–102.

[127] Doch vgl. Offb 21,22.

[128] Vgl. die o. Anm. 64 genannten Stellen.

2.5 Der Araber

Kommen wir nun auf unseren Ausgangspunkt, den seltsamen Araber, zurück. Jedem unbefangenen Leser muß dieser Araber als Heide erscheinen. EkhaR (nach Romm Wilna und Buber) unterstreicht dies im Gegensatz zu yBer, indem die Frage der Volkszugehörigkeit ausdrücklich erörtert und geklärt wird, und der Araber vom „Tempel der Juden" und „Erlöser der Juden" (EkhaR Buber) bzw. von „euer(em) Heiligtum" und „euer(em) Messias" (EkhaR Dalman) spricht.

2.5.1 Die Araber und die Sprache der Tiere

Daß Araber die Sprache der Tiere, insbesondere die der Vögel verstehen, scheint in der Antike eine verbreitete Ansicht gewesen zu sein[129]. Wir haben dafür auch einen historisch recht zuverlässigen Augenzeugen: Appian berichtet, ihm sei im jüdischen Aufstand in Ägypten (um 116 n. Chr.) in der Nähe von Pelusium die Flucht vor den feindlichen Juden geglückt dank eines arabischen Führers, der den dreimaligen Schrei einer Krähe (κορώνη) richtig deutete[130]. Den Arabern wird nachgesagt, daß sie diese Kunst durch das Essen des Herzens[131] bzw. der Leber[132] von großen Schlangen (δράκοντα) erwerben[133], oder

---

[129] Cic Divin 1,92: *Phryges autem et Pisidae et Cilices et Arabum natio avium significationibus plurimum obtemperant, quod idem factitatum in Umbria accepimus;* 94: *Arabes autem et Phryges et Cilices, quod pastu pecudum maxume utuntur, campos et montes hieme et aestate peragrantes, propterea facilius cantus avium et volatus notaverunt.* Vgl. eine ähnliche Aufzählung, aber ohne Araber: Cic Leg 2,33. Pythagoras und Demokrit sollen u. a. bei den Arabern die Mantik gelernt haben: Plin Hist Nat 25,13; Porphyr Vit Pyth 11.12 (Zitat aus Antonius Diogenes [= STERN 1974, 537, Nr. 250]). Vgl. weiter: Cl Al Strom 1,74 (GCS 2,48); Thdt, affect 1; u. ö.

[130] Appian, fr. 19 (Viereck/Roos, 534f = STERN, 1980 185f Nr. 348). Vgl. dagegen die jüdische Überlegenheit gegenüber solcher „Vogelkunde", die Mosollamos demonstriert (Ps.-Hekataios I, fr. 1 [überliefert bei Jos, Ap 1, 201–204]).

[131] mAZ 2,2; bAZ 32a findet sich die seltsame Bestimmung, daß „entherzte Tierfelle" verboten seien. Krauss 1914, 71f Nr. 141 deutet das auf einen barbarischen rituellen Akt.

[132] Die rabbinische Literatur kennt auch die Leberschau der Araber, s. die Belege bei KRAUSS 1914, 48 Nr. 84.

[133] Philostr Vit Ap 1,20:
„Ich denke da in erster Linie an den Mut, mit dem er (Apollonios) mitten durch die barbarischen und räuberischen Völker, die noch nicht unter römischer Botsmäßigkeit standen, zog, und dann nicht weniger an die Gewandtheit, mit der er nach der Art der Araber zur Kenntnis der Tiersprache gelangte. Er erlernte dies auf seiner Reise von denjenigen arabischen Völkern, die diese Fähigkeit in höchstem Maße besaßen und ausübten. Bekanntlich ist es ja auch ein Gemeingut der Araber, die *Vögel* zu verstehen, die ihnen weissagen, wie dies die Orakel tun. Diese Kenntnis erlangen sie aber dadurch, daß sie das Herz oder, wie andere sagen, die Leber der großen Schlangen verspeisen." (Üs. nach Mumprecht, Tusculum, 63).
Eus Hierocl 10 (SC 333, 122) zitiert Philostr. Die verbreitete Vorstellung, daß man durch das Essen des Herzens (dem Sitz des Verstandes) eines Tieres sich dessen vorzügliche Eigenschaften verschafft, findet sich anscheinend erst spät und ganz am Rande in den jüdischen Schriften, so in einer sehr amüsanten Geschichte in Alphabet Ben Sira § 21 (A und B in: YOSSIF 1984, 251f):

wie Porphyrius vornehm und spöttisch wohl denselben Sachverhalt ausdrückt: „wenn eine Schlange das menschliche Ohr wäscht"[134]. Die Schlangen haben diese Eigenschaft als die weisesten, klügsten und listigsten Tiere[135].

Der Begriff „Schlange/drakon" wird in der rabbinischen Literatur unter Aboda Zara abgehandelt[136]. Auf dem Hintergrund arabischer Mantik ist es ganz folgerichtig, wenn R. Bun an diesem Araber, der den Kuhschrei zu deuten weiß, Anstoß nimmt.

Das Thema der Tiersprachen wird auf jüdischer Seite zunächst im Zusammenhang mit der Paradiesesgeschichte behandelt. Die frühere Haggada weiß von Adam zu erzählen, der die Tiersprachen verstand[137], und Eva[138], die mit der Schlange[139] sprach.

In der späteren Haggada wird die nichtjüdische Folklore zensiert aufgenom-

---

Leviathan will das Herz des klugen Fuchses essen; doch der Fuchs überlistet Leviathan und kommt heil davon.

Ein Schlangenherz zu essen verbot sich einem Juden von vornherein, denn die Schlangen gehören zu den unreinen Tieren, die „auf dem Bauch kriechen" (Lev 11,42). Die jüdischen Erzählungen sind abhängig von den Volkserzählungen des Typs „Animal Languages" (Aarne/Thompson 670) s. Noy 1971 dazu u. Anm. 141; Thompson 1955, *E 14.4.1 „eaten hearts gives one the owner's qualities" (u. ö.).

[134] Porphyr Abst 3,4 (Nauck, 190f) bietet eine Mischung aus einem Bericht über mantische Praktiken (die er wohl skeptisch betrachtet) und naturwissenschaftlicher Beobachtung: „Araber hören auf Raben, Etrusker aber auf Adler; leicht aber würden auch wir und alle Menschen alle Tiere verstehen, wenn auch unsere Ohren eine Schlange gewaschen hätte. Es zeigt freilich bereits die bunte Verschiedenheit ihrer Stimmen, daß sie Bedeutung haben. Anders wenigstens hört man sie schreien, wenn sie Angst haben, anders, wenn sie rufen, anders wenn sie zum Fressen auffordern, anders wenn sie Liebe ausdrücken wollen, anders, wenn sie zum Kampf rufen. Und so groß ist der Unterschied, daß der Wechsel nur äußerst schwer zu beobachten ist auch für diejenigen, die ihr Leben der Beobachtung dieser [Stimmen] gewidmet haben. Von der *Krähe* nun und vom *Raben* haben die Vogelkenner bis zu einem gewissen Grade die Unterschiede durchschaut, den Rest dann aber gelassen, weil er für einen Menschen nicht leicht zu begreifen ist. Wenn sie aber untereinander klar und deutlich, wenn auch nicht für uns alle erkennbar, rufen und sogar uns nachzuahmen und die griechische Sprache zu lernen und die Dabeistehenden zu verstehen scheinen, wer ist dann so unverschämt und gesteht nicht zu, daß es vernünftig ist, (nur) weil er selbst nicht versteht, was sie sagen? *Raben* wenigstens und Eichelhäher und Papageien ahmen die Menschen nach und erinnern sich an das, was sie gehört haben, und wenn einer sie lehrt, so gehorchen sie dem Lehrenden, und viele haben schon durch das, was sie gelehrt wurden, diejenigen angezeigt, die im Haus einen Fehler begingen."

Auf jüdischer Seite zeigte man ursprünglich wenig Interesse an den Tiersprachen, denn die Tiere hatten die Sprache mit dem Sündenfall verloren; vgl. u. Anm. 139. Dagegen: Schatzhöhle 4,8.

[135] Gen 3,1; Mt 10,16. Als Märchenmotiv ist die Verbindung von Schlange und Tiersprache weit verbreitet; Nachweise bei Noy 1971.

[136] Zu Drakon in der jüdischen Literatur, s. Schlüter 1982.

[137] Adam verlor diese Fähigkeit mit dem Fall, aber in der messianischen Zeit wird der paradiesische Zustand wiederhergestellt, s. Ginzberg V, 94 Anm. 58.119f Anm. 113.

[138] Ginzberg V 91, Anm. 48.

[139] Im Paradies konnten alle Tiere sprechen, die Schlange verliert als Strafe für die Verführung Evas nicht nur die Beine, sondern auch die Sprache (und mit ihr alle Tiere): Jub 3,28;

men. Nun steht an der Stelle der großen Schlange(n) König Salomo, dem Gott die Fähigkeit die Tiere zu verstehen und mit ihnen zu sprechen verliehen hat. Er beherrschte alle Tiersprachen und konnte sie andere lehren[140]. In den noch späteren jüdischen Volkserzählungen ersetze Leviathan die großen Schlangen der paganen Folklore; er steht dem ursprünglichen Motiv wieder näher als Salomo[141]. Aber wir lesen auch von einem Gelehrten, der die Tiersprachen von einem Frosch lernte[142].

Typisch erscheint dagegen für die frühe Zeit, daß wir von Josephus nichts erfahren über die Kenntnis der Tiersprachen bei den Arabern. Er erwähnt nur im Zusammenhang mit den Hofintrigen in der Familie Herodes I., Pheroas sei mit Gift, das von einer arabischen Frau stammte, umgebracht worden, denn die arabischen Frauen seien die besten Giftmischerinnen[143].

2.5.2 Elija und die Araber: Elijas Heimat

Auch wenn der Prophet Elija keine Schlangenherzen aß, so sind der arabischen Mantik verwandte Züge durch die atl. Überlieferung vorgegeben: Den Propheten ernährten *Raben* (1 Kön 17,4: הערבים; LXX: τοῖς κόραξιν) in der Einsamkeit am Bach Kerit. Das ist dieselbe Vogelart, die auch die Araber nach den antiken griechisch-römischen Autoren bevorzugt verstehen. Ist das Zufall? Man müßte dieser Frage ausführlicher nachgehen.

Philo, Op Mund, 55,156; Quaest in Gn 1,32 (Marcus, LCL Philo Supplement I, 19); Jos, Ant 1,41.50; vgl. Vit Ad 26,3 (griech. Text: Denis 1987, 816).

[140] In Auslegung von 1 Kön 5,13. Ginzberg IV, 138ff;142; VI, 287f Anm. 34; vgl. 289 Anm. 38. Ausführlich dazu TEst 2 zu Est 1,2: Salomo verdankt seine Herrschaft über die Tiere der Kenntnis ihrer Sprache. Als Grund wird der Schriftbeleg, nicht die mantische Praxis angegeben. Im Salomon Akrostichon: „Yod: Er verstand und hörte die *Worte* der Vögel, des Viehs und der Tiere des Feldes insgesamt." Zu Beginn der Episode von der Königin von Saba: „Und der Heilige, gepriesen sei er, ließ ihn herrschen über die Tiere des Feldes und die Vögel des Himmels und über die Dämonen und über die Geister und über die Lilith-Wesen, denn er verstand die *Sprache* aller, denn so ist es geschrieben: ‚Und er sprach zu den Bäumen' (1 Kön 5,13)."

[141] Noy 1971, 177. So erzählt eine jüdische Variante des Märchens „Der gehorsame Sohn" (Noy 1971, 196): „He (Leviathan) said to him: ‚Open your mouth!' He opened his mouth and Leviathan spat into it three times. At once, the spirit of wisdom and cleverness rested upon him, and he knew and understood the language of animals and birds, and he knew seventy languages."

[142] R. Hanina (bzw. R. Johanan) lernt nicht nur die ganze Tora, die 72 menschliche Sprachen, sondern auch die Sprache der Tiere und Vögel durch einen wunderbaren Frosch (einem Nachkommen Adams und Liliths), der ihn mit den jeweiligen Sprachen beschriebene Zettel essen läßt (Ma'ase Buch, 143, 40a–40b); vgl. Ginzberg I, 119f; V, 148 Anm. 49. Die Abwandlung des alten Motivs vom „Herz essen" in „Schriftstücke essen" ist ein typisch jüdischer Zug (vgl. Ez 3,1ff; Offb 10,8–11). Höchstens Leviathan hatte „tierische" Gelüste nach dem Herzen des Fuchses, s. dazu o. Anm. 133f. Diese Praktiken tauchen erst mit der Übernahme des Erzählungstyps (Aarne/Thompson 670) in fast völlig judaisierter Form in der späteren Haggada auf.

[143] Bell 1,583ff; Ant 17,62f.

Doch zurück zu unserem Text: In yBer redet der Araber – im Gegensatz zu EkhaR – wie ein Jude: „Das Heiligtum ist zerstört" und „der König Messias ist geboren". Er scheint sich mit dem Juden völlig solidarisch zusammenzuschließen. Nach allem, was wir bisher feststellen konnten, wurden die Motive unserer Legende bevorzugt den atl. und frühjüdischen Elija/Elischa-Legenden entnommen. Dort finden wir auch einen Beleg für die Verbindung zwischen Elija und den Arabern. Nach der Elija-Vita der VP[144] stammte der Prophet „aus dem Land der Araber", obwohl er priesterlicher Herkunft war:

> „21.1 Elias, der Thesbiter, aus dem Land der Araber,
> aus dem Stamm Aaron, wohnhaft in Gilead,
> denn die (Stadt) Thesbis war ein Geschenk an die Priester."

Das Gentilicium ha-Tishbi wird von der LXX in 1 Kön 17,1 auf den Namen der Geburts*stadt* unseres Propheten gedeutet, während die Masoreten „aus den Beisassen Gileads" punktieren. Auch für Josephus ist die Heimat des Elija eine *Stadt*[145] in der Galaaditis. Nun findet sich „Thesbis"/Tisbe keineswegs im atl. Verzeichnis der Priesterstädte (Jos 21; 1 Chr 6,39–66). Es könnte eine ad-hoc-Kombination in den VP sein, um die priesterliche Herkunft des Propheten mit der biblischen Vorgabe auszugleichen.

Dieses „Thesbis/Thesbona" wird seit byzantinischer Zeit mit dem heutigen Listib (Koordinaten: 217.197)[146] bzw. dem ganz in der Nähe liegenden Mar Ilyas (Koordinaten: 218.196) identifiziert[147]. Auch das mag auf älteren Traditionen beruhen. Denn die Erklärung der biblischen Angabe Gilead mit „aus dem Land der Araber" fügt sich außerordentlich gut zur Ortslage von Thesbis.

---

[144] Schermann, 93 vgl. 6.53.66.

[145] Ant 8,319.

[146] Die Angaben über die Koordinaten im TAVO und andere Hinweise zur Topographie verdanke ich der Freundlichkeit von Prof. Götz Schmitt.

[147] Egeria (16,1) sah Tisbe in der Ferne liegen, als sie mit ihrer Reisegruppe nach dem Aufbruch von Aenon bei Salem durch das Jordantal zog: *euntes aliquandiu per uallem Iordanis... ad subito uidimus ciuitatem sancti prophetae Helijae, id est Thesbe.* Egeria schaut vom Tal in die Berge, wo bei guter Sicht (17 km Entfernung) etwa bei Salem/T. ar-Radga der Blick auf Listib frei wird. Keramik aus römischer und byzantinischer Zeit fand sich hier. Doch ausführliche Grabungen, die Auskunft über die eisenzeitliche Besiedlung hätten geben können, haben weder in Listib noch in Mar Ilyas stattgefunden. Da in Listib und Mar Ilyas eisenzeitliche Funde bisher fehlen, hat schon MITTMANN 1970, 222 Anm. 34 mit Vorbehalt stattdessen eine Lokalisierung in *hirbet el-hedamus* vorgeschlagen. Jetzt im Anschluß an Mittmann: THIEL 1990, 119–134. Thiel verweist für die Lokaltradition nicht auf die VP, sondern Clermont-Ganneau folgend auf die Notiz von Rabbi 'Estori Happarhi, der im 14. Jh. diese Lokaltradition bezeugt (122).

Es lag im ehemaligen Gilead, entweder im Stadtgebiet von Gerasa[148] oder in dem von Pella[149].

Gilead war bereits von den Assyrern, und zwar von Nordisrael abgetrennt, provinzialisiert worden. Auch zur Provinz Juda gehörte es in persischer Zeit nicht[150]. Das hat sich auch in hellenistischer Zeit – bis auf die (kurzfristige ca. 40 Jahre) Eroberung durch Alexander Jannai – nicht geändert. Nach Polybios begann der von Arabern besiedelte Bereich direkt östlich von (dem Stadtgebiet?) Pella:

> „Atabyrion nun sicherte er sich durch Besetzung und gewann dann auf dem Weitermarsch Pella, Kamus und Gephrus. Aufgrund dieser Erfolge traten die Bewohner des angrenzenden Arabien nach gegenseitiger Verständigung einmütig auf seine Seite... im weiteren Vordringen in der Landschaft Galitis brachte er die Stadt Abila... in seine Hand... so blieb nur noch Gadara übrig."[151]

Auch der Tobiade Hyrkan war unentwegt in kriegerische Auseinandersetzungen mit Arabern im Transjordanland verwickelt[152]. Judas Makkabäus siegte nach 2 Makk 12,10ff in einer Schlacht gegen ein gewaltiges Heer von 5000 *nomadischen* Arabern in der Galaaditis in offener Feldschlacht, belagerte und eroberte also dort nicht nur befestigte Städte, schloß anschließend mit ihnen Frieden und entließ sie „in ihre Zelte". Nach 1 Makk 5,45[153] führte er sogar die jüdische Bevölkerung Gileads zurück aus heidnischem Gebiet nach Judäa. Doch die Städtenamen, die bei diesem Kriegszug erwähnt werden, weisen nicht in die Galaaditis, sondern weiter nördlich nach Batanea, Gaulanitis oder sogar in den südwestlichen Teil der Auranitis. Ephron muß er nur auf dem Rückweg

---

[148] Zum Verlauf der römischen Straße zwischen Pella und Gerasa s. MITTMANN 1970, 154ff; 222 Anm. 34. Listib liegt etwa auf halbem Weg zwischen Pella und Gerasa. Die Meilensteine, die die Entfernung von Gerasa angeben, sind erst in der näheren Umgebung von Gerasa sicher zu identifizieren, die anderen sind nicht mehr lesbar oder nicht mehr in situ. Gerasa war auf jeden Fall die stärker arabische Stadt, wie die griechischen Weihinschriften an arabische Götter zeigen, s. KRAELING 1938, Nr. 17–22. Kraeling vermutete dahinter Beziehungen zu Petra. Es könnte sich darin aber auch die Verbindung Gerasas zu seinem von arabischen (nomadischen) Bewohnern geprägten Hinterland widerspiegeln. Vgl. zur Lit. SCHÜRER 1979, 149–155.

[149] Zu Pella s. SMITH 1973, 36f;vgl. McNICOL/SMITH 1982, 65–76 (helln. Zeit); 77–101 (römische Zeit); 103–121 (byzantinische Zeit); Smith 1989. Wenn Listib zu Pella gehört hätte, wäre die Bezeichnung „Land der Araber" in den VP sehr viel leichter zu datieren, denn nach 106 n. Chr. bei der Bildung der römischen Provinz Arabia wurde Pella zur Provinz Judäa geschlagen (BOWERSOCK 1983, 91 Anm. 5), während Gerasa zu Arabia kam. Vgl. weiter die Belege und ält. Lit. bei SCHÜRER 1979, 145–148.

[150] Ob 19; zur Datierung s. WOLFF 1977, 43.46f.

[151] 5,70–71. Polyb beschreibt einen Feldzug Antiochus' III. um 218 v.Chr., der dazu diente, diese Gebiete den Ptolemäern wieder abzunehmen. Vgl. SMITH 1973, 37; SHATZMAN 1991, 107.

[152] Jos, Ant 12,229 vgl. SHATZMAN 1991, 107.

[153] Zu den Problemen, die die divergierenden Berichte von 2 Makk und 1 Makk aufwerfen, s. die Diskussion bei KASHER 1988, 29f.33; KASHER 1990, 72–83; SHATZMAN 1991, 104ff (mit Lit.).

erobern, weil ihn die Stadtbewohner nicht durchziehen lassen wollen. Erst Alexander Jannai unterwarf die Araber in der Galaaditis und für einige Zeit war „Gilead" infolgedessen zwar nicht direkt „jüdisch", aber tributpflichtig[154]. Der starke Begriff φόρος, Tribut, nicht Steuern, den Josephus in diesem Zusammenhang verwendet, zeigt, daß dieses Gebiet als unterworfenes Feindesland behandelt wurde, das entsprechend ausgebeutet wurde[155]. Bei Georgios Synkellos ist ein Bericht über diesen Feldzug Jannais überliefert, der nicht von Josephus abhängig ist und wahrscheinlich auf Justus von Tiberias zurückgeht und wo es heißt: „Pella, das bei den Arabern liegt"[156].

Araber heißen die Bewohner dieser Gegend nicht, weil der nabatäische Einfluß bis hierher gereicht hätte, sondern weil in der Chora von Pella und Gerasa arabisch-nomadische Landbevölkerung vorherrschend war. Die Nabatäer waren dagegen vor allem an der Kontrolle und der Sicherheit der Handelswege interessiert. Nabatäische Kaufleute hatten ihre Handelsniederlassungen in den Städten[157]. Die von Jannai eroberten und zerstörten dortigen hellenistischen Städte erhielten ihre Unabhängigkeit erst durch Pompeius wieder, der sie der Oberhoheit der Provinz Syrien unterstellte[158]. Das uns interessierende Gebiet um Listib gehörte dann zur Dekapolis und nie zum Peräa des herodianischen Königreichs, wurde jedoch nach 106 n. Chr. zwischen der Provinz Judäa (Pella) und Arabia (Gerasa) aufgeteilt.

Mehr Einblick als die Daten der Schlachten und Gebietsaufteilungen in die Geschichte des Neben- und Miteinanders von Arabern und Juden, geben die Originalzeugnisse aus dem täglichen Leben, wie sie durch die Funde in der judäischen Wüste zu Tage treten und wo wir aus den Dokumenten der Jüdin Babatha, Tochter des Simeon, über das friedliche Zusammenleben von Juden und Arabern mehr erfahren. Es wurde auch in ihrem Fall gründlich zerstört durch die politischen Unruhen, die sie zwangen in judäisches Gebiet zu flie-

---

[154] Jos, Bell 1,89; Ant 13,374; vgl. KASHER 1988, 90.101ff, der jedoch zu apologetisch Jannai verteidigt, und Josephus' Darstellung allein einer hasmonäerfeindlichen Quelle zuschreibt. Er gesteht immerhin zu, daß sich durch diesen Übergriff der Nabatäerkönig Obodas I. zum Eingreifen veranlaßt sah und daß das gespannte Verhältnis zwischen dem jüdischen Staat und den Nabatäern, das sich schließlich im 1. Jüdischen Aufstand weiter für die Juden ungünstig auswirkte, hier seinen Anfang nahm.

[155] Diese Sicht wird durch Zeugnisse aus Qumran bestätigt: 1QpHab 7,12 „und den Reichtum der Völker nahm er"; vgl. 4QpNah 2−10; die Eroberungen von heidnischem Gebiet verurteilten die Frommen in Qumran scharf; so schon in dem halachischen Brief 4 QMMT, der wohl eines der „Gründungsdokumente" aus der Anfangszeit war und wahrscheinlich vom Lehrer der Gerechtigkeit abgefaßt wurde. Kasher und Shatzman ignorieren die qumranischen Belege.

[156] Georgios Synkellos, 1, 559 (Mosshammer, 355); vgl. dazu SHATZMAN 1991, 119.

[157] S. dazu SCHÜRER 1979, 149, Anm. 341 (Lit.).

[158] Zu den epigraphischen Belegen und Münzen s. SCHÜRER 1979, 152f; Gerasa datiert wie die anderen hellenistischen Städte der Dekapolis dann nach der Pompeianischen Ära (62 v. Chr.); vgl. KASHER 1990, 155−159; SHATZMAN 1991, 90f.

hen[159]. Wird es im alten Gilead, dem Land der Araber, anders gewesen sein? Juden haben dort weiter gewohnt, wie nicht nur die spätere Synagogeninschrift von Gerasa zeigt. Obwohl die Aufständischen[160] zu Beginn des 1. Jüdischen Krieges die umliegenden Dörfer von Pella und Gerasa verwüsteten[161], haben die Gerasener nicht nur den bei ihnen in der Stadt wohnenden Juden, die fliehen wollten, gesicherten freien Abzug innerhalb des Stadtgebietes gewährt[162], sondern sogar denjenigen, die bleiben wollten, nichts zuleide getan. Das tannaitische Grenzverzeichnis gibt als Ostgrenze des Heiligen Landes die Linie Damaskus – Bosra – Reqem (bei Petra)[163] an, während es im Westen an der Küste die Stadtgebiete der ehemals phönizisch-hellenistischen Städte Askalon, Caesarea, Dor und Akko ausdrücklich ausschließt. Die Diskussion darum, wieweit die gesetzlichen Bestimmungen im jüdisch (und heidnisch-arabisch, syrisch und seit der Diadochenzeit von stärker hellenisierten Bewohnern in den Städten) besiedelten Ostjordanland gelten, durchziehen die frühe rabbinische Literatur[164]. Doch die Stimmen, die ihm keine Gleichberechtigung mit Judäa und Galiläa zugestehen, scheinen zu überwiegen. Das entspricht dem Tatbestand vor 70 n. Chr.: Pharisäische Reinheitsbestimmungen versuchte man nur im jüdischen Kernland allgemein durchzusetzen, sie konnten aber darüber hinaus ebenfalls z. T. eingehalten werden[165].

Gerasa gehörte wohl von Anfang an zur römischen Provinz Arabia (106 n. Chr.), zu der die Stadtgebiete von Gerasa und Philadelphia geschlagen wurden[166], während Gadara, Pella und Capitolias wohl zur Provinz Judäa

---

[159] Vgl. BOWERSOCK 1983, 75–79.85–89. S. dazu LEWIS 1989, 26 „Relations between Babatha's families and their non-Jewish neighbors seem from the documents to have been amicable, probably in general, certainly as between particular friends and acquaintances. Nabataens and Jews appear together as parties and witnesses in some of the documents (6.14.20.21)." Babatha gehörte zur reichen Oberklasse. In ihren Auseinandersetzungen mit den „Waisen" wird die Gegenpartei von Julia Crispina geschützt, die wie ILAN 1992 gezeigt hat, ein Mitglied der Herodianischen Familie, keine Römerin (so Lewis), gewesen ist.

[160] Jos, Bell 2,458.

[161] Jos, Bell 2,458. Die hellenistischen Städte selbst konnten die Aufständischen jedoch nicht erobern.

[162] Das geschah noch nach der vergeblichen Belagerung von Skytopolis durch die Aufständischen und dem dortigen Blutbad unter der jüdischen Bevölkerung, Jos, Bell 2,480.

[163] S. STEMBERGER 1983a, 182; REEG 1989, 627f; BEYER 1984, 378–382; HENGEL 1991, 142ff Anm. 318.

[164] S. dazu STEMBERGER 1983a, 182ff.

[165] Hinweis von R. Deines: Jüdische Steingefäße zur Aufbewahrung von Wasser (vgl. Joh 2,6), die besonders zahlreich in Jerusalem und dem Kernland auftreten – und zwar vor 70 n. Chr. –, fand man auch im Ostjordanland: eines nördlich von Pella und eines östlich von Jericho. S. jetzt R. DEINES, Jüdische Steingefäße, WUNT II/52, 1993.

[166] SCHÜRER 1979, 153. Schon Petavius bemerkt zu Epiph Haer 2,1 über die Herkunft Elijas (PG 41, 975ff Anm. 81): Tertullian (Marc 3,13,8 [CChr.SL I,1, 525]) rechne Damaskus zu Arabien, und für Hieronymus gehörten Baasan und Galaaditis einst zu Arabien (Hier, in Abd 19 [CChr.SL LXXVI, 370f]: „Arabien, das früher Gilead genannt wurde und jetzt Gerasa benannt wird"; vgl. MShem 32,3 (Buber 70b): „Gilead ist גרש"; vgl. REEG 1989, 197f. Die

gehörten[167]. Im Hinterland zwischen Pella und Gerasa haben weiterhin die „Araber" gelebt.

Wenn Thisbe mit Listib/Mar Ilyas identisch ist und zu Gerasa gehörte, wird die Kennzeichnung „aus dem Land der Araber" und „der Araber" für Elija während eines langen Zeitraums eindeutig gewesen sein.

Den Beinamen allein zu nennen, entspricht allgemein stilistischer Gepflogenheit, der Antonomie, doch hat es in unserer Geschichte noch einen besonderen Grund. Man konnte auf diese Weise den Propheten Elija gewissermaßen anonym und verkleidet als „Araber" auftreten lassen, denn seine Mission im Augenblick der Tempelzerstörung und der Geburt des Messias, diente ja nur dazu, den irdischen Anfangspunkt der Geschichte einzuleiten. Es bleibt dann genügend Raum dafür, daß Elija erst in der Zukunft erscheinen wird, um den Messias zu salben und bekannt zu geben[168].

2.5.3 Die Araber aus frühjüdischer und späterer Sicht

Die biographische Schlußnotiz der LXX-Übersetzung des Hiobbuches feiert rühmend Ijob, diesen „Urweisen", als Nachkommen Abrahams aus Esau und ersten König der Araber[169]. Das steht als positives Zeugnis aus der Diaspora über die Weisheit der „Araber" nicht allein. Auch in Bar 3,23 wird die arabische Weisheit nicht etwa abgelehnt, sondern hervorgehoben, um auf dieser Folie die wahre, jüdische Weisheit zu rühmen:

> „auch die Söhne Hagars, die die Erkenntnis suchen auf der Erde,
> die Kaufleute von Merran und Theman
> die Spruchdichter und die Sucher nach Erkenntnis,
> – den Weg der Weisheit erkannten sie nicht,
> noch gedachten sie ihrer Pfade."[170]

In der jüdischen Literatur der hasmonäischen Zeit aus dem Mutterland überwiegt das Urteil, daß die Ismaeliten nahe Verwandte sind, zu denen man besonders in der Patriarchenzeit enge familiäre Beziehungen pflegte[171]. Schroff steht dem die Kriegsrolle entgegen: Im endzeitlichen Kampf gegen die

---

Ortslage von Listib spricht eindeutig für eine Zugehörigkeit zum Stadtgebiet von Gerasa (mündlicher Hinweis von Prof. Hengel und Prof. Schmitt).

[167] S. BOWERSOCK 1983, 91.

[168] S. dazu u.

[169] 42,17b; Aristeas, der Exeget (um 100 v.Chr.), nimmt dieses Urteil positiv auf (Eus Praep Ev 9,25,1–4) und zitiert die LXX-Stelle. Die Abhängigkeitsverhältnisse sind nicht umgekehrt, gegen MENDELS 1987, 154 Anm. 35; WALTER 1980, 293.

[170] Üs. nach GUNNEWEG 1980, 176. Der Text ist, wie auch G. feststellt, nicht in Ordnung. Die einfachste Lösung besteht in der Annahme, daß die Bemerkung „die Kaufleute von Merran und Theman die Spruchdichter und die Sucher nach Erkenntnis" eine in den Text eingedrungene Glosse ist, die ein im ersten Stichos fehlendes Verb ersetzt oder verdrängt hat.

[171] Vgl. den Exkurs bei MENDELS 1987, 145–154; vgl. zu Babatha o. Anm. 159.

Völkerwelt werden die „Söhne Ischmaels und der Ketura" vernichtet[172]. Das widerspricht nicht dem Urteil über die hasmonäischen Eroberungszüge aus Qumran, sondern bildet nur die Kehrseite derselben Medaille: Die absolute Trennung von aller heidnischen Unreinheit. Durch die weitere politische Entwicklung bis hin zum 1. Jüdischen Krieg und danach ändern sich auch die Ansichten über die arabische Weisheit. Dafür wie die Araber in der späteren rabbinischen Literatur heruntergesetzt werden, hier wenigstens zwei Beispiele:

Wenn die positiven und negativen Eigenschaften der Völker aufgezählt werden, erhalten die Araber eine sehr schlechte Note:

> „R. Nathan sagte: Es gibt keine Liebe, wie die Liebe zur Tora;
> es gibt keine Weisheit, wie die Weisheit im Lande Israel; …
> *es gibt keine Hurerei wie die Hurerei der Araber;*"[173]

Nicht besser im Zahlenspruch:

> „zehn Teile Dummheit gibt's in der Welt:
> neun unter den Ismaeliten, einer in der ganzen Welt;
> zehn Teile Gesundheit gibt's auf der ganzen Welt:
> neun Teile unter den Ismaeliten, einer in der ganzen Welt."[174]

Die Liste solcher Vorurteile ließe sich fortsetzen, sie waren verbreitet[175].

Doch nicht nur die verhältnismäßig positive Beurteilung der arabischen Weisheit in der jüdischen Literatur der hasmonäischen Zeit erfährt später einen deutlichen Wandel. Josephus berichtet an mehreren Stellen von der ungewöhnlichen Grausamkeit der arabischen Hilfstruppen bei der Belagerung Jerusalems. Einen Nachklang finden wir in zwei rabbinischen Erzähltraditio-

---

[172] 1 QM 2,13; vgl. MENDELS 1987, 152.

[173] KRAUSS 1914, Nr. 107 (ARN A 28 (Schechter 43a)).

[174] KRAUSS 1914, Nr. 108; vgl. Nr. 43: Ismael und Edom als Paar; Nr. 50: Der Streit zwischen Ismaeliten und Israeliten vor Alexander d. Gr. um das Heilige Land (bSan 91a par).

[175] Babrius (nach einer Vorlage von Aesop), der die Araber bzw. die arabischen Händler aus eigener Anschauung gekannt haben will, stößt in dasselbe Horn (Nr. 57; SCHNUR 1985, 280ff):
> „Mit Lügen lud einst Hermes seinen Wagen voll
> mit Tücke und mit jeder Art von Schurkerei
> und zog durchs Land, besuchend bald den einen Stamm,
> bald einen andern, und er teilte jedem zu
> ein wenig von der Ladung.
> Als er in das Land
> der Araber gekommen und hindurch wollt' fahren,
> da warfen, heißt es, plötzlich sie den Karren um
> und brachen ihn entzwei. Als ob er köstlich Gut
> geladen hätte, raubten sie ihn leer, und nicht
> in andere Länder ließen sie ihn weiterziehn,
> obwohl's doch auch woanders Menschen gab.
> Seitdem – dies weiß aus eigener Erfahrung ich –
> sind Araber verlogne Betrüger nur,
> auf deren Zunge nicht ein Quentchen Wahrheit sitzt." (Üs. Schnur)

nen. Auf ihre Weise bewahren sie die Erinnerung an das Verhalten arabischer Truppen bei der Belagerung Jerusalems auf.

Nach Josephus (Bell 5,550–561)[176] hat sich auch die arabische Soldateska neben der für ihre Grausamkeit und ihren Haß auf die Juden bekannten tyrischen über die Flüchtlinge aus der Stadt hergemacht, die versuchten, ihr Vermögen zu retten, indem sie ihr Geld verschluckten, um es außerhalb der Stadt aus ihrem Kot wieder herauszulesen. Sie haben ihnen bei lebendigem Leib den Bauch aufgeschlitzt, um an die Goldstücke zu kommen.

Eine, besonders einprägsame, breit überlieferte Tradition über „R. Johanan ben Zakkai und das hebräische Mädchen" stellt wahrscheinlich ein Echo auf diesen Frevel dar, verbindet ihn mit Hungersnot und Verarmung der Stadtbevölkerung nach 70 und sieht darin eine gerechte Demütigung durch die arabischen Nachbarn:

„Einmal ging R. Johanan ben Zakkai hinauf nach Emmaus in Judäa und er sah ein Mädchen, das Gerstenkörner aus Pferdeäpfeln herauslas. R. Johanan sagte zu seinen Schülern: ,Was ist (das für ein) Mädchen?' Sie sagten zu ihm: ,Es ist ein jüdisches Mädchen.' ,Und wem gehört das Pferd?' Sie sagten zu ihm: ,Einem arabischen Reiter.' Da sagte R. Johanan ben Zakkai: ,Mein Leben lang habe ich diesen Vers gelesen und habe seine volle Bedeutung nicht verstanden: ,Wenn du es nicht weißt, Schönste unter den Frauen usw.' (Hld 1,8) – euch hat es nicht gefallen, dem Himmel zu dienen, deshalb dient ihr nun den verachtetsten unter den Völkern, den Arabern…'"[177]

In den Parallelüberlieferungen, wo das anonyme Mädchen mit den reichsten Damen Jerusalems identifiziert wird, können die Rabbinen in dieser Schande sogar die gerechte Strafe für die hochmütige Mißachtung der Tora und der Bestimmungen der Gelehrten sehen. Die ursprünglichere Version wird sich in

---

[176] Vgl. Bell 2,68ff; Ant 17,290.

[177] MekhY ba-hodesh § 1 (Horovitz/Rabin, 203f) das Mädchen ist hier anonym; in SifDev § 305 (Finkelstein, 325; s. dazu Bietenhard, SifrDtn, 707 Anm. 37), wird dieselbe Episode von der sagenhaft reichen Tochter des Nikodemus ben Gorion erzählt: „R. Johanan … sah ein Mädchen, das Gersten(körner) auflas unter den Füßen des Viehs der Araber … die Tochter von Nikodemus ben Gorion … nicht nur in die Hand einer niedrigen Nation (wurden die Israeliten getan), sondern sogar unter die Füße der Tiere einer niedrigen Nation"; vgl. bKet 66b erweiterte Fassung von MekhY; ARN A § 17 (Schechter 33a): R. Johanan ben Zakkai und die Tochter des Nikodemus (ähnlich wie bKet 66b, aber viel kürzer); bKet 67a direkt im Anschluß an die Erzählung von R. Johanan ben Zakkai: R. Eleazar ben Zadoq sah das Mädchen in Akko Körner aufsammeln (Araber werden jedoch nicht erwähnt); EkhaR zu 1,16 § 51: Mirjam, die Tochter des Boethos ist mit dem Unterhalt, den ihr die Rabbinen festsetzen nicht zufrieden; PesR 29/30 (140a) ähnlich wie EkhaR; betont den Unterhalt, weil sie auf die Leviratsehe wartet; tKet V,9 (Zuckermandel 267) ähnlich wie EkhaR zu 1,16 § 51; yKet 5,13 (30b/c). Vgl. KASHER 1988, 203ff (der jedoch wie Bill. nicht alle Par. verzeichnet): „One way or another, the introduction of Arabs into these traditional stories seems correct and we believe preserves a dim echo of events which occured." (205 Anm. 41). NEUSNER 1970, 235–239.

MekhY erhalten haben, da sie auch noch deutlich neben den anderen konkreten Angaben von „Kot" spricht[178].

Ebenfalls stark überformt ist die Erinnerung an die Grausamkeit der arabischen Truppen, die in EkhaR zu 1,5 überliefert wird, wo von einem Gespräch Vespasians mit seinen Feldherrn die Rede ist, die im Gegensatz zu Vespasians Milde unerbittlich zur Vernichtung Jerusalems raten[179].

3. Die legendäre Umwandlung

Bisher sind wir den Spuren des historischen Kerns in der Legende und den Motiven, die zu seiner Umwandlung gedient haben, nachgegangen. Fassen wir die Ergebnisse anhand von zwei Punkten zusammen.

3.1 Die Kindheitsgeschichte des Menahem

Daß die Erinnerung an den Messias Menahem in einer Kindheitslegende bewahrt wurde, ist nicht verwunderlich, sondern antikem Denken, Haggada und Hagiographie entsprechend ganz folgerichtig. Gerade bei der Geburt kündigt sich das künftige Schicksal des Kindes und der Charakter des Helden an: durch Ankündigungen an Außenstehende, Visionen und Träume oder auffallende Handlungen des Kindes selbst. Man sah in den Erzählgattungen der Geburtsankündigung und der Kindheitslegende die angemessene Form, um die Bedeutung großer Persönlichkeiten zu beschreiben, dabei war gleichgültig, ob sie der grauen Vorgeschichte angehörten, wie Melchisedek oder Noach, oder erst in der jüngsten Vergangenheit lebten[180]. Mit der Melchisedek-Legende von slav Hen 71.72 ist unsere Menahem-Legende in mancher Hinsicht, vor allem in bezug auf die Entrückung des Kindes verwandt. Wahrscheinlich sind beide Legenden etwa zur selben Zeit entstanden.

Wie beliebt die Gattung der Kindheitslegende war, belegen nicht nur die zahllosen antiken Beispiele, sondern vor allem auch die Schnelligkeit mit der sich z. B. die ntl. Kindheitsgeschichten entwickelt haben, – waren sie soviel langsamer als die urchristliche „Hochchristologie"? Sowohl Lk wie Mt haben für ihre Kindheitserzählungen auf Quellen zurückgegriffen. Sie selbst schreiben ein gutes halbes Jahrhundert nach dem Tod Jesu[181].

---

[178] Obwohl der Al-Tiqre-Midrasch zu Hld 1,8, der schon hinter MekhY stand – lies nicht „Zicklein", sondern „Leib(er)" –, erst in den späteren Versionen ausführlich dargestellt wird.

[179] KASHER 1988, 201ff; dort auch Hinweis auf EkhaR 1,5 § 39 (Kasher versehentlich: i,31).

[180] Gegen GOLDBERG und KARRER (s. o. Anm. 24.90).

[181] Man vergleiche mit welcher Freiheit bereits Prot Ev Jk (ca. Mitte 2. Jh.) diese Kindheitsgeschichten erweitert. Zur Motivik von Mt 2,1–23 vgl. die jüdische Messias-Haggada aus der ägyptischen Diaspora (VP 2,7f).

Auch die Menahem-Legende wird für ihre Bildung nicht viel länger gebraucht haben.

Unsere Legende verarbeitet genuin zelotische Traditionen, wenn sie die Gestalt des Eiferers Elija zum Vorbild für ihre Messias-Haggada wählt. Sie nimmt dabei Motive aus der Propheten-Haggada in einer Form auf, wie sie später im Judentum nicht mehr tradiert wurde und uns nur durch die VP erhalten blieb. Das zeigt u. a., wie wenig man unterschied zwischen „prophetischem" und messianischem Material. Beides ließ sich vereinen. Erstaunlich ist dennoch, wie unbekümmert man Brüche und unlogische Zusammenhänge stehen ließ. Nur dieser Sorglosigkeit verdanken wir ja, daß wir bei der Suche nach den Ursprüngen noch fündig werden. Die spätere Überlieferung tilgte diese Brüche und löste das Rätsel um den „Araber" wieder auf.

3.2 Die Doppelfunktion des Propheten Elija

Daß Elija anonym und antonym als Araber in unserer Geschichte eingeführt wird, hat innere Gründe: Wenn Menahem ben Hiskija der Messias war und ist, so konnte er bei seinem gescheiterten historischen Auftreten noch nicht „offenbart" werden. Andererseits, wenn er der Messias war, so mußte Elija auf dem Plan erschienen sein. Für jeden Juden, der wußte, wo die Heimat Elijas lag, war erkennbar, wo Elija, unerkannt und in „Verkleidung", in unserer Geschichte auftritt. Elija kann erst, wenn der Name Menahem ben Hiskija in der Erzählung nicht mehr auftaucht, als „Elija" in Erscheinung treten, wie die spätere Variante unserer Geschichte in BerRbti zeigt, wo der mantische Araber und die omengebende Kuh durch eine zweimalige Himmelsstimme ersetzt sind. Gleichzeitig ist die Gestalt Elijas aber auch das Vorbild für den jüdischen Bauern und Händler. Er hat in der späteren Ausgestaltung der Legende ebenfalls seine Funktion wieder verloren und wird wieder durch Elija ersetzt. In der frühen Form der Legende wird dagegen Elija anonym und in doppelter Gestalt als handelnde Person aufgenommen: Zuerst prophezeit er als Araber den Untergang des Tempels und die Geburt des Messias. Danach, wenn er die Mutter des Messias gefunden hat, verkündigt er ihr die eschatologische Funktion des Kindes. EkhaR betont diesen Zug durch die Wiederholung der Prophetie.

Dieser „Verdoppelung" Elijas entspricht formal der zweimalige Schrei der Kuh, die das Motiv der älteren Elischa-Legende in zwei Phasen aufgeteilt entnahm[182]. Dem Messias selbst kann Elija – in dieser Geschichte – noch nicht begegnen, salben wird er ihn erst in der Zukunft. Auch deshalb mußte man von Menahem eine „Kindheitsgeschichte" erzählen. In dieser Form war die Erinnerung an ihn noch voller Erwartung möglich.

---

[182] S. oben S. 122f.

Völlig getilgt werden durch die Verschlüsselung und den Scheinrealismus die politischen Umstände, unter denen der historische Menahem „entrückt" wurde. Doch diese Enthistorisierung ist geradezu ein typisches Merkmal rabbinischer Überlieferung.

3.3 Zur Datierung

Wann die Legende die Gestalt erhalten hat, in der sie in yBer und EkhaR überliefert wird, ist schwer zu sagen. An der unterschiedlichen Behandlung der Motive ist noch deutlich erkennbar, daß yBer die ältere Fassung der Legende darstellt, der gegenüber EkhaR sekundäre Erweiterungen und Verbesserungen enthält.

Die Hoffnung auf die Wiedererrichtung des Jerusalemer Tempels lebte lange weiter[183]. Nach dem Scheitern des Bar Kochba-Aufstandes konnte man auf einen früheren „Messias" als den wahren zurückblicken, der wirklich selbst in Jerusalem im Tempel gewesen war und nach dessen gewaltsamem Tod der Tempel zerstört wurde. Bar Kochba dagegen konnte Jerusalem nicht in seinen Herrschaftsbereich einbeziehen und „befreien"[184], obwohl das Bildprogramm und die Münzlegenden der unter ihm geprägten Aufstandsmünzen sehr viel geschlossener und klarer als im ersten Aufstand auf den Tempel konzentriert sind und durch die Aufschrift in althebräischen Buchstaben die religiöse „Utopie", die Erwartung der Errichtung des eschatologischen Tempels und der Gottesherrschaft, erkennen lassen. Nach 135 n.Chr. war den Juden bei Todesstrafe verboten, Jerusalem zu betreten. Auf solchem Boden wuchern Legenden.

Auch die übrigen frühjüdischen Prophetenlegenden, wie sie in den VP erhalten sind, erscheinen in der rabbinischen Überlieferung – wenn überhaupt – in abgewandelter Form. Dabei werden sie jedoch keineswegs so frei in eine *neue* Geschichte eingebracht wie in diesem Fall, wo bei aller Freiheit dennoch die Geschichte ganz eng an den Details der älteren Erzählungen bleibt. Diese Details müssen bei der Entstehung der Geschichte noch wohlbekannt gewesen sein.

Das spricht für eine erste Ausbildung der Legende vor 132–135 n.Chr. Sowohl die legendarischen Traditionen wie der historische Kern weisen in diese Zeit. Doch hat sie wahrscheinlich erst nach 135 n.Chr. ihren resignierten Ton erhalten. Das Zeugnis Justins führt in die Mitte des 2. Jh.s. Bar Kochba wurde in der rabbinischen Literatur viel radikaler abgelehnt als Menahem, obwohl ihn R. Aqiba für den „Sternensohn" hielt.

---

[183] Der gescheiterte Versuch unter Julian Apostata fällt in das Jahr 362 n.Chr.

[184] MILDENBERG 1984, 52f.82f.86 in Jerusalem wurden keine Bar Kochba-Münzen gefunden; HENGEL 1986, 328; zum von Bar Kochba „befreiten Gebiet": HENGEL 1987a, 177 Anm. 109.

Greßmanns Urteil über unsere Legende: „Diese Erzählung ist nicht im Hinblick auf Menahem erdichtet worden; sie war vielmehr als herrenloses Gut vorhanden und wurde nur auf seinen Namen überschrieben"[185], wird man modifizieren müssen: Diese Erzählung kann *nur* „im Hinblick auf Menahem erdichtet worden" sein; sie übernimmt auch kein „herrenloses Gut". Doch die Datierung: „bald nach dem Jahre 70 n. Chr.", wird man etwas vorsichtiger und für die Abwandlungen im Laufe der Zeit (bis zur Aufnahme im Jeruschalmi und im Midrasch zu den Klageliedern) offen weiter diskutieren müssen.

4. Die Ablehnung durch R. Bun

Die rabbinischen Gelehrten hüten sich, die Verschlüsselungen unserer Legende aufzuheben[186]. Sie benützen sie vielmehr dazu, um ihrem Sprecher R. Bun triftige Gründe für die Ablehnung der Geschichte zu geben:

Trotz aller vorhergehenden Zensur, die die Anstöße an dem Messias Menahem ben Juda ben Hiskija durch die Form der Kindheitslegende und die Anonymität Elijas zurücknahm, wird diese Überlieferung nicht ohne kritischen Kommentar rezipiert. Die Tradition gibt R. Bun das Schlußvotum, der gegen unsere Geschichte die schriftgelehrte Deutung von Jes 10,34;11,1 anführt. Wenn sich hier ursprünglich zelotische Tradition und die Auslegungstradition der romfreundlichen Partei Johanan ben Zakkais bzw. Josephus' gegenüber standen, erhält diese Ablehnung eine besondere Spitze. Nur dann steht die Menahem-Legende ihrem „wirklichen" Gegner gegenüber, und dann lassen sich die gegensätzlichen politischen Positionen noch erkennen: Hier Zeloten, dort prorömische Friedenspartei[187].

4.1 Die Ablehnung heidnischer Mantik

R. Bun – lassen wir die Gestalt so stehen, wie sie durch die Tradition vorgegeben ist – hatte zunächst zwei gute Gründe, den mantischen Araber abzulehnen: Die Beherrschung der Tiersprachen in der arabischen Mantik beruhte entsprechend den Belegen aus dem 1. Jh. v. Chr. – 3. Jh. n. Chr. auf einer für jüdische Vorstellungen nicht nur recht fragwürdigen, sondern äußerst anstößigen Prak-

---

[185] GRESSMANN 1929, 460.

[186] Sie stehen damit im Gegensatz zur späteren Haggada (EkhZ B 1,2 und BerRbti, Albeck 131 [u. ö.], die diese Vorsicht und Zurückhaltung nicht mehr aufrecht erhalten muß. Wenn in der Variante von EkhZ B 1,2 (par. Sefer Serubabel [BatM II, 498ff]) unser Menahem den rätselhaften Vatersnamen „Ammiel" erhält, der nur für den Vater der Bathseba im AT belegt ist, der jedoch dem Zahlwert von קנא „Eiferer" entspricht (vgl. EVEN-SHEMUEL 1968, 75), so fügt sich auch das gut ins Bild und zeigt, daß die spätere Überlieferung möglicherweise noch um die zelotische Rolle unseres Menahems wußte und verschlüsselt darauf anspielt.

[187] Zu Johanan ben Zakkais Rolle vgl. die o. Anm. 18 genannte Lit.

tik: dem Essen von Schlangenherzen. Auch wenn dieses Motiv abgewandelt erst sehr viel später in der Haggada auftaucht, sollte man die Kenntnis der Rabbinen von solchen Praktiken nicht unterschätzen. Nicht nur die ständige Abwehr von Magie und Zauberei spricht eine beredte Sprache, man hatte selbst durchaus seine eigenen Methoden[188], doch heidnische waren suspekt. Hinzu kommt, daß die Rolle, die die arabischen Truppen beim 1. Aufstand und der Eroberung Jerusalems spielten, nicht in Vergessenheit geriet. Weiter ist anzunehmen, daß wahrscheinlich auch „Araber" nach 70 Land in Judäa erwarben. Das Problem, wie solches Land, das von Heiden erworben wurde, wieder in jüdischen Besitz zurückgeführt werden könnte, beschäftigte die Gelehrten in ihren halachischen Diskussionen.

4.2 Die Ablehnung zelotischer Traditionen

Wenn R. Bun die Legende ablehnt, so scheint sein Dictum vordergründig heidenfeindlich zu sein, – was es auch ist. In Wirklichkeit wird damit, wie es auch sonst in der rabbinischen Literatur zu beobachten ist, vor allem der eigenen zelotischen Vergangenheit eine Abfuhr erteilt und die genuin „rabbinische" Überlieferung auf den Schild gehoben.

Zelotische, messianische Traditionen konnten im Rabbinat schlechterdings nicht mehr unbefragt tradiert werden[189], zuviel Leid war in entsetzlichen Kriegswirren durch sie heraufbeschworen worden. Dennoch standen die Rabbinen einem Messias Menahem ben Hiskija weniger skeptisch als Bar Kochba gegenüber. Nimmt man die Fiktion der Tradition beim Wort, so kann R. Bun mit einem einzigen Schriftverweis die Erzählung vom „Messias Menahem ben Hiskija" entkräften und die Diskussion sich wieder anderen Fragen zuwenden.

5. Zusammenfassung und Schluß

In der rabbinischen Tradition lebte die Erinnerung an den Messias Menahem (ben Juda) ben Hiskija als eine „Legende" weiter, die ein R. Bun mit einer Hand vom Tisch wischen konnte. Dennoch wurde sie weiter überliefert; sie konnte von den rabbinischen Lehrern als *ein Zeugnis unter anderen* angeführt werden.

Uns dagegen zeigt das Gewebe der Motive, „wes Geistes Kind" unsere Erzählung ist: Sie bleibt der zelotischen Tradition ihres Ursprungs treu, indem sie den Propheten Elija als Typos verwendet und aus Elementen der Elija-Legenden und der Messias-Haggada eine neue Menahem-Legende bildet.

---

[188] Vgl. HENGEL 1984, 22ff.46. Vgl. in der o. Anm. 3 zitierten Stelle RutZ 4,11 (Buber, 49) sagt der Jude zu dem als Araber verkleideten Elija „du bist ein *Zauberer*".
[189] S. HENGEL 1976, 21f;127;201f;296 u. ö.

Diese spiegelt die Enttäuschung über das Mißlingen der messianischen Aufstände gegen Rom in einer völlig entpolitisierten Überlieferung wider, wozu die Form der Kindheitslegende dient. Die Geschichte weiß zwar um den tragischen Ausgang, doch wenn um des „Kindes" Menahem willen der Tempel zerstört und er um seinetwillen wieder aufgerichtet wird, ist das irdische Geschehen im Geheimnis des Passivum divinum aufgehoben.

Die Enttäuschung über die Katastrophen, in die messianische Führer das Volk in drei Aufständen gegen Rom geführt hatten, wird damit in einen neuen Erwartungshorizont integriert. Doch der theologische Fachmann erkennt mit gutem Gespür den zelotischen Stallgeruch, der unserer Legende immer noch anhaftet. Deshalb kommt ihm der mantische „Araber" sehr gelegen, um mit ihm unsere Legende zu disqualifizieren. Der Scheinrealismus der Legende wird beim Wort genommen. Der Araber wird als tiersprachenkundiger Mantiker (und Mitglied des „verachtetsten" unter den Völkern) abgelehnt.

Rabbinische Polemik arbeitet mit subtilen Mitteln, auch wenn sie ganz grobschlächtig erscheint. Sie lehnt die zelotischen Traditionen nicht völlig ab, aber formt sie um. Der „Araber" als Deckname für Elija mag aus ganz unverfänglichen Gründen in unsere Geschichte gekommen sein. Johannes der Täufer trug die Kleidung eines nomadischen Wüstenbewohners, um zu zeigen, daß er sich als eschatologischer Prophet im Geiste Elijas verstand (Lk 1,17). Elija stammte „aus dem Land der Araber" (VP 21,1). Wie sich das Selbstverständnis des Täufers am Vorbild Elijas orientierte, so mögen zelotische Kreise das Geschick Menahems ben Hiskija am Vorbild Elijas ausgerichtet haben. Den *Fremden*, den heidnischen Araber, erkennt hier nach der Tradition erst R. Bun.

Verzeichnis der abgekürzt zitierten Literatur und der kommentierten Übersetzungen

(ohne Quellenverzeichnis)

ALEXANDER, P. 1983: 3 (Hebrew Apocalypse of) Enoch Transl. and Intr. in: J.H. Charlesworth (Hg.), The Old Testament Pseudepigrapha I, New York 1983, 223–315.

ANDERSEN, F.I. 1983: 2 (Slavonic Apocalypse of) Enoch Transl. and Intr. in: J.H. Charlesworth (Hg.), The Old Testament Pseudepigrapha I, New York 1983, 91–221.

BERGER, K./COLPE, C. 1987: Religionsgeschichtliches Textbuch zum Neuen Testament, NTD/T/1, Göttingen 1987.

BERLIN, G.L. 1976: The Major Biblical Prophets in Talmudic and Midrashic Literature, Diss. Ecumenical Institute of Theology St. Mary's Seminary and University, University Microfilms Ann Arbor 1976.

BEYER, K. 1984: Die aramäischen Texte vom Toten Meer samt den Inschriften aus

Palästina, dem Testament Levis aus der Kairoer Genisa, der Fastenrolle und den alten talmudischen Zitaten. Aramaistische Einleitung. Text. Übersetzung. Deutung. Grammatik. Wörterbuch. Deutsch-aramäische Wortliste. Register, Göttingen 1984.

BIN GORION, E. (Hg.) 1966: Geschichten aus dem Talmud, Frankfurt a. M. 1966.

BLACK, M. 1985: The Book of Enoch or 1 Enoch. A New English Edition with Commentary and Textual Notes, SVTP 7, Leiden 1985.

BÖHL, F. 1976: „Die Legende vom Verbergen der Lade", FJB 4 (1976), 63−80.

BÖTTRICH, C. 1992: Weltweisheit. Menschheitsethik. Urkult. Studien zum slavischen Henochbuch, WUNT II/50, Tübingen 1992.

BOWERSOCK, G. W. 1983: Roman Arabia, Cambridge, Mass. u. a. 1983.

CHARLESWORTH, H. 1985: „The Triumphant Majority as Seen by a Dwindled Minority: The Outsider According to the Insider of the Jewish Apocalypses, 70−130", in: J. Neusner/E. S. Frerichs (Hg.), „To See Ourselves as Other See Us". Christians, Jews, „Others" in Late Antiquity, Chico, California 1985.

− 1987: „From Jewish Messianology to Christian Christology: Some Caveats and Perspectives", in: J. Neusner/W. S. Green/E. S. Frerichs (Hg.), Judaisms and their Messiahs at the Turn of the Christian Era, Cambridge u. a. 1987, 225−264.

− (Hg.) 1991: Graphic Concordance to the Dead Sea Scrolls, Tübingen/Louisville 1991.

CHESTER, A. 1992: „Jewish Messianic Expectations and Mediatorial Figures and Pauline Christology", in: Hengel/Heckel 1992, 17−89.

COHEN, A. 1951: Midrash Rabbah, Lamentations, London 1951.

DALMAN, G. 1927: Aramäische Dialektproben, 1927², (= DERS., Grammatik des jüdischpalästinischen Aramäisch. Aramäische Dialektproben, Unveränd. reprograf. Ndr. d. 2. Aufl. 1905 u. 1927, Darmstadt 1989).

DENIS, A.-M. 1987: Concordance grecque des Pseudépigraphes d'Ancien Testament, Louvain-La-Neuve 1987.

DEQUEKER, L. 1988: „Le prophète Élie dans l'iconographie juive ancienne", in: Willems, G. F. (Hg.), Élie le Prophète. Bible. Tradition, Iconographie. Colloque des 10 et 11 novembre 1985 Bruxelles, Publications de l'Institutum Judaicum, Leuven 1988, 137−154.

DUBOIS, J.-D. 1978: Études sur l'Apocryphe de Zacharie et sur les traditions concernant la mort de Zacharie, Diss. Oxford 1978 (Microfilm).

EGO, B. 1991: „Der Diener im Palast des himmlischen Königs. Zur Interpretation einer priesterlichen Tradition im rabbinischen Judentum", in: Hengel/Schwemer, 361−384.

ELBOGEN, I. 1931: Der jüdische Gottesdienst in seiner geschichtlichen Entwicklung, Frankfurt a. M. ³1931 (= Ndr. Olms Paperbacks Band 30, Hildesheim 1967).

EVEN-SHEMUEL, Y. 1968: Midreshe Ge'ulla, Jerusalem/Tel Aviv ³1968.

FELDMAN, L. H. 1984: Josephus and Modern Scholarship (1937−1980), Berlin u. a. 1984.

FLUSSER, D. 1986: „,The House of David' on an Ossuary", The Israel Museum Journal 5 (1986), 37−40.

FUCHS, W. 1969: Die Skulptur der Griechen, München 1969.

GINZBERG, L. (zitiert nach Bd.-Zahl): The Legends of the Jews, I−VII, 6.−14. Aufl. Philadelphia 1966−1988.

GLESSMER, U. 1988: Entstehung und Entwicklung der Targume zum Pentateuch als literarkritisches Problem dargestellt am Beispiel der Zusatztargume, Diss. masch., Hamburg 1988.

GNILKA, J. 1986: Das Matthäusevangelium (HThK I,1), Freiburg u. a. 1986.

– 1988: Das Matthäusevangelium (HThK I,2), Freiburg u. a. 1988.

GOLDBERG, A. 1979: „Die Namen des Messias in der rabbinischen Traditionsliteratur. Ein Beitrag zur Messianologie des rabbinischen Judentums", FJB 7 (1979), 1–93.

GOODENOUGH, E. R. 1964: Jewish Symbols in the Greco-Roman Period, Bd. 11, New York 1964.

GRABAR, A. 1967: Die Kunst im Zeitalter Justinians, München 1967.

GRESSMANN, H. 1929: Der Messias, FRLANT NF 26, Göttingen 1929.

GUNNEWEG, A. H. J. 1980: Baruch, JSHRZ III,2, Gütersloh ²1980.

HARRINGTON, D. J. 1985: Pseudo-Philo, Transl. and Intr. in: J. H. Charlesworth (Hg.), The Old Testament Pseudepigrapha II, New York 1985, 297–377.

HEINEMANN, J. 1977: Prayer in the Talmud. Forms and Patterns, SJ 9, Berlin u. a., 1977.

HENGEL, M. 1968: Nachfolge und Charisma. Eine exegetisch-religionsgeschichtliche Studie zu Mt 8,21f und Jesu Ruf in die Nachfolge, BZAW 34, Berlin 1968.

– 1973: Art. φάτνη, ThWNT 9, 1973, 51–57.

– 1976: Die Zeloten. Untersuchungen zur jüdischen Freiheitsbewegung in der Zeit von Herodes I. bis 70 n. Chr., AGAJU 1, Leiden, Köln ²1976.

– 1984: Rabbinische Legende und frühpharisäische Geschichte. Schimeon b. Schetach und die achtzig Hexen von Askalon, AHAW phil.-hist. Kl., 2. Abh., Heidelberg 1984.

– 1985: „Jakobus der Herrenbruder – der erste ‚Papst'?", in: E. Gräßer/O. Merk, Glaube und Eschatologie, FS. W. G. Kümmel, Tübingen 1985, 71–104.

– 1986: „Rezension Leo Mildenberg. The Coinage of the Bar Kokhba War...", Gn. 58 (1986), 326–331.

– 1987a: „Hadrians Politik gegenüber Juden und Christen", in: Ancient Studies in Memory of Elias Bickerman, JANES 16–17 (1984–85), 153–182.

– 1987b: „Zur matthäischen Bergpredigt und ihrem jüdischen Hintergrund", ThR 52 (1987), 327–400.

– 1991: The Pre-Christian Paul, London/Philadelphia 1991.

HENGEL, M./HECKEL, U. (Hg.) 1992: Paulus und das antike Judentum. Tübingen – Durham – Symposium im Gedenken an den 50. Todestag Adolf Schlatters († 19. Mai 1938, WUNT 58, Tübingen 1992.

HENGEL, M./MERKEL, O. 1973: „Die Magier aus dem Osten und die Flucht nach Ägypten (Mt 2) im Rahmen der antiken Religionsgeschichte und der Theologie des Matthäus", in: P. Hoffmann (Hg.), Orientierung an Jesus, FS. J. Schmid, Freiburg u. a. 1973, 139–169.

HENGEL, M./SCHWEMER, A. M. (Hg.) 1991: Königsherrschaft Gottes und himmlischer Kult im Judentum, Urchristentum und in der hellenistischen Welt, WUNT 55, Tübingen 1991.

HOROWITZ, C. 1975: Der Jerusalemer Talmud in deutscher Übersetzung I Berakhot, Tübingen 1975.

HORSLEY, R. A. 1985: „Menahem in Jerusalem. A Brief Messianic Episode among the Sicarii-Not Zealot Messianism", NT 27 (1985), 334–348.

ILAN, T. 1992: „Julia Crispina, Daughter of Berenicianus, a Herodian princess in the Babatha Archive: A Case Study in Historical Identification", erscheint in JQR.

JANOWSKI, B. 1982: „Sündenvergebung ‚um Hiobs willen'. Fürbitte und Vergebung in 11 QtgJob 38,2f und Hi 42,9f LXX", ZNW 73 (1982), 251–280.

JEREMIAS, J. 1954: Art. παῖς θεοῦ, ThWNT 5, 1954, 653–713.

– 1962: Jerusalem zur Zeit Jesu. Kulturgeschichtliche Untersuchung zur neutestamentlichen Zeitgeschichte, Göttingen 1962[3].

JONGE, M. DE 1974: „Josephus und die Zukunftserwartungen seines Volkes", in: O. Betz
u. a. (Hg.), Josephus-Studien. Untersuchungen zu Josephus, dem antiken Judentum
und dem Neuen Testament, FS Otto Michel, Göttingen 205–219.

KARRER, M. 1991: Der Gesalbte. Die Grundlagen des Christustitels, FRLANT 151,
Göttingen 1991.

KASHER, A. 1988: Jews, Idumaeans, and Ancient Arabs, TSAJ 18, Tübingen 1988.

– 1990: Jews and Hellenistic Cities in Eretz-Israel, TSAJ 21, Tübingen 1990.

KEEL, O./KÜCHLER, M. 1982: Orte und Landschaften der Bibel. Ein Handbuch und
Studien-Reiseführer, Bd. 2: Der Süden, Zürich u. a. 1982.

KRAELING, C. H. 1938: Gerasa: City of the Decapolis, New Haven 1938.

KRAUSS, S. 1911: Talmudische Archäologie, II, Leipzig 1911.

– 1914: Monumenta Hebraica Talmudica, V, 1. Geschichte. Griechen und Römer,
Wien/Leipzig 1914.

LEVINSOHN, M. W. 1929: Der Prophet Elija, Diss. Zürich 1927, New York 1929.

LEWIS, N. 1989: The Documents from the Bar-Kokhba Period in the Cave of Letters.
Greek Papyri, Judean Desert Studies, ed. N. Lewis, Jerusalem 1989.

LOHFINK, G. 1971: Die Himmelfahrt Jesu. Untersuchungen zu den Himmelfahrts- und
Erhöhungstexten bei Lukas, StANT 26, München 1971.

LOOPIK, M. VAN 1991: The Ways of the Sages and the Way of the World, TSAJ 26,
Tübingen 1991.

MCNICOL, A./SMITH, R. H. 1982: Pella in the Jordan 1. An interim report, Sidney 1982.

MENDELS, D. 1987: The Land of Israel as a Political Concept in Hasmonean Literature,
TSAJ 15, Tübingen 1987.

MEYER, R. 1940: Der Prophet aus Galiläa, Leipzig 1940 (= Ndr. Darmstadt 1970).

MICHEL, O./BAUERNFEIND, O./BETZ, O. 1958: „Der Tempel der Goldenen Kuh (Bemerkungen zur Polemik im Spätjudentum)", ZNW 49 (1958) 197–212.

MILDENBERG, L. 1984: The Coinage of the Bar Kokhba War, P. E. Mottahedeh (Hg.),
Typos 6, Aarau u. a. 1984.

MITTMANN, S. 1970: Beiträge zur Siedlungs- und Territorialgeschichte des nördlichen
Ostjordanlandes, ADPV, Wiesbaden 1970.

MÜLLER, K. 1991: „Menschensohn und Messias. Religionsgeschichtliche Vorüberlegun-
gen zum Menschensohnproblem in den synoptischen Evangelien", BZ NF 16 (1972),
161–187;17 (1973) 52–66; Ndr. in: DERS., Studien zur frühjüdischen Apokalyptik,
SBAB 11, Stuttgart 1991, 229–322.

NEUSNER, J. 1962: A Life of Rabban Yohanan Ben Zakkai. Ca. 1–80 C. E., StPB 6,
Leiden 1962.

– 1970: Development of a Legend. Studies on the Traditions Concerning Yohanan Ben
Zakkai, StPB 16, Leiden 1970.

– 1984: Messiah in Context: Israel's History and Destiny in Formative Judaism, Philadelphia 1984.

– 1987: „Mishnah and Messiah", in: DERS., Judaism and their Messiahs at the Turn of
the Christian Era, Cambridge 1987, 265–282.

– 1989: Lamentations Rabbah. An Analytical Translation, Brown Judaic Studies 193,
Atlanta (Georgia) 1989.

NOY, D. 1971: „The Versions of the ‚Animal Languages' Folktale (AT 670)", ScrHie
1971, 171–208.

PEEK, W. 1960: Griechische Grabgedichte, SQAW 7, Berlin 1960.

PESCH, R. 1984: Das Markusevangelium, HThK II,2, Freiburg u. a. ⁴1984.

PRIGENT, P. 1990: Le judaïsme et l'image , TSAJ 24, Tübingen 1990.

REEG, G. 1989: Die Ortsnamen Israels nach der rabbinischen Literatur, Beih. TAVO, R. B. Nr. 51, Wiesbaden 1989.

SCHÄFER, P. 1978a: „Die messianischen Hoffnungen zwischen Naherwartung und religiösem Pragmatismus", in: DERS., Studien zur Geschichte und Theologie des rabbinischen Judentums, AGAJU 15, Leiden 1978, 214–243 (Ndr.).

– 1978b: „Zur Geschichtsauffassung im rabbinischen Judentum", in: DERS., Studien zur Geschichte und Theologie des rabbinischen Judentums, AGAJU 15, Leiden 1978, 23–44.

– 1979: „Die Flucht Johanan b. Zakkais aus Jerusalem und die ‚Gründung' von Jabne", in: W. Haase (Hg.), ANRW II, 19,2, Berlin/New York 1979, 43–101.

– 1981: Der Bar Kokhba-Aufstand. Studien zum zweiten römischen Krieg gegen Rom, TSAJ 1, Tübingen 1981.

– 1983: Die Geschichte der Juden in der Antike. Die Juden Palästinas von Alexander dem Großen bis zur arabischen Eroberung, Stuttgart u. a. 1983.

SCHÄFER, P./BECKER, H.-J. 1991: Synopse zum Talmud Yerushalmi I/1–2. Ordnung Zera'im: Berakhot und Pe'a, in Zusammenarbeit mit G. Reeg u. a. hg. v. P. Schäfer/ H.-J. Becker, TSAJ 31, Tübingen 1991.

SCHIMANOWSKI, G. 1985: Weisheit und Messias: die jüdischen Voraussetzungen der urchristlichen Präexistenzchristologie, WUNT II/17, Tübingen 1985.

SCHLÜTER, M. 1982: „DERAQON" und Götzendienst. Studien ausgehend vom mAZ III 3, Judentum und Umwelt 4, Frankfurt a. M. 1982.

SCHMITT, A. 1986: „Der frühe Tod des Gerechten nach Weish 4,7–19", in: E. Haag (Hg.), Freude an der Weisung des Herrn, FS H. Groß, SBB 13, Stuttgart 1986, 325–347.

– 1990: Art. „Entrückung", Neues Bibel-Lexikon 1, 1990, 543–547.

SCHNUR, H. C. (Hg.)/KELLER, E. (Bearb.) 1985: Fabeln der Antike. Griechisch – Lateinisch – Deutsch, Sammlung Tusculum, München/Zürich ²1985.

SCHOLEM, G. 1982: „Zum Verständnis der messianischen Idee im Judentum", Judaica, Bibliothek Suhrkamp 106, 1963, 7–74 (= Ndr.: DERS., Über einige Grundbegriffe des Judentums (edition Suhrkamp 414), Frankfurt a. M. 1970, 121–167; zitiert nach DERS., in: K. Koch/J. M. Schmidt (Hg.), Apokalyptik, WdF 365, WB, Darmstadt, 1982, 327–369).

SCHÜRER, E. 1979: The History of the Jewish People in the Age of Jesus Christ (175 B.C.–A.D. 135) by Emil Schürer, A New English Version revised and edited by G. Vermes/F. Millar/M. Black, II, Edinburgh 1979.

SCHWEMER, A. M. 1991a: „Gott als König und seine Königsherrschaft in den Sabbatliedern aus Qumran", in: Hengel/Schwemer 1991, 45–118.

– 1991b: „Irdischer und himmlischer König. Beobachtungen zur sogenannten David-Apokalypse in Hekhalot Rabbati §§ 122–126", in: Hengel/Schwemer 1991, 309–359.

SHATZMAN, I. 1991: The Armies of the Hasmonaens and Herod, TSAJ 25, Tübingen 1991.

SJØBERG, E. 1955: „Justin als Zeuge vom Glauben an den verborgenen und den leidenden Messias im Judentum, in: Interpretationes ad Vetus Testamentum, FS S. Mowinckel, Oslo 1955, 173–183.

SKARSAUNE, O. 1987: The Proof from Prophecy. A Study in Justin Martyr's Proof-Text Tradition: Text-Type, Provenance, Theological Profile, NT.S 56, Leiden 1987.

SMITH, R. H. u. a. (Hg.) 1973: Pella of the Decapolis. Vol. I. The 1967 Season of The College of Wooster Expedition to Pella, London 1973.

– 1989: Pella of the Decapolis. Vol. II. Final Report on The College of Wooster Excavations in Area IX. The Civic Complex, 1979–1985, The College of Wooster 1989.

STAGER, L. 1991: Silbernes Kalb in Aschkelon entdeckt. BiKi 46 (1991), 127–129.

STAUBLI, T. 1991: Das Image der Nomaden im Alten Israel und in der Ikonographie seiner seßhaften Nachbarn, OBO 107, Freiburg – Schweiz, Göttingen 1991.

STEMBERGER, G. 1983a: „Die Bedeutung des ‚Landes Israel' in der rabbinischen Tradition", Kairos 25 (1983), 176–199.

– 1983b: Die römische Herrschaft im Urteil der Juden, EdF 195, Darmstadt 1983.

STERN, M. 1974: Greek and Latin Authors on Jews and Judaism. Edited with Introductions, Translations and Commentary, I, Jerusalem 1974.

– 1980: Greek and Latin Authors on Jews and Judaism. Edited with Introductions, Translations and Commentary, II, Jerusalem, 1980.

STONE, M. E. 1987: „The Question of the Messiah in 4 Ezra", in: J. Neusner/W. S. Green/ E. S. Frerichs (Hg.), Judaisms and their Messiahs at the Turn of the Christian Era, New York 1987, 209–224.

– 1990: Fourth Ezra. A Commentary on the Book of Fourth Ezra, Hermeneia – A Critical and Historical Commentary to the Bible, Minneapolis 1990.

STRACK, H. L./STEMBERGER, G. 1982: Einleitung in Talmud und Midrasch, 7., völlig neu bearb. Aufl., München 1982.

TALMON, S. 1987: „Waiting for the Messiah: The Spiritual Univers of the Qumran Convenanters", in: J. Neusner/W. S. Green/E. S. Frerichs (Hg.), Judaisms and their Messiahs at the Turn of the Christian Era, New York, 1987, 111–137.

THIEL, W. 1990: „Zur Lage von Tischbe in Gilead", ZDPV 106 (1990), 119–134.

THOMPSON, STITH 1955: (Hg.), Motif-index of folk-literature: A classification of narrative elements in folketales, ballads, myths, fables, mediaeval romances, exempla, fabliaux, jest books and local legends, rev. and enlarged, Bloomington u. a. 1955.

VERMES, G. 1961: Scripture and Tradition in Judaism. Haggadic Studies, StPB 4, Leiden 1961.

– 1975: „Ancient Rome in Post-Biblical Jewish Literature", in: DERS., Post-Biblical Jewish Studies, SJLA 8, Leiden 1975.

VOLZ, P. 1949: Prophetengestalten des Alten Testaments, Ndr. Stuttgart 1949.

WALTER, N. 1980: Fragmente jüdisch-hellenistischer Exegeten, JSHRZ III,2, Gütersloh 1980.

WERTHEIMER, S. A. (BatM II): Batei Midrashot II, Jerusalem ²1954.

WIENER, A. 1978: The Prophet Elijah in the Development of Judaism. A Depth-Psychological Study, London, Henley, Boston 1978.

WILLEMS, G. F. 1988: „Textes Rabbiniques anciens à propos d'Élie", in: DERS. (Hg.): Elie le Prophète. Bible. Tradition. Iconographie. Colloque des 10 et 11 novembre 1985 Bruxelles (Publications de l'Institutum Judaicum), Leuven 1988, 96–102.

WOLFF, H. W. 1977: Obadja, Jona, BK XIV,3, Neukirchen-Vluyn 1977.

YOSSIF, E. 1984: The Tales of Ben Sira in the Middle-Ages. A Critical Text and Literary Studies, Jerusalem 1984 (hebr.).

ZELLER, D. 1991: Art. „Geburtsankündigung", Neues Bibel-Lexikon, Lief. 5, 1991, 751ff.

ZOBEL, M. 1938: Gottes Gesalbter. Der Messias und die messianische Zeit in Talmud und Midrasch, Schocken-Bücherei, 90–91, Berlin 1938.

„Denn die Heiden sind der Umkehr nahe"

Rabbinische Interpretationen zur Buße der Leute von Ninive

von

Beate Ego

Die Aggada, entstanden in Palästina und im babylonischen Exil in den Jahrhunderten nach der Zerstörung des Tempels, als Israel unter fremder Herrschaft lebte, kennt eine Vielzahl von Erzählungen, welche die fremden Völker im Blickfeld haben. Wie die halachischen Gebote, die den praktischen Umgang mit den Heiden regeln sollen, letztendlich der Abgrenzung von den „Anderen" und der Selbstkonstitution Israels dienen, so bezwecken auch diese aggadischen Geschichte eine Bestimmung und Versicherung der eigenen Identität: Indem Israel von fremden Völkern und der Begegnung mit ihnen erzählt, formuliert es sein eigenes Selbstverständnis und seine eigenen Werte. Auf dem Hintergrund des Glaubens an den *einen* Gott, der im Halten der am Sinai geoffenbarten Tora seinen praktischen Ausdruck findet, wenden sich zahlreiche solcher Heidenerzählungen polemisch gegen den Götzendienst und gegen den Spott der Völker über das Gesetz Israels[1]; daneben existieren aber auch Aussagen, die den Nicht-Israeliten aufgrund seiner Geschöpflichkeit respektieren und durchaus positiv beurteilen[2].

Wie breit das Spektrum ist, innerhalb dessen Israel von den *Goyim* erzählen kann, wie kontrovers über die Heiden geurteilt wird, zeigt sich am Motiv der Buße der Niniviten, die nach der biblischen Erzählung keineswegs eine Bekehrung zum Jahweglauben, sondern „einen heidnischen Reinigungsakt ... mit der allergrößten Bußfertigkeit" darstellt[3]; tannaitische, amoräische und frühmittelalterliche Quellen greifen dieses Motiv auf, das uns in Jona 3,8−10 überliefert wird, und setzen dabei recht unterschiedliche Akzente.

---

[1] Vgl. hierzu Hruby 1968, 232ff. – Maier 1972, 175ff. – Heinemann 1974, 117f. – Schäfer 1976, 51ff.59.

[2] Vgl. Hruby 1968, 234.238ff. – Maier 1972, 176.

[3] Gese 1991, 130.

1. Die Buße der Niniviten als Vorbild für Israel

Das wohl früheste rabbinische Zeugnis für die Rezeption von Jona 3,8−10 findet sich in der Mischna; die Buße der Leute von Ninive wird zum Typus der Buße schlechthin; die heidnischen Niniviten werden zum Vorbild derer, die Umkehr tun.

mTaan 2,1, eine Überlieferung, die ihren Ursprung vermutlich in der Tempelliturgie hat, diese dann aber für den Fastengottesdienst außerhalb des Heiligtums umprägte[4], schildert den Beginn des Fastengottesdienstes mit folgenden Worten:

Wie ist die Ordnung der Fastenfeiern? Man bringt den Schrein hinaus auf einen offenen Platz der Stadt und streut Herdasche über den Schrein und über das Haupt des Patriarchen und auf das Haupt des Vorstehers des Gerichtshofes; dann nimmt sich jeder einzelne [Asche] und tut [sie] auf sein Haupt. Der Älteste unter ihnen sagt Worte der Ermahnung: Unsere Brüder, nicht steht geschrieben von den Männern Ninives: Und Gott sah an ihr Bußgewand und ihr Fasten, sondern: „Und Gott sah an ihre Taten; denn sie kehrten um von ihren bösen Wegen" (Jona 3,10). Und was sagt die Überlieferung [dazu]? „Aber zerreißt eure Herzen und nicht eure Kleider und bekehrt euch zu JHWH, eurem Gott usw." (Joël 2,13)[5].

Dieses liturgische Geschehen, das seinen Ort noch vor den eigentlichen Fastengebeten hat[6], besteht aus zwei Komponenten: aus der Handlung des Sich-mit-Asche-Bestreuens sowie aus der mahnenden Erläuterung des wahren Charakters der Buße. Entscheidend beim Verhalten der Niniviten waren nicht die Riten, sondern die Umkehr im Tun – eine äußerlich sichtbare und spürbare Umkehr, die mit innerer Umkehr einhergehen soll, wie das abschließende Zitat von Joël 2,13 deutlich macht. Der hebräische Terminus דִּבְרֵי כְּבוּשִׁים, mit dem diese kurze Predigt überschrieben ist, veranschaulicht den Charakter dieser Buße. כבש, ein Verb, das dem militärischen Bereich entstammt, bezeichnet die Ausübung von Gewalt und meint wörtlich ‚niederwerfen' ‚erobern'[7]. Die Bußriten sind – um in der Terminologie von E. Kutsch zu sprechen – Selbstminderungsriten[8], durch die sich der einzelne bzw. die gesamte Gemeinschaft „niederwirft", um Gott zu beschwichtigen und seinen Zorn abzuwenden. Die Affinität mit den Trauerbräuchen verweist zudem darauf, daß diese Bußhandlungen als Rites de passage betrachtet werden können, die einen ‚Statusübergang'[9] signalisieren: Buße bedeutet letztendlich die Geburt eines

---

[4] Vgl. hierzu HEINEMANN 1977, 108f.

[5] Zitiert nach der Übersetzung CORRENS 1989, 2f.

[6] Zum Zusammenhang zwischen Fasten und Gebet vgl. LÉVI 1903, 163ff. Zum Fasten allgemein vgl. MAIER 1979, 203ff. – MANTEL 1983, 45ff.

[7] WAGNER 1984, 54−60. Vgl. Mi 7,19, wo der Terminus in übertragener Bedeutung vorkommt, wenn Gott die Sünde der Menschen unterwirft.

[8] KUTSCH 1965, 28.

[9] Vgl. zu dieser Terminologie SPIEGEL 1973, 93ff.

neuen Menschen, die den Sieg über den alten Menschen voraussetzt. Durch die mahnende Erläuterung zu den Fastenriten versucht mTaan 2,1 diese vor einer Sinnentleerung und Sinnverkehrung zu schützen. Die Fastenriten haben keine magische Wirkung[10]; vielmehr zielt der Fastengottesdienst auf eine Umkehr im Herzen hin, welcher ein anderes, neues Tun korrespondiert[11].

Die entsprechende Gemara des Babylonischen Talmud greift das Motiv der Buße auf; in bTaan 16a folgt auf die knappe Zusammenfassung der Auslegung zu Jona 3,10 eine Interpretation von Jona 3,8, der Bußanweisung des ninivitischen Königs an sein Volk:

> „Und sie sollen sich in Sack hüllen, Menschen und Vieh" (Jona 3,8) – Was taten sie? Sie banden die Muttertiere für sich und ihre Jungen für sich und sprachen: Herr der Welt, wenn du dich über uns nicht erbarmst, so erbarmen wir uns über jene nicht.
> „Und zu Gott rufen mit Macht (בחזקה)" (ibid.) – Was sagten sie? Sie sprachen vor ihm: Herr der Welt! Der Bedrückte und derjenige, der nicht bedrückt ist, der Gerechte und der Frevler – wer gibt wem nach?
> „Und ein jeder bekehre sich von seinem bösen Wege und dem Frevel seiner Hände" (ibid.) – Was heißt: „und von dem Frevel seiner Hände"? Samuel sagte: Sogar wenn jemand einen Balken geraubt hat und ihn beim Bau einer Festung verwendet hat, dann soll er die ganze Festung niederreißen und den Balken seinem Eigentümer zurückgeben.

Diese Auslegung besteht – klar gekennzeichnet durch die in mehreren Teilen erfolgende Zitation des zugrundeliegenden Schriftverses – aus drei verschiedenen Abschnitten. Der etwas merkwürdig anmutende Brauch einer Trennung des Viehs in Muttertiere auf der einen und Jungtiere auf der anderen Seite[12] nimmt Bezug auf die Forderung des Königs, daß sich auch Tiere in Säcke zu hüllen hätten (V. 8) und keinerlei Nahrung zu sich nehmen dürften (V. 7) und

---

[10] Vgl. Jes 58,3ff; hierzu: LÉVI 1903, 162.

[11] Dementsprechend heißt es auch in bRHSh 16b: „Es sprach R. Isaak: Vier Dinge zerreißen das Urteil des Menschen; und das sind sie: Almosen, Gebet, die Änderung des Namens und die Änderung der Taten ... Die Änderung der Taten, denn es heißt: ‚Als aber Gott ihr Tun sah, wie sie sich bekehrten' (Jona 3,10)"; vgl. auch BerR 44,12 (Albeck 434f); QohR 5,6 (14d); PesR Hosafa 4 (200b); PRK 28,2 (Mandelbaum 425). Auch tTaan 1,8 (Zuckermandel 215) stellt diesen Aspekt in den Vordergrund, wenn – in einer anonym tradierten Überlieferung – in der Rede des Ältesten Jes 58,3−6 zitiert wird; sie verzichtet allerdings auf das Motiv der ninivitischen Buße.

[12] S.a. die entsprechende Erweiterung in der Überlieferung des Jerusalemer Talmud yTaan 2,1 (65b) und S. 165. Vgl. die Siebte Predigt des Basilius von Cäsarea *Predigt, gehalten zur Zeit einer Hungersnot und Dürre* § 3 (PG 31, 312AB): „Du siehst, wie die Niniviten, als sie durch Reue Gott versöhnten und die Sünden betrauerten, ... nicht bloß die Kinder zur Buße stellten, um indes selbst zu schmausen und zu schwelgen, sondern wie die Väter als die Erstschuldigen zuerst auch fasteten und sich kasteiten, erst dann auch die Kinder angehalten wurden mitzutrauern, damit so jedes Alter die Trauer teile... Nicht einmal die unvernünftigen Tiere nahmen sie von der Strafe aus; auch diese wußten sie zum Schreien zu bringen: Man trennte das Kalb von der Kuh, das Lamm vom Euter der Mutter; das säugende Junge lag nicht im Schoße der Mutter. In besonderen Ställen waren die Mütter, in besonderen die Jungen. Von allen ertönten und hallten wider klagende Laute. Die hungernden Kleinen suchten nach den Quellen der Milch; die Mütter riefen in natürlichen Gefühlen mitleidsvoll ihren Jungen zu ..."; zitiert nach der Übersetzung STEGMANN 1925, 263.

das Vieh somit an den Buß- und Fastenriten der Menschen beteiligt werden
solle. Das Erbarmen mit den Tieren soll Gott zum Erbarmen mit den Menschen von Ninive veranlassen[13]. Vermutlich beruht diese Argumentation auf
Jona 4,10.11, den letzten Versen des Jonabuches, in denen Gott zu Jona
spricht:

> 10 ... Dich jammert die Staude, um die du dich nicht gemüht hast, hast sie auch nicht
> aufgezogen, die in einer Nacht ward und in einer Nacht verdarb. 11 Und mich sollte nicht
> jammern Ninive, eine so große Stadt, in der mehr als hundertzwanzigtausend Menschen
> sind, die nicht wissen, was rechts oder links ist, dann auch viele Tiere?

Da dieser Argumentation ein Schluß a minore ad majus zugrunde liegt[14], kann
die abschließende Nennung der Tiere als Steigerung interpretiert werden;
Gottes allumfassendes Erbarmen mit seiner Schöpfung, im konkreten Fall mit
den Tieren Ninives, kommt auch den frevelhaften Menschen dieser Stadt
zugute[15].

Der zweite Teil der Auslegung versteht die Formulierung בחזקה im Sinne
von ‚mit Gewalt‘[16]. Die Antwort auf die vom Talmud gestellte Frage muß
lauten: Der Frevler setzt sich gegenüber dem Frommen durch[17]; im vorliegen-

---

[13] Vgl. zu diesem Motiv auch die Erzählung von Alexander im Königreich Kazya; in BerR
33,1 (Albeck 301f) heißt es: „Alexander von Mazedonien kam einmal in das Königreich
Kazya, das hinter den Bergen der Dunkelheit liegt. Sie kamen heraus und brachten ihm einen
Laib aus Gold mit einem goldenen Teller. Er sprach zu ihnen: Brauche ich etwa euer Gold?
Sie sagten zu ihm: Wenn du in deinem Land nichts zu essen gehabt hättest, wärest du doch
nicht zu uns gekommen! Er antwortete ihnen: Ich will nur wissen, wie ihr Recht sprecht.
Während er bei ihnen saß, kam ein Mann zu ihnen, der gegen seinen Genossen eine Beschwer-
de vorbrachte. Er sprach: Dieser Mann hat mir eine Ruine verkauft, und ich habe darin einen
Schatz gefunden; eine Ruine habe ich gekauft, einen Schatz habe ich nicht gekauft. Der
Verkäufer [aber] sprach: Die Ruine mitsamt ihrem Inhalt habe ich verkauft. Er [der Richter]
sprach zu dem einen: Hast du einen Sohn? Dieser erwiderte: Ja! Er sprach zu dem anderen:
Hast du eine Tochter? Jener erwiderte [ebenfalls]: Ja! Da sprach er zu dem einen: Geh und
heirate die Tochter jenes Mannes, und das Geld wird beiden gehören! Als er ihn [Alexander]
sitzen sah, sprach er zu ihm: Nun, habe ich nicht gut gehandelt? Er entgegnete ihm: Ja! Er fuhr
fort: Wenn dies bei euch geschehen wäre, wie würdet ihr richten? Er sagte: Wir würden beide
töten und das Geld der beiden nähme die Königsherrschaft hinweg. Er sprach zu ihm: Regnet
es bei euch? Er antwortete: Ja! – Scheint bei euch die Sonne? Er antwortete: Ja! – Gibt es bei
euch Kleinvieh? – Er antwortete: Ja! Da sprach er: Beim Leben dieses Mannes – nicht um
euretwillen regnet es, und nicht um euretwillen scheint die Sonne, sondern um des Kleinviehs
willen, wie es geschrieben ist: ‚Mensch und Vieh errettet der Herr‘ (Ps 36,7) – Der Herr
errettet den Menschen um des Viehs willen": vgl. als Parallelen: yBM 2,5 (8c); WaR 27,1
(Margulies 618f); PRK 9,1 (Mandelbaum 148f); hierzu FRÄNKEL 1981, 145ff.
[14] Vgl. WOLFF 1977, 149. – WEISER 1956, 225.
[15] Eine negative Deutung der in Jona 4,11 genannten Tiere findet sich dagegen in TanB
Berakha 5 (28b): „... ‚Mensch‘ – das sind die Gerechten, und ‚Vieh‘ – das sind die Gottlosen,
denn ihre Werke sind wie die Werke des Viehs...": vgl. MHG wa-yelekh S. 663: „‚Mensch‘ –
das sind die Säuglinge, die nicht gesündigt haben; ‚Vieh‘ – das sind die Menschen, die
gesündigt haben"; ferner QohR 3,18 (12b), wonach mit ‚Vieh‘ die Propheten der Heiden
gemeint sind.
[16] So auch Ri 4,3; Ri 8,1; 1 Sam 2,16; Ez 34,4.
[17] Vgl. Raschi zu bTaan 16a.

den Kontext ist diese Aussage auf das Verhältnis zwischen Gott und den Niniviten zu übertragen: So wie der Gerechte dem Frevler nachgibt, so gab Gott den Niniviten nach; er ließ sich durch sie in seinem gnädigen Handeln geradezu überwinden[18].

Von zentraler Bedeutung ist der letzte Teil der Auslegung des Babylonischen Talmuds; hier bestätigt sich die Aussage der Mischna, wonach die Buße der Niniviten eine ernstgemeinte und tiefgehende, keineswegs nur äußere an den bloßen Riten orientierte Umkehr darstellte. Während die Mischna jedoch eher allgemein von einem notwendigen Zusammenhang zwischen der Umkehr in den Taten und der im Herzen sprach, erläutert die Auslegung der Gemara an einem praktischen Beispiel, wie radikal der König der Niniviten die von ihm verordnete Volksbuße verstand. Selbst wenn dafür ganze Gebäude eingerissen werden müßten, soll doch – so die Forderung des Königs – das geraubte Eigentum seinem rechtmäßigen Besitzer zurückgegeben werden[19].

2. Die Schuld Israels – Aspekte biblischer Polemik und Selbstkritik

Selbstverständlich provozieren solch positive Aussagen über die Niniviten einen Vergleich mit Israel.

Bereits die biblische Erzählung ist auf eine Gegenüberstellung Ninives mit Israel angelegt: Durch zahlreiche Anspielungen und Anklänge an die Schilderung des Verhaltens des Königs Jojachin in Jer 36 wirkt der König der fremden Stadt geradezu als Gegenbeispiel zu dem unbußfertigen Herrscher Judas, der nicht auf den Umkehrruf Jeremias hört, sondern die Buchrolle mit den Worten des Propheten verbrennt[20]; der Gegensatz zwischen dem Scheitern Jeremias bei seinem eigenen Volk und dem Erfolg Jonas bei den Niniviten läßt Ninive, die fremde Stadt, geradezu als Antitypus zu Jerusalem erscheinen[21].

Ebenso impliziert auch die oben genannte Mischna einen solchen Vergleich; der Aufruf in Joël 2,13 richtet sich an Israel, erfüllt aber wird er von einem heidnischen Volk, von den Niniviten, die zudem noch als Zerstörer Israels aufgetreten sind[22].

Explizit findet sich die Gegenüberstellung von Israel und Ninive bereits in einem Logion der Redenquelle Q, das sicherlich auf Jesus selbst zurückgeht[23].

---

[18] Zu חזקה vgl. Raschi zu Jona 3,8.

[19] Unsere Auslegung berichtet zwar nichts über die tatsächliche Ausführung des königlichen Befehls, doch erzählt der mittelalterliche Midrasch Jona anhand verschiedener Beispiele ausführlich, wie gewissenhaft die Niniviten dieser Anweisung ihres Königs nachgekommen sind; vgl. unten S. 167f.

[20] FEUILLET 1947, 171. – WOLFF 1977, 120.126.

[21] Vgl. FEUILLET 1947, 173. – WOLFF 1977, 120. – CHAPINEAU 1988, 214.

[22] Vgl. hierzu GESE 1991, 126.

[23] Hierzu HENGEL 1979, 151. – REISER 1990, 193.

Dieser Schuldspruch schöpft aus der Bildwelt einer Gerichtsverhandlung: Die heidnischen Niniviten werden beim Jüngsten Gericht als Zeugen gegen Israel aufstehen und auf seine Schuld hinweisen. In Lk 11,32 heißt es:

Die Leute von Ninive werden auftreten beim Jüngsten Gericht mit diesem Geschlecht und werden's verdammen; denn sie taten Buße nach der Predigt des Jona. Und siehe, hier ist mehr als Jona[24].

Die Anklage gegen Israel verschärft sich durch die personale Ausrichtung des Logions, das einerseits einen Vergleich zwischen Jona und Jesus und andererseits einen Qal-wa-chomer-Schluß impliziert: Wenn Jesus Jona, den erfolgreichsten Bußprediger, dessen Botschaft sogar bei den frevelhaften Heiden Gehör fand, noch übertrifft[25], um wieviel mehr müßte Israel dann auf Jesu Predigt hin umkehren[26]?

In der rabbinischen Überlieferung erscheint eine entsprechende Argumentation, die die Buße der Niniviten im Hinblick auf die Schuld Israels reflektiert, zuerst in einer Tradition aus der Mekhilta de Rabbi Yishma'el[27]. Eine Aggada erklärt die Flucht des Jona nach der göttlichen Beauftragung als einen Versuch, den Vergleich zwischen Israel und Ninive zu verhindern; wohl wissend um die nahe Buße der Heiden weigert sich Jona, die göttliche Gerichtsbotschaft zu verkünden, damit Israels Schuld nicht zum Vorschein komme. So heißt es in Mekhilta pisḥa 1 (Horowitz/Rabin 3f.):

Es sprach Jona: Ich will außer Landes gehen zu einem Ort, wo sich die Schechina nicht offenbart, um nicht die Verurteilung Israels zu bewirken (את ישראל[28] שלא לחייב) – denn die Heiden sind der Umkehr nahe[29]. R. Natan sagt: Jona ging nur, um sich selbst im Meer zu vernichten, denn es heißt: „Er sprach zu ihnen: ‚Nehmt mich und werft mich ins Meer'" (Jona 1,12). Ebenso findest du, daß die Väter und die Propheten sich selbst für Israel hingaben...

---

[24] Vgl. Mt 12,41.

[25] Hengel 1979, 151.

[26] Reiser 1990, 200ff.

[27] Diese Überlieferung zeigt eine auffallende Ähnlichkeit zu Lk 11,32 par., und es ist anzunehmen, daß sie Jesus bereits vorlag; hierzu Reiser 1990, 200; s. a. Goldberg 1962, 17.

[28] Diese Terminologie liegt vermutlich dem καταϰρινοῦσιν von Lk 11,32 par. zugrunde; hierzu Reiser 1990, 200.

[29] Vgl. als Parallele ySan 11,7 (30b), wo dieser Gedanke in etwas anderem Wortlaut formuliert wird: „Jona, der Sohn Amittais, war ein wahrer Prophet. Du findest: In der Stunde, da der Heilige, gepriesen sei er, zu ihm sagte: ‚Mache dich auf und geh in die große Stadt Ninive und prophezeie gegen sie...', da sprach Jona: Ich weiß, daß die Heiden der Buße nahe sind. Und siehe, komme ich [dorthin] und prophezeie gegen sie und sie tun [daraufhin] Buße, dann wird der Heilige, gepriesen sei er, kommen und von Israel [die Schuld] einfordern! Was muß ich tun? Fliehen!" S. a. Tan Wayikra 8 (185a); PRE 10 (24a); s. a. Kimchi zu Jona 1,1. Vgl. Hieronymus In Ionam I, 1−2 (SC 323, Duval, 168): „In condemnationem Israhelis Ionas ad Gentes mittitur, quod, Niniue agente paenitentiam, illi in malitia perseuerent"; In Ionam I,3a (SC 323, Duval 172): „Scit Propheta, Sancto sibi Spirito suggerente, quod paenitentia gentium ruina sit Iudaeorum."

Während diese Auslegung ganz auf die Erklärung von Jonas Verhalten abzielt, verwendet EkhR Peticha 31 (17b) – vermutlich noch in byzantinischer Zeit entstanden[30] – den Vergleich zwischen Israel und den Niniviten im Kontext einer gegen Israel gerichteten Anklage, welche die Funktion hat, Israels Schuld aufzuweisen, die als Grund für die Zerstörung des Tempels und die Einnahme Jerusalems anzusehen ist. Den exegetischen Hintergrund dieser Auslegung bildet ein Wortspiel mit dem Ausdruck העיר הינה aus Zef 3,1. הינה, in den modernen Übersetzungen als Part. Fem. Kal der Wurzel ינה – ,unterdrücken, gewalttätig' sein, gedeutet[31], wird mit dem Namen des Propheten in Verbindung gebracht und – gegen die grammatischen Regeln – ,die Stadt des Jona' übersetzt[32].

[„Wehe der widerspenstigen und befleckten,] der gewalttätigen Stadt (העיר הינה)" (Zef 3,1) – Konnte sie denn nicht von der Stadt Jonas (מעירו שלינה), von Ninive, lernen? Einen Propheten sandte ich zu Ninive und sie taten Buße; und wieviele Propheten sandte ich zu Jerusalem!? Das ist es, was geschrieben steht: „Und doch hatte der Herr Israel und Juda gewarnt durch alle Propheten und alle Seher und ihnen sagen lassen: Kehrt um von euren bösen Wegen und haltet meine Gebote und Rechte" (2 Kön 17,13)[33].

3. Ninives ,trügerische' Buße –
Die Umdeutung des traditionellen Erzählstoffes

Eine ganz andere Entwicklung nimmt die Tradition von der Buße der Leute von Ninive in der Gemara des Jerusalemer Talmud zu mTaan 2,1. Während die oben zitierten Texte zwar die problematische Wirkung der Umkehr Ninives für Israel klar aufweisen, aber desungeachtet an ihrer grundsätzlich positiven Einschätzung der heidnischen Bußleistung festhalten, erfolgt in diesem Traditionsstrang eine Neuinterpretation des Materials und eine bewußte Änderung des biblischen Stoffes. In yTaan 2,1 (65b) heißt es:

---

[30] Zu den Petichot von EkhR vgl. ZULAY 1945, 190ff.

[31] Hierzu RUDOLPH 1975, 216; s. a. Ibn Ezra z. St. Vgl. dagegen die alten Übersetzungen, die den Ausdruck im Sinne von ,Taube' deuten; so hat LXX: ἡ πόλις ἡ περιστερά und Vg. liest: civitas columbae. Vgl. auch Raschi und Kimchi zu Zef 3,1. S. a. Hieronymus im Prolog zu In Ionam (SC 323, Duval 161ff): „Si enim Jonas interpretatur ,Columba', columba autem refertur ad Spiritum Sanctum"; für weitere Belege aus den Onomastica vgl. WUTZ 1914, 131.

[32] So auch ᚷ: medinta d-ywnn.

[33] Vgl. auch Tan Wayikra 8 (185b): „Sofort ,kam ein großer Zorn über Israel' (2 Kön 3,27). Deshalb sprach Jona: Die Heidenvölker werden alsbald Buße tun, und der Zorn der Heiligen, gepriesen sei er! wird sagen: Die Heidenvölker, denen ich keine Satzungen und Rechtssätze gegeben habe, in dem Augenblick, in dem ich ein Urteil über sie fälle und sie erfahren es, kehren sie gleich um. Aber nicht so Israel: Denn in jedem Augenblick schickte ich meine Propheten zu ihnen, aber sie sind hartnäckig. Und deshalb ,kam ein großer Zorn über ihn'". S. a. TanB Hosafa shelaḥ 9 (40b): „Der Heilige, gepriesen sei er! sprach: Die Völker der Welt ehren mich, aber ihr – wie viele Zeichen habe ich euch getan, aber ihr habt mich erzürnt".

Es sprach R. Simeon b. Laqisch: Eine trügerische Buße taten die Leute von Ninive. Was taten sie? R. Huna sagte im Namen von R. Simeon b. Chalafta: Sie stellten Kälber nach innen und ihre Muttertiere nach außen, Eselsfüllen nach innen und ihre Muttertiere nach außen; diese brüllten hier und jene brüllten dort. Sie sagten: Wenn er sich nicht über uns erbarmt, dann erbarmen wir uns nicht über diese; das ist es, was geschrieben steht: „Wie schreit doch das Vieh und sind verstört die Rinderherden usw." (Joël 1,18). Es sprach R. Acha: Auch in Arabien machen sie es so.

„Und sie sollen sich in Säcke hüllen, Menschen und Vieh, und zu Gott rufen mit Macht" (Jona 3,8) – Was heißt mit Macht? Es sprach R. Simeon b. Chalafta: Der Unverschämte besiegt den Tugendhaften[34] – um wieviel mehr die Güte der Welt![35]

„Und ein jeder bekehre sich von seinem bösen Wege und vom Frevel der Hände" – Es sprach R. Jochanan: Was in ihren Händen war, das gaben sie zurück, was sie in Kisten, Kästen und Türmen hatten, das gaben sie nicht zurück[36].

Der Zusammenhang dieser Tradition mit der im Babylonischen Talmud überlieferten Auslegung ist in jedem der einzelnen Abschnitte erkennbar. Während der erste Teil von der Trennung der Mutter- und Jungtiere noch kaum von der Überlieferung bTaan 16a abweicht und lediglich durch die Zitation von Joël 1,18 und das Dictum des R. Acha erweitert wurde, zeigen sich in der Fortsetzung Spuren einer negativen Interpretation. Hatte der Babylonische Talmud allein eine Frage gestellt, auf die der Hörer selbst die Antwort geben mußte, so setzt der Jerusalemer Talmud sogleich mit dieser Antwort als unumstößlicher Tatsache ein – „Der Unverschämte besiegt den Tugendhaften"[37] – und expliziert den Qal-wa-chomer-Schluß in seinem Bezug auf das Verhältnis zwischen Gott[38] und den Bewohnern der Stadt Ninive.

Am deutlichsten erscheint die negative Tendenz im dritten Teil der Auslegung zu Jona 3,8: Die Worte „החמס אשר בכפיהם" – wörtlich: „der Frevel, der in ihren Händen war" – verstand der Babylonische Talmud als Hinweis auf die Rückgabe des gesamten unrecht erworbenen Eigentums; R. Jochanan dagegen deutet diese Formulierung in ganz wörtlichem Sinn: Nur die gestohlenen Besitztümer, die zum Zeitpunkt des Bußaufrufes *in den Händen* der Niniviten waren, gaben diese zurück, alle anderen Dinge, die sie bereits zuvor geraubt hatten, behielten sie für sich. Demnach war die Buße der Niniviten keineswegs eine vollkommene Umkehr, sondern ein Betrug, mit welchem Gott überlistet

---

[34] PRK 24,11 (Mandelbaum 361f) liest hier: לבישא – den Bösen; so auch Yalq Jon § 550 (430c) im Namen von yTaan. Ms. Parma zu PRK 24 fügt ein: „Von hieraus lernst du, daß das Gebet einer lauten Stimme bedarf"; vgl. hierzu den Kommentar in der Buber'schen Ausgabe z. St. (161b, Anm. 89).

[35] Bis hierher erfolgt auch die Rezeption in Midrasch Jona, S. 100; s. o. S. 167f.

[36] So auch in Midrasch Jona, S. 102, wo diese Aussage als Traditionselement aufgenommen wird, ohne die insgesamt positive Darstellung zu beeinflussen; s. o. S. 167f.

[37] Die Parallelversion in PRK 24 (Mandelbaum 361f) mit der Lesart: „Der Unverschämte besiegt den Bösen" verstärkt diese Argumentation noch zusätzlich: Wenn der Unverschämte schon den Bösen besiegt, um wieviel mehr dann erst den Guten.

[38] Die Gottesbezeichnung ‚Güte der Welt' basiert auf Ps 145,9; hierzu MARMORSTEIN 1927, 85.

werden sollte. Diese pejorative Interpretation des heidnischen Bußverhaltens dient jedoch nicht – wie der Kontext zeigt, der entsprechend der zugrundeliegenden Mischna um das Thema der Umkehr kreist – einer direkten Frontstellung gegen die Heiden, sondern wendet sich vielmehr an Israel. Der Topos der trügerischen Buße fungiert gleichsam als Negativ-Folie, von der sich Israel in seinem gottgefälligen Verhalten abgrenzen und distanzieren soll.

Auch die Pesiqta de Rav Kahana (PRK 24,11 [Mandelbaum 361f]), die diesen Topos rezipiert, richtet sich primär an Israel. Ort des Traditionsstückes ist hier eine Homilie zu Hos 14,2, dem Beginn der Haphtara zur Parascha האזינה, deren Sitz im Leben der Sabbat Shuva ist, also jener Sabbat, der in die zehn Tage zwischen Neujahr und dem Versöhnungstag fällt. Nach einer Reihe von Aufrufen zur Umkehr heißt es: „Die Israeliten sprachen vor Gott: Herr der Welten! Wenn wir Buße tun, wirst du uns annehmen?" Als Antwort darauf führt die Predigt aus, daß die zehn Tage zwischen Neujahr und Versöhnungstag zur Umkehr besonders geeignet sind; in dieser Zeit ist Gott bereit, die Buße zu akzeptieren, selbst wenn sie nicht vollkommen sein sollte. Die Umkehr der Niniviten erscheint – wie auch die Umkehr Kains, Ahabs, Manasses oder Jojachins – als Exempel einer zwar keineswegs perfekten, aber dennoch von Gott nicht zurückgewiesenen Buße. Die Polemik gegen die Heiden fungiert im Kontext der Paränese, wenn Israel zur Umkehr aufgerufen wird; neben die Ermahnung tritt im hier gegebenen Rahmen aber auch ein tröstendes, ermunterndes, parakletisches Moment: Gott hat die unvollkommene Buße der frevelhaften Heiden nicht verworfen, warum sollte er sein eigenes Volk verstoßen? Gottes Annahme der trügerischen, halbherzigen Umkehr der Niniviten wird geradezu zum Garant für die Akzeptanz der Buße seines Volkes Israel[39].

4. Die frühmittelalterliche Midrasch – Tradition und narrative Ausgestaltung

Auch die späteren Quellen der rabbinischen Literatur rezipieren das Motiv der Buße Nineves. Pirqe deRabbi Eliezer, ein Vertreter der in frühislamischer Zeit entstandenen „Rewritten bible"[40], widmet ein ganzes Kapitel dem Thema der Umkehr[41]. Als Beispiele für die „Kraft der Buße", welche ein „Schild gegen die

---

[39] Vgl. auch die Argumentation in den Apostolischen Konstitutionen 8,9,9 (SC 336, Metzger 163): „Du hast die Buße der Niniviten angenommen, Du willst, daß alle Menschen selig werden und zur Erkenntnis der Wahrheit gelangen... nimm auch jetzt die Reue Deiner Bittflehenden an"; zitiert nach STORF 1912, 38.

[40] Vgl. zu dieser Gattung STRACK/STEMBERGER 1982, 298. – HEINEMANN 1974, 181.

[41] Abgeschlossen wird dieser Abschnitt mit der fünften Benediktion zum Achtzehngebet: „Gelobt seist du, Ewiger, der an der Buße Wohlgefallen hat!" Insgesamt sind in PRE acht Benediktionen mit einzelnen Kapiteln dieses Werkes verbunden; vgl. hierzu: STRACK/STEMBERGER 1982, 298. – ZUNZ 1892, 284.

Bestrafung ist", werden Ahab, David, Manasse, R. Simeon b. Laqisch sowie der Pharao von Ägypten genannt: letzterer aber ist, nachdem er von den Toten auferstand, identisch mit dem König der Stadt Ninive. Zunächst schildert der Midrasch PRE 43 (Luria 103b) in dramatischer Weise die Bußhandlungen der Bewohner Ninives:

Als der Heilige, gepriesen sei er, Jona sandte, um gegen die Stadt zu prophezeien, hörte dies der Pharao. Da erhob er sich von seinem Thron, zerriß seine Kleider und legte Sack und Asche an. Und er verkündete dem ganzen Volk, daß sie zwei Tage fasten sollten. Was taten sie? Die Männer waren auf der einen Seite, die Frauen auf der anderen Seite, und ihre Kinder waren bei ihnen; alle reinen Tiere waren auf einer Seite, und ihre Jungen waren für sich. Die Kinder sahen die Brüste ihrer Mütter, und sie wollten gestillt werden und weinten ...

Die Niniviten hatten aber – so dieser Midrasch – nicht die Kraft, ihren neuen Lebenswandel beizubehalten. Im Anschluß an die ausführliche Bußschilderung erklärt der Midrasch kurzerhand:

Nach vierzig Jahren kehrten sie zu ihren früheren Taten in weitaus schlimmerem Maße zurück, und sie wurden wie die Toten von der untersten Scheol verschlungen, wie es heißt: „Fern der Stadt seufzen Sterbende [und die Seele der Säuglinge schreit"] (Ijob 24,12).

Diese Aussage, die auf einer Identifikation der in Ijob 24,12 genannten Stadt mit der Stadt Ninive (vgl. Jona 3,2f.; 4,11) beruht, ist weniger als Polemik gegen die Fremdvölker zu verstehen, sondern eher als ätiologische Anmerkung, die der historischen Tatsache Rechnung trägt, daß Ninive, die Hauptstadt des assyrischen Weltreiches, in Wirklichkeit ja nicht verschont blieb, sondern – wie dies Nahum prophezeit hatte – von den Neubabyloniern eingenommen und zerstört wurde[42].

Eine wichtige Rolle spielt die Buße der Niniviten auch in einem weiteren Midrasch aus dem Genre der Bibelnacherzählungen, dem Midrasch Jona, der die Überlieferungen aus Pirqe deRabbi Eliezer bereits voraussetzt[43]. Hier werden neben den Traditionen aus der Mischna und dem Babylonischen Talmud auch die Überlieferungen aus dem Jerusalemer Talmud aufgenommen; wenn das Beispiel von der Rückgabe des geraubten Eigentums, das der Babylonische Talmud anführte, um viele Belege erweitert wird, so bedeutet dies, daß der Hauptakzent dieses Midrasch, der für den Versöhnungstag zusammengestellt wurde[44], auf der ausführlichen Darstellung einer vollkommenen Buße liegt, wie sie die Niniviten durch ihre guten Taten zum Ausdruck brachten. Nach der Schilderung des königlichen Bußaufrufes heißt es:

---

[42] Vgl. Tob 14,4.15.
[43] Zum Midrasch Jona vgl. STRACK/STEMBERGER 1982, 294.
[44] Vgl. BHM I, S. XXf.

Sofort taten alle Leute der Stadt nach den Worten des Königs, und sie beteten mit
Weinen und in der Bitternis der Seele und mit Tränen vor dem Heiligen, gepriesen sei er.
Am dritten Tag kehrten sie um von ihrem bösen Wege ... Wenn sie auf den Feldern, in
den Weinbergen, auf den Straßen und auf den Marktplätzen einen Fund gemacht hatten,
so gaben sie denselben ihren Eigentümern wieder zurück. Und in jedem Haus, wo sich
zehn Ziegel von Geraubtem befanden, selbst wenn es in den sehr kostbaren Palästen des
Königs war, wohin kein Forscherblick gelangte, rissen sie alles bis auf den Grund nieder
und gaben es ihren Eigentümern zurück ... Ein jeder übte Recht und Gerechtigkeit, und
ein jeder, in dessen Hand eine Sünde war, ging hin und bekannte sie ... Sogar wenn einer
seinem Genossen eine Ruine verkauft hatte und dieser daran ging, sie aufzubauen und
darin einen silbernen und goldenen Schatz fand, was tat er? Er rief jenen Mann, der ihm
die Ruine verkaufte, und sprach: Der Schatz, den ich in der Ruine gefunden habe, gehört
dir ...[45]

Einer der schönsten Texte innerhalb der Überlieferungen, die das Motiv der
Buße der Niniviten aufgreifen, bietet das Targum Scheni, eine mit zahlreichen
aggadischen Erweiterungen und narrativen Ausschmückungen versehene aramäische Übersetzung des Estherbuches, die wohl im 7. oder 8. Jh. in Palästina
entstanden ist. Während die biblische Esthergeschichte nur ganz knapp vom
Fasten des Volkes erzählt, aber keine Fastengebete nennt[46], weiß das Targum
in der Auslegung zu Est 4,1 von einem Gottesdienst zu berichten, den Mordochai vor der versammelten Gemeinde abhält. Der Bezug zur Mischna ist
offensichtlich, denn der Meturgeman erzählt vom Heraustragen des Tora-
Schreines und läßt Mordochai in der Rolle des Ältesten erscheinen, der auf das
Handeln der Niniviten als Vorbild verweist und zu einer Fastenbuße aufruft.
Durch den Vorbau eines Gebetes, das durch seine ausgesprochen poetische
Diktion auffällt, sowie durch die ausführliche Beschreibung der Bußpredigt
und der Bußgesten, die sich in ihrer sprachlichen Gestaltung eng an Jona
3,8−10 anlehnen, wirkt dieser Text aber ausdrucksvoller als die literarische
Vorlage, die der Halacha entstammt.

Mordochai stand inmitten der Gemeinde. Er hob an und sprach: Volk des Hauses Israel,
geliebt und teuer vor eurem Vater im Himmel: Habt ihr nicht gehört, was der König
Ahasverosch und Haman über uns beschlossen haben, um uns auszulöschen und uns zu
vernichten unter dem Himmel?
> Es gibt für uns keinen König,
> auf den wir uns stützen könnten;
> und wir haben keinen Propheten,
> der um Erbarmen für uns bitten kann.
> Wir haben keinen Ort zur Flucht
> und auch keine Provinz, wohin wir entrinnen könnten.

---

[45] Vgl. als Vorlage die Geschichte von Alexander im Königreich Kazya, s. o. Anm. 13 mit
den entsprechenden Belegen. Die Darstellungen von den vorbildlichen Heiden vermischen
sich somit in den späteren Überlieferungen.

[46] Vgl. aber Mordochais Gebet in den griechischen Zusätzen zum Estherbuch (C 1−11),
das sich an den Fastenaufruf Esthers (Est 4,16) anschließt.

An jedem Ort ist gegen uns geschrieben,
und in jeder Provinz wird nach uns geschickt.
Wir sind wie Kleinvieh, das keinen Hirten hat,
und wie ein Schiff des Meeres, das keinen Steuermann hat.
Und wir sind wie Waisen, die keinen Vater haben
und wie Säuglinge, deren Mutter starb.

In dieser Stunde brachten sie den Toraschrein heraus und sie brachten auf ihm das Buch des Gesetzes heraus, das in einem Sack eingewickelt und mit Asche bestreut war, und sie lasen darin: „Und wenn du Not hast und dich alle diese Dinge finden werden ... denn ein barmherziger Gott ist der Herr, dein Gott, er wird dich nicht verlassen" (Dtn 4,31). Mordochai stand inmitten der Gemeinde; er hob an und sprach: Volk des Hauses Israel, geliebt und teuer vor eurem Vater im Himmel. Laßt uns von den Leuten von Ninive lernen: Als Jona, der Sohn Amittais, der Prophet, gesandt wurde, die Stadt Ninive zu zerstören, da erhob er [d. h. der König von Ninive] sich von seinem Thron der Herrlichkeit, nahm die Krone von sich und bedeckte sich mit einem Sack und streute Asche und ließ Ninive verkünden und sagte: Auf Beschluß des Königs und seiner Fürsten ist zu verkünden: Menschen und Vieh, Tiere und Kleinvieh, geht nicht zum Weideplatz. Wasser sollen sie nicht trinken, und sie sollen umkehren von ihrem Weg des Schlechten und vom Raub, der in ihren Händen ist. Und er bereute durch sein Wort das Übel, das er ihnen zu tun geplant hatte, und er tat es nicht. Und auch wir, die wir aus Jerusalem ins Exil gegangen sind, wollen handeln wie er, und wir wollen Fasttage festsetzen und das Fasten ausrufen[47].

5. Die Buße der Niniviten im Kontext der frühchristlichen Polemik gegen Israel

Versucht man, die verschiedenen rabbinischen Auslegungen zu Jona 3,8–10 in ihrer Divergenz einzuordnen und zu deuten, so ist zunächst nach jener Überlieferung zu fragen, die in konträrem Gegensatz zur biblischen Vorlage und deren Rezeption in anderen rabbinischen Werken steht, nämlich nach den im Namen von R. Simeon b. Laqisch und R. Jochanan tradierten Aussagen von der trügerischen Buße der Niniviten, die – wenn man den Tradentenangaben Glauben schenken darf – in die zweite Hälfte des 3. Jh.s zu datieren sind und zunächst im Rahmen des Jerusalemer Talmud überliefert wurden. In einem 1949/50 in der Zeitschrift *Tarbiz* veröffentlichten kurzen Artikel mit dem Titel *T^eshuvat anshe-niniwe we-ha-wikuah ha-y^ehudy-noṣry* vertrat E. Urbach die These, daß diese Überlieferung im Kontext der Auseinandersetzungen mit dem frühen Christentum zu betrachten sei[48]; ähnlich urteilte auch E. Bickerman in seinem 1965 erschienenen Aufsatz *Les deux erreurs du prophète du Jonas*, ohne explizit auf E. Urbachs These zu rekurrieren[49].

---

[47] Übersetzt nach Codex Vatican Urbinati I (Levine 126).
[48] Vgl. hierzu URBACH 1949/50, 119f.
[49] BICKERMAN 1965, 240; s. a. 167, 17.

Wenn Bezüge dieser Art und eine direkte Einwirkung der Motive aufeinander auch nicht mit absoluter Sicherheit behauptet werden können[50], so macht doch insgesamt die religiös-politische Situation in Palästina einen solchen Zusammenhang wahrscheinlich. Bereits im 3. Jh. war es zu einer Intensivierung der jüdisch-christlichen Polemik gekommen[51]; im 4. Jh., als der Jerusalemer Talmud seine charakteristische Gestalt erhielt[52], war die Macht des Christentums in Palästina unübersehbar geworden. Im Gefolge der Kaisermutter Helena, die im Jahre 326 in das Heilige Land gepilgert war, reisten zahlreiche Gläubige – sowohl aus dem Osten als auch aus dem Westen – nach Palästina; ein Pilgerwesen größeren Ausmaßes entwickelte sich[53]. Unter dem Einfluß Helenas entstanden zudem prächtige Gotteshäuser wie die Grabeskirche in Jerusalem oder die Geburtskirche in Betlehem; christliche Gemeinden breiteten sich immer mehr aus. Palästina veränderte sein Gesicht und wurde ein christliches Land[54].

Betrachtet man auf diesem Hintergrund die patristischen Auslegungen zur Buße der Niniviten, so scheint eine Abwehrreaktion Israels in jedem Falle naheliegend und durchaus einleuchtend zu sein. Neben den zahlreichen Aufrufen, mit denen die Väter der Kirche ihre Hörer dazu auffordern, es in ihrem Verhalten den Niniviten gleichzutun[55], wird außerdem die Bußfertigkeit Nineves auch Israel als Beispiel, Mahnung und Warnung vor Augen gehalten, in dem es den umkehrwilligen Heiden als verstocktes Volk entgegengestellt wird. Die eigentliche Bußthematik wird nun gesprengt, weil der Aufruf zur Umkehr sich jetzt nicht mehr nur nach innen richtet, sondern vielmehr auch der Paränese der „Anderen" dient. Ein Topos, der der innerjüdischen Polemik und Selbstkritik entstammt, wird jetzt von außen an Israel herangetragen; E. Bikkermann umschreibt diese Entwicklung mit den Worten: „Les Pères de l'Eglise acceptèrent l'interpretation juive mais la retournèrent contre ses auteurs."[56]

Ein Beleg für diesen Prozeß findet sich bereits in der zweiten Hälfte des 2. Jh.s bei Justin, der in seinem Werk *Dialog mit dem Juden Tryphon* 108,1–3 (Goodspeed 224f) Israel auffordert, es den Niniviten gleichzutun und sich zu bekehren:

Trotzdem diese Geschichte des Jonas eurem ganzen Volke bekannt ist, und trotzdem Christus, da er bei euch war, mit dem Rufe, das Zeichen des Jonas werde er euch geben, ermahnt hatte, daß ihr wenigstens nach seiner Auferstehung von den Toten eure Sünden bereuet und gleich den Niniviten vor Gott weinet, damit nicht euer Volk und eure Stadt

---

[50] Vgl. Stemberger 1979, 214 u. 1987, 229. – Duval 1973, I 95.

[51] Vgl. Ayali 1981, 218.230f. – Marmorstein 1935, 235.

[52] Vgl. Stemberger 1987, 229.

[53] Donner 1979, 29. – Schäfer 1983, 191. – Stemberger 1987, 77–99.

[54] Donner 1979, 30. – Schäfer 1983, 191. – Stemberger 1987, 53–66.

[55] Vgl. bereits 1 Clem 3,4–6,4;7,7; für weitere Belege s. Duval 1973, II Index *Metanoia; *Pénitence nécessaire des païens; ferner Biser 1962, 20.

[56] Bickermann 1965, 240; s. a. 1967, 16.

vernichtet und erbeutet werden, wie es geschehen ist, trotzdem habt ihr, nachdem ihr von seiner Auferstehung von den Toten erfahren habt, nicht nur euch nicht bekehrt, sondern habt, wie ich bereits sagte, erlesene Männer ausgewählt und sie in alle Welt ausgeschickt, welche verkündeten: eine gottlose Sekte und schlimme Sekte ist durch einen gewissen Galiläer Jesus, einen Verführer, ins Leben gerufen worden … Ja nicht einmal nach der Eroberung eurer Stadt und der Verwüstung eures Landes tut ihr Buße, sondern erkühnt euch, Jesus und alle seine Gläubigen zu verfluchen. Wir aber hassen weder euch noch diejenigen, welche euretwegen solche Behauptungen gegen uns ausgestreut haben; wir beten vielmehr, daß ihr euch alle wenigstens jetzt bekehret und bei Gott, dem wohlwollenden und erbarmungsreichen Vater Barmherzigkeit findet[57].

Im 4. Jh. und zu Beginn des 5. Jh.s scheinen sich entsprechende Aussagen zu häufen. Hieronymus, der in den Jahren von 386−419 in Bethlehem lebte und Kontakt mit jüdischen Gelehrten pflegte, stellt in seiner Auslegung zum Jonabuch den Glauben der Niniviten dem verstockten Israel gegenüber; *In Ionam 3,5 (SC 323, Duval 206)* heißt es:

Credidit Niniue et Israhel incredulis perseuerat. Credidit praeputium et circumcisio permanet infidelis.

Ninive wird – so *In Ionam 4,10 (SC 323, Duval 314)* – außerdem zum Abbild und Vorbild der Kirche:

CIVITAS uero NINIVE MAGNA atque pulcherrima praefigurat ecclesiam[58].

Theodor von Mopsuestia legt dar, daß Jona nur deshalb nach Ninive geschickt worden sei, weil die Juden sich geweigert hätten, auf die zu ihnen gesandten Propheten zu hören; das Jonabuch als solches sei nur geschrieben worden, um dieses halsstarrige Volk zu lehren[59]. Am deutlichsten zeigt sich die christliche Polemik bei den Ausführungen Ephräm des Syrers in der *Rede über den Propheten Jonas und die Buße der Niniviten* (Opera Omnia syr. et lat. II, 377ff). Ausführlich beschreibt Ephräm in der ihm eigenen poetischen und bildreichen Ausdrucksweise die Buße des fremden Königs, dessen Verhalten beim Propheten Jona Scham über Israel hervorgerufen habe:

---

[57] Zitiert nach der Übersetzung HAEUSER 1917, 175; vgl. zu diesem Text DUVAL 1973, I 125.

[58] Vgl. ferner Zeno von Verona im *17. Traktat des Zweiten Buches* (PL 11, 448ffC-B): „Wie Jonas drei Tage und drei Nächte im Bauche des Fisches war, dann ausgespien ward und sich in die Stadt Ninive begab, so stand der Herr am dritten Tag von der Unterwelt auf und begab sich, bevor er in den Himmel fuhr, in die Stadt Jerusalem. Ninive aber ist das Bild unserer Kirche, in der seitdem immer schon unser Heidenvolk sich zum Aufenthalte einfand. Nicht umsonst wurde sie von Gott die große Stadt genannt; denn in Zukunft sollen die Völker aller Nationen an Christus glauben und der ganze Erdkreis zu einer einzigen Stadt für Gott werden… Denn, Brüder, wie den Bewohnern von Ninive ihr Untergang angekündigt wird, glauben sie und fürchten sich…; sie tun gesetzmäßig Buße und machen dadurch Gott sich gnädig. Und das haben auch wir getan und müssen es durchweg tun, damit wir den Versuchungen der gegenwärtigen Zeit und den Strafen des zukünftigen Gerichtes entgehen durch Christus unsern Herrn"; zitiert nach der Übersetzung BIGELMAIER 1934, 259; hierzu auch DUVAL 1973, I 224.

[59] Theod Mops, Vorrede zu *In Ionam* (PG 66, 312CD; Biblica et Patristica 1, Sprenger 172).

19 Der König stand trauernd da und rüstete sorgfältig die Stadt. Er ordnete seinem
Heere Fasten an und gab es ihm als die wahre Rüstung. Er rief seine Soldaten zum
Gebete als dem vollkommenen Rettungsmittel. Er pries das Gebet als den Bogen,
dessen Pfeile siegreich sind, als die Rüstung, welche die Bedrängten umgibt, als das
furchtbare Schwert für die, die es ergreifen ... Demütig schritt er einher und brachte die
erschütterte Stadt wieder in Ordnung. Bei seinem bescheidenen Umherwandeln säte er
Frieden zwischen den Gassen aus. 20 Bei diesem Anblick erfaßte den Jonas Staunen und
er schämte sich über die Söhne seines Volkes. Bei den Niniviten sah er Herrliches, aber
über den Samen Abrahams mußte er weinen. Er sah den Samen Kanaans gebessert, den
Samen Jakobs aber verschlechtert. Er sah, daß die Unbeschnittenen ihr Herz beschnitten, die Beschnittenen es hingegen verhärteten ...

Nach ihrer Errettung danken die Bewohner Ninives Jona in bewegten Worten
(§ 30); sie behandeln ihn wie einen König und lassen sich nicht davon abbrin-
gen, ihn in seine Heimat zu begleiten (§ 33ff). Da Jona sich für die Sünden
seines Volkes schämt und verhindern möchte, daß die Niniviten die Wahrheit
darüber erfahren, gibt er vor, daß ein Fest in seinem Lande stattfinde, dem kein
Fremder beiwohnen dürfe (§ 37–39); die Niniviten glauben ihm und verab-
schieden sich. Nahe der Landesgrenze entdecken sie einen hohen Berg, den sie
erklimmen, um wenigstens einen Blick auf das so nahe Land zu erhaschen.

40 Als sie ihn erstiegen hatten, erhoben sie ihre Augen und erschraken, entsetzten sich
und gerieten in Bestürzung wegen der Altäre auf den Bergen und der Kapellen auf den
Anhöhen. Zwischen den Sträuchern zeigte sich Heidentum und zwischen den Bäumen
Befleckheit. Vor den Türen waren Götzen aufgestellt, die man vor dem Eintreten
anbetete. Zahllos waren ihre Idole, unzählbar ihre Schandtaten. An ihren Quellen
nahmen sie Reinigungen und an ihren Brunnen Waschungen vor; aber auf den Dächern
standen Statuen und in den Gärten trieben sie Ehebruch. Wahrsager und Zauberer
zogen auf den Straßen umher. Die Niniviten stiegen noch höher hinauf: da sahen sie auf
den Dächern eine Unzahl von Altären. Der eine betete ein Bild an, der andere opferte
einem Dämon Wein. Die Kälber, welche Jerobeam hatte anfertigen lassen, waren an
ihren Grenzen aufgestellt ... 41 Dort herrschte auch die Habsucht und ihre Freundin,
die Bedrückung; dort herrschte die Schwelgerei und ihre Schwester, die Trunksucht;
dort herrschte die Schamlosigkeit und ihre Gefährtin, die Unzucht; dort herrschte die
Betrügerei und ihre Verwandte, die Dieberei; dort herrschte die Zauberei und ihre
Vertraute, die Magie; dort herrschte die Sterndeuterei und ihre Anhängerin, die Wahrsagerei; dort herrschte öffentliche Gottlosigkeit und ihre Genossin, die heimliche Sünde.
Sie sahen die hier aufgezählten Freveltaten, die Ungerechtigkeit und die Betrügereien
der Bewohner. Die Männer weilten bei den Dirnen; Mutter, Braut und Tochter standen
gleich Fallstricken auf den Straßen. Alles war dort dem Tode und seinem Ratgeber, dem
Satan, verfallen. Ihre Fürsten waren Verbrecher und ihre Richter Schurken ... Bei den
Heiden war nur ein Teil des Sittenverderbnisses, bei ihnen dagegen neunundneunzig
Teile ...

Voller Abscheu und Entsetzen kommentieren die Heiden, was sie sehen; es
scheint ihnen, daß alle Verwerflichkeit und Sünde, die vor ihrer Umkehr in
ihrem Heimatlande herrschte, sich nun bei den Israeliten findet:

42 ... Hat sich denn die Verkommenheit, die aus unserem Lande entwich, hierher gewendet? Sind denn die Götzen, die wir dort zerbrochen haben, hier wieder aufgestellt worden? ... Wie kommt es, daß die Sonne, die dort nicht mehr angebetet wird, hier verehrt wird? Wie kommt es, daß die Kälber, welche dort verachtet werden, hier angebetet werden? Wenn wir von diesen Sachen sagen, sie seien von unserem Lande hierher geflohen, so kommen dazu noch viele andere neue Dinge und unzählige Schändlichkeiten; denn hier gibt es Schlechtigkeiten, die man in unserem Lande nicht kennt; Sünden geschehen hier, die in unserem Lande nicht begangen werden ... 43 Der ehernen Schlange spendete in unserem Lande niemand Trankopfer, niemand betete sie an; aber auf diesem Volke ruht der Fluch der alten Schlange. Wie die lebendige Schlange sind sie verflucht, weil sie der toten Schlange Trankopfer spenden ... Das Volk, das solche ausgezeichnete Satzungen hat, dessen Sitten sind so schlecht; das Volk, das solche Gesetze hat, dessen Taten sind so schimpflich; das Volk, das solche Ahnen hat, dessen Nachkommenschaft ist so fluchwürdig... Diese Toren meinen, durch den Namen ‚Gerechte', den sie tragen, gerechtfertigt zu sein. Ihr Name überflutet allerdings die ganze Welt, aber ihre Werke überfließen von Sündhaftigkeit ... 44 ... Die Heiden hatten das Heidentum abgelegt, aber das abscheuliche (Juden-)volk trug es an sich ... Vielleicht wird anstatt Ninives, das nicht umgestürzt wurde, dieses Volk vernichtet werden. Dieses Volk ist wahrhaftig für die Ausrottung und den Untergang reif...[60]

Zusammenfassung und Schluß

Wenn auch, so die These E. Urbachs und E. Bickermans, die Wertschätzung des ninivitischen Verhaltens durch die Kirchenväter – eine Wertschätzung, die mit dezidierter Polemik gegen Israel einhergehen konnte – jüdischerseits in Palästina den Anstoß zu einer Uminterpretation des überkommen Materials gegeben haben mag, so ist dennoch zu betonen, daß die pejorativen Aussagen über die Buße der Niniviten in den uns vorliegenden Textcorpora nicht primär auf eine direkte Auseinandersetzung mit dem nicht-jüdischen Gegner zielen. Sowohl yTaan 2,1 (65b) als auch PRK 24,11 (Mandelbaum 361f) stellen ihre vermutlich aus einer Abwehrhaltung heraus ebenfalls polemisch gefärbten antiheidnischen Aussagen in den Dienst einer an Israel gerichteten Paränese. Die trügerische Buße der Niniviten wird für Israel zum Typus einer falsch verstandenen Umkehr, die aber – so PRK 24 (Mandelbaum 361f) – dennoch von Gott akzeptiert wurde und somit auf Gottes Großmut und Güte verweist. Die Polemik nach außen bildet lediglich ein Substrat, das überlagert wird von dem nach innen gerichteten Moment der Ermahnung und Ermutigung.

Der Hauptenor der rabbinischen Ausführungen zur Buße der Niniviten hingegen ist durchaus positiv: Sowohl die frühen Traditionen in der Mischna und der Mekhilta de R. Yishma'el, ja sogar palästinische Texte aus byzantini-

---

[60] Zitiert nach der Übersetzung BARDENHEWER 1919, 140ff.

scher Zeit wie ySan 11,7 (30b)[61], BerR 44,12 (Albeck 434f.)[62] oder EkhR
Peticha 31 (17b), der Babylonische Talmud sowie die späteren Überlieferungen, die während der islamischen Herrschaft in Palästina entstanden sind,
betonen den vorbildlichen Charakter der Buße der Niniviten. Die vermutlich
im Gegenzug zur christlichen Polemik ausgebildete pejorative Einschätzung
der Niniviten hat somit nur begrenzte temporale und lokale Relevanz und sollte
nicht überbewertet werden. Zunächst scheint eine gegen Israel gerichtete
Rezeption der Jona-Geschichte, wie wir sie bereits im Neuen Testament, aber
auch bei Justin finden, die jüdischen Auslegungen nicht beeinflußt zu haben;
erst in Traditionen aus der zweiten Hälfte des 3. Jh.s finden sich Hinweise und
Andeutungen einer Reaktion auf die christlichen Angriffe. Nachdem dann die
Macht des byzantinischen Reiches in Palästina durch den Islam gebrochen
worden war, ist wohl der Topos der vorbildlichen Buße der Niniviten wiederum
„frei" geworden[63] für eine breitere jüdische Rezeption, wie sie uns in Pirqe de
Rabbi Eliezer, im Midrasch Jona und im Targum Scheni begegnet. In den
babylonischen Gemeinden, wo das Christentum – entsprechend der Situation
in Palästina in den ersten beiden Jahrhunderten – nur einen unwesentlichen
Faktor darstellte, bestand weit weniger eine Veranlassung zur Auseinandersetzung mit christlichen Vorstellungen; der positive Grundduktus der Ausführungen der Mischna wurde von Anfang an beibehalten und – wie dies bei den
frühmittelalterlichen Midraschim der Fall ist – sogar noch erzählerisch ausgeschmückt[64].

Die Leute von Ninive ordnen sich somit jenem literarischen Typus des
‚idealen Heiden' zu, von dem J. Fränkel in seinen *Iyyunim b^e-olamo ha-ruhani
shel ha-aggada* in einem Kapitel mit der bezeichnenden Überschrift *Ha-goyim –
G^enut we-shebah* spricht[65]. Wie die Bewohner des imaginären Königreiches
Kazya, die Gerechtigkeit und friedlichen Ausgleich pflegen, ohne vom Gott
Israels und seiner Tora zu wissen[66], verkörpern sie ein Ideal, dem nachzueifern
Israel aufgefordert bleibt. Selbstkonstitution und Identitätsfindung geschieht
nicht auf dem Hintergrund einer feindseligen Abgrenzung vom Fremden; das
ethische Ideal einer richtig verstandenen Buße artikuliert sich vielmehr in der
Orientierung am Vorbild der Heiden. Dem personalen Aspekt des Bußmotivs,
dem Erfolg des Predigers Jona oder der tiefgreifenden Bußanstrengung der
Niniviten an sich kommt in der rabbinischen Überlieferung kein Gewicht zu;

---

[61] Vgl. hierzu oben S. 163, Anm. 23.

[62] Vgl. hierzu oben S. 160, Anm. 11.

[63] Zwar ist das Handeln der Niniviten auch im Koran von paradigmatischer Bedeutung,
weil anhand dieses Motivs die Einsicht vermittelt werden soll, daß der reumütige Sünder von
der Strafe verschont bleibt; in einem polemischen antijüdischen Kontext findet sich das Motiv
hier aber nicht.

[64] Vgl. URBACH 1949/50, 121.

[65] FRÄNKEL 1981, 139.

[66] Vgl. BerR 33,1 (Albeck 301); für weitere Belege s. o. Anm. 13.

das Handeln der Völkerwelt verdient Beachtung wegen seiner innerjüdischen Relevanz; die Buße der Niniviten wird zum Weg-Zeichen für Israel.

Literaturverzeichnis

AYALI, M. 1981: „Gottes und Israels Trauer über die Zerstörung des Tempels", Kairos 23 (1981), 215–231.

BARDENHEWER, O. 1919: Des Heiligen Ephräm des Syrers ausgewählte Schriften, 1. Band. Aus dem Syrischen und Griechischen übersetzt mit einer allgemeinen Einleitung von Dr. O. Bardenhewer, BKV 37, München 1919.

BICKERMAN, E. 1965: „Les deux erreurs du prophète Jonas", RHPhR 45 (1965), 232–264.

– 1967: Four Strange Books of the Bible. Jonah/ Daniel/ Koheleth/ Esther, New York 1967.

BIGELMAIER, A. 1934: Des Heiligen Bischofs Zeno von Verona Traktate (Predigten und Ansprachen). Aus dem Lateinischen übersetzt und mit einer Einleitung versehen von A. Bigelmaier, BKV 10, München 1934.

BISER, E. 1962: „Zum frühchristlichen Verständnis des Buches Jonas", BiKi 17 (1962), 19–21.

CHAPINEAU, J. 1988: La ville de la colombe. Étude sur Jonas 3 comme relecture actualisante, in: G.F. Willems (Ed.), Élie le Prophète. Bible, Tradition, Iconographie. Colloque des 10 et 11 novembre 1985 Bruxelles, Publications de l'Institutum Iudaicum, Leuven 1988.

CORRENS, D. 1989: Taanijot. Fastentage. Text, Übersetzung und Erklärung nebst einem textkritischen Anhang, Berlin/New York 1989 (K.H. Rengstorf/L. Rost [Hg.], Die Mischna. Text, Übersetzung und ausführliche Erklärung. II. Seder: Moed. 9. Traktat: Taanijot).

DONNER, H. 1979: Pilgerfahrt ins Heilige Land. Die ältesten christlichen Palästinapilger (4.–7. Jahrhundert), Stuttgart 1979.

DUVAL, Y.-M. 1973: Le livre de Jonas dans la littérature chrétienne grecque et latine. Sources et influence du Commentaire sur Jonas de saint Jérôme, 2 Vol., Paris 1973.

FEUILLET, A. 1947: „Les sources du livre de Jonas", RB 54 (1947), 161–186.

FRÄNKEL, J. 1981: Iyyunim be-olamo ha-ruḥany shel sippur ha-aggada, Tel Aviv 1981.

GESE, H. 1991: „Jona ben Amittai und das Jonabuch", in: H. Gese, Alttestamentliche Studien, Tübingen 1991, 122–138; (erstmals erschienen in: ThBeitr 16 [1985], 256–272).

GOLDBERG, A. 1962: „Jonas in der jüdischen Schriftauslegung", BiKi 17 (1962), 17–18.

HAEUSER, PH. 1917: Des Heiligen Philosophen und Märtyrers Justinus Dialog mit dem Juden Tryphon. Aus dem Griechischen übersetzt und mit einer Einleitung versehen von Dr. Ph. Haeuser, BKV 33, München 1917.

HEINEMANN, JIZHAQ. 1974: Aggadadot we-toledotehen, Jerusalem 1974.

HEINEMANN, JOSEF. 1977: Prayer in the Talmud. Forms and Patterns, SJ 9, Berlin/New York 1977.

HENGEL, M. 1979: „Jesus als messianischer Lehrer der Weisheit und die Anfänge der Christologie", in: E. Jacob (Hg.), Sagesse et Religion. Colloque de Strasbourg Octobre 1976, Paris 1979, 147–188.

HRUBY, K. 1968: „Begriff und Funktion des Gottesvolkes in der rabbinischen Tradition",

Judaica 21 (1965), 230−256; 22 (1966), 167−191; 23 (1967), 30−48; 24 (1968), 224−245.

KUTSCH, E. 1965: „‚Trauerbräuche‘ und ‚Selbstminderungsriten‘ im Alten Testament‘, ThSt(B) 78 (1965), 25−37.

LÉVI, I. 1903: „Notes sur les jeûnes chez les Juifs", REJ 47 (1903), 161−171.

MANTEL, H. 1983: Art. Fasten/Fasttage, II: Judentum, TRE 11, Berlin/New York 1983, 45−48.

MAIER, J. 1979: Art. Askese III: Judentum, TRE 4, Berlin/New York 1979, 198−203.

− 1972: Geschichte der jüdischen Religion. Von der Zeit Alexander des Großen bis zur Aufklärung, mit einem Ausblick auf das 19./20. Jahrhundert, Berlin/New York 1972.

MARMORSTEIN, A. 1927: The Old Rabbinic Doctrine of God. Vol. I: The Names & Attributes of God, Oxford/London 1927.

− 1935: „Judaism and Christianity in the Middle of the Third Century", HUCA 10 (1935), 223−263.

REISER, M. 1990: Die Gerichtspredigt Jesu. Eine Untersuchung zur eschatologischen Verkündigung Jesu und ihrem frühjüdischen Hintergrund, NTA NF 23, Münster 1990.

RUDOLPH, W. 1975: Zephania, KAT XIII/3, Gütersloh 1975.

SCHÄFER, P. 1976: „Israel und die Völker. Zur Auslegung von Mekhilta deRabbi Yishmael, baḥodesh Yitro 5", FJB 4 (1976), 32−62.

− 1983: Geschichte der Juden in der Antike. Die Juden Palästinas von Alexander dem Großen bis zur arabischen Eroberung, Neukirchen-Vluyn 1983.

SPIEGEL, Y. 1973: Der Prozeß des Trauerns. Analyse und Beratung, München 1973.

STEGMANN, A. 1925: Des Heiligen Kirchenlehrers Basilius ausgewählte Schriften. Aus dem Griechischen übersetzt und mit Anmerkungen versehen von A. Stegmann, BKV 47, München 1925.

STEMBERGER, G. 1979: Das klassische Judentum. Kultur und Geschichte der rabbinischen Zeit (70 n. Chr. bis 1040 n. Chr.), München 1979.

− 1987: Juden und Christen im Heiligen Land. Palästina unter Konstantin und Theodosius, München 1987.

STORF, R. 1912: Griechische Liturgien, übersetzt von R. Storf, BKV 5, Kempten/München 1912.

STRACK, H. L./STEMBERGER, G. 1982: Einleitung in Talmud und Midrasch, München [7]1982.

URBACH, E. 1949/50: „T[e]shuvat anshe-niniwe we-ha-wikuaḥ ha-y[e]hudy-nosry", Tarbiz 20 (1949/50), 118−122.

WAGNER, S. 1984: Art. כָּבַשׁ, ThWAT IV, Stuttgart u. a. 1984, 54−60.

WEISER, A. 1956: Das Buch der Zwölf Kleinen Propheten, Bd. I: Die Propheten Hosea, Joel, Amos, Obadja, Jona, Micha, ATD 24, Göttingen [2]1956.

WOLFF, H. W. 1977: Jona, Dodekapropheten 3. Obadja und Jona, BK XIV/3, Neukirchen 1977.

WUTZ, F. 1914: Onomastica Sacra. Untersuchungen zum Liber Interpretationis Nominum Hebraicum des Hl. Hieronymus, TU 41 (3. Reihe Bd. 11), 2 Bde., Leipzig 1914.

ZULAY, M. 1945: Piyyut qadmon we-ha-petichot de-Ekha Rabbati, Tarbiz 16 (1945), 190−195.

ZUNZ, L. 1892: Die gottesdienstlichen Vorträge der Juden historisch entwickelt. Ein Beitrag zur Altertumskunde und biblischer Kritik, zur Literatur und Religionsgeschichte, Frankfurt 1892.

Esaus Hände, Jakobs Stimme

Edom als Sinnbild Roms in der frühen rabbinischen Literatur

von

Friedrich Avemarie

Der andere Sohn Isaaks und Rebekkas war Esau. Seine Nachkommen, die Edomiter, bewohnten das Gebirge Seïr, östlich der Arava-Senke. Von David wurden sie unterworfen; später erlangten sie wieder politische Selbständigkeit[1]. Als der syrisch-palästinische Raum zunehmend unter den Einfluß östlicher Großmächte geriet, zeigten sie sich den neuen Herrschern gefügiger als andere Kleinstaaten der Region. Den Assyrern entrichteten sie Tribut, und wenn sie sich auch an Beratungen Zidkijas zum Zweck einer Koalition gegen Nebukadnezzar II. beteiligten, so blieb dies doch ohne Folgen. Die Rolle, die sie bei der Zerstörung Jerusalems im Jahre 587 spielten, ist dunkel und umstritten[2]. Daß sie den Babyloniern Hilfstruppen gestellt oder sie in anderer Weise aktiv unterstützt hätten, läßt sich nicht nachweisen. Der Vorwurf in 3 Esr 4,45, sie hätten den Tempel in Brand gesteckt, ist sicherlich übertrieben. Die einschlägigen Zeugnisse des Alten Testaments deuten eher darauf hin, daß sie die Katastrophe erst im Nachhinein ausnutzten, um sich mordend und plündernd an den Geschwächten schadlos zu halten. Ez 35,12 nennt ihr zynisches Motto: „Verwüstet sind sie, uns zum Fraß gegeben!"[3]

Vor allem – auch davon zeugt Ezechiel[4] – ermöglichte es ihnen die Niederlage Judas, ihren Siedlungsraum allmählich westwärts bis in den Süden des

---

[1] Vgl. zum folgenden Weippert 1982, 294–297; de Geus 1979/80, passim; Cresson 1972, 128–133; Hoffmann 1971, 82–88; Kasher 1988, 1–6.46–77. Auf eine Diskussion der kontroversen Ansichten über die beiden hauptsächlichen Umwälzungen in der edomitischen Geschichte – die mit der Gräzisierung einhergehende geographische Verlagerung im 6.–4. Jh. und die Judaisierung im 2. Jh. – kann hier verzichtet werden.

[2] Völlig konträre Einschätzungen referiert Cresson 1972, 132.

[3] Vgl. auch Ez 25,12–14, Am 1,11-12, Obd 11–16, Ps 137,7. Bezeichnend sind, neben der Beschreibung der Untaten der Edomiter, das Motiv ihrer Schadenfreude (Ez 35,15; Obd 12; Ps 137,7; ironisch Klgl 4,21) und, auf seiten Israels, der Schmerz, von einem Brudervolk verraten worden zu sein (Am 1,11; Obd 10.12). – Zur Vorstellung vom Brudervolk Edom vgl. auch Num 20,14, Dtn 2,4, Dtn 23,8.

[4] Vgl. Ez 35,10.

judäischen Stammlandes auszudehnen[5]. Schon bald fielen die Fremdvölker-
worte der alttestamentlichen Propheten gegen die Edomiter heftiger und feindseliger als gegen die anderen Nachbarn Israels aus[6], und schließlich wurde
Edom zum Feindvolk schlechthin, zum Inbegriff des Verhaßten[7]. – Druck aus
der syrischen Wüste scheint die Verlagerung des edomitischen Siedlungsgebie-
tes forciert zu haben: Gegen Ende des 4. Jahrhunderts war Seïr in der Hand der
Nabatäer, während die Edomiter, die fortan in griechischen Quellen unter dem
Namen „Idumäer" erscheinen, als eigenständiges Ethnos[8] den Negev bis hinauf
nach Hebron, Bet-Zur und Marescha hielten[9]. Dem Expansionsdrang der
Hasmonäer waren sie jedoch nicht gewachsen: Bereits Judas Makkabäus konnte Hebron einnehmen, und Marescha und Adorajim fielen eine Generation
später unter Johannes Hyrkanos[10]. Dieser nötigte die Idumäer, die Beschneidung und die Gesetze der Juden anzunehmen[11], und so zählten sie seither zur
jüdischen Kultgemeinde[12]. Während des Jüdischen Krieges kämpfte ein bedeu-
tendes idumäisches Truppenkontingent an der Seite der Zeloten; in der Schilderung des Josephus nehmen sich diese Krieger kaum minder gewalttätig aus
als ihre Vorfahren im Spiegel der altprophetischen Scheltreden[13]. Doch mit
dem Sieg der Römer und der erneuten Zerstörung Jerusalems war das Schicksal der Idumäer besiegelt, und sie traten von der Bühne der Weltgeschichte ab.

1. Die Anfänge der symbolischen Rede

Edom als Volk ging unter, Edom als Idee lebt weiter. Keine hundert Jahre
später ist es wieder da, und schon bald lebhafter und mächtiger als zuvor: in der

---

[5] Zum archäologischen Befund vgl. WEIPPERT 1982, 295. – Obd 20 droht Edom nicht etwa
die Eroberung von Seïr an, sondern die (Rück-)Eroberung der „Städte des Negev". – Zur
gleichzeitigen jüdischen Präsenz im Negev vgl. Neh 11,25–30.
[6] Neben den erwähnten Stellen vgl. Jer 49,7–22; Jes 34; Jes 63,1–6; Mal 1,2–5; dazu
WEIPPERT 1982, 295; HOFFMANN 1971, 87f; CRESSON 1972, 143.
[7] Vgl. HOFFMANN 1971, 77–82, im Hinblick vor allem auf Jes 34, Jes 63,1–6 und Mal
1,2–5. – Zur Verachtung Edoms vgl. auch Sir 50,24f (hebr. u. lat.).
[8] Vgl. HENGEL 1988, 44.
[9] Von der Perserzeit an bis in die römische Zeit bildete Idumäa stets einen eigenen
Verwaltungsbezirk; vgl. WEIPPERT 1982, 295; ferner DE GEUS 1979/80, 59–63.72–74.
[10] Vgl. 1 Makk 5,65; Jos, Bell 1,63 und Ant 13,254–258.
[11] Vgl. Jos, Ant 13,257f und 15,254. – Gegen Josephus' Behauptung einer Zwangsbekeh-
rung plädiert Kasher 1988, 46–77.
[12] Eine vollständige Judaisierung ist allerdings schwer vorstellbar, auch wenn die Bindung
an das Judentum mit der Zeit gewachsen sein dürfte. Man denke an den edomitisch-theopho-
ren Namen Kostobaros (Jos, Ant 15,253ff); und sollte es vor 70 tatsächlich idumäische
Toragelehrte gegeben haben (vgl. KASHER 1988, 63; s. unten Anm. 46), so beweist dies für den
Judaisierungsgrad der Gesamtbevölkerung gar nichts.
[13] Vgl. Jos, Bell 4,224-333 u. passim; zur Diskussion vgl. I. Ronen, in KASHER 1988,
224–235.

rabbinischen Literatur, als Symbol des neuen Feindes, des römischen Welt-reichs. Der Untergang des historischen Edoms ist für dieses eigentümliche Wiederaufleben gewissermaßen die Voraussetzung: Die biblischen Schriften, dem Judentum mehr und mehr zum Kanon der Deutung seiner geschichtlichen Erfahrungen geworden, redeten beträchtlich viel von Edom, und sie sagten über Edom vor allem viel Eindeutiges. Zwar war der Begriff seines erfahrungs-weltlichen Gegenübers entledigt, er war aber da und erhob also Anspruch auf Bedeutung. Wenn der frevlerische König Manasse höhnte, ob denn Mose nichts Besseres zu schreiben gewußt habe als *Die Schwester Lotans war Timna* (Gen 36,23)[14], so mußte man dem entgegenhalten können, daß besagte Timna nur deshalb, weil Esau seinen Vater geehrt und damit ein Gebot erfüllt hatte, sich als Nebenfrau in seine Sippe drängte (Gen 36,11); denn wie begehrenswert mußte da erst Jakob sein, der die ganze Tora gehalten hatte – aber wieviel strahlender noch war Jakobs Ruhm und Hoffnung, wenn man darüber hinaus sagen konnte, daß sich zum Lohn für jenes eine Gebot Fürsten und Königreiche um Esau gesammelt hatten[15]!

Zum anderen brauchte eine Kultur, die die Bibel zum höchsten Maßstab ihres Erkennens und Verstehens gemacht hatte, für etwas, was sich ihr in ihrer Erfahrungswelt so machtvoll und oft schmerzhaft entgegenstellte, einen bibli-schen Namen. Der Verfasser des Danielbuches redete von Kittäern, wo er die Römer meinte (11,30)[16], derselbe Deckname wird in den Qumranschriften gebraucht[17], und die Johannesapokalypse spricht von der Hure Babylon (17,5). Allerdings sind die biblischen Kittäer ein recht blasses Völkchen. Die Babylo-nier sind es zwar weniger, doch der Begriff „Edom" birgt noch faszinierendere Möglichkeiten. Edom war nicht nur der grausame Feind, der verhaßte Ein-dringling, dem die Propheten ein Ende mit Schrecken geweissagt hatten. Edom war in Texten wie Jes 63,1−6 bereits zu einem Symbol der Verdammnis geworden, das der feindlichen Völkerwelt überhaupt galt[18]. Zudem hatte Edom einen Stammvater mit einer überlieferten Biographie, die ausgelegt werden konnte. Und vor allem war dieser Stammvater der Bruder des eigenen: Indem man Rom in Edom wiedererkannte, wußte man die Geschicke der Weltmacht unmittelbar an das eigene Schicksal geknüpft; mehr noch, man machte sich kongenial, der Glanz und die Größe Esaus strahlte auch auf den Bruder aus.

---

[14] Vgl. SifBam 112 (Horovitz 120); bSan 99b.

[15] Vgl. SifDev 336 (Finkelstein 385f); BerR 82,14 (Theodor/Albeck 993).

[16] Vgl. STEMBERGER 1983, 3−5.

[17] Vgl. STEMBERGER 1983, 16−25. – Vgl. auch die diversen Rezensionen des palästinischen Targums zu Num 24,24 (BPM IV. 4, 242f).

[18] Vgl. HOFFMANN 1971, 80. – Später verstärkt sich die in Jes 63 angebahnte Entwicklung. Röm 9,10−13 und 4 Esr 6,7−10 sind die bekanntesten vorrabbinischen Texte, die den Antagonismus von Jakob und Esau zum Inbegriff von Prinzipien erheben, die nichts Geringe-res als das Heil der Welt bestimmen.

Dieses Zusammentreffen einer doppelten hermeneutischen Erfordernis – die Auslegung der Schrift und die Auslegung der eigenen geschichtlichen Gegenwart – mit den exegetischen Möglichkeiten, die die biblische Überlieferung bot, dürfte der wesentliche Grund für die Identifikation von Rom und Edom gewesen sein[19]. Daneben mag noch manch anderes dazu beigetragen haben, etwa die naheliegenden Assoziationen zwischen Wörtern wie „Duma" (Jes 21,11) oder „Daroma"[20], dem rabbinischen Äquivalent für „Negev", und dem griechischen Ῥώμη, auf dem die hebräische Schreibung „RWMY" beruhen wird, oder auch die Erinnerung an den Idumäer und ungeliebten römischen Vasallen Herodes I.[21].

Die Gleichsetzung Roms mit Edom wurde nicht über Nacht zu dem beherrschenden, selbstverständlichen, oft stereotyp gebrauchten Motiv, als das sie uns in der amoräischen Midraschliteratur entgegentritt. In der tannaitischen Überlieferung findet sie sich schon verhältnismäßig früh; gleichwohl greift sie nur zögernd Platz. Zum ersten Mal bezeugt ist sie möglicherweise bereits in einem vorrabbinischen Werk, in 4 Esr 6,7–10, wo Esau den vergehenden Äon und der ihn an der Ferse haltende Jakob die unmittelbar folgende Heilszeit repräsentiert. Ein eindeutiger Hinweis auf Rom fehlt hier zwar, doch die Assoziation mag dem Verfasser und seinem Publikum durchaus nahegelegen haben[22]. – Der früheste rabbinische Beleg dürfte folgender Ausspruch sein, den WaR „im Namen des R. Li'ezer"[23] überliefert: „Die Rache an Israel (liegt) in der Hand seiner Armen, und die Rache an Edom liegt in der Hand des Heiligen, g. s. e., (der sie) durch Israel (geschehen läßt), denn es steht geschrieben: *Und ich lege meine Rache an Edom in die Hände meines Volkes Israel* (Ez 25,14). Die Rache an Israel liegt in der Hand seiner Armen: ... *so daß er wider dich zum Herrn riefe und Sünde auf dich käme* (Dtn 15,9)."[24] Anders als in 4 Esr steht hier Edom nicht mehr für ein abstraktes Prinzip, sondern für einen Gegenspieler aus Fleisch und Blut – dem übrigens versteckt bedeutet wird, daß nicht er, sondern Israel selbst für sein Elend verantwortlich ist. Rom wird auch hier nicht ausdrücklich genannt, doch wer sonst kann mit der Metapher vom

---

[19] Vgl. auch Cohen 1967, 23–25.

[20] Bezeichnend ist der Irrtum Schwabs, der in „BSYMH DRWMY'" in yPes 3,1 (29d,42) nicht südländischen Weinessig, sondern „le parfum ... de Rome" vermutet; vgl. Schwab 1871–89, V, 35.

[21] Vgl. Hengel 1976, 309 u. 313.

[22] Eine rabbinische Variante bietet SifDev 343 (s. unten, Anm. 120). – Volz 1934, 280, vermutet, die Identifikation von Esau und Rom sei bereits in Jub 35,14;36,9f impliziert. Doch scheint es eher, daß Jub die Nachfahren Esaus in den Idumäern der Zeit des Zweiten Tempels sieht; 38,12–14 etwa dürfte hasmonäische Verhältnisse spiegeln. Auffällig ist, worauf Volz ebenfalls hinweist, die Versinnbildlichung Esaus durch ein „Wildschwein" in äthHen 89,12.42f.49.66 (zu rabbinischen Entsprechungen s. unten, Anm. 58 u. 59), wenngleich wohl auch hier der Gedanke an Rom noch fernliegt.

[23] Ein Tannait der 2. Generation; vgl. Strack/Stemberger 1982,77.

[24] WaR 34,9 (Margulies 792f).

Feind par excellence gemeint sein? Die einstigen Herren von Seïr jedenfalls nicht, denn offenkundig ist der Text auf Aktualisierung bedacht. Problematisch ist allenfalls die Überlieferung; das Stück hat in älteren wie auch in zeitgenössischen Quellen keine Parallelen.

Die folgende Baraita weist in die Zeit des Bar-Kochba-Aufstandes: „Es wird gelehrt: R. Yehuda be-R. Il'ai sagte: Barukh, mein Rabbi, pflegte auszulegen: *Die Stimme ist die Stimme Jakobs, die Hände aber sind die Hände Esaus* (Gen 27,22) – die Stimme Jakobs schrie von dem, was ihm die Hände Esaus zu Betar getan hatten."[25] Der Text dieser Auslegung ist unterschiedlich überliefert; das Hauptproblem ist, daß die Quellen einen Tannaiten namens Barukh sonst nicht kennen, schon gar nicht einen, der der Lehrer des R. Yehuda be-R. Il'ai gewesen sein könnte[26]. Vermutlich aus diesem Grund bieten jüngere Midraschwerke die Überlieferung in ‚verbesserter' Form: sei es, daß sie „Barukh" auslassen[27], sei es, daß sie es durch „'Aqiva", den Namen eines bekannteren Lehrers des R. Yehuda, ersetzen[28], sei es, daß sie die Auslegung R. Yehuda selber zuschreiben[29]. Doch ist der Name[30] nicht nur durch die Leidener Yerushalmi-Handschrift, sondern auch durch gewichtige Textzeugen der Parallele in BerR 65 verbürgt[31]; die verbreitete Annahme eines Abschreibefehlers[32] läßt sich also schwerlich halten. Wie dem auch sei, außer Zweifel stehen jedenfalls der Tradentenname R. Yehuda be-R. Il'ai, der auf das mittlere zweite Jahrhundert verweist[33], die Auslegung zu Gen 27,22 und schließlich ihr Bezug auf die Niederschlagung der Bar-Kochba-Revolte, die hier kurz mit dem Ort des letzten großen Gemetzels bezeichnet ist[34]: Was die Hände Esaus symbolisieren, sind die Gewalttaten Roms an Israel.

---

[25] yTaan 4,8 (68d,46−48); hier zitiert nach Hs. Leiden. Statt „rabbi haya" hat Ed. Krotoschin: „Rabbi Ḥiyya", offenbar ein Druckfehler; Ed. princ. hat den korrekten Text.

[26] Vgl. HALPERIN 1980, II, 159.

[27] Vgl. BerR 65,20 (Theodor/Albeck 740, Hs. London folgend); SOKOLOFF 1982, 151, Frgm. Nr. 76, Z. 15; EkhaR 2,4 (Buber 100f); Yalq I 115 (Hyman/Lerrer/Shiloni, Bereshit II 551). In diesem Sinne argumentiert auch SCHÄFER 1981, 166.

[28] Vgl. MHG zu Gen 27,22 (Margulies 476). Daß R. 'Aqiva gemeint sei, vermuten auch Theodor/Albeck, aaO., Anm. z. St.; BACHER 1890−1903, I, 285; HUNZINGER 1965, 69 Anm. 12. – R. 'Aqiva war allerdings nicht der einzige Lehrer des R. Yehuda ben Il'ai; vgl. BACHER 1890−1903, II, 191f.

[29] Vgl. den textus receptus von BerR 65,20 (Ed. Wilna 130c).

[30] Um etwas anderes als einen Namen kann es sich kaum handeln; vgl. auch KOSOVSKY 1985, 156, s. v. „Barukh". Die Voranstellung des Namens vor den Titel ist zwar ungewöhnlich, doch drei weitere Belege hierfür finden sich noch auf derselben Folioseite von yTaan (68c,34;68c,59f;68d,48f).

[31] Vgl. im Apparat von Theodor/Albeck, aaO., z. St.; Hs. Vatikan Ebr. 60 (Faks. Jerusalem 1971/72, S. 247), mit der allerdings problematischen Lesart „BRWK HWH DWRSh R'". Das verschiedentlich bezeugte „BDWR" (od. ähnl.) scheint aus „BRWK" entstellt zu sein; vgl. auch TanB Toledot 10 (Buber 66a).

[32] Vgl. HALPERIN 1980, II, 159; KOSOVSKY 1985, 156, s. v., „Barukh"; SCHÄFER 1981, 166.

[33] Vgl. STRACK/STEMBERGER 1982, 83.

[34] Zur rabbinischen Überlieferung von Betar vgl. SCHÄFER 1981, 116 u. 178−180.

Geht man nach den rabbinischen Autorenangaben, so mehren sich in der
Folgezeit die Belege: Den Vers *Da werden Wildochsen* [re'emim] *niederge-
streckt* (Jes 34,7), der zu dem bluttriefenden Orakel vom Schlachtfest in Bozra
gehört, paraphrasiert R. Me'ir[35]: „Da werden Römer [romiyyim] niederge-
streckt."[36] Ein Amoräer berichtet, man habe „im Buch des R. Me'ir" geschrieben stehen sehen: „*Last für Duma* (Jes 21,11) – Last für Rom."[37] In beiden
Texten ist die Assoziation zwischen Edom und Rom eindeutig. Im Namen von
R. Me'ir wird ferner eine Deutung des Jakobstraumes (Gen 28,10ff) überliefert: Die Engel, die Jakob auf- und absteigen sieht, sind die Engelfürsten der
Weltreiche: die Fürsten von Babel, Medien, Griechenland – und Edom. Der
Träumende fragt Gott, ob es ebenso wie bei diesen auch bei ihm einen Abstieg
geben werde, und Gott antwortet: „Du sollst nicht hinuntergehen! Steige
herauf, denn du steigst auf und steigst nicht ab!" Jakob aber, der sich fürchtet,
anstatt zu glauben, bleibt unten, womit er seine Nachkommen ihren Bedrük-
kern preisgibt[38]. Edom ist hier in das klassische, auf Dan 2 zurückgehende
Schema der vier aufeinanderfolgenden Weltreiche einbezogen, deren letztes
die Rabbinen, das Ende dieser Welt nahewähnend, in dem gegenwärtig herrschenden römischen Imperium gekommen sahen. Dieses Vier-Reiche-Schema
lieferte ihnen eines der gängigsten Muster der Schriftauslegung; die Belege
dafür sind überaus zahlreich[39]. – Zwar kann man bei einem Text wie dem hier
angeführten nicht wissen, ob der Name „Edom" zum ältesten Kern der Überlieferung gehört oder aber erst später für einen anderen Ausdruck, etwa „das
frevelhafte Königreich" („malkhut ha-resha'a") oder einfach „Rom", eingesetzt wurde. Daß er aber in einem solchen Kontext verwendet wurde, wo er
vom exegetischem Gesichtspunkt her durchaus nicht notwendig zu erwarten
ist, zeigt, wie geläufig den Rabbinen die Identifikation von Rom und Edom
war.

Gelegentlich wird dem Quartett von Babel, Medien, Griechenland und
Edom noch Ägypten vorangestellt, was übrigens mit Dan 2 völlig im Einklang
bleibt, da Nebukadnezzars Traum ja erst mit seinem eigenen Reich einsetzt.
Das dem Autorennamen zufolge älteste Beispiel liefert der Yerushalmi: „Es
wird gelehrt: R. Shim'on ben Yoḥai (sagte): An jeden Ort, an den die Israeliten
in die Verbannung gingen, ging die Schechina mit ihnen in die Verbannung. Sie

---

[35] Ebenfalls ein Tannait der 3. Generation, vgl. STRACK/STEMBERGER 1982, 82.

[36] PesK 7,11 (Mandelbaum 133f); vgl. PesR 17 (Friedmann 90a); TanB Bo 6 (Buber 23a,
mit Anm.).

[37] Vgl. yTaan 1,1 (64a,9–11), zit. nach Ed. Jerusalem (3a); vgl. auch BACHER 1890–1903,
II, 10; Hs. Leiden, Ed. princ. u. Ed. Krotoschin haben „DWMY" statt „RWMY"; vgl. aber
Pene Moshe (in Ed. Jerusalem) z. St.

[38] WaR 29,7 (Margulies 671); vgl. Tan Wayyeṣe 2 (Ed. Warschau 38a).

[39] Vgl. allein in BerR: 2,4 (Theodor/Albeck 16f); 16,4 (147f); 34,13 (324); 41(42),2 (399);
41(42),4(409); 44,15 (437), 44,17 (439f); 56,9 (605); 65,13 (724); 70,8 (807); 86,6 (1084); 97
(1224f); 99(100),2 (1273f). Weitere Beispiele gibt etwa KRAUSS 1914, passim.

gingen in die Verbannung nach Ägypten, und die Schechina ging mit ihnen in die Verbannung. Was ist der Beweisgrund? *Ich ging doch nach dem Hause deines Vaters in die Verbannung, als sie in Ägypten dem Hause Pharaos gehörten* (1 Sam 2,27)." Darauf folgen entsprechende Schriftbeweise für Babel, Medien, Griechenland und zuletzt auch für Rom: „Sie gingen in die Verbannung nach Rom, und die Schechina ging mit ihnen in die Verbannung. Was ist der Beweisgrund? *Es ruft mir zu von Seïr: Wächter, wie steht's um die Nacht? Wächter, wie steht's um die Nacht?* (Jes 21,11)."[40] Hier wieder ist die Identifikation von Rom und Edom notwendig vorausgesetzt; anders könnte „Seïr", der Name des alten Stammsitzes der Edomiter, nicht als Hinweis auf das vierte Reich gedeutet werden. Zugleich gibt der Text ein Beispiel für die exegetischen und theologischen Möglichkeiten, die aus dieser Identifikation erwachsen: Nicht nur wird so den Römern ein Platz in einem ganz durch biblische Kategorien bestimmten Weltbild zugewiesen; im Fortgang des Stücks gelingt es darüber hinaus dem Aggadisten (nun vielleicht nicht mehr R. Shim'on ben Yohai), die drängende Erwartung, die aus dem Jesajawort spricht, einfühlsam in einen Redewechsel zwischen Israel, Gott und dem Wächter über die bevorstehende Erlösung umzusetzen, die Gott selber ungeduldig herbeisehnt und die nur noch von Israels Umkehr abhängt. So wird daraus, unter dem Vorzeichen der gegenwärtigen Römerherrschaft, Paränese von bedrängender Aktualität.

Noch eine weitere Auslegung sei zitiert, die die Überlieferung einem Tannaiten dieser Generation zuschreibt, eine Auslegung des Spruches Isaaks über den um seinen Segen betrogenen Erstgeborenen (Gen 27,40): *„Wenn du aber frei umherschweifst, (wirst du sein Joch von deinem Nacken abwerfen) – (...)* R. Yose be-R. Ḥalfota sagte: Wenn du deinen Bruder Jakob das Joch der Tora von seinem Nacken hast abwerfen sehen, verhänge über ihn Verfolgungen; so bist du Herrscher über ihn."[41] Es bedarf schon einiger auffälliger Verschiebungen, um zu einer solchen Deutung zu kommen: Bedingung und Folge werden miteinander vertauscht, Jakob und nicht Esau wirft sein Joch ab, das freie Umherschweifen wird zum Herrschen gesteigert. Doch um so deutlicher, so deutlich, daß Rom, der Verfolger Israels, nicht mehr bei seinem eigenen Namen genannt zu werden braucht[42], ist die Aktualisierung der Schrift – oder soll man sagen, die Biblifizierung der Gegenwart? Die Geschicke Israels und Roms sind unauflöslich aneinandergekettet, weil die von Jakob und Esau es sind; Roms Herrschaft über Israel ist nicht von Zufall, sondern hat Raum und

---

[40] yTaan 1,1 (64a,14−21); vgl. MekhY Bo 14 zu Ex 12,41 (Horovitz/Rabin 51); SifBam 84 (Horovitz 82f); SifBam 161 (Horovitz 222f). In SifBam 161 wird die Überlieferung auf R. Natan zurückgeführt, einen Tannaiten der 4. Generation.

[41] BerR 67,7 (Theodor/Albeck 762f).

[42] R. Yose be-R. Ḥalfota (= Ḥalafta) hat als Tannait der 3. Generation (vgl. STRACK/ STEMBERGER 1982, 83) sicherlich die hadrianische Verfolgung miterlebt; vgl. auch die Erzählung in bShab 33b.

Sinn in der biblisch determinierten Weltgeschichte; und: die treibende Kraft in
diesem Gefüge ist Israel, das sich für oder gegen die Tora entscheiden kann –
hier wird die Geschichtsdeutung zur Moral. Über die Machtverhältnisse entscheiden nicht die römischen Kohorten, sondern Israels Treue zur Tora, und
vielleicht hat das noch einen doppelten Sinn: Denn solange sich Israel durch die
Tora seiner selbst vergewissern kann, kann ihm nichts das Bewußtsein seiner
Überlegenheit rauben.

Soviel zu den tannaitischen Anfängen. Für die späteren rabbinischen Generationen, vom Ende des zweiten Jahrhunderts an, ist die Gleichsetzung von
Rom und Edom ein fester Bestandteil des aggadischen Weltbilds; aus der
amoräischen Midraschliteratur ist sie kaum wegzudenken. – Im folgenden
sollen einige Aspekte des Phänomens näher beleuchtet werden: die wechselseitige Durchdringung biblischer und zeitgenössischer Geschichte, das unentrinn-
bare Aufeinanderangewiesensein der beiden ungleichen Brüder und schließlich diverse Vorstellungen über Edoms Ende. Zuvor ist aber noch auf einen
zweifachen negativen Befund hinzuweisen: Zum einen vermissen wir die Identifikation von Rom und Edom in drei der ältesten erhaltenen Werke der
rabbinischen Literatur, in der Mischna, in der Tosefta und in Sifra. In der
Tosefta heißt es wohl einmal, daß Esau zu Abrahams Lebzeiten noch nicht
rebellisch gewesen sei (tQid 5,18), und ein andermal wird das Verhalten Jakobs
gegenüber Esau als Vorbild für den Verkehr zwischen Juden und Heiden
hingestellt (tAZ 3,4)[43]. Anspielungen auf Rom liegen hierin aber nicht, und
überall sonst ist Edom[44] entweder der Name eines in der Bibel erwähnten
Volkes[45] oder eine geographische Bezeichnung[46]. Gewiß ist der Inhalt dieser
Schriften in erster Linie halachischer Natur, und geschichtstheologische Reflexionen über die römische Weltmacht wären hier ohnehin kaum zu erwarten[47].
Doch zum anderen fällt auf, daß in den späteren Werken, in denen die Versinnbildlichung Roms durch Edom zum Gemeinplatz wird, dieselbe Vokabel als

---

[43] Vgl. auch die Anekdote in BerR 75,5 (Theodor/Albeck 883). Hier aber wird ‚Esau‘
schon auf den Römer im besonderen bezogen, und das Ganze wird erwählungstheologisch
reflektiert.

[44] Entsprechendes gilt für die Derivative; sie sind bei den folgenden Stellenangaben berücksichtigt.

[45] Vgl. mYev 8,3; tYev 8,1; tQid 5,4; tNid 6,1; kein Beleg in Sifra.

[46] Vgl. mPes 3,2; mKet 5,8; tTer 5,7; kein Beleg in Sifra. – Hingewiesen sei auch auf das von
Epstein veröffentlichte Genizafragment aus SifZ, in dem von „edomitischen Schülern" („tal-
midim adomiyyim") unter den Shammaiten die Rede ist (EPSTEIN 1929, 70, Z. 17). Meist wird
das Adjektiv als Herkunftsbezeichnung verstanden und mit der idumäischen Parteinahme für
die Zeloten in Verbindung gebracht, denen die Shammaiten ideologisch nahestanden; vgl.
EPSTEIN 1929, 52f; I. Ronen, in KASHER 1988, 234. Mir scheint jedoch „edomitisch" hier eher
als Schimpfwort, nicht in Anspielung auf eine bestimmte historische Situation gebraucht zu
sein, zumal das im Kontext zur Debatte stehende halachische Problem an Komplexität weit
über den Standard der halachischen Exegese vor 70 hinausgeht (vgl. BREWER 1992, passim).
Wie dem auch sei, an „römische" Toragelehrte ist jedenfalls nicht gedacht.

[47] Wenn man von Texten wie mAv 3,5 einmal absieht.

Bezeichnung eines biblischen Volkes oder einer Landschaft im südlichen Palästina fast völlig verschwindet[48]. Demnach dürfte beides, sowohl das Fehlen der Identifikation von Edom und Rom in jenen älteren Schriften als auch das Zurücktreten der nichtmetaphorischen Verwendung des Namens ,Edom' in der jüngeren Literatur, wohl doch auch ein Zeichen eines echten, tiefgreifenden Bedeutungswandels sein.

2. Verschmelzung von Überlieferung und Gegenwart

Nicht immer nur porträtieren die rabbinischen Schriften Rom als Macht des Bösen. Im Gegenteil, man bemerkt durchaus, daß die Rabbinen den Wert und Nutzen eines geordneten Staatswesens zu schätzen wußten[49], und geradezu erstaunlich ist es, daß selbst Gestalten wie Vespasian und Hadrian, die dem Judentum die schmerzlichsten Demütigungen seiner antiken Geschichte zugefügt hatten, mitunter ganz ohne Bitterkeit geschildert werden[50]. Doch anders verhält es sich mit Edom und seinem biblischen Stammvater Esau: Sie sind Bösewichte, sonst nichts. Das mag mit den biblischen Gegebenheiten zusammenhängen, waren ja doch die alten Propheten mit Edom viel härter als mit anderen Völkern ins Gericht gegangen. Doch läßt es die rabbinische Aggada nicht bei den biblischen Verurteilungen bewenden; es scheint vielmehr, daß die Rabbinen sich durch diese inspiriert fühlten, Esau und seinen Nachkommen auch noch alle Sünden des Roms ihrer Gegenwart aufzubürden. Was immer sie an Roms Kultur und Politik als frevelhaft und zynisch, als hohl und prätentiös empfanden, konnten sie Esau anlasten: den Götzendienst, die Repressalien auf religiösem Gebiet, die Mißstände im Rechtssystem und, vielleicht am nachdrücklichsten, den unersättlichen Fiskus.

Das geht etwa so: „Rabbi Yiṣḥaq legte den Schriftvers (sc. Spr 28,22) auf den aus, der einem Israeliten (Geld) um Zins leiht, da er zu engherzig war, (es) ihm ohne Zins zu leihen: *Und er weiß nicht, daß Mangel über ihn kommen wird* (Spr 28,22), wie geschrieben steht: *Wer mit Zins und Wucher seinen Reichtum mehrt, sammelt's für den, der sich der Armen erbarmt* (Spr 28,8). Wer ist es, *der sich der Armen erbarmt? Das ist Esau, der Frevler.* Aber ist denn Esau, der Frevler, nicht ein Ausbeuter der Armen? So, wie jene Statthalter, die auf die Dörfer hinausziehen und die Pächter ausplündern und (wieder) zur Stadt hinaufziehen und sagen: Bringt die Armen zusammen, denn wir wollen ihnen Wohltätigkeit

---

[48] Vgl. noch SifDev 252 (Finkelstein 279); BerR 44,23 u. 74,15 (Theodor/Albeck 446 u. 872ff). In MekhY Baḥodesh 5 zu Ex 20,2 (Horovitz/Rabin 221) ist Edom neben Moab, Ammon und Ismael bereits ein heidnischer Typus, wenn auch noch nicht Chiffre für Rom.

[49] Vgl. GLATZER 1962, 247.

[50] Vgl. STEMBERGER 1972, 350f.361–363.

erweisen!"[51] Oder in einer nicht ganz so bissigen Variante zu demselben Thema und Vers: „Wer ist es, *der sich der Armen erbarmt? Es ist Esau. Aber erbarmt sich denn Esau der Armen? Allein, das Reich wird auf ihn neidisch und nimmt sein Geld und macht damit (für) die Bedürfnisse der Allgemeinheit Straßen und öffentliche Bäder."[52] Oder im Kontrast zur Schekelsteuer, die Gott nur einmal im Jahr von Israel einfordert: „*Der Weg des Faulen* (Spr 15,19) – das ist Esau. Was bedeutet: *ist wie eine Dornenhecke* (ebd.)? Allein, wie sich die Dornenhecke in den Kleidern des Menschen verfängt und er sich von ihnen auf der einen Seite frei macht und sie sich auf der anderen Seite (in seinen Kleidern) verfängt, so erhebt das Reich Esaus die Annona[53], und kaum daß es die Annona erhoben hat, da kommt die Kopfsteuer über sie (sc. die Israeliten), und wenn diese eingezogen worden ist, kommen die Rekruten[54] über sie."[55] Oder kurz und bündig am Ende eines Midraschs über Gen 15,9, der in den Tieren, die Abraham sogleich in Stücke schneiden wird, eine Allegorie der vier Weltreiche entdeckt: „*... und eine Turteltaube und eine Jungtaube* [gozal] – das ist Edom. Ist es denn eine Turteltaube? (Nein,) sondern es beraubt mich [gozeleni]."[56] Zur allegorischen Auslegung auf die vier Weltreiche lädt auch die Aufzählung der unreinen Tiere in Lev 11,4–7 und Dtn 14,7–8 ein; dabei trifft es sich gut, daß das Schwein, das als das letzte der vier Tiere dem römischen Reich entspricht, im Gegensatz zu den anderen dreien nicht wiederkäut, sondern die Klauen spaltet – so verkehrt sich alles, was man über die ersten drei Reiche noch an Vorteilhaftem sagen mag, bei Rom ins Gegenteil: „*Und das Schwein* (Dtn 14,8) – das ist Edom. (...) Warum wurde es mit einem Schwein verglichen? Um dir zu sagen: Wie das Schwein, wenn es liegt, seine Hufe ausstreckt und sagt: Seht, daß ich rein bin!, so pflegt dieses frevelhafte Reich sich zu überheben und zu bedrücken und zu rauben und sich den Anschein zu geben, als stellte es einen Richterstuhl (βῆμα) auf[57]; (...) – *das Schwein* (Lev 11,7) – das ist Edom; *und es käut nicht wieder* (ebd.) – denn es rühmt nicht den Heiligen, g.s.e.; und nicht genug damit, daß es (ihn) nicht

---

[51] PesK 10,1 (Mandelbaum 161); vgl. TanB Re'e 6 (Buber 11a).

[52] TanB Mishpaṭim 5 (Buber 42b).

[53] „ha'arnon", für: „ha'annona", vgl. JASTROW 1903, 123, s.v. „arnon". Zu dieser Art von Steuer vgl. AVI-YONAH 1962, 95f.

[54] „ṬYRBWS", wohl entstellt aus „ṬYRNYS", lat. *tirones*. Vgl. KRAUSS 1899, 265, s.v. „ṬYRWN I". – Gemeint sind entweder Truppeneinquartierungen oder, elliptisch, die materiellen Aufwendungen, durch die man sich vom Militärdienst freikaufen konnte. Zum historischen Hintergrund vgl. AVI-YONAH 1962, 93f bzw. 92; zum römischen Besteuerungssystem in Palästina allgemein vgl. ebd., 92–102.

[55] PesR 10 (Friedmann 33b); vgl. auch PesK 2,2 (Mandelbaum 17).

[56] BerR 44,15 (Theodor/Albeck 437).

[57] Hier folgt im Text „ein Tatsachenbericht von einem Machthaber in Caesarea, der die Diebe und die Ehebrecher und die Zauberer umbrachte und zu seinem Ratgeber sagte: Diese drei (Verbrechen) hat dieser Mann (sc. der Redende selbst) in einer (einzigen) Nacht begangen!"

rühmt, sondern es schmäht und lästert und spricht: *Wen habe ich im Himmel? Und auch auf Erden suche ich bei dir nichts!* (Ps 73,25). (...) – *und das Schwein* – das ist Edom; *und es käut nicht wieder* – denn es erhebt die Gerechten nicht; und nicht genug damit, daß es (sie) nicht erhebt, sonden es erschlägt (sie)! Das ist, was geschrieben steht: *Als ich zornig war über mein Volk, entweihte ich mein Erbteil und gab sie in deine Hand* (Jes 47,6)."[58]

Mit dem biblischen Esau oder Edom haben derartige Aggadot nicht viel zu tun. Die beiden Namen werden zwar genannt; sie wirken hier aber wie längst zu geläufigen Synonymen geronnene Metaphern, an deren Stelle ebensogut die eigentliche Bezeichnung, ‚Rom‘, stehen könnte. Dennoch, das Motiv vom Schwein, das mit vorgestreckten Hufen Reinheit heuchelt, läßt sich ohne weiteres mit Esaus biblischer Biographie verknüpfen: *„Und als Esau vierzig Jahre alt war, nahm er sich zur Frau Jehudit, die Tochter Beeris, des Hetiters, und Basemat, die Tochter Elons* usw. (Gen 26,34). – (...) Mose sagte: *das Schwein, denn es spaltet die Klauen* (Lev 11,7). Warum vergleicht er sie (sc. die römische Herrschaft) mit einem Schwein? Allein, wie das Schwein, wenn es liegt, seine Hufe ausstreckt, als wollte es sagen: Ich bin rein!, so raubt und bedrückt jenes frevelhafte Reich (und) gibt sich (dabei) den Anschein, als stellte es einen Richterstuhl auf. Ebenso stellte Esau vierzig(!) Jahre lang verheirateten Frauen nach (und) vergewaltigte sie, und als er vierzig Jahre alt wurde, verglich er sich mit seinem Vater (und) sprach: Wie mein Vater (sich) mit vierzig eine Frau nahm, nehme auch ich (mir) mit vierzig eine Frau."[59] Was für Rom die Rechtsstaatlichkeit, sind für Esau die bürgerlichen Ehesitten: ein Feigenblatt, dem die Schandtaten hohnsprechen, die es doch nicht verhüllen kann. ‚Esau‘, die biblische Kategorie, die andernorts auf die Gegenwart übertragen wird, damit sich diese begreifen läßt, wird nun ihrerseits durch die gegenwärtige Erfahrungswirklichkeit bestimmt und ausgelegt – zweifellos mit dem Ergebnis, daß sich in der so ausgelegten biblischen Geschichte wiederum die gegenwärtige Erfahrungswirklichkeit bestätigt.

Ein Beispiel, in dem der Unterschied zwischen Bibel und Gegenwart völlig verschwimmt: „Rabbi Yoḥanan sagte: Dieser Frevler beging fünf Übertretungen am selben Tag. Er kam über ein verlobtes Mädchen und tötete ein Menschenleben und leugnete die Hauptsache (sc. Gott) und leugnete die Auferstehung der Toten und verachtete das Erstgeburtsrecht. – Er kam über ein verlobtes Mädchen, (denn) hier steht geschrieben: *Und Esau kam vom Feld* (Gen 25,29), und dort steht geschrieben: *Denn auf dem Feld hatte er sie gefunden* (Dtn 22,27[60]). Er tötete ein Menschenleben, (denn) hier steht ge-

---

[58] WaR 13,5 (Margulies 291–294). – Ein ähnlich umfangreiches edomitisch-römisches Sündenregister bietet MTeh 104,21 (Buber 223a–b).

[59] BerR 65,1 (Theodor/Albeck 713). Zur römischen Rechtsprechung vgl. auch MTeh 80,6 (Buber 182a–b).

[60] Im Zusammenhang von Dtn 22,27 wird der Tatbestand der Vergewaltigung beschrieben.

schrieben: *müde* (Gen 25,29), und dort steht geschrieben: *Ach, weh mir! Denn müde ist meine Seele vor Erschlagenen*[61] (Jer 4,31). Und er leugnete die Hauptsache, (denn) hier steht geschrieben: *Was soll mir das* [ze]? (Gen 25,32), und dort steht geschrieben: *Das* [ze] *ist mein Gott, und ich will ihn preisen* (Ex 15,2). Und er leugnete die Auferstehung der Toten, denn es steht geschrieben: *Siehe, ich werde sterben* (Gen 25,32). Und er verachtete das Erstgeburtsrecht, denn es steht geschrieben: *Und Esau verschmähte das Erstgeburtsrecht* (Gen 25,34)."[62] Esaus Frevel sind nun ganz unterschiedslos die des Erstgeborenen Isaaks und die des römischen Imperiums. Zu einem Atheisten und Leugner der Auferstehung wird Esau jedenfalls kaum durch pure Exegese geworden sein.

Viele Details der biblischen Erzählung werden klar und verständlich, ja eindeutig, wenn man weiß, daß Esaus Handeln, Denken und Glauben durch und durch das der römischen Welt ist. Was etwa hatte das Gerangel der Zwillingsbrüder im Mutterleib zu bedeuten? „*Und die Söhne stießen sich* [wayyitroṣaṣu] *in ihrem Bauch* (Gen 25,22) – und sie empfanden Befriedigung [wayyitraṣṣu][63] in ihrem Bauch. Kommt sie an Häusern des Götzendienstes vorbei, so zappelt Esau, um hinauszukommen; dies ist, was geschrieben steht: *Die Frevler sind abtrünnig*[64] *vom Mutterschoß an* (Ps 58,4). Kommt sie an Synagogen und Lehrhäusern vorbei, so zappelt Jakob, um hinauszukommen; das ist, was geschrieben steht: *Noch ehe ich dich im Mutterleib formte, kannte ich dich* usw. (Jer 1,5)."[65] – Wie kam es, daß Isaak Verdacht schöpfte, als Jakob ihm das Böckchen auftischte? „R. Yoḥanan sagte: (Es gleicht) dem Raben, der Feuer über sein Nest brachte: Als (Jakob) sagte: *Weil der Herr, dein Gott, es mir beschert hat!* (Gen 27,20), sagte (sich) Isaak: Ich weiß, daß Esau den Namen des Heiligen, g.s.e., nicht nennt; dieser aber nennt ihn. Das ist nicht Esau, sondern Jakob! – Als Jakob so gesprochen hatte, sagte (Isaak daher): *Tritt nur herzu, daß ich dich betaste, mein Sohn* (Gen 27,21)."[66] Warum bestellte Esau auf dem Sterbebett nicht seine Söhne zu sich, wie Jakob es tat? „R. Ḥanina sagte: Nach allgemeiner Gepflogenheit macht ein Gladiator[67] kein Testament. Wer aber macht ein Testament? Freie Menschen. Ebenso starb Esau, ohne ein Testament zu machen; Esau starb nicht in seinem Bett. Wer aber machte ein Testament? Jakob, denn es heißt: *Wer lebt, wer lebt, der lobt*

---

[61] Der Kontext empfiehlt eine passivische Übersetzung. Vgl. auch die Vulgata und den Apparat der BHS.

[62] bBB 16b; vgl. PesR 12,4 (Friedmann 47b–48a); Tan Shemot 1 (Ed. Warschau 62a). Eine Kurzversion ohne Schriftbeweise bietet TPsJ Gen 25,29 (BPM IV.1 173).

[63] Hitpa‘el von „RṢH"; auch könnte an ein Hitpa‘el von „RWṢ" (etwa: „sie beeilten sich") gedacht sein; vgl. Theodor/Albeck, Anm. z. St. – Die folgenden Ausführungen scheinen die Umdeutung von „wayyitroṣaṣu" zu „wayyitraṣṣu" aber nicht vorauszusetzen; dafür spricht auch die an dieser Stelle sehr schmale Textbasis.

[64] Eine Assoziation zwischen „zoru" und „(‘avoda) zara".

[65] BerR 63,6 (Theodor/Albeck 682f).

[66] BerR 65,19 (Theodor/Albeck 732).

[67] „LWDR", lat. *ludarius*; vgl. Krauss 1914, 309, s. v.

dich (Jes 38,19); daher: *Und Jakob rief nach seinen Söhnen* (Gen 49,1).“[68] Der Zirkuskämpfer muß es sein, der Abschaum der römischen Gesellschaft, der Rom im Gewande Esaus repräsentiert; so fordert es die Logik des polemischen Arguments. Vorteilhaftes, das sich von Rom vielleicht sagen ließe, dürfte dem finsteren Zwilling gewiß nicht zugutekommen.

Und wie Esau, so die Edomiter. Was also mag die Völkerliste in Ps 83,7 bedeuten, an deren Spitze Edom steht? „Zehn Völker wurden in diesem Abschnitt genannt, um dich zu lehren, daß David im heiligen Geiste voraussah, daß das frevelhafte Edom einst im Verband von zehn Völkern den Tempel zerstören würde.“[69]

Um Anknüpfungspunkte sind die rabbinischen Exegeten nicht verlegen. Ein willkommenes Mittel, die biblische Geschichte auf die Gegenwart hin zu durchleuchten, sind Wortspiele. So gibt Esaus Hader gegen Jakob Anlaß zu einem kurzen, griffigen Notarikon über die römische Nobilitas: *„Und Esau wurde Jakob feind* (Gen 27,41) – R. La‘zar be-R. Yose sagte: er wurde ihm zum Hasser [sone], Rächer [noqem] und Groller [noter], (und so) sagt man bis heute: Senatoren von Rom.“[70] – Der Gebrauch einer Pluralform überführt den Polytheisten: „Bei Esau steht (nur von) sechs[71] Seelen geschrieben, und (doch) steht bei ihm (von) vielen Seelen geschrieben, denn es steht geschrieben: *Und Esau nahm seine Frauen und seine Söhne und alle Seelen* [nafshot] *seines Hauses* (Gen 36,6). Jakob (hatte eine Sippe von) siebzig Seelen, aber bei ihm steht (nur von) einer Seele geschrieben, denn es steht geschrieben: *Mit siebzig Seelen* [nefesh] *zogen deine Väter hinab nach Ägypten* usw. (Dtn 10,22). Allein, weil Esau vielen Göttern diente, steht bei ihm (von) vielen Seelen geschrieben, (und) weil Jakob nicht vielen Göttern diente, steht bei ihm (nur von) einer Seele geschrieben.“[72] – Das Wort „naval“, „Tor“, ist Indiz für eine ganze Reihe schillernder Laster: *„Der Tor spricht in seinem Herzen* (Ps 14,1) – das ist Esau, der Frevler. Und warum wird er ein Tor [naval] genannt? R. Yehuda sagte im Namen von R. Shemu’el: Weil er die ganze Welt mit Obszönitäten [nevalot] gefüllt hat: Er hat Dornenhäuser[73] errichtet, Häuser der Schande[74], Theater und Zirkusse (und) Häuser des Götzendienstes. R. Huna sagte: Weil er das ganze Land mit dem Leichnam [nivlatam] Israels erfüllt hat, wie es heißt: *Sie*

---

[68] BerR 96, Shiṭa ḥadasha (Theodor/Albeck 1200); vgl. TanB Wayeḥi 8 (Buber 108b).

[69] MTeh 83,3 (Buber 185a–b).

[70] BerR 67,8 (Theodor/Albeck 763). Vgl. auch yAZ 1,2 (39c,35–37), wo dieselben drei hebräischen Partizipien zusammengezogen offenbar das Wort *saturnalia* ergeben sollen.

[71] Vermutlich sind hier nur Esau und seine fünf Söhne bedacht; vgl. Margulies, Anm. z. St.

[72] WaR 4,6 (Margulies 93); es folgt noch ein Hinweis auf Ex 1,5 („shiv‘im nefesh“).

[73] „bate quṣim“, wahrscheinlich ein Kakophemismus für heidnische Tempel; vgl. Jastrow 1903, 1340, s. v. „quṣ“. Vielleicht ist „quṣim“ auch entstellt aus „shiqquṣim“ („Greuel“, „Götzenbilder“).

[74] „bate qiqelin“, „Häuser der Verderbnis“, d. h. Bordelle; vgl. Jastrow 1903, 1367, s. v. „qiqulim“.

haben den Leichnam deiner Knechte den Vögeln des Himmels zum Fraß gegeben (Ps 79,2). R. Abba sagte: Weil er schamlos [menuwwal] ist. Er hat seine Statue[75] an den Eingang der Hure (und) an den Eingang der Aborte und Badehäuser gestellt[76]; dies ist, was geschrieben steht: *Deine Schrecklichkeit hat dich verführt, der Hochmut deines Herzens* (Jer 49,16)", und unrühmlich wie seine Werke wird sein Ende sein; das darf zum Schluß nicht fehlen: „R. Ya'aqov sagt: Weil ihn der Heilige, g. s. e., einst wegschaffen wird wie die unreife Frucht [novelet], die vom Baum fällt, wie es heißt: *Die Söhne der Fremde werden welk abfallen* [yibbolu] (Ps 18,46)."[77]

Im welchem Grade das Bild, das die Rabbinen von Esau zeichneten, davon abhängig war, wie sich ihnen das römische Reich präsentierte, mag ein Beispiel aus einem jüngeren Midrasch zeigen. Die bisher angeführten Stücke dürften, wie die verschiedentlich angegebenen Autoren- und Tradentennamen zeigen, größtenteils aus dem dritten Jahrhundert stammen, und hier ist Esau regelmäßig und ganz selbstverständlich der Götzendiener. Eine differenziertere Sicht spiegelt sich dagegen in dem folgenden Stück, das offenbar bereits die Verhältnisse der frühen byzantinischen Zeit voraussetzt[78]. Die Auslegung setzt an bei Isaaks Segensspruch über Jakob: „*Und Gott gebe dir* (Gen 27,28). Was bedeutet ‚Gott'? In Gerechtigkeit[79]; (das heißt:) Wenn es dir beschieden war, wird er dir geben, und wenn nicht, wird er dir nicht geben. Doch zu Esau sprach (Isaak) nicht so, sondern: *Von den fetten Ländern der Erde* usw. (Gen 27,39)[80] – ob (du) ein Gerechter oder ein Frevler (bist), er wird dir geben. Warum? Allein, Isaak sprach so: Esau ist ein Frevler. Jakob aber, der Gerechte, wird, selbst wenn er ein Gebot tut und (trotzdem) gezüchtigt wird, nicht das Maß der Gerechtigkeit einklagen. Doch der Frevler wird, wenn er (nur) ein (einziges) Gebot tut oder betet und keine Antwort erhält, anfangen zu sagen: So wie ich vor dem Götzendienst betete und nichts Echtes daran fand, habe ich auch vor dem Heiligen, g. s. e., gebetet und nichts Echtes daran gefunden. (…) Sage (daher): Zu Esau sagte er: *Siehe, von den fetten Ländern der Erde* usw. – Warum? Weil ihm der Glaube fehlt. Aber zu Jakob, der Glauben hat und ein Gerechter ist, sagte er: *Und Gott gebe dir* – in Gerechtigkeit."[81] Hier ist Esau

---

[75] „'NDRŢY", griech. ἀνδρότιον; vgl. Buber, Anm. z. St.

[76] Vermutlich sind Kaiserstandbilder an öffentlichen Einrichtungen gemeint.

[77] MTeh 14,3 (Buber 57a).

[78] Ein Autor oder Tradent wird nicht genannt, doch der Midrasch, aus dem das Stück stammt, gehört zu einem Überlieferungskomplex, dessen Textbestand noch bis ins Mittelalter hinein erheblichen Veränderungen unterworfen war; vgl. STRACK/STEMBERGER 1982, 281f.

[79] Vorausgesetzt ist hier die klassische rabbinische Zuordnung von „elohim" und „middat haddin"; vgl. dazu URBACH 1975, 451–459.

[80] Aus dem Folgenden geht hervor, daß dieser Vers hier nicht so verstanden wird, wie er zumeist übersetzt wird, sondern im entgegengesetzten Sinne: Esau wird auf fettem Lande wohnen.

[81] TanB Toledot 14 (Buber 67b).

nicht mehr einfach der Heide. Er betet jetzt auch zu Gott[82] und erfüllt sogar ein Gebot. Freilich, er bleibt der alte Frevler. Es fehle ihm zum Gerechtsein an Glauben, insinuiert der Midrasch; wahrscheinlich nicht ohne eine gewisse Süffisanz.

3. Die schwierige Balance der Unzertrennlichen

Meist erscheint der Frevler Esau als der Gewaltige, dessen Machenschaften nichts im Wege steht, der die Oberhand behält und dem der gerechte, aber schwache Jakob, wenigstens im Augenblick, hilflos ausgeliefert ist. Doch manchmal ist es anders – nicht nur in den Visionen einer besseren Zukunft, in der die biblischen Verheißungen für Jakob und die Gerichtsorakel über Edom endlich Wirklichkeit werden. Auch in seiner einstigen Blütezeit war ja Israel den Edomitern überlegen gewesen. In der Retrospektive kann sich daher der Spieß umkehren; dann muß Edom selbst erleiden, womit es sonst die anderen plagt: *„Damals erschraken die Fürsten Edoms* (Ex 15,15) – Falls du sagen solltest, (die Edomiter hätten gedacht), daß sie (sc. die Israeliten) kämen, um ihr (sc. das edomitische) Land zu erben, so ist doch bereits gesagt: *Ihr zieht durch das Gebiet eurer Brüder, der Kinder Esaus usw., und hütet euch nur, daß ihr sie nicht bekriegt, (denn von ihrem Land werde ich euch nicht einen Fußbreit geben)* (Dtn 2,4–5). Also, was lehrt die Schrift? *Damals erschraken die Fürsten Edoms* – wegen der Annonae[83].“[84] Damals waren sie es, die die Unannehmlichkeiten okkupatorischer Repression zu tragen hatten, und das Requirieren und Extorquieren lag bei den Söhnen Israels.

Ähnlich verhält es sich mit Davids Großmachtpolitik. Denn wer Edom unterworfen hat, darf sich wohl auch noch größere Ziele stecken: *„Wer wird mich führen in die Festungsstadt?* (Ps 60,11) – das ist Rom. Und warum nennt sie David eine Festung [maṣor]? (Es ist) eine Stadt, die Israel bedrängt [meṣṣi-ra] und beschneidet [mevaṣṣera]. Eine andere Erklärung: *die Festungsstadt* – die an jeder Stelle befestigt [mevuṣṣeret] ist, so daß kein Mensch sie erobern kann. Eine andere Erklärung: *die Festungsstadt* – eine Stadt, die alle umlagern [mevaṣṣerin]. R. Yoḥanan sagte: David gelüstete es, und (so) sprach er: *Wer*

---

[82] Vom Gebet der „Völker der Welt" ist auch in älteren Texten die Rede; vgl. BerR 60,13 (Theodor/Albeck 654); es handelt sich hier aber offenbar um das Gebet zu heidnischen Götzen.

[83] „NYNWT"; vgl. oben, Anm. 53, sowie die in der Ausgabe von Lauterbach (II 72) verzeichneten Lesarten. – Zunächst war die Annona eine Abgabe, die die ortsansässige Bevölkerung zur Versorgung durchziehender Truppen zu entrichten hatte und die daher nur nach Bedarf erhoben wurde. Erst Diokletian wandelte sie in eine regelmäßige Steuer um; vgl. AVI-YONAH 1962, 95f. Der Midrasch scheint demnach die vordiokletianischen Verhältnisse vorauszusetzen.

[84] MekhY Shirta 9 zu Ex 15,15 (Horovitz/Rabin 147).

wird mich führen in die Festungsstadt? O daß ich ihr doch vergelten könnte! – Der Heilige, g. s. e., sprach zu ihm: David, aber kannst du's denn mit ihr aufnehmen? Er sprach vor ihm: Herrscher der Welt, *wer hat mich nach Edom geleitet?* (Ps 60,11). (Das heißt,) er sprach vor ihm: Der, der mich schon zum Herrscher über Edom gemacht hat, macht mich auch zum Herrscher über diese."[85] Edom wird hier von Rom unterschieden, und doch ist beides irgendwie einerlei; David erscheint als König und Psalmendichter von einst, nimmt aber vielleicht doch auch messianische Erwartungen vorweg; der Midrasch läßt diese Dinge in einer eigentümlichen Schwebe. Doch ob nun Rom erst noch erobert werden muß oder eigentlich schon so gut wie am Boden liegt, eines steht fest: Unbezwingbar ist es nicht.

Selbst in der Gegenwart, die doch weithin durch die Erfahrung der Ohnmacht und des Ausgeliefertseins bestimmt ist, findet sich Gelegenheit, die bekannten Verhältnisse umzukehren, und wenn sie nur in der fröhlichen Boshaftigkeit des verbalen Heimzahlens liegt, das allein auch dem Machtlosen Triumph gewährt. Die Pointe des folgenden Beispiels beruht auf dem Umstand, daß sich die Konsonantenfolge des Wortes „adam" auch „edom" lesen läßt[86]: „R. La'zar ging austreten[87]. Da kam ein Adjutant[88] der Römer und ließ ihn seinetwegen aufstehen und setzte sich (selber). (R. La'zar) sagte: Niemanden als mich hat man je so aufstehen lassen! Unmöglich kann ich von dort weggehen, ehe ich weiß, was es damit für ein Ende nimmt! – Es hauste dort aber eine Schlange, die kam hervor und fiel ihn (sc. den Römer) an[89]. Noch war er dort[90], da hatte sie seine ...[91] (schon) zu Fall gebracht. Da zitierte er (sc. R. La'zar) über ihn (den Vers): *Und ich werde einen Menschen* ['DM] *für dich hingeben* (Jes 43,4) – und[92] ich werde Edom ['DWM] für dich hingeben." –

Nun herrscht freilich Rom, während diese Texte entstehen, und Israel muß sich seiner Herrschaft beugen. Unerklärlich ist dies aber nicht, wenn man nur

---

[85] DevR 1,16 (Ed. Wilna 99c).

[86] yShab 6,9 (8c,56−60). Der Text ist in Hs. Leiden und in den Druckausgaben im letzten Drittel fehlerhaft; er läßt sich aber dank eines Genizafragments (GINZBERG 1909, 82, Z. 29−31) weitgehend korrigieren. – Eine knappere Version findet sich in WaR 22,4 (Margulies 505f).

[87] „LPWNYYH"; vgl. SOKOLOFF 1990, 426, s. v. „PWNYY" („toilet"). JASTROW 1903, 1188, s. v. „pene", sieht hier die Verbform „lefannuyeh".

[88] „'BṬYWNH" (Hs. Leiden), griech. ὀπτίων, ein militärischer Rang; vgl. KRAUSS 1899, 5, s. v. „BṬYWN".

[89] Zur Übersetzung von „wihav" vgl. SOKOLOFF 1990, 236, s. v. „YHB".

[90] Statt „'adaru tamman" (Hs. Leiden, Drucke) lies: „'ad di-tamma[n]" (so in dem Genizafragment).

[91] „DRYBWY"; die Bedeutung ist unbekannt. Eine Herleitung aus dem Arabischen versucht LIEBERMANN 1934, 113; vgl. aber SOKOLOFF 1990, 156, s. v. „DRYB". In dem Genizafragment fehlt der Ausdruck.

[92] Von hier an folgt die Übersetzung dem Genizafragment. In Hs. Leiden und in den Druckausgaben fehlt die modifizierte Wiederholung des Jesajazitates; stattdessen folgt nur „we-go[mer]" („usw.").

weiß, daß für Rom in der Bibel Esau steht. Denn obwohl Esau ein hartnäckiger Sünder war, so gab es doch ein Gebot, das er erfüllt hatte. Er hatte seinen Vater geehrt, und welcher Lohn ihm dafür zuteil wurde, haben wir bereits gesehen: Ganze Königreiche schlossen sich ihm an[93]. Die Ehre, die er seinem Vater bezeugt hatte, war legendär: „Rabban Shim'on ben Gamli'el sagte: Mein Lebtag lang pflegte ich meinem Vater zu dienen, aber ich tat für ihn nicht ein Hundertstel von dem, was Esau für seinen Vater tat. Denn ich pflegte meinem Vater in schmutzigen Kleidern zu dienen, und wenn ich auf den Markt ging, ging ich in sauberen Kleidern. Doch wenn Esau seinem Vater diente, diente er ihm in Königskleidern; (denn) er sagte: Meinen Vater ehren kann ich nur in Königskleidern."[94] Ob in diesem anscheinend verhältnismäßig alten[95] Traditionsstück die Identifikation von Esau und Rom schon vorausgesetzt ist, läßt sich nicht mit Sicherheit sagen. Das Motiv der Königsgewänder („bigde malkhut") könnte allerdings darauf hindeuten.

Ein anderer Grund, aus dem Israel leiden muß, sind die Tränen, die Esau um seinen verlorenen Segen vergoß: „Esau weinte: *Und er erhob seine Stimme und weinte* (Gen 27,38) – und wegen der drei Tränen, die er rollen ließ, wurden Kriege gegen Israel geführt, wie es heißt: *Du hast sie mit Tränenbrot gespeist und sie mit Tränen getränkt, einem Drittelmaß* (Ps 80,6)."[96] Oder aber Rom unterdrückt Israel, um Rache für den Mord an seinem Stammvater zu üben: „Einst verhängten sie eine Verfolgung über Juda, denn von ihren Vätern hatten sie eine Überlieferung, daß Juda Esau erschlagen hatte, wie geschrieben steht: *Deine Hand auf dem Nacken deiner Feinde* (Gen 49,8). Da gingen sie hin und machten bei ihnen Sklaven und vergewaltigten ihre Töchter..."[97] Und außerdem ist da Isaak, der seinen Segen zwar Jakob gab, es aber im übrigen mit Esau hielt; das zeigt ein Wortspiel über den Namen des letzten der vier Paradiesesflüsse, die an dieser Stelle übrigens – was läge näher – als Allegorie der vier Weltreiche gedeutet werden: „*Und der vierte Fluß ist der Euphrat* [ferat] (Gen 2,14) – das ist Edom, das fruchtbar war [pareta] und sich mehrte durch das Gebet des Alten."[98] – Freilich, auch Jakob betet, und so erklärt es sich, daß die Macht des römischen Reichs auch ihre Grenzen hat: „Und Rabbi Yiṣḥaq sagte:

---

[93] Vgl. oben, Anm. 15.

[94] BerR 65,16 (Theodor/Albeck 728).

[95] Rabban Shim'on ben Gamli'el war Tannait der 3. Generation; vgl. STRACK/STEMBERGER 1982, 84.

[96] ARN B 47 (Schechter 65b); vgl. TanB Toledot 24 (Buber 72b–c); MTeh 80,4 (Buber 181b).

[97] yKet 1,5 (25c,24–26); vgl. yGit 5,6 (47b,11–13). Die Überlieferungen über den Jakobssohn, der Esau erschlägt, sind komplex und widersprüchlich. Neben Juda und einem Daniten werden Benjamin und vor allem Josef genannt, und eschatologische Aussagen stehen neben Ausschmückungen der biblischen Geschichte. Vgl. bereits Jub 38,2 sowie BerR 73,7 (Theodor/Albeck 851); BerR 97 Shiṭa ḥadasha (Th./Alb. 1223); BerR 99,2 (Th./Alb. 1273f); MTeh 18,32 (Buber 80a); PesR 13 (Friedmann 54a) und zahlreiche Parallelen.

[98] WaR 13,5 (Margulies 283); vgl. BerR 164,4 (Theodor/Albeck 147f). Vgl. auch WaR 15,9

Was bedeutet das, was geschrieben steht: *Gib nicht statt, Herr, dem Begehren des Frevlers, seinen Anschlag laß nicht gelingen, daß sie sich erhöben. Sela* (Ps 140,9)? Jakob sprach vor dem Heiligen, g. s. e.: Herrscher der Welt, gewähre dem Frevler Esau nicht den Wunsch seines Herzens, *seinen Anschlag laß nicht gelingen* – das sind Edoms Germanen[99], die, wenn sie auszögen, die ganze Welt zerstören würden."[100] –

Edoms Herrschaft ist das eine, was die rabbinische Exegese zu erklären hat. Das andere ist Israels Knechtschaft, und diese ist homiletisch viel interessanter. Denn wenn Esaus Aufstieg der Lohn für das eine Gebot war, das er gehalten hatte, so muß doch umgekehrt Israels Elend die Strafe für irgendeine Übertretung sein. Das öffnet dem Moralprediger Tor und Tür. Ein Beispiel dafür haben wir oben genannt: Wenn Esau seinen Bruder das Joch der Tora abwerfen sieht, soll er ihn mit Verfolgung heimsuchen[101]. Einige weitere Beispiele können wir hier anfügen: „... es heißt: *Deshalb, wie das Stroh die Feuerzunge frißt und das Heu in die Flamme gleitet* [yirpe] (Jes 5,24) – Ja, gibt es denn Stroh, das Feuer frißt? Allein, *Stroh* – das ist Esau, der Frevler, der immer, wenn die Israeliten ihre Hände von den Geboten gleiten lassen [merappim], über sie die Oberhand gewinnt."[102] Oder: *„Die Stimme ist die Stimme Jakobs, (und die Hände sind die Hände Esaus)* (Gen 27,22) – R. Berekhya sagte: Wenn Jakob mit seiner Stimme Zorn erregt, herrschen die Hände Esaus. Aber wenn er mit seiner Stimme wispert[103], herrschen die Hände Esaus nicht."[104] – Ein Wortspiel zu Isaaks Spruch über Esau: *„Und deinem Bruder wirst du dienen* (Gen 27,40) – Wenn er (dessen) würdig ist, wirst du (ihm) dienen [ta'avod], und wenn nicht,

---

(Margulies 339). Anders als Isaak verhält sich Abraham; vgl. PesK Anhang 1 (Wezot habberakha, Mandelbaum 446).

[99] „GRMMY' shel edom"; vgl. KRAUSS 1899, 185, s. v. „GRMNY'"; ferner RABBINOWICZ 1867–97, VII, Megilla, S. 18, z. St. (mit weiteren Lesarten). Es ist nicht klar, ob hier mit „Edoms Germanen" Feindvölker an der Nordflanke des Imperiums oder römische Hilfstruppen aus diesen Völkern gemeint sind. Deutlich ist nur, daß sie eine universale Bedrohung darstellen.

[100] bMeg 6a–b. – Anders die Parallele in BerR 75,9 (Theodor/Albeck 887); hier wird „zemamo" („sein Anschlag") im Sinne von „Maulkorb" (vgl. JASTROW 1903, 403, s. v. „zemam II") interpretiert: „Was bedeutet *Seinen zemam laß nicht los*? Er sprach vor ihm: Herrscher der Welt, mache einen Maulkorb für den Frevler Esau, daß er kein völliges Wohlbehagen habe. – Welchen Maulkorb machte der Heilige, gepriesen sei er, für Esau? R. Ḥama be-R. Ḥanina sagte: Das sind die Söhne der Berberei und die Söhne Germaniens, vor denen sich die Edomiter fürchten." Die hier und in bMeg 6 genannten beiden Rabbinen sind Amoräer der 2. bzw. 3. Generation; vgl. STRACK/STEMBERGER 1982, 92 und 94. Die Überlieferung verweist mithin auf das mittlere und späte 3. Jahrhundert, die Zeit der beginnenden Einfälle fremder Völker, besonders der Germanen.

[101] Vgl. die oben, Anm. 41, angegebene Stelle. Ähnlich auch TPsJ Gen 25,23 (BPM IV.1 171).

[102] SifDev 41 (Finkelstein 85).

[103] „In Demut und Bescheidenheit... bei Gebet und Worten der Tora", so Theodor/Albeck, Anm. z. St.

[104] BerR 65,20 (Theodor/Albeck 733); vgl. EkhaR Pet. 1 (Buber 2a).

wirst du (ihn) zugrunde richten [te'abbed]."[105] – Eine Auslegung, die einmal nur die eine Seite der Alternative, die Bewahrung, ins Auge faßt: „... *Wenn du schreist, werden dich deine Versammlungen*[106] *retten* (Jes 57,13) – Es wird gelehrt: Seine (sc. Jakobs) Versammlung und die Versammlung seiner Kinder werden ihn aus der Hand Esaus erretten. ..."[107] – Und wieder die Staatskasse, der man zahlen muß, ohne etwas davon zu haben; aber wenigstens einen erzieherischen Wert kann man ihr abgewinnen: „R. Abba bar Kahana eröffnete: *Nehmt meine Zucht an und nicht Silber* (Spr 8,10) – R. Abba bar Kahana sagte: Nehmt die Zucht der Tora an und nicht Silber. *Warum wägt ihr Silber dar ohne Brot?* (Jes 55,2) – Warum wägt ihr den Kindern Esaus Silber dar? ... *ohne Brot* – weil ihr euch nicht am Brot der Tora gesättigt habt! ... *und eure Mühsal, ohne satt zu werden?* (ebd.) – Warum müht ihr euch, satt aber werden die Völker der Welt? ... *ohne satt zu werden* – weil ihr euch nicht am Wein der Tora gesättigt habt! Denn es steht geschrieben: *Geht, eßt von meinem Brot und trinkt von dem Wein, den ich gemischt habe* (Spr 9,5)."[108]

Auch wo es dem einzelnen Gebot Nachdruck zu verleihen gilt, droht man mit Esau: „*(Verzehnten, verzehnten sollst du) allen...* (Dtn 14,22) – ein Hinweis an die Kaufleute und Seefahrer, daß sie ein Zehntel an die abführen, die sich um die Tora bemühen[109]; ... *Ertrag deiner Saat, was vom Felde kommt* – Wenn ihr es verdient habt, werdet ihr schließlich hinausziehen, um auf dem Felde zu säen; wenn aber nicht, wird schließlich der, der vom Felde kommt, Krieg mit euch suchen. Wer ist das? Das ist Esau, der Frevler, von dem geschrieben steht: *ein jagdkundiger Mann, ein Mann des Feldes* (Gen 25,27)."[110] – Und auch ohne exegetische Umschweife: „*(Brich doch) dem Hungrigen (dein Brot)* (Jes 58,7) – wenn ihr es verdient habt, (brecht ihr es) einem Hungrigen von Jakob; wenn aber nicht, (brecht ihr es) einem Satten von Esau."[111] –

Gewiß, zum reinen Klischee fehlt hier nicht viel. Aber gerade in dieser Form wird es deutlich, wie sehr die rabbinischen Schriftausleger die ungleiche Bruderbindung ihres Volkes an das römische Reich als notwendig, als ein für allemal gegeben, unentrinnbar und unmittelbar wirksam empfanden. Für die Aggada sind Jakob und Esau eine Art siamesisches Zwillingspaar; was der eine tut, zieht unweigerlich den anderen in Mitleidenschaft, nur ist das Verhältnis reziprok: Wenn Jakob sündigt, herrscht Esau, und wenn Esau frevelt, darf Jakob triumphieren, und wenn nicht jetzt, so doch gewiß einst in der Zukunft.

---

[105] BerR 67,7 (Theodor/Albeck 762).

[106] „qibbuṣayikh"; vgl., im Unterschied zu modernen Übersetzungen, die Vulgata.

[107] BerR 84,1 (Theodor/Albeck 1002). Vermutlich ist hier an die Versammlung zum Gebet gedacht; vgl. ebd., Anm. z. St.

[108] WaR 30,1 (Margulies 687); vgl. PesK 27,1 (Welaqaḥtem, Mandelbaum 401).

[109] Zu der in amoräischer Zeit propagierten Ablieferung des Zehnten an Torastudierende vgl. OPPENHEIMER 1978, 284f.

[110] PesK 10,10 (Mandelbaum 172).

[111] WaR 34,13 (Margulies 799).

Auf diese Weise stellt sich das machtlose Völkchen von der Peripherie mit dem Imperium auf eine Stufe; so verkehrt es mit ihm von gleich zu gleich, wenigstens in der Welt der Aggada: *„Zwei Völker sind in deinem Leib* (Gen 25,23) – zwei Herrenvölker[112] sind in deinem Leib: Dieses brüstet sich[113] mit seiner Welt, und jenes brüstet sich mit seiner Welt; dieses brüstet sich mit seinem Reich, und jenes brüstet sich mit seinem Reich. Zwei Völkerherren[114] sind in deinem Leib: Hadrian über die Nationen und Salomo über Israel. Zwei den Völkern Verhaß-te[115] sind in deinem Leib: Alle Nationen hassen Esau, und alle Nationen hassen Israel."[116] Hier sind tatsächlich Rom und Israel völlig gleichgestellt, wenn auch Zwiespalt selbst dann noch bleibt: Stolz und Verhaßtheit gehen Hand in Hand, und selbstverständlich sind Esaus Welt und Reich nicht die Welt und das Reich Jakobs. Doch in ihrer Größe, in ihrem Format, in ihrer Bedeutung sind die beiden einander ebenbürtig, unerreichbar für alle anderen; daher der Stolz und daher der Haß.

Stehen sie aber erst einmal Seite an Seite, so ist es nicht schwer, nun auch aufzuzeigen, wer im entscheidenden Punkt der Größere ist. Zum einen ist Jakob moralisch überlegen; das haben wir gesehen. Nicht, daß Jakob ohne Fehler und Esau ohne ein gutes Werk wäre. Doch Esau bleibt trotz des einen Gebotes, das er erfüllt hatte und für das er belohnt wurde, ein Frevler, während sich Jakob bei allen Schlägen, die er für seine Lauheit und Nachlässigkeit einstecken muß, frei zum Guten weiß: frei zum Gebet und frei zum Gebot, frei selbst, aus Gottes Hand Züchtigung anzunehmen. Gerade so, unter der gerechten Strafe, erfährt sich Israel als verantwortliches Subjekt seiner Geschichte. Die römische Willkürherrschaft erklärt es damit letztlich zu einem Epihäno-men seines eigenen Machtpotentials: Edom wäre doch ein Nichts, wenn Israel nicht gesündigt hätte!

Das andere ist die eschatologische Überlegenheit: Wenn Edoms Reich ver-geht, bricht Israels Heilszeit an. Man möchte zunächst glauben, das sei die natürliche Folge der moralischen Überlegenheit Israels, denn irgendwann muß doch wohl auch Jakob den Lohn seiner Gebote empfangen. Doch erstaunlicher-weise reden die meisten Texte eine andere Sprache. Wenn in dem schon zitierten Midrasch von der Schechina, die Israel in alle seine Exile begleitet[117], sich schließlich die Stimme aus Seïr vernehmen läßt, die drängend nach dem Ende der Nacht fragt, so mag es zwar von Israels Umkehr abhängen, wann der Morgen endlich kommt, doch daß der Morgen kommt und daß es dieser

---

[112] „ge'e goyim"; ein Wortspiel mit „GWY" und „G'H".
[113] „mitga'e'; das Wortspiel wird hier fortgesetzt.
[114] „ge'e goyim"; das gleiche Wortspiel wie zuvor, nun aber auf die Könige der beiden Völker bezogen.
[115] „shene śenu'e goyim"; ein Wortspiel mit „ShNY" und „śN'".
[116] BerR 63,7 (Theodor/Albeck 685); vgl. MTeh 9,7 (Buber 42b).
[117] Siehe Anm. 40.

Morgen sein wird, der die Erlösung bringt, steht außer Frage[118]. Die enge Wechselseitigkeit zwischen Israel und Edom äußert sich in diesem Zusammenhang vielmehr in der Betonung der unmittelbaren Abfolge von Roms Niedergang und Israels Heilszeit; so in dem folgenden Beispiel: *„Und leuchtete ihnen auf von Seïr* (Dtn 33,2) – Wenn der Heilige, g. s. e., aufsteht, um Seïr zu vergelten, wird er die ganze Welt über ihren Bewohnern erbeben lassen, wie er sie bei der Verleihung der Tora erbeben ließ. Denn es heißt: *Herr, als du von Seïr auszogst und einhergingst vom Felde Edoms, erbebte die Erde und die Himmel troffen und die Wolken ließen Wasser strömen* (Ri 5,4), und es heißt: *Und danach kam sein Bruder hervor, und seine Hand hielt die Ferse Esaus fest, so daß er Jakob genannt wurde* (Gen 25,26) – Der Heilige, g. s. e., sprach zu ihnen: Keine Nation und Sprache[119] tritt zwischen euch!"[120]

Dasselbe besagt der Schluß des oben angeführten Midraschs von den vier unreinen Tieren[121]: *„Und das Schwein* (Lev 11,7) – das ist Edom; *und es käut nicht wieder* [gera lo-yiggar] – denn es zog [garera] kein (weiteres) Reich nach sich. Und warum wird es Schwein [ḥazir] genannt? Weil es die Krone ihrem Herrn zurückgibt [meḥazzeret[122]]. Das ist, was geschrieben steht: *Und die Geretteten werden auf den Berg Zion steigen und den Berg Esau richten, und das Königreich wird des Herrn sein* (Obd 21)."[123]

Wenn Israel irgendetwas vorzuweisen hat, womit es seinen eschatologischen Anspruch bekräftigen kann, so ist es wohl am ehesten sein Leid: „Die Gemeinde Israels sprach vor dem Heiligen, g. s. e.: Herrscher der Welt, um der drei Tränen willen, die (Esau) hat fallen lassen, hast du ihn vom einen Ende der Welt bis zum anderen zum Herrscher eingesetzt und ihm in dieser Welt sorgloses Glück beschert. Wenn du kommst, um unsere Demütigung zu sehen, und wenn wir unser Herz[124] ausschütten, um wieviel mehr...!"[125]

Anders aber die beiden folgenden Stücke. Die zwingende Logik, die ihnen ihre Bildsprache mitgibt, ist die der Naturabläufe; sie schließt das menschliche Mitwirken aus: „Rav Naḥman sagte[126]: Ah, ein gutes Zeichen: Esau zählt nach der Sonne, weil sie groß ist; und wie die Sonne am Tage herrscht, aber in der

---

[118] Zur rabbinischen Debatte über die Umkehr als mögliche Vorbedingung der Erlösung vgl. SCHÄFER 1978, bes. 216–218.228–232.236.

[119] Metonymisch für „Volk".

[120] SifDev 343 (Finkelstein 397); vgl. schon 4 Esr 6,7–10 (s. oben S. 180).

[121] Siehe Anm. 58.

[122] Eher wäre allerdings eine Hif'il-Form zu erwarten; vielleicht also: „maḥazeret".

[123] WaR 13,5 (Margulies 295). Eine kürzere, in eine Anekdote über R. Me'ir eingebettete Version bietet QohR 1,9,1 (Ed. Wilna 4c).

[124] Wörtlich: „unsere Seele"; vgl. 1 Sam 1,15.

[125] MTeh 80,4 (Buber 181b–182a); vgl. TanB Toledot 24 (Buber 72b–c) u. oben, Anm. 96.

[126] Unmittelbar zuvor hatte R. Lewi festgestellt, es gebühre sich, daß Esau als der größere nach dem großen Gestirn, Jakob als der kleinere aber nach dem kleinen Gestirn (seinen Kalender) berechne.

Nacht nicht herrscht, hat Esau in dieser Welt, aber in der kommenden Welt hat er nicht. Jakob zählt nach dem Mond, weil er klein ist; und wie der Mond in der Nacht und am Tage herrscht, hat Jakob in dieser Welt und in der kommenden Welt."[127] Und ein hintergründiges Wechselspiel von Licht und Schatten: *„Wie eine Lilie unter den Dornen* (Hld 2,2) – Wie die Lilie welkt, solange die Mittagshitze über ihr steht, (doch) immer mehr aufblüht, (wenn) Schatten über sie hinweggegangen ist, so welken gleichermaßen (auch) die Israeliten, solange der Schatten Esaus besteht, blühen (aber) immer mehr auf, (wenn) der Schatten Esaus vorübergegangen ist. Dies ist, was geschrieben steht: *Ich werde wie der Tau für Israel sein; es wird erblühen wie die Lilie* (Hos 14,6)."[128]

4. Chancen für Edom?

Was wird aber aus Esau, wenn sein Schatten einst vorübergezogen ist? Wird er für immer verschwinden? Obwohl er doch Jakobs Bruder ist? Kann denn Jakob ohne diesen Bruder, dessen Geschick so untrennbar mit seinem eigenen verwoben ist, kann denn Jakob ohne sein *alter ego* sein?

Man mag sich vielleicht wundern, aber die Aggadisten konnten sich Jakobs Zukunft tatsächlich auch ohne den düsteren Zwilling vorstellen. Ihre Hoffnungsaussagen lassen daran keinen Zweifel: „Jakob ist Teilhaber Esaus in dieser Welt, doch Esau ist nicht[129] Teilhaber Jakobs in der kommenden Welt. Salomo sagte: *Sie sei dir allein, und keinem Fremden mit dir!* (Spr 5,17)."[130] Was mit Esau geschehen wird, ist leicht auszudenken: „*Ich will deine Pest [devarekha] sein, Tod! Ich will deine Seuche [qoṭovkha] sein, Totenreich!* (Hos 13,14) – (das ist) griechische Sprache (und bedeutet soviel wie: ,Her mit dir, in den Tod! Fahr nieder, du, ins Totenreich!')[131]. Wenn Esau ins Totenreich niederfährt, bleibt Jakob für sich übrig[132], denn es heißt: *Und es wird im ganzen Lande geschehen, spricht der Herr, daß zwei Teile darin (ausgerottet werden und sterben, und der dritte Teil darin wird übrigbleiben)* (Sach 13,8) – und der dritte Teil ist nichts als Israel (...). Wenn Esau aus der Welt ver-

---

[127] BerR 6,3 (Theodor/Albeck 42).

[128] WaR 23,6 (Margulies 534).

[129] Die Übersetzung folgt der Emendation Bubers; der ursprüngliche Wortlaut wäre etwa so wiederzugeben: „... (aber) ich (sc. Gott) bin Jakobs Teilhaber in der kommenden Welt." Was Esau betrifft, bedeutet das eine soviel wie das andere. Die emendierte Version scheint besser zu Spr 5,17 zu passen, die ursprüngliche allerdings besser zu den am Ende der Passage zitierten Versen Dtn 32,11 und Mal 1,2.

[130] TanB Teruma 7 (Buber 46b); vgl. Tan Teruma 9 (Ed. Warschau 109a).

[131] Dabei wird „qoṭov(kha)" als κατάβα gedeutet (vgl. Buber, Anm. z. St.) und „devare-(kha)" vielleicht als δεῦρο. Anders BIETENHARD 1982, 28.

[132] Zum Text vgl. Buber, Anm. z. St.

schwindet, bleiben (nur) der Heilige, g. s. e., und Israel ..."[133] Oder in bildhaf-
terer Form: „*Aussatzmal* (Lev 13,2) – das ist Edom[134], das aus der Kraft des
Alten[135] kommt, im Sinne (der Worte): *und es wird auf der Haut seines
Fleisches zu einem Aussatzmal* (ebd.)[136] – so wie in dieser Welt der Priester die
Aussatzmale beschaut. Aber dereinst, spricht der Heilige, g. s. e., reinige ich
euch. Dies ist, was geschrieben steht: *Und ich werde reines Wasser über euch
sprengen, und ihr werdet rein sein* (Ez 36,25)."[137]

Ein Kind der Verdammnis war ja schon der Stammvater: „*Da überkam Isaak
ein großes Entsetzen* (Gen 27,33). (...) R. Yoḥanan sagte: Wer zwei Söhne hat,
(und) der eine tritt ein und der andere geht hinaus – entsetzt der sich etwa?
Allein, als Esau eintrat, trat mit ihm die Hölle ein."[138]

Auf sein Bruderverhältnis zu Jakob wird sich Esau nicht berufen können. So
erzählt eine tannaitische Aggada, daß einst die Ägypter und Kuschiten kommen werden, um dem Messias ihre Huldigungsgeschenke zu überbringen, und
Gott dem Messias dann zureden wird, sie anzunehmen: „Das frevelhafte Reich
Rom zog (daraus) für sich den Schluß: Wenn (es schon) diesen so (ergeht), die
nicht ihre Brüder sind, (sollte es dann) uns, die wir ihre Brüder sind, nicht erst
recht (so ergehen)? – (Da) sagte der Heilige, g. s. e., zu Gabriel: *Schilt das Tier
des Schilfs* [qane] (Ps 68,31)[139] – schilt das Tier und erwirb [qene] dir die
Gemeinde (sc. die Gemeinde Israels)!"[140] –

Freilich herrscht kein dogmatischer Purismus. Stellt sich etwa die Frage nach
dem menschlichen Individuum, so nimmt man von dem Völkerdualismus in
seiner radikalen Form leicht und unumwunden Abstand. Die humanistisch
entschärfte Version lautet dann so: „Er (sc. Kaiser Antonius) sprach zu ihm (sc.
Rabbi)[141]: Werde ich in die kommende Welt eingehen? – Er sagte zu ihm: Ja! –
Er sagte zu ihm: Aber es steht doch geschrieben: *Und vom Hause Esau wird
kein Rest bleiben* (Obd 18)? – (Das gilt nur) von dem, der das Werk Esaus tut! –
(...) – Er sagte zu ihm: Aber es steht doch geschrieben: *Dort liegt Edom, seine*

---

[133] TanB Ṣaw 4 (Buber 8a–b).

[134] Zuvor wurden drei weitere Ausdrücke aus Lev 13,2 auf Babel, Medien und Griechenland gedeutet.

[135] Gemeint ist vermutlich Isaak; vgl. Margulies, Anm. z. St., und oben, Anm. 98.

[136] Hier wird der Ausdruck „sein Fleisch" als Umschreibung der Verwandtschaftsbezie-
hung (zwischen Jakob und Esau) gedeutet; vgl. Margulies, Anm. z. St.

[137] WaR 15,9 (Margulies 339).

[138] BerR 67,2 (Theodor/Albeck 752f); vgl. TanB Toledot 10 (Buber 66b).

[139] Die Annahme der Geschenke aus Ägypten und Kusch war zuvor mit Ps 68,32 illustriert
worden.

[140] bPes 118b. Der Kontext weist das Stück als Ausspruch des Vaters R. Yishma'el be-
R. Yose aus.

[141] Das Folgende stammt aus einem fiktiven Gespräch zwischen Kaiser „Antonius", der
hier den interessierten, dem Judentum wohlgesonnenen und zur Konversion neigenden
Heiden verkörpert, und dem jüdischen Patriarchen. Zu derartigen Dialogen vgl. Stemberger
1972, 367–375.

Könige und all seine Prinzen, (die mitsamt ihrer Macht zu den vom Schwert Erschlagenen getan wurden) (Ez 32,29)? – Er sagte zu ihm: *seine Könige*, aber nicht ‚alle seine Könige‘; *alle seine Prinzen*, aber nicht ‚alle seine Fürsten‘.“[142]

Die Hoffnung auf den Untergang Edoms scheint so ausgeprägt gewesen zu sein, daß man die Zeit ihrer Erfüllung mitunter schon gekommen wähnen konnte. Davon zeugt ein Traum, der in Bereshit Rabba überliefert ist; die Pointe des Stücks beruht darauf, daß die beiden Edomiterfürsten, um die es geht, in der Aufzählung von Gen 36,40ff die letzten sind[143]: „*Der Fürst Magdiël, der Fürst Iram* (Gen 36,43) – An dem Tag, als Diokletian[144] König wurde, erschien es R. Ammi in einem Traum: Heute ist Magdiël König geworden. – Er sagte: (Nur) noch ein König wird für Edom bestellt. – R. Ḥanina aus Sepphoris sagte: Warum heißt (der letzte König) ‚Iram‘ [‘Iram]? Weil er einst Schätze für den Messiaskönig anhäufen [le‘arem] wird.“ Bemerkenswerter als das Traumgesicht selbst ist vielleicht der Umstand, daß man es noch überlieferte, als auf Diokletian längst nicht nur der erste, sondern eine ganze Reihe weiterer Herrscher gefolgt waren, bis es schließlich in ein Midraschwerk gelangte, das gewiß nicht vor dem Ende des 4. Jahrhunderts redigiert wurde[145]. Denn spätestens seit Konstantins Aufstieg zur Alleinherrschaft mußte es den Rabbinen klar sein, daß der Messiaskönig noch länger auf sich warten lassen würde. Wer vor diesem Hintergrund den Traum des R. Ammi dennoch für bewahrenswert hielt, muß die konstantinische Wende, wenn auch nicht eben als den Anbruch der messianischen Zeit, so doch zumindest als das Ende der Herrschaft Edoms empfunden haben.

Ebenso ist es kaum ein Zufall, wenn sich in jüngeren Werken die Belege dafür häufen, daß man, was Esaus Zukunft betraf, noch eine zweite Möglichkeit ins Auge faßte, nämlich seine Bekehrung. Ein Beispiel haben wir bereits angeführt[146]; es zeigt recht gut, wie man einerseits bereit war, das alte Bild vom verstockten Götzendiener zu revidieren, aber andererseits denn doch gegenüber den Dingen, die da in Bewegung gekommen waren, vorsichtige Zurückhaltung wahrte: Zwar betete Esau nun auch zu dem Gott Israels, doch fehlte ihm der rechte Glaube, und der alte Frevler war er immer noch. Denn Anbiederung allein vermochte nicht zu überzeugen: „Rabbi Aḥa (sagte) im Namen von Rabbi Ḥuna[147]: Einst wird der Frevler Esau seinen Gebetsschal umlegen und sich zu den Gerechten setzen, im Garten Eden, in der Zukunft. Aber der

---

[142] bAZ 10b.

[143] BerR 83,4 (Theodor/Albeck 1000).

[144] „LYṬYNS“, andere Lesarten: „LṬYYNWS“, „LWṬYYNWS“ u. ähnl., vgl. Theodor/Albeck, z. St. – R. Ammi war als palästinischer Amoräer der 3. Generation ein Zeitgenosse Diokletians; vgl. STRACK/STEMBERGER 1982, 94. Man könnte auch an Licinius denken; vgl. aber KRAUSS 1914, 76, Nr. 151, Anm. 1; BACHER 1892–99, II, 149f Anm. 5.

[145] Zur Abfassungszeit von Bereshit Rabba vgl. STRACK/STEMBERGER 1982, 260.

[146] Vgl. oben, Anm. 81.

[147] Gewöhnlich ist R. Ḥuna der Tradent des R. Aḥa; vielleicht wären die beiden Namen

Heilige, g. s. e., zieht ihn fort und bringt von dort ihn hinaus. Was ist der Beweisgrund? *Wenn du auch hoch wie ein Adler stiegest und dein Nest zwischen den Sternen machtest, ich wollte dich von dort herabholen, spricht der Herr* (Obd 4). Und ‚Sterne‘ (bedeutet) nichts (anderes) als ‚Gerechte‘, so wie du sagst: *Und die, die so viele wie die Sterne zur Gerechtigkeit führen*[148], *immer und ewig* (Dan 12,3).“[149] – Man ahnt, daß Esaus Anstrengungen in Wirklichkeit der Verschleierung dienen, und man sieht zudem, wie lächerlich sie sind: „R. El‘azar ben Pedat[150] sagte: Warum erschrak unser Vater Isaak in jener Stunde? (Er erschrak) vor dem Tag des Gerichts. Denn als Isaak sich anschickte, Esau zu segnen, da wußte er nicht, daß (dieser) auf die schiefe Bahn[151] geraten war. Denn Esau pflegte zu kommen und seinen Vater zu fragen: Bedürfen Wasser und Salz der Verzehntung oder nicht? Und Isaak pflegte zu sagen: Wenn er Wasser und Salz verzehnten will, um wieviel mehr (wird er dann alle) übrigen Zehnten (beachten)! – Als ihm aber seine Taten offenbart wurden, erschrak er vor dem Tag des Gerichts, wie es heißt: *Da überkam Isaak ein Entsetzen* usw. (Gen 27,33).“[152]

Droht Esau also auch weiterhin die Verdammung, so spielen diese Texte doch andererseits ganz offen mit einer Möglichkeit, die die ältere Überlieferung kaum anzudeuten wußte[153]. Gelegentlich vernimmt man sogar Bedauern darüber, daß es mit Esaus Bekehrung nichts werden wollte: „… Als unser Vater Jakob kam und die Stämme mit ihm, war (auch) Dina bei ihm. Als die Boten kamen und sagten: *Wir kamen zu deinem Bruder, zu Esau* (Gen 32,7), nahm Jakob Dina und steckte sie in einen Verschlag, damit Esau sie nicht sähe und sie zur Frau nähme. (Da) sprach zu ihm der Heilige, g. s. e.: Du hast sie ihm vorenthalten; bei deinem Leben, (nun) ist sie einem unbeschnittenen Menschen[154] bestimmt! Das ist, was geschrieben steht: *Wer seinem Nächsten die*

---

[138] daher richtiger miteinander zu vertauschen; vgl. BACHER 1892–99, III, 123 Anm. 2. – Beide sind Amoräer der 4. Generation; vgl. STRACK/STEMBERGER 1982, 98.

[148] Wenn man „kakkokhavim“ auf „harabbim“ statt wie gewöhnlich auf „maṣdiqe“ bezieht, ist der Beweis vollkommen logisch: Die Gerechtgemachten sind wie die Sterne.

[149] yNed 3,12 (38a,70–75).

[150] Ein Amoräer der 3. Generation; vgl. STRACK/STEMBERGER 1982, 94. Daß ihm bereits die Möglichkeit eines christianisierten ‚Edom‘ vorschwebte, ist daher ungewiß, wenn auch nicht unmöglich.

[151] „letarbut ra‘a“, wörtlich: „in schlechte Erziehung“.

[152] PesK Anhang 1 (Wezot habberakha, Mandelbaum 447).

[153] Zwar heißt es in den halachischen Midraschim verschiedentlich, die Tora sei allen Völkern angeboten worden, unter anderem auch Edom; vgl. MekhY Baḥodesh 1 zu Ex 19,2 (Horovitz/Rabin 205); MekhY Baḥodesh 5 zu Ex 20,2 (Hor./Rab. 221); SifDev 343 (Finkelstein 396); u. öfter. In SifDev 343 (Finkelst. 395) heißt es ferner, die Tora sei (auch) in der „Sprache Roms“ offenbart worden. – Doch geht es hier nicht um Rom im besonderen; Rom bzw. Edom ist in diesen Texten stets nur eines unter vielen Völkern, die allesamt die Tora von vornherein verworfen haben.

[154] Sc. Sichem, der Dina später vergewaltigen wird. Die Passage ist Teil einer Auslegung zu Gen 34,2, die ergründet, weshalb es zu dieser Schandtat kam.

Gunst entzieht (Hi 6,14)[155] – Wenn du sie mit Esau verheiratet hättest, hätte sie ihn vielleicht bekehrt ..."[156]

In der Tanḥuma-Überlieferung wird sogar an einer Stelle die Möglichkeit der Konversion explizit offengehalten. Der Text beginnt zwar mit einer – ähnlich schon in der Mekhilta[157] gebrauchten – Formulierung, die ahnen läßt, daß die Heiden ja doch nicht zu gewinnen sind; er befreit sich davon aber, sowie er den Blick auf Esau richtet, und rechnet nun ganz selbstverständlich mit dessen Wunsch überzutreten. Er stellt dann freilich eine klare Bedingung: *„Im dritten Monat* (Ex 19,1) – Warum im Monat (des Sternbilds) der Zwillinge? Damit die Völker der Welt keine Ausrede haben (und sagen können): Wenn er uns die Tora gegeben hätte, hätten wir sie erfüllt! – Der Heilige, g. s. e., sprach zu ihnen: Seht, in welchem Monat ich die Tora gegeben habe: im Sternbild der Zwillinge. Denn wenn Esau, der Frevler, kommen wird, um sich zu bekehren, soll er kommen und Tora lernen! – Deshalb wurde die Tora im (Sternbild der) Zwillinge gegeben."[158] Schon der exegetische Anknüpfungspunkt, das Motiv des Sternbilds, zeigt, daß es hier nicht um die Völker der Welt, sondern nur um den Zwillingsbruder Jakobs geht: Nicht allein für Israel, sondern auch für Edom ist die Tora gegeben.

Der römischen Zivilisation wird man indes nicht nachtrauern; allenfalls für einige ihrer Prothesen wird man zu gegebener Zeit noch Verwendung finden: „Rabbi Yose bar Ḥanina sagte: Was bedeutet das, was geschrieben steht: *Und ich werde sein Blut aus seinem Mund entfernen und seine Greuel zwischen seinen Zähnen, und auch er soll unserem Gott übrigbleiben* (Sach 9,7)? *Und ich will sein Blut aus seinem Mund entfernen* – das ist das Haus ihrer Altäre[159]; *und seine Greuel zwischen seinen Zähnen* – das ist das Haus ihrer Götzenpfaffen[160]; *und auch er soll unserem Gott übrigbleiben* – das sind die Synagogen und Lehrhäuser in Edom; *und er wird wie ein Gaufürst in Juda sein, und Ekron wie der Jebusiter* (ebd.) – das sind die Theater und Zirkusse Edoms, in denen einst die Fürsten Judas öffentlich Tora lehren werden."[161] Wie sich die Einstellung gegenüber Edom im Laufe der amoräischen Epoche wandelt, bezeugt dieser

---

[155] Vgl. die Vulgata; das schwierige „lammas" ist dort ganz im Sinne unseres Midraschs übersetzt.

[156] TanB Wayyishlaḥ 19 (Buber 87b).

[157] Vgl. MekhY Baḥodesh 5 zu Ex 20,2 (Horovitz/Rabin 221).

[158] TanB Yitro 13 (Buber 38b); vgl. PesK 12,20 (Mandelbaum 218).

[159] Griech. βωμοί, mangels besserer Übersetzung für „BMY"; vgl. KRAUSS 1899, 150, s. v. „BYMWS", mit Hinweis auf unsere Stelle. Hs. München hat „KRYY" (Faks. fol. 119a, vorletzte Zeile); weitere Lesarten gibt RABBINOWICZ 1867–97, VII, Megilla, S. 17, z. St. – LEVY 1876–89, II, 400, s. v. „karya", erwägt einen Zusammenhang mit lat. *caries* („Fäulnis") oder griech. χοῖρος („Ferkel").

[160] „GLY", vielleicht für griech. Γάλλοι, eine Bezeichnung für Priester der Kybele. Anders JASTROW 1903, 248, s. v. „galya II" („revelation"); LEVY 1876–89, II, 400, s. v. „karya" („Glanztempel (ἀγλαία)").

[161] bMeg 6a.

Text als ein stummes Gegenstück: Denn wer mit dem Gedanken spielt, daß Esau sich auch bekehren könnte, hätte in Sach 9,7, vor allem in dem mittleren Teil des Verses, einen hervorragenden Anknüpfungspunkt. Doch R. Yose bar Ḥanina, als Amoräer der zweiten Generation[162] ein Kind des 3. Jahrhunderts, rechnete mit dieser Möglichkeit offenbar noch nicht. – Der Lauf der Geschichte gab den Hoffnungen der Aggadisten nur zum geringen Teil recht. Zwar verschwanden die Altäre und Pfaffen der Götzen, aber die Theater und Zirkusse wurden nicht zu Synagogen und Lehrhäusern, und Edom ließ sich zwar für den Gott Israels gewinnen, ging aber mit ihm seine eigenen Wege. Und schließlich kam es so, daß man Esau wieder ganz unverändert als den empfinden mußte, der er früher schon immer gewesen war.

So begegnet man in der jüdischen Literatur auch weiterhin den bekannten Stereotypen – Esau, dem Unterdrücker; Esau, dem Verbrecher –, und wenn man hie und da neue Züge an dem alten Bild entdeckt, so haben diese doch keine theologische Qualität, sondern reflektieren nur das profane Zeitgeschehen.

Die Reichsteilung etwa spiegelt das Targum der Klagelieder[163]. Zweimal wird in Klgl 4,21f Edom genannt; das erste Mal deutet es das Targum auf Konstantinopel, das zweite Mal auf Rom. Die Reihenfolge ist durchaus nicht gleichgültig, denn der strafende Feind kommt aus dem Osten: „Freue dich und frohlocke, Konstantina[164], Stadt des frevelhaften Edoms, die du im rhomäischen[165] Lande gebaut bist, mit großen Scharen des Volks von Edom! Auch über dich wird das Strafgericht kommen, und die Perser(?)[166] werden dich verheeren, und der Kelch des Fluches wird über dich einhergehen, (daß) du trunken und entblößt wirst. – Danach aber wird er deine Sünden vergolten haben, Versammlung Zions, und du wirst befreit werden durch den Messiaskönig und durch den Hohenpriester Elia, und der Herr wird dich nicht nochmals in die Verbannung schicken. Und zu dieser Zeit sucht er deine Sünden heim, frevelhaftes Rom, die du in Italien gebaut bist und voller Scharen von Edomitern, und die Perser werden kommen und dich bedrängen, und sie werden dich verheeren, denn kundgeworden ist deine Schuld vor dem Herrn!"[167] Sünde, Strafe, Vernichtung, die messianische Zeit und nie wieder Exil – das sind die bekannten Motive, nur hat sich Edom jetzt gleichsam zweigeteilt[168].

---

[162] Vgl. STRACK/STEMBERGER 1982, 92.

[163] Die Eroberung Palästinas durch die Perser im frühen 7. Jahrhundert dagegen wohl nicht, denn zu dieser Zeit existierte das weströmische Reich schon nicht mehr.

[164] „QWShṬNṬYN'"; vgl. JASTROW 1903, 1336, s. v. „Qusṭanṭina", mit weiteren Lesarten z. St.

[165] „RMYN'H"; vgl. LEVY 1867–68, I, 66, s. v. „armina'a".

[166] „PRKW'Y", vermutlich entstellt aus „PRS'Y"; vgl. den folgenden Vers. Anders LEVY 1867–68, II, 291, s. v. „parkewi" („Parkewäer").

[167] Targum Klgl 4,21f (de Lagarde, Hagiographa Chaldaice 178).

[168] Vgl. auch TPsJ Num 24,24 (BPM IV.4 243); in den Parallelen der anderen Rezensio-

Noch später tritt Esau ein naher, nicht minder zwielichtiger Verwandter zur Seite: Ismael. Eigentlich gehört das schon nicht mehr hierher, sondern in die Geschichte des Mittelalters, denn Ismael steht für den Islam. Aber das Auftreten dieser neuen Figur – Esaus Rivale, doch zugleich sein Spießgeselle, wenn es gegen Jakob geht – hat auch Rückwirkungen. Manches gerät nun im Gefüge der überlieferten Motivik durcheinander[169], und älterer Stoff muß umgeformt und den neuen Verhältnissen angepaßt werden. Zum Schluß auch dafür noch zwei Beispiele:

Die Vorstellung, daß Israel mit den Weltreichen eigentlich doppelt gestraft sei, findet sich schon in dem verhältnismäßig alten Midrasch Ekha Rabbati[170]: „*Verzurrt* [niśqad] *war das Joch meiner Sünden* (Klgl 1,14) – Die Versammlung Israels sprach: Verwirrt [sequda][171] war ich durch die Königreiche; ich wurde überzeugt [sevura], daß er sie eines um das andere über mich bringen würde, und wußte nicht, daß er sie zweifach über mich bringt: Babel und Chaldäa, Medien und Persien, Griechenland und Makedonien, Edom und Seïr"; so in der einen der beiden Rezensionen dieses Werks[172]. In der anderen hat sich das Stück in einer viel kürzeren Version erhalten, die mit weiteren Auslegungen desselben Verses amalgamiert ist und sich dadurch als sekundäre Bildung jüngeren Datums erweist. Hier heißt es nun: „Er brachte sie zweifach über mich: Babel und Chaldäa, Medien und Persien, Griechenland und Makedonien, Edom und Ismael."[173] War dort einfach neben ‚Edom' das Synonym ‚Seïr' gestellt worden, so erscheint hier an dessen Stelle eine eigenständige Figur, die auch eine eigenständige Macht verkörpert, eben die islamische Herrschaft. – In anderem exegetischen Zusammenhang kehrt das Motiv auch in dem vermutlich erst spät zum Abschluß gelangten Midrasch Tehillim[174] wieder. Es dient hier zur Illustration von Ps 18,5f: „Er (sc. David) redet von den vier Königreichen: *Stricke des Todes* (V. 5) – vom Reich Babel; *Ströme des Verderbens* (ebd.) – vom Reich Medien und Persien; *Stricke des Totenreichs*

---

nen des palästinischen Targums fehlt jedoch der Hinweis auf Konstantinopel. – In der Angabe „BLMBRNY'" hat man sogar einen Hinweis auf die Lombardei gesehen; vgl. aber LE DÉAUT 1979, 240 Anm. 48.

[169] Beispielsweise läßt sich nun das alte Vier-Reiche-Schema kaum noch aufrechterhalten, ebenso die Erwartung, daß auf Edoms Reich unmittelbar die messianische Zeit folgen würde. Zu diesen und ähnlichen Problemen, die dann die mittelalterlichen Theologen beschäftigten, vgl. COHEN 1967, 38–48.

[170] Zur Datierung vgl. STRACK/STEMBERGER 1982, 265.

[171] Zur Übersetzung vgl. JASTROW 1903, 1620, s. v. „śaqad".

[172] EkhaR 1,14 (Buber 39a).

[173] EkhaR 1,42 (Ed. Wilna 17a). Dies ist die durch den Erstdruck von Pesaro repräsentierte Rezension; vgl. STRACK/STEMBERGER 1982, 264.

[174] Die genaue Datierung des Werks ist jedoch umstritten; vgl. STRACK/STEMBERGER 1982, 295. Buber sah in den Erwähnungen Ismaels keine Hinweise auf die islamische Zeit, sondern dachte an arabische Herrscher in der amoräischen Epoche; vgl. S. 7 der Einleitung seiner MTeh-Ausgabe.

umgaben mich (V. 6) – vom Reich Griechenland; *Fallen des Todes überfielen mich* (ebd.) – das ist das Reich Edom. Und warum (haben die Verben hier) verdoppelte (Konsonanten)[175]? Es entspricht den Königreichen, denn sie sind doppelt: *umfingen mich, erschreckten mich, umgaben mich, überfielen mich; Stricke des Todes* – Babel und Chaldäa; *Ströme des Verderbens* – Medien und Persien; *Stricke des Totenreichs* – Griechenland und Makedonien; *Fallen des Todes* – Ismaeliter und Edom."[176]

Das andere Beispiel betrifft eine Episode der Erzvätergeschichte. Bereshit Rabba berichtet von folgendem teuflisch-genialen Plan: „*Es sollen nur die Tage der Trauer um meinen Vater kommen, dann werde ich Jakob, meinen Bruder, erschlagen* (Gen 27,41) – (...) Die Rabbinen (sagten): Er sagte (sich): Wenn ich ihn erschlage, werden Sem und Eber[177] über mich zu Gericht sitzen. Indes, ich gehe hin und verschwägere mich mit Ismael. Der wird dann kommen und mit ihm um das Erstgeburtsrecht streiten und wird ihn erschlagen. Dann werde ich als Bluträcher gegen ihn auftreten und ihn erschlagen, und (so) erbe ich (gleich) zwei Sippen."[178] Die neuere Version bietet wieder Midrasch Tehillim: „*Und Esau sprach in seinem Herzen* (Gen 27,41) – Was dachte er? Er sagte: Es gibt keinen Weg, wie ich meinen Vater erschlagen könnte. Indes, ich spreche mit seinem Bruder Ismael. Dann wird der ihn erschlagen, und ich werde meinen Bruder Jakob erschlagen; dann erben ich und er die Welt."[179] Nun ist Raum für beide Reiche, das römische und das arabische. Freilich, den Gipfel der Heimtücke, den Plan der fingierten Blutrache, hat das Komplott auf diese Weise eingebüßt. Vielleicht hat das auch den Erzähler selbst irritiert, denn im Blick auf die letzten Worte Esaus fährt er sogleich berichtigend fort: „So sagte Ismael[180]. Doch Esau dachte in seinem Herzen: Nachdem Ismael meinen Vater erschlagen hat und ich meinen Bruder, werde ich über Ismael herfallen und auch ihn erschlagen. Dann werde ich allein die Welt erben."[181] –

Edom bleibt beides, Israels Bruder und sein Todfeind. Er bleibt weiterhin die Projektionsfigur aller erlittenen Unterdrückung und Demütigung, der ganzen eigenen Ohnmacht. Realistisch ist diese Figur nicht, auch wenn sie mit manchen sehr wirklichkeitsnahen Zügen ausgestattet ist. Denn nur das darf ihr ja zum Charaktermerkmal werden, was am realen Gegner hassenswert ist; so

---

[175] Genaugenommen betrifft dies nur die Verben „afafuni" und „ševavuni" *(umfingen mich* bzw. *umgaben mich).* – Anders BRAUDE 1959, I, 239: „Why does David use two words to describe each Kingdom?"

[176] MTeh 18,10 (Buber 70b).

[177] Sem und Eber, die Ahnen der Erzväter, gelten in der aggadischen Tradition als Toragelehrte; vgl. GINZBERG 1909–1955, I, 316.326.340.350; II, 274.

[178] BerR 67,8 (Theodor/Albeck 764).

[179] MTeh 14,2 (Buber 56b).

[180] Oder sollte gemeint sein: „So sagte er zu Ismael"? In diesem Sinne übersetzt BRAUDE 1959, I, 181. Doch im Text stehe „Yishma"el", nicht „leYishma"el".

[181] AaO. (Anm. 179).

will es die immanente Logik der Feindbilder. Rom mag auch seine guten Seiten haben, und man mag sogar bereit sein, sie anzuerkennen. Aber das gute Rom ist dann eben nicht Edom. – Eine Ausnahme sind vielleicht die Anflüge einer Hoffnung auf Edoms Bekehrung, die sich während einer begrenzten Zeitspanne in der amoräischen Tradition niedergeschlagen haben; auch sie zumeist schon eher Zeugnisse der Enttäuschung als der Hoffnung (und daher wieder dem Feindbild kompatibel!); doch immerhin auch so noch ein großes Zeichen der Anerkennung für die frühe Christenheit.

Der Selektivität, mit der die Rabbinen ihre Eindrücke von römischer Herrschaft auf Edom projizierten, entspricht es durchaus, daß sie später, als das Imperium zerbrach, die Metapher leicht davon loslösen und auf das christliche Abendland des Mittelalters übertragen konnten. So ist Edom nicht einfach ein anderes Wort für Rom. Es ist ein spiegelbildlicher Ausdruck des rabbinischen Selbstverständnisses, der Inbegriff eines bestimmten Aspektes der Existenz Israels in dieser Welt – weit mehr das Symbol seines Leidens und seiner Knechtschaft als ein Name für den Unterdrücker. Die Perspektive des Geknechteten bleibt dabei konsequent; es dominieren Ironie und Hoffnung, Karikatur und Vision. – Feindbilder sollen wohl abstoßen, und so mögen die Charakterskizzen Edoms vielleicht nicht zum Charmantesten gehören, was die rabbinische Literatur hervorgebracht hat. Ein abschätziges Urteil steht hier dennoch nicht an. Denn eines darf man nicht vergessen: Stets waren zuvor die Hände Esaus am Werk gewesen, wenn Jakob seine Stimme erhob.

Bibliographie

AYI-YONAH, M. 1962: Geschichte der Juden im Zeitalter des Talmud, SJ 2, Berlin 1962.
BACHER, W. 1890–1903: Die Agada der Tannaiten, Bd. II, Straßburg 1890; Bd. I, 2. Aufl., Straßburg 1903.
– 1892–99: Die Agada der palästinensischen Amoräer, Bd. I–III, Straßburg 1892–99.
BIETENHARD, H. 1982: Midrasch Tanḥuma B. R. Tanḥuma über die Tora, genannt Midrasch Jelammedenu, Bd. II, Judaica et Christiana 6, Bern 1982.
BRAUDE, W. G. 1959: The Midrash on Psalms, YJS 13, Bd. I–II, New Haven 1959.
BREWER, D. I. 1992: Techniques and Assumptions in Jewish Exegesis before 70 CE, TSAJ 30, Tübingen 1992.
COHEN, G. D. 1967: „Esau as Symbol in Early Medieval Thought", in: A. Altmann (Hg.), Jewish Medieval and Renaissance Studies, Cambridge (Mass.) 1967, 19–48.
CRESSON, B. C. 1972: „The Condemnation of Edom in Postexilic Literature", in: J. M. Efird (Hg.); The Use of the Old Testament in the New and Other Essays, Studies in Honor of William Franklin Stinespring, Durham (N. C.) 1972, 125–148.
DE GEUS, C. H. J. 1979/80: „Idumaea", Joel 26 (1979/80), 53–74.
EPSTEIN, I. N. 1929: „Sifre Zuta Parashat Para (Firk[owitsch] II, A 313[42])", Tarbiz 1/1 (1929), 46–78.
GINZBERG, L. 1909: Yerushalmi Fragments from the Genizah, Bd. I, New York 1909.

- 1909—55: The Legends of the Jews, Bd. I—VII, Philadelphia 1909—55.
GLATZER, N. 1962: „The Attitude Toward Rome in Third-Century Judaism", in: A. Dempf/H. Arendt/F. Engel-Janosi (Hg.), Politische Ordnung und menschliche Existenz, FS E. Voegelin, München 1962, 243—257.
HALPERIN, R. 1980: 'Atlas 'Eṣ Ḥayyim. Tanna'im we-Amora'im, Bd. I—II, Tel Aviv 1980.
HENGEL, M. 1976: Die Zeloten. Untersuchungen zur jüdischen Freiheitsbewegung in der Zeit von Herodes I. bis 70 n. Chr., AGJU 1, Leiden (1961), 2. Aufl. 1976.
- 1988: Judentum und Hellenismus. Studien zu ihrer Begegnung unter besonderer Berücksichtigung Palästinas bis zur Mitte des 2. Jh.s v. Chr., WUNT 10, Tübingen (1969), 3. Aufl. 1988.
HOFFMANN, Y. 1971: „Edom as a Symbol of Evil in the Bible" (hebr.), in: B. Uffenheimer (Hg.), Bible and Jewish History. Studies in Bible and Jewish History Dedicated to the Memory of Jacob Liver, Tel Aviv 1971, 76—89.
HUNZINGER, C.-H. 1965: „Babylon als Deckname für Rom und die Datierung des 1. Petrusbriefes", in: H. Graf Reventlow (Hg.), Gottes Wort und Gottes Land, FS H. W. Hertzberg, Göttingen 1965, 67—77.
JASTROW, M. 1903: A Dictionary of the Targumim, the Talmud Babli and Yerushalmi, and the Midrashic Literature, Bd. I—II, London/New York 1903, Ndr. in einem Bd., o. O. u. J.
KASHER, A. 1988: Jews, Idumaeans, and Ancient Arabs. Relations of the Jews in Eretz-Israel with the Nations of the Frontier and the Desert during the Hellenistic and Roman Era (332 BCE – 70 CE), TSAJ 18, Tübingen 1988.
KOSOVSKY, M. 1985: Concordance to the Talmud Yerushalmi (Palestinian Talmud). Onomasticon – Thesaurus of Proper Names, Jerusalem 1985.
KRAUSS, S. 1899: Griechische und lateinische Lehnwörter im Talmud, Midrasch und Targum, Bd. II, Berlin 1899, Ndr. Hildesheim 1964.
- 1914: Monumenta Talmudica, Bd. V.1: Griechen und Römer, Wien 1914.
LE DÉAUT, R. 1979: Targum du Pentateuque, Bd. III, Nombres, SC 261, Paris 1979.
LÉVY, J. 1867—68: Chaldäisches Wörterbuch über die Targumim und einen grossen Theil des rabbinischen Schriftthums, Bd. I—II, Leipzig 1867—68, 3. Aufl. 1881.
- 1876—69: Wörterbuch über die Talmudim und Midraschim, Bd. I—IV, Leipzig 1876—89, 2. Aufl. Berlin/Wien 1924, Ndr. Darmstadt 1963.
LIEBERMANN, S. 1934: Hayerushalmi Kiphshuto. A Commentary Based on Manuscripts of the Yerushalmi, and Works of the Rishonim and Midrashim in MSS. and Rare Editions, Bd. I, Jerusalem 1934.
OPPENHEIMER, A. 1978: „Hafrashat ma'aśer rishon bimeṣi'ut shelle'aḥar ḥurban habbayit hashsheni", Sinai Jg. 42/Bd. 83 (1978), 267—287.
RABBINOWICZ, R. 1867—97: Variae lectiones in Mischnam et in Talmud Babylonicum quum ex aliis libris antiquissimis et scriptis et impressis tum e codice monacensi praestantissimo collectae, annotationibus instructae, Bd. I—XV, München 1867—97, Ndr. Jerusalem u. a. 1959/60.
SCHÄFER, P. 1978: „Die messianischen Hoffnungen des rabbinischen Judentums zwischen Naherwartung und religiösem Pragmatismus", in: DERS., Studien zur Geschichte und Theologie des rabbinischen Judentums, AGJU 15, Leiden 1978, 214—243.
- 1981: Der Bar-Kochba-Aufstand. Studien zum zweiten jüdischen Krieg gegen Rom, TSAJ 1, Tübingen 1981.
SCHWAB, M. 1871—89: Le Talmud de Jérusalem, Bd. I-XI, Paris 1871—89.

SOKOLOFF, M. 1982: The Geniza Fragments of Bereshit Rabba, Jerusalem 1982.
– 1990: A Dictionary of Jewish Palestinian Aramaic of the Byzantine Period, Ramat Gan 1990.
STEMBERGER, G. 1972: „Die Beurteilung Roms in der rabbinischen Literatur", ANRW 19.2 (1972), 338–396.
– 1983: Die römische Herrschaft im Urteil der Juden, Darmstadt 1983.
STRACK, H. L./STEMBERGER, G. 1982: Einleitung in Talmud und Midrasch, 7. Aufl., München 1982.
URBACH, E. E. 1975: The Sages. Their Concepts and Beliefs, (hebr. 1969), Cambridge (Mass.) und London 1975, 2. Aufl. 1979.
VOLZ, P. 1934: Die Eschatologie der jüdischen Gemeinde im neutestamentlichen Zeitalter. Nach den Quellen der rabbinischen, apokalyptischen und apokryphen Literatur, Tübingen, 2. Aufl. 1934, Ndr. Hildesheim 1966.
WEIPPERT, M. 1982: Art. „Edom und Israel", TRE 9 (1982), 291–299.

Literaturnachtrag:

M. HADAS-LEBEL, Jérusalem contre Rome, Paris 1990; vgl. bes. 460–473. Hier scheint mir besonders treffend herausgearbeitet, wie sehr die Entfaltung der metaphorischen Identifikation von Rom und Edom durch R. ʿAqiva und dessen Schülerkreis geprägt ist.

2. Die frühchristliche Literatur

Die Syrophönizierin (Mk 7,24–30) –
Jesu „verlorenes" Streitgespräch?[1]

von

REINHARD FELDMEIER

1. Hinführung

Die Begegnung Jesu mit einer syrophönizischen Frau (Mk 7,24–30 par Mt 15,21–28) fällt in mehrfacher Hinsicht aus dem Rahmen der übrigen neutestamentlichen Erzählungen heraus. Das beginnt bereits mit der Einleitung: Jesus, so berichtet der Evangelist Markus, geht weg in das Gebiet von Tyros, nordwestlich von Galiläa. Ob es sich dabei, unmittelbar nach der großen Auseinandersetzung mit den Pharisäern, um einen Rückzug handelt, wie es Matthäus möglicherweise andeutet (Mt 15,21)[2], sei dahingestellt: In jedem Fall begibt sich Jesus in ein Gebiet, das überwiegend unter heidnischem Einfluß steht. Der Widerstand gerade frommer jüdischer Kreise gegen diesen Einfluß hat sich – wie Martin Hengel[3] gezeigt hat – auch durch die Hellenisierung der syrischen Gottheit בעל שמם zu Zeus Olympios in keiner Weise gemildert, sondern eher noch verstärkt durch die Vorgänge unter Antiochus IV Epiphanes, die zur makkabäischen Revolte geführt haben.

Zu diesem religiösen Gegensatz, der immer auch ein ethnischer und kultureller Gegensatz ist, kommen nun aber – darauf hat Gerd Theißen aufmerksam gemacht[4] – speziell im tyrischen Gebiet noch soziale und ökonomische Spannungen: Das zum Teil noch jüdisch besiedelte Hinterland war als Zulieferer der Stadt Tyros abhängig von deren reichen Kaufleuten, die Landbevölkerung mußte für den weit höheren Lebensstandard der Städter produzieren.

Endlich ist noch die politische Instabilität dieser Region zu erwähnen, die ebenfalls nicht wenig zur gegenseitigen Ablehnung zwischen Juden und Tyrern

---

[1] Bei diesem Beitrag handelt es sich um die an einigen Punkten überarbeitete Fassung meiner Antrittsvorlesung als Privatdozent in Tübingen.

[2] Das Wort ἀναχωρέω wird von Mt wiederholt in diesem Sinn verwendet (vgl. Mt 2,14.22; evtl. auch 4,12). Ein Rückzug Jesu ist auch Lk 13,31–33 angedeutet, hier allerdings im Konflikt mit Herodes.

[3] HENGEL 1973, 540ff; vgl. auch HENGEL 1989, 4.

[4] THEISSEN 1984. Zum Folgenden vgl. bes. 214ff. Vgl. jetzt auch THEISSEN 1989, 63–84.

beigetragen hat: Schon in alttestamentlicher Zeit hören wir von Expansionsge-
lüsten der durch ihre Insellage begrenzten Stadt auf Kosten Galiläas[5], die zum
Teil auch dauerhaften Erfolg hatten[6]. Wenn es Apg 12,20f heißt, daß Herodes
Agrippa den Einwohnern von Tyros und Sidon heftig zürnte und ihnen im
Zusammenhang damit offenbar auch die Lebensmittelzufuhr abschnitt, so
beruht das wohl nicht nur auf persönlichen Animositäten, sondern bezeugt
auch für die neutestamentliche Zeit einen Interessenkonflikt zwischen der
herodianischen Herrschaft und der tyrischen Expansion[7]. Nicht zufällig kam es
hier auch immer wieder zu Auseinandersetzungen zwischen den Juden und den
Einwohnern von Tyros, die nach Josephus von allen Phöniziern den Juden am
feindlichsten gesinnt waren (Ap 1,70).

Jesus begibt sich also in ein Gebiet, in dem religiöse, kulturelle, politische
und soziale Gegensätze aufeinanderprallen. Die so bereits durch die Ortsangabe erzeugte Spannung wird durch die Fortführung der Erzählung noch erhöht:
Eine Frau nähert sich Jesus, eine Frau, die als Ἑλληνίς gekennzeichnet wird,
als eine „Griechischsprechende", und zwar – um jede Verwechslung mit einer
Diasporajüdin auszuschließen – als Frau syrophönizischer Abstammung. Damit ist gleich in mehrfacher Hinsicht ein Gegensatz markiert: Es handelt sich
um eine Nichtjüdin, deren explizite Kennzeichnung als Ἑλληνίς sie wohl als
Angehörige der gräzisierten Oberschicht ausweisen soll[8]. Zum ethnischen,
kulturellen und sozialen Gegensatz kommt der religiöse hinzu, denn als Syrophönizierin ist die Frau zugleich als Heidin gekennzeichnet. Matthäus nennt sie
eine „Kanaanäerin", wohl um zu unterstreichen, daß sie all das repräsentiert,
was dem Frommen ein Greuel ist (vgl. die Verfluchung Kanaans bereits in der
Urgeschichte Gen 9,25); Jesus begegnet gewissermaßen der Verkörperung des
biblischen Erbfeindes.

Diese Frau nun hat eine Tochter, die „einen unreinen Geist hatte", wie es
Mk 7,25 heißt. Mit der Bitte, diesen Dämon auszutreiben, wirft sie sich jenem
jüdischen Wanderpropheten zu Füßen (7,25f). Und nun kommt es zu einer
weiteren Besonderheit dieser Erzählung: Dieses Ansinnen wird von Jesus
rundweg abgelehnt. Was im Vergleich mit den anderen neutestamentlichen
Erzählungen überrascht, ist auf dem eben skizzierten Hintergrund zumindest
nachvollziehbar. Dennoch stößt die Härte auf, mit der diese Ablehnung formuliert wird und die in den Evangelien einzigartig ist: „Jesus aber sprach zu ihr:
‚Laß erst die Kinder satt werden. Es ist nicht recht, das Brot den Kindern
wegzunehmen und es vor die Hunde zu werfen'" (7,27).

Mit diesem autoritativen Wort Jesu müßte die Erzählung eigentlich zu Ende

---

[5] Vgl. 1 Kön 9,10–14; Jos Ap 1,110.
[6] Josephus Bell 3,35 spricht vom Karmelgebirge, das „einst zu Galiläa gehörte, jetzt aber
tyrisch ist".
[7] Vgl. THEISSEN 1984, 219.
[8] Vgl. THEISSEN 1984, 211ff.

sein. Doch – und das ist ein weiterer ungewöhnlicher Zug dieser Erzählung – die dermaßen abgewiesene Frau gibt sich nicht geschlagen. Mit hartnäckiger Demut untergräbt die für ihr Kind bittende Mutter die harsche Ablehnung Jesu: „Herr", so ihre Erwiderung, „und doch fressen die Hunde unter dem Tisch von den Brosamen der Kinder" (7,28).

Wie Jesus bezieht sich auch die Frau auf die alltägliche Erfahrung. Sie macht dabei geltend, daß der Hund zwar dem Kind nachgeordnet ist, daß ihn dies aber keineswegs ganz von der menschlichen Fürsorge ausschließt. Auch Jesus hatte dies ja indirekt zugegeben, als er sagte: „Laß *zuerst* die Kinder satt werden." Die Frau nimmt also das diskreditierende Bild von den Kindern und den Hunden so auf, daß der von Jesus damit zum Ausdruck gebrachte Unterschied von Kindern und Hunden zwar nicht geleugnet, wohl aber relativiert wird. Durch diese originelle und gekonnte Weiterentwicklung des von Jesus verwendeten Bildes kann sie nun Jesu eigenes Wort gegen ihn kehren: Die Pointe des Bildwortes besteht nun nicht mehr in der Entgegensetzung von Kindern und Hunden, sondern in der Zusammengehörigkeit von Kind und Haustier, die auch in der Unterordnung ein Miteinander nicht ausschließt.

Und Jesus – das ist die letzte und größte Besonderheit dieser Erzählung – erkennt diese Argumentation ausdrücklich an und beugt sich ihr: „Um dieses Wortes willen geh hin, der Dämon hat deine Tochter verlassen" (7,29).

Die knappe Konstatierung der erfolgten Heilung schließt die Perikope ab: „Und sie ging weg in ihr Haus und fand das Kind auf dem Bett liegend, und der Dämon hatte es verlassen" (7,30).

Exkurs: Formgeschichtliche Überlegungen

Wenn diese Erzählung hier als „verlorenes" Streitgespräch bezeichnet wird, so ist dies sicher nicht ganz unproblematisch, wie die Anführungsstriche und das Fragezeichen im Titel des Beitrags schon andeuten. Die Bezeichnung wurde dennoch gewählt, um pointiert auf einen Tatbestand aufmerksam zu machen, dem in der bisherigen Exegese m. E. zu wenig Aufmerksamkeit geschenkt wird: Hier handelt es sich um die einzige Kontroverse, in der Jesus sich der Logik seines Gegenspielers bzw. seiner Gegenspielerin beugt und seine Meinung ändert[9]. Die Benutzung des formgeschichtlichen terminus technicus „Streitgespräch" bedarf dabei nun allerdings doch noch einer näheren Begründung. Denn auf den ersten Blick handelt es sich bei dieser Perikope um eine Wunderge-

---

[9] Bei der in vielem verwandten Erzählung vom Hauptmann von Kafarnaum ist es umstritten, ob die erste Antwort Jesu an den Hauptmann in Mt 8,7 als Ablehnung zu verstehen ist. Mit guten Gründen setzte sich dafür bereits ZAHN 1905, 338f ein; vgl. weiter LUZ 1990, 14; GNILKA 1988, 301; WEGNER 1985, 375ff. Die Hauptargumente sind das betonte ἐγώ in Jesu Antwort Mt 8,7 sowie die Reaktion des Hauptmannes Mt 8,8f, die ohne vorausgehende Verneinung als nachträgliche und überflüssige Bescheidenheit ihren Sinn verliert. Auch hier haben wir es also möglicherweise mit einer Erzählung zu tun, in der Jesus seine Meinung ändert – allerdings nicht durch die Logik des Gegenübers, sondern durch dessen Vertrauensäußerung und Demut, durch dessen „Glauben" (Mt 8,10 par. Lk 7,9) bezwungen.

schichte. Sie weist eine Reihe von Zügen auf, wie sie etwa von Theißen in seiner Analyse der Wundererzählungen[10] als typisch für eine solche angesehen werden: so das Auftreten des Wundertäters (7,24), das Auftreten der Bittstellerin (7,25), die Charakterisierung der Beschwerde (7,25), die Bitte um Heilung (7,26), die Erschwernis der Annäherung (7,27f), die Entlassung mit dem Zuspruch (7,29) und die Konstatierung der Heilung (7,30). Allerdings besteht im Vergleich mit den meisten anderen Wundern eine bemerkenswerte Unregelmäßigkeit: Die Exposition ist unverhältnismäßig lang – sie umfaßt schon bei Markus mehr als Dreiviertel des gesamten Textes[11] – während die Mitte mit dem eigentlichen Wunder ganz fehlt und der Schluß nur knapp erzählt wird[12]. Angesichts dieser Besonderheit hat schon R. Bultmann in seiner „Geschichte der synoptischen Tradition" diese Erzählung nicht unter die Wundergeschichten eingeordnet, sondern unter die „biographischen Apophtegmata", da eben nicht das Wunder, „sondern Jesu im Gespräch sich entwickelndes Verhalten ... die Hauptsache" sei[13]. Ein gewisser Vorbehalt Bultmanns gegenüber seiner eigenen Klassifizierung ist allerdings schon daran erkennbar, daß er diese Erzählung nur in einem Anhang zu den biographischen Apophtegmata behandelt, und sie dort auch noch als „eine Art Streitgespräch" bezeichnet[14]. Diese Unschärfe beim sonst so auf Klarheit bedachten Altmeister der Formgeschichte zeigt die Schwierigkeit, diese Perikope formgeschichtlich exakt zu bestimmen, und auch Bultmanns Nachfolger sind hier nicht entscheidend weitergekommen. Die Versuche, angesichts dieser Schwierigkeit den Text zugunsten eines ursprünglichen Dialogs – so etwa Lohmeyer[15] – bzw. zugunsten einer ursprünglichen Wundergeschichte – so etwa Kertelge und Schenke[16] – literarkritisch zu dekomponieren, dokumentieren nur die Ratlosigkeit der Ausleger, haben aber am Text keinerlei Anhalt; die enge Verzahnung der Elemente Gespräch und Wunder, die beide unabhängig voneinander kaum einen Sinn ergeben, spricht eindeutig dagegen. Der Versuch, zusammen mit dem Hauptmann von Kafarnaum sowie einigen wenigen außerbiblischen Parallelen eine eigene Gattung „Fernheilungswundererzählung" zu finden[17], macht m.E. aus der Not eine Tugend, ohne – gerade auch im Blick auf die außerbiblischen Quellen – überzeugen zu können[18]. Mehr oder minder nach dem Geschmack des jeweiligen Auslegers wird daher die Begebenheit entweder als Wunder[19] oder als Streitgespräch[20] oder auch als Mischgattung[21] aus beidem bestimmt. Nicht zuletzt aufgrund der hier an einem Fall dargestellten Schwierigkeiten hat Berger in seiner Formgeschichte den Gattungsbegriff einer Wundererzählung überhaupt problematisiert[22]. Er selbst ordnet unsere Perikope den „wunderhaltigen Erzählungen" zu, in der „die charismatische Vollmacht Jesu für die

[10] Die Auflistung erfolgte in Anlehnung an THEISSEN 1974, 57–83.
[11] 97 von 129 Worten; bei Matthäus ist das Mißverhältnis noch deutlicher (113 von 138 Worten).
[12] Auch hier werden typische Züge wie etwa der Chorschluß ausgelassen.
[13] BULTMANN 1979, 38.
[14] BULTMANN 1979, 38.
[15] LOHMEYER 1967, 145.
[16] KERTELGE 1970, 152; SCHENKE 1974, 260.
[17] Vgl. PESCH 1977, 386f.
[18] Darstellung bei WEGNER 1985, 344–361.
[19] So THEISSEN 1974, 201ff.
[20] GNILKA 1988, 291.
[21] Vgl. WEGNER 1985, 342f.
[22] BERGER 1984, 305ff. Für ihn ist „Wunder/Wundererzählung ... kein Gattungsbegriff, sondern moderne Beschreibung eines antiken Wirklichkeitsverständnisses" (305).

autoritative Klärung einer Reihe von entscheidenden Schritten in der Geschichte des frühen Christentums beansprucht" wird[23]. Dies beschreibt zwar ganz gut den vermutlichen Sitz im Leben dieses Textes in der Frühchristenheit, trägt jedoch zur Formbestimmung im eigentlichen Sinn wenig bei. Es muß hier nicht definitiv geklärt werden, inwieweit noch von einer Gattung der Wundererzählung ausgegangen werden kann. In jedem Fall ist deutlich, daß sich unsere Perikope gegen die eindeutige Zuordnung zu einer derartigen Gattung sperrt. Dieser Vergleich mit anderen wunderhaltigen Geschichten läßt nun aber – und das ist das positive Ergebnis dieser formgeschichtlichen Ausführungen – das besondere Profil dieser Perikope deutlich hervortreten. Dieses besteht darin, daß hier die Einleitung zum eigentlichen Wunder in einer Art und Weise dominiert, daß diese schon fast „zur selbständigen Erzählung geworden ist"[24], während das Geschehen der Heilung zurücktritt. Dieses auffällige Übergewicht der Exposition unterstreicht, daß für die frühchristlichen Tradenten bei dieser Erzählung nicht die wunderbare Begebenheit im Mittelpunkt des Interesses stand, sondern der Dialog[25]. Der Dialog, die Kontroverse zwischen Jesus und der Frau und deren Ausgang, prägt die gesamte Erzählung. Hier hat sie ihre Pointe. Insofern kann man mit einem gewissen Recht auch mit Bultmann die Geschichte als „eine Art Streitgespräch" bezeichnen. Dieses ‚Streitgespräch' zeigt jedoch eine andere als die sonst gewohnte Rollenverteilung: Hier ist es ausnahmsweise Jesus, der zunächst mit Ablehnung auf einen Anlaß reagiert, während die Entgegnung der Frau die strittige Frage entscheidet und so den Höhepunkt bildet. Nach der Logik des Streitgesprächs ist damit Jesus, um nochmals Bultmann zu zitieren, „der Überwundene"[26].

2. Zur bisherigen Auslegung

Auf verschiedene Weise hat die neutestamentliche Exegese versucht, jene ungewöhnliche Begebenheit zu deuten. Dabei lassen sich mehrere Grundlinien unterscheiden, die sich gegenseitig nicht ausschließen müssen:

(1) Eine der schönsten Auslegungen dieser Geschichte findet sich in Luthers Fastenpostille von 1525[27]. Das Verhalten der syrophönizischen Frau wird hier als Vorbild für den angefochtenen Glauben verstanden, für einen Glauben, der gegen die Verborgenheit Gottes an dessen Zusage festhält und so die Oberhand behält: „Denn dis weib besteht und uberwindet drey grosse starcke streyte und leret uns seyn, was die rechte art und tugent sey des glaubens, nemlich, das er ist eyne hertzliche zuversicht auff die gnade und guete Gottes, die durch das Wort erfaren und offenbart wird."[28]

Diese zum Teil auch heute noch vertretene[29] paradigmatische Auslegung

---

[23] BERGER 1984, 309.

[24] THEISSEN 1974, 120.

[25] Bei Mt ist diese Entwicklung am weitesten fortgeschritten: Der Mittel- und Schlußteil ist gegenüber dem ausführlichen Dialog völlig verkümmert.

[26] BULTMANN 1979, 38.

[27] WA 17/2, 200–204.

[28] WA 17/2, 200.

[29] Vgl. auch ROLOFF 1974, 159–161.

trifft sicher auf der Ebene der matthäischen Redaktion einen wesentlichen Aspekt der Erzählung. Hier wird ja geradezu ein Ringen mit mehreren Gesprächsgängen berichtet, und Jesus hebt entsprechend auch am Ende den „großen Glauben" dieser Frau ausdrücklich als vorbildlich hervor. Auch bei Markus dürfte dieser Aspekt mitschwingen. Doch eine Glaubensgeschichte ist diese Erzählung erst in zweiter Linie. Die Härte der Ablehnung Jesu verrät, daß es für ihn hier um ein grundlegendes Problem geht. Bei Markus demonstriert die Frau ja auch – im Unterschied zum Hauptmann von Kafarnaum – nicht primär ihren „Glauben". Entsprechend wird hier auch nicht der Glaube der Frau als das hervorgehoben, was Jesus zum Einlenken bewegte, sondern ihr Argument: „Um dieses Wortes willen geh hin . . ."

(2) Von der Mehrzahl der heutigen Auslegungen wird diese Begebenheit vor allem auf dem Hintergrund der frühchristlichen Missionsgeschichte gedeutet. So versteht sie etwa R. Pesch in seinem Kommentar als eine „symbolische Erzählung", in der der christliche „Heilsuniversalismus . . . vermittelt auf Jesus selbst zurückgeführt" werde[30].

Diese Deutung hat ihre partielle Berechtigung, wie noch gezeigt wird. Sie stellt jedoch eine starke Verengung des Blickwinkels dar, insofern damit jene Erzählung nur von ihrem späteren Sitz im Leben her verstanden wird. Dabei aber wird der frappierenden Einzigartigkeit dieser Geschichte, die diesen Sitz im Leben erst ermöglicht hat, zu wenig Beachtung geschenkt.

(3) Größere Aufmerksamkeit wurde der Erzählung in neuerer Zeit von einigen Untersuchungen zuteil, die im Gefolge der feministischen Fragestellung sich vor allem mit dem Verhältnis Jesu zur Frau und deren Bedeutung für diesen Text und darüber hinaus für das ganze Evangelium beschäftigen.

Auch hier wird gesehen, daß die Spannung Juden – Heiden für die Erzählung zumindest in ihrem jetzigen Kontext konstitutiv ist, und der Konflikt Jesus – Frau wird sehr deutlich wahrgenommen[31]. Bedauerlicherweise führt jedoch das berechtigte Interesse an der Bedeutung der Frau hier nicht selten zu einer überzogenen Auslegung, weil dahinter das Bemühen steht, in der Syrophönizierin ein Pendant zu den männlichen Jüngern und sogar zu Jesus zu finden, sie hier gewissermaßen zu einer Leitfigur mit ekklesiologischer, wenn nicht gar christologischer Bedeutung hochzustilisieren[32]. Solche Über-

---

[30] PESCH 1977, 390; vgl. KATO 1986, 85ff.

[31] Vgl. FANDER 1990, 74.

[32] Ein Beispiel ist FANDER 1990: Der Ausgangspunkt ihrer Argumentation ist die κύριος-Anrede durch die Frau. Monika Fander behauptet – unter Berufung auf R. Pesch – daß es sich hier um ein Bekenntnis handelt. Das kann nicht ausgeschlossen werden, obgleich man schon hier m. E. sehr vorsichtig sein muß, denn der κύριος-Titel spielt als Bezeichnung Jesu im Markusevangelium sonst kaum eine Rolle. Im Unterschied zu den späteren Evangelien ist er hier fast ausschließlich auf Gott bezogen. Doch wie dem auch sei – M. Fander versucht nun vor allem durch eine Zitatenkombination aus der Sekundärliteratur die Bedeutung dieses Titels für den Kontext nachzuweisen. Im weiteren versucht sie durch die

interpretationen verhindern aber gerade eine dem Text angemessene Interpretation der durchaus nicht unwichtigen Tatsache, daß es ausgerechnet eine Frau ist, der sich Jesus im Diskurs beugt. In den folgenden Überlegungen zum

Gliederung von Mk 6,1—8,30 (S. 78f) aufzuzeigen, daß es in diesem Teil des Evangeliums zentral um die christologische Frage nach der Würde ginge und daß hier die Anrede der Frau eine Schlüsselstellung innehabe. Eine solche Gliederung des Markusevangeliums, die trotz des entscheidenden Einschnittes in Mk 8,27 dennoch 8,27—30 zum bisherigen dazuzieht, ist äußerst willkürlich und läßt sich m. E. nur damit erklären, daß man auch die gewünschten Kontext und damit Deuterahmen herzustellen bemüht ist. Im Klartext: Durch diese Zusammenstellung kann M. Fander behaupten, es ginge im Kontext dieser Perikope in erster Linie um die christologische Frage; zugleich wird das Petrusbekenntnis aus seiner zentralen Stellung im Mk-Ev. verdrängt. Nachdem auf diese Weise die Perikope zu einer christologischen Schlüsselszene gemacht wurde, kann sie nun Mk 7,24—30 als „Messiasoffenbarung" bezeichnen (81), eine Messiasoffenbarung, die dem Messiasbekenntnis des Petrus entspreche, ihm freilich dadurch noch überlegen sei, daß die Syrophönizierin im Unterschied zu Petrus nicht am Jüngerunverständnis teilhabe. Und M. Fander geht noch weiter: Indem sie – wieder durch ein Zitat aus der Sekundärliteratur – auch noch die Identität der κύριος-Anrede mit dem für Markus in der Tat zentralen Gottessohntitel behauptet, kann sie nun von der Frau sogar sagen, daß sie als weibliches Symbol der Völkerkirche auch noch das Bekenntnis des Hauptmannes unter dem Kreuz antizipiere (vgl. v. a. 83f). Das zweite Auslegungsbeispiel stammt von RINGE 1985: A Gentile Woman's Sotry. Sharon Ringe setzt ein mit der Feststellung, daß die Kirche immer Probleme mit aufmüpfigen Frauen (uppity women) hatte und sie deswegen unterdrückte – auch in der Exegese. Diesen Frauen, dem Lob ihrer Begabung widmet sie deshalb ihre Auslegung ausdrücklich. In ihrer Auslegung erkennt auch Sharon Ringe an, daß die Geschichte in ihrem jetzigen Kontext auf dem Hintergrund des Verhältnisses Juden – Heiden zu verstehen sei. Sie behauptet dies jedoch als kirchlichen Domestizierungsversuch und stellt dem die Vermutung („I would suggest...") entgegen, daß die Geschichte ursprünglich damit nichts zu tun hatte. Worauf sie diese Vermutung gründet, erfährt der Leser nicht, stattdessen wird ihm eine sog. „christologische" Deutung als angeblich ursprünglich angeboten. Bei jener christologischen Deutung setzt die Auslegerin nochmals bei der Frau an und behauptet aufgrund der Tatsache, daß sie sich hier an Jesus wende (und nicht ihr Mann bzw. ihre Familie dies für sie übernehme), es müsse sich um eine isolierte, von ihrer Familie getrennte Frau handeln, eine Ausgestoßene und Unterprivilegierte. Dieses Urteil wird hier ohne den geringsten Nachweis einfach als angebliche historische Tatsache vorausgesetzt, und man tut sich schwer, damit umzugehen. Ich will nur auf zweierlei verweisen: G. Theißen hat m. E. zu Recht darauf aufmerksam gemacht, daß die Bezeichnung der Frau als Ἑλληνίς diese wohl als Angehörige der gräzisierten Oberschicht ausweist. Und was die Bitte der Frau an Jesus anbelangt, so ist zu sehen, daß dies keineswegs das einzige Mal ist, daß sich Frauen an Jesus wenden (vgl. die Blutflüssige) oder sogar mit ihm ziehen. Aus dem hellenistischen Bereich wissen wir zudem aus den Heilungswundern zu Epidauros, daß Frauen zugunsten ihrer Kinder sogar Wallfahrten unternahmen. Die Reprojektion der Verhältnisse eines orthodoxen islamischen Landes in die Zeit Jesu mutet abenteuerlich an. Und in diesem Stil geht es dann weiter: „Es ist zuletzt die Frau, die Jesus beschenkt, und zwar mit ihrem klaren Durchblick (72: „the gift of sharp insight"). Als unterdrückte Außenseiterin lehrt sie Jesus, der Christus der Unterdrückten zu sein, sie hat als Geburtshelferin des Christus bei Jesus selbst quasimessianische Funktion: „Here Jesus himself must learn about being that sort of Christ from one of the poorest of the poor and most despised of the outcast – a Gentile woman on her own before God and humankind" (72). Beide Auslegungen sind so Beispiele dafür, wie ein an den Text herangetragenes Wunschdenken zur Verzerrung und Verfälschung seiner Aussage führt.

traditionsgeschichtlichen Hintergrund der Erzählung soll zumindest auf einen
Aspekt dieser Tatsache eingegangen werden.

3. Der traditionsgeschichtliche Hintergrund dieser Erzählung

(1) Wenn Jesus der Frau auf ihre Bitte nach Hilfe mit dem drastischen Bildwort
antwortet, es sei nicht recht, das Brot den Kindern zu nehmen und es vor die
Hunde zu werfen, so steht hinter diesem Bildwort möglicherweise die von
Billerbeck[33] an einigen wenigen Stellen der rabbinischen Literatur nachgewie-
sene Bezeichnung der Heiden als „Hunde", eine Bezeichnung, die gerade im
Zusammenhang der Absonderung von den Nichtisraeliten begegnet. So heißt
es in den Pirque Rabbi Eliezer 29: „Wer mit einem Götzendiener zusammen
ißt, ist wie einer, der mit einem Hund zusammen ißt. Wie der Hund unbeschnit-
ten ist, so ist auch der Götzendiener unbeschnitten." Doch ist die Frage der
Herkunft des Bildes im Grunde zweitrangig. Denn wenn Jesus hier „Kinder"
und „Hunde" einander gegenüberstellt, so bringt er damit auf jeden Fall zum
Ausdruck, daß nach seiner Meinung nur die Israeliten als „Kinder" Anspruch
auf die Zuwendung Gottes als Vater und damit auf das durch ihn vermittelte
Heil haben, während dies für die – mit dem unreinen Hund verglichenen –
Heiden nicht zutrifft.

Mit dieser Aussage knüpft Jesus an alttestamentliche und jüdische Tradition
an. Denn solche Absonderung ist ja die Kehrseite des Bewußtseins, daß das
Volk durch Gottes Erwählung geheiligt wurde, eine Auszeichnung, die immer
auch als Verpflichtung verstanden wurde. Das mußte nicht immer im Sinne der
Ausgrenzung aller anderen verstanden werden. Es gab durchaus Konzepte im
AT, die „Völker" in die Heilsgeschichte Gottes mit seinem Volk zu integrieren:
Verwiesen sei nur auf die Abrahamsverheißung Gen 12,1–3, daß alle Ge-
schlechter auf Erden in ihm gesegnet sein sollen, auf die Völkerwallfahrt bei
Micha und Protojesaja[34] oder auf den deuterojesanischen Gottesknecht, den
Gott sogar ausdrücklich zweimal als „Licht der Völker" einsetzt[35]. Aber beson-
ders in Zeiten der Fremdherrschaft mit der dadurch bedingten Gefahr der
Überfremdung, gerade auch der Überfremdung auf religiösem Gebiet, wurde
das Selbstverständnis des Gottesvolkes wesentlich durch Absonderung definiert, um Assimilation zu verhindern und so die von innen wie von außen
bedrohte Identität zu bewahren[36]. Texte wie Esra 10 oder Nehemia 13,23–31

---

[33] Bill. I, 724.
[34] Jes 2,2–4; Mi 4,1–4; nach der Völkerschlacht kennt auch Sach 14,16ff eine solche
Wallfahrt der Übriggebliebenen.
[35] Jes 42,6;49,6; vgl. auch Tritojesaja (Jes 56,1–8;66,19–33).
[36] Vgl. Preuss 1992, 320: Seit dem Exil „werden die Völker immer mehr zum kritisch
gesehenen Thema, weil auch das nachexilische Israel/Juda sich nur als ihr Objekt erlebte und

bezeugen das etwa für die Zeit nach dem Exil bei der Mischehenfrage. Ebenfalls wohl aus der Spätzeit[37] stammt die Erzählung von Pinchas in Num 25,6–11. Dieser Pinchas, der gerade durch die Tötung eines gemischten Paares den Zorn Jahwes besänftigt, war das große Vorbild der Makkabäer in ihrem Kampf gegen den Synkretismus der hellenistischen Monarchie, und die Widerstandskämpfer gegen das römische Imperium leiteten sogar ihre Selbstbezeichnung „Zeloten" von jenem „Eiferer für Gott" her[38].

Auch das im allgemeinen weit offenere Diasporajudentum betont immer wieder die Notwendigkeit der Abgrenzung von den Nichtjuden. Das zeigen sehr schön die berühmten Formulierungen im Aristeasbrief, wo im Zusammenhang mit den Reinheitsvorschriften von den „undurchdringlichen Wällen und ehernen Mauern" gesprochen wird, mit denen „der Gesetzgeber" Mose die Israeliten umgeben habe, damit sie sich „mit keinem anderen Volk irgendwie vermischten" (ep Ar 139). Die Beachtung dieser Reinheitsvorschriften galt auch in der Diaspora als Bekenntnis zum Judentum (vgl. weiter 4 Makk 7,6; Dan 1,8).

Der vielleicht interessanteste zeitgenössische Beleg für diese Reinheits- und Heiligkeitsvorstellungen ist der aus dem ersten vorchristlichen Jahrhundert stammende messianische Psalm PsSal 17, ein Psalm, dessen Verfasser wahrscheinlich ein Mitglied der Heiligungsbewegung der Pharisäer war. Die „Reinigung" Jerusalems von allen Heiden wird hier zur ausdrücklichen Aufgabe des Messias gemacht (17,22b), und das geht so weit, daß zuletzt – gegen die Anweisungen der Tora! – nicht einmal mehr ein Beisasse oder Fremder im Land wohnen darf (17,28). Das Idealbild eines reinen und unvermischten heiligen Volkes wird hier in die Frühzeit zurückprojiziert und dann zum Ziel der Geschichte gemacht: Der Messias wird, wie es dann 17,30 heißt, „Jerusalem rein und heilig machen, wie es zu Anfang war".

Die pagane Mitwelt hat dieses jüdische Selbstverständnis sehr deutlich wahrgenommen (und zumeist ebenso deutlich abgelehnt). Bereits der frühhellenistische Geschichtsschreiber Hekataios von Abdera, neben Theophrast der erste Heide, der expressis verbis über die Juden berichtet, hatte diesen wegen ihrer Absonderung von den anderen Menschen vorgeworfen, einen ἀπάνθρωπός τις καὶ μισόξενος βίος zu führen[39], einen von Menschenfeindlichkeit und Fremdenhaß geprägten Lebenswandel. Als Vorwurf des Menschenhasses setzt sich diese Kritik durch die ganze Antike hin fort; erinnert sei nur an den

---

die Fremdherrschaft von Großmächten (Perser, Griechen, Diadochen, Römer) sind perpetuierte".

[37] Vgl. NOTH 1966, 170f.

[38] Dies hat HENGEL 1961, 152–181 ausführlich gezeigt.

[39] Vgl. STERN 1976, 26.

Vorwurf des Tacitus, daß die Juden zwar untereinander zusammenhielten, gegenüber allen anderen aber von einem feindseligen Haß seien[40].

Jesu Verhalten gerade in unserer Perikope zeigt m. E. deutlich, daß er anscheinend nicht allzuweit von derartigen Auffassungen entfernt war. Dafür gibt es auch weitere Indizien: So spricht einiges für die Vermutung Bultmanns, daß das von Matthäus hier eingefügte Wort Jesu, daß er nur zu den verlorenen Schafen des Hauses Israel gesandt sei, vom Evangelisten nicht gebildet wurde, sondern daß es sich um ein älteres Logion handelt, das Matthäus „als ein frei tradiertes gefunden" habe[41]. Vielleicht hatte auch – wie Luz vermutet[42] – die rätselhafte Warnung in Mt 7,6, das Heilige nicht vor die Hunde und die Perlen nicht vor die Säue zu werfen, ursprünglich den Sinn, daß Jesus oder die judenchristliche Gemeinde sich damit von den Nichtjuden abgrenzte.

Doch wie es sich mit Herkunft und Bedeutung einzelner Logien auch verhalten mag: Auch die wohl als Ablehnung zu verstehende erste Reaktion Jesu auf die Bitte des Hauptmanns von Kafarnaum bestätigt nochmals, daß Jesus die Vorstellung des zeitgenössischen Judentums teilt und die Teilhabe am Heil der anbrechenden Gottesherrschaft auf Israel beschränkt.

Das ist m. E. nichts, was entschuldigt werden müßte. Ich halte es nicht für glücklich, Jesu ablehnende Antwort einfach als zynisch und grausam zu bezeichnen und seine „Vorurteile" anzuprangern, wie es in neueren Auslegungen mehrfach geschieht[43]. Nach unseren Maßstäben ist Jesu Antwort sicher schwer erträglich. Aber solche Kritik aus heutiger Warte verkennt den tiefen religiösen Ernst, der hinter solcher Abgrenzung stand. Die auch für Juden gewiß nicht immer leicht zu vollziehende[44] scharfe Absonderung von den Heiden war ja in der Tat eine Voraussetzung für das einzigartige Phänomen, daß das jüdische Volk in den verschiedensten Kulturen seine Eigenständigkeit bewahrte, und sie konnte sich, wie gezeigt, zu ihrer Rechtfertigung nicht nur auf eine lange Tradition, sondern auch auf die Tora selbst berufen. Sicher nicht auf die ganze Tora[45], aber doch auf die Teile im AT, wo die rigorose Abgrenzung von den Kanaanäern oder den Völkern überhaupt verlangt wird. Gerade diese Texte spielten im Zusammenhang mit der Abwehr der Frommen von der nicht nur

---

[40] Hist 5,5,1: „... sed adversus omnes alios hostile odium."

[41] BULTMANN 1979, 38. Bultmann hält dieses Wort im Blick auf eine mögliche jesuanische Herkunft zwar für „sachlich unverdächtig", will es aber wegen seiner Form nicht auf Jesus zurückführen, sondern auf die Missionsdebatte der palästinischen Gemeinde (167).

[42] Vgl. auch LUZ 1990, 381.

[43] Vgl. THEISSEN 1984, 202.206.221.224f; noch schärfer RINGE 1985, 65–72.

[44] Vgl. etwa die Aussage der Reformer nach 1 Makk 1,11, daß diese Absonderung den Juden nur κακὰ πολλά eingebracht hätte. Daß diese Aussage und die daraus gezogene Konsequenz, jene Absonderung aufzugeben, in der Bevölkerung Widerhall findet (1 Makk 1,12), spricht für sich.

[45] Oben wurde schon auf Dtjes und Gen 12,1–3 hingewiesen. Auch bei den Propheten gibt es Beispiele, daß die Grenze auch zu den Heiden punktuell überschritten wird: So läßt Lukas Jesus in seiner Antrittspredigt Elia und Elisa zitieren (Lk 4,25–27).

politisch und militärisch, sondern auch kulturell überlegenen hellenistisch-römischen Welt eine besondere Rolle. Die Absonderung wurde daher wohl nicht zu Unrecht von vielen Juden als religiöse Pflicht empfunden, um dem Assimilierungsdruck standhalten zu können. Erst wenn man die Berechtigung dieses jüdischen Verhaltens anerkennt, kann man m. E. wahrnehmen, was sich im Verlauf der Begegnung Jesu mit der Syrophönizierin ereignet.

(2) Doch zunächst ist noch eine weitere traditionsgeschichtliche Voraussetzung dieser Erzählung zu berücksichtigen. Es fällt auf, daß Jesu Reaktion hier bei der syrophönizischen Frau in ihrer anstößigen Schärfe sich deutlich von seiner Antwort auf das vergleichbare Ansinnen des Hauptmannes von Kafarnaum unterscheidet, den er doch weit zurückhaltender abweist. Über den Grund für diese Verschiedenheit kann man hier nur Vermutungen anstellen: Die besonderen Spannungen im tyrisch-galiläischen Grenzgebiet wurden eingangs schon angesprochen und können auch Jesus beeinflußt haben. Möglicherweise war Jesus (bzw. die Gemeinde) auch gegenüber einem Zenturio als Respektsperson zu mehr Zurückhaltung genötigt. Es ist aber wohl auch zu bedenken, daß es sich bei der Syrophönizierin um eine Frau handelt.

Erinnert sei in diesem Zusammenhang an das berühmte Wort des R. Jehuda (um 150), das im Tosephtatraktat Berachot überliefert ist: „Drei Lobsprüche muß man jeden Tag sprechen: Gepriesen (sei Gott), daß er mich nicht als Goi (Heiden) geschaffen hat! Gepriesen (sei Gott), daß er mich nicht als Weib geschaffen hat! Gepriesen (sei Gott), daß er mich nicht als Unwissenden geschaffen hat!" (tBer 7,18). Die Aufnahme dieses Wortes im babylonischen Talmud wie im Jerusalemer Talmud[46] zeigt, daß diese Ansicht über Jahrhunderte hinweg verbreitet und geteilt wurde. Daher wurde der Frau dann auch eine besondere Affinität zur Sünde zugeschrieben. Schon Jesus Sirach 25,24 führt den Sündenfall allein auf die Frau zurück, und im Mischnatraktat Avot wird grundsätzlich vor dem längeren Gespräch mit der Frau gewarnt, da es den Frommen in die Gehenna bringe (Av I, 5c).

Als Frau und Heidin ist die Syrophönizierin also gleich doppelt minderwertig, aber damit nicht genug: Das Problem wird noch dadurch verschärft, daß die heidnische Frau nicht nur doppelt verachtet war, sondern zugleich gefürchtet wurde, und zwar wegen der ihr zugeschriebenen Möglichkeit, den Frommen zum Abfall zu verführen. In 1 Kön 11 werden die ausländischen Frauen als diejenigen dargestellt, die Salomo zum Abfall verführen und damit den Niedergang des davidischen Großreiches einleiten (1 Kön 11,1ff). Auch bei der nach dem Exil aufbrechenden Mischehenfrage sind es ja immer die heidnischen Frauen, die zum Abfall verführen, was Neh 13,25−27 auch − mit dem Verweis auf Salomo − explizit feststellt[47].

---

[46] Vgl. yBer 13b.57ff; bMen 43b.
[47] Vgl. weiter Esra 10; Num 25.

Diesen Hintergrund muß man sich auch vergegenwärtigen, wenn man sich über jene für uns in der Tat schwer erträgliche Härte der Antwort Jesu Gedanken macht. Dieser Hintergrund muß vor allem auch berücksichtigt werden im Blick auf den Fortgang der Geschichte: Daß sich Jesus dann trotz dieser massiven Vorbehalte, die eine Verständigung eigentlich ausschließen, ausgerechnet den Argumenten dieser Syrophönizierin beugt, daß er sich überzeugen läßt von jemandem, der als Frau und Heidin für einen frommen Juden der damaligen Zeit gleich in mehrfacher Hinsicht inakzeptabel war, zeugt zumindest von einer bemerkenswerten Bereitschaft zur Neuorientierung.

4. Die Auslegung des Gesprächs

(1) Fassen wir die bisherigen Überlegungen zusammen, so geht es bei jenem Gespräch mit der heidnischen Frau nur vordergründig um eine Heilung. Oder genauer gesagt: Es geht durchaus um eine Heilung, aber eine solche Heilung stellt eben nicht nur eine persönliche Gefälligkeit und private Hilfeleistung Jesu gegenüber einem bedürftigen Menschen dar. Denn als Verweigerung von zwischenmenschlicher Hilfe wäre die Weigerung Jesu auch im damaligen Kontext anstößig – fast so, wie wenn sich bei uns ein Arzt weigerte, ein ausländisches Kind zu behandeln[48]. Vor allem aber stünde sie auch in eklatantem Widerspruch zu Jesu eigener Verkündigung, die ja die Überwindung von Feindschaft und Haß selbst gegenüber dem Feind predigt und im barmherzigen Samariter ein Beispiel für die alle Grenzen überschreitende Nächstenliebe gegeben hat. Vielmehr sind Jesu Machttaten – und die Dämonenaustreibungen im besonderen – Zeichen der anbrechenden Gottesherrschaft, Taten in der von Gott verliehenen Vollmacht. „Wenn ich mit dem Finger Gottes (bzw. bei Mt mit dem Geist Gottes) die Dämonen austreibe, dann ist das Reich Gottes schon zu euch gekommen" – so der von Jesus selbst hergestellte Zusammenhang zwischen seinen Exorzismen und dem Anbruch der Gottesherrschaft (Lk 11,20 par. Mt 12,29). Richtet aber in den Heilungen und besonders in den Dämonenaustreibungen Gott selbst seine Herrschaft auf, dann stellt sich bei dieser Bitte der syrophönizischen Frau plötzlich die Grundsatzfrage, wer die Adressaten von Jesu Wirken sind. Dies ist eine Grundsatzfrage, denn wenn Jesus einer Heidin an der in seinen Worten und Taten nahegekommenen Gottesherrschaft teilgibt, so konnte dies durchaus als Nivellierung des Unterschiedes zwischen Gläubigen und Ungläubigen, zwischen Gesetzlosen und Toratreuen verstanden werden, eines Unterschiedes wohlgemerkt, der durch Gottes eigene Erwählung gesetzt worden war[49].

---

[48] Dieses treffende Beispiel bringt THEISSEN 1984, 202.

[49] Das Problem wird dadurch auf die Spitze getrieben, daß Jesus ja nicht irgendein Wanderprediger ist. Wenn die Frau ihn nach Mt als „Sohn Davids" anspricht, so spricht sie ihn als

Auf diesem Hintergrund wird der überraschend heftige Widerstand, den Jesus dem Wunsch der Frau zunächst entgegensetzt, zumindest verständlicher. Konkret heißt das: Auch Jesus war – sicher im Einklang mit einem Großteil des Judentums seiner Zeit – der Überzeugung, daß er als der endzeitliche Beauftragte Gottes das von ihm in Wort und Tat bezeugte Heil des Gottes Israels nicht einfach einer Heidin zukommen lassen kann, einer Heidin, die sich wegen ihrer Notlage an ihn wendet und keineswegs etwa die Absicht bekundet, zum Judentum überzutreten.

Matthäus hat diese Position Jesu noch bewußt verdeutlicht, indem er in seine Version der Erzählung jenes schon erwähnte Ich-Wort eingefügt hat, das Jesu Selbstverständnis auf den Begriff bringt: „Ich bin nur gesandt zu den verlorenen Schafen des Hauses Israel" (Mt 15,24).

(2) Die Frau nun bestreitet in ihrer Antwort keineswegs das Vorrecht Israels. Das Bild von den Hunden und den Kindern nimmt sie ohne Widerspruch gegen die darin enthaltene Wertung auf. Nur gibt sie ihm, wie eingangs schon gezeigt, in der Weise eine neue Ausrichtung, daß sie nun nicht bei der in ihm enthaltenen Entgegensetzung von Kindern und Hunden stehen bleibt[50]. Vielmehr entwickelt sie das Bild weiter: *Trotz der Vorrechte der Kinder gehören Kind und Haustier zu einem Haushalt,* was sich nicht zuletzt darin zeigt, daß den Hunden die Reste und Abfälle der Tafel zustehen, von der die Kinder essen. Im Bezug auf das hier im Hintergrund stehende Problem der Teilhabe der Nichtjuden an dem Heil der anbrechenden Gottesherrschaft hat die Antwort dieser Frau ihre eigene Brisanz. Die durch Gottes Erwählung gesetzte Unterscheidung zwischen Juden und Heiden bestreitet sie nicht. *Wohl aber bestreitet sie, daß diese besondere Gottesbeziehung Israels exklusiv ausgelegt werden darf!* So wie auch die Hunde trotz ihrer gegenüber den Kindern untergeordneten Stellung zum gleichen Haushalt gehören und an seinen Gütern in Form der abfallenden Brosamen teilhaben, so schließt auch die einzigartige Zuwendung Gottes zu Israel nicht aus, daß andere, daß auch die „Heiden" an seinem Heil zumindest am Rande partizipieren.

(3) Jesus erkennt diese Argumentation an: „Wegen dieses Wortes geh hin, der Dämon ist aus deiner Tochter ausgefahren." Statt also den Dialog abzubrechen und die Syrophönizierin in ihre Schranken zu weisen, gesteht er der bittenden Frau zu, daß sie zu Recht Gottes Hilfe auch für ihre Not erbeten hatte, zu Recht auch gegen seine eigenen Einwände.

Damit zeigt Jesus die Bereitschaft, eine wichtige Voraussetzung seines

---

Messias an, als den Messias, von dem die Frommen, wie PsSal 17 zeigte, die Wiederherstellung ursprünglicher Heiligkeit und im Zusammenhang damit auch die endgültige Trennung von den Heiden erwarteten.

[50] Bei Matthäus ist diese Abweisung noch verstärkt durch die Auslassung des Vordersatzes „laß zuerst die Kinder satt werden". Aber auch im Zusammenhang der markinischen Geschichte hat die Antwort Jesu eindeutig die Funktion, die Frau zurückzuweisen.

Selbstverständnisses aufgrund der Argumente der Syrophönizierin zu überdenken und zu ändern. Und dies – nochmals sei daran erinnert – im Gespräch mit einer Heidin und Frau, also gegenüber einer Person, die nach den Maßstäben seiner Umgebung gleich in mehrfacher Hinsicht als problematisch gilt!

Das ist erstaunlich und erklärt sich wohl nur aus einer Grundhaltung, bei der das Vertrauen zu Gott größer ist als das Mißtrauen gegen sich selbst. Solche Gottesgewißheit muß sich nicht durch Ausgrenzung anderer ihrer selbst vergewissern, sie macht frei vom Zwang der Identitätssicherung durch Feindbilder. Aufgrund dieser Freiheit der Gottesgewißheit kommt es dann auch hier, in der Begegnung Jesu mit der Syrophönizierin, zu einem Durchbruch durch eine Mauer[51], die sich zu ihrer Legitimation immerhin auch auf die Tora berufen kann. Um es auf den Begriff zu bringen: Die Erzählung von der Syrophönizierin zeigt, *wie die einzigartige Beziehung Jesu zum Du des himmlischen Vaters die Unterbrechung durch das Du des anderen Menschen zuläßt, ja nicht nur zuläßt, sondern geradezu erst voll ermöglicht.*

Das Gesagte gilt im übrigen unabhängig von der Frage nach der Historizität des hier Erzählten. Die Begebenheit ist in jedem Fall darin authentisch, daß sich in ihr nicht das verklärte Bild des unfehlbaren religiösen Heroen spiegelt. Von denselben Evangelisten, die Jesus als den Gottessohn und Messias Israels verkündigen, die zeigen, wie sich dessen göttliche Vollmacht in allen seinen Werken und Taten spiegelt, wird hier das Bild eines Jesus vor Augen gemalt, der bereit ist, eine Voraussetzung seines Selbstverständnisses aufgrund der Argumente einer heidnischen Frau zu modifizieren, ja zu korrigieren.

5. Die Aufnahme der Erzählung bei Markus und Matthäus

Beide Evangelisten, die uns diese Begebenheit überliefern, haben die Bedeutsamkeit dieser Erzählung als Weichenstellung für die Zukunft der Kirche erkannt und hervorgehoben:

1. So hat der *Evangelist Markus* sie wohl bewußt nach der großen Auseinandersetzung Jesu mit den Pharisäern um die Frage von rein und unrein plaziert. Im Zentrum dieser Auseinandersetzung standen die Reinheitsvorschriften, eine für das Zusammenleben der Juden untereinander und ihre Abgrenzung von den Nichtjuden zentrale Angelegenheit. Jesus hatte in dieser Auseinandersetzung – dem ethischen Rigorismus prophetischer Tradition verpflichtet – einen extremen Standpunkt bezogen und gänzlich die äußere Unreinheit der Speisen geleugnet. Stattdessen hatte er die Unreinheit dessen betont, was an Bösem aus dem Herzen des Menschen herausgeht: „Es gibt nichts, was von

---

[51] Der Begriff der Mauer wird in diesem Zusammenhang auch in der jüdischen Literatur verwendet; vgl. ep Ar 139; 1 QH 6, 24–28.

außen in den Menschen hineinkommt, das ihn verunreinigen kann; vielmehr das, was aus dem Menschen herauskommt ist es, das ihn verunreinigt" (7,15). In einer anschließenden Jüngerbelehrung wird dies noch verdeutlicht: „Denn von innen, aus dem Herzen der Menschen, kommen die bösen Gedanken, Unzucht, Diebstahl, Mord" etc. (7,22). Seinen Kontrahenten warf Jesus vor, gerade diese ethische Dimension der Reinheit außer acht zu lassen und so in Wahrheit fern von Gott zu sein und seine Gebote zu mißachten. Mit dieser Ablehnung der Reinheitsvorschriften läßt der zweite Evangelist Jesus bereits implizit die entscheidende Barriere zwischen Juden und Heiden einreißen.

Die darauf folgende Auseinandersetzung mit der Syrophönizierin gibt auf diesem Hintergrund ein eindrückliches Kontrastbild ab: Während Jesus im eigenen Land auf Ablehnung stößt, zuletzt zugespitzt auf die Frage rein − unrein, sucht und findet eine unreine Heidin bei ihm ihr Heil, die Befreiung ihrer Tochter vom unreinen Geist. Diese Begebenheit soll so wohl bewußt eine Neuorientierung markieren, die − wenn auch zu Jesu Lebzeiten nur bedingt vollzogene − Zuwendung zu den Nichtjuden. Nicht zufällig finden dann die beiden anschließenden Wunder − die Heilung eines Taubstummen (Mk 7,31−37) sowie eine erneute wunderbare Speisung (Mk 8,1−9) − im Gebiet der Dekapolis statt, also ebenfalls in heidnischem Gebiet.

2. *Matthäus* übernimmt diese Anordnung von seiner Markusvorlage, schließt sich also offensichtlich dieser Sicht an. Der erste Evangelist hat aber darüber hinaus die grundsätzliche Bedeutung dieses Vorgangs noch dadurch unterstrichen, daß bei ihm Jesus die Bitte der Frau zweimal ablehnt, wobei er dies das erste Mal ausdrücklich mit seiner göttlichen Sendung begründet: „Ich bin nur gesandt zu den verlorenen Schafen des Hauses Israel" (15,24). Doch eben dieses Selbstverständnis seiner Sendung ist am Ende der Erzählung faktisch aufgegeben. Mehr noch, der von Jesus hervorgehobene „große Glaube" der Frau kontrastiert nicht nur dem „fernen Herz" der Pharisäer und Schriftgelehrten, das Jesus in der vorhergehenden Auseinandersetzung angeklagt hatte (Mt 15,8), sondern auch dem im Kontext mehrfach gegeißelten „kleinen Glauben" der Jünger[52]! Damit wird diese Frau bei Matthäus zur schlechthin vorbildlichen Gläubigen, eine Frau wohlgemerkt, die der erste Evangelist ausdrücklich als Kanaanäerin und damit als Heidin par excellence kennzeichnet. Ausgerechnet sie ruft Jesus als „Davidsohn" an und bekennt ihn so − im Gegensatz zu einem Großteil Israels − als den Messias des Gottesvolkes! Damit wird sie bei Matthäus zum Symbol der Heidenkirche.

---

[52] Im weiteren Kontext unserer Erzählung findet sich dieser Tadel in Mt 14,31 und 16,8; vgl. weiter 6,30;8,26;17,20.

6. Ausblick

Die Rezeption der Geschichte bei Mk und Mt zeigt, daß diese Erzählung im Urchristentum überliefert wurde, weil sie als entscheidende Weichenstellung im Blick auf die nachösterliche Öffnung gegenüber den Heiden verstanden werden konnte. Der Sitz im Leben dieser Perikope war die Rechtfertigung der Heidenmission. Insofern wird bestätigt, was in den meisten Auslegungen dieser Begebenheit immer wieder hervorgehoben wird.

Nur besteht, wie eingangs schon angedeutet, der Mangel vieler Auslegungen darin, daß sie sich mit dieser Fragestellung begnügen. Die Brisanz der formgeschichtlichen Erkenntnis besteht ja aber gerade darin, daß es eben jenes „verlorene Streitgespräch" war, das der Gemeinde bei dem Problem ihres Verhältnisses zu den Nichtjuden den Weg in die Zukunft wies. Das aber bedeutet: Was formal, nach der Logik des Streitens, eine Niederlage war – das Überzeugtwerden durch die bessere Argumentation des anderen –, dieser Sieg der Wahrheit erwies sich so in der Geschichte als ein Moment der Stärke des Christentums. Die Bereitschaft Jesu, sich auf einen Dialog einzulassen und dabei ein bisher auch von ihm selbst offenbar fraglos geteiltes negatives Urteil über andere zumindest zu modifizieren, diese Offenheit und Fähigkeit zur Selbstkorrektur war offensichtlich nicht Schwäche, sondern Stärke. Sie war Stärke, weil sie aus der Freiheit eines sich auf Gott verlassenden Vertrauens kam und so die Begegnung mit anderen ermöglichte. Das hier vor Augen gemalte Christusbild ist so verstanden auch eine Einladung, frei zu werden vom Zwang zur Selbstimmunisierung gegenüber denen, die anders sind.

Bibliographie

BERGER, K. 1984: Formgeschichte des Neuen Testaments, Heidelberg 1984.

BULTMANN, R. 1979: Die Geschichte der synoptischen Tradition, FRLANT 29, Göttingen [9]1979.

FANDER, M. 1990: Die Stellung der Frau im Markusevangelium, Altenberge 1990.

GNILKA, J. 1988: Das Matthäusevangelium, 1. Teil, HThK I/1, Freiburg [2]1988.

HENGEL, M. 1961: Die Zeloten, AGSU 1, Leiden 1961.

– 1973: Judentum und Hellenismus. Studien zu ihrer Begegnung unter besonderer Berücksichtigung Palästinas bis zur Mitte des 2. Jh.s v. Chr., WUNT 10, Tübingen [2]1973.

– 1989: The ‚Hellenization' of Judaea in the First Century after Christ, London/Philadelphia 1989.

KATO, Z. 1986: Die Völkermission im Markusevangelium, Bern u. a. 1986.

KERTELGE, K. 1970: Die Wunder im Markusevangelium. Eine redaktionsgeschichtliche Untersuchung, StANT 23, München 1970.

LOHMEYER, E. 1967: Das Evangelium des Markus, KEK I/2[17], Göttingen [8]1967.

Luz, U. 1990: Das Evangelium nach Matthäus, 2. Teilband, EKK I/2, Zürich/Braunschweig/Neukirchen-Vluyn 1990.

Noth, M. 1966: Das vierte Buch Moses. Numeri, ATD 7, Göttingen 1966.

Pesch, R. 1977: Das Markusevangelium, 1. Teil, HThK II/1, Freiburg u. a. ²1977.

Preuss, H. D. 1992: Theologie des Alten Testaments, Band 2. Israels Weg mit JHWH, Stuttgart u. a. 1992.

Ringe, S. H. 1985: A Gentile Woman's Story, in: L. M. Russel (Hg.): Feminist Interpretation of the Bible, Philadelphia 1985, 65–72.

Roloff, J. 1974: Das Kerygma und der irdische Jesus, Göttingen 1974.

Schenke, L. 1974: Die Wundergeschichten des Markusevangeliums, Stuttgart 1974.

Stern, M. 1976: Greek and Latin Authors on Jews and Judaism. Volume One: From Herodotus to Plutarch, Jerusalem 1976.

Theissen, G. 1974: Urchristliche Wundergeschichten. Ein Beitrag zur formgeschichtlichen Erforschung der synoptischen Evangelien, Gütersloh 1974.

– 1984: Lokal- und Sozialkolorit in der Geschichte von der syrophönizischen Frau (Mk 7,24–30), ZNW 75 (1984), 202–225.

– 1989: Lokalkolorit und Zeitgeschichte in den Evangelien, Freiburg/Göttingen 1989.

Wegner, U. 1985: Der Hauptmann von Kafarnaum, WUNT II/14, Tübingen 1985.

Zahn, Th. 1905: Das Evangelium des Matthäus I, Leipzig ²1905.

Heiden – Griechen – Gotteskinder

Zu Gestalt und Funktion der Rede von den Heiden im 4. Evangelium

von

JÖRG FREY

„Praeludium regni Dei a Judaeis ad gentes transituri" – so charakterisiert Johann Albrecht Bengel in seinem Gnomon die Episode Joh 12,20f, in der nach dem Bericht des 4. Evangelisten bereits vor Jesu Kreuz und Auferstehung „Griechen" „kommen" und Jesus „sehen" wollen[1]. Und bereits über ein Jahrtausend zuvor bemerkte der alexandrinische Presbyter Ammonius (6. Jh.) zu der Itinerarnotiz Joh 10,40, daß „der Christus den Jordan überschritt und in die Kirche der Heiden kam und dort blieb"[2]. Diese Beispiele höchst unterschiedlicher Provenienz zeigen, wie das 4. Evangelium immer wieder als Evangelium für die Heiden gelesen wurde, als das Buch der universalen Ausweitung der Heilsbotschaft über jeden jüdisch-palästinischen ‚Partikularismus' hinaus, das Dokument des *transitus regni Dei* in die Welt der Griechen und des griechischen Geistes[3]. Allein dieses Evangelium ist es nach dem Urteil Lessings, aufgrund dessen „das Christentum ... nicht als eine bloße jüdische Sekte wieder einschlafen und verschwinden", sondern „unter den Heiden als eine besondere,

---

[1] BENGEL 1773, z. St.

[2] Text bei REUSS 1966, 288 (fr. 366).

[3] S. weiter Ammonius, fr. 420 (REUSS 1966, 301) zu Joh 12,32: Εἰπὼν πάντας καὶ τοὺς ἐξ ἐθνῶν σημαίνει; Joh 12,20f signalisiert nach fr. 411 (REUSS 1966, 299) den καιρὸς τοῦ μεταβῆναι τοὺς μαθητὰς εἰς τὰ ἔθνη, und nach fr. 395 (REUSS 1966, 295) sind die wahren, getreuen Gotteskinder nach Joh 11,52 die Heiden. Theodor v. Heraclea (fr. 12, REUSS 1966, 68) bezieht „Kana in Galiläa" auf die Offenbarung Jesu vor den Heiden und verweist zur „Frucht" Joh 15,8 auf die ἔθνη (fr. 288: REUSS 1966, 140). Verbreitet ist die Suche nach ‚Typen' der Heidenvölker: Ammonius fr. 408 (REUSS 1966, 299) zu Joh 12,14f: Typos des Esels seien die Heidenvölker, die der Herr als Unreine unterwarf, Typos der Heidenvölker sei auch das ‚Füllen', auf das der Herr sich setzte und es zum ‚oberen Jerusalem' führte, er nenne es ‚Füllen', weil diese im Glauben noch ungeübt waren. Auch Theodor v. Heraclea bezog das ‚neue' Füllen auf die Heiden (fr. 79: REUSS 1966, 33). Ähnlich Apollinaris v. Laodicea (fr. 77: REUSS 1966, 32), der in Joh 12 Maria (Magdalena!), die Jesus salbt, als τύπος der ἐκκλησία ἐξ ἐθνῶν deutet. Vgl. Bultmanns Deutung von Joh 19,25–27, wo die Mutter Jesu als Repräsentantin des Judenchristentums und der Lieblingsjünger als Vertreter des Heidenchristentums, des „eigentliche(n), zu seinem echten Selbstverständnis gelangte(n) Christentum(s)", gelten (BULTMANN 1986, 369; vgl. 521).

unabhängige Religion bekleiben"[4] wollte. Und Herder kann auf die Griechen-Episode Joh 12 in fast hymnischem Ton ausrufen:

„Glücklicher Johannes! die drohenden Symbole der anderen Evangelien von der Verwerfung des Jüdischen Volks... konntest du schon in eine fröhliche Aussicht über die Völker, in deren Sprache du schriebst, verwandeln..., denn die Zeit hatte diese Aussicht Christi bestätigt."[5]

Hatte Bengel die Frage nach den *gentes* noch primär heilsgeschichtlich verstanden, so kommt bei Herder die Wahrnehmung des johanneischen Adressatenbezugs zum Durchbruch: Bei der Erwähnung der Ἕλληνες habe Johannes besonders an seine griechischen Leser gedacht. Im Banne der religionsgeschichtlichen Fragestellung konnte später Julius Grill den Evangelisten gar als *„Repräsentanten der hellenischen Nationalität"* bezeichnen, in dessen universalistischem Logosevangelium gerade das Auftreten der Griechen in 12,20f den „folgerichtigen Abschluß und Zielpunkt der... Charakteristik der... Menschentypen"[6] bilde. Und auch wo man anders als Grill den grundlegend jüdischen Charakter der Messiasfrage im 4. Evangelium erkannte, konnte besonders sein Prolog mit dem Einsatz beim Logosbegriff als „Lockvogel" erscheinen, der hellenistisch-heidnische Leser für die evangelische Erzählung interessieren und auf diese vorbereiten sollte[7]. Angesichts einer wachsenden Zahl neuerer Versuche, Umfeld und Adressaten des 4. Evangeliums wieder weitgehend innerhalb des Judentums zu lokalisieren[8] – nicht zuletzt mit dem Nebeneffekt, von dem Evangelium den Vorwurf eines (heiden-)christlichen Antijudaismus fernzuhalten –, dürfte es angebracht sein, noch einmal neu nach der Rolle von Heiden und Heidenchristen in der Verkündigung des 4. Evangeliums zu fragen. Wie wird hier von ,den Heiden' oder einzelnen Heiden geredet, und welche Funktion kommt diesen Aussagen im Ganzen des Evangeliums zu? Lassen sich jene Ἕλληνες tatsächlich als Vorabbildung jener *gentes* verstehen, zu denen das Evangelium seinen Weg nehmen sollte? Grundlegend ist die Adressatenfrage: Wenn es zutrifft, daß Johannes nicht nur Judenchristen, sondern auch Heiden bzw. ehemals heidnische Glieder der christlichen Gemeinden ansprechen will, dann wird auch verstreuten Andeutungen wie der Nennung der „Griechen" in Joh 12 eine kaum zu unterschätzende Bedeutung zukommen. Doch gerade dies ist heftig umstritten.

---

[4] LESSING 1778, 131: Anm. des Hg. loc. cit.: bekleiben = „Wurzel fassen, gedeihen".

[5] HERDER 1797, 334.

[6] GRILL 1923, 377 und 54.

[7] So charakterisiert THEOBALD 1988, 26, die Position Harnacks: „Der Prolog, ein metaphysischer Lockvogel?" Vgl. HARNACK 1892, 230; ähnlich BERNARD 1928, I, 138–144; DODD 1953, 296.

[8] So etwa ROBINSON 1959 und 1985, VAN HARTINGSVELD 1967; VAN UNNIK 1980; BARTH 1990; aber in anderem Sinne auch WENGST 1990 und THYEN 1988b, 213/51ff, der sogar die Johannesbriefe noch in einem innerjüdischen Kontext verstehen will (1988a, 192–195).

1. Die johanneische Rede von Juden und Heiden
und die Adressatenfrage

1.1. Keine Rede von den Heiden?

Tatsächlich scheint ein erster Blick auf den Sprachgebrauch viel eher den
Schluß nahezulegen, daß im 4. Evangelium eine völlige, wenn auch weithin
polemische Konzentration auf jüdische Gesprächspartner und „überhaupt keine Beziehung zu den Heiden" vorliege[9]: Während ᾽Ιουδαῖος im Evangelium 71
mal begegnet[10], fehlt der klassische Terminus für „die Heiden", τὰ ἔθνη, im
johanneischen Vokabular völlig[11]. Die ganze Erzählung spielt in einem rein
jüdischen Rahmen, Pilatus ist der einzige Heide, mit dem Jesus nach Johannes
überhaupt redet. Dieser stellt offiziell Jesu Unschuld (Joh 19,4.6) und in
Entsprechung zur Anklage, doch zugleich antijüdischem Affront seine Königswürde fest (19,14f)[12], die dann im *titulus crucis* dreisprachig aller Welt verkündigt und unabänderlich festgeschrieben wird (19,19−21). Freilich liegt in dieser
Proklamation der βασιλεία des Gekreuzigten kein Christusbekenntnis des
Heiden Pilatus vor, sondern nur jener ironische Zug der johanneischen Darstellung, daß selbst Jesu Gegner in Verkehrung ihrer eigenen Absichten seine
wahre christologische Würde aussprechen müssen. Im ganzen Evangelium
begegnet kein wirklich heidnisches Zeugnis der Würde Jesu, kein Centurio
bekennt seine Gottessohnschaft (Mk 15,39; Mt 27,54), und der βασιλικός, der
in Joh 4,46ff parallel zu dem synoptischen Centurio (Mt 8,5−13; Lk 7,1−10)
die Heilung seines Sohnes erfleht, ist als Beamter des Antipas wohl Jude[13].
Anders als die Synoptiker berichtet Johannes von keiner unmittelbaren Wirksamkeit Jesu gegenüber Heiden, nichts von einem ‚Ausflug' Jesu in heidnisches
Gebiet (Mk 7,24ff)[14], keine Heilungen von Kranken aus Idumäa, Tyrus, Sidon
(Mk 3,7−12 par. Lk 6,17−19) und „ganz Syrien" (Mt 4,24; vgl. 15,29−31),
nichts von dem Gerasener (Mk 5,1−20), der Syrophönizierin (Mk 7,24−30)
und dem Taubstummen aus der Dekapolis (Mk 7,31−37). Der 4. Evangelist
führt Jesus auch nicht wie Lukas als φῶς εἰς ἀποκάλυψιν ἐθνῶν (Lk 2,32) ein

---

[9] So van Hartingsveld 1967, 44; vgl. Robinson 1959, 120: „Jesus is not presented as a
revelation to the Gentiles"; 123: „there is not even a side-glance at the problem of the man who
is not a Jew but wants to become a Christian, let alone at the problem of the Gentile who wants
to become a Christian *without having* to become a Jew". Vgl. auch Barth 1990, 67−71.

[10] S. zur Klassifizierung Grässer 1985b, 137f. Dabei sind, wenn es um den determinierten
Plural „die Juden" geht, Joh 3,22.25;4,9;18,35 beiseite zu lassen. In den Synoptikern findet
sich der Terminus außer in der Wendung „der König der Juden" nur Mk 7,3; Mt 28,15; Lk
7,3;23,51; vgl. Wengst 1990, 55 Anm.

[11] Mt 13 mal (dazu im Sing. Mt 21,43), bei Mk 4 mal, Lk 10 mal. Zum Sing. s. u. S. 238.

[12] Vgl. dazu Hengel 1991a, 173.

[13] Hengel 1993, 128 Anm. 108.

[14] Man könnte die „andere Seite" des Sees Joh 6,17.23f.59 so verstehen (vgl. Kieffer 1989,
14), doch verlautet hier nichts von heidnischem Gebiet, ebensowenig bei der Lokalisierung
der Tauftätigkeit des Täufers πέραν τοῦ ᾽Ιορδάνου 1,28;3,26;10,40.

und schließt sein Evangelium nicht wie Matthäus mit einem alle Heidenvölker umfassenden Missionsauftrag des Auferstandenen ab (Mt 28,18–20). Jesu Erfolge in Galiläa und in Samaria, gipfelnd in dem Bekenntnis der Samaritaner zu ihm als σωτὴρ τοῦ κόσμου (Joh 4,42), können zwar als Vorzeichen der späteren Heidenmission gelten, doch lassen sich auch Galiläer und Samaritaner nicht einfach als Heiden verstehen, obwohl beide Landschaften bei Johannes in einen tiefsymbolischen Gegensatz zu Jerusalem als dem Zentrum der Gegner Jesu treten[15]. Fast noch konsequenter als die Synoptiker scheint der 4. Evangelist festzuhalten, daß die Sendung Jesu in seinem irdischen Wirken auf die „verlorenen Schafe des Hauses Israel" (Mt 15,24) beschränkt war, daß das Heil nicht nur „von den Juden" kommt (4,22), sondern – wie Paulus betont – auch „zuerst den Juden" begegnet (Röm 1,16, 2,9f u. ö.). Erst am Ende des öffentlichen Wirkens Jesu zeigen sich die „Griechen" am Horizont, doch hebt ihre Zeit erst nach Jesu ‚Stunde' an, ihr Auftreten erscheint unwirklich und eigenartig anachronistisch – ein bloßes, aber vielleicht doch bedeutsames *„praeludium"*.

1.2. Die Auseinandersetzung mit den Juden und ihre Funktion

Wesentlich für die Frage nach den Heiden im 4. Evangelium ist, wie man die den ersten Teil des Evangeliums beherrschende und zum Teil scharf polemische Rede von „den Juden" historisch zu verstehen hat[16]. Läßt sie sich, wie Klaus Wengst voraussetzt, im Ganzen synchron für die Abfassungszeit des Evangeliums auswerten? Spiegelt sich in ihr der Streit der johanneischen Gemeinden mit der zeitgenössischen Synagoge, ein Konflikt zwischen den judenchristlichen Adressaten und dem pharisäisch wiedererstarkten Judentum, also ein noch innerjüdischer Zwist in einem weithin jüdischen, gar jüdisch dominierten Umfeld[17]?

Für eine solche Deutung wird neben dem scheinbaren Ausfall von Heilsaussagen über die Heiden und der Konzentration auf die Ἰουδαῖοι besonders das dreimalige ἀποσυνάγωγος (Joh 9,22;12,42;16,2) angeführt. Und in der Tat mag diese eigentümlich johanneische Wortbildung[18], die Joh 16,2 im Munde

---

[15] Zur Bedeutung der Samaritaner für das johanneische Missionsdenken s. Rodriguez Ruiz 1987, 52–72; Okure 1988, 64–74.185ff, Hengel 1993, 300f. Zur Bedeutung von Galiläa s. Freyne 1988, 116–132; zu symbolischen Sinngehalten der johanneischen Topologie Meeks 1966; Kieffer 1989, sowie Olsson 1974, 144–146.

[16] S. dazu neben Wengst 1990 ausführlich Schram 1974; weiter Lowe 1976; Thyen 1980; Grässer 1985a und 1985b; van Wahlde 1982; Ashton 1985 und Trilling 1988.

[17] S. dazu Wengst 1990, 55ff; dort 157–182 die Hypothese zur Lokalisierung des Evangeliums im Reich Agrippa II. und seiner Datierung in der ersten Hälfte der 80er Jahre. Zur ausführlichen historischen Kritik dieser Hypothese s. Hengel 1993, 288–291, auch Schnelle 1987, 37f; Thyen 1988b, 215. Eine noch frühere Datierung (zwischen 45 und 65) vertritt neben Robinson 1985 jetzt auch Barth 1990, 53ff.

[18] Der Terminus fehlt in vorjohanneischen und außerchristlichen Quellen, s. Schrage 1964, 845/23f.

des scheidenden Jesus die nachösterliche Zukunft der Jüngergemeinde charakterisieren soll, auf die Trennung von der Synagoge als Erfahrungshorizont *eines
Teils* der Adressaten hindeuten und *für diesen Teil* einen jüdisch-judenchristli-
chen Hintergrund nahelegen. Freilich läßt sich dieser Hintergrund weder für
den ganzen Kreis der johanneischen Adressaten erweisen, noch kann der
Konflikt auf die aktuelle Gegenwart des Evangelisten und seiner Leser einge-
grenzt werden. Die johanneischen ἀποσυνάγωγος-Aussagen bleiben alle relativ allgemein und können so jenen länger andauernden, schmerzlichen Tren-
nungsprozeß zwischen der Synagoge und der wachsenden (juden-)christlichen
Gemeinde auf den Begriff bringen, der bereits vor Paulus mit dem Stephanus-
martyrium beginnt und dann bei Paulus und in der synoptischen Tradition
schon längst im Gange oder gar vorausgesetzt ist[19]. Johannes dürfte hier von
Traditionen abhängig sein und zurückliegende Ereignisse im Blick haben.
Seine Aussagen lassen sich nicht kurzschlüssig auf die – historisch überaus
problematische – ‚Einführung‘ der *birkat ha-minim* in das Achtzehngebet
beziehen[20] und können so nicht einen rein zeitgeschichtlichen Bezug des
4. Evangeliums auf die jüdisch-judenchristliche Kontroverse begründen.

Angesichts des *sprachlichen Befundes im Evangelium,* den beigefügten
Übersetzungen aramäischer Begriffe und Ortsnamen ins Griechische (Joh
1,38.41.42;4,25;9,7;19,13.17;20,16), muß auch Wengst einräumen, daß die
Leserschaft des Joh „nur Griechisch sprach" und daß die ihm zufolge „vorwiegend aus Juden, *aber auch aus Heiden bestehende, griechisch sprechende Gemeinde* des Johannesevangeliums... auch *in einer griechisch sprechenden Umwelt gelebt*" hat[21]. Einen größeren Abstand zum Judentum legt daneben die
distanzierte Rede vom Gesetz sowie von Festen und Gebräuchen „der Juden"
nahe[22]. Besonders die völlig unpolemische Erläuterung jüdischer Sitten scheint
eher als Information für Unkundige gedacht zu sein. Der Evangelist setzt daher
bei seinen Lesern zwar eine bemerkenswerte Kenntnis der Schrift voraus[23] und

---

[19] Vgl. HENGEL 1993, 289ff; SCHNELLE 1987, 136. Vgl. neben Apg 6–8 und 12,1f weiter Mt
10,21ff.28;24,9; Mk 13,12; Lk 21,16; Gal 1,13 (vgl. Apg 8,3); 2 Kor 11,24; Phil 3,6; 1 Thess
2,14; auch Apg 9,23f. Zu den frühen Anfängen der Verfolgung seitens der Synagoge s.
ausführlich HENGEL 1991b, 265ff.

[20] Zur Problematik der Aussagen über Jamnia s. SCHÄFER 1978; STEMBERGER 1977; HENGEL
1993, 289ff. Im übrigen wird meist übersehen, daß gerade WENGST (1990, 100.181) aufgrund
von Joh 12,42 vermutet, die johanneischen ἀποσυνάγωγος-Aussagen bezögen sich noch auf
die Zeit vor der *birkat ha-minim,* weil später „heimliche Sympathisanten" der Gemeinde in
der Synagoge nicht mehr denkbar seien. Damit ist der von Wengst und anderen so heftig
gesuchte historische Anhaltspunkt wieder entschwunden.

[21] WENGST 1990, 155 (Hervorhebungen J. F.).

[22] Joh 8,17;10,34 redet Jesus von „eurem Gesetz", analog 7,19; gegenüber den Jüngern
spricht er 15,25 von „ihrem Gesetz"; dagegen sprechen die Juden 7,51 (ähnlich 19,7; vgl.
12,34) gegenüber Jesus von „unsrem" Gesetz. 15,25 zeigt, daß die Jüngergemeinde auf Jesu
Seite dem Gesetz „der Juden" gegenübersteht. Zu den Festen vgl. Joh 2,13;5,1;6,4;7,2;11,55,
zu den Gebräuchen vgl. Joh 2,6;4,9;18,20;19,40.42.

[23] Vgl. CULPEPPER 1983, 220; LAUSBERG 1985, 278f; HENGEL 1989, 282–288.

verarbeitet selbst auch jüdische Auslegungstraditionen[24], er muß ihnen aber jüdische Gebräuche wie auch Details der palästinischen Topographie erläutern. Dies deutet darauf hin, daß die Adressaten des Evangeliums bereits in größerer Distanz zum Judentum stehen und womöglich mehrheitlich einem nichtjüdischen, heidnischen Umfeld entstammen.

Für ein eher ‚heidnisches' Umfeld der johanneischen Adressaten spricht auch der Befund der *Johannesbriefe*, die historisch sicher nicht weit vom Evangelium abgerückt werden können. Heidnisch oder römisch sind die aus 3 Joh bekannten Personennamen, die einzigen, die wir aus dem johanneischen Kreis kennen[25], ebenfalls im dritten Brief findet sich der einzige Beleg von ἐθνικός im Corpus Johanneum (3 Joh 7): Von den ἐθνικοί, die es offenbar in ihrem Wirkungskreis gab, nahmen die wandernden Christusboten des „Alten" keine Unterstützung, d. h. Beherbergung und Verpflegung an[26]. Wenn sie daher um so dringlicher auf die Aufnahme durch die Gemeinde angewiesen waren (V. 8), erlaubt dies den Umkehrschluß, daß das dominierende Umfeld der Gemeinden nicht etwa aus Juden, sondern aus solchen ἐθνικοί bestand.

In einem ähnlichen Zusammenhang könnte schließlich ebenfalls die rätselhafte Schlußmahnung des 1. Briefes stehen: τεκνία φυλάξατε ἑαυτὰ ἀπὸ τῶν εἰδώλων (1 Joh 5,21). Diese umstrittene Wendung[27] stellt die einzige ausdrückliche *Warnung* vor dem heidnischen Bereich in Evangelium und Briefen überhaupt dar und offenbart im Zuge der innergemeindlichen Auseinandersetzung ganz plötzlich eine Spur jener Außenpolemik, die dem johanneischen Kreis wohl keineswegs unbekannt war. Die im Gegensatz zu dem „wahren Gott" Jesus Christus (1 Joh 5,20) stehenden, hier determiniert genannten εἴδωλα benennen einen für die Gemeinde bedrohlichen und daher zu meidenden Bereich, der Autor und Lesern vermutlich nur zu vertraut war und deshalb keiner näheren Beschreibung bedarf. Der Terminus, der den Sinngehalt des Sichtbaren, Bildhaften betont, weist deutlich auf die Gefahr der Berührung mit heidnisch-kultischen Praktiken hin[28]. Dabei läßt sich an die Gefahr der Teil-

---

[24] Vgl. dazu BARRETT 1990, 48ff; FREED 1965, 129f; BORGEN 1965, sowie das bei SCHLATTER 1930 und ODEBERG 1929 gesammelte reiche Material.

[25] Gaius ist ein römischer Name, den Juden von Gaius Iulius Caesar, dem Wohltäter der Juden, allerdings noch hätten übernehmen können (vgl. SCHÜRER 1973–1987 II, 74), für die heidnisch-theophoren Namen Diotrephes und Demetrios wäre das kaum denkbar, s. BROWN 1982, 24.727; HENGEL 1993, 125f.

[26] Das weist seinerseits auf jüdische Verhaltensweisen zurück, vgl. HENGEL 1993, 127f u. Anm. 108.

[27] Zu den zahlreichen Deutungen vgl. BROWN 1982, 627f; STRECKER 1989, 311f.

[28] Εἴδωλον steht im NT sonst stets wie auch in der LXX für heidnische Götter, vgl. Apg 7,41;15,20; Röm 2,22; 1 Kor 8,4.7;10,19;12,2; 2 Kor 6,16; 1 Thess 1,9 (vgl. 1 Makk 1,43; 3 Makk 4,16; auch Sib 3,548); s. weiter das Problem der ephesinischen Artemis Apg 19,23–41 und Offb 9,20. Aufgrund dieser konkreten Verwendung, auch im weiteren historischen Umfeld der Johannesbriefe, ist kaum einzusehen, warum der Begriff hier ausschließlich „im übertragenen Sinne als Topos des Unglaubens verwendet" (VOUGA 1990, 77) sein soll. Auch

nahme an Opferhandlungen in der Verfolgung durch römische Behörden den-ken[29] oder, wenn man den Briefschluß nicht von der Situation des ganzen Briefes ablösen will, an jenen ethischen „Indifferentismus" und das weltkon-forme Verhalten der ‚fortschrittlichen' Gemeindeglieder[30], die vielleicht auf-grund ihrer gesellschaftlichen Verbindungen auch gegenüber εἰδωλόθυτα nicht mehr so zurückhaltend waren, wie es für die wandernden Boten des ‚Alten' nach 3 Joh 7 wie für weite Kreise des frühen Christentums noch vorauszusetzen ist[31]. Daß die in den paulinischen Gemeinden (1 Kor 8,1ff;10,19.28) virulente Problematik zur Zeit der johanneischen Schriften keineswegs überwunden war, dokumentiert für den kleinasiatischen Raum auch die Apokalypse, die nachdrücklich vor der libertinistischen Lehre der „Nikolaiten", φαγεῖν εἰδωλό-θυτα (Offb 2,14.20), warnt, und εἰδωλολάτραι in den Lasterkatalogen (Offb 21,8;22,15) aufführt[32]. Versteht man den Terminus εἴδωλα, der in Apg 15,20.29 geradezu metonymisch für εἰδωλόθυτα eintritt, auch in 1 Joh 5,21 in einem solchen Sinne, dann kann diese Schlußmahnung durchaus mit der bekämpften Lehre der Sezessionisten und ihren ethischen Konsequenzen in Beziehung stehen. In jedem Falle liegt hier wie in 3 Joh 7 ein klarer Hinweis auf ein *heidnisches Umfeld der Adressaten der Johannesbriefe* vor.

Im *Evangelium* stehen einer Verabsolutierung der Juden als Gegner vor allem die *Abschiedsreden* entgegen, in denen der scheidende Jesus besonders auf die Fragen der ‚Zeit danach', die Probleme der späteren Gemeinde und der Gegenwart der Adressaten eingeht, aber die Juden als Gegner gerade zurück-

---

eine metaphorische Deutung dieser konkreten Terminologie auf die Sünde (vgl. 1 Joh 5,16−18) ist vom Text selbst nicht nahegelegt (s. KLAUCK 1991b, 343 u. 1991a, 57), ebensowe-nig bestehen positive Anhaltspunkte dafür, daß der Autor die Sezession als Rückfall ins Heidentum (so BULTMANN 1967, 93f; VOUGA 1990, 77) und die Sezessionisten als ‚Heiden' bezeichnen wolle.

[29] So WENGST 1978, 225f; SCHUNACK 1982, 106; TAEGER 1989, 196ff, die den Briefschluß von der Situation des Hauptteils abrücken; sowie STEGEMANN 1985, der die Situation des status confessionis für den ganzen Brief voraussetzen will und die übliche antihäretische Deutung bestreitet.

[30] Vgl. KLAUCK 1991a, 130 und besonders 1 Joh 2,15−17, wo bei der ἀλαζονεία τοῦ βίου (2,16) an „die Prahlerei mit dem Wohlstand" (KLAUCK, 1991b, 141), „das Renommieren" (BULTMANN 1967, 39) gedacht sein mag. Vgl. zu diesem Terminus Polyb VI,57,6 und Weish 5,8; als Beispiele Theophr char 23,1−9; Petronius 27−78.

[31] Vgl. Pseudo-Phokylides 31: εἰδωλοθύτων ἀπέχεσθαι (christl. Zusatz, s. N. Walter, JSHRZ IV, 200); Apg 15,20.29;21,25; Did 6,3ff; Just Dial 34,8; PsClem Recg 4,36; Hom 7,4.8;8,19.23; Tertullian Apol 9; Eus Hist Eccl 5,1,26; Minucius Felix, Octavius 30; Luc Pergr Mort 16. zur Sache s. THEISSEN 1983, 279ff; KLAUCK 1986, 241−249. Die jüdische und judenchristliche Abstinenz von den ἱερόθυτα (1 Kor 10,28) erschien ja in einem heidnischen Umfeld als Mangel an Vernunft und Verachtung der Natur zugleich und war beliebter Gegenstand des Spottes (s. 4 Makk 5,2.7−11; weiter Plut Quaest Conv IV, 5,1−3 [Moralia 669E−671 B]; Tac Hist V,4,2; Juv 14,98f; Jos Ap 2,137), und christliche Gnostiker lehrten später die Bedenkenlosigkeit des Opferfleisch-Genusses (vgl. Just Dial 35,1.6; Iren Haer 1,6,3;1,24,5;1,26,3;1,28,2; Eus Hist Eccl 4,7,7; Hipp Ref 7,36).

[32] Vgl. KLAUCK 1992, 164−170.

treten. An ihre Stelle tritt der allgemeinere Begriff ὁ κόσμος, der in der ersten Hälfte des Evangeliums eher positiv gebraucht ist[33].

R. E. Brown hat versucht, aus den Differenzen zwischen Joh 5−12 und 13−17 des Evangeliums ein chronologisches Nacheinander der Auseinandersetzung mit jüdischem und heidnischem Unglauben zu erschließen[34], doch läßt sich aus dem Aufriß des Evangeliums schwerlich eine Chronologie der Gemeindegeschichte erheben. Der auffällige terminologische Wechsel läßt sich eher aus der Dramaturgie des Evangeliums erklären: Der Konflikt Jesu mit den jüdischen Autoritäten schwillt ja seit der ersten Nennung derselben in Joh 1,19 und der programmatisch vorangestellten Tempelreinigung Joh 2,14ff, besonders dann ab Joh 5, von Szene zu Szene an und erreicht seine Klimax im definitiven Todesbeschluß nach dem massivsten Zeichen der Lazarus-Erweckung[35]. Nachdem sich Jesus in 12,36 von dem sich gegen ihn verschließenden ὄχλος abwendet, wird im schriftgelehrten Kommentar des Evangelisten über den Unglauben der Zeitgenossen Jesu das Urteil gesprochen (12,37−43). Im Verhör vor den jüdischen Instanzen, für die das Urteil bereits feststeht, weist auch Jesus nur noch auf seine öffentlich erfolgte, abgeschlossene Lehre zurück (18,20). Dieser Prozeß ist schon seit 11,47ff entschieden[36], dementsprechend spielen „die Juden" in Joh 13−17 praktisch keine Rolle mehr[37]. Hier ist allgemeiner der Prozeß der Gemeinde mit der ‚Welt' thematisiert, den der Paraklet in Fortsetzung des Werkes Jesu führt (Joh 16,7ff). Diese klare Dramaturgie des Evangeliums läßt es kaum zu, die beherrschende Rolle der „Juden" als Gegner Jesu in Joh 5−12 als ein bloßes Spiegelbild der Umwelt der johanneischen Adressaten zu werten. Daß Jesus mit den jüdischen Autoritäten in Konflikt geriet, ist ja Gemeingut der Evangelienüberlieferung[38], daß hingegen in den Abschiedsreden, wo die Fragen der nachösterlichen Gemeinde viel direkter thematisiert werden, wie auch im Prolog des Evangeliums (1,10f) und im ersten Brief[39] vom Unglauben des κόσμος die Rede ist, mag auf eine andere sprachliche Ebene von größerer Allgemeinheit hindeuten: In der Rede vom κόσμος läßt sich die Gegnerschaft der Juden zur Zeit Jesu und in der bisherigen

---

[33] Vgl. CASSEM 1972, 87−90: Während der κόσμος im ersten Teil des Evangeliums eher positiv als Objekt der Liebeszuwendung Gottes genannt wird, tritt er in den Abschiedsreden überwiegend negativ als gottfeindliches Subjekt unter dem Herrscher der Welt (12,31;14,30) auf.

[34] BROWN 1979, 63.

[35] CULPEPPER 1983, 125−132; vgl. HAHN 1970, 68ff.

[36] Vgl. HAHN 1970, 62−67.

[37] Sie werden nur in dem Rückverweis Joh 13,33 erwähnt, vgl. noch das in den Ausführungen über die Feindschaft der „Welt" überraschend auftretende Stichwort ἀποσυναγώγους ποιήσουσιν 16,2.

[38] HENGEL 1993, 293f; TRILLING 1988, 215f.

[39] Nach CASSEM 1972, 87−90 ist die Verwendung von κόσμος in 1 Joh mit der im 2. Teil des Evangeliums (c. 13−21) relativ eng verwandt, während sich die Verwendung in Joh 1−12 davon kraß unterscheidet.

Zeit der Gemeinde wie auch jede andere Form des Unglaubens in der Zeit nach Jesu Weggang zusammenschauen und als das Geschick des in die Welt gekommenen Gotteswortes angesichts des Weges Jesu reflektieren. „Die Juden" sind in dieser Darstellung die konkreten Gegner des irdischen Jesu und die Widersacher der Gemeinde seit den Anfängen derselben und zugleich paradigmatische Repräsentanten jener ‚Welt', die der Botschaft des Evangeliums mit fortwährendem Unglauben begegnet[40]. Obwohl für die Adressatengemeinden durchaus *auch* aktuelle Konflikte mit der Synagoge um den Anspruch Jesu und das Zeugnis der Schriften vorauszusetzen sind, geht die Funktion der Ἰουδαῖοι-Aussagen im Evangelium über diesen zeitgeschichtlichen Horizont hinaus und ist im Gesamtrahmen der Darstellungsmittel des Evangeliums zu begreifen: Die Anamnese der Geschichte Jesu, des Weges des inkarnierten Logos in der Welt, die in dualistischen Kategorien erzählte Darstellung der Auseinandersetzung Jesu mit seinen Zeitgenossen fungiert für die Gemeinde als Rückbesinnung in ihrer Situation inmitten der ‚ungläubigen Welt': „Hier versichert sie sich erneut der Identität der Offenbarung Gottes und damit auch der Identität ihrer Verknüpfungsaufgabe. So gefestigt wird sie erneut in die Welt gesandt – zur weiteren Verkündigung."[41] Wenn die „Juden" über weite Strecken der Erzählung als Gegner Jesu auftreten und in der johanneischen Darstellung neben anderen Zeitgenossen Jesu, etwa auch den Jüngern, tiefgründiger Ironie zum Opfer fallen[42], so dient dies nicht zuerst gegenwartsorien-

---

[40] Zur Zusammenschau dieser Ebenen TRILLING 1988, weiter ONUKI 1984, 36: „Die in dem johanneischen Symbolismus sich meldende, allgemeingültige Sinnebene ist gerade der neue, sozusagen dritte Horizont, zu dem der johanneische Gegenwartshorizont und der historische Horizont der Tradition verschmelzen" (vgl. 50f).

[41] ONUKI 1984, 218, vgl. 111–115 u. KÜHSCHELM 1990, bes. 284.

[42] ‚Opfer' johanneischer Ironie werden nach der Analyse von CULPEPPER (1983, 178f) nicht nur die „Juden", sondern auch Nathanael (1,46), der Speisemeister (2,9–11), Nikodemus (3,4.9), die samaritanische Frau (4,10.12), der Gelähmte (5,7), die Menge (6,30f;7,26.42), Petrus (13,6f.37f;18,19), die Jerusalemer (7,27–29), die Soldaten (7,46), Thomas (11,16), die Jünger (16,30–32), Pilatus (18,33–19,22) und Maria Magdalena (20,14f). Aus diesem Grund kann die johanneische Ironie nicht als Mittel einer einseitigen ‚Judenpolemik' gewertet werden; gerade auch das unzureichende Verständnis der (vorösterlichen) Jünger, v. a. im Blick auf die wahre Identität und Herkunft Jesu sowie seinen Tod, wird so dargestellt, daß die Leser des Evangeliums aus impliziten Erläuterungen stets besser Bescheid wissen als die Gestalten der erzählten Geschichte und aufgrund dieses Wissens auf den wahren, vom Evangelisten intendierten Sinn hingeführt werden. Fragt man umgekehrt, welche Gestalten im Evangelium nie Opfer der Ironie werden, so bleiben nur Jesus selbst und der mit ihm engstens verbundene ‚Lieblingsjünger' (CULPEPPER 1983, 179f; VOUGA 1977, 34f) sowie schließlich die ‚impliziten Leser' des Evangeliums (dazu s. FREY 1992), die nie definitiv vom Verstehen ausgeschlossen werden, sondern immer die Möglichkeit haben, sich von dem ironisierten Unverständnis der Zeitgenossen Jesu zu distanzieren und mit den Deutekategorien des Evangeliums, der christologischen Perspektive des Autors zu identifizieren. „John's irony is calculated ... primarily to include readers among the circle of believers committed to the evangelist's theology" (CULPEPPER 1983, 180; vgl. 202). S. zur kommunikativen Wirksamkeit der johanneischen Darstellungsmittel auch FREY 1992, 275 Anm. 17 u. 283f.286.

tierter Polemik, sondern – am Paradigma der Geschichte des fleischgeworde-
nen Logos – der Vertiefung des Glaubensverständnisses der Adressaten und
angesichts der Bedrängnis in „der Welt" (Joh 16,33), der Wiederermöglichung
ihres Zeugnisses[43]. Selbstvergewisserung und Identitätssicherung erfolgen in
der johanneischen Schule durch die christologisch konzentrierte Reflexion, im
Evangelium durch den anamnetischen Rekurs auf Jesu Weg und Wort, in den
Briefen durch die alles bestimmende Orientierung an dem Bekenntnis von
Person und Werk Jesu.

Ein durchgehend jüdisches oder gar jüdisch dominiertes Umfeld legt sich
angesichts dessen für Evangelium und Briefe nicht nahe. Es ist vielmehr damit
zu rechnen, daß die Adressaten des Corpus Johanneum in einem überwiegend
heidnisch bestimmten Umfeld zu suchen sind und daß vielleicht die Mehrzahl
unter ihnen einem *heidnischen, „griechischen" Hintergrund* entstammen, also
Heidenchristen sind[44]. Dem entspricht, daß die jüdische Fremdbezeichnung
für die Heiden, τὰ ἔθνη, wie auch jegliche jüdisch-partikularistische Heidenpolemik in Evangelium und Briefen gerade fehlt. Die Gemeinde ist zwar nach den
Johannesbriefen auch von den ἐθνικοί und ihren εἴδωλα geschieden, doch ohne
dabei noch eine Affinität zum Judentum zu bekunden, andererseits sehen sich
die mehrheitlich aus der griechischen Welt kommenden johanneischen Adressaten in der Retrospektive des Evangeliums an der Seite Jesu den Juden als
‚Repräsentanten der ungläubigen Welt' gegenübergestellt (15,25). Implizit
deutet sich bereits der Weg zum neuen, „dritten Geschlecht" zwischen Juden
und Heiden an[45].

2. Verdeckte Hinweise auf „die Heiden" im Johannesevangelium

Unter Voraussetzung eines solchen Adressatenkreises läßt sich nun beobachten, wie das 4. Evangelium – im Gegensatz zu den Synoptikern nicht explizit,
sondern eher verdeckt – die Frage nach der *Stellung der Heiden*, der Heiden-
mission und den Heiden*christen* doch thematisiert.

---

[43] Das 4. Evangelium hat, obwohl es nicht selbst eine Missionsschrift ist (HENGEL 1993,
300f), die ‚Heidenmission' durchaus im Blick. S. dazu HENGEL 1993, 293ff; RODRIGUEZ RUIZ
1987, 36; OKURE 1988, 292.

[44] Vgl. zum Ganzen HENGEL 1993, 298ff.

[45] Dg 1,1: καινὸν τοῦτο γένος; Kerygma Petri 2 (bei Cl Al strom VI 5,41): ἡμεῖς δὲ οἱ
καινῶς αὐτὸν τρίτῳ γένει σεβόμενοι Χριστιανοί.

2.1. ἔθνος *und* λαός *in der Kaiaphas-Prophetie (Joh 11,47—53)*

Während der aus der LXX überkommene Terminus für „die Heidenvölker", τὰ ἔθνη (גּוֹיִם) im Unterschied zum erwählten Gottesvolk, dem λαός (עַם) Israel, im johanneischen Vokabular völlig fehlt, ist im Singular von einem ἔθνος durchaus die Rede: 4 mal im Umfeld der Kaiaphas-Prophetie (Joh 11,48.50.51.52) und einmal im Pilatusgespräch (Joh 18,35), jedoch stets in eindeutigem Bezug auf Israel bzw. die Juden[46]. Daneben begegnet λαός (abgesehen von dem sekundären Joh 8,2) zweimal, in Joh 11,50 und im Rückgriff auf diesen Vers in 18,14. In kontextueller Entsprechung sind in 11,50a ἀποθανεῖν ὑπὲρ τοῦ λαοῦ und in dessen Wiederaufnahme 11,51b ἀποθνῇσκειν ὑπὲρ τοῦ ἔθνους die Begriffe λαός und ἔθνος anscheinend in gleicher Weise auf das Volk, von dem Kaiaphas spricht, bezogen. Ist die Variation der Termini in Joh 11,47—53, wo 5 der 7 johanneischen λαός- bzw. ἔθνος-Belege auftreten, also lediglich eine stilistische, ohne semantischen Wert? Sind beide Begriffe für Johannes völlig synonym, wie häufig angenommen wird[47]? Gelegentlich folgert man gar aus der Nebeneinanderstellung der beiden Termini „eine gewisse Geflissentheit..., den für jüdische Ohren bestehenden Unterschied zwischen λαός und ἔθνος als nicht vorhanden zu behandeln"[48]. Die aus der LXX geläufige[49] und in der Mehrzahl der neutestamentlichen Belege durchgehaltene Differenzierung scheint bei Johannes – wie übrigens auch in der Apokalypse[50] – zu fehlen.

Andererseits trägt die Gegenüberstellung von λαός und ἔθνος eine semantische Nuancierung in sich, die den mit der LXX sehr wohl vertrauten Lesern und Hörern des Evangeliums kaum verborgen bleiben konnte. Daher läßt sich vermuten, daß Johannes die beiden Begriffe keineswegs beliebig variiert. Eine genauere Untersuchung von Joh 11,48—52 zeigt vielmehr, daß er mit ihrer jeweiligen Verwendung *subtilere* Nuancen zum Ausdruck bringt:

a) Zunächst wird in V. 48 im Mund der jüdischen Autoritäten – tatsächlich in Form eines ironisch auf den Jüdischen Krieg zurückblickenden vaticinium ex

---

[46] ἔθνος im Sing. kommt im NT 29 mal vor, davon 15 mal determiniert, sowie meist durch ein Pronomen o. ä. eindeutig auf das ἔθνος τῶν Ἰουδαίων (Apg 10,22) bezogen. Joh 11,48 und 18,35 ist dieser Bezug ebenfalls pronominal ausgedrückt.

[47] BARRETT 1990, 403; BULTMANN 1986, 313 Anm. 10; RODRIGUEZ RUIZ 1987, 117; WENGST 1990, 147f.

[48] STRATHMANN 1942, 51f; vgl. SCHMIDT 1935b, 368/35ff, der meint, daß „hier die Juden in ihrer Gesamtverstockung... selbst als ἔθνη anzusprechen sind". Dies geht klar über den Textbefund hinaus.

[49] Vgl. BERTRAM 1935, 363f und STRATHMANN 1942, 32f, sowie besonders PANCARO 1970, 116—118, der zeigt, wie in der LXX die terminologische Differenzierung gegenüber dem hebr. Text noch verstärkt auftritt: Wo λαός für גּוֹי steht, bezieht sich dieses auf Israel (117), wo ἔθνος für hebr. עַם steht, bezeichnet dieses mit wenigen Ausnahmen (117 Anm. 6) nicht Israel. ἔθνη für עַמִּים bezieht sich auf Nicht-Israeliten (118 und Anm. 1).

[50] S. u. Anm. 69; zum sprachlichen Vergleich zwischen Evangelium und Apokalypse s. ausführlich FREY 1993, 336—382.

eventu – das um den Tempel gescharte jüdische Volk[51] der Weltmacht der Römer gegenübergestellt, die hier nicht eigens als „heidnisch" gekennzeichnet ist. Auch Joh 18,35 differenziert im Munde des Pilatus das jüdische ἔθνος von der römischen Staatsmacht. ἔθνος ist in Joh 11,48ff als national-politischer Terminus gebraucht[52].

b) V. 51b−52 wird die im Zentrum des Abschnitts stehende Kaiaphas-Prophetie V. 49f vom Evangelisten erläutert: Jesus solle stellvertretend ὑπὲρ τοῦ ἔθνους sterben, aber nicht nur für dieses ἔθνος allein, sondern auch, „um die zerstreuten Gotteskinder zur Einheit zusammenzuführen". Die Prophetie und ihre ‚Auslegung' sollen offenbar dasselbe aussagen, erstere dunkel und verdeckt, letztere dagegen klar ausgeführt. Während die Rede von Jesu Sterben ὑπὲρ τοῦ λαοῦ (11,50;18,14) keiner weiteren Ergänzung bedarf, genügt es für die Ausdeutung offenbar nicht zu sagen, daß Jesus für das ἔθνος, d. h. das national verstandene, um den Tempel gescharte „Volk" der Juden stirbt. Vielmehr muß als Zweck seines Sterbens die Zusammenführung der „zerstreuten Gotteskinder" eigens genannt werden[53]. Dies beweist, daß der λαός in der Prophetie in einem anderen, von ἔθνος unterschiedenen Sinn verwendet ist.

c) Die Kaiaphas-Prophetie V. 49f verwendet ἔθνος und λαός nebeneinander.

συμφέρει ὑμῖν
ἵνα εἷς ἄνθρωπος ἀποθάνῃ ὑπὲρ τοῦ λαοῦ
καὶ μὴ ὅλον τὸ ἔθνος ἀπόληται.

In antithetischem Parallelismus stehen sich ἔθνος und λαός gegenüber, der λαός als Heilsempfänger und Nutznießer des stellvertretenden Sterbens des „einen Menschen", das ἔθνος als das vom Untergang bedrohte Volk, das deshalb nicht als Ganzes zugrunde geht, weil einer für den λαός stirbt. Während ἔθνος die Juden als national-politische Größe bezeichnet[54], bringt λαός

---

[51] τόπος bezieht sich hier auf den Tempel, nicht einfach auf Jerusalem, s. Schlatter 1930, 257; Bultmann 1986, 313 Anm. 10; vgl. Jer 7,14; Neh 4,7; Joh 4,20; Mt 24,15; Apg 6,13;21,18. Die Deutung auf die Stadt Jerusalem drang später als v. l. πόλιν ein.

[52] τὸ ἔθνος als Begriff für den nationalen Bestand des um den Tempel ansässigen und vom ἀρχιερεύς geleiteten jüdischen Volkes entspricht schon der Verwaltungssprache der hellenistischen Zeit, vgl. Strabo 16,2,2; 1 Makk 12,6;15,2, Jos Ant 12,142;13,166. S. dazu Hengel 1988, 36.44f.50.138.537; Schäfer 1983, 46; zum Sprachgebrauch bei Josephus Schlatter 1930, 257f und Jos Bell 5,395.399 u. ö. Zur Bezeichnung von Juden in der Diaspora als ἔθνος bzw. *gens* „der Juden" s. Schürer 1973−1987 III,90.114 n. 28. Daß der Begriff des jüdischen ἔθνος nicht an die judäische Ansässigkeit gebunden war, sondern auch Proselyten Glied dieses jüdischen ἔθνος wurden, zeigt die Bekehrung des Herrscherhauses von Adiabene (s. Jos Ant 20,17−96 [vgl. Gen r 46,10]; Jos Bell 2,388.520;6,356); von der Strafsteuer Domitians für das aufrührerische *gens* der Juden ist die ganze Religionsgemeinschaft betroffen (Suet Dom 12,2); vgl. Hengel 1988, 560f u. Anm. 282; Kuhn 1959, 730−745.

[53] Vellanickal 1977, 222.

[54] Daher ist der Begriff in 18,35 im Munde des Pilatus durchaus ‚stilgemäß', ebenso wie λαός im Munde des Hohepriesters, auch wenn der Evangelist den Terminus anders füllt als die Priesteraristokratie.

die Gemeinschaft der Heilsempfänger zum Ausdruck, die hier offenbar nicht
mit dem ἔθνος identisch ist. Dieser λαός wird nicht durch die physische Zugehörigkeit zum Gottesvolk, sondern durch das stellvertretende Sterben des
„einen Menschen" Jesus ὑπὲρ τοῦ λαοῦ konstituiert. Diese Verwendung der
beiden Termini, die von der traditionellen Unterscheidung zwischen ἔθνος
und λαός abweicht, ist in sich durchaus stimmig und trifft sich mit jenen
neutestamentlichen Tendenzen, die alttestamentliche Aussagen über das erwählte Gottesvolk auf die christliche Heilsgemeinde übertragen[55].

Dem Wort des Kaiaphas kommt dabei ein besonderes theologisches Gewicht zu: Es ist als prophetischer Ausspruch eigens hervorgehoben und erfährt durch den anschließenden „Präzisierungssatz" eine Erläuterung, die die
„offizielle" und „offenbarungsgeschichtliche" Bedeutung dieser Perikope
herausstellt[56]. Hier kommt der definitive Todesbeschluß der jerusalemischen
Autoritäten zum Ausdruck (11,53), auf den hin Jesus die Öffentlichkeit meidet (11,54) und nur noch seinem Tod entgegengeht. Später wird im Rahmen
des Hannasverhörs in einer umständlichen, überflüssig erscheinenden Notiz
noch einmal auf die Person des Kaiaphas zurückverwiesen und dessen prophetischer Ratschlag in Erinnerung gerufen: ὁ συμβουλεύσας τοῖς Ἰου
δαίοις ὅτι συμφέρει ἕνα ἄνθρωπον ἀποθανεῖν ὑπὲρ τοῦ λαοῦ (18,14). Dabei findet sich auch in diesem Rückverweis noch einmal der Begriff λαός,
der im Joh nur an diesen beiden, aufeinander bezogenen Stellen vorkommt[57]. Es scheint, als solle mit der Zitierung der Kaiaphasprophetie auch
die Nuance dieses Begriffes noch einmal auffällig betont werden: Jesus stirbt
für den – johanneisch zu verstehenden – λαός. Gerade weil 11,49f als inspirierte Prophetie[58] ausdrücklich hervorgehoben und vom Evangelisten zusätzlich erläutert ist, wird man über terminologische Nuancen nicht einfach hinweggehen können.

d) Zu beachten ist die feinkalkulierte *Mehrschichtigkeit* der Aussagen in
dieser Perikope. Die abgrundtiefe *Ironie* der johanneischen Darstellung tritt
hervor, wenn der Hohepriester, der die Ratsherren zuerst überheblich als

---

[55] S. für λαός u. Anm. 69.

[56] So BJERKELUND 1987, 110.128–130.

[57] Bezeichnenderweise wird λαός an der sekundären Stelle Joh 8,2 völlig anders verwendet, nämlich für die jüdische Volksmenge, für die der Evangelist in der Regel ὄχλος gebraucht; vgl. PANCARO 1970, 122f.

[58] Auffällig ist die Betonung, daß Kaiaphas nicht ἀφ᾽ ἑαυτοῦ sprach. Im Johannesevangelium ist es der Paraklet, der nicht ἀφ᾽ ἑαυτοῦ redet (16,13), sondern ‚empfängt' und
verkündigt und so Christus bezeugt (15,27). Nach DODD 1968, 65, kann die Bemerkung
„echo a popular belief of first century Judaism". Zu unbewußten Prophezeiungen vgl. Bill.
II, 546; Philo Rer Div Her 259: προφήτης γὰρ ἴδιον μὲν οὐδὲν ἀποφθέγγεται, ἀλλότρια δὲ
πάντα ὑπηχοῦντος ἑτέρου; Rer Div Her 266: er verkündet als Werkzeug Gottes ohne
eigenes Bewußtsein der verkündeten Dinge; vgl. Spec Leg I,65). Zur prophetischen Gabe
des Hohepriesters bei Hyrkanos s. Jos Bell 1,68f; Ant 11,327;13,282f.299f; weiter gr. Test
L 8,11–17;17,11–18,14.

Unwissende tadelt (V. 49: ὑμεῖς οὐκ οἴδατε οὐδέν), in seinem eigenen zynischen Ratschlag unwissentlich den stellvertretenden Sühnetod Jesu prophezeien muß. Diese Hintergründigkeit gehört wesentlich zur johanneischen Darstellung, in der ihr neben einer polemischen Bedeutung in der Zeichnung der Gegner vor allem eine ‚didaktische' Funktion zukommt für die Leser und die Art, in der diese die erzählte Geschichte wahrnehmen. Ihnen wird zugemutet, die übereinander liegenden Sinnebenen zu erkennen und aufgrund dessen, was sie bereits wissen, selbst zu urteilen, den verborgenen Sinn der Worte zu ‚entdecken' und so jene Deutung des Geschehens, die das Evangelium ihnen vermitteln will, um so aktiver zu lernen[59].

α) Auf der *Textoberfläche und vom erzählten Zeitpunkt aus gesehen* ist der berichtete Ratschlag einsichtig: Wenn dieser Mensch als Aufrührer die Römer zum Eingreifen reizen und so die Zerstörung des Tempels mitverursachen könnte, dann wäre es tatsächlich besser, dieser eine würde beseitigt, anstatt daß das Volk umkäme. ὑπὲρ τοῦ λαοῦ heißt auf dieser Ebene im Munde des Hohenpriesters: „anstelle" des Gottesvolkes Israel[60].

β) Zugleich schwingt, wenn Johannes diese Erwägungen der jüdischen Autoritäten aus der *Retrospektive des Evangeliums* berichtet, abgrundtiefe Ironie mit. Denn wie um die Jahrhundertwende jeder weiß, sind die Römer längst ‚gekommen', Jerusalem ist eingenommen, der Tempel zerstört, die Priesterschaft in der überwiegenden Mehrzahl liquidiert. Die einstige Befürchtung ist Wirklichkeit geworden[61], sie ist allerdings entgegen V. 48 eingetroffen, *obwohl* diese Jesus *nicht* gewähren ließen und obwohl „die Hohenpriester" sich später vor Pilatus schroff von Jesu Königtum distanzieren, ja dem Bekenntnis zur Königsherrschaft Gottes selbst abschwören und als ihren alleinigen König den römischen Kaiser bekennen (19,15)[62]. Das so vernünftige Argument der Ratsherren ist durch den Gang der Ereignisse als töricht erwiesen. Es dürfte kaum zu weit gehen, wenn man für den Evangelisten den Umkehrschluß anfügt, der nicht ausgesprochen wird, aber sich durch Joh 18,36 nahelegt: Entgegen der

---

[59] „Irony is a mode of revelatory language. It reveals by asking the reader to make judgments and decisions about the relative value of stated and intended meanings, drawing the reader into its vision of truth, so that when the reader finally understands, he or she becomes a member of the community that shares that vision." (O'DAY 1986, 31). Vgl. zur joh Ironie o. Anm. 42 und weiter CULPEPPER 1983, 165–180; DUKE 1985 sowie die glänzende Analyse bei VOUGA 1977, 15–36.

[60] Vgl. den Tod des Scheba (2 Sam 20,14–22) und die Aussetzung des Jona (Jona 1,8–16). Beide sind freilich nicht unschuldig. Vgl. weiter Gn r 94 (60a), bei Bill. II, 545f, sowie yTer 8, wo R. Jochanan gegenüber R. Schim'on b. Lakisch argumentiert: „Auch wenn er nicht wie Scheba ben Bikri des Todes schuldig war..."

[61] Für dieses vaticinium braucht Johannes auch nicht auf das Wirken des prophetischen Geistes oder das hochpriesterliche ‚Amtscharisma' zu verweisen. Solches geschieht nur in bezug auf die eigentlich ‚wahren' Worte, das prophetische Zeugnis für Heilsbedeutung des Todes Jesu V. 50.

[62] Vgl. dazu HENGEL 1991a, 173.

Befürchtung der Synhedristen bedeutete Jesu heilvolles Wirken trotz seiner messianischen Königswürde gerade keine Konkurrenz zur politischen Macht der Römer und keine Provokation für deren Eingreifen[63]. Im Rückblick ist der Satz des Kaiaphas vom „Sterben anstelle des Volkes" auch auf der politischen Ebene falsch: Der stirbt, ist unschuldig, wie Pilatus rechtsgültig feststellt (18,38), seine Beseitigung hat Jerusalem und den Tempel vor dem Untergang nicht bewahrt.

γ) Die augenscheinlich-logischen, in subtiler Ironie zugleich als verfehlt zu erkennenden Erwägungen der jüdischen Oberen erhalten freilich im Kaiaphas-Wort noch eine dritte, im Sinne des Johannes ‚prophetisch-geistgewirkte‘, nämlich *christologisch-soteriologische Dimension,* in der der Hohepriester eine tiefe Wahrheit über Jesus selbst und sein stellvertretendes Sterben aussagt. Das Wort des Kaiaphas stellt priesterlich-offiziell den stellvertretenden, ja sühnen-den[64] Charakter des Todes Jesu fest und tritt damit neben die juristische Feststellung von Jesu Unschuld im Munde des römischen Prokurators (18,38). Entgegen seiner eigenen Intention prophezeit der Hohepriester die heilvolle Bedeutung des stellvertretenden Sterbens Jesu für die Heilsgemeinde des λαός. Auf dieser soteriologischen Ebene liegt die Intention des johanneischen Berichts, wegen dieser Aussage wird das Kaiaphas-Wort zitiert (11,50), als Prophetie herausgestellt und erläutert (11,51f) und später noch einmal so auffällig in Erinnerung gerufen (18,14).

e) Das Evangelium spielt in der ihm eigenen Doppelsinnigkeit gerade mit diesem Begriff: Die Worte des Kaiaphas, „daß ein Mensch (nämlich Jesus) für den λαός stirbt", weisen in der Perspektive der Kaiaphas-Gestalt sicher auf das Gottesvolk, das der Hohepriester allein so bezeichnen kann. Für Johannes entscheidend ist aber das retrospektive, *christologisch-soteriologische Textver-ständnis:* Aufgrund des Todes Jesu sollte nicht das ganze ἔθνος zugrunde gehen. Er starb für das ἔθνος der Juden, jedoch nicht für dieses allein, vielmehr

---

[63] Johannes berichtet gerade kein Schwertwort wie Mt 10,35 par Lk 12,51 oder Lk 22,36, und der Schwertstreich des Petrus wird zwar, mit der singulären Nennung des Namens Malchus, erzählt, aber ebenso betont von Jesus zurückgewiesen (18,10f). Vgl. zur ‚unpoliti-schen‘ Jesusdarstellung im Joh HENGEL 1991a, 182.

[64] Man kann den Gedanken der Sühne für die Sünden, der in 1 Joh wesentlich nachdrückli-cher formuliert wird (2,2;4,10), aus der Verkündigung des Evangeliums nicht eliminieren: Bereits das Täuferzeugnis 1,29.36 bringt diesen zum Ausdruck, vgl. auch 6,51c;17,19. Auch dort, wo ὑπέρ im Sinne der Zuwendung des Sterbens „für" die „Schafe", die „Freunde" etc. steht (10,11.15;15,13;17,19), muß dieser Sinn mit erkannt werden. In auffälliger Weise wird die Lazarusperikope Joh 11,1−44 gerade von einem Verweis auf die Wahrheit des Täufer-zeugnisses über den Sühnetod Jesu (10,40−42) und der Perikope mit dem prophetischen Wort des Kaiaphas über Jesu stellvertretenden Sühnetod (11,45−54) gerahmt. Beide Weissagun-gen über Jesu Tod interpretieren so zusammen die Lazarus-Erzählung, die ihrerseits den Stellvertretungs-Charakter seines Sterbens veranschaulicht, vgl. Joh 11,15f: Jesus geht zur Auferweckung des Freundes in den eigenen Tod. Vgl. das Motiv weiter in der Gefangennah-me Jesu Joh 18,8; der Barrabas-Episode 18,39−19,1, sowie der Kreuzesszene 19,26f.

starb er für den λαός als das ‚neue', eschatologische Gottesvolk[65]. Dieses
schließt Teile des ἔθνος nicht aus, sondern ein, nämlich jene „wahren Israeliten" wie Nathanael, die Jesus als den βασιλεὺς τοῦ Ἰσραήλ bekennen (Joh
1,47−49)[66], doch begreift es daneben noch andere, die „zerstreuten Gotteskinder" mit ein. Das Prophetische des Kaiaphaswortes läßt sich gerade darin
bestimmen, daß nicht von dem politisch und religiös klar bestimmten ἔθνος,
sondern von dem λαός als den ‚Nutznießern' des Todes Jesu geredet wird:
„Caiaphas prophesied... precisely because he used the word λαός."[67] Eben
damit spricht er kryptisch und unbewußt vom prophetischen Geist geleitet jene
Wahrheit aus, die die Erläuterung des Evangelisten (V. 51f) ausführt.

2.2. Der ‚neue' λαός und die zerstreuten Gotteskinder (Joh 11,52)

Die verschiedenen Ebenen des Textes, die unterschiedlichen Blickwinkel des
Kaiaphas und des Evangelisten, die bereits Augustinus scharfsinnig wahr-
nahm[68], sind miteinander verbunden durch den ‚doppeldeutigen', nämlich in
der textinternen Perspektive der erzählten Gestalt Kaiaphas und in der Retrospektive des Evangelisten unterschiedlich gefüllten Begriff λαός, mit dem der
Evangelist hier spielt: Im Munde des Priesters bezeichnet λαός traditionell das
jüdische Gottesvolk, in der Erläuterung wird dies nicht schlechthin negiert,
aber differenziert und transponiert: Jesus stirbt zwar auch für das jüdische
ἔθνος, so daß nicht das ganze ἔθνος zugrunde geht, freilich im Sinne des
Evangelisten der gegenüber Jesus im Unglauben verharrende Teil durchaus,
denn für ihn konstituiert sich dieser λαός nicht mehr aus der Abstammung,
sondern aus der glaubenden Teilhabe an der Heilswirkung des Todes Jesu[69].

---

[65] Die Terminologie der eschatologischen καινότης findet sich bei Joh freilich nur für das
‚neue Gebot' (Joh 13,34f; vgl. 1 Joh 2,7f; 2 Joh 5), ausgiebiger jedoch in der Apokalypse:
ὄνομα καινόν Offb 2,17;3,12; καινὴ Ἰερουσαλήμ 3,12;21,2; ᾠδὴ καινή 5,9;14,3; sowie καινὰ
ποιῶ πάντα 21,5.

[66] S. dazu HENGEL 1993, 81ff.

[67] PANCARO 1970, 122; vgl. auch OLSSON 1974, 245.

[68] „Caiaphas de sola gente Judaeorum prophetauit... Sed nouerat euangelista esse alias
oues... quas oportebat adduci" (In Ioh Ev Tract 49,27: CChr. SL 36,432f). Von einer
„doppelsinnigen Rede" und „Weissagungsform durch Doppelsinn" redet auch schon DE
WETTE 1846, 145f.

[69] Analog verwendet auch die Johannesoffenbarung zweimal den Begriff λαός theologisch
qualifiziert für das ‚neue Gottesvolk', in Offb 18,4 (vgl. Jer 51,45) und 21,3 (im Plur.): αὐτοὶ
λαοὶ αὐτοῦ ἔσονται. Die anderen Belege für λαός begegnen in formelhaften Aufzählungen mit
ἔθνη, φύλαι, γλῶσσαι etc. (Offb 5,9;7,9;10,11;11,9;13,7;14,6;17,15). Hier zeigt sich eine
ähnliche Umprägung des λαός-Begriffs wie im 4. Evangelium: Er dient nicht mehr zum
Ausdruck der speziellen Erzählung Israels, sondern steht im Plural oder mit verallgemeinernden πᾶς-Wendungen neben anderen Gruppenbezeichnungen, oder ist neu qualifiziert auf das
durch Jesu Heilstat geschaffene neue Gottesvolk bezogen. Vgl. weitere spätneutestamentli-
che Belege für die Umprägung des λαός-Begriffes, bes. 1 Petr 2,9f im Zusammenhang mit
einer Reihe atl. Heilsbegriffe, die der Gemeinde zugesprochen werden: γένος ἐκλεκτόν,
βασίλειον ἱεράτευμα, ἔθνος ἅγιον, λαός εἰς περιποίησιν ... ποτε οὐ λαὸς νῦν δὲ λαὸς θεοῦ

Andererseits schließt der λαός als Heilsgemeinschaft kraft des Sterbens Jesu nun auch die „Gotteskinder" außerhalb des jüdischen ἔθνος ein.

Die rätselhafte Bezeichnung τὰ τέκνα τοῦ θεοῦ τὰ διεσκορπισμένα in 11,52 spielt auf die spätalttestamentliche Hoffnung an, daß die in der Diaspora befindlichen Teile des Gottesvolkes in der messianischen Zeit wieder im Lande Israel gesammelt werden sollen[70]. Im Rahmen einer jüdischen Schrift müßte man in den herbeigesammelten Gotteskindern Diasporajuden sehen[71]. Aufgrund der subtilen terminologischen Nuancierung in der Kaiaphasprophetie wird man jedoch mit größerem Recht eine christliche Inanspruchnahme der überkommenen Hoffnung erkennen und in Joh 11,52 eben jene repräsentiert sehen, die über das jüdische ἔθνος noch zur Heilsgemeinde *hinzu*gesammelt werden sollten, d. h. die Heidenchristen[72]. Allerdings ist eine eindeutige Identifikation der „zerstreuten Gotteskinder" mit den Heidenchristen sprachlich nicht möglich. Es heißt nicht: „Jesus stirbt nicht allein für das (jüdische) ἔθνος, sondern auch für die zerstreuten Gotteskinder (aus den Heiden)", sondern: „nicht für das ἔθνος allein, sondern dazu, *daß er zudem die zerstreuten Gotteskinder zur Einheit zusammenführe*"[73]. Die Gotteskinder sind also nicht die aus

---

(vgl. Hos 1,6). Vgl. weiter Tit 2,14: λαὸς περιούσιος für die christliche Gemeinde; Hebr 2,17;14,9;10,30;13,12, sowie grundlegend Paulus Röm 9,24–26 (vgl. Hos 2,25;2,1 LXX), sowie der umstrittene Text 2 Kor 6,16 (vgl. Lev 26,12; Ez 37,27).

[70] Vgl. zu dieser breiten Erwartung Jes 11,12;49,5f; Jer 23,2f; Ez 11,17;20,34;28,25; 34,12f;37,21; Mi 2,12;4,6; Bar 2,30.34;4,36f; 2 Makk 1,27;2,18; Sir 36,13; Tob 13,5; PsSal 8,28.34;11; 4 Esr 13,47; äth Hen 57;90,33; Philo Praem Poen 163–172 und die 10. Bitte des Achtzehn-Gebetes, sowie im Zusammenhang mit συνάγειν der „Kinder" besonders Jes 60,4 (vgl. SCHLATTER 1930 z. St.) und Jes 43,4–6; (dazu GRIMM 1974): Dort heißt es zuerst „gebe ich *einen Menschen* als Lösegeld an deiner (sc. Israel) statt (V. 4b), dann „... von Sonnenuntergang *sammle* (συνάξω) ich dich" (V. 5aβ), schließlich: „laßt kommen meine *Söhne* von ferne und meine Töchter von den Enden der Erde" (V. 6). GRIMM folgert (1974, 142): „Das Nebeneinander des ‚Volks' und der ‚zerstreuten Kinder Gottes' (Joh 11,52) entspricht genau dem Nebeneinander von Israel und den Leuten aus den verschiedenen Himmelsrichtungen (Jes 43,3f/5ff)", dabei deutet er die ‚zerstreuten Gotteskinder' auf die *Heidenvölker*.

[71] Vgl. BARRETT 1990, 403. Einen solchen Bezug vermuten ROBINSON 1959; VAN UNNIK 1980; VAN HARTINGSVELD 1967, 96f, sowie jetzt auch BARTH 1990. In diesem Falle müßten freilich ἔθνος wie auch λαός in der ganzen Kaiaphas-Perikope die jerusalemische Judenschaft, die ‚Judäer' im Unterschied von den hinzukommenden Diasporajuden bezeichnen. Für eine so eingeschränkte ‚judäische Perspektive' gibt es freilich im ganzen Evangelium trotz der topographischen Konzentration auf Jerusalem und Judäa keinen zwingenden Grund. Analog wurde bereits für den Begriff οἱ Ἰουδαῖοι ein Bezug auf die „Judäer" vermutet (so bereits BORNHÄUSER 1928, 19f; neuerdings LOWE 1976; BARTH 1990, 57–60); dagegen sprechen jedoch die kaum auf Judäer einzuschränkenden, sondern die ganze Judenschaft bezeichnenden Wendungen βασιλεὺς τῶν Ἰουδαίων; ἑορτὴ τῶν Ἰουδαίων (Joh 6,4) und καθαρισμὸς τῶν Ἰουδαίων (2,6) in Kana in Galiläa. Nach Joh 4,9 ist Jesus, der Galiläer, ein Ἰουδαῖος, und die Hörer der Brotrede in Kapernaum (6,59) sind Ἰουδαῖοι (6,41.52), d. h. nicht Judäer, sondern in Jerusalem wie in Galiläa „Juden". Vgl. kritisch WENGST 1990, 58–60, ASHTON 1985 und THYEN 1980, 179f.

[72] Zur Schriftbegründung verweist HOFIUS 1967 auf Jes 56,8, wonach über die Sammlung der Versprengten Israels hinaus noch weitere, d. h. Heiden, hinzugesammelt werden sollen.

[73] Das in den Finalsatz V. 52b eingebettete καὶ bezieht sich adverbial auf συνάγειν und

den Völkern herzutretenden, sondern die Gesamtheit derer, die durch Jesu Tod „zur Einheit zusammengeführt werden", die am Heil durch sein stellvertretendes Sterben teilhaben[74], der ganze, durch Jesu Tod neu konstituierte λαός[75]. Dabei ist eben nicht von einer Hinzuführung ehemaliger Heiden zu dem schon bestehenden Gottesvolk die Rede, sondern von einer „Zusammenführung" von bislang Zerstreuten zu der Einheit (συνάγειν εἰς ἕν)[76], die durch den heilsbegründenden Tod Jesu konstituiert ist. Dieser Stelle zufolge sind also *ante Christum crucifixum et glorificatum* alle „Gotteskinder", auch die aus dem jüdischen ἔθνος kommenden, noch „zerstreut" und ohne die wahre, erst christologisch begründete Einheit[77]. Dieses Verständnis ist auf der Basis der Sachparallele Joh 10,16 zu prüfen, wo die ‚ekklesiologischen Strukturen' noch klarer zum Ausdruck kommen.

2.3. Die ‚anderen Schafe' und die eine Herde (10,16)

Der Kontext dieser zweiten ‚verdeckten' Aussage über die Heiden und ihr Hinzutreten zur Heilsgemeinde, die Hirtenrede Jesu Joh 10, weist zwar keine ironische Mehrschichtigkeit auf wie die Synhedriumsperikope Joh 11,48ff, wohl aber eine schillernde, ans Allegorische grenzende Metaphorik. Zunächst wird in 10,1−5 mit den Elementen Schafherde, Schafstall mit Eingang, Türhüter und Hirte ein in sich verständliches Bild gezeichnet, das den *wahren* Hirten in Kontrast zu den Dieben und fremden Hirten setzt[78]. Erst die Erzählerparenthese V. 6, die typisch johanneisch das Unverständnis der Zeitgenossen Jesu

---

verbindet somit zwei finale Fügungen, es bildet nicht kopulativ eine Aufzählung von Personengruppen der Form οὐ μόνον... ἀλλὰ καὶ... Vgl. Bl.-Debr. § 442 Anm. 1. Die Konstruktion entspricht genau Joh 12,9. S. auch OLSSON 1974, 245 Anm. 22.

[74] Dies entspricht der sonstigen Verwendung von τέκνα (τοῦ) θεοῦ im Evangelium und ersten Brief. Damit sind nach Joh 1,12f alle gemeint, die den Logos Jesus Christus „aufnahmen", „an seinen Namen glauben" und darin „aus Gott geboren sind" (vgl. 3,5), ungeachtet ihrer Herkunft aus dem ἔθνος der Juden oder aus den Heiden; Gottgeburt und Glaube an Christus konstituieren die Gotteskindschaft auch 1 Joh 5,2. 1 Joh 3,1f wird der Christusbezug durch die eschatologische Hoffnung, „ihm gleich" zu sein, ausgedrückt. Vgl. auch Joh 8,34−36: Diejenigen, welche der Sohn, der für immer im Vaterhaus bleibt, befreit, sind nicht mehr Knechte, sondern Freie, d. h. zugleich: Kinder.

[75] Vgl. dazu PANCARO 1970, 127f; OLSSON 1974, 245f; KLEIN 1986.

[76] Ob εἰς ἕν hier nur συνάγειν verstärkt (so SCHNACKENBURG 1965−1975 II 452 Anm. 3), erscheint zweifelhaft. Die Parallele 10,16 betont ebenso die Bedeutung der Einheit der Herde, die dem einen Hirten entspricht, vgl. auch 17,23 (εἶναι εἰς ἕν) und christologisch 10,30. Auch in den von BAUER/ALAND 1988, 465 s. v. εἰς 2a) genannten Belegen liegt auf dem εἰς ἕν eigenes Gewicht: Plat Phileb 23e: εἰς ἕν in Entgegensetzung zu ἓν καὶ πολλά; Dion Hal 2,45,3 συνάξειν εἰς ἕν τὰ ἔθνη; P Oxy 1411,3; Jos Bell 3,518; Eur Or 1640.

[77] σκορπίζειν findet sich noch Joh 10,12 und 16,32 (vgl. Mk 14,27 par.; Sach 13,7): Auch die Jünger Jesu sind in seiner Todesstunde Zerstreute und werden erst danach wieder ‚gesammelt'.

[78] Dabei sind schon zwei Bilder verschmolzen: Im einen (V. 1−3a) ist der wahre Hirte daran erkennbar, daß er durch die Tür in den Stall kommt, im anderen daran, daß er die

(sc. der jüdischen Gegner aus Kapitel 9) betont, deutet darauf hin, daß die Bildrede (παροιμία) nicht nur in sich verstanden sein will, sondern in V. 7−18 ihre Erläuterung erfährt, in der der eigentliche, christologische und ekklesiologische Sinn in offener Rede (παρρησία) zur Sprache kommt[79]. Hier erfährt der Bildgehalt eine mehrfache Modifikation.

Zwei der Bildelemente werden in exklusiv christologischer ἐγώ εἰμι-Formulierung auf Jesus selbst bezogen: Zunächst die Tür (V. 7−10), die Jesus allein zu sein beansprucht, so daß nur, wer durch ihn (in den Stall) eingeht, gerettet wird. Gesprengt wird dieser Bildgehalt durch die Entgegensetzung zu den „Dieben", die nicht durch die Tür eingehen (V. 1) und Zerstörung anrichten (V. 10): Die zentrale Rolle des Eingehens durch die Tür, d. h. die einzigartige Rolle Jesu ist in kryptischer Doppelsinnigkeit einerseits soteriologisch auf „Schafe" aus dem „Stall", andererseits polemisch auf falsche Hirten, Diebe und Räuber bezogen[80]. Die zweite christologische Weiterführung der Rätselrede ist klarer: Jesus ist der wahre Hirte (V. 11), dem – ebenfalls polemisch – im Gegensatz zu dem μισθωτός die Schafe zu eigen sind (V. 12, vgl. 4), er ist der wahre Hirte, weil er sein Leben für die Schafe läßt (V. 11.15.17f.19). Diese wiederholt ausgesprochene soteriologische Deutung des Todes Jesu scheint das Ziel der ganzen Bildrede zu sein. Auf die Vollmachtsaussage V. 18 folgt ein σχίσμα unter den Juden wie dann auf die weiterführenden christologischen Spitzenaussagen V. 30.38 Versuche folgen, Jesus zu töten (V. 31.39). In diesem Kontext weist der exkursartig-parenthetische, freilich in der lockeren Satzreihung keineswegs störende V. 16 zahlreiche Parallelen zur Erläuterung der Kaiaphasprophetie 11,51f auf.

a) Die Aussage erfolgt ebenfalls im Anschluß an einen Hinweis auf den

---

Schafe mit Namen ruft und diese seine Stimme kennen (V. 3b−5). Zum alttestamentlichen Hintergrund der Bildrede s. JEREMIAS 1959, 486f; BEUTLER 1991.

[79] παροιμία bezeichnet nicht eine bestimmte Gattung, sondern erklärt sich aus Joh 16,25.29: Der Gegensatz παροιμία/παρρησία ist „mit einem offenbarungsgeschichtlichen Zeitaspekt verflochten", παροιμία „charakterisiert Jesu gesamte Verkündigung bis zur Passion. An und für sich hat Jesus alles offen dargelegt und in seiner Verkündigung nichts zurückbehalten... Aber erst nach Jesu Tod und Auferstehung können seine Worte in richtiger Perspektive gesehen und verstanden werden" (BJERKELUND 1987, 108f). Vgl. Joh 12,16;2,21f.

[80] Damit rückt natürlich, zumal wenn die Schafe aus dem Stall später als die Glieder des Gottesvolkes erkennbar werden, die alttestamentliche Polemik gegen die falschen Hirten, die politischen und religiösen Führer (Ez 34; Jer 23; Sach 11), ins Blickfeld. Bei aller Vorsicht der Identifikation dieser Größen ist zu fragen, ob hier tatsächlich nur die nach 9,39−41 blinden Pharisäer und andere jüdische Volksführer oder nicht auch die bereits im johanneischen Kreis aufgetretenen Irrlehrer gemeint sein können: Die 10,1 im Bild auftretenden, 10,10 charakterisierten Diebe stehen in gewisser Parallele zu den „Antichristen" in 1 Joh 2,18. Vgl. auch die Aussagen über die dubiose Herkunft der falschen Hirten, die zugleich Wesensaussagen sind (vgl. Joh 2,9;7,27f;9,29f): Joh 10,1: ἀλλαχόθεν; 1 Joh 2,19: οὐκ ἦσαν ἐξ ἡμῶν. Vgl. auch HINRICHS 1988, 72f Anm. 80 (der aber die Rede einer späteren Redaktion zuweisen will). Daß sich der Konflikt der johanneischen Schule auch bereits im 4. Evangelium niederschlägt, zeigen SCHNELLE 1987, 227; SCHENKE 1992 und HENGEL 1993, 162f.

stellvertretenden Sühnetod Jesu in 10,11.15 (vgl. 11,50). Dieser wird 10,17f weiter ausgeführt.

b) Das Sterben Jesu geschieht zunächst nach V. 15 für (ὑπὲρ) die πρόβατα, und zwar, wie aus V. 4 und 12 hervorgeht, für die πρόβατα τὰ ἴδια, nach 11,50 ὑπὲρ τοῦ λαοῦ, was in der Perspektive des Kaiaphas zunächst ebenfalls das Gottesvolk Israel bezeichnet. Eine Unterscheidung zwischen Schafen „aus dem Stall" und „nicht aus diesem Stall" ist zwar noch nicht in V. 11f, spätestens aber mit der Formulierung V. 16 gegeben.

c) An die Bezeichnung der Glieder des Gottesvolkes schließt sich in auffälliger Parallelität je eine Erweiterung des Typs καὶ οὐ (μόνον)... ἀλλά ... an:

11,52: Καὶ οὐχ ὑπὲρ τοῦ ἔθνους μόνον ἀλλ᾽ ἵνα καὶ ...

10,16: καὶ ἄλλα πρόβατα ... οὐκ ... ἐκ τῆς αὐλῆς ταύτης. κἀκεῖνα ...

Diese genannten „anderen Schafe", die „nicht aus diesem Stall" stammen, weiten den Kreis der Heilsempfänger aufgrund des stellvertretenden Todes Jesu ebenso über die vorgegebene αὐλή hinaus aus wie in Joh 11,52 jene über das ἔθνος hinausreichenden Gotteskinder, für die Jesus ebenfalls stirbt und die als Glieder des ,neuen', durch Jesu Tod konstituierten λαός gelten.

d) In 11,52 ist nicht gesagt, daß die Gotteskinder erst zu solchen werden oder zum Gottesvolk hinzukommen, sondern es wird ohne Bezug auf einen anfänglichen Akt von ihnen als Gotteskindern geredet. Ebenso redet 10,16 von den Schafen, die Jesus „hat" (ἔχω) und „führen" muß[81]. Das δεῖ in 10,16, wie auch das ἀφ᾽ ἑαυτοῦ οὐκ εἶπεν und das ἔμελλεν in 11,51 verankern die hier thematisierte Ausweitung der Heilsgemeinde durch die künftige Heidenmission im göttlichen Heilswillen.

e) Das ἄγειν[82] der Schafe durch den guten Hirten Jesus korrespondiert dem συνάγειν der „zerstreuten Gotteskinder", das nach 11,52 Ziel und Frucht seines Sterbens ist. Im Rahmen von Joh 10 findet Jesu ἄγειν sein Pedant im ἀκολουθεῖν der Schafe, d. h. der „Nachfolge" der Jünger.

f) Das Ziel des Zusammenführens, die „Einheit" (εἰς ἕν) nach Joh 11,52 läßt sich aufgrund von 10,16 präzisieren: Wenn Jesus auch die anderen Schafe zu führen beginnt, so wird „eine Herde und ein Hirte *werden*" (γενήσεται). Diese eine Herde unter dem einen Hirten ist daher nicht eine bereits bestehende, vorgegebene Größe, sondern resultiert erst aus dem Sterben Jesu für die Schafe. Der zuvor nicht verwendete, sondern neu eingeführte Begriff der einen „Herde", ποίμνη, ist semantisch engstens mit einen wahren ποιμήν, dem

---

[81] Daß Jesus diese ‚hat‘, bevor sie in seine Nähe kommen, entspricht sowohl christologisch dem prophetischen Vorauswissen Jesu im Joh (1,48;2,25 etc.) als auch soteriologisch den prädestinatianischen Zügen (6,35ff.44.65;8,37−47;10,26f;12,37−43) im 4. Evangelium. Das in Christus gründende und im Bleiben bei ihm bestehende Heil ist dem Akt der subjektiven Aneignung im glaubenden Hören des Wortes vorgängig.

[82] Der Aorist ist wohl inceptiv zu verstehen, es ist entsprechend dem folgenden Futur γενήσεται ein aus der Perspektive des redenden Jesus erst in der Zukunft beginnendes Nachfolgeverhältnis angesprochen.

stellvertretend für die Schafe sein Leben hingebenden Messias, verbunden. Zuvor ist lediglich von einem Stall, einer αὐλή, die Rede, die Israel bezeichnet, wie dann die Näherbestimmung V. 16 „nicht aus dieser αὐλή" verdeutlicht. In bezug auf die „anderen Schafe" wird dabei nicht von einem „anderen Stall" geredet, sie sind lediglich „nicht aus diesem Stall". Die zum Glauben an Jesus kommenden Heiden werden aber auch nicht einfach der bestehenden αὐλή eingegliedert[83], es entsteht vielmehr eine neue Größe, die „Herde", die die Stimme des einen Hirten hört und ihm nachfolgt und darin eben diese Bezeichnung ποίμνη verdient. Es ist eine Heilsgemeinde, die durch Jesu Sterben neu konstituiert wird und aus den durch Jesus zum Leben geführten Gliedern aus der αὐλή, dem jüdischen ἔθνος, und darüber hinaus den von außerhalb der αὐλή in die Herde seiner Nachfolger Gerufenen besteht. Der für Joh 11,52 erhobene Sinn wird durch 10,16 bestätigt und präzisiert.

Als Maß und Grund der Einheit der Herde, des neuen Gottesvolkes, der Gemeinschaft der Gotteskinder, gilt nach der Bitte im Hohepriesterlichen Gebet Joh 17,20−22 die Einheit von Vater und Sohn (V. 22: ἵνα ὦσιν ἓν καθὼς ἡμεῖς ἕν) bzw. deren gegenseitige Einwohnung (V. 21: ἵνα πάντες ἓν ὦσιν, καθὼς σύ, πάτερ, ἐν ἐμοὶ κἀγὼ ἐν σοί)[84]. Diese wird offenbar, indem Jesus das Werk des Vaters tut und vollendet (4,34;17,4f;19,28) und darin zugleich die Seinen εἰς τέλος liebt (13,1; vgl. 15,13), indem er in seinem Sterben für (ὑπὲρ) das ‚neue' Gottesvolk (λαός), die Gotteskinder zur Einheit sammelt: Dementsprechend sollen auch die Jünger τετελειωμένοι εἰς ἕν sein (17,23). Diese vorletzte Bitte Jesu in Joh 17, auf die nur noch die eschatologische Bitte um die δόξα-Schau der Jünger folgt, zielt auf die Einheit der nachösterlichen Jüngergemeinde, der Gemeindeglieder der zweiten oder gar dritten christlichen Generation, die nicht mehr durch direkte Begegnung mit Jesus, sondern durch das Wort der Zeugen an Jesus glauben (17,20). Für diese, und damit zugleich für die Adressaten des Evangeliums, erbittet der johanneische Jesus eine solchermaßen christologisch gegründete Einheit. Dabei ist diese Bitte so allgemein und grundsätzlich formuliert, daß ‚Jesu letzter Wille' den Lesern des Evangelium in ganz vielfältigen Konflikten zur Verheißung und Verpflichtung werden kann[85]. Dies gilt sicher für die Konflikte im johanneischen Adressatenkreis, von denen die Briefe und indirekt auch das Evangelium zeugen[86], zugleich aber

---

[83] ἄγειν ist nicht (wie in der Vulgata) als „adducere" zu verstehen, gemeint ist hier nicht die Herbeiführung zur αὐλή, sondern das Führen der ‚Nachfolgenden' (10,27) in die einen ποίμνη. Die Vulgata unterscheidet nicht zwischen αὐλή und ποίμνη, sondern übersetzt beide mit „ovilis"; vgl. SIMONIS 1967, 299.

[84] Zu beiden Formen der Einheitsaussage in Joh 17 bestehen in Joh 10 enge Parallelen, nämlich jene christologischen Spitzenaussagen, die anschließend den Zorn der jüdischen Gegner Jesu herausfordern: Joh 10,30: ἐγὼ καὶ ὁ πατὴρ ἕν ἐσμεν, und 10,38: ἐν ἐμοὶ ὁ πατὴρ κἀγὼ ἐν τῷ πατρί.

[85] Vgl. RITT 1979, 353ff.476.

[86] S. die Abwendung der Jünger Joh 6,60ff (dazu SCHNELLE 1987, 226−228 und 1991, 45),

auch für das ekklesiologische Grundproblem der „einen Herde", in der Glaubende aus Israel und aus den Heidenvölkern von dem „einen Hirten" geleitet werden und diesem nachfolgen[87]. Diese Einheit der einen Herde unter dem einen Hirten ist somit auch für die Schafe aus der αὐλή, für die an Jesus zum Glauben gekommenen Juden, ein *eschatologisches Novum*. Die ekklesiologischen Begriffe im Johannesevangelium zielen auf die universale Weite und christologisch begründete Einheit der Jüngergemeinde, dabei wird an einzelnen, subtil hervorgehobenen Stellen indirekt, aber für die heidenchristlichen Adressaten des Evangeliums unübersehbar, auf die durch Jesu Tod begründete, nachösterlich anhebende Herzuführung von Heiden zur universalen Heilsgemeinde des βασιλεὺς τοῦ Ἰσραήλ (1,49, 12,13) hingewiesen.

3. Die Einführung der Ἕλληνες und ihre kommunikative Funktion

Über diese indirekten, verdeckten Hinweise hinausgehende, terminologisch deutlichere Aussagen über die ‚Heiden' sind nur noch an jenen beiden Stellen zu erwarten, an denen bei Johannes ausdrücklich von „Griechen", Ἕλληνες, die Rede ist. Von diesen begegnet die erste Erwähnung in Joh 7,35 eher beiläufig und ist zudem voll dunkel-ironischer Mehrdeutigkeit, die zweite in Joh 12,20ff dagegen steht in einem kompositionell und theologisch zentralen Kontext, in dem sich allerdings auch die interpretatorischen Aporien häufen.

Umstritten ist bereits, welche Personengruppe der Evangelist mit diesen Ἕλληνες überhaupt gemeint hat. Muß man aufgrund der Wendung διασπορὰ τῶν Ἑλλήνων in 7,35 an Diasporajuden denken, die dann auch in 12,20 gemeint sein könnten[88]? Freilich ist διασπορὰ τῶν Ἑλλήνων durch εἰς τὴν in 7,35 eindeutig als Gebietsbezeichnung ausgewiesen[89], die sich im Munde der

---

auch die diabolische Stilisierung der Gestalt des Judas, sein Weggang in die Nacht (13,30), könnte auf diesen Vorgang hindeuten, vgl. weiter die Erwähnung „Diebe und Räuber" Joh 10,1.10 bzw. „Mietlinge" Joh 10,12f (dazu o. Anm. 80); s. dazu HENGEL 1993, 162f u. SCHENKE 1992.

[87] Die Frage der Einheit der Kirche aus Juden und Heiden ist durchaus noch im Blick, dabei entsprechen die ekklesiologischen Vorstellungen am ehesten jenen aus Eph 2,14–18 und 3,6, sowohl bezüglich der festgehaltenen Unterscheidung der einstigen Herkunft, zwischen „Nahen" und „Fernen" (Eph 2,17) als auch der christologischen Begründung der Einheit der Gemeinde. Auf diese christologisch begründete Einheit hin weist auch die in Joh 4,23ff proklamierte eschatologische Aufhebung des Kultes in Jerusalem und auf dem Garizim in der einen, geistgewirkten Gottesverehrung, die der Messias lehrt.

[88] So bereits CALVIN 1553 z. St., SEMLER 1771/72 II, 20, und EWALD 1861, 333; neuerdings ROBINSON 1959, 120ff; VAN UNNIK 1980, 60; VAN HARTINGSVELD 1967, 44, also gerade jene Autoren, die das Evangelium auch an Diasporajuden adressiert sehen wollen.

[89] Vgl. SCHLATTER 1930, 138. In der LXX kann διασπορά als terminus technicus sowohl den Akt und das Faktum der ‚Zerstreuung' (Jer 15,7;41,17; Dan 12,2 LXX; PsSal 9,2; vgl. auch 1 Petr 1,1) als auch als abstractum pro concreto die ‚Zerstreuten' bezeichnen (Jes 49,6; vgl. Ps 147,2 LXX; 2 Makk 1,27; PsSal 8,28); vgl. SCHMIDT 1935a, 99. Der Genetiv τῶν Ἑλλήνων

Jerusalemer auf die Regionen der in der Welt der Griechen verstreuten Juden-schaft bezieht. Mit den hier genannten Ἕλληνες sind also mit Sicherheit nicht Juden, sondern die Bewohner der griechischen Welt, der Ägäis und Klein-asiens, gemeint, unter welche die Juden zerstreut sind, also Heiden[90]. Erwä-genswert ist hingegen, ob man nicht in den Festpilgern von Joh 12,20f Prosely-ten[91] oder wenigstens „Gottesfürchtige"[92] sehen sollte, die in Jerusalem zwar nicht am Passamahl teilnehmen und nur den Vorhof der Heiden betreten[93], aber doch verschiedene Opfer darbringen durften[94]. Der in Joh 12,20f erzählte Vorgang läßt sich so am besten begreifen. Dennoch wird vom Evangelisten der religiöse Status der „Griechen" in Joh 12 in keiner Weise präzisiert[95], und es könnte sein, daß in dieser relativen Unbestimmtheit gerade der Schlüssel zum Verständnis der kommunikativen Funktion dieser so unvermittelt vor Jesu Todespassah auftretenden Ἕλληνες liegt[96]. Daß ihre Identität im Unklaren bleibt, ermöglicht es den Lesern des Evangeliums in der griechischen Welt, griechischsprechenden Juden- und Heidenchristen, ihre eigene Begegnung mit Jesus in der einstigen Geschichte Jesu angelegt und verheißen zu sehen. Wäh-rend also auf der Ebene der erzählten Geschichte in den Ἕλληνες Joh 12,20f am ehesten Gottesfürchtige auf der Pilgerfahrt nach Jerusalem, in 7,35 hinge-gen heidnische Bewohner der griechischen Welt zu sehen sind, werden die Ἕλληνες in beiden Texten auf der allgemeingültigeren Ebene des johannei-schen Symbolismus zu „Repräsentanten der griechischen Welt"[97], ja zur Chiff-

---

könnte sich zwar auch partitiv auf die Zerstreuten selbst beziehen (so Jes 49,6 LXX: διασπορὰ τοῦ Ἰσραήλ; vgl. 2 Esr 11,9; Ps 147,2 LXX; 2 Makk 1,27, PsSal 8,34), was an dieser Stelle aber sachlich und auch sprachlich nicht in Frage kommt; vielmehr steht er hier für jene Völker, *unter die* Israel zerstreut ist (Bl.-Debr. § 166 Anm. 3; BULTMANN 1986, 233 Anm. 3). εἰς τ. δ. ist Ortsangabe und bezeichnet das Gebiet, in das die Juden zerstreut sind, vgl. Jdt 5,19: ἀνέβη-σαν ἐκ τῆς διασπορᾶς, οὖ διεσπάρησαν ἐκεῖ. Wie ZAHN (1921, 393 Anm. 48) bemerkt, müßte im anderen Falle nicht εἰς, sondern πρὸς τ. δ. stehen. SCHLATTER (1930, 198) und ZAHN (loc. cit.) verweisen für בְּנֵי גָלוּתָא דְיָוָן auf einen Brief Gamaliels I., jSanh 18d, in dem beide Konstruktionen nebeneinander vorkommen, in Schlatters griechischer Wiedergabe: τοῖς ἀδελφοῖς ἡμῶν τοῖς υἱοῖς τῆς διασπορᾶς Βαβυλῶνος, τοῖς υἱοῖς διασπορᾶς Μηδίας, τοῖς υἱοῖς διασπορᾶς Ἑλλήνων καὶ λοιπαῖς πάσαις ταῖς διασποραῖς τοῦ Ἰσραήλ. Grammatisch konstruiert wie Joh 7,35 und christlich gebraucht ist 1 Petr 1,1: διασπορὰ Πόντου, Γαλατίας.

[90] Dazu BAUER 1933, 161: „Um den einzelnen Heiden zu bezeichnen", besaß „der Jude oder Christ der neutestamentlichen Zeit kaum ein anderes Wort als Ἕλλην"; vgl. FREDOUILLE 1986, 1118: Ἕλληνες wurde „praktisch zu einem Synonym für ‚H(eiden)'."

[91] BERNARD 1928 I, 430; BAUER 1933, 161; DODD 1953, 371.

[92] WINDISCH 1935, 506; STRATHMANN 1951, 180; SCHNACKENBURG 1965–1975 II, 478; BEK-KER 1991 II, 450; BUSSE 1992, 2091, s. dort Anm. 23 Literatur zu den unterschiedlichen Deutungen.

[93] Vgl. Jos Bell 5,193f;6,124–126; Ant 15,417; Philo Leg Gaj 212, sowie die jerusalemische Tempelinschrift bei BARRETT/THORNTON 1991, 60.

[94] Vgl. Bill. II, 549–551.

[95] „Es genügte, daß sie nicht Juden waren" (BARRETT 1990, 416).

[96] Zur Unbestimmtheit als Stimulans der Text-Leser-Interaktion s. FREY 1992, 271f.282ff.

[97] BULTMANN 1984, 323.

re für die heidenchristlichen Adressaten des Evangeliums selbst. C. H. Dodd hat diese Doppelschichtigkeit präzise benannt:

„In the dramatic situation we may suppose them to be proselytes, but in the intention of the evangelist they stand for the great world at large; primarily the Hellenistic world which is his own mission-field. These Greeks are the vanguard of mankind coming to Christ."[98]

Dies ist nun in der Analyse von Joh 7,35 und 12,20f zu begründen und zu präzisieren.

3.1. Joh 7,35 als Ausblick auf die Verkündigung unter den Heiden

Die Diskussion um Jesu Identität in Joh 7 ist geprägt von den Darstellungsmitteln Mißverständnis und Ironie. Den Gegnern Jesu werden Aussagen in den Mund gelegt, die auf der Ebene der erzählten Geschichte scheinbar töricht und abwegig, auf der Ebene der theologisch-retrospektiven Deutung aber in einem tiefen Sinne wahr sind.

Jesu rätselhafte, später mehrfach wiederholte Todesankündigung Joh 7,33f (vgl. 8,21f,13,33.36;14,2ff) wird von den *Jerusalemern* grob mißdeutet. Daß Jesus mit seinem ὑπάγειν und dem ζητήσετέ με καὶ οὐχ εὑρήσετε seinen Tod, die Rückkehr des Gesandten zum Vater, meint, verdeutlicht die Wendung πρὸς τὸν πέμψαντά με (7,33) für die Leser des Evangeliums, doch scheinen die Ἰουδαῖοι eben dies zu überhören. Sie rätseln vielmehr, ob er denn in die διασπορὰ τῶν Ἑλλήνων, die Gebiete der unter den Griechen verstreuten Judenschaft, weggehen und sich dort – *horribile dictu* – mit den heidnischen, immer der Unreinheit verdächtigen Griechen einlassen, die Ἕλληνες „lehren" werde. Ihre Mutmaßung ist töricht, denn dort wäre Jesus ja keineswegs unauffindbar, erst recht ahnen sie in ihrem Unverstand nicht, daß das οὐχ εὑρήσετε und οὐ δύνασθε ἐλθεῖν eine viel grundsätzlichere Scheidung, ein für ihren Unglauben definitives Zu-spät bedeuten könnte.

Für das Verständnis der johanneischen *Adressatengemeinde* ist freilich die abwegige, für die Juden anstößige Vermutung in einem tiefen Sinne wahr: Durch Jesu Weggang „zum Vater", d. h. durch seinen Tod ist gerade dies geschehen, daß der jüdische Messias Jesus in die Gebiete der jüdischen Diaspora in der griechischen Welt gelangt ist und mit seiner Lehre dort auch ursprünglich heidnische „Christen" erreicht hat; nämlich als der am Kreuz erhöhte, der sich durch das Wort der Zeugen und besonders das vorliegende Evangelium selbst vergegenwärtigt und ehemalige Heiden ‚lehrt'. Joh 7,35 ist ein typischer Fall johanneischer Doppelsinnigkeit[99]. In subtiler Ironie unterschiebt der Evangelist den Jerusalemern, die Jesus nicht verstehen, ihm gar nach dem

---

[98] DODD 1953, 371.
[99] LÉON-DUFOUR 1987/90 II, 231f.

Leben trachten (V. 32), eine Prognose dessen, was sie in ihrem Unglauben gerade nicht wollen. Unwissentlich bezeugen sie Jesu Weg in die Welt der Griechen, seine ‚weltweite' Lehr-Wirksamkeit aufgrund seines Todes, und später die Tatsache, daß „alle Welt ihm nachläuft" (11,19).

Eine analoge Mißdeutung des ὑπάγειν-Rätselwortes Jesu liegt in 8,21f vor: Diesmal mutmaßen die Juden: Μήτι ἀποκτενεῖ ἑαυτόν; Wird er sich etwa selbst töten?" Die Groteske dieser Suizid-Hypothese kann keinem Leser des Evangeliums entgehen. Andererseits steckt auch in dieser offenkundigen Mißdeutung eine tiefe christologische Wahrheit: Jesus hat die ἐξουσία, sein Leben hinzugeben und wieder zu nehmen (Joh 10,17f), er gibt es hin für seine Schafe, seine Freunde (15,13), für das Leben aller Glaubenden. So ist selbst diese Mutmaßung der Jerusalemer, die nach 8,23 „von unten" und damit von Jesus prinzipiell geschieden sind, nicht völlig falsch, sondern führt im Sinne des Evangeliums indirekt auf das richtige Verständnis des Todes Jesu hin.

Der ‚didaktische' Sinn dieses Darstellungsmittels läßt sich deutlich erkennen: Natürlich will der Evangelist, daß seine Leser das ironische Spiel mit den unverständigen Gegnern Jesu wahrnehmen, ja genüßlich mitvollziehen. Die durch die fragende Wiederholung des rätselhaften Jesusworts 7,36 erreichte „Betonung der Ratlosigkeit läßt auf die Ironie aufmerken, mit der die Äußerung V. 35 berichtigt ist[100]", zugleich fungiert V. 36 rhetorisch als Aufforderung an die Leser, über den wahren Sinn der Ankündigung Jesu nachzudenken und sein Wort tiefer zu verstehen. Auf der Basis des gemeinsamen Wissens des Evangelisten und seiner Adressaten um den Fortgang der Geschichte, die inzwischen erfolgte Heidenmission und den Weg des Evangeliums zu den „Griechen", funktioniert dieses Stilmittel der ironischen Doppelsinnigkeit. Als von Jesus selbst belehrte Ἕλληνες verstehen die johanneischen Leser Jesu Ankündigung des Weggangs besser und erfahren sich darin den unverständigen jüdischen Zeitgenossen Jesu und zugleich ihren eigenen ungläubigen Zeitgenossen gegenüber als überlegen und mit Jesus selbst und seinem paradigmatischen Zeugen, dem Evangelisten, im wahren Verstehen desto enger verbunden. Kaum zufällig entzünden sich die johanneischen Mißverständnisse vor allem an den zentralen Fragen der Herkunft und Identität Jesu und der Deutung seines Todes[101]. Die Selbstvergewisserung der Lesergemeinde erfolgt dabei wesentlich durch das Stilmittel der Ironie, gewiß auf Kosten der als unverständig ironisierten Zeitgenossen Jesu, aber doch nicht in unmittelbarer

---

[100] BULTMANN 1986, 233. Der von BECKER 1991 I, 321, geäußerte Einwand, daß der Evangelist ja nicht zu erkennen gebe, ob er „will, daß der Leser wie in 11,51f die Ironie erkennt, daß sich das Mißverständnis später in anderer Weise bewahrheitet", verkennt das Stilmittel der Ironie. Diese pflegt im stillen Einverständnis gerade zu wirken, ohne daß es eines eigenen Hinweises auf sie bedarf.

[101] Zur Identität Jesu vgl. Joh 4,31−34;6,32−35;14,7−9; zum Verständnis des Todes Jesu Joh 6,51−53; 7,33−36; 8,21f; 11,11−15; 11,23−25; 12,32−34; 13,36−38; 14,4−6; 16,16−19. Vgl. CULPEPPER 1983, 161−164.

Gegnerpolemik, sondern in einer geschickten Konzentration der Leser auf die Christologie, das wahre Verständnis des Todes Jesu.

Im Rahmen der Kontroversen um Jesu Identität und Messianität und im Anschluß an die Ankündigung seines Todes liegt in der unverständig-fragenden Mutmaßung eines διδάσκειν τοὺς Ἕλληνας ein *erster ausdrücklicher Hinweis auf die spätere Ausbreitung des Evangeliums unter den Heiden* vor. Nachdem zuvor Jesu ‚Erfolg‘ bei den Samaritanern durch einen Jüngerdialog mit deutlicher Missionsterminologie ‚kommentiert‘ wurde[102], wird hier erstmals eine über den Bereich der Galiläer und Samaritaner hinausreichende Gruppe von Heilsempfängern erwähnt, die Ἕλληνες als Teil jenes κόσμος, dessen σωτήρ Jesus ist (4,42). Die Juden, aus deren Mitte die σωτηρία kommt (4,22), sprechen aus, was sie als die paradigmatisch Ungläubigen und Unverständigen gerade nicht wollen können und aus Gründen ihrer Reinheitsgebote zutiefst verabscheuen müssen: Infolge seines Todes wird der Jude Jesus zu den heidnischen Griechen gehen und diese, d. h. auch die Adressaten des Evangeliums, „lehren“[103]. Diese subtil ironische Bemerkung ist zugleich ein *Hinweis auf die Heidenmission und die Wirksamkeit der johanneischen Schule, ja des 4. Evangeliums selbst* unter den einst heidnischen, nun aber von Jesu Lehre erreichten Ἕλληνες. Sie dokumentiert das Selbstbewußtsein der johanneischen Verkündigung: Die Hörer der Schule und die Leser des Evangeliums, die selbst nur indirekt, auf das Wort von Zeugen hin, zum Glauben gekommen sind[104], wissen sich unmittelbar von diesem und so von Gott selbst (Joh 6,45) belehrt.

3.2. *Die Aporien in Joh 12 und die Griechen als Repräsentanten der Heiden*

Trifft diese Deutung für die Ἕλληνες Joh 7,35 zu, dann eignet auch der Griechenperikope Joh 12,20ff besondere Bedeutung, nicht nur kompositionell für das Ganze des Evangeliums, sondern auch kommunikativ für das Selbstverständnis der johanneischen Adressaten: Gegen Ende der öffentlichen Wirksamkeit Jesu, im Rahmen seines Todespassah in Jerusalem, kommen „Griechen“ und „wollen Jesus sehen“. Durch die Jünger Andreas und Philippus wird dieser Wunsch an Jesus weitergeleitet, doch wird eine Erfüllung des Wunsches nicht berichtet, als Antwort folgt vielmehr die an die *Jünger* adressierte ‚Hellenenrede‘. Darin proklamiert Jesus das Gekommensein ‚seiner‘ „Stunde“ (12,23.27.31), verkündigt die Heils-Notwendigkeit seines Todes und verheißt

---

[102] Joh 4,35ff: θερισμός, μισθός, συνάγειν καρπόν, κοπιᾶν, χαίρειν. Vgl. dazu OKURE 1988, 145ff; OLSSON 1974, 241–243.

[103] διδάσκειν ist dabei ein für Joh wesentlicher Terminus, der gerade in zusammenfassenden Wendungen vorkommt (6,59;8,20; besonders die Rechenschaft vor dem Hohenpriester 18,30; vgl. 7,14.28).

[104] Vgl. in diesem Sinne auch Joh 17,20 u. 20,29, sowie die Struktur der Jüngerberufungen in Joh 1, wo alle Jünger außer Philippus erst durch Vermittlung eines Zeugen zu Jesus kommen.

die resultierende Frucht im Weizenkorn-Bild (12,24.27), um nach einer rätselhaften Himmelsstimme (12,28) noch einmal seine Erhöhung und die folgende
universale Heilswirksamkeit anzukündigen (12,32).

Diese Szene – als Proklamation der „Stunde" Jesu ein seit Joh 2,4 (vgl.
7,30;8,20) vorbereiteter, dramatischer und kompositorischer Höhepunkt des
Evangeliums – wirft durch die vom Evangelisten bewußt hinterlassenen Anstöße zahlreiche Probleme auf. Ort und Zeit des Kommens der Griechen und der
Rede Jesu bleiben unbestimmt, hingegen wird – scheinbar völlig überflüssig –
mitgeteilt, daß Philippus aus Bethsaida in Galiläa stammte[105]. Warum die
Griechen Jesus nicht selbst aufsuchen können und die Vermittlung von Philippus und Andreas brauchen, „als wäre Iesus ein Bischof, der nicht ohne weiteres
Leute empfängt, die nicht zur Gemeinde gehören"[106], warum Philippus sie
nicht gleich zu Jesus führt, sondern erst noch Andreas einschaltet, warum Jesus
dann überhaupt nicht auf das Anliegen eingeht, sondern lediglich „ihnen", d. h.
den beiden Jüngern mit dem Weizenkorngleichnis und Jüngerlogien antwortet,
warum die „Griechen" ebenso plötzlich wieder aus dem Gesichtskreis verschwinden, „lautlos wie ein Gespenst"[107], und dann V. 29 plötzlich der herum-
stehende jerusalemische ὄχλος als Hörer des Ganzen auftritt, das alles fügt
sich kaum in einen plausiblen Geschehensablauf. Das Rätselraten der Ausleger
ist begreiflich, doch die vielfältigen Versuche, fehlende Details zu ergänzen,
um die historische Plausibilität zu verbessern, vermochten die Aporien ebensowenig zu überwinden wie die zahlreichen Umstellungs- und Verbesserungsver-
suche[108]. Für das Verständnis entscheidend kann hier offenbar nicht die Frage
nach einem ‚historisch plausiblen' Geschehensablauf sein – auf dieser Ebene
bleibt vieles ungeklärt, weil es dem Evangelisten kaum darauf ankommt. Viel
eher ist hier zu fragen, welche *Bedeutung* und *Funktion* den Ἕλληνες und
ihrem Kommen in dem hier besonders dicht geknüpften narrativen und theologischen Beziehungsgefüge zukommt.

a) Erhellend ist die *kompositionelle Einordnung*: Der Todesbeschluß des
Synhedriums ist erfolgt (11,53), die im Anschluß an die Lazarus-Auferweckung
referierte Sorge der Volksführer, daß „alle an ihn glauben werden" (11,48),
scheint nach den erzählten Vorgängen durchaus zu Recht zu bestehen
(12,2.9.12ff). Die messianische ὑπάντησις Jesu durch den ὄχλος der Festpilger (12,12ff) wird von den Pharisäern mit der ratlosen Bemerkung kommen-

---

[105] Diese Angabe ist nicht ganz korrekt. Tatsächlich gehörte Bethsaida zur Gaulanitis des
Philippus, doch mag die johanneische Lokalisation eine ‚volkstümliche' Nachlässigkeit sein:
Vgl. eine entsprechende Verwechslung in Ptol Geogr V,16,4; Jos Ant 18,1,1 und 18,1,6; s.
BROWN 1966/70 I, 82.

[106] SCHWARTZ 1907/08, 181.

[107] SCHWARTZ 1907/08, 182.

[108] S. die Vermutungen konservativer Autoren wie ZAHN 1921, 513, oder LIGHTFOOT 1893,
189; zu den Verbesserungsversuchen s. SCHNACKENBURG 1965–1975 II, 477. S. auch BUSSE
1992, 2086 Anm. 9.

tiert: ὁ κόσμος ὀπίσω αὐτοῦ ἀπῆλθεν (12,19). Die (ganze) Welt – die univer-
salistische Note ist hier nicht zu verkennen! – läuft von den Pharisäern, den
Repräsentanten des Judentums weg und folgt Jesus nach[109]. Der Anschluß der
Rede von „einigen Griechen", die „herbeikommen", um Jesus zu sehen, verrät
bewußte Komposition:

V. 19 ὁ κόσμος ... ἀπῆλθεν   v. d. Juden (Pharisäern) weg
V. 20 Ἕλληνές τινες ... προσῆλθον   zu Jesus (bzw. d. Jüngern)

Aus gegensätzlichem Blickwinkel kommt in beiden Versen dieselbe Bewegung zur Sprache, jenes Kommen „der Welt" zu Jesus, als deren Konkretum
die „Griechen" genannt werden. Wenn man im Anschluß an Bultmann die
Juden im Johannesevangelium cum grano salis als ‚Repräsentanten der ungläubigen Welt' bezeichnen kann[110], so wird man hier umgekehrt formulieren
müssen: Die Ἕλληνες sind *Repräsentanten des κόσμος, soweit er zum Glauben
an Jesus kommt,* Vertreter der zum Glauben kommenden Heidenwelt[111]. Während ab Joh 13 der κόσμος als vorwiegend negative Größe, im Gegensatz zur
Jüngergemeinde erscheint, ist er während des öffentlichen Wirkens Jesu überwiegend positiv, als Objekt der Liebeszuwendung des Vaters (3,16) und der
Rettung durch Jesus (4,42) gezeichnet, und nun wird als Frucht dieses öffentlichen Wirkens Jesu das Kommen des κόσμος zu ihm, seinem σωτήρ, geschildert. Wie in 11,50 und 7,35 geschieht dies zunächst in ironischem Doppelsinn in
Form eines unabsichtlichen Zeugnisses, einer mißgünstigen, resignierten Feststellung der Gegner (12,19), und wird dann in der Ankunft der Ἕλληνες
anschaulich.

Der Bezug der Ἕλληνες auf die Heidenwelt wird auch dadurch bestätigt, daß
sie in 12,20 den Φαρισαῖοι ebenso gegenüberstehen wie in 7,35 den Ἰουδαῖοι.
Der weitere Kontext stützt diese Entgegensetzung von „Griechen" und „Juden": Eine tatsächliche Begegnung der *Griechen* mit Jesus scheint der Evangelist zwar gerade nicht berichten zu wollen, ihr kurzes ‚Gastspiel' ist nach V. 22

---

[109] In ὀπίσω αὐτοῦ scheint hier eine Anspielung auf den synoptischen Nachfolgeruf zu
liegen. Bei Joh wird ὀπίσω sonst nirgends so verwendet: dreimal vom Täufer über den nach
ihm kommenden Jesus 1,15.27.30 (vgl. Mk 1,7; Mt 3,11), dann für das Zurückweichen der
Häscher 18,6; das Sich-Umwenden 20,14 (vgl. Mk 13,16; Mt 24,18; Lk 17,31) und den Abfall
der Jünger 6,66, doch hat man den Eindruck, daß die Formulierung hier sehr bewußt
nuanciert ist. Parallel zur Verwendung hier ist der Nachfolgeruf Mk 1,17 δεῦτε ὀπίσω μου
(vgl. Mk 1,20; Mt 4,19; vgl. auch die Zurechtweisung des Petrus Mk 8,33; Mt 16,23) sowie
ἀκολουθεῖν ὀπίσω ... Mk 8,34; Mt 10,38; vgl. ἔρχεσθαι ὀπίσω (Mt 16,34; Lk 9,23;14,27).

[110] Vgl. Bultmann 1986, 59 u. ö.; weiter Grässer 1985b, 151.

[111] So schon Baur 1864, 395: Jesus sehe in 12,20f „das, was im unglaubigen Judentum nicht
möglich war, ..., in der glaubigen Heidenwelt sich verwirklichen ... In jenen, *das glaubige
Heidenthum repräsentirenden Hellenen* fällt der verklärte Blick Jesu auf die zu seiner Verherrlichung bestimmte Sphäre, in welcher aus seinem Tode die Gemeinde der Gläubigen entstehen sollte". Vgl. auch Heitmüller 1918, 137.139: die Griechen „verkörpern die griechische,
heidnische Welt, die heilsbegierig zu Jesus herbeikommt", sie strömen herbei „als Weissagung
auf das heilsbegierige Herbeiströmen der Heidenwelt" und geben Jesus bzw. dem Evangelisten Gelegenheit, „die Bedeutung seines Todes für die Gewinnung der Welt" auszusprechen.

scheinbar beendet, doch setzt die Rede Jesu an die Jünger (V. 23) bzw. den
ὄχλος (V. 29.34) mit den Themen des Todes Jesu, der daraus resultierenden
Frucht (V. 24) und der *universalen Heilswirksamkeit* des zum Kreuz Erhöhten
(V. 32) deutlich die mit der Erwähnung der „Griechen" angedeutete universale
Weite voraus[112]. Sachlich richtet sich diese Rede Jesu nicht mehr an die Juden,
auch nicht ausschließlich an die vorösterlichen Jünger, vielmehr an all diejenigen, die Jesus nachfolgen, zu ihm als dem erhöhten Gekreuzigten gezogen
werden, d. h. auch jene späteren Glaubenden, deren Weg zu Jesus sich im
Kommen der Griechen abzeichnete. Die universale Weite, die alle, aber besonders die genannten Griechen und die durch sie repräsentierte Heidenwelt
einbezieht, kommt sprachlich in den Nachfolgeworten V. 25f in konditional
verallgemeinernden Partizipien und ἐάν-Sätzen, sowie in V. 32 in der Rede von
den πάντες zum Ausdruck. Der Hinweis auf das Gekommensein der „Stunde"
V. 23.27 und Jesu universale Heilswirksamkeit *nach* seiner Erhöhung V. 32
macht *theologisch* deutlich, warum die Bitte der Griechen in der erzählten
Handlung keine Erfüllung findet und sie selbst erzählerisch sofort wieder von
der Bühne abtreten müssen. Sie gehören als Repräsentanten der Heidenwelt
erst zu jener Frucht, die das sterbende Weizenkorn bringt, zu den πάντες, die
erst der Erhöhte zu sich ziehen wird. Ihre Stunde kommt im streng-chronologi-
schen Sinne nach der Stunde Jesu, ihr Auftreten ist zum erzählten Zeitpunkt
nicht mehr als eine anachronistische Episode, ein *„praeludium"*.

Demgegenüber fällt im gleichen Zusammenhang über die *Juden*, die hier im
Widerspruch des ὄχλος V. 34 noch einmal auf den Plan treten, das definitive
Urteil: Jesus „geht weg" und verbirgt sich vor ihnen[113], damit wird im Sinne
einer prophetischen Zeichenhandlung das V. 35 angedeutete Gericht, der Ent-
zug des Lichts, bereits symbolisch ausgeführt[114]. Resümierend stellt der Evangelist 12,37ff den hartnäckigen Unglauben (Imperfekt: οὐκ ἐπίστευον) fest,
der angesichts der Zeichen Jesu unbegreiflich, nur als Nicht-Glauben-Können
(V. 39), als *gottgewirkte Verblendung* zu erklären ist und durch das Doppelzitat
aus Jes 53,1 und Jes 6,10 eine Schriftbegründung erhält: Trotz der Zeichen
sollten sie *nicht sehen* (ἵνα μὴ ἴδωσιν).

Dem Sehen-Wollen der Griechen, das zwar nicht sofort, aber doch später in
modifizierter Weise zu seinem Ziel kommt, steht das Nicht-sehen-Können der
Juden trotz der σημεῖα Jesu gegenüber. Während Jesus nach seiner Erhöhung

---

[112] In gleicher Weise verschwindet auch in Joh 3 Nikodemus unmerklich von der Bildflä-
che: Jesu dritte Antwort an ihn Joh 3,11ff geht in einen Monolog über, der die Gesprächssitua-
tion nicht mehr berücksichtigt, wohl aber die angestoßenen Themen der Legitimation und
Sendung Jesu, von Neugeburt und Glauben, Zeichen und Kreuz weiterführt. S. dazu FREY
1994.

[113] Vgl. zum Motiv des Sich-Verbergens bzw. Sich-Abwendens Jesu Joh 7,33; 8,21; 9,12;
10,39; v. a. auch Joh 8,59: Jesu Fortgehen aus dem Tempel könnte seine Abwendung vom
Judentum symbolisieren; 10,39; 11,54. Vgl. auch Dtn 31,17f; Jes 64,6.

[114] Vgl. dazu KÜHSCHELM 1990, 166f.

denen, die ihm nachfolgen (12,19), die glauben und υἱοὶ φωτός werden
(12,36), als φῶς τοῦ κόσμου leuchten wird (vgl. 3,20;8,12), entfernt sich in der
Stunde seines ‚Weggehens' das Licht aus der Mitte derer, die im Unglauben
verharren, und die Finsternis ergreift sie (12,35). Diese im ganzen Evangelium
präsente (vgl. Joh 9,4f;11,9f) dualistische Licht-Finsternis-Metaphorik ist hier
auf die im Unglauben verharrenden jüdischen Zeitgenossen Jesu und die in der
Stunde seiner Verherrlichung zu ihm strömenden Ἕλληνες bezogen. Im Abschluß der öffentlichen Wirksamkeit Jesu und im Anbruch der ‚Stunde' seines
Todes wird hier der definitive Unglaube der Zeitgenossen Jesu und seine
richtende Abwendung von ihnen festgestellt und theologisch reflektiert und
zugleich die nachösterliche Bewegung der Heidenwelt zu Jesus und die universale Heilszusage auf der Grundlage seiner Erhöhung proleptisch eingeführt.
Die Ἕλληνες treten auf als ‚Vorhut' jener Menschheit, die im Glauben zu Jesus
kommt.

b) Auch *traditionsgeschichtlich* bestätigt sich der Bezug der Ἕλληνες Joh 12
auf die Heiden: Weithin anerkannt ist, daß die in Joh 12 besonders dichte Rede
von Jesu Erhöhung und Verherrlichung Jesu[115] durch den deuterojesajanischen
Gottesknecht geprägt ist: In Jes 52,13 (LXX) steht in unmittelbarer Verbindung ein futurisches ὑψοῦσθαι und δοξάζεσθαι auf den getöteten Gottesknecht bezogen[116], das Futurum δοξασθήσομαι im Munde des Knechts findet
sich daneben Jes 49,5[117]. Nach dieser Stelle soll der seiner Verherrlichung
entgegensehende Knecht neben seiner Aufgabe, die Zerstreuten Israels zu-
rückzubringen, zugleich die Funktion haben, „Licht der Heidenvölker", φῶς
ἐθνῶν und εἰς σωτηρίαν ἕως ἐσχάτου τῆς γῆς zu sein (Jes 49,6). Vor diesem
Hintergrund läßt sich die Verbindung von Erhöhungsaussage und Licht-Meta-
phorik in Joh 12,34.35f verstehen[118]: In Joh 12,35f sind es die Zeitgenossen
Jesu, die ein letztes Mal ermahnt werden, ‚im Licht' zu wandeln. Da jedoch
dieser letzte Ruf ungehört verhallt, verbirgt sich Jesus vor ihnen, entfernt sich
das Licht aus ihrer Mitte, und die Finsternis umgibt sie, während Jesus als φῶς
τοῦ κόσμου durch seinen Gang in den Tod das Licht derer wird, die glaubend
zu ihm kommen, „Licht der Heidenvölker", der „Griechen".

Dies ergänzt das 4. Gottesknechtslied: Die LXX verstärkt hier gegen den
hebräischen Text den Bezug auf die Heiden, indem sie in Jes 52,15 die bisherige
Unwissenheit der Hörer der Botschaft betont[119]. Alle ἔθνη, denen zuvor nichts

---

[115] δοξάζειν – δοξάζεσθαι: V. 23.28a.28b (2 mal): ὑψοῦσθαι: V. 32.34. Vgl. BEUTLER
1990, 338.

[116] Für den Einfluß von Jes 52,13 auf die johanneische Erhöhungs- und Verherrlichungs-
aussage vgl. DODD 1953, 247; THÜSING 1979, 174f; HENGEL 1989, 267, und BEUTLER 1990.

[117] Vgl. weiter Jes 49,3: Gottes Verherrlichtsein in seinem Knecht, sowie die δόξα-losigkeit
des Knechts 52,14;53,2.

[118] BROWN 1966/70 I, 479; BEUTLER 1990, 341.

[119] Jes 52,15 LXX: οὕτως θαυμάσονται ἔθνη πολλὰ ἐπ᾽ αὐτῷ, καὶ συνέξουσιν βασιλεῖς τὸ
στόμα αὐτῶν· ὅτι οἷς οὐκ ἀνηγγέλη περὶ αὐτοῦ, ὄψονται, καὶ οἳ οὐκ ἀκηκόασιν, συνήσου-

von dem Gottesknecht verkündigt wurde, sollen ihn als den Erhöhten und
Verherrlichten staunend erkennen. Der folgende Vers Jes 53,1: „wer hat
unserer ἀκοή geglaubt...?" wird in Joh 12,38 zusammen mit Jes 6,10 zur
Erklärung des Unglaubens der Zeitgenossen Jesu zitiert. Bereits Paulus hatte
beide Verse in ganz ähnlichem Kontext verwendet[120]. Für griechische Leser des
4. Gottesknechtsliedes konnte der im LXX-Text besonders deutliche Zusammenhang zwischen Tod und Verherrlichung des Knechts und dem Sehen und
Verstehen jener Heidenvölker, die zuvor nichts von Gottes Heil gesehen und
gehört hatten, keinesfalls verborgen bleiben. Wenn der Evangelist in diesem
Kapitel besonders intensiv auf Jes 53 Bezug nimmt, dann ist dieser Zusammenhang hinter seiner Rede vom Kommen der „Griechen" und der an sie ergehen-
den Heilsverheißung zu vermuten[121]. Die „Griechen" sind jene, denen zuvor
nichts verkündigt wurde und die nun durch Jesu Verherrlichung am Kreuz die
ἀκοή zu hören und das Heil zu schauen bekommen.

Der Bezug auf jesajanische Texte könnte eine weitere Aporie in Joh 12
auflösen: Warum antwortet Jesus auf das Verlangen der Griechen mit der
kompositionell so zentralen Proklamation: ἐλήλυθεν ἡ ὥρα ἵνα δοξασθῇ ὁ υἱὸς
τοῦ ἀνθρώπου? Warum wird die „Stunde Jesu" nicht etwa erst in Joh 13,1ff
proklamiert? Gibt es einen theologischen Grund für die Verbindung zwischen
Griechenfrage und Zeitansage? W.J. Bittner hat hier auf den für Johannes
wesentlichen Text Jes 11 hingewiesen[122]: Dessen an V. 1–9 angehängte Weissagung V. 10.11f, die mit den übrigen, vom Gottesknecht bzw. Messias kün-
denden jesajanischen Texten in thematischer Zusammengehörigkeit gelesen
werden konnte[123], stellt einen unmittelbaren Textzusammenhang zwischen
dem Auftreten von „Heiden", die „nach ihm (dem Messias aus dem Sproß
Davids) fragen" (V. 10) und der Aufrichtung des messianischen Zeichens, ja
des Messias selbst als Zeichen zur Sammlung der Zerstreuten (V. 10.12) her.
Das Jes 11,10.11 formelhaft anknüpfende „an jenem Tag" (ביום ההוא; LXX: ἐν

σιν. Das Relativpronomen 52,15c.d wird in der LXX nicht neutrisch gelesen („was ihnen nie
erzählt wurde, sehen sie, und was sie nie gehört, nehmen sie wahr"), sondern pronominal auf
die ἔθνη und βασιλεῖς bezogen: „denen nicht von ihm (d. h. dem Knecht und seiner Erhöhung)
verkündigt wurde, werden es (bzw. ihn) sehen, und die nicht (von ihm) gehört haben, werden
vernehmen". Vgl. BEUTLER 1990, 342.

[120] S. Jes 52,15 LXX in Röm 15,21 im Kontext der universalen Ausbreitung des Evangeliums, Jes 53,1 LXX in Röm 10,16 zur Erklärung des jüdischen Unglaubens.

[121] Vgl. BEUTLER 1990, 345.

[122] Vgl. BITTNER 1987, 253ff.

[123] Dies belegt etwa das Jesajatargum, das das erläuternde משיחא u. a. in Jes 9,5;11,1.6;
42,2;52,13 einfügt und damit diese – und weitere – Texte einer thematischen Zusammenschau
unter dem Aspekt der messianischen Verheißung zuführt. Zu thematischen Beziehungen
zwischen Jes 11 und anderen Jesajatexten s. BITTNER 1987, 139–143: Motivische Verbindungen bestehen bezüglich des Geistes in Jes 11,2f; 42,1f; 61,1 und des Zeichens zur eschatologischen Sammlung Israels (נס) in Jes 11,10.12;49,22; die Sammlung Israels und der Knecht als
„Licht der Heiden" tritt Jes 42,6 und 49,6 hinzu.

τῇ ἡμέρᾳ ἐκείνῃ; im Targum allgemeiner: „zu jener Zeit" בעידנא ההוא),
konnte als Zeitangabe verstanden werden. Wenn „die Heiden nach ihm fragen", dann ist die Zeit gekommen für das messianische Heil durch den als נֵס
עַמִּים, als Sammlungszeichen für die Völker dastehenden (Jes 11,10) davidischen Messias (Jes 11,1; TJon Jes 11,1.6), den Gott für die Völker „aufrichten"
sollte, um die Zerstreuten zu sammeln. Bereits Joh 3,14 hatte die Aufrichtung
der Moseschlange von Num 21,4–9 an einem נֵס, einer Stange, als typologische
Vorabbildung der „Erhöhung" Jesu am Kreuz eingeführt, und Joh 12,32.34
erinnert in auffälliger Weise eben an diesen Hinweis auf Jesu Kreuz[124]. Für den
mit subtilen Schriftbezügen arbeitenden Evangelisten kann man daher annehmen, daß die Vorstellung des als Heilszeichen für die Völker aufgerichteten,
„erhöhten" Messias, der die Zerstreuten Israels sammelt, hinter der universal-
istischen Heilsaussage steht, daß der von der Erde Erhöhte *alle* zu sich, d. h. zu
seinem Kreuz ziehen werde (12,32). Dahinter steht die ganze Breite der johanneischen Soteriologie: Wer so zu ihm „gezogen" wird (von Jesus bzw. nach 6,44
vom Vater), zu ihm „kommt" und glaube, der „sieht" den erhöhten Jesus als
den Gekreuzigten (19,37) und in Jesus auch den Vater (14,9) und hat in dieser
‚Schau' als Glaubender in ihm das ewige Leben (3,15). Die Verbindung der
Aussagen über die Heilswirksamkeit des Messias mit Hinweisen auf die Heiden[125] läßt erkennen, daß auch der rätselhafte Zusammenhang zwischen der
Ankunft der Repräsentanten der Heidenwelt und der Proklamation der Stunde
der Erhöhung Jesu am Kreuz für den Evangelisten nicht einfach zufällig,
sondern durch die Schrift nahegelegt ist: Wenn die Heiden, die Ἕλληνες nach
dem Messias Jesus fragen und ihn sehen wollen, dann ist die von Gott bestimmte ὥρα angebrochen, in der Jesus als Menschensohn und Gottesknecht am
Kreuz erhöht werden und so *allen* zum Heil ansichtig werden soll.

3.3. Die „Griechen" als Adressaten der Heilsverheißung Joh 12,32 und als Chiffre der kleinasiatischen Adressaten des Evangeliums

So läßt sich die Heilszusage Joh 12,32 als theologisch reflektierte Antwort auf
das Begehren der nach Jesus fragenden Griechen verstehen. Diese *kommen*
und wollen Jesus *sehen*. Ihr einziger Satz wird sogar zitiert: Κύριε, θέλομεν τὸν
Ἰησοῦν ἰδεῖν. Doch bekommen sie Jesus jetzt nicht zu Gesicht. Die auffällige
‚Staffette' über Philippus und Andreas deutet vielmehr an, daß für sie die

---

[124] Vgl. zu diesen Beziehungen, die auf der Basis des hebräischen Textes mittels der
Methode der Gezera schawa geknüpft werden, FREY 1994.
[125] Der Messias wird aufgerichtet als „Zeichen für die Heiden" (Jes 11,10), er ist das „Licht
der Heiden" (Jes 42,6;49,6), diese werden „nach ihm fragen" (Jes 11,10 masoretischer Text)
bzw. nach der LXX „auf ihn hoffen" (ἐπ' αὐτῷ ἔθνη ἐλπιοῦσιν; vgl. 42,5), herzutreten (Jes
49,1), sehen (ὄψονται Jes 52,15; vgl. Joh 19,37); staunen (Jes 52,15: θαυμάσονται) und
begreifen (Jes 52,15: συνήσουσιν).

Begegnung mit Jesus überhaupt nicht mehr in einem leiblich-unmittelbaren
Sehen bestehen kann, vielmehr durch das Zeugnis der Jünger vermittelt ist.
Diese Griechen stehen so auf einer Ebene mit jenen, die nach Joh 17,20 durch
das Wort der Jünger glauben, bzw. mit jenen Seliggepriesenen, die Jesus nicht
mehr selbst sehen können, aber doch an ihn glauben (Joh 20,29). Die Weise, in
der Jesus für sie später ‚anschaubar' sein wird, in der sie als Heiden nach Jes
52,15 „sehen" sollen, kommt dann in der ‚Hellenenrede' zur Sprache. Als der
am Kreuz und zugleich zum Vater Erhöhte wird er später alle *zu sich ziehen*
(12,32) und *sich auf diese Weise sehen lassen*. Wie auch die messianische
Huldigung Jesu als König der Juden durch die Festpilger Joh 12,12ff erst im
König der Juden am Kreuz ihren eigentlichen ‚Gegenstand' bekommt und der
Liebeserweis der Maria Joh 12,3–8 als Prolepse auf sein Begräbnis hin gedeutet wird, so findet auch das irdisch-menschliche Interesse der Griechen, Jesus
„kennenzulernen", erst nach seiner Stunde, im Gezogenwerden zum Erhöhten, zu seinem Ziel. Nur aufgrund seines Todes ist ihnen der Zugang zum
jüdischen Messias möglich, nur im Schauen des am Kreuz Erhöhten (19,37:
ὄψονται; vgl. Jes 52,15 LXX) findet ihr Begehren heilvolle Erfüllung. Dem
entspricht die andere Todesankündigung in diesem Kontext: Nur durch sein
Sterben bleibt das Weizenkorn nicht allein, sondern trägt Frucht, nämlich in
der nachösterlichen, Jesu Kreuzestod voraussetzenden Ausbreitung des Evangeliums[126]. Das von den Griechen erstrebte „Sehen" rückt dabei in den Kontext des Glaubens: „Kommen" und „Sehen" sind in den Szenen der Jüngerbe-
rufung (1,39.46) prägnant für jene zum Bleiben in der Nachfolge führende
Begegnung mit Jesus verwendet, und in 20,8 entspringt der österliche Glaube
des Lieblingsjüngers dem „Kommen" und „Sehen". Den so zu Jesus Hinströ-
menden kommt die Verheißung des Glaubens zu. Doch die Begegnung, die mit
dem Irdischen nicht zustande kommen und die auch das interessierte „Wollen"
der Griechen nicht bewerkstelligen konnte, geschieht später durch das „Ziehen" des Erhöhten selbst und aufgrund der Schrift und ihrer Verheißung für
das Heil der Völker.

Daß die Griechen gerade die Vermittlung von Philippus und Andreas suchen, ist gewiß kein Zufall. Beide Jünger sind offenbar die idealen ‚Mittler' für
die hier auftretenden Griechen und darüber hinaus wohl auch für die in den
Griechen repräsentierten kleinasiatischen Adressaten des Evangeliums. Auffällig ist zunächst die sprachliche Reminiszenz an die Berufungsszene, in der
Andreas neben dem rätselhaften unbekannten Jünger durch Jesu Wort ἔρχε-
σθε καὶ ὄψεσθε in die Nachfolge Jesu gerufen worden war (Joh 1,39) und
Philippus seinerseits den „wahren Israeliten" Nathanael mit dem entsprechenden ἔρχου καὶ ἴδε zu Jesus gebracht hatte (1,46). Semantisch dürfte auch die

---

[126] καρπός steht Joh 4,36 im Kontext der Samaritanermission, sowie Joh 15,2.4.5.8.16 im
Kontext der Weinstock-Bildrede, dort V.8.16 als Frucht, die die Jünger bringen, womit
wenigstens partiell auch die Mission gemeint sein mag, s. RODRIGUEZ RUIZ 1987, 189f.

überflüssig erscheinende, zudem nicht ganz korrekte (s. o. Anm. 105) Bemerkung über die Herkunft des Philippus in Joh 12,21 (wie auch des Andreas; vgl. Joh 1,44) jene Opposition zu Jerusalem, dem Ort der Gegner Jesu, verstärken. Im Gegensatz zwischen den in Jerusalem konzentrierten „Juden" und den heidnischen Griechen werden die aus Galiläa, dem ‚Land der Heiden' (Jes 8,23–9,1; vgl. Mt 4,15), stammenden Jünger den herbeiströmenden Heiden zur Seite gestellt. Erzählerisch ist weiter plausibel, daß diese beiden – die einzigen mit griechischen Namen unter den bei Johannes genannten Jüngern – für griechischsprachige Interessenten als Dolmetscher fungieren mochten.

Daneben wird man in den beiden hier genannten Jüngern, die auch noch in Joh 6,5–9 zusammen hervortreten, eine Brücke zu den Adressaten des Evangeliums zu sehen haben. Berücksichtigt man, daß der paradigmatische Zeuge, der „Jünger, den Jesus liebte", erst ab Joh 13 eingeführt wird und daß Petrus, der bei Johannes meist im Schatten dieses Hauptzeugen steht, als Mittler des Evangeliums für die kleinasiatischen Gemeinden kaum in Betracht kommt[127], so treten hier als Verbindungsleute zu den „Griechen" eben jene Jünger auf, die im 4. Evangelium überhaupt eine herausragende Rolle spielen[128]. Andreas, einer der beiden Erstberufenen von Joh 1 neben dem rätselhaften Ungenannten, ist überhaupt die erste namentlich erwähnte Gestalt aus dem Jüngerkreis des 4. Evangeliums, er rangiert im übrigen auch in der von Johannes beeinflußten Jüngerliste des Papias an erster Stelle *vor* Petrus, und die Andreasakten bringen ihn später mit de Mission in Kleinasien in Verbindung[129]. Wie der ‚Lieblingsjünger' und der Erstberufene Andreas ist auch Philippus besonders durch seine Nähe zu Jesus ausgezeichnet: Er ist der einzige unter den in Joh 1 berufenen Jüngern, der nicht durch das Zeugnis des Täufers oder eines anderen Jüngers zu Jesus geführt, sondern von diesem unmittelbar ‚gefunden' und in die Nachfolge gerufen wird. Nach Petrus wird Philippus im 4. Evangelium mit 12 Erwähnungen am häufigsten genannt und nimmt insofern neben diesem und dem ‚Lieblingsjünger' einen führenden Rang ein. Die Berücksichtigung der kleinasiatischen Tradition kann dazu dienen, diesen textlichen Befund als

---

[127] Bereits um die Zeit der Abfassung des Johannesevangeliums beruft sich 1 Clem 5,4 auf das Martyrium des Petrus in Rom; vgl. Joh 21,18 – wo Rom nicht erwähnt wird; 2 Petr 1,14; Can. Mur. 37 und Dionysius v. Korinth (bei Eus Hist Eccl 2,25,8). Dazu kommt die Wirksamkeit in Antiochien Gal 2, s. weiter Eus Hist Eccl 3,36,2; PsClem Recg 10,69–72, ebenso nennt Dionysius eine Wirksamkeit zusammen mit Paulus von Korinth (bei Eus Hist Eccl 4,23,3; vgl. 2,25,8;3,4,10). Nach Gal 2,7–9 gilt Petrus in besonderem Maße als ‚Apostel der Beschneidung', und Teile des späteren Petrusbildes orientieren sich daran: Nach Eus Hist Eccl 3,1,2, einer angeblich auf Origenes zurückgehenden, vielleicht schon durch 1 Petr 1,1 beeinflußten Tradition, soll Petrus den Diasporajuden im Pontus, Galatien, Bithynien, Kappadozien und Asien gepredigt haben.

[128] Zu den Jüngerlisten im Joh vgl. HENGEL 1993, 80ff.

[129] Vgl. HENGEL 1993, 303f. Zu Papias s. Eus Hist Eccl 3,39,3f. Nach dem Can. Mur. 13ff soll er der Empfänger jener Offenbarung gewesen sein, aufgrund deren Johannes veranlaßt wurde, sein Evangelium zu schreiben. Dazu HENGEL 1993, 85f.

Niederschlag der Verhältnisse in der kleinasiatischen Kirche zu verstehen. In ihr galt der in Hierapolis verstorbene Zeuge neben dem ephesinischen Johannes als grundlegender Traditionsträger[130], wobei in seiner Gestalt vermutlich bereits die zwei zu differenzierenden Personen gleichen Namens, der Zwölferjünger und der „Evangelist" der Apostelgeschichte mit seinen Töchtern (Apg 6,5;8,4ff.26ff;21,8), verschmelzen[131]. Als solcher ist Philippus für die Adressaten des Evangeliums in Kleinasien selbst ein herausragender Bote des Evangeliums und ‚Mittler' Jesu, er hat eben jene Funktion inne, die ihm zusammen mit Andreas auch hier in Joh 12,21f zukommt. Die Spuren des Philippus wie auch des Andreas weisen so gerade in jene διασπορὰ τῶν Ἑλλήνων, in der die Ἕλληνες als Adressaten der Botschaft Jesu diesen als den zum Heil des κόσμος Gekreuzigten erkennen, in die Gemeinschaft des Erhöhten gezogen und von ihm gelehrt werden sollen.

Damit ist noch deutlicher, wie die erzählte Ankunft der Ἕλληνες, und die ihnen indirekt zukommende Antwort Jesu auf die heidenchristlich-griechischen Adressaten des Evangeliums selbst hinzielt. Sie sind die Adressaten der Heilszusage 12,32, sie sind Teil jener Frucht, die das sterbende Weizenkorn hervorbringt, jene Heiden, die in die Herrschaft des Gekreuzigten eingehen und deren ‚Vorhut' anachronistisch bereits in Joh 12 Jesus entgegenzieht. Indem der Evangelist die Griechen zum irdischen Jesus hinströmen läßt, bringt er die Hinwendung der Heidenwelt zum Glauben an Jesus zur Darstellung, nicht in einer platten Eintragung seiner Gegenwart in die Geschichte Jesu, sondern subtil verborgen und gewiß in anachronistischer Weise, aber doch so, daß eben seine Adressaten sich selbst als die von Jesus in seine Gemeinschaft Gezogenen, Hinzugesammelten, Geleiteten und Gelehrten, als die von ihm selbst geweissagte Frucht seines Sterbens verstehen können. Sie sind es, denen nun in Fülle zuteil wird, was jene Ἕλληνες einst noch vergeblich suchten. Lange vor der methodologischen Reflexion über den Leserbezug in der biblischen Exegese[132] hat der konservative Kommentator F. Godet diese Einsicht ausgesprochen:

„Johannes vergißt nie seine griechischen Leser und versäumt keine Gelegenheit, ihnen ihren Anteil an der Erfüllung der göttlichen Verheißungen ins Gedächtnis zu rufen."[133]

Wenn nach der Komposition des 4. Evangeliums Jesus als das Licht sich von seinen jüdischen Zeitgenossen abwendet und zum „Licht der Heiden" wird, läßt sich dies in gewisser Weise tatsächlich mit Bengel als ein ‚*transitus*' des

---

[130] Vgl. besonders den Brief des Polykrates von Ephesus bei Eus Hist Eccl 5,24,1, wo Philippus sogar noch *vor* dem ephesinischen Johannes erwähnt wird; s. dazu HENGEL 1993, 34f.

[131] Vgl. Eus Hist Eccl 3,39,4 und 3,39,3. S. dazu HENGEL 1993, 35.

[132] Vgl. dazu ausführlich FREY 1992.

[133] GODET 1904 II, 413, zu Joh 11,52.

Heils *,ad gentes'* bezeichnen. Freilich weiß der 4. Evangelist von „wahren
Israeliten" (wie Nathanael Joh 1,47), Glaubenden aus dem ἔθνος der Juden
als Glieder der christlichen Gemeinde, und er gehört wohl selbst zu diesen[134]. Doch haben die *,heilsgeschichtlichen'* Prärogative Israels jetzt, angesichts der in Jesu Wirken und seiner *,Stunde'* ergangenen κρίσις, keine entscheidende Bedeutung mehr. Die σωτηρία, d. h. der σωτήρ ist ἐκ τῶν Ἰουδαίων (4,22) gekommen und εἰς τὴν διασπορὰν τῶν Ἑλλήνων (7,35) gegangen, seine Herrschaft als βασιλεὺς τῶν Ἰουδαίων wird durch den Heiden
Pilatus aller Welt, Juden wie Heiden, proklamiert (19,19), und als der wahre
Hirte führt er die ihm Nachfolgenden aus Juden und Heiden in der *einen*,
durch seine Hingabe neu konstituierten Gemeinschaft der Glaubenden. Ekklesiologische Begriffe, die einst das alttestamentliche Gottesvolk auszeich-
neten, werden nun für die „wahren", eschatologischen, an Christus glaubenden „Israeliten" (1,47) und über das Gottesvolk hinaus für die universal „gesammelten" Gotteskinder, den neuen λαός, die eine Herde unter dem einen
Hirten verwendet. Dabei erscheint die Schärfe des in Joh 12 erkennbaren
Motivs vom *,transitus regni Dei'* gebrochen durch die eher additiven Vorstellungen von der Sammlung der Gotteskinder und dem Führen der Schafe in
der einen Herde unter dem einen Hirten. *Die verschiedenen ekklesiologi-*
schen Bilder und Motive im 4. Evangelium ergänzen und begrenzen sich ge-
genseitig.
    Der 4. Evangelist, der dem irdischen Jesus im Gegensatz zu den Synopti-
kern keinerlei Wirksamkeit gegenüber Heiden zuschreibt und nur versteckt
subtile Hinweise auf die durch Jesu Tod begründete spätere Heidenmission
und die Heilsteilhabe der Heidenchristen einfügt, hat durch die Einführung
der Ἕλληνες in Joh 12,20f kompositorisch geschickt die Ausbreitung des
Evangeliums bis hin zu seinen eigenen, vornehmlich heidenchristlichen Hörern und Lesern in denkbar enger Weise mit der Heilsverkündigung und
-verheißung Jesu selbst verbunden. *In den „Griechen", die den Irdischen*
nicht mehr zu Gesicht bekommen, aber dann zum Erhöhten hin „gezogen"
werden, mußten die kleinasiatischen Hörer der johanneischen Schule, die
Adressaten des Evangeliums sich selbst und ihren ,ekklesiologischen Standort'
erkennen. Cum grano salis sind die Ἕλληνες in Joh 12,20f wie in Joh 7,35
nicht nur Repräsentanten der Heidenwelt, die zum Glauben an Jesus
kommt, sondern *Chiffre für die kleinasiatischen Adressaten des Evangeliums*
selbst. Sie sind durch das Zeugnis der johanneischen Verkündigung und nicht
zuletzt durch das Werk des Evangeliums, so aber durch den von Jesus zeu-
genden Parakleten und darin vom Erhöhten selbst (12,32) zu diesem hin
„gezogen" und von ihm und damit von Gott selbst in Wahrheit „gelehrt"
(6,45). Der 4. Evangelist hat auf diese Weise die Glaubenden seiner eigenen

---

[134] S. dazu HENGEL 1993, 275ff.

Zeit in einer theologischen Konzentration, die die Klimax des 1. Evangeliums Mt 28,18–20 weit überragt, mit der alles bestimmenden Heilsbedeutung der „Stunde" des Todes Jesu verschränkt.

Bibliographie

ASHTON, J. 1985: The Identity and Function of the Ἰουδαῖοι in the Fourth Gospel, NT 27 (1985), 40–75.

BARRETT, C. K. 1990: Das Evangelium nach Johannes, übers. H. Bald, KEK-Sonderbd., Göttingen 1990.

BARRETT, C. K./THORNTON, C.-J. 1991: Texte zur Umwelt des Neuen Testaments, Tübingen 1991.

BARTH, M. 1990: Die Juden im Johannes-Evangelium. Wiedererwägungen zum Sitz im Leben, Datum und angeblichen Antijudaismus des Johannes-Evangeliums, in: D. Neuhaus (Hg.), Teufelskinder oder Heilsbringer – die Juden im Johannes-Evangelium, Arnoldshainer Texte 64, Frankfurt a. M. 1990, 39–94.

BAUER, W., Das Johannesevangelium, HNT 6, Tübingen ³1933.

BAUER, W./ALAND, K. u. B. 1988: Wörterbuch zum Neuen Testament, Berlin/New York ⁶1988.

BAUR, F. C. 1864: Vorlesungen über neutestamentliche Theologie, Leipzig 1864.

BECKER, J., Das Johannesevangelium, ÖTK 4/1–2, Gütersloh ³1991.

BENGEL, J. A. 1773: Gnomon Novi Testamenti, 3. Aufl. 1773 (Nachdr. Berlin 1860).

BERNARD, J. H., A Critical and Exegetical Commentary on the Gospel according to St. John (ICC), I–II, Edinburgh 1928.

BERTRAM, G. 1935: Art. ἔθνος, ThWNT 2, 1935, 362–366.

BEUTLER, J. 1990: Greeks Come to See Jesus (John 12,20f), Bib. 71 (1990), 333–347.

– 1991: Der alttestamentliche Hintergrund der Hirtenrede im Johannesevangelium, in: ders./R. T. Fortna (Hg.), The Shepherd Discourse and its Context, MSSNTS 67, Cambridge 1991, 18–32.

BITTNER, W. J. 1987: Jesu Zeichen im Johannesevangelium, WUNT II/26, Tübingen 1987.

BJERKELUND, C. J. 1987: Tauta Egeneto, WUNT 40, Tübingen 1987.

BORGEN, P. 1965: Bread from Heaven, NT.S 10, Leiden 1965.

BORNHÄUSER, K. 1928: Das Johannesevangelium eine Missionsschrift für Israel, BzFchTh II/15, Gütersloh 1928.

BRAUN, F.-M. 1964: Jean le théologien II: Les grandes traditions d'Israël, l'accord des écritures d'après le quatrième évangile, EtB 52/2, Paris 1964.

BROWN, R. E. 1966/70: The Gospel according to John I–II, AncB 29/29A, New York etc. 1966/70.

– 1979: The Community of the Beloved Disciple, New York etc. 1979.

– 1982: The Epistles of John, AncB 30, New York u. a. 1982.

BULTMANN, R. 1967: Die Johannesbriefe, KEK 14⁷, Göttingen 1967.

– 1986: Das Evangelium des Johannes, KEK 2²¹, Göttingen ¹²1986.

BUSSE, U. 1992: Die „Hellenen" von Joh 12,20ff und der sogenannte „Anhang" Joh 21, in: F. van Segbroeck u. a. (Hg.), The Four Gospels 1992, FS F. Neirynck, BETL 100, Vol. 3, Leuven 1992, 2083–2100.

CULPEPPER, R. A. 1983: Anatomy of the Fourth Gospel. A Study in Literary Design, Philadelphia 1983.

CALVIN, J. 1553: In Evangelium secundum Ioannum commentarius (1553), ed. Tholuck, Berlin ⁴1864.

CASSEM, N. 1972: A grammatical and contextual Inventory of the Use of κόσμος in the Johannine Corpus with some Implications for a Johannine Cosmic Theology, NTS 19 (1972/73) 81–91.

DE WETTE, W. M. L. 1846: Kurze Erklärung des Evangeliums und der Briefe Johannis, Kurzgefaßtes exegetisches Handbuch zum Neuen Testament I/3, Leipzig ³1846.

DODD, C. H. 1953: The Interpretation of the Fourth Gospel, Cambridge 1953.

– 1968: The Prophecy of Caiaphas, in: DERS., More New Testament Studies, Manchester 1968, 58–68.

DUKE, P. D. 1985: Irony in the Fourth Gospel, Atlanta 1985.

EWALD, H. 1861: Die johanneischen Schriften, I: Des Apostels Johannes Evangelium und drei Sendschreiben, Göttingen 1861.

FREDOUILLE, J.-C. 1986: Art. Heiden, RAC 13, 1986: 1113–1149.

FREED, E. D. 1965: Old Testament Quotations in the Gospel of John, NT.S 11, Leiden 1965.

FREY, J. 1992: Der implizite Leser und die biblischen Texte, ThBeitr 23 (1992), 266–290.

– 1993: Erwägungen zum Verhältnis der Johannesapokalypse zu den übrigen Schriften des Corpus Johanneum, in: M. Hengel, Die johanneische Frage. Ein Lösungsversuch, mit einem Beitrag zur Apokalypse v. Jörg Frey, WUNT 67, Tübingen 1993, 326–429.

– 1994: „Wie Mose die Schlange in der Wüste erhöht hat…" Zur frühjüdischen Deutung der ‚ehernen Schlange' und ihrer christologischen Rezeption in Johannes 3,14f, in: M. Hengel/H. Löhr (Hg.), Auslegung und Übersetzung der Heiligen Schrift im antiken Judentum und frühen Christentum, erscheint voraussichtlich 1994 in WUNT.

FREYNE, S. 1988: Galilee, Jesus and the Gospels, Philadelphia 1988.

GODET, F. 1904, Kommentar zu dem Evangelium des Johannes, ⁴1904, Nachdr. Gießen 1988.

GRÄSSER, E. 1985a: Die Juden als Teufelssöhne in Johannes 8,37–47, in: DERS., Der Alte Bund im Neuen, Tübingen 1985, 154–167.

– 1985b: Die antijüdische Polemik im Johannesevangelium, in: DERS., Der Alte Bund im Neuen, Tübingen 1985, 135–153.

GRILL, J. 1923: Untersuchungen über die Entstehung des vierten Evangeliums II, Tübingen 1923.

GRIMM, W. 1974: Die Preisgabe eines Menschen zur Rettung des Volkes, in: M. Hengel u. a. (Hg.), Josephus-Studien, FS O. Michel, Göttingen 1974, 133–146.

HAHN, F. 1970: Der Prozeß Jesu im Johannesevangelium, EKK.V 2, Zürich u. a. 1970, 23–96.

HARNACK, A. 1892: Ueber das Verhältniß des Prologs des vierten Evangeliums zum ganzen Werk, ZThK 2 (1892), 189–231.

VAN HARTINGSVELD, L. (1967): Die Eschatologie des Johannesevangeliums, Assen 1967.

HEITMÜLLER, W. 1918: Das Johannes-Evangelium, die Johannes-Briefe, SNT IV, Göttingen 1918, 1–228.

HENGEL, M. 1988: Judentum und Hellenismus, WUNT 10, Tübingen ³1988.

– 1989: Die Schriftauslegung des 4. Evangeliums auf dem Hintergrund der urchristlichen Exegese, JBTh 4 (1989), 249–288.

– 1991a: Reich Christi, Reich Gottes und Weltreich im Johannesevangelium, in: ders./

A. M. Schwemer (Hg.), Königsherrschaft Gottes und himmlischer Kult im Judentum, Urchristentum und in der hellenistischen Welt, WUNT 55, Tübingen 1991, 163–184.

- 1991b: Der vorchristliche Paulus, in: ders./ U. Heckel (Hg.), Paulus und das antike Judentum, WUNT 58, Tübingen 1991, 177–291.

- 1993: Die johanneische Frage. Ein Lösungsversuch, mit einem Beitrag zur Apokalypse v. Jörg Frey, WUNT 67, Tübingen 1993.

HERDER, J. G. 1797: Von Gottes Sohn, der Welt Heiland. Nach Johannes Evangelium (1797), in: Sämmtliche Werke (ed. B. Suphan), XIX, Berlin 1880, 253–424.

HINRICHS, B. 1988: „Ich bin", SBS 133, Stuttgart 1988.

HOFIUS, O. 1967: Die Sammlung der Heiden zur Herde Israels (Joh $10_{16}11_{51f}$), ZNW 58 (1967), 289–291.

JEREMIAS, J. 1959: Art. ποιμήν κ. τ. λ., ThWNT 6, 1959, 484–501.

KIEFFER, R. 1989: L'espace et le temps dans l'évangile de Jean, in: DERS., Le monde symbolique de Saint Jean, LeDiv 137, Paris 1989, 11–33.

KLAUCK, H.-J. 1986: Herrenmahl und hellenistischer Kult (NTA N.F. 15), Münster ²1986.

- 1991a: Die Johannesbriefe, EdF 276, Darmstadt 1991.

- 1991b: Der erste Johannesbrief, EKK 23/1, Zürich u. a. 1991.

- 1992: Das Sendschreiben nach Pergamon und der Kaiserkult in der Johannesoffenbarung, Bib. 72 (1992), 152–182.

KLEIN, H. 1986: Die Gemeinschaft der Gotteskinder. Zur Ekklesiologie der johanneischen Schriften, in: W.-D. Hauschild u. a. (Hg.), Kirchengemeinschaft – Anspruch und Wirklichkeit, FS G. Kretzschmar, Stuttgart 1986, 59–68.

KÜHSCHELM, R. 1990: Verstockung, Gericht und Heil, BBB 76, Frankfurt a. M. 1990.

KUHN, K. G. 1959: Art. προσήλυτος, ThWNT 6, 1959, 727–745.

LAUSBERG, H. 1984: Der Johannes-Prolog, NAWG.PH 1984 (H. 5), 189–279.

LÉON-DUFOUR, X. 1987/90: Lecture de l'évangile selon Jean I–II, Paris 1987/90.

LESSING, G. E. 1778: Neue Hypothese über die Evangelisten als bloss menschliche Schriftsteller betrachtet (1778), in: Gesammelte Werke (ed. P. Rilla), VIII, Berlin 1956, 108–132.

LIGHTFOOT, J. B. 1893: The Authenticity and Genuineness of St. John's Gospel, in: DERS., Biblical Essays, New York/London 1893, 1–198.

LOWE, M. F., Who Were the IOYΔAIOI?, NT 18 (1976), 101–130.

MEEKS, W. A. 1966: Galilee and Judaea in the Fourth Gospel, JBL 85 (1966), 159–169.

O'DAY, G. R. 1986: Revelation in the Fourth Gospel, Philadelphia 1986.

ODEBERG, H. 1929: The Fourth Gospel, Uppsala 1929.

OKURE, T. 1988: The Johannine Approach to Mission, WUNT II/31, Tübingen 1988.

OLSSON, B. 1974: Structure and Meaning in the Fourth Gospel, CB.NT 6, Uppsala 1974.

ONUKI, T. 1984: Gemeinde und Welt im Johannesevangelium, WMANT 56, Neukirchen-Vluyn 1984.

PANCARO, S. 1970: „People of God" in St. John's Gospel, NTS 16 (1970), 114–129.

REUSS, J. 1966: Johanneskommentare aus der griechischen Kirche, TU 89, Berlin 1966.

RITT, H. 1979: Das Gebet zum Vater, FzB 36, Würzburg/Stuttgart 1979.

ROBINSON, J. A. T. 1959: The Destination and Purpose of St. John's Gospel, NTS 6 (1959/60), 117–131.

- 1985: The Priority of John, London 1985.

RODRIGUEZ RUIZ, M. 1987: Der Missionsgedanke im Johannesevangelium, FzB 55, Würzburg 1987.

SCHÄFER, P. 1978: Die sogenannte Synode von Jabne, in: DERS., Studien zur Geschichte und Theologie des rabbinischen Judentums, AGJU 15, Leiden 1978, 45–64.

– 1983: Geschichte der Juden in der Antike, Stuttgart/Neukirchen-Vluyn 1983.

SCHENKE, L. 1992: Das johanneische Schisma und die ‚Zwölf‘ (Johannes 6.60–71), NTS 38 (1992), 105–121.

SCHLATTER, A. 1930: Der Evangelist Johannes. Wie er spricht, denkt und glaubt, Stuttgart 1930.

SCHMIDT, K. L. 1935a: Art. διασπορά, ThWNT 2, 1935, 98–104.

– 1935b: Art. ἔθνος, ThWNT 2, 1935, 366–370.

SCHNACKENBURG, R. 1965–1975: Das Johannesevangelium, HThK 4/1–3, Freiburg u. a. 1965, 1971, 1975.

SCHNELLE, U. 1987: Antidoketische Christologie im Johannesevangelium, FRLANT 144, Göttingen 1987.

– 1991: Johanneische Ekklesiologie, NTS 37 (1991), 37–50.

SCHRAGE, W. 1964: Art. συναγωγή κ. τ. λ., ThWNT 7, 1964, 798–850.

SCHRAM, T. L. 1974: The Use of Ioudaios in the Fourth Gospel. An Application of Some Linguistic Insights to a New Testament Problem, Diss. Utrecht 1974.

SCHÜRER, E. 1973–1987: The History of the Jewish People in the Age of Jesus Christ (175 B.C.–A.D. 135), rev. ed. by G. Vermes, E. Millar u. a., Edinburgh 1973–1987.

SCHUNACK, G. 1982: Die Briefe des Johannes, ZBK.NT 17, Zürich 1982.

SCHWARTZ, E. 1907/08: Aporien im vierten Evangelium, NGWG.PH 1907/08, I: 1907, 342–372; II: 1908, 115–148; III: 1908, 149–188; IV: 1908, 497–560.

SEMLER, J. S. 1771/72: Paraphrasis Evangelii Johannis, I–II, 1771/72.

SIMONIS, A. 1969: Die Hirtenrede im Johannes-Evangelium, AnBib 29, Rom 1967.

STEGEMANN, E. 1985: „Kindlein, hütet euch vor den Götterbildern“, ThZ 41 (1985), 284–294.

STEMBERGER, G. 1977: Die sogenannte „Synode von Jabne“ und das frühe Christentum, Kairos 19 (1977) 14–21.

STRATHMANN, H. 1942: Art. λαός, ThWNT 4, 1942, 29–39.49–57.

– 1951: Das Evangelium nach Johannes, NTD 4[6], Göttingen 1951.

STRECKER, G. 1989: Die Johannesbriefe, KEK 14, Göttingen 1989.

TAEGER, J. W. 1989: Johannesapokalypse und johanneischer Kreis, BZNW 51, Berlin/ New York 1989.

THEISSEN, G. 1983: Die Starken und Schwachen in Korinth, in: DERS., Studien zur Soziologie des Urchristentums, WUNT 19, Tübingen [2]1983.

THEOBALD, M. 1988: Die Fleischwerdung des Logos, NTA N. F. 20, Münster 1988.

THÜSING, W. 1979: Die Erhöhung und Verherrlichung Jesu im Johannesevangelium, NTA 21, Münster [3]1979.

THYEN, H. 1980: „Das Heil kommt von den Juden“, in: D. Lührmann/G. Strecker (Hg.), Kirche, FS G. Bornkamm, Tübingen 1980, 163–184.

– 1988a: Art. Johannesbriefe, TRE 17, 1988, 186–200.

– 1988b: Art. Johannesevangelium, TRE 17, 1988, 200–225.

TRILLING, W. 1988: Gegner Jesu, Widersacher der Gemeinde, Repräsentanten der „Welt“. Das Johannesevangelium und die Juden, in: DERS., Studien zur Jesusüberlieferung, SBAB 1, Stuttgart 1988, 209–231.

VAN UNNIK, W. C. 1980: The Purpose of St. John's Gospel, in: DERS., Sparsa Collecta I, NT.S 29, Leiden 1980, 35–63.

VELLANICKAL, M. 1977: The Divine Sonship of Christians in the Johannine Writings, AnBib 72, Rom 1977.

VOUGA, F. 1977: Le Cadre historique et l'intention théologique de Jean, Paris 1977.

– 1990: Die Johannesbriefe, HNT 15/3, Tübingen 1990.

VAN WAHLDE, U.C. 1982: The Johannine ‚Jews': A Critical Survey, NTS 28 (1982), 33–60.

WENGST, K. 1978: Der erste, zweite und dritte Brief des Johannes, ÖTK 16, Gütersloh/ Würzburg 1978.

– 1990: Bedrängte Gemeinde und verherrlichter Christus. Ein Versuch über das Johannesevangelium, 3., erweiterte Aufl., München 1990 (= ⁴1992).

WINDISCH, H. 1935: Art. Ἕλλην κ. τ. λ., ThWNT 2, 1935, 501–514.

ZAHN, TH. 1921: Das Evangelium des Johannes, Leipzig/Erlangen ⁵/⁶1921.

Das Bild der Heiden und die Identität der Christen bei Paulus

von

ULRICH HECKEL

Der Begriff der Heiden hat im Deutschen einen sehr viel negativ-polemischeren Unterton als der facettenreichere Ausdruck τὰ ἔθνη bei Paulus[1]. „Die Beurteilung der ‚Heiden' bei Paulus" ist bereits von Dabelstein untersucht worden, der – auch sensibilisiert durch die Diskussion in der Missionswissenschaft – eine nicht ganz unproblematische Vorentscheidung trifft (s. u. S. 270 und Anm. 101); da er die Rede von den ‚Heiden' für pauschal diffamierend hält, möchte er diese Übersetzung bei Paulus nur in Röm 2,24; 1 Kor 5,1;12,2; Gal 2,15; 1 Thess 4,5 stehen lassen, ansonsten aber durch neutralere Begriffe wie „Völker" oder „Nichtjuden" ersetzt sehen (37f). Im folgenden Beitrag wollen wir zu einem differenzierteren Bild der Heiden bei Paulus kommen und vor allem nach den Konsequenzen fragen, die sich daraus für die Identität der Christen und ihr Verhältnis zu den Völkern ergeben.

Auch wenn die Heiden für Paulus nicht so sehr Zielscheibe seiner Polemik, sondern vor allem Adressat und Zielgruppe seiner Mission sind, übernimmt er aus dem Alten Testament und dem Frühjudentum sowohl die einschlägige Terminologie als auch die typischen Topoi der Heidenpolemik, was in 1 Thess 4,3–5 besonders deutlich zum Ausdruck kommt: „Das ist nämlich der Wille Gottes, eure Heiligung, daß ihr euch fernhaltet von der Unzucht und ein jeder von euch seine eigene Frau in Heiligkeit und Ehrerbietung zu gewinnen weiß, nicht in begieriger Leidenschaft wie auch die Heiden, die Gott nicht kennen." Dahinter steht die jüdische Grundüberzeugung, daß die fehlende Anerkennung des einen, wahren Gottes sich in der Gesetzlosigkeit zeigt und einen ungerechten Lebenswandel in Frevel, Sünde und Lastern – allen voran Götzen-

---

[1] DABELSTEIN 1981, 11: „Bei einem Blick in die gegenwärtige neutestamentliche Literatur überrascht, wie uneinheitlich das griechische Wort ethnē ... bei Paulus mit ‚Heiden', ‚Völker', ‚Nationen', ‚Völkerschaften', ‚Heidenvölker', ‚Heidenchristen', aber auch mit ‚Nichtjuden' wiedergegeben wird. Die Entscheidung für eine dieser Bedeutungen erscheint teilweise als unreflektiert, und es werden Nichtjuden häufig als ‚Heiden' bezeichnet, ohne die negative Konnotation des Wortes oder die Veränderung im Sprachgebrauch zu berücksichtigen." Zur Forschungsgeschichte s. aaO., 11–14.

dienst und Unzucht – zur Folge hat. Die Übernahme dieser Terminologie und Topoi erfolgt bei Paulus jedoch nicht ungebrochen, sondern er verbindet die traditionelle Heidenpolemik mit bemerkenswerten Modifikationen, gibt den alten Abgrenzungsbestrebungen eine neue Stoßrichtung und versucht damit zugleich, die theologischen Barrieren, die seine Völkermission behindern, aus dem Weg zu räumen.

1. Die ‚Heiden' als Komplementärbegriff zu den Juden

Die Rede von den *‚Heiden'* ist ein Komplementärbegriff, denn Heiden gibt es nicht an sich, sondern nur als Gegenüber zu den Juden. Auch vom christlichen Standpunkt des Paulus aus dient der Begriff der Heiden – sofern nicht einfach die „Völker" gemeint sind – nie als umfassende Bezeichnung für die Nicht-Christen, sondern immer noch ausschließlich für die *Nicht-Juden*. Dieser Sprachgebrauch zeugt von der nachhaltenden Wirkung, die die jüdische Prägung auch auf den späteren Apostel ausgeübt hat. Deshalb sollte man bei der Wortfeldanalyse nicht einfach wie Dabelstein (15−39) die verschiedenen Bezeichnungen für die Heiden zusammenstellen, sondern genauer differenzieren zwischen denjenigen Ausdrücken, die ausschließlich für Nicht-Juden verwendet werden, und solchen Begriffen, die im Judentum und im Neuen Testament auch zur Kritik innerhalb der eigenen Reihen benutzt werden und erst weiter unten zur Erörterung kommen. Überzogen ist Dabelsteins „Vorentscheidung, daß ethnē nur da mit Heiden wiedergegeben werden soll, wo ‚Gottlosigkeit' und ‚Sittenlosigkeit' als signifikante Merkmale erscheinen" (27f). Denn auch wenn Paulus ohne Zweifel diese Topoi der Heidenpolemik verwendet, ist der Begriff der Heiden für ihn doch an den meisten Stellen primär durch den Gegensatz zu den Juden bestimmt und impliziert erst in zweiter Linie diese Laster. Dabei lassen die verschiedenen Komplementärbegriffe erkennen, welche Gesichtspunkte für dieses Gegenüber als hervorstechendes Unterscheidungsmerkmal angesehen werden.

A. τὰ ἔθνη

Der ethnisch-religiöse Aspekt ist beherrschend, wenn der Begriff der *„Heiden"* (ἔθνη)[2] bei Paulus im Gegensatz steht zu den Juden[3], zu Israel[4] oder dem

---

[2] Vgl. Dabelstein 1981, 21−38 sowie Bertram/Schmidt 1935, 362−370; Walter 1980, 924−929; Fredouille 1986, 1113−1149; Bauer/Aland 1988, s. v. ἔθνος 2.

[3] Röm 3,29;9,24; 1 Kor 1,23; Gal 2,15.

[4] Röm 9,30f;11,25.

eigenen (sc. jüdischen) Volk[5] sowie den Beschnittenen[6]. Damit übernimmt der Apostel den Sprachgebrauch der Septuaginta, der eine inneralttestamentliche Bedeutungsverschiebung weiterführt; denn das hebräische Äquivalent גוים bezeichnete an und für sich die „Völker, Nationen" im neutralen Sinne, erhielt aber in der nachexilischen Literatur eine zunehmend religiöse Bedeutung und wurde nun vom israelitischen Standpunkt aus für die ‚heidnischen Völker' verwandt, die Jahwe nicht dienen, ohne die Tora leben und einen frevelhaften Lebenswandel führen[7]. Von dieser negativen Grundhaltung ist auch Paulus geprägt, wenn er in der Auseinandersetzung mit den Judaisten in Gal 2,15 an seine eigene jüdische Herkunft erinnert und von diesem Hintergrund her in überspitzter Weise die Nicht-Juden als Sünder bezeichnet: „Wir sind von Geburt Juden[8] und nicht Sünder aus den Heiden."[9] In dieser polemischen Verwendung des Begriffs sind die „Heiden" eine verachtenswerte Masse, die Paulus nur im Plural[10] erwähnt, während er von einem einzelnen Nicht-Christen als einem Griechen (s. u.) oder Ungläubigen[11] spricht und erst die Rabbinen später auch singularisch vom einzelnen גוי reden.

Von diesem polemischen Gebrauch sind diejenigen Stellen zu unterschei-

---

[5] BAUER/ALAND 1988, s. v. γένος 3 zu 2 Kor 11,26: „*Gefahren v. Volk* = meinen Landsleuten, d. Juden" (vgl. V. 24: „von Juden"); vgl. auch ἀλλογενής in Lk 17,18 sowie ἀλλόφυλος in Apg 10,28 und dazu DELLING 1987, 13–15.

[6] Zu Röm 15,8f; Gal 2,8f sowie Eph 2,11 vgl. BAUER/ALAND 1988, s. v. περιτομή 4: „*abstr. pro concr.* (...) die Beschnittenen"; vgl. ferner das Gegenüber von Heidenchristen und Judenchristen in Gal 2,12.14; Apg 10,45;11,1f.

[7] BOTTERWECK 1973, 969: „Obwohl das AT keine genaue Definition eines גוי gibt, ist es offenbar, daß alle drei Aspekte Rasse, Regierung und Territorium relevant sind ... so daß גוי unserem modernen Begriff ‚Nation' entsprechen würde." HULST 1979, 319: „Die Möglichkeit (oder sogar Gewißheit), daß vom Kontext her bei '*ammīm an* ,Völker' im allgemeinen Sinne ohne weitere spezielle Nuancierung gedacht ist, bei *gōjīm* dagegen mehr an ,Völker' als Gemeinwesen, Staaten, Königreiche, sozio-politische Sonderbereiche, ist gegebenenfalls anzuerkennen. ... Weiter handelt es sich oft um die *gōjīm* in ihrem Verhältnis zu Israel, wobei nicht nur nationale, sondern auch religiöse Unterschiede eine wichtige Rolle spielen. Es tritt eine Bedeutungsverschiebung hervor, die darauf hinausläuft, daß *gōjīm*, Israel gegenüber, nicht ,Völker, Nationen' in neutralem Sinne meint, sondern vielmehr eine Bezeichnung wird für die in religiöser Hinsicht anderen Völker, die Jahwe nicht dienen, also für die vom isr. Standpunkt aus ,heidnischen Völker'." Vgl. aaO., 322: „Schließlich fühlte man sich als das erwählte und von Jahwe geliebte Volk weit erhaben über die *gōjīm* und sah auf sie herab; es sind die Ungläubigen, die ,Heiden'. Auf diese Weise kommt es zu einer scharfen Trennung zwischen den ,Juden' einerseits und den *gōjīm* andererseits, wie es vor allem in der nachexilischen Literatur der Fall ist." FREDOUILLE 1986, 1116: „Noch radikaler ist dieser Unterschied in der LXX, wo '*am* mit λαός (...) u. *gôyîm* mit ἔθνη wiedergegeben wird (...)."

[8] Vgl. demgegenüber Röm 2,27: ἡ ἐκ φύσεως ἀκροβυστία.

[9] Vgl. Bill. III, 537 zu Gal 2,15: „Sünder kurzweg = Heiden" mit dem Hinweis auf PsSal 1,1 (= syrische Machthaber); 2,1f (= Pompejus); BAUER/ALAND 1988, s. v. ἁμαρτωλός 2: „Überh. beliebte Bez. von Heiden (Jes 14,5. Tob 13,8. 1 Makk 1,34 u. ö.)"; vgl. weiter RENGSTORF 1933, 329.332; SCHLIER 1971, 88f.

[10] Im Singular wird ἔθνος nur 2mal in Röm 10,19 in einem Zitat aus Dtn 32,21 LXX verwendet für „ein Nicht-Volk" bzw. „ein unverständiges Volk".

[11] Vgl. ἄπιστος in 1 Kor 7,12–15; vgl. auch 2 Kor 6,15.

den, an denen τὰ ἔθνη nicht den pointierten Gegensatz zu den Juden impliziert, sondern – vor allem im Zusammenhang mit Abraham in Gal 3 und Röm 4 sowie bei den Aussagen über die Mission (s. u.) – in neutralem Sinn und universaler Weite auch Israel unter *„die Völker"* einschließt und diese Übersetzung dem negativ besetzten Begriff ‚Heiden' vorzuziehen ist[12].

Daß der Ausdruck ἔθνη seinen pejorativen Beigeschmack völlig verlieren kann, zeigt seine Verwendung als Bezeichnung für die *Heiden(christen)*[13], die gerade angesichts der paulinischen Völkermission natürlich nicht mehr religiös abwertend gemeint ist, sondern einfach ihre nicht-jüdische Herkunft und ihre Bekehrung zu Christus ohne vorherige Beschneidung zum Ausdruck bringt. Dieser neutrale Gebrauch für die heidenchristlichen Gemeindeglieder, deren Stellung Paulus allen judaisierenden Tendenzen gegenüber mit Vehemenz verteidigt, beweist, daß der Begriff ἔθνη und auch sein deutsches Äquivalent „Heiden" keineswegs als solche schon einen polemisch-abwertenden Sinn haben müssen, sondern die positiven oder negativen Konnotationen sehr stark vom jeweiligen Kontext abhängig sind.

B. Ἕλληνες

Eher die sprachlich-kulturelle Seite steht im Vordergrund, wenn Paulus den Juden die *„Griechen"*[14] gegenüberstellt. Während der Begriff der Heiden vom religiösen Standpunkt eines Juden (und Christen) aus vielfach mit einem abwertenden Unterton gebraucht wird, entspricht die Rede von den Griechen deren eigenem Selbstverständnis, ist bei diesen als Selbstbezeichnung üblich und impliziert ein kulturelles Überlegenheitsbewußtsein[15]. Da Paulus jedoch stets die Juden zuerst erwähnt und dann die Griechen[16], betont er ihre heilsge-

---

[12] Zu den Übersetzungsmöglichkeiten von ἔθνη vgl. DABELSTEIN 1981, 37f.

[13] DABELSTEIN 1981, 37 nennt als Belege Röm 11,13;15,27; Gal 2,12.14; Eph 3,1; Apg 15,19.23; vgl. auch „die Gemeinden der Heiden" in Röm 16,4. Doch bezeichnet Paulus die Heidenchristen nicht mit dem ausgrenzenden Terminus ‚die aus der Unbeschnittenheit', sondern nur die Judenchristen ihrem Selbstverständnis entsprechend als „die aus der Beschneidung" (Gal 2,12; vgl. Röm 4,12; weiter Kol 4,11; Tit 1,10 sowie Apg 10,45;11,2).

[14] Vgl. Bill. III,27–29; WINDISCH 1935, 509–514. Von den Griechen spricht Paulus – im Unterschied zu der verachteten Masse der ἔθνη – nicht nur im Plural (Röm 3,9; 1 Kor 1,22.24;10,32;12,13), sondern auch im Singular (Röm 1,16;2,9f;10,12; Gal 3,28; vgl. auch Kol 3,11).

[15] Vgl. DABELSTEIN 1981, 18: „Die Einteilung der Welt aus griechischer Sicht, die primär von kultureller Identität bestimmt ist, übernimmt Paulus Röm 1,14. Er umschreibt mit der komplementären Wendung ‚Griechen und Barbaren' die nicht-jüdische Menschheit, ta ethnē (V. 13)." Vgl. HENGEL 1976, 77–115. Zu 1 Kor 14,11 vgl. HECKEL 1992, 119f.

[16] Röm 1,16;2,9f;3,9 (vgl. ZELLER 1976, 141–157); 1 Kor 1,22;10,32; die umgekehrte Reihenfolge begegnet nur deuteropaulinisch in Kol 3,11. Hiervon zu unterscheiden ist die Erwähnung der Griechen, die nicht mehr zu den Heiden als Gegenüber gehören, sondern Christen geworden sind, in Röm 10,12; 1 Kor 1,24;12,13; Gal 3,28, was bei BAUER/ALAND 1988, s. v. Ἕλλην 2a leider nicht differenziert wird.

schichtliche Vorrangstellung und läßt damit eindeutig den religiösen Aspekt über den sprachlich-kulturellen dominieren. Der positivere Charakter spiegelt sich auch darin wider, daß in den paränetischen Abschnitten als negative Kontrastfolie nie ‚die Griechen‘, sondern immer nur ‚die Heiden‘ erscheinen[17]. Auch wenn der Apostel in 1 Kor 1,22−24 „Griechen" und „Heiden" als Wechselbegriffe verwenden kann (vgl. auch Röm 10,12 mit 11,25), bedeutet Ἕλλην nicht ‚Heide‘[18], sondern „Grieche". Doch faßt Paulus in der Totalitätsformel „Juden und Griechen" die ganze Menschheit zusammen[19] und verwendet den Begriff Ἕλλην de facto als Bezeichnung für die nicht-jüdische Welt und damit für die Heiden[20]. Anders als in der alttestamentlich-jüdischen Polemik denkt er bei den ‚Heiden‘ nicht so sehr an die Ägypter oder Assyrer und Babylonier, sondern vor allem an den griechisch-sprechenden Kulturraum des römischen Reichs[21]. Mit diesem Sprachgebrauch läßt Paulus erkennen, daß für ihn sowohl von seiner Herkunft aus dem Diasporajudentum in Tarsus[22] her als auch bei seiner späteren Missionstätigkeit stets die Menschen aus der hellenistischen Welt sein wichtigstes Gegenüber bildeten.

C. ἀϰροβυστία

Am pointiertesten kommt der religiöse Gegensatz zum Ausdruck, wenn der Beschneidung (περιτομή) die *„Unbeschnittenheit"* (ἀϰροβυστία) gegenübersteht[23] und entweder das Heidentum als den Zustand der Unbeschnittenheit, d. h. des Nicht-Jude-Seins, charakterisiert oder als abstractum pro concreto zur Bezeichnung für die Heiden(welt) dient. Der Beschneidung kommt solche Bedeutung zu, weil man durch sie erst zum Juden im vollen Sinne wird, sie nach Gen 17,10 geboten ist und das Bundeszeichen Israels darstellt (vgl. Jub 15; Jos Ant I,192). „In der hellenistisch-römischen Zeit wurde die Beschneidung zu einem distinktiven Merkmal der Juden (…) und in den religiösen

---

[17] Vgl. 1 Thess 4,5; 1 Kor 12,2; in 5,1 ist das negative Image der Heiden die Voraussetzung für die Kritik an den Korinthern; vgl. auch Phil 2,15.

[18] So BAUER/ALAND 1988, s. v. Ἕλλην 2a; zur Kritik vgl. WINDISCH 1935, 512f; DABELSTEIN 1981, 18. Die Gleichsetzung beider Begriffe erfolgte nach HENGEL 1989, 7 mit Anm. 20 in der christlichen Literatur erst im 3./4. Jh. n. Chr.

[19] Vgl. Bill. III, 29; WINDISCH 1935, 509; DABELSTEIN 1981, 15; BAUER/ALAND 1988, s. v. Ἕλλην 2a.

[20] FREDOUILLE 1986, 1118 betont, daß „die Griechen als die hervorstechendsten Repräsentanten des Heidentums, mehr oder weniger als die H. par excellence betrachtet werden, so daß das Wort selbst praktisch zu einem Synonym für ‚H.‘ wird (Joh. 7,35; Mc. 7,26; Act. 11,20 u. ö.; so schon 2 Macc. 4,10f; …)."

[21] Vgl. WINDISCH 1935, 510. Zur in erster Linie sprachlichen Bedeutung des verwandten Begriffs „Hellenisten" vgl. HENGEL 1975, 157−169.

[22] Vgl. HENGEL 1991, 180−188.232−239.

[23] Röm 2,25−27;3,30;4,9−12; 1 Kor 7,18f; Gal 2,7;5,6;6,15.

Krisen zu einem Zeichen der Treue zum Gottesbund und zum Gesetz[24]. Die Notiz Est 8,17, viele Heiden seien zum Judentum übergetreten (*mitjah^adîm*), wird in der LXX durch περιετέμνοντο καὶ ἰουδάϊζον wiedergegeben. ... Die Beschneidung galt nun als eine von Gott verordnete Schutzmaßnahme, die eine Vermischung des jüdischen Volkes mit den Heiden verhinderte."[25] Da nur ein Beschnittener als Jude im Vollsinne gilt, können als Wechselbegriffe zu ἀκρο-βυστία in Gal 2,7−9 (vgl. Eph 2,11) ἔθνη und deuteropaulinisch in Kol 3,11 auch Ἕλλην stehen. Daß Paulus „die Heiden" durch ihre „Unbeschnittenheit" charakterisiert sieht und den Begriff ἔθνη – auch im Gegenüber zu den Christen – nur auf Nicht-Juden bezieht (vgl. 1 Kor 1,23), zeigt, in welch starkem Maß er auch bei seiner Missionstätigkeit noch die Welt aus der Perspektive eines Juden betrachtet.

2. Die Relativierung des Gesetzes als Unterscheidungsmerkmal zwischen Juden und Heiden

In der Gabe der Tora sehen die Juden ihren entscheidenden Vorzug gegenüber allen anderen Völkern und im selben Sinn redet auch Paulus von den Heiden als denjenigen, die ohne Tora leben[26] und das Gesetz nicht haben (Röm 2,14). Dieser grundlegende Unterschied zwischen Juden und Heiden relativiert sich für Paulus jedoch, sobald man nach der *(Nicht-)Erfüllung des Gesetzes* fragt. Ist aber nicht mehr der Besitz der Tora, sondern die Befolgung ihrer Gebote[27] das Kriterium, so schlägt der anfängliche Gegensatz *zwischen Juden und Heiden* in *eine Gemeinsamkeit* um. Denn zunächst einmal hält Paulus in Röm 2,14f dem Selbstbewußtsein Israels, das seine heilsgeschichtliche Vorrangstellung durch die Gabe des Gesetzes begründet sieht, entgegen, daß es auch Heiden (ohne Artikel!) gibt, die – obwohl sie doch an und für sich ohne die Tora leben – von Natur aus tun, was die Tora fordert; so beweisen sie durch ihr Handeln, daß „das Tun, das das Gesetz fordert (...)"[28], in ihre Herzen geschrieben ist und durch ihr Gewissen bezeugt wird sowie durch die Gedanken, die einander

---

[24] Vgl. SCHÜRER 1973−1987, Bd. III,1, 173: „For the proselytes proper Paul's remark was applicable, namely that whoever accepted circumcision was obliged to keep the whole Law (Gal. 5:3), even if this was administered with a very varying degree of strictness." Wo um die Beschneidung gestritten wird, geht es um den Gehorsamsanspruch der Tora insgesamt; vgl. DUNN 1991, 295−317.

[25] BETZ 1980, 717.

[26] Röm 2,12: ἀνόμως (Vulgata: sine lege); vgl. 1 Kor 9,20f; Est(gr) 4,17u LXX; 3 Makk 6,9; PsSal 17,18; Apg 2,22f sowie DUNN 1991, 301.308.

[27] Auch die Beschneidung verpflichtet, das ganze Gesetz zu halten (Gal 5,3; vgl. Röm 2,25−29).

[28] WILCKENS 1978−82, Bd. I, 134.

anklagen und entschuldigen[29]. Der Skopus dieses Abschnitts zielt aber nicht eigentlich auf eine Verteidigung der Heiden, sondern Paulus will hier die verkehrte Welt aufzeigen, daß sogar Heiden, die die Tora nicht haben, von Natur aus tun, was das Gesetz fordert, der Jude aber sich auf den Besitz der Tora verläßt und zugleich den Dekalog übertritt (2,17−24). Gerade angesichts der Tatsache, daß die Tora als das entscheidende Privileg Israels gilt und die Heiden demgegenüber gerne durch ihre Gesetz*losig*keit charakterisiert werden, macht Paulus den Juden ihre Gesetz*widrig*keit und damit ein im Grunde heidnisches Verhalten zum Vorwurf (ἀνομία; vgl. 2 Kor 6,14). Nimmt man das Gesetz in seiner Forderung der Taten ernst, so gerät die als selbstverständlich erachtete Vorrangstellung der Juden ins Wanken und ergibt sich de facto eine Gleichstellung der Juden mit den Heiden. Bezeichnenderweise wird die Heidenpolemik der Gotteslästerung durch Ägypten und Assur aus Jes 52,5 in Röm 2,24 den Juden vorgehalten. Aber auch umgekehrt kann Paulus in Phil 2,15 von der heidnischen Umwelt als einem ‚verdorbenen und verkehrten Geschlecht‘ reden und damit eine Wendung aufnehmen, die im Lied des Mose in Dtn 32,5 LXX nicht auf die Heiden, sondern auf die Sünden Israels bezogen ist[30]. *Durch die Übertretung des Gesetzes läuft die Trennungslinie nicht mehr parallel zu den herkömmlichen ‚Religionsgrenzen‘, sondern quer zu ihnen.* Da nicht nur die „Sünder aus den Heiden" (zu Gal 2,15 s. o. Anm. 9), sondern auch die, die von Geburt Juden sind (Gal 2,15), sich „unter der Sünde" befinden (Röm 3,9; vgl. 3,23;5,12), bildet diese kein Unterscheidungskriterium mehr zwischen Juden und Heiden (vgl. Gal 2,15), sondern eine Gemeinsamkeit aller Menschen. Insofern offenbart Gottes Zorn „alle Gottlosigkeit und Ungerechtigkeit (πᾶσαν ἀσέβειαν καὶ ἀδικίαν) der Menschen, die die Wahrheit durch Ungerechtigkeit niederhalten" (Röm 1,18). Diese von Juden und Heiden, d. h. von allen Menschen, praktizierte Gottlosigkeit wird durch das Gesetz aufgedeckt, durch das die Erkenntnis der Sünde kommt (Röm 3,20)[31].

3. Das christliche Selbstverständnis

A. Die Rechtfertigung allein aus Glauben als Proprium der Christen

Nachdem Paulus in Röm 1,18−3,20 die Ungerechtigkeit der Heiden *und* Juden durch die Nicht-Erfüllung der Tora nachgewiesen hat, wird ab 3,21 „nun aber" die *Gerechtigkeit Gottes ohne das Gesetz* entfaltet. Der praktizierten Gesetzlosigkeit aller Menschen stellt Paulus die Rechtfertigung *allein durch Christus* gegenüber. Dabei ist es von entscheidender Bedeutung, daß der Apostel nicht

---

[29] Vgl. ECKSTEIN 1983, 137−175.
[30] Vgl. GNILKA 1980, 152.
[31] Vgl. zu Röm 1,18−3,20 DABELSTEIN 1981, 64−98.

nur ‚die anderen‘, die Heiden und Juden, als Sünder bezeichnet, sondern auch
die Christen diesem Urteil unterwirft. Der Unterschied sowohl zu den Juden
als auch zu den Heiden besteht daher nicht in der Sünde, sondern ergibt sich
erst aus der Rechtfertigung des Gottlosen allein durch den Glauben an Christus. Was den Christen zum Christen macht, ist die Rechtfertigung durch den
Gott, der gerecht ist und gerecht macht den, der aus dem Glauben an Jesus lebt
(3,26). Auch in Gal 2,15f wird der ‚natürliche‘ Gegensatz zwischen Juden und
Heiden aufgehoben durch die Rechtfertigung des Menschen allein aus Glauben. Und wie in Röm 10,9−13 derjenige gerechtfertigt und gerettet wird, der
Jesus als Herrn bekennt und anruft, so ist auch in 1 Kor 12,2f das, was den
Christen im Gegensatz zur heidnischen Anbetung stummer Götzen als Christen
kennzeichnet, sein Bekenntnis zu Jesus als dem Herrn.

Deshalb gilt das Evangelium in Röm 1,16 als Gottes Kraft zum Heil jedem,
der glaubt, dem Juden zuerst und auch dem Griechen. Als Unterscheidungsmerkmal hat das Gesetz ausgedient, da es alle Menschen der Sünde überführt.
Der Gegensatz zwischen dem Überlegenheitsgefühl griechischer Kultur und dem
jüdischen Erwählungsbewußtsein sowie die gegenseitige Infragestellung beider
werden aufgehoben in der Erkenntnis der Sündenverfallenheit aller Menschen
und der Rechtfertigung aller, die an Christus glauben. Die universale Bedeutung
des Kreuzestodes stellt das theologische Fundament für die Lehre von der
Freiheit vom Gesetz dar und dieses ‚gesetzesfreie‘ Evangelium bildet die
Voraussetzung für die ‚weltweite‘ Mission des Paulus[32].

B. Die Bezeichnungen für die Christen und die Ungläubigen

Diese Wesensbestimmung kommt auch in den paulinischen Bezeichnungen für
die Christen zum Ausdruck. Der Terminus „*Christ*" (Χριστιανός) begegnet
noch nicht bei Paulus, sondern erst in Apg 11,26: „In Antiochia nannte man die
Jünger zum ersten Mal Christen" (vgl. Apg 26,28; 1 Petr 4,16). Das davon
abgeleitete Substantiv „Christentum" (Χριστιανισμός) erscheint erst bei Igna-
tius (Ign Mg 10,3) und zwar als Gegensatz zum „Judentum" (Ἰουδαϊσμός)[33].

Der Ausdruck Χριστιανοί ist eine ähnliche Wortbildung wie Ἡρῳδιανοί oder Καισα-
ριανοί und „bezeichnet die Anhänger des Christus, die ihm Zugehörigen. Am nächsten
liegt die Annahme, daß diese Bezeichnung der Gemeinde von Außenstehenden gegeben
worden ist, ohne daß sie deshalb ein Schimpfname sein muß[34]. Da derartige Bezeichnungen von Namen abgeleitet werden, wird damit zu rechnen sein, daß man in Antiochia

---

[32] Vgl. Hengel 1971/72, 24.

[33] Vgl. 2 Makk 2,21;8,1;14,38; 4 Makk 4,26; Gal 1,13f sowie Hengel 1966, 178−181.

[34] Vgl. Hengel 1979, 87: „Die erfolgreiche messianische Sekte konnte jetzt dem fremden
Beobachter als eigene Gruppe erscheinen, die sich vom Judentum gelöst hatte. Sie erhielt
einen eigenen Namen, der sich von den bisherigen Bezeichnungen wie ‚Galiläer‘ oder ‚Nazo-
räer‘ (Apg 24,5), die auf jüdische Gruppen hingewiesen hatten, durch seine Selbständigkeit
grundsätzlich unterschied."

Χριστός vor allem außerhalb der Christusgemeinde als Eigennamen verstanden hat, wahrscheinlich als Namen einer Gottheit. ... Es verdient darüber hinaus Beachtung, daß der Name Χριστιανοί (Ag 11,26) in Verbindung mit dem Wirken des Paulus in Antiochien gebracht wird, der dort ein ganzes Jahr tätig war und einen großen Lehrerfolg hatte."[35] An Stelle des späteren Begriffs Χριστιανοί verwendet Paulus seine In-Christus-Aussagen, denn neben Stellen mit einer pointierten Bedeutung begegnen ἐν Χριστῷ und verwandte Formulierungen „oft ohne bes(onderen) Nachdruck, um d(en) Bereich, innerhalb dessen etw(as) geschieht od(er) geschehen ist, um etw(as) als christl(ich) zu bez(eichnen)... Daher zur Umschreibung d(es) Begriffes ‚Christ‘, ‚christlich‘ gebr(aucht)."[36]

Da der rechtfertigende Glaube das Wesen der Christen ausmacht, kann Paulus sie auch einfach als *„Glaubende"* umschreiben und das Partizip „(die) Glaubenden" als feststehenden Ausdruck für sie verwenden[37]. Dementsprechend werden die Nicht-Christen durch ihren *Unglauben* charakterisiert, der nun als gemeinsamer Oberbegriff für Heiden und Juden dienen und diese vom Selbstverständnis der Christen unterscheiden kann. Auch wenn die Bezeichnung „Ungläubige" sich vor allem auf die Heiden bezieht, sind besonders in der Kontrastierung zum Glauben an das Evangelium doch auch die Juden nicht ausgenommen, da sie ebenfalls nicht an Christus glauben[38].

Da man nur durch den Glauben zum Heil des ewigen Lebens gelangt, kann Paulus nicht nur die Heiden, sondern auch die Juden[39] bezeichnen als *„die anderen*[40]*, die keine Hoffnung haben"* (1 Thess 4,13; vgl. Eph 2,12)[41]. Auch wenn der Apostel die herkömmliche Unterscheidung zwischen Juden und

---

[35] GRUNDMANN 1973, 529; vgl. ebd. Anm. 298: „Derartige Namen kommen aus dem Lat u sind gräzisiert worden. Sie sind dem 1. Jhdt v Chr als Gruppenbezeichnungen geläufig, z. B. Marianus, Sullianus u am." Ebd. Anm. 300: „Die Bezeichnung Χριστιανοί ist durch Ag 26,28 für den großpalästinischen Raum, durch Tac Ann 15,44,2 u Suet Caes VI 16,2 für Rom, durch Ign für Antiochia u Syrien u durch 1 Pt 4,16 sowie Plin ep X 96,1−3 für Kleinasien im Laufe des 1. Jhdt u der ersten Jahrzehnte des 2. Jhdt bezeugt." Vgl. auch BAUER/ALAND 1988, s. v. Χριστιανός.

[36] BAUER/ALAND 1988, s. v. ἐν I.5d; vgl. auch OEPKE 1935, 537.

[37] Vgl. BULTMANN 1959, 215; BAUER/ALAND 1988, s. v. πιστεύω 2b: „Die *Partizipien* der verschiedenen Zeiten werden auch beinahe subst. gebr.: (οἱ) πιστεύοντες *(die) Gläubigen, (die) Christen*"; vgl. Röm 3,22; 1 Kor 14,22a.b (Ggs. ἄπιστοι); 1 Thess 1,7; 2 Thess 1,10 (par. ἅγιοι); Apg 2,44;4,32;19,18;21,20 sowie „des Glaubens Genossen" in Gal 6,10. Das Adjektiv πιστός ist − sofern man die paulinische Authentizität von 2 Kor 6,15 bestreitet (vgl. FURNISH 1984, 373) − erst deutero- bzw. nachpaulinisch zum Terminus für die Christgläubigen geworden; vgl. BAUER/ALAND 1988, s. v. πιστός 2.

[38] Vgl. ἄπιστος „im technischen Sinne von *nicht christlich*" (BULTMANN 1959, 215; vgl. BAUER/ALAND 1988, s. v. 2: „Bes. v. d. Heiden") in 1 Kor 6,6;7,12−15;10,27;14,22−24; 2 Kor 4,4;6,14f sowie die ἀπιστία der Juden in Röm 11.20.23 und ferner 1 Thess 4.5: „die Heiden, die Gott nicht kennen". Vgl. auch ἀπει 0− in Röm 11.30f; 15.31.

[39] Dies betont HOLTZ 1990, 189.

[40] Vgl. οἱ λοιποί auch in 1 Thess 5,6; ferner Eph 2,3.

[41] Vgl. auch den Gegensatz zwischen denen, die gerettet werden, und denen, die verloren gehen, in 1 Kor 1,18; 2 Kor 2,15f;4,3f (Ungläubige). Wenn in 2 Kor 13,4 das Schwach-Sein ‚in Christus‘ das ewige Leben aus Gottes Kraft zur Folge hat, so impliziert diese Formulierung

Heiden durch die Sündenverfallenheit aller Menschen nivelliert, wird durch das Kriterium der Christuszugehörigkeit eine neue Trennlinie aufgeworfen und verläuft die Grenze nun zwischen den Glaubenden und den Ungläubigen. Damit spricht er in polemischer Zuspitzung jeder griechischen oder jüdischen Unsterblichkeitsvorstellung[42] und Auferstehungserwartung, die nicht in Christus begründet ist, den Charakter einer wahren Hoffnung ab. Doch ist es für Paulus bezeichnend, daß er im folgenden Kontext nicht die Hoffnungslosigkeit ,der anderen' ausmalt, sondern die künftige Gemeinschaft mit Christus entfaltet und die Gemeinde auffordert, sich mit diesen Worten untereinander zu trösten.

Von Gottes Reich als Erben ausgeschlossen sind auch die *„Ungerechten"* (ἄδικοι), die Paulus in 1 Kor 6,9f durch eine Reihe von als typisch heidnisch geltenden Lastern – allen voran Unzucht und Götzendienst – charakterisiert, um dann in V 11 fortzufahren: „und das waren einige von euch; *aber*... ihr seid gerecht geworden (ἐδικαιώθητε) ..." Kurz zuvor hatte Paulus in 6,1.6 die Korinther gescholten, daß sie ihre Rechtsstreitigkeiten, die sie untereinander haben, „vor den Ungerechten" und „vor Ungläubigen" austragen, womit hier die heidnischen Richter gemeint sind. Insofern stehen in 1 Kor 6,9.11 die Ungerechten, die durch ihre heidnischen Laster charakterisiert sind, den Gerechtfertigten gegenüber, als die Paulus die Korinther anspricht.

Die eigentliche Spitze dieser Polemik richtet sich weniger gegen die heidnischen Richter, sondern gilt vor allem den Korinthern, die Paulus daran erinnern will, daß Unzucht, Streitereien und andere Laster einen Rückfall in ihre heidnische Vergangenheit bedeuten. Gleichzeitig hält er den Gemeindegliedern vor, daß sie keinerlei Anlaß zu einem Überlegenheitsgefühl haben. Denn bei der Unzucht dulden sie noch schlimmere Fälle als die Heiden (1 Kor 5,1) und benötigen bei ihren Rechtsstreitigkeiten untereinander sogar die in der Gemeinde ansonsten verachteten heidnischen Richter als höhere Autorität. Die Hauptintention dieser Polemik besteht daher in der Ermahnung der Gemeinde.

Den „Ungerechten" stellt Paulus in 1 Kor 6,1f *„die Heiligen"* (οἱ ἅγιοι) gegenüber, einen Titel, den er nicht nur in den Briefpräskripten zur Anrede der Gemeinden[43], sondern auch sonst gerne zur Bezeichnung der Christen verwendet. Mit diesem Titel werden die Christen sowohl im passiven Sinn auf ihre

---

negativ, daß die Schwachheit ,ohne' oder ,außerhalb von Christus' auch nicht zur Auferstehung führt.

[42] Da diese von Jos Bell II,154; Ant XVIII,18 auch den Essenern zugeschrieben wird und in den Texten aus Qumran begegnet (1 QS 4,7f; 1 QH 3,20–22; vgl. VERMES 1987, 55f), ist die Unsterblichkeitsvorstellung nicht nur für die hellenistische Diaspora, sondern auch für das palästinische Mutterland bezeugt (vgl. HENGEL 1989, 46 mit Anm. 234–237; zur Diskussion der jüdischen Vorstellungen vgl. auch SCHÜRER 1973–1987, Bd. II, 539f).

[43] Röm 1,7; 1 Kor 1,2; 2 Kor 1,1; Phil 1,1 sowie Eph 1,1; Kol 1,2.

Heiligung durch Christus[44] als auch im aktiven Sinn der Heiligung in ihrer Lebensführung (1 Thess 4,3f.7; Röm 6,19.22) angesprochen. Verbunden werden damit z. T. auch die Selbstbezeichnungen *„Berufene"* (κλητοί) (Röm 1,6f; 1 Kor 1,2.24 [vgl. V. 26]; vgl. auch Röm 8,28) und *„Geliebte"* (ἀγαπητοί) (Röm 1,7)[45].

C. Die Gemeinden als eigenständige Gruppierungen

Paulus redet die Christen nicht nur als Individuen, sondern auch als *„Gemeinde"* (ἐκκλησία) an[46], die einen klar identifizierbaren Personenkreis umfaßt und eine soziale Größe darstellt. Auch die vielfache Anrede als Brüder (und Schwestern) signalisiert ein Zusammengehörigkeitsgefühl als *familia Christi*. Das Bewußtsein, eine eigene Gemeinschaft zu bilden, wird sichtbar, wenn Paulus die Ungläubigen als *„die draußen"* (οἱ ἔξω) und die Gemeindeglieder als *„die drinnen"* (οἱ ἔσω) bezeichnet[47] und in 1 Kor 6,4 die heidnischen Richter als solche beschreibt, die innerhalb der Gemeinde verachtet werden. Man kann diese Ausdrucksweise als „language of separation" bezeichnen[48], sollte dabei aber bedenken, daß Paulus hier nicht so sehr zur äußeren Absonderung von der heidnischen Umwelt auffordert, sondern vor allem innergemeindliche Verhältnisse rügt und zu einer Distanzierung von ‚typisch heidnischen' Lastern in der eigenen Lebensführung mahnt. Daß die ersten Christen auch aus der Außenperspektive schon früh als eine sich verselbständigende Gruppierung identifizierbar gewesen sein müssen, verrät die Reminiszenz in Gal 1,13 (vgl. Phil 3,6), daß der Apostel vor seiner Bekehrung die Gemeinde Gottes verfolgte und sie zu vernichten suchte. Andererseits darf nicht übersehen werden, daß die christlichen Gemeinden zunächst von Außenstehenden wie z. B. Gallio in Apg 18,12−17 noch längere Zeit für eine jüdische Sekte gehalten wurden, die sich bei innerjüdischen Streitigkeiten um die Lehre und das Gesetz abgespalten hat[49].

Die letzten Abschnitte haben schon erkennen lassen, daß in Christus nicht

---

[44] Vgl. 1 Kor 1,30;6,11 jeweils als Parallelbegriff zur Rechtfertigung.

[45] Vgl. auch ἀγαπητός als Anrede der Briefadressaten in Röm 12,19; 1 Kor 10,14;15,58; 2 Kor 7,1;12,19; Phil 2,12;4,1 und ferner bei Einzelpersonen in Röm 16,5.8f.12; Phlm 1 (vgl. 16).

[46] Vgl. ἐκκλησία als Adressatenangabe in den Briefpräskripten in 1 Kor 1,2; 2 Kor 1,1; Gal 1,2; 1 Thess 1,1; vgl. auch 2 Thess 1,1.

[47] 1 Kor 5,12; 1 Thess 4,12; vgl. Bill. III, 362; BEHM 1935, 572f; BAUER/ALAND 1988, s. v. ἔξω 1aβ.

[48] MEEKS 1983, 94f.

[49] In ähnlicher Weise könnte auch die Vertreibung der Juden aus Rom durch Kaiser Claudius eine Reaktion auf Unruhen darstellen, die durch Juden/Christen ausgelöst wurden (vgl. Apg 18,2; Suet 25 sowie HENGEL 1979, 91; SCHÜRER 1973−1987, Bd. III,1, 77f), während man die Christen anderthalb Jahrzehnte später in den neronischen Verfolgungen nicht mehr als innerjüdische Sekte, sondern als eigenständige Gruppierung ansah (vgl. Tac Ann XV,44).

nur die alten Gegensätze zwischen Juden und Heiden aufgehoben werden, sondern die *Christen* sich diesen beiden gegenüber *als eigenständige Gruppierung* zu formieren beginnen. In 1 Kor 10,32 kann Paulus sogar in einer Reihe von „Juden und Griechen und der Gemeinde Gottes" sprechen. Auch in 1 Kor 1,22–24 sind „Juden" und „Griechen" zunächst ,die anderen', die Gottes Kraft und Weisheit in Christus nicht anerkennen, doch werden diese Begriffe dann als Herkunftsbezeichnung für die verschiedenen Gemeindeglieder wiederaufgenommen: „uns Berufenen aber, Juden und Griechen", womit nun natürlich nicht mehr die Ungläubigen, sondern Judenchristen und Heidenchristen gemeint sind. Dieser Sprachgebrauch verrät, daß es sich noch nicht um die zweite Generation von Leuten handelt, die schon in einem christlichen Haus aufgewachsen sind, sondern um Christen, die vorher noch entweder Juden oder Heiden gewesen sind und selber eine Bekehrung durchgemacht haben[50]. Deshalb betont Paulus in 1 Kor 1,18–31 die Kreuzestheologie als Grundlage der christlichen Identität, die von der religiösen, sozialen und bildungsmäßigen Herkunft der Gemeindeglieder völlig unabhängig ist. Im Zentrum steht in 1 Kor 1 (auch bei der adversativen Partikel δέ in V 23) allerdings nicht das Verhältnis zum heidnischen und jüdischen Gegenüber, sondern das Hauptinteresse gilt dem innergemeindlichen Zusammenhalt und richtet sich auf die Überwindung der unterschiedlichen Spaltungstendenzen[51]. Sofern Paulus von Juden und Griechen (= Heiden) *innerhalb* der Gemeinde spricht, sind es also nur noch Bezeichnungen für die Herkunft und religiös-kulturelle Prägung (vgl. Röm 10,12; 1 Kor 1,24; 12,13; Gal 3,28 und deuteropaulinisch Kol 3,11).

Noch deutlicher tritt die *Zusammenführung von Judenchristen und Heidenchristen* in den ersten Gemeinden als Problem im Galaterbrief hervor. Auch in *Gal 3,28* geht es Paulus nicht um das Verhältnis der Gemeindeglieder zu den Juden und Griechen ,draußen', sondern durch die Taufe ist „in Christus" deren alter religiös-kultureller Gegensatz aufgehoben, der freilich im Streit um das Gesetz innerhalb der Gemeinden noch fortlebt. Wenn in Gal 3,28 und *1 Kor 12,13* Juden und Griechen genannt werden, so müssen Judenchristen und Heidenchristen gemeint sein, da die Christen jenen gegenüber in der Gemeinde ebensowenig eine dritte Gruppe darstellen wie Sklaven und Freie oder Männer und Frauen. Paulus setzt sich an diesen Stellen nicht über die Geschlechtsunterschiede hinweg, sondern betont – unabhängig von der ethnischen, kulturellen und sozialen Herkunft – die soteriologische Gleichberechtigung und appelliert an die Gemeinden, diese neue Situation auch in ihrem praktischen Zusammenleben anzuerkennen. Die Einheit der Gemeinde als Leib Christi und die prinzipielle Gleichwertigkeit aller Glieder sind daher die leitenden Gesichtspunkte für Paulus und nicht die Nivellierung aller faktischen

---

[50] Vgl. 1 Kor 12,2f, aber auch den Herrschaftswechsel in 1 Kor 6,(9–)11; Röm 6,19.

[51] Vgl. HECKEL 1992, 123–134.138; DERS. 1993, 179–182.

Unterschiede. Vielmehr wird das Erwählungsbewußtsein der Juden und das kulturelle Überlegenheitsgefühl der Griechen ersetzt durch die neue Identität der Christuszugehörigkeit. Denn indem Paulus zwischen Judenchristen und Heidenchristen differenziert, trägt er durchaus ihrer unterschiedlichen Prägung Rechnung, um dann aber das Heil in Christus als das Entscheidende und Verbindende innerhalb der Gemeinden herauszustellen.

Die letzten Abschnitte ließen schon erkennen, daß die alten Gegensätze zwischen Juden und Heiden nur *in* Christus und nur *innerhalb* der Gemeinden aufgehoben sind. Die Beziehung zu Christus bedeutet daher nicht einfach das Ende aller Grenzen, sondern wird zu einem neuen grundlegenden Unterscheidungskriterium *zwischen Christen und Nicht-Christen*. Dabei geht es nicht um ein Mehr oder Weniger an Glaubensstärke, sondern um Alles oder Nichts, d. h. um die Alternative, entweder zum Leib Christi dazuzugehören oder vom Heil ausgeschlossen zu sein. Daher läßt der Glaube an Christus eine *neue Trennungslinie* zwischen Christen und Nicht-Christen entstehen und führt dazu, daß die christlichen Gemeinden als eigene religiöse Gruppierung hervorzutreten beginnen. Begründet wird der Unterschied zu den Ungläubigen jedoch nicht mit moralischen, sondern mit soteriologischen Kategorien, aus denen ihrerseits in der Paränese natürlich auch ethische Konsequenzen gezogen werden (s. u.)[52]. Der Gegensatz zwischen Christen und Heiden ist für Paulus deshalb nicht mehr ethnisch oder sprachlich-kulturell bedingt, sondern allein religiös begründet und mit einem ethischen Anspruch verbunden.

D. *Abraham als Integrationsfigur für Judenchristen und Heidenchristen*

Paulus steht vor der theologischen und praktischen Aufgabe, auf das Zusammenleben von Judenchristen und Heidenchristen in den entstehenden Gemeinden hinzuwirken. Dafür bietet sich nicht nur Christus, sondern auch Abraham als ideale Identifikationsfigur an, da dieser schon im Judentum „zum Prototyp des Proselyten", „zum Maß für alle Heiden", „sozusagen zu ihrem Schutzpatron" geworden ist[53]. So ist Abraham auch für Paulus zugleich „unser Stammvater nach dem Fleisch" (Röm 4,1) und gerechtfertigt worden, als er noch unbeschnitten war (Röm 4,10). Deshalb gilt Abraham als „Vater aller, die glauben, ohne beschnitten zu sein", und zugleich als „Vater der Beschnittenen für diejenigen, die nicht nur aus der Beschneidung (stammen), sondern auch in den Fußtapfen des Glaubens gehen, den unser Vater Abraham hatte, als er (noch) unbeschnitten war" (Röm 4,11f). Da bei ihm die Beschneidung kein Unterscheidungsmerkmal zwischen Juden und Heiden darstellt, können sowohl Judenchristen als auch Heidenchristen sich als Kinder Abrahams verste-

---

[52] Vgl. besonders die deuteropaulinische Formulierung in Eph 2,11f.

[53] DELLING 1987, 81; vgl. Abraham als ersten Proselyten in Apk Abr 1–8; vgl. auch ZELLER 1976, 88–108.

hen und auf diesen als ihren Vater berufen. Gerade er zeichnet sich nicht durch
den Besitz des Gesetzes aus, das erst am Sinai gegeben wurde (vgl. Gal 3,17),
sondern durch den Glauben an die Verheißung und durch die Rechtfertigung,
die – da er ja noch ohne die Tora lebte – nicht durch die Werke des Gesetzes
geschehen konnte. Daß die Juden diese Verheißung (an Abraham) haben, ist
ihr Vorzug gegenüber den übrigen Völkern, die erst in Christus dieses Segens
teilhaftig geworden sind. Da durch die Abrahamsverheißung auch die Heiden
in den Segen Gottes einbezogen, die Juden dabei aber natürlich nicht ausgeschlossen sind, sollte man πάντα τὰ ἔθνη in Gal 3,8 (vgl. V 14) nicht wie die
Lutherübersetzung mit dem ausgrenzenden Terminus ‚die Heiden‘, sondern
(analog zu den früheren Revisionen in Röm 4,16f.18) mit dem neutraleren
Begriff „alle Völker" wiedergeben. In Christus ist die Abrahamsverheißung in
Erfüllung gegangen, woraus Paulus am Ende des Kapitels in Gal 3,28 die
Folgerung zieht, daß durch die Taufe nun der alte Gegensatz zwischen Juden
und Griechen aufgehoben ist: „denn ihr alle seid einer in Christus Jesus".

4. Die paränetische Funktion der ‚Heiden-Polemik‘

Paulus übernimmt die traditionellen Topoi jüdischer Heidenpolemik, verwendet diese aber nicht so sehr zur Polemik nach außen gegen die Heiden, sondern
setzt sie vor allem im Rahmen seiner Paränese zur Schelte von innergemeindlichen Mißständen ein oder benutzt sie als Negativfolie, von der sich die Christen
in ihrem Verhalten positiv abheben sollen. Daß bei ‚den Heiden‘ hier eher an
einen polemischen Topos als an ein historisches Gegenüber zu denken ist, läßt
sich auch daran erkennen, daß der Apostel in diesen paränetischen Zusammenhängen – anders als z. B. in Röm 1–3; 1 Kor 1,22f – nie die „Griechen" als
Wechselbegriff für ἔθνη verwendet. Wo diese Topoi auftreten, erfahren sie
eine für Paulus charakteristische Modifikation und werden meist im Einst-
Jetzt-Schema als Rückblick in die eigene vorchristliche Vergangenheit vor der
Bekehrung und dem Herrschaftswechsel verwendet[54]. Ihren ‚Sitz im Leben‘
haben diese Topoi für Paulus also weniger in der theologisch-argumentativen
Abgrenzung von der heidnischen Umwelt[55], sondern sie sollen in der Gemein-
deparänese die Christen vor allem zu einem besseren Lebenswandel motivieren. Wie auch in der jüdischen Tradition begegnen als Hauptlaster Götzendienst und Unzucht[56].

---

[54] Vgl. TACHAU 1972, 95.98.100.

[55] Vgl. zur Absonderung DELLING 1987, 9–26.

[56] Vgl. Bill. IV,2, 1242, s. v. Kardinalsünden; SCHÜRER 1973–1987, Bd. II, 81: „Two points
in particular were not to be lost sight of in the struggle against paganism: idolatry, and the
Gentile non-observance of the Levitical laws of purity." Vgl. die neutestamentliche Häufig-
keitsstatistik bei WIBBING 1959, 87.

A. *Der Götzendienst als Kennzeichen der Heiden*

Als Leitkriterium übernimmt Paulus das *erste Gebot*, daß es keinen Gott gibt außer dem einen, der zugleich der Vater Jesu Christi ist[57]. So erinnert er in 1 Thess 1,9 die Gemeindeglieder daran, „wie ihr euch bekehrt habt zu Gott von den Götzen[58], um dem lebendigen und wahren Gott zu dienen"[59]. Noch deutlicher spielt er in 1 Kor 12,2 zu Beginn seiner Charismenkapitel auf die heidnische Vergangenheit an: „Ihr wißt, daß ihr, als ihr Heiden wart, zu den stummen Götzen mit unwiderstehlicher Gewalt hingerissen wart." Indem Paulus hier den Gegensatz zwischen den stummen Götzen und dem lebendigen Wirken des Geistes aufbaut, wird eine polemische Verzerrung der historischen Gegebenheiten sichtbar, wenn man nur an die Bedeutung der Ekstase in der griechischen, aber auch vorderorientalischen Umwelt denkt. In 1 Kor 8,4−6 zeigt sich besonders deutlich, wie das erste Gebot nun von der Christologie her gefüllt wird: „so wissen wir, daß es keinen Götzen in der Welt gibt und keinen Gott außer dem einen. Denn auch wenn es sogenannte Götter gibt im Himmel oder auf Erden, wie es ja viele Götter und viele Herren gibt, so haben wir doch (nur) einen Gott, den Vater, ... und einen Herrn, Jesus Christus..."[60] In 1 Thess 4,5 erwähnt Paulus „die Heiden, die Gott nicht kennen"[61], und gebraucht damit eine Wendung, mit der in Jer 10,25 und Ps 79,6 Gottes Zorn über die Feinde Israels herbeigefleht wird. Dabei geht es nicht nur um eine rein intellektuelle Gotteserkenntnis, sondern die fehlende Anerkennung des göttlichen Willens gilt auch für Paulus ebenso wie in der jüdischen Tradition als Wurzel aller Laster und hat vor allem sexuelle Verfehlungen zur Folge[62].

---

[57] FREDOUILLE 1981, 829f: „G(ötzendienst) bezeichnet bei Juden wie Christen jeden Glauben u. alle Kultpraktiken, deren Ziel nicht Jahwe ist, also die Verehrung ‚fremder', falscher Götter; faktisch ist oder wurde G(ötzendienst) Synonym von ‚heidnische Religion', ‚Polytheismus'." Vgl. auch SCHÜRER 1973−1987, Bd. II, 81−83.

[58] FREDOUILLE 1981, 849: „Da εἴδωλον schon im klassischen Griechenland weniger das Bild, die Darstellung einer Wirklichkeit, als die Illusion, das Produkt der Phantasie, bezeichnet, griffen die Übersetzer des AT diesen Ausdruck mit Vorliebe auf, um in abwertender, polemischer Weise den nichtigen Glauben an falsche Götter, gleich ob bildlich dargestellt oder nicht, zu bezeichnen."

[59] Vgl. TACHAU 1972, 95.100.106.109f und DABELSTEIN 1981, 40: „Es darf aber nicht übersehen werden, daß der Inhalt rückblickend vom Schema ‚einst' – ‚jetzt' her umgeprägt wurde. ... Somit kann an diesen Versen ein Stück Geschichte der urchristlichen Predigt rekonstruiert werden, der Weg von der Missions- zur Gemeindepredigt."

[60] Vgl. auch die Anerkennung des (wahren) Gottes durch einen Ungläubigen (Heiden) in 1 Kor 14,25.

[61] Vgl. DABELSTEIN 1981, 53 zum Vorstellungshintergrund, „der die ‚Heiden' zur negativen Bezugsgruppe macht: Ihre Gottlosigkeit bzw. die fehlende Kenntnis des Gesetzes und damit des Willens Gottes, der auch für die Christen zum Kriterium ihres Verhaltens wurde." Vgl. dieselbe Wendung (οὐκ εἰδότες θεόν) im Einst-Jetzt-Schema für den Rückblick auf die heidnische Vergangenheit in Gal 4,8f; vgl. auch 1 Kor 15,34 und deuteropaulinisch 2 Thess 1,8.

[62] Vgl. FREDOUILLE 1981, 868: „Sap. 14,22/31 hält den G(ötzendienst) für die Ursache aller

Allerdings denkt Paulus nicht nur an den *Götzendienst* der Heiden, sondern kann in 1 Kor 10,7 auch am Beispiel *der Israeliten* vor dem Abfall von Gott warnen: „Werdet auch nicht Götzendiener wie einige von denen", die um das goldene Kalb tanzten[63]. Vom ersten Gebot geprägt ist auch die Mahnung in 1 Kor 10,14 im Blick auf Götzenopfermahle: „flieht den Götzendienst".

In einer direkten polemischen Verwendung konkreten Personen gegenüber erscheint der Topos des Götzendienstes in Phil 3,18f, wo Paulus die *Irrlehrer* als Feinde des Kreuzes Christi bezeichnet, „deren Gott der Bauch ist" (vgl. Röm 16,18)[64]. Auch in Gal 4,8f warnt er vor dem Abfall zur Lehre der Gegner als einem Götzendienst und Rückfall ins Heidentum[65].

B. ‚Heidnische' Laster

Als größtes Laster gilt in der jüdischen Tradition und bei Paulus die *Unzucht*[66], die in seinen Aufzählungen deshalb vielfach an erster Stelle genannt wird[67]. Beim Topos der Unzucht sind verschiedene Faktoren einflußreich gewesen: die

---

Laster. Paulus vertieft diesen Gedanken u. stellt götzendienerisches Verhalten als ‚Werk des Fleisches' dem Geist (πνεῦμα) gegenüber. Gal 5,20 rechnet den G(ötzendienst) ausdrücklich unter die ἔργα τῆς σαρκός: ..." Vgl. auch Bill. III, 62f.

[63] Vgl. DABELSTEIN 1981, 61: „Genau wie die ‚Heiden' oder die Völker in den paränetischen Rahmungen des Heiligkeitsgesetzes, im Deuteronomium, im deuteronomistischen und chronistischen Geschichtswerk und in den SER-Stücken der TestXII macht Paulus hier die Israeliten zur negativen Bezugsgruppe, an denen er eindringlich die Abfolge von Frevel und Gericht aufzeigt. ... Das Aufregende dieses Verfahrens liegt darin, daß Paulus ausgerechnet Israeliten auswählt, um durch sie als ‚Typen' (V. 6; vgl. V. 11) die weitgehend nichtjüdischen Korinther vor ‚Götzendienst' und Unzucht zu warnen." Zu einfach ist deshalb die Alternative bei BÜCHSEL 1935, 377: „Wie λατρεία Kennzeichen der Juden ist (R 9,4), so ist εἰδωλολατρία Kennzeichen der Heiden."

[64] Vgl. – sofern man hier nicht an die Beachtung der Speisegebote denken will – zu diesem Topos in ep Ar 142 sowie der philosophischen Polemik R. FELDMEIER 1994 und A. REHN in diesem Band.

[65] Vgl. DABELSTEIN 1981, 64.

[66] Vgl. 1 Kor 5,1; 1 Thess 4,3.5, doch betont DABELSTEIN 1981, 55 zu Recht: „Wie wenig Paulus selbst ‚Unzucht' als nur ‚heidnisches' Laster verstand, zeigen 1 Kor 10,7f; 1 Kor 5,1.9–11;6,9 und Gal 5,19."
Zum „Vorwurf der Unzucht in der jüdischen Tradition" vgl. den Exkurs bei DABELSTEIN 1981, 53–55 sowie HAUCK/SCHULZ 1959, 587: „In ihrem Kampf gg den heidnischen Götzendienst urteilt Sapientia Salomonis zusammenfassend: Anfang der πορνεία (d h wohl im Zshg: des Abfalles von Gott) ist das Ersinnen von Götzenbildern (14,12), u Sap sieht in der geschlechtlichen Verwilderung (14,24–26) eine Folge der Preisgabe des wahren Gottes (14,27f). Die Aussage von diesem ursächlichen Zshg wird dann geradezu ein Grundanliegen jüd Apologetik u Polemik (vgl R 1,18–32)." Vgl. auch Bill. III, 64–74; ERLANDSSON 1977, 612–619; NIEBUHR 1987, 257 s. v. Unzucht.

[67] Vgl. 1 Kor 5,10.11;6,9;10,8; (2 Kor 12,21); Gal 5,19; 1 Thess 4,3 und Eph 5,3; Kol 3,5; Mt 15,19 par. Mk 7,21; vgl. auch Röm 1,18ff und die Unzucht als ersten der Mißstände in 1 Kor 5 sowie TestRub 3,3; Test S 5,3.

Vorstellung von Rein und Unrein[68], das Verbot des Konnubiums[69], die Abgrenzung von den Fruchtbarkeits- und Sexualriten der kanaanäischen Ureinwohner[70] und das Bild vom Huren für den Götzendienst bzw. den Abfall von Jahwe[71], wobei letzteres auch auf die ethischen Maßstäbe und die Paränese zurückgewirkt haben dürfte[72]. Schon im Heiligkeitsgesetz in Lev 18 enthalten die Vorschriften über den ehelichen Verkehr in V. 2−4 die Abgrenzung von den Heiden: „Ich bin Jahwe, euer Gott! Ihr sollt nicht tun, was man in Ägypten tut, wo ihr gewohnt habt, noch was man in Kanaan tut, wohin ich euch führe. Ihr dürft nicht nach ihren Sitten leben. Meine Gebote sollt ihr erfüllen und meine Satzungen beobachten, um nach ihnen zu wandeln."[73] Und zum Abschluß heißt es in Lev 18,24: „Ihr sollt euch nicht durch irgend etwas Derartiges verunreinigen. Denn durch all dies haben sich die Heiden verunreinigt."

Als ersten der konkreten Mißstände behandelt Paulus in *1 Kor 5,1*[74] einen Fall von Unzucht: „Überhaupt hört man von Unzucht unter euch, und zwar von *solcher Unzucht,* die *nicht einmal unter den Heiden* (οὐδὲ ἐν τοῖς ἔθνεσιν) (vorkommt), daß einer die Frau seines Vaters hat." (Vgl. Lev 18,8). Der Vorwurf, ‚schlimmer als die Heiden' zu sein, begegnet schon in der jüdischen

---

[68] Dieser ursprünglich kultische, dann aber auch ins Ethische gewendete Hintergrund ist bei Paulus noch zu spüren, wenn die πορνεία unmittelbar neben der ἀκαθαρσία steht (2 Kor 12,21; Gal 5,19; vgl. auch Eph 5,3; Kol 3,5); vgl. die Heiligung als Fernhalten von Unzucht und Unreinheit in 1 Thess 4,3.7, die Reinigung vom Sauerteig (der Unzucht) in 1 Kor 5,1.7 sowie angesichts der sexuellen Laster in 6,9.11 die Erinnerung daran, daß die Korinther reingewaschen und geheiligt sind, und schließlich die Mahnung „flieht die Unzucht" in 6,18−20, da der Leib der Tempel des heiligen Geistes ist; vgl. auch HAUCK/SCHULZ 1959, 593f.

[69] S. u. Anm. 82; vgl. zum Konnubium Bill. IV,1, 378−383.

[70] Vgl. ERLANDSSON 1977, 613: „Gelegentlich bezeichnet *zānāh* zugleich eine außereheliche sexuelle Verbindung und Gottesverehrung außerhalb des Bundes, z. B. Num 25,1; Hos 4,13−15;9,1; Jer 5,7. Dies hängt damit zusammen, daß der Abfall von JHWH oft mit Teilnahme an kanaanäischem Fruchtbarkeitskult mit sakraler Prostitution verbunden war."

[71] Vgl. KÜHLEWEIN 1978, 519f; ERLANDSSON 1977, 612−619; VÖGTLE 1936, 96 nach dem Hinweis auf Hos 4,1ff: „Die Überzeugung vom engen Zusammenhang zwischen mangelnder Gottesverehrung, konkret heidnischem Götzendienst, und daraus folgender Sittenlosigkeit blieb von da an ein Grunddatum jüdischer Ethik."

[72] HAUCK/SCHULZ 1959, 585: „Auf den Höhen gingen profane u sakrale Prostitution ineinander über (Jer 3,2). Aus ihrem Gottes- u Menschenverständnis haben die Propheten beides aufs schärfste bekämpft (Am 2,7; Jer 5,7 ua). Jede theol Legitimation außerehelicher Geschlechtshingabe ist in Israel seitdem unmöglich geworden. ... Stellen, die urspr die kultische Prostitution durch das heilige Gottesgesetz verwarfen, sind in der späteren Überlieferung zu allg Verboten jeder Hurerei in Israel geworden."

[73] Vgl. DABELSTEIN 1981, 54: „Die paränetischen Rahmungen des Heiligkeitsgesetzes Lev 18,24ff und 20,22ff, wo ‚Unzucht' mit ‚Verunreinigung' ineins gesetzt wird, zeigen mit ihren diffamierenden Hinweisen auf die negative Bezugsgruppe der ‚Heiden', daß Frevel, die in der israelitischen Volksgemeinschaft nicht vorkommen durften, als ‚heidnische' Laster gebrandmarkt wurden. ... Wahrscheinlich haben der kanaanäische Fruchtbarkeitskult mit seinen Sexualriten, das Verbot des Konnubiums und die freizügige hellenistische Sexualmoral diese Projektion bedingt."

[74] Vgl. Bill. III, 342−358; DABELSTEIN 1981, 57f; SCHRAGE 1991, 369f.

Tradition[75]. In der apostolischen Paränese wird dieser Topos eingesetzt, um die innergemeindlichen Mißstände zu kritisieren[76] und die Gemeindeglieder zu einem besseren Verhalten anzuspornen[77]. Eine besondere Pointe liegt vermutlich sogar darin, daß der Unzüchtige sich selber als besonders geisterfüllt und frei versteht, weshalb Paulus die Duldung dieses Falls durch die Korinther als Aufgeblasenheit (5,2) und (falsches) Rühmen (5,6) kritisiert (vgl. 6,12ff)[78]. Paulus verlangt den Ausschluß dieses Unzüchtigen aus der Gemeinde und warnt die Korinther vor den eschatologischen Konsequenzen eines solchen Fehlverhaltens, denn der Herr ist ein Richter aller dieser Dinge (1 Thess 4,6), und die Ungerechten, die solches tun, werden das Reich Gottes nicht erben (1 Kor 6,9; Gal 5,21; vgl. auch Eph 5,5).

Die Aufforderung zum Ausschluß ist bei Paulus nicht von der Sorge vor kultischer Verunreinigung getragen, sondern beruht auf einer ethischen Absicht und zielt in 1 Kor 5,6–8 auf eine Gemeinde, die er als neuen, ungesäuerten Teig bezeichnet und zur Reinigung vom alten Sauerteig ermahnt. Mit diesem Gegensatz zwischen dem alten Sauerteig der Schlechtigkeit und Bosheit und dem neuen, ungesäuerten Teig der Lauterkeit und Wahrheit knüpft Paulus nicht nur an eine sprichwortartige Redewendung an, sondern beginnt er die eingangs benutzte *Heidenpolemik* mit der Vorstellung von der *Äonenwende* und dem Herrschaftswechsel durch die Taufe zu überlagern[79]. Diese für die paulinische Theologie charakteristische Modifikation gibt natürlich auch der traditionellen Mahnung zur Absonderung von den Heiden eine *neue Stoßrichtung*, die Paulus nach den Mißverständnissen, die sein sog. Vorbrief ausgelöst hat, in 1 Kor 5,9–13 klarstellt:

---

[75] Vgl. DABELSTEIN 1981, 27: „Am Vorwurf des Handelns ‚wie die Völker/Heiden' oder ‚schlimmer als die Völker/Heiden' (dieses Kontrastmotiv begegnet 2Kön 21,9; ... 1 Makk 7,23; PsSal 1,8;8,13; 3 Esr 1,22.47) sowie am Vorwurf der Vermischung mit den Völkern (vgl. dazu 3 Esr 8,66; 8,84.89) wird deutlich, wie sehr die Unterschiedenheit zwischen Juden und Nichtjuden hier nivelliert ist (statt: sind, U. H.). Pointiert könnte man formulieren: ‚Heidenpolemik' ist zugleich ‚Judenpolemik'."

[76] Vgl. DABELSTEIN 1981, 53f: „Überprüft man den Vorwurf des als typisch ‚heidnisch' geltenden Lasters der Unzucht anhand des Vorkommens der Worte znh, z^{e}nūt, porneia, pornē, porneuein (– ekporneuein ist oft eine Metapher –), pornos, pornikos im AT, in der LXX und den griechischen Schriften des Spätjudentums sowie in denen Qumrans, so überrascht, daß vorwiegend Juden dieses Lasters bezichtigt werden."

[77] Vgl. auch DABELSTEIN 1981, 26: „Heidenpolemik... hat ihren Ort in der Paränese (z.B. Jer 10,1ff), in Klagen oder im Danklied des Einzelnen (z.B. LXX Ps 9), in den prophetischen Anklagen (Ez 5,6f; TestDan 5,5; TestLev 14,6) oder in Verurteilungen der deuteronomistischen Redaktion (2 Kön 17,7ff). Die ‚Heiden' werden in diesen Zusammenhängen als negative Bezugsgruppe angeführt, um die Sünde der Israeliten zu veranschaulichen (3 Esr 1,47) oder um als abschreckendes Beispiel für die Abfolge von Frevel und Bestrafung zu dienen (Dtn 8,20) und so die Einhaltung der Gebote zu motivieren (Lev 20,22f)."

[78] Vgl. SCHRAGE 1991, 371f.

[79] Vgl. zur Äonenwende SCHRAGE 1991, 378–385.

„Ich habe euch in dem Brief geschrieben, daß ihr nichts zu schaffen haben sollt mit Unzüchtigen (συναναμίγνυσθαι), nicht überhaupt mit den Unzüchtigen dieser Welt oder den Habgierigen und Räubern oder Götzendienern, weil ihr sonst aus der Welt gehen müßtet. In Wahrheit habe ich euch aber geschrieben: Habt nichts zu schaffen (mit einem), wenn ein sogenannter Bruder ein Unzüchtiger oder ein Habgieriger oder ein Götzendiener oder ein Lästerer oder ein Trunkenbold oder ein Räuber ist; mit so einem sollt ihr auch nicht essen. ... ‚Schafft den Bösen weg aus eurer Mitte‘ (Dtn 17,7 LXX)."

Das Nicht-Vermischen[80] – sei es durch Ehen, sei es durch gemeinsame Mahlzeiten – spielte wegen der Reinheitsgebote[81] in jüdischen Kreisen eine wichtige Rolle für die Absonderung von den Heiden[82], zielt bei Paulus aber nicht mehr auf die äußere Distanz zu den Ungläubigen draußen, sondern richtet sich gegen die Frevler dieser Welt innerhalb der eigenen Gemeinde. Auch wenn der Apostel mit den „Unzüchtigen dieser Welt" in 5,10 auf „die Heiden" in V. 1 anspielt, sieht er in der Unzucht nicht mehr nur ein heidnisches Laster, sondern vor allem ein Kennzeichen des alten Äons[83].

Irreführend ist es daher, wenn bis in neuere Auslegungen von 1 Kor 5,10 hinein solche „*Lasterkataloge* als Heidenspiegel"[84] bezeichnet werden. Denn die eigentlichen Adressaten dieser Polemik sind nicht so sehr die Heiden, sondern vor allem die groben Sünder innerhalb der eigenen Gemeinde[85]. In Gal 5,19 eröffnet Paulus einen Katalog mit den Sünden besonders der Sexualität, des Fressens und Saufens[86] sowie der Streitereien, die die Einheit der Gemeinde bedrohen, indem er ohne irgendeinen Bezug zu den Heiden erklärt: „offenkundig sind aber die *Werke des Fleisches*". Dem entspricht die deuteropaulinische Deutung durch die Kategorie des Irdischen in der Einleitung des Lasterkatalogs in Kol 3,5: νεκρώσατε οὖν τὰ μέλη τὰ ἐπὶ τῆς γῆς, πορνείαν ...

---

[80] Vgl. DELLING 1987, 15f.

[81] Vgl. SCHÜRER 1973–1987, Bd. II, 83f.

[82] Vgl. das Mischehenverbot in Gen 24,3;28,1; Dtn 7,3f; Ri 14,3; Esra 9,1–10,17; Neh 9; Tob 4,12; Jub 25,1;30,7–17; Paral Jerem 8,2.4f; Test L 9,10; 14,6; Test Job 45,3; JosAs 7,5; LAB 9,5;21,1;30,1;43,5;45,3; Jos Ant VIII,191f; Philo Spec Leg III,29; vgl. auch das Vermeiden gemeinsamen Essens in JosAs 7,1 und dazu BURCHARD 1985, 210 Anm. 7d: „Abstention from heathen food and avoidance of table fellowship between Jews and pagans was one of the main issues of Jewish life in the hellenistic, especially post-Maccabean, period (cf. e.g. Esth 4:17x; Jub 22:16; 3 Mac 3:4,7; SibOr 4:24–30; Acts 10–11; Gal 2:11–14). The reason, as given in JosAsen, is that pagan food has come into contact with idols." Vgl. auch Ep Ar 142. Zur Verunreinigung durch Speisen vgl. HENGEL 1991, 227f. Vgl. auch Gal 2,12; Apg 11,3.

[83] Vgl. SASSE 1938, 884f: „Paulus gebraucht den Ausdruck κόσμος οὗτος neben αἰὼν οὗτος (1 K 3,19;5,10;7,31; vgl Eph 2,2) und gleichbedeutend damit, wie der Wechsel von σοφία τοῦ κόσμου 1 K 1,20, σοφία τοῦ κόσμου τούτου 3,19 und σοφία τοῦ αἰῶνος τούτου 2,6 beweist."

[84] So CONZELMANN 1981, 128; vgl. LANG 1986, 75.

[85] Nach DABELSTEIN 1981, 85 „wäre der Terminus ‚Lasterspiegel der Sünder‘ oder ‚Lasterspiegel der Frevler‘ treffender. ... Der Terminus ‚Lasterspiegel der Heiden‘ muß aufgegeben werden." Denn diese Kataloge richteten sich schon in der jüdischen Tradition nicht zuletzt auch gegen die Sünder und Frevler im eigenen Volk.

[86] Vgl. Röm 13,13; 1 Kor 5,11;6,10 und weitere Belege bei VÖGTLE 1936, 224–226; SCHLIER 1971, 254.

Aber auch schon Paulus selber machte in Phil 3,19 den Feinden des Kreuzes, deren Gott der Bauch ist, diesen Topos der Heidenpolemik (s. o. Anm. 64) nicht als ‚heidnische' Gesinnung, sondern als Trachten nach „irdischen Dingen" zum Vorwurf: οἱ τὰ ἐπίγεια φρονοῦντες[87]. Damit werden die aus der Heidenpolemik geläufigen Laster in der paulinischen Theologie sehr viel grundsätzlicher als Werke des Fleisches eingeordnet[88] und der Frucht des Geistes gegenübergestellt (Gal 5,22f).

Besonders deutlich kommt diese neue Ausrichtung der Heidenpolemik im Anschluß an die beiden Lasterkataloge in *1 Kor 6,11* zum Ausdruck: „und das waren einige von euch. Aber ihr seid reingewaschen, aber ihr seid geheiligt, aber ihr seid gerechtfertigt worden durch den Namen des Herrn Jesus Christus und durch den Geist unseres Gottes." Indem Paulus zunächst im Imperfekt redet und dann in der Antithese mit Aoristformen fortfährt, betont er den Herrschaftswechsel und Gegensatz zwischen dem früheren Dauerzustand und dem Neuanfang in Christus. Der sachliche Gegensatz zu den Heiden wird durch das *Einst-Jetzt-Schema* auf die Zeit vor und nach der Taufe verteilt. Als Rückblick auf die Zeit vor der Bekehrung verschiebt sich die eigentliche Spitze der Heidenpolemik von der Abgrenzung von der Umwelt zur zeitlichen und sachlichen Distanzierung von den Lastern der Gemeindeglieder aus ihrer heidnischen Vergangenheit[89]. Auf diese Weise verwandelt Paulus den herkömmlichen Gegensatz zwischen Juden und Heiden angesichts der Äonenwende in den Gegensatz von neuer Schöpfung (vgl. 2 Kor 5,17; Gal 6,15) und altem Menschen (vgl. Röm 6,6). Die Abgrenzung betrifft nicht mehr den Kontakt mit dem heidnischen Gegenüber, sondern richtet sich gegen diejenigen Gemeindeglieder, die in ihrem Verhalten ganz offensichtlich noch den Praktiken des alten Äon verhaftet sind. Denn die Christen sollen sich nicht mehr diesem gegenwärtigen, bösen Äon (Gal 1,4)[90] gleichstellen, sondern sich durch die Erneuerung

---

[87] Vgl. GNILKA 1980, 205f: „Wenn der Bauch als ihr Gott bezeichnet wird, so soll das ihre durch und durch sarkische Gesinnung herausstellen, ... daß sie Paulus in ihrer Gegnerschaft zum Kreuz nicht anders denn als gänzlich dem Sarkischen, Irdischen Verhaftete einschätzen kann. κοιλία ist dann als Steigerung zu σάρξ zu nehmen (vgl. Röm 16,18)." Vgl. auch den Vorwurf in Mt 11,19 par. Lk 7,34, Jesus sei ein Fresser und Weinsäufer.

[88] Vgl. SCHWEIZER 1964, 132 zur ἐπιθυμία σαρκός in Gal 5,16 (vgl. Röm 13,14): „Dieser Sprachgebrauch ist sicher mitbeeinflußt durch die A 52 zusammengestellten hellenistischen Wendungen, die in die jüdische Polemik gegen das Heidentum eingegangen sind." Vgl. aaO., 104 (mit den Belegen in Anm. 52): „So wird das Stichwort von der ἡδονὴ σαρκός in nt.licher Zeit geradezu zum antiepicureischen Schlagwort u dringt vor allem auch ins hell Judt ein."

[89] Vgl. auch Röm 6,19; vgl. TACHAU 1972, 83f.98.105: „Den Lasterkatalogen als Kennzeichen heidnischer Herkunft steht keineswegs – wie man vermuten könnte – ein Tugendkatalog gegenüber (vgl. aber die Aufzählung in Gal 5,22f als „Frucht des Geistes", U. H.). Häufiger begegnet hingegen ein Hinweis auf die Taufe: so in 1 Kor 6,9c.10f. durch die Verben ἀπολούω, ἁγιάζω, δικαιόω"; vgl. auch KAMLAH 1964, 177–180.

[90] Vgl. SASSE 1933, 206 zu Röm 12,2; 1 Kor 1,20;2,6.8;3,18; 2 Kor 4,4 und Gal 1,4: „Dies πονηρός ist charakteristisch für die Art, wie Paulus von dem gegenwärtigen Aion als dem Aion der Sünde redet."

des Sinnes ändern (Röm 12,2). Deshalb warnt der Apostel in seiner Paränese nicht vor Berührungen mit der heidnischen Umwelt, sondern vor dem Rückfall bestimmter Gemeindeglieder in die Verhaltensmuster ihrer vorchristlichen Vergangenheit[91]. Meiden sollen die Christen also nicht generell den Kontakt mit ‚heidnischen *Personen*‘, sondern fernhalten sollen sie sich von ‚heidnischen *Lastern*‘ wie z. B. Unzucht (1 Thess 4,3). Nicht Weltflucht und Absonderung vom heidnischen Gegenüber lautet darum die Devise, sondern das leitende Interesse gilt dem Kampf gegen die Verhaltensweisen des alten Äons innerhalb der Gemeinden, dem irdischen Sinnen und fleischlichen Gebaren im eigenen Verhalten der Christen.

Ähnlich wie die zweite Tafel der zehn Gebote einen Lebensraum abstecken und von den schlimmsten Auswüchsen lebens- und gemeinschaftsschädigenden Verhaltens freihalten will, zieht Paulus mit diesen Lasterkatalogen eine klare Untergrenze und formuliert so das *Minimum an christlicher Ethik*. Im Blick auf die Frevlerkataloge in 1 Kor 5,10f;6,9f könnte man daher sagen, daß die Gemeindeglieder in Korinth sich wenigstens *nicht schlimmer* aufführen dürfen, *als* es aus den *Topoi der Heidenpolemik* geläufig ist. Auch wenn Paulus um die Sündenverfallenheit aller Menschen und die Nachwirkungen des alten Äons selbst bei den Christen weiß, sollten beim Anspruch eines Lebens aus dem Geist zumindest diejenigen Laster ausgeschlossen sein, die ganz offenkundig Werke des Fleisches sind und dem Gesetz zuwiderlaufen (Gal 5,19.23). Insofern fällt das Überlegenheitsgefühl und die Verachtung, mit der man in der korinthischen Gemeinde auf Außenstehende herabsieht (1 Kor 6,4), nun auf den Übeltäter selber zurück, der von Paulus sozusagen als ‚Heide‘ gebrandmarkt wird und aus der Gemeinde und jeder Art von Gemeinschaft ausgeschlossen werden soll: „mit so einem sollt ihr auch nicht essen“ (5,11). Aus der jüdischen *Ab*sonderung von den Heiden ist so bei Paulus die *Aus*sonderung des Unzüchtigen aus der christlichen Gemeinde geworden. Gleichwohl ist zu beachten, daß nur der Unzüchtige ausgeschlossen werden soll, während Paulus bezüglich der Rechtsstreitigkeiten keineswegs die Exkommunikation der Streithähne verlangt, auch wenn er anschließend betont, daß kein Ungerechter das Reich Gottes erben kann. Daß das Hauptinteresse des Apostels – außer bei dem Unzuchtsfall in 1 Kor 5 – nicht der Abgrenzung von bestimmten Personen, sondern dem Kampf gegen die Werke des Fleisches als Nachwirkungen des alten Äons bei den Christen gilt, zeigt sich auch daran, daß diese Kataloge nur in 1 Kor 5,10f;6,9f personal formuliert sind, während Paulus bei entsprechenden Aufzählungen sonst die Laster nennt (vgl. Röm 1,29;13,13; 2 Kor 12,20f; Gal 5,19−21).

---

[91] Daß in der als paulinisch umstrittenen Stelle 2 Kor 6,14f der Gegensatz nicht mit dem Einst-Jetzt-Schema verbunden ist, sondern zwischen Gläubigen und Ungläubigen, zwischen Gerechtigkeit und Gesetzlosigkeit besteht, spricht für die Beurteilung als sekundärer Einschub.

Fassen wir die *Funktion der Heidenpolemik* zusammen, so begegnen ihre Topoi vorwiegend in paränetischen Zusammenhängen. Als Negativfolie wird sie nicht so sehr auf das heidnische Gegenüber bezogen, sondern vor allem in Verbindung mit dem Einst-Jetzt-Schema, der Vorstellung von der Äonenwende und dem Herrschaftswechsel als Rückblick auf die vorchristliche Vergangenheit verwendet und mündet in den Appell an die immer noch und immer wieder gefährdete Gemeinde: „Flieht die Unzucht!" (1 Kor 6,18; vgl. Test R 5,5). In einer direkten Polemik gegen konkrete Personen werden diese Topoi von Paulus nicht gegen die Heiden als solche eingesetzt, sondern gegen die Irrlehrer und Frevler in den eigenen Gemeinden. Damit hat die Heidenpolemik bei Paulus im wesentlichen die Funktion einer *Ketzer-* und *Frevlerpolemik*.

Paulus kann den Korinthern aber nicht nur negativ zum Vorwurf machen, daß bei ihnen schlimmer Unzucht getrieben wird als bei den Heiden, sondern das Verhältnis zu den Andersgläubigen in 1 Kor 10,32 auch positiv aufnehmen: „*Erregt keinen Anstoß* (ἀπρόσκοποι... γίνεσθε), weder bei Juden noch *bei Griechen* noch bei der Gemeinde Gottes."[92] Daher gilt es bei Paulus deutlich zu differenzieren zwischen der Torheit und dem Ärgernis, die das Wort vom Kreuz bewirken, und dem Anstoß, den die Christen durch ihr schlechtes Verhalten geben. Dabei geht es nicht um Rücksicht auf „eine sittliche Urteilskraft" oder „ein Organ des sittlichen Bewußtseins" bei den Hellenen[93], sondern um das Vermeiden unnötiger Hemmnisse für die Gewinnung der vielen für das Heil. In dieselbe Richtung geht die Paränese in 1 Thess 4,10–12: „Wir ermahnen euch aber, (liebe) Brüder, daß ihr darin noch vollkommener werdet; und setzt eure Ehre darein, daß ihr die Sabbatruhe bewahrt[94] und das Eure schafft und mit euren eigenen Händen arbeitet, wie wir es euch aufgetragen haben, damit ihr einen ehrbaren Lebenswandel führt (περιπατῆτε εὐσχημόνως)[95] vor denen, die draußen sind, und auf niemanden angewiesen seid."[96] Auch in Phil 2,14f mahnt er die Gemeinde: „Tut alles ohne Murren und ohne Bedenken, damit ihr untadelig[97] und lauter (ἀκέραιοι) seid, Kinder Gottes ohne Makel (ἄμωμα) mitten unter einem verkehrten und verdrehten Geschlecht, unter dem ihr als Lichter in der Welt leuchtet."[98] Das paulinische Drängen auf Heiligung zielt dabei auf die sittliche Überlegenheit und mahnt,

---

[92] Vgl. auch die Selbstempfehlung des Apostels in 2 Kor 6,3: μηδεμίαν ἐν μηδενὶ διδόντες προσκοπήν.

[93] So WINDISCH 1935, 511.

[94] S. den Beitrag von G. SCHIMANOWSKI in diesem Band (305–311).

[95] Vgl. Röm 13,13: „Laßt uns wie am Tage einen ehrbaren Lebenswandel führen (εὐσχημόνως περιπατήσωμεν), nicht in Fressen und Saufen, nicht in Unzucht und Ausschweifungen, nicht in Streit und Eifersucht, sondern..."

[96] Vgl. HENGEL 1986, 198: „Den Nichtchristen darf kein – falsches – Ärgernis gegeben werden."

[97] Vgl. ἄμεμπτος auch in der Paränese in 1 Thess 3,13 und in Phil 3,6 von der pharisäischen Vergangenheit des Paulus.

[98] Vgl. auch Phil 4,8 und den Vorwurf an die Juden in Röm 2,24.

keinen unnötigen Anstoß zu geben. Völlig zu Recht unterstreicht deshalb Dabelstein einen Aspekt, der in der heutigen Diskussion über die paulinische Paränese vielfach vernachlässigt wird: „Mahnungen wie ‚soviel an euch ist, haltet Frieden mit allen Menschen‘ (Röm 12,18), ‚segnet, die euch verfluchen‘ (12,14) oder ‚laßt uns ehrbar wandeln‘ (Röm 13,13) sind nicht zu einseitig auf ‚Weltverantwortung‘ einzugrenzen, sondern stärker auch von der in den paulinischen Gemeinden selbstverständlichen ‚Missionsverantwortung‘ her zu interpretieren. Denn die ‚Welt‘ ist nicht nur Gottes Schöpfung, sondern zugleich auch die in Christus mit Gott versöhnte Menschheit...“[99]

5. Die Völkermission

Daß Gott in Christus die Welt mit sich versöhnt hat (2 Kor 5,18f), ist der eigentliche theologische Grund für die ‚weltweite‘ Mission des Paulus und ihm durch seine Berufung als Dienst und Amt der Versöhnung zur Lebensaufgabe geworden[100]. Versucht man, das Lebenswerk des Paulus auf den Begriff zu bringen, so sollte man nicht vom ‚Heidenapostel‘ reden, sondern vom *Apostel der Völker‘*.

Denn im Unterschied zur Bedeutungsbandbreite des griechischen Ausdrucks τὰ ἔθνη ist der Begriff der Heiden *im Deutschen* sehr viel eindeutiger negativ besetzt und deshalb als Bezeichnung für die Zielgruppe seiner Mission unpassend[101]. Um die negativen Konnotationen des Begriffs ‚Heiden‘ zu vermeiden, wird deshalb gerne von „Nicht-Juden“ oder „Nicht-Israeliten“ gesprochen. Diese beiden Ausdrücke sind zwar weniger vorbelastet, aber bei ihnen handelt es sich um Kunst- (oder: Un-)worte der neuzeitlichen Fachsprache, die die jüdische Herkunft und Sicht des Begriffs τὰ ἔθνη umschreiben sollen, als Übersetzung aber trotz des Plädoyers von Dabelstein (11.37f) ungeeignet sind. Der Ausdruck ‚Nicht-Juden‘ vermag zwar die negativen Konnotationen der Rede von ‚den Heiden‘ zu umgehen, ist aber ebensoweit davon entfernt, eine Selbstbezeichnung der gemeinten Personengruppe zu sein. Deshalb ist es um so bemerkenswerter, daß die polemische Verwendung des Ausdrucks τὰ ἔθνη vor allem in den judenkritischen Passagen des Röm und Gal begegnet, während Paulus dort, wo er wie z. B. in der Leitthese des Römerbriefs an die ‚Heiden‘ als Adressaten seiner Mission im positiven Sinn denkt, mit dem Wort Ἕλλην denjenigen Begriff benutzt, der bei diesen als Selbstbezeichnung vorkommt und ihrem Selbstverständnis entspricht. Analog wäre bei der heutigen Suche nach adäquaten Begriffen für die Nicht-Christen zu verfahren.

---

[99] Dabelstein 1981, 103.

[100] Zur paulinischen Mission vgl. Hengel 1971/72, 17–24.

[101] Dabelstein, 1981, 34: „Aufgrund der eingangs erwähnten Diskussion in der Missionswissenschaft und der Veränderung im deutschen Sprachgebrauch möchten wir mit Nachdruck dafür plädieren, im Zusammenhang von Mission nicht mehr von ‚Heiden‘ zu sprechen und auch ethnē nicht so zu übersetzen.“

Die Bezeichnung _Völkerapostel_ ist aber nicht nur aus sprachlichen und missionswissenschaftlichen Erwägungen heraus, sondern auch aus historischen Gründen vorzuziehen. Denn daß Paulus zu den _Heiden_ und Petrus zu den _Juden_ gesandt ist (Gal 2,7−9), bedeutet eine (eher pragmatische) Gebiets- und Aufgabenteilung[102], darf aber nicht zu dem Mißverständnis führen, sein Evangelium gelte nur den Heiden im strengen Sinn, d. h. nur den Nicht-Juden. Dagegen sprechen schon die grundsätzliche Erklärung, das Evangelium sei für Juden zuerst und ebenso für Griechen (Röm 1,16; vgl. 2,9.10; ferner 3,29), die vielen alttestamentlich-jüdischen Argumente (vor allem im Röm und Gal, aber auch im 1 Kor und 2 Kor), aber auch sein missionarisches Vorgehen, daß er zunächst in den Synagogen predigte, bis er dort hinausgeworfen wurde[103]. Auch die judenchristlichen Missionare, die in 2 Kor 11,22, im Gal und in Phil 3 sichtbar werden, sprechen eher gegen als für eine allzu simple Zweiteilung der Welt in Juden und Heiden. Im Römerbriefpräskript sieht er seine apostolische Aufgabe ἐν πᾶσιν τοῖς ἔθνεσιν (Röm 1,5; vgl. 15,16; Gal 1,16;2,8f), was bei so stark judenchristlich geprägten Glaubenden wie in Rom nicht die Heiden im strengen Sinn als Nicht-Juden meinen, sondern nur „unter allen Völkern" bedeuten kann. Wo es diesen Verkündigungsauftrag zu erfüllen gilt, führt er in Röm 15,19−28 näher aus: „von Jerusalem und im Kreis bis nach Illyrien" und über Makedonien und Achaia nach Rom und das westliche ‚Ende der Welt' in Spanien, wobei Jerusalem als Ausgangspunkt seiner Völkermission auch weiterhin von zentraler Bedeutung bleibt[104]. Gleichwohl kann im Zusammenhang des Apostolats die Übersetzung „Heiden" angebracht sein, wenn der unmittelbare Kontext einen direkten Gegensatz zu den Juden impliziert. Dies ist nicht nur in Gal 2,7−9 der Fall, sondern auch in Röm 11,13f spricht er über das Verhältnis zu seinen jüdischen Stammverwandten nach dem Fleisch und in 1 Thess 2,16 über die Behinderung der Heidenmission durch die Juden. Daher ist es überzogen, wenn Dabelstein den deutschen Begriff der Heiden wegen seines polemischen Untertons nur an den eingangs genannten Stellen als Übersetzung von τὰ ἔθνη zulassen will. Denn auch wenn Paulus die Heiden als Negativfolie benutzt, begegnen Begriff und Sache bei ihm keineswegs nur in diesem zugespitzt polemischen Sinne als Topoi der ‚Gottlosigkeit' und ‚Sittenlosigkeit'.

---

[102] Aus der Tatsache, daß Paulus seine ‚Missionsstrategie' von Jerusalem aus über Illyrien, Makedonien und Achaia bis nach Rom und Spanien ausweitet (Röm 15,19−28), andererseits aber seine Wirksamkeit zunächst rund 14 Jahre lang auf die römische Provinz Syrien-Cilicien beschränkt war, ist nach HENGEL 1971/72, 18 zu „erschließen, daß in der paulinischen Missionsauffassung und -strategie eine Entwicklung stattfand, die vor allem durch den positiven Ausgang des Apostelkonzils (48 n. Chr.), die Trennung von Barnabas und die Lösung von Antiochien beeinflußt wurde. Der Missionar Paulus nach dem Apostelkonzil und dem Zwischenfall in Antiochien Gal 2,11ff war ein anderer als zuvor: Erst von jetzt ab gewinnt seine Missionstätigkeit den weltweiten Aspekt und den vorwärtsstürmenden Drang."

[103] Vgl. Apg 13,45f;18,5f;19,8f sowie 28,25−28.

[104] Vgl. HENGEL 1991, 219f.

Vielmehr ist der Begriff der Heiden in der oben dargelegten Definition als Nicht-Juden ernst zu nehmen. Denn als Juden im Vollsinne galten – außer natürlich den gebürtigen Israeliten – nur die Proselyten, die mit ihrer Beschneidung den Übertritt zum Judentum vollzogen hatten. Dagegen wurden die *Gottesfürchtigen* und Sympathisanten, da sie ja noch unbeschnitten waren, aus jüdischer Sicht zu den Heiden gezählt[105]. Gerade diese Gottesfürchtigen dürften die *ideale Zielgruppe für die ‚Heiden'-Mission* des Apostels gewesen sein, da er ihnen einerseits mit vielen für sie attraktiven Zügen der jüdischen Religion entgegenkam, andererseits aber zugleich – und das war entscheidend – nicht mehr den letzten Schritt des Übertritts zum Judentum verlangte, sondern die Notwendigkeit der Beschneidung bestritt und die Freiheit vom Gesetz predigte. Diese Art von ‚Heiden' sollte man zumindest mit im Blick haben, wenn Paulus auch in seinen Briefen an eine Gemeinde, die wie diejenige in Korinth vorwiegend aus Heidenchristen zusammengesetzt ist (vgl. 1 Kor 12,2), immer wieder auf alttestamentliche Zitate und Traditionen zurückgreift.

Indem Paulus die traditionellen Topoi der jüdischen Heiden-Polemik nicht mehr zur äußeren Absonderung von den heidnischen Nachbarn benutzt, sondern vor allem gegen innergemeindliche Mißstände richtet und die Freiheit von der Tora predigt, räumt er die *theologischen Barrieren* beiseite, die seiner Völkermission im Wege stehen und die *Öffnung zu den Heiden* behindern oder erschweren könnten. So ist es gerade angesichts des jüdischen Verbots des Konnubiums bemerkenswert, daß für ihn nach 1 Kor 7,14 auch die Kinder aus einer Ehe zwischen Christen und Ungläubigen nicht unrein, sondern durch den christlichen Ehepartner geheiligt sind. In derselben Unbefangenheit erlaubt er den Fleischgenuß, sofern kein Zusammenhang mit heidnischen Götzenopfermahlen hergestellt und auch das Gewissen nicht belastet wird (1 Kor 8–10). Dadurch wurde man nicht nur im Kontakt mit der Umwelt im privaten, gesellschaftlichen und beruflichen Alltag freier, sondern auch bei den gottesdienstlichen Zusammenkünften offen für die Anwesenheit von Nicht-Christen (1 Kor 14,23–25). Schließlich sollen nach Röm 15,9 auch die Heiden Gott loben um der Barmherzigkeit willen, was dann mit einer Reihe von Schriftzitaten begründet wird[106].

Die *Völkermission* des Paulus schließt daher die Juden keineswegs aus,

---

[105] Vgl. Siegert 1973, 109–164 sowie Schürer 1973–1987, Bd. III,1, 168: „the evidence of Acts and Josephus and of the inscriptions of Aphrodisias and Panticapeum shows that these expressions in Greek could be used to refer to a category of *gentiles* who were in some definite way attached to Jewish synagogues" (Hervorhebung U. H.); vgl. auch Delling 1987, 62f Anm. 425.

[106] Vgl. Dabelstein 1981, 108: „Somit bildet die universale Verherrlichung Gottes, bestehend aus kultischem Lobpreis und leiblichem Gehorsam, nicht nur das verbindende Moment der Abschnitte (sc. Röm) 14,1–15,6, sondern auch das Ziel der paulinischen Missionsarbeit."

sondern wendet sich nur den Heiden in besonderer Weise zu. Doch hält der Apostel bei aller Öffnung zu den Völkern zugleich an der Verwurzelung im Judentum fest und verweist auf Abraham als Integrationsfigur für Judenchristen und Heidenchristen. Wie wenig Heiden und Juden bei der Völkermission gegeneinander ausgespielt werden dürfen, zeigt Paulus besonders deutlich in seinem missionarischen Grundsatz in 1 Kor 9,20−22, den Juden ein Jude, denen unter dem Gesetz wie einer unter dem Gesetz, denen ohne Gesetz wie einer ohne Gesetz, den Schwachen ein Schwacher zu werden, um auf alle Weise einige zu retten[107].

Literaturverzeichnis

BAUER, W./ALAND, K. U. B. 1988: Griechisch-deutsches Wörterbuch zu den Schriften des Neuen Testaments und der frühchristlichen Literatur, Berlin/New York ⁶1988.

BEHM, J. 1935: Art. ἔξω, ThWNT II, 1935, 572f.

BERTRAM, G./SCHMIDT, K. L. 1935: Art. ἔθνος, ThWNT II, 1935, 362−370.

BETZ, O. 1980: Art. Beschneidung II, TRE V, 1980, 716−722.

BOTTERWECK, G. J./CLEMENTS, R. E. 1973: Art. גּוֹי, ThWAT I, 1973, 965−973.

BÜCHSEL, F. 1935: Art. εἴδωλον κτλ, ThWNT II, 1935, 373−377.

BULTMANN, R. 1959: Art. πιστεύω κτλ, ThWNT VI, 1959, 174−182.197−230.

BURCHARD, C. 1985: Joseph and Aseneth, in: J. H. Charlesworth (Ed.): The Old Testament Pseudepigrapha II, London 1985, 177−247.

CONZELMANN, H. 1981: Der erste Brief an die Korinther, KEK V¹², Göttingen ²1981.

DABELSTEIN, R. 1981: Die Beurteilung der ‚Heiden‘ bei Paulus, BET 14, Frankfurt a. M. u. a. 1981.

DELLING, G. 1987: Die Bewältigung der Diasporasituation durch das hellenistische Judentum, Göttingen 1987.

DUNN, J. D. G. 1991: What was the Issue between Paul and „Those of the Circumcision?", in: M. Hengel/U. Heckel (Hg.): Paulus und das antike Judentum, WUNT 58, Tübingen 1991, 295−317.

ECKSTEIN, H.-J. 1983: Der Begriff Syneidesis bei Paulus. Eine neutestamentlich-exegetische Untersuchung zum ‚Gewissensbegriff‘, WUNT II/10, Tübingen 1983.

ERLANDSSON, S. 1977: Art. זָנָה, ThWAT II, 1977, 612−619.

FELDMEIER, R. 1994: Weise hinter „eisernen Mauern". Tora und jüdisches Selbstverständnis zwischen Akkulturation und Absonderung im Aristeasbrief, in: M. Hengel/ A. M. Schwemer, Die Septuaginta, WUNT, Tübingen (im Druck).

FREDOUILLE, J.-C. 1981: Art. Götzendienst, RAC XI, 1981, 828−895.

---

[107] DABELSTEIN 1981, 36: „Das entscheidend Neue gegenüber der jüdischen Tradition ist die Bedeutung der Völker oder Nichtjuden für die Mission. ... Anteil am Heil erhält die Völkerwelt auch ohne den ‚Umweg über Israel‘ mit Völkerwallfahrt und Toragehorsam. So ist auch nicht mehr Abgrenzung, sondern missionarische Rücksicht oder Zuwendung das bestimmende Verhalten der Christen zu ihnen, das darauf zielt, sie zu retten und für den Kyrios zu gewinnen (Mt 28,19; 1 Kor 10,31f; 1 Petr 2,12). Gegenüber den Juden zeichnen sich die Nichtjuden dadurch aus, daß sie dieses Angebot bereitwilliger annehmen (Röm 9,30ff; Apg 11,1;13,46;14,27;15,7 u. ö.)."

- 1986: Art. Heiden, RAC XIII, 1986, 1113–1149.
FURNISH, V. P. 1984: II Corinthians. Translated with Introduction, Notes, and Commentary, AncB 32A, Garden City, N. Y. 1984.
GNILKA, J. 1980: Der Philipperbrief, HThK X,3, Freiburg u. a. ³1980.
GRUNDMANN, W. 1973: Art. χρίω κτλ, ThWNT IX, 1973, 482–485.518–576.
HAUCK, F./SCHULZ, S. 1959: Art. πόρνη κτλ, ThWNT VI, 1959, 579–595.
HECKEL, U. 1992: Paulus und die Charismatiker. Zur theologischen Einordnung der Geistesgaben in 1 Kor 12–14, ThBeitr. 23 (1992), 117–138.
- 1993: Kraft in Schwachheit. Untersuchungen zu 2 Kor 10–13, WUNT II/56, Tübingen 1993.
HENGEL, M. 1966: Die Synagogeninschrift von Stobi, ZNW 57 (1966), 145–183.
- 1971/72: Die Ursprünge der christlichen Mission, NTS 18 (1971/72), 15–38.
- 1975: Zwischen Jesus und Paulus. Die ,Hellenisten', die ,Sieben' und Stephanus (Apg 6,1–15;7,54–8,3), ZThK 72 (1975), 151–206.
- 1976: Juden, Griechen und Barbaren. Aspekte der Hellenisierung des Judentums in vorchristlicher Zeit, SBS 76, Stuttgart 1976.
- 1979: Zur urchristlichen Geschichtsschreibung, Stuttgart 1979.
- 1986: Die Arbeit im frühen Christentum, ThBeitr. 17 (1986), 174–212.
- (in collaboration with C. Markschies) 1989: The ,Hellenization' of Judaea in the First Century after Christ, London/Philadelphia 1989.
- 1991: Der vorchristliche Paulus, in: M. Hengel/U. Heckel (Hg.): Paulus und das antike Judentum, WUNT 58, Tübingen 1991, 177–293.
HOLTZ, T. 1990: Der erste Brief an die Thessalonicher, EKK XIII, Zürich u. a. ²1990.
HULST, A. R. 1979: Art. גּוֹי/עַם, THAT II, ²1979, 290–325.
KAMLAH, E. 1964: Die Form der katalogischen Paränese im Neuen Testament, WUNT 7, Tübingen 1964.
KÜHLEWEIN, J. 1978: Art. זנה, THAT I, ³1978, 518–520.
LANG, F. 1986: Die Briefe an die Korinther, NTD 7¹⁶, Göttingen/Zürich ¹1986.
MEEKS, W. A. 1983: The First Urban Christians. The Social World of the Apostle Paul, New Haven/London 1983.
NIEBUHR, K.-W. 1987: Gesetz und Paränese. Katechismusartige Weisungsreihen in der frühjüdischen Literatur, WUNT II/28, Tübingen 1987.
OEPKE, A. 1935: Art. ἐν, ThWNT II, 1935, 534–539.
RENGSTORF, K. H. 1933: Art. ἁμαρτωλός, ThWNT I, 1933, 320–337.
SASSE, H. 1933: Art. αἰών κτλ, ThWNT I, 1933, 197–209.
- 1938: Art. κόσμος κτλ, ThWNT III, 1938, 867–898.
SCHLIER, H. 1971: Der Brief an die Galater, KEK VII¹⁴, Göttingen ⁵1971.
SCHRAGE, W. 1991: Der erste Brief an die Korinther (1 Kor 1,1–6,11), EKK VII/1, Zürich u. a. 1991.
SCHÜRER, E. 1973–1987: The History of the Jewish People in the Age of Jesus Christ (175 B.C.–A.D. 135). A New English Version Revised and Edited by G. Vermes/ F. Millar/M. Black/M. Goodman, Bd. I–III,2, Edinburgh 1973–1987.
SCHWEIZER, E. 1964: Art. σάρξ κτλ, ThWNT VII, 1964, 98–104.108f.118–151.
SIEGERT, F. 1973: Gottesfürchtige und Sympathisanten, JSJ 4 (1973), 109–164.
TACHAU, P. 1972: „Einst" und „Jetzt" im Neuen Testament. Beobachtungen zu einem urchristlichen Predigtschema in der neutestamentlichen Briefliteratur und zu seiner Vorgeschichte, FRLANT 105, Göttingen 1972.
VERMES, G. 1987: The Dead Sea Scrolls in English, London ³1987.

VÖGTLE, A. 1936: Die Tugend- und Lasterkataloge im Neuen Testament exegetisch, religions- und formgeschichtlich untersucht, NTA 16/4−5, Münster 1936.

WALTER, N. 1980: Art. ἔθνος, EWNT I, 1980, 924−929.

WIBBING, S. 1959: Die Tugend- und Lasterkataloge im Neuen Testament und ihre Traditionsgeschichte unter besonderer Berücksichtigung der Qumrantexte, BZNW 25, Berlin 1959.

WILCKENS, U. 1978−1982: Der Brief an die Römer, EKK VI/1−3, Zürich u. a. 1978−1982.

WINDISCH, H. 1935: Art. Ἕλλην κτλ, ThWNT II, 1935, 501−514.

ZELLER, D. 1976: Juden und Heiden in der Mission des Paulus. Studien zum Römerbrief, FzB 8, Stuttgart ²1976.

„Abgrenzung und Identitätsfindung"

Paulinische Paränese im 1. Thessalonicherbrief

von

GOTTFRIED SCHIMANOWSKI

Es gehört zu den offenen und heftig umstrittenen Fragen der neutestamentlichen Wissenschaft, wann und in welcher Weise die frühen christlichen Gemeinden ihre eigene Identität gefunden, und wie und unter welchen Umständen und Kriterien sie sich von der Umwelt und vor allem auch aus dem Einflußbereich der Synagoge herausgelöst haben.

In diesem Zusammenhang kommt der Erforschung des 1. Thessalonicherbriefes[1] aus verständlichen Gründen eine besondere Bedeutung zu. Weithin als das älteste Zeugnis paulinischer Theologie anerkannt, ist er inzwischen aus dem früheren Schattendasein innerhalb des Corpus Paulinum herausgetreten. Zu dieser vermehrten Aufmerksamkeit kommen noch zwei eher methodische Forschungstendenzen hinzu: einzelne Elemente und Textabschnitte können nicht mehr vom Briefganzen abgesondert, sondern müssen in ihrem Gesamtzusammenhang ausgelegt werden. Zum anderen repräsentiert der 1 Thess ein sogenanntes Frühstadium paulinischer Theologie, das nun per se entscheidende Perspektiven für die Grundlagen paulinischen Denkens überhaupt liefert. U. Schnelle kommt darum in einem grundlegenden Aufsatz zur Ethik des 1 Thess zu dem Ergebnis[2]:

„Die Besonderheiten des 1 Thessalonicherbriefes im Vergleich mit den späteren Paulusbriefen gelten nicht mehr als zufällig oder unwesentlich, sondern in ihnen spiegelt sich das ganze eigenständige theologische Gewicht des ältesten Paulusbriefes wider."

Die Voraussetzung dazu bildet die Tatsache, daß die von ihm gegründeten Gemeinden schon sehr früh als eigenständige und abgrenzbare Gruppierungen nach außen erkennbar waren. Das gilt offensichtlich schon für die Gemeinde in Thessalonich, die bei seinem allerersten schriftlichen Kontakt nach der Gemeindegründung „einen klar identifizierbaren Personenkreis umfaßt und eine

---

[1] Zur Literatur vgl. vor allem HOLTZ, 1986; daneben ist noch der Forschungsüberblick von COLLINS wichtig: 1984, 3−75 und der neue Sammelband vom Kolloquium in Löwen August 1988: DERS., 1990.

[2] SCHNELLE 1990, 295.

soziale Größe darstellt"[3]. Schon von Anfang an bedenkt also der Brief das
Außenverhältnis der Gemeinde mit, wenn im Vorspann zum grundlegenden
„Bekenntnis" (1 Thess 1,9f) nicht nur die vorbildliche Beziehung zu anderen
christlichen Gemeinden thematisiert wird (1,7):

„So wurdet ihr ein Vorbild für alle *Gläubigen* in Mazedonien und in Achaia …",

sondern darüber hinaus die „Brückenkopfwirkung" der Gemeinde für die
Anfänge der paulinischen Mission in Europa überhaupt (1,8):

„Von euch aus ist das Wort des Herrn aber nicht nur nach Mazedonien und Achaia
gedrungen, sondern *überall* ist euer Glaube an Gott bekannt geworden."

Soweit die herausragende positive Würdigung der Ausstrahlung der Gemeinde
in Thessalonich; Paulus kommt aber in seinem Schreiben auch nicht um die
schmerzlichen Seiten dieser Außenbeziehung herum, wenn er an die Verfolgung zur Zeit der Gemeindegründung erinnert (2,14):

„Ihr habt von euren Mitbürgern das gleiche erlitten wie jene (scil.: Gemeinden Gottes in
Judäa) von den Juden."

Wie lassen sich nun in diesem Spannungsfeld von Außenbeziehung und inner-
gemeindlicher Identitätsfindung die apostolischen Mahnungen des Briefes ein-
zeichnen? Wenn schon für die Beschreibung und Erinnerung an die ersten
Schritte der Gemeinde eine doppelte Blickrichtung nach innen und außen
kennzeichnend gewesen ist, setzt sich dann im paränetischen Teil des Briefes
diese doppelte Blickrichtung fort, und wie konkretisiert sich das?

Die *Aufgabe* dieser kleinen Studie soll damit sein: einige Beobachtungen
zusammenzutragen zu den Wurzeln der Paränese des 1. Thessalonicherbriefes
und damit zu den Grundlagen paulinischen Denkens überhaupt. Wie geht der
Apostel also in den Fragen der Bewältigung des Alltags mit der jungen Gemeinde um im Beziehungsgeflecht von Juden, Christen und Heiden? Wie läßt
sich der Inhalt seiner Anweisungen erklären? Welchen Einfluß hat das auf das
Außenverhältnis der christlichen Gemeinde?

I.

Hierfür zunächst ein kurzer Durchgang durch das entscheidende 4. Kapitel des
Briefes. Der erste Block des paränetischen Brieftteiles setzt sich bekanntlich aus
zwei bzw. drei Unterabschnitten zusammen:

a) den einleitenden beiden Sätzen (4,1f), die aber sachlich mit dem folgenden Teil zusammengeschlossen sind (vgl. die inclusio V. 8); als eine Art Überschrift

---

[3] HECKEL (in diesem Band 279) zur Adressenangabe ἐκκλησία in den Briefpräskripten.

b) das „Mittelstück" (V. 3–7), das durch das entscheidende Stichwort „Heiligung" zusammengehalten wird; inhaltlich handelt es sich dabei um die drei Konkretionen „Unzucht", „Ehe" und „Habsucht", damit um innergemeindliche Gefahren, die aber durch die Aufnahme traditioneller Heidenpolemik noch einmal intensiviert werden. Die heidnischen Laster, die ja auch mehr oder weniger zur eigenen Vergangenheit der Gemeindeglieder gehören, haben damit die Funktion, die Gemeindeglieder zu einem besseren Verhalten anzuspornen[4];

c) den Abschluß (V. 9–12) mit dem ersten Impuls zum Stichwort Bruderliebe, dann aber der entscheidenden doppelten Aufforderung an die Gemeinde:
– auf dem Gebiet der Bruderliebe eine noch größere Fülle und Kompetenz zu erlangen
– sich engagiert um eine bestimmte Lebensführung zu bemühen[5], wobei dann drei Elemente konkret aufgezählt werden.

Die Schlußwendung kehrt dann wieder zum Anfang des ganzen Abschnittes zurück[6], indem sie die Paränese selbst als Erinnerung an bereits besprochene Themen darstellt und mit einer doppelten Zielangabe ausklingen läßt (V. 12).

Dieser letzte Unterabschnitt hat dabei neben dem Blick auf die eigene Gemeindesituation offensichtlich noch einmal den weiteren Horizont nach außen vor Augen: zum einen wieder „ökumenisch" ausgerichtet gegenüber „allen Brüdern in Mazedonien" (wie schon zu Anfang des Briefes: 1,7f), dann aber vor allem noch einmal pointiert durch die abschließende finale Wendung auch gegenüber der Außenwelt (V. 12):

„So sollt ihr vor denen, die nicht zu euch gehören, ein rechtschaffenes Leben führen und auf niemand angewiesen sein."

Die dann folgenden eschatologischen Abschnitte (4,13–18 und 5,1–11) greifen wieder (wohl aktuelle) gemeindeinterne Themen auf, wobei aber auch weiterhin der Blick nach außen präsent bleibt (vgl. 4,13: „nicht wie die ande-

---

[4] Vgl. die Erinnerung an die *Erstunterweisung* des Apostels V. 6, die sich an der „Überschrift" 4,1f orientiert (vgl. schon von Anfang des Briefes an 2,3: παράκλησις; 2,12 und 3,2: παρακαλεῖν danach noch 5,11.14) und die verbreitete Schematisierung durch das Einst-Jetzt-Schema 1 Kor 6,11; Röm 6,19 u. ö.; zum Ganzen vgl. wieder HECKEL (in diesem Band 285f. 288f).

[5] Zur grammatischen Struktur der beiden Schlußverse V. 11f mit ihren insgesamt 5 Infinitiven vgl. HOLTZ 1986, 176 Anm. 172; etwas anders VON DOBSCHÜTZ 1909, 179. Nach Röm 15,20; 2 Kor 5,9 bedeutet φιλοτιμεῖσθαι weniger „die Ehre darein setzen" (so die gängigen Übersetzungen), sondern „sich engagiert und mit ganzem Einsatz um etwas bemühen"; vgl. dazu auch Jos, Bell 3,340.350;5,143; Ant 1,10 u. ö., bes. Ant 1,228 (13,3): (Abraham zu seinem Sohn Isaak) „O Sohn, mit tausend Bitten habe ich deine Geburt von Gott erfleht und dich mit größter Sorgfalt erzogen, seit du in dieses Leben eingetreten bist und ich *nahm jede Mühe auf mich*, um dich in deiner Manneskraft zu erblicken..." (vgl. K. H. RENGSTORF (Hg.), A Complete Concordance to Flavius Josephus, Bd. IV, 1983, s. v. S. 308).

[6] Dem Abschluß V. 11fin: „wie wir euch *aufgetragen* haben" entspricht darum V. 2: „wir haben euch einige *Weisungen* gegeben" (vgl. noch V. 6 s. o. Anm. 4).

ren, die keine Hoffnung haben" oder 5,6: „die anderen"; aber auch das Aufgreifen eines wahrscheinlich allgemein bekannten Schlagwortes 5,3).

Was ist das nun für ein Lebensstil, der der Gemeinde zugemutet und von ihr erwartet wird? Worum geht es dem Apostel, wenn er nach dem ersten Impuls, nichts Weiteres über die Bruderliebe schreiben zu wollen, dann doch konkrete Dinge thematisiert und spezifiziert? Was ist also letztlich das Ziel dieses „anständigen Lebens" der Christen, die „auf niemand angewiesen" sind (V. 12)? Was ist der Hintergrund für diese elementaren und ungewöhnlichen Anweisungen?

Bevor diese Fragen beantwortet werden können, ist zunächst noch auf eine Besonderheit des Hintergrundes gerade des paränetischen Kapitels (1 Thess 4) aufmerksam zu machen. In einer Reihe von Untersuchungen der letzten Jahre ist als eines der Forschungsergebnisse festzuhalten, daß hier grundsätzlich wie im einzelnen der jüdische Hintergrund immer wieder mit Händen zu greifen ist[7].

Paulus bedient sich also durchgängig im Brief einer Sprache, die durch den synagogalen Hintergrund geprägt ist und beim Leser nur dann verständlich wird, wenn diese Vorstellungswelt bei ihnen irgendwie bekannt und vertraut ist; denn sie wird nirgends weiter erklärt oder erläutert. Das bestätigt die Vermutung von T. Holtz, der ganz allgemein feststellt[8]:

„Will man nicht annehmen, daß Paulus an seinen Lesern vorbeiredet, muß man voraussetzen, daß sie mit dieser Sprache vertraut waren, d. h. in ihrer Mehrheit dem hellenistischen Kreis entstammten, der sich in vielfältig abgestufter Weise um die Synagoge sammelte, ohne doch zum Judentum überzutreten und damit sein angestammtes soziokulturelles Umfeld radikal aufzugeben."

Natürlich wird die Eindeutigkeit des Befundes nur durch die Angaben der Apg gestützt. Lukas erweckt den Eindruck, als ob der Ursprung der Gemeinde in Thessalonich *nur* aus dem Einflußbereich der Synagoge stammen würde: Apg 17,4 spricht von „einigen Juden", „einer großen Gruppe gottesfürchtiger Griechen" und „nicht wenigen vornehmen Frauen". Das ist sicher auf die dortige Auseinandersetzung mit der Synagoge gemünzt, wird in der Exegese aber weithin als Spannung zwischen Lukas und den paulinischen Selbstaussagen gewertet. Nur entstehen ja ähnliche Schwierigkeiten auch bei den Korintherbriefen und dem Galaterbrief[9], obwohl dort mit einiger Sicherheit mit einer jüdischen (judenchristlichen) Minderheit in den Gemeinden gerechnet werden muß.

Ein wichtiges Argument beim Brief selbst ist das Verständnis von 1 Thess

---

[7] Vgl. COLLINS 1984b, 324: „Paul was heir to a Jewish tradition... it is the Jewish moral tradition which has largely shaped Paul's ethical outlook..."; weiter CARRAS 1990, passim und u. Anm. 39.

[8] 1986, 10 (Einleitung).

[9] Vgl. z. B. 1 Kor 6,11; 12,2 und 14,24f und Gal 4,8.

2,14, ob das Stichwort „Mitbürger" die Beteiligung oder Hintergrundagitation von Juden ausschließt oder nicht. Bei aller Kürze und Bruchstückhaftigkeit der Informationen, bei aller Stilisierung und Dramatisierung des Lukas scheint aber seine Darstellung das paulinische Originalzeugnis eher zu ergänzen als ihm zu widersprechen[10]. Dafür spricht vor allem auch die Glaubhaftigkeit der Namen Jason (Apg 17,5−9), besonders wenn er mit der Person Röm 16,21 zu identifizieren ist, und Aristarchus als Personen mit traditionellen jüdischen Namen[11].

In der Beantwortung der aufgeworfenen Fragen geht es um das Verständnis und die möglichst konkrete Bestimmung der drei aufgezählten Dinge, die für die Gemeinde grundlegend und offensichtlich ad intra und extra bleibend wichtig sein sollen (4,11 = drei Infinitive):

(1) „ruhig zu leben",

(2) „(sich) um die eigenen Aufgaben zu kümmern" und

(3) „mit den (eigenen) Händen zu arbeiten".

Dabei beruft sich der Apostel insgesamt auf eigene Anweisungen bei seinem Erstaufenthalt in der Gemeinde[12].

Diese Anweisungen werden ja von Paulus nicht weiter begründet oder in einen größeren systematischen Rahmen gestellt; man vermutet aber trotzdem dahinter konkrete Probleme und Anlässe, wobei vor allem im Blick auf V. 12 auf „die Wirkungen, die von der Gemeinde auf Außenstehende ausgehen und auf deren Reaktionen darauf", hingewiesen wird[13].

Die letzte Angabe läßt sich relativ einfach bestimmen. Hier spielt sicher das Vorbild des Apostels, sein Beruf und „Handwerk", die entscheidende Rolle. Das wird durch den Brief selbst bezeugt, der an die vorbildliche Selbstversorgung erinnert (2,9).

„Erinnert euch, Brüder, wie wir uns gemüht und geplagt haben. Bei Tag und Nacht haben wir gearbeitet, um keinem von euch zur Last zu fallen."

Genauso kommt Paulus auch in den Korintherbriefen auf seine Tätigkeit und

---

[10] Vgl. hierzu die gesamte lukanische Darstellung Apg 17,5ff; grundsätzlich betonte dies kürzlich wieder HENGEL 1991, 178−180.

[11] Zu Apg 20,4 vgl. Kol 4,10f; Phlm 24. Auch wenn manchmal die Existenz dieser Gruppe der Gottesfürchtigen negiert wird − vgl. A. Th. KRAABEL in verschiedenen Veröffentlichungen −, so belegt offensichtlich die 1976 gefundene Inschrift von Aphrodisias mit einer ganzen Liste von (griechischen) Namen die vor allem aus der Apg − auch für Thessalonich − vorauszusetzende Menschengruppe, die für die ersten christlichen Gemeinden entscheidend wichtig wurden; vgl. die Veröffentlichung und den Kommentar der Inschrift durch REYNOLDS/TANNENBAUM 1987).

[12] Zu diesem Phänomen der Erinnerung an die „Erstunterweisung" im näheren Zusammenhang 4,1.6.9f;5,1f (vgl. o. Anm. 4); als „weiterführende Angaben" (περισσεύειν μᾶλλον 4,1.10) haben außer den beiden hier näher zu untersuchenden Versen noch zu gelten: 3,10;4,3−8.13−18;5,3ff; zum Ganzen PLEVNIK 1990 passim.

[13] W. MARXSEN 1979, 62; so auch G. FRIEDRICH 1981, 241.

finanzielle Unabhängigkeit zu sprechen, so daß dieser Hinweis fast programmatischen Charakter bekommt[14]. Hieraus wird klar erkennbar, daß er – in breiter Übereinstimmung mit der pharisäischen Laienbewegung seiner Zeit – der noch bei Jesus Sirach (38,24–39,11) erkennbaren Ablehnung der Handarbeit nicht mehr verpflichtet ist, sondern im Gegenteil für sich selbst und seine Gemeinden das „Handwerk" sehr hoch einschätzt. In kritischer Distanz zur Öffentlichkeit soll ja auch schon Schemaja, der Lehrer Hillels, gesagt haben (mAv 1,10b):

> „Liebe die (Hand-)Arbeit, hasse das Herrsein und suche keine Bekanntschaft mit der Obrigkeit."

Die nächsten Parallelen zum zweiten, allgemeineren Ausdruck, der sicher als synthetischer Parallelismus zum eben behandelten zu verstehen ist, finden sich bezeichnenderweise im Zusammenhang mit der Auseinandersetzung um die freie Religionsausübung der Juden (2 Makk 11,23f)[15]. „Für das Eigene" zu sorgen bedeutet hier Unabhängigkeit und Aufhebung des Verbotes der Beobachtung des jüdischen Gesetzes durch ein Schreiben des Königs (vgl. 2 Makk 11,23.26.29). Die rein politische Auslegung, sich aus den Fragen der örtlichen Politik herauszuhalten, die vor dem 1. Weltkrieg häufig vorgetragen wurde[16], ist darum zu Recht seitdem nicht mehr intensiv weiterverfolgt worden. „Sich um die eigenen Angelegenheiten zu kümmern" kann nicht von privatisierenden Tendenzen freigehalten und muß in dem Zusammenhang interpretiert werden, die Gemeinde anzuhalten „zu einem Leben in den Strukturen dieser Welt und an dem Platz, an dem sie steht"[17].

Wie steht es nun aber um den ersten Ausdruck: „ruhig zu leben"? Wie hängt er mit den beiden folgenden zusammen? Liegt er auf einer Linie mit ihnen, oder ist ein antithetisches Verhältnis anzunehmen: hier der Abstand zur Arbeit und Passivität, dort dann zweimal ein aktives Verständnis? Der Hintergrund und die Zielrichtung sind unklar und umstritten. Zwei (alternative) Grundmodelle haben sich in der Forschung bisher durchgesetzt; ein weiteres soll hier neu zur Diskussion gestellt werden.

II.

1. Schon Lütgert hatte Anfang des Jahrhunderts als Hintergrund für die paulinischen Ermahnungen einen ursprünglichen Zusammenhang mit den eschato-

---

[14] Vgl. als Teil des Peristasenkatalogs 1 Kor 4,12; weiter 9,6ff; 2 Kor 11,7ff und auch 12,13; s. HENGEL 1986. Rabbinisches Material bei Bill. II, 10f und bes. II, 745f (zu Apg 18,3). Zum Ganzen neuerdings HENGEL 1991, 208–212.

[15] Nach BAUER/ALAND 1988, s. v. ἴδιος 3b; vgl. zur politischen Seite HENGEL 1988, 530f.

[16] FRAME 1912, 161.

[17] HOLTZ 1986, z. St.

logischen Vorstellungen in Thessalonich vermutet und zu begründen versucht[18]. Seither ist eine solche Interpretation in den Kommentaren weithin akzeptiert und weiter ausgebaut worden[19]. Man vermutet, daß die Gemeindeglieder im Angesicht der enthusiastischen Erwartung des Endes der Zeit die Alltagsarbeit niedergelegt hätten[20]. Zwar ist man sich bewußt, daß diese Interpretation kaum aus dem engeren Kontext begründet werden kann, vermutet aber den grundsätzlichen Zusammenhang mit den folgenden Abschnitten in Kap 4f, so daß 1 Thess 4,11f bereits als „Hinführung zu dem eschatologischen Abschnitt" verstanden wird[21]. Als weitere Belege dienen die späteren Ausführungen in 1 Thess 5,14 und ihre Wirkungsgeschichte in 2 Thess 3,4.

In neuerer Zeit hat C. J. Roetzel diese These noch einmal aufgegriffen und vor allem im Zusammenhang eines eschatologisch verstandenen Heiligkeitsbegriffes auch aus dem engeren Zusammenhang zu begründen versucht[22]. Diese Begründungszusammenhänge sind aber für die Interpretation von 4,9−11 doch zu weit hergeholt und kaum glaubhaft zu machen. Zwar ist nicht zu leugnen, daß innerhalb der paränetischen Teile des Briefes immer wieder auch assoziative Zusammenhänge eine Rolle spielen[23], es ist aber nicht möglich, diese näher zu bestimmen und vor allem nicht unter ein einheitlich eschatologisches Vorzeichen zu setzen.

Darum verweist T. Holtz in seinem Kommentar zu Recht auf diese Schwierigkeit. In einem Umkehrschluß aus eschatologischer Motivation heraus eine Haltung der Unruhe und der Arbeitsniederlegung als Grund für die apostolische Ermahnung anzunehmen, ist kaum wahrscheinlich und überzeugend[24]. Dieselben Vorbehalte bringt auch R. F. Collins in seinem Forschungsüberblick zum Referat über neuere ethische Arbeiten zum Ausdruck[25].

2. Ein zweites Interpretationsmodell versucht, diese Anweisungen des Apostels auf dem Hintergrund der damaligen politischen Öffentlichkeit zu verstehen, wie sie sich in der Auseinandersetzung mit anderen Bewegungen, vor allem popularphilosophischen, widerspiegelt.

---

[18] Lütgert, 1909; weiter auch den kleinen Exkurs bei Dobschütz 1909, 182: „Die Unordnung in der Gemeinde." Ähnlich schon Wohlenberg 1903, 92f.

[19] Vgl. die Kommentare von Rigaux 1956; Best 1972; Marxsen 1979; Marshall 1983; Laub 1985 jeweils z. St.

[20] Vgl. vor allem Merk 1968, 52f.

[21] AaO. 54.

[22] Roetzel 1986, 325: „The key word in all of this discussion is consecration or holiness, a term with distinct apocalyptic associations", mit Verweis auf 1 Thess 3,13;4,3f;4,6f.

[23] Vgl. sprachlich die angesprochene Inklusio o. Anm. 6 als Zusammenhalt des ganzen ersten paränetischen Blockes.

[24] AaO. 178: „die Ansicht, die drängende Parusieerwartung habe eine Haltung der Unruhe, der Beschäftigung mit anderen als den eigenen Angelegenheiten und der Vernachlässigung der Arbeit hervorgerufen, ist keineswegs gesichert und kaum wirklich zu sichern. Aufgeregte Unkonzentriertheit ist schwerlich ein Zeichen religiös bedingten Enthusiasmus'."

[25] Collins 1984, 67 mit Verweis auf drei Arbeiten.

Diesen Hintergrund für den gesamten Brief hat A. J. Malherbe auf breiter Basis zu begründen versucht[26]. Im Kapitel „The Christian Community in a Pagan Society" führt er eine Reihe von philosophischen Texten an, die diese Thematik als politisch-öffentliche Angelegenheit belegen und traktieren. Neben der Aufforderung zu einem „ruhigen Leben" steht weithin auch die Warnung vor der „Aufdringlichkeit" (πολυπραγμοσύνη) bei den Stoikern und darüber hinaus[27].

Malherbe denkt vor allem an philosophische Texte, wie z. B. die Briefe Senecas an Lucilius, die man als „eine allmähliche Einführung in stoisches Denken" bezeichnet hat[28]. So rät Seneca seinem Freund im 14. Brief[29]:

> „Ebenso handelt der Weise: mit Schaden drohende Macht meidet er (nocituram potentiam uitat), dafür zuerst sorgend, daß er nicht den Eindruck erweckt, sie zu meiden. Ein Teil nämlich der Sicherheit besteht darin, nicht nach eigenem Einverständnis nach ihr zu streben, weil einer, was er flieht, verurteilt."

Allerdings ist an den angegebenen Stellen nicht zu übersehen, wie sich hier die persönliche Geschichte des Philosophen mit den Inhalten seiner Ausführungen verbindet. So heißt es schon in einem der ersten Briefe, daß alles in der eigenen Lebensweise vermieden werden soll, was Aufsehen erregen könnte[30]. Es ist die Zeit, in der schon die politischen Morde Neros begonnen haben; die stoisch eingestellten Senatoren mußten sich sämtlich aufs äußerste bedroht fühlen. So ist die Paränese weniger nach außen, sondern vor allem an die eigene Adresse und das eigene Überleben gerichtet[31].

Darüber hinaus zieht Malherbe im besonderen eine etwa aus der gleichen Zeit stammende (fiktive) Sammlung der Briefe eines gewissen Chios von Herakleia heran, der in spätarchaischer Zeit gelebt und sich unerschrocken gegen den Tyrannen seiner Vaterstadt zur Wehr gesetzt haben soll[32]. Dieses Werk eines anonymen Autors von 17 Briefen, die fast sämtlich an den Vater gerichtet sind, enthält im vorletzten Brief einen Abschnitt, der sich mit seiner (wohl eher den Kynikern zuzurechnenden) philosophischen Perspektive befaßt. So spricht er von seiner natürlichen Neigung zur „Ruhe" (φύσεως μὲν οὖν οὕτως ἔσχον πρὸς ἡσυχίαν) und seiner Begegnung mit einem die „Ruhe

---

[26] MALHERBE 1987; zu unserer Stelle schon: DERS. 1983, 252f.

[27] Dieses Stichwort erscheint allerdings innerhalb der christlichen Literatur erst in der Schrift an Diognet (vgl. 4,6;5,3). Zu den Abfassungsverhältnissen „frühestens am Ende des zweiten Jahrhunderts" vgl. K. Wengst, Didache (Apostellehre), Barnabasbrief, Zweiter Klemensbrief, Schrift an Diognet (Schriften des Urchristentums, 2. Teil), 1984, 308f.

[28] Vgl. V. SÖRENSEN, Seneca, [1977] 1984, 174.

[29] Sen Ep 14,8; Übersetzung nach ROSEBACH, 1974 z. St.

[30] Sen Ep 5; vgl. Ep 73,1: „tranquillo otio licet".

[31] Vgl. P. GRIMERL, Seneca, 1978 155ff.

[32] MALHERBE 1987, zu Chion S. 97: „he is ... representative of the widespread debate over the relative merits of the contemplative and practical ways of life"; vgl. A. DIHLE, Die griechische und lateinische Literatur der Kaiserzeit, 1989, S. 93.

liebenden" Menschen (ἀνδρὶ ἡσυχίας ἐραστῇ διελεγόμην), der ihn in folgender Weise unterrichtet hat[33]:

„Seine allerwichtigste Anweisung mir gegenüber war: suche die Ruhe!"

Diese Einstellung innerhalb der politischen Öffentlichkeit käme der auch in anderen Teilen des NT belegten[34] Bedeutung des Begriffes nahe, „stille zu sein" oder im übertragenen Sinn „nicht aufzufallen", um ungestört bleiben zu können. Malherbe räumt zwar tiefgreifende Unterschiede zwischen Paulus und den philosophischen Vergleichstexten ein, besteht aber auf der Gemeinsamkeit auf der ökonomischen und sozialen Ebene und dem Ziel, die politischen Verflechtungen zu meiden[35].

Fraglich ist allerdings, ob wirklich schon für die Anfänge der kleinen Gemeinde in Thessalonich diese spätere Situation vorauszusetzen ist: ist hiermit explizit oder implizit eine Einflußmöglichkeit auf die Öffentlichkeit vorauszusetzen? Politische Geschäftigkeit, die die eigentliche Mitte des Lebens verdrängen und verunmöglichen würde, sich der „eigentlichen Sache" (bzw. der Philosophie) und gar sich dem „natürlichen Hang zur Ruhe" zu widmen, wie sie in diesem popularphilosophischen Zusammenhang vorgegeben sind, können nicht die ursprüngliche Absicht des Apostels gewesen sein.

Darum ist auch dieses zweite Interpretationsmodell an dieser Stelle kaum wirklich überzeugend und nachvollziehbar. Gibt es aber darüber hinaus noch einen anderen Hintergrund zum Verständnis der anscheinend vom Apostel als *selbstverständlich und bekannt* vorausgesetzten Paränese?

3. Den ersten Hinweis darauf gibt W. Bauer mit dem Verweis auf Lk 23,56 innerhalb eines Zusammenhanges der Einhaltung des Sabbatgebotes, hier vom gesetzlich vorgeschriebenen Verhalten der Frauen am Ostermorgen[36].

In der Apostelgeschichte wird ja grundsätzlich immer vorausgesetzt, daß Paulus sich – wie die Urgemeinde überhaupt – an die jüdischen Feste hält, in erster Linie natürlich an den wöchentlichen Sabbat-Feiertag[37].

Paulus könnte also hier im Brief an die Thessalonicher durchaus einen Versuch gemacht haben, im griechischen Sprachgewand das zum Ausdruck zu bringen, was von der Tradition her ihm immer schon im Bezug auf Arbeit und

---

[33] Chion, ep 16,5: καί μοι πρῶτον ὑπ᾽ αὐτοῦ παρηγγέλθη: ἡσυχίαν ποθεῖν.

[34] Vgl. Lk 14,4; Apg 11,18;21,14;22,2D; neben BAUER/ALAND 1988, s. v. ἡσυχάζω 2; s. auch SPICQ 1978, 360f; zur Wirkungsgeschichte vgl. vor allem den (pseudopaulinischen) Abschnitt 2 Thess 3,6–13, in dem das Substantiv als präpositionaler Ausdruck erscheint (3,12): „in Ruhe" zu arbeiten = *ungestört* der Arbeit nachzugehen. Dieser Akzent wird später mit anderer Begrifflichkeit aufgenommen in Did 12,3–5.

[35] MALHERBE 1987, 97.

[36] BAUER/ALAND 1988, s. v. ἡσυχάζω 1.

[37] Vgl. bes. nach der lukanischen Darstellung der paulinischen Reisen für Thessalonich selbst: Apg 17,2; für das Passafest z. B. Apg 20,6 „Fest der ungesäuerten Brote"; vgl. vor allem aber auch den Sprachgebrauch von 1 Kor 16,2. HAHN 1986, 504: „Die *älteste christliche Gemeinde* hat den Schabbat und die jüdischen Feste mitgefeiert." (Herv. dort)

Ruhe wichtig gewesen war: die Seite des Feierns und der prinzipiellen Skepsis gegen das – einen Total-Anspruch setzende – Phänomen Arbeit[38]. Diesen ersten Vermutungen soll im Folgenden weiter nachgegangen werden.

C. J. Roetzel hatte m. E. zu Recht auf die Wahrscheinlichkeit des Sprachzusammenhangs des Apostels mit der Diasporasynagoge verwiesen[39]. Diesen Hinweis gilt es aufzugreifen und noch einmal unter dem Gesichtspunkt eines möglichen Zusammenhangs zwischen dem Stichwort ἡσυχία/ἡσυχάζειν mit der Einhaltung des Sabbatgebotes zu untersuchen. Das soll hier exemplarisch an Texten von *Philo* geschehen[40], zumal in letzter Zeit die neuere Forschung dazu geführt hat, auch bei ihm das jüdische Erbe weit höher zu veranschlagen als früher angenommen[41].

Für Philo hat das Stichwort ἡσυχάζειν einen relativ hohen Stellenwert; über 85x verwendet er es in seinen Schriften[42]. Es lohnt also eine Lektüre dieser Stellen mit einem kurzen Überblick. Bei der Auslegung der ersten Stelle der LXX, an der dieser Begriff erscheint (Gen 4,7), gibt er eine fast definierende Erläuterung (Sobr 50)[43]:

„Das Sündigen ist eben, weil es eine Bewegung und eine Betätigung der Lasterhaftigkeit war, strafbar, während *das Verharren in Ruhe*, als ein Zustand und ein Stillestehen, von Vorwurf frei ist und heilsam."[44]

In den zwei ausführlichen Erläuterungen und Auslegungen des Sabbatgebotes erscheint nun ausdrücklich auch eine Beschreibung und Begründung der inhaltlichen Vorstellungen, die Philo mit den Stichwörtern ἡσυχία/ἡσυχάζειν verbindet. In seiner ersten Darstellung in De specialibus legibus führt er folgendes aus (Spec Leg II,56ff)[45]:

„Nächst den beständigen, ununterbrochen fortdauernden Festen wird als zweiter der immer nach sechs Tagen wiederkehrende heilige Sabbat gefeiert... An (diesem Tag) ist

---

[38] Vgl. WOLFF 1973, § 15 Schlafen und Ruhen, 2. Sabbat S. 200–210; DERS. 1971.

[39] 1986, bes. 327; weiter auch den Nachweis der durchgängigen paulinischen Verpflichtung gegenüber der synagogalen ethischen Tradition bis in sprachliche Details hinein bei HOLTZ 1991, 211: „in der Ausdrucksweise abhängig von der Redeweise der Synagoge"; 214 u. ö. Vgl. o. Anm. 7.

[40] Bisher habe ich in anderen Texten keine weitere Verknüpfung zwischen ἡσυχάζειν mit der Frage nach dem Sabbat gefunden. Das heißt aber nur, daß eine solche durch unsere fragmentarische Kenntnis bedingt sein kann. Josephus erklärt das Wort „Sabbat" Ant 1,33 (1) als ἀνάπαυσις; ähnlich in der Auseinandersetzung mit Apion Ap II,27 (2): ἀνάπαυσίς ἐστιν ἀπὸ παντὸς ἔργου, sicher nach der LXX Gen 2,2.3: καὶ κατέπαυσεν... ἀπὸ πάντων τῶν ἔργων αὐτοῦ; vgl. auch Jub 2,20f und den Ausdruck 1 QpHab 11,8: שבת מנוחתם.

[41] Vgl. vor allem BORGEN 1984a und DERS. 1984b, bes. 113–115.124–126.150–154.

[42] Vgl. dagegen bei Josephus ca. 30x; in der LXX ca. 40x.

[43] Vgl. auch Mut Nom 195; Agric 127.

[44] τοῦ δ'ἡσυχάζειν, ὅτι ἴσχεσθαι καὶ ἠρεμεῖα, ἀνυπαιτίου καὶ σωτηρίον. Diese Entgegensetzung von „Ruhe" und „Bewegung" durchzieht immer wieder sein Werk.

[45] Zum Ganzen vgl. GOLDENBERG 1979. Die folgenden Übersetzungen nach: Philo von Alexandrien. Die Werke in deutscher Übersetzung, hrg. v. L. Cohn, I. Heinemann u. a.

Enthaltung von jeglicher Arbeit vorgeschrieben[46], nicht etwa weil das Gesetz zum Leichtsinn erziehen will, denn fortgesetzt sucht es an die Ertragung von Mühsal zu gewöhnen und zu schwerer Arbeit zu erziehen und verwirft Arbeitsscheu und Neigung zum Müßiggang... sondern um den Druck der beständigen, ununterbrochenen Arbeit zu lindern und den Körper durch Gewährung einer gemesseneren Erholungszeit zu gleicher Arbeitsleistung neu zu stärken. Während es nun aber körperliche Arbeit am siebten Tag verbot, gestattete es die edlen Beschäftigungen, die in tugendhaften Reden und Belehrungen bestehen; es ermahnt sie nämlich, sich an ihm mit Philosophie zu befassen zur Veredlung der Seele und des in uns herrschenden Geistes. (62) Es stehen nämlich an den Sabbaten in allen Städten zahlreiche Lehrhäuser der Einsicht, der Besonnenheit, der Tapferkeit, der Gerechtigkeit und der anderen Tugenden offen; darin sitzen die einen *in Ordnung und Ruhe* gespitzten Ohres da[47] ...

Der Synagogengottesdienst mit seinen unterschiedlichen Seiten von Erholung, Belehrung und Erziehung wird also bei Philo als die entscheidende „Philosophie" und Pädagogik interpretiert und erläutert. Dabei ist er sich bewußt, daß die Arbeitsniederlegung und das „sich der Muße widmen" durchaus ungewöhnlich ist; ja sogar für den alexandrinischen jüdischen Leser ist das inhaltlich erklärungsbedürftig und weiter zu erläutern. Dieser Aspekt wird darum im zweiten Text noch einmal verstärkt und besonders hervorgehoben. Im „Leben des Mose" erläutert Philo die Funktion des Sabbats in einem längeren Abschnitt folgendermaßen (Vit Mos II,209ff):

„Nach der Ehrung des Schöpfers des Alls umgab der Prophet den heiligen Sabbat mit Feierlichkeit, da er mit seinem scharfblickenden Auge sah, daß seine alles überragende Schönheit den Himmel und überhaupt dem ganzen Weltengebäude aufgeprägt ist und von der Natur selbst im Bilde wiedergegeben ist ... Aus diesem Grund verfügte der in allem große Mose, daß die Bürger seiner heiligen Gemeinschaft der Ordnung der Natur gemäß den Sabbat als Volksfest feiern durch Heiterkeit und Frohsinn und durch Enthaltung von Feldarbeiten, von gewerblicher auf Gewinn bedachter Tätigkeit und von allen Beschäftigungen zur Beschaffung von Lebensbedürfnissen[48], durch friedliches Verhalten und Loslösung von jeglicher mühsamer und ermüdender Sorge; ihre Muße sollten sie aber... lediglich der Beschäftigung mit der Philosophie... zur Sklavin machen... Seitdem beschäftigen sich noch bis heute die Juden an den Sabbaten mit der Philosophie ihrer Väter... Ihre Bethäuser in den einzelnen Städten sind nichts anderes als Lehrstätten der Weisheit, Mannhaftigkeit, Gerechtigkeit, Frömmigkeit, Heiligkeit und jeglicher Tugend, durch die die weltlichen und religiösen Interessen überdacht und zu rechtem Ziele geführt werden... (219) Weil nicht nur die handwerksmäßigen, sondern auch alle anderen Gewerbe und Beschäftigungen und ganz besonders die auf Gewinn und auf Beschaffung der Lebensbedürfnisse zielende teils mit unmittelbarer Benutzung des Feuers teils nicht ohne die durch Feuer hergestellten Werkzeuge ausgeübt werden. Daher untersagt er wiederholt an den Sabbaten

---

[46] ἐν ᾗ προστέτακται πάντων ἀνέχειν ἔργων.

[47] ἐν οἷς οἱ μὲν ἐν κόσμῳ καθέζονται σὺν ἡσυχίᾳ.

[48] ἀνέχοντας μὲν ἔργων καὶ τεχνῶν τῶν εἰς πορισμὸν καὶ πραγματειῶν ὅσαι κατὰ βίον ζήτησιν; vgl. auch Sir 18,16; POxy 129,8.

Feuer anzuzünden, wie dies die hauptsächlichste und wichtigste Veranlassung zum
Arbeiten ist, *bei deren Ruhe* auch die einzelnen Werktätigkeiten naturgemäß, wie er
erwartete, *mit ruhen würden*[49].

Im unmittelbaren Kontext – als Abgrenzung von einem „sabbatgemäßen"
gegenüber einem „nicht sabbatlichen" Verhalten – erscheint bei Philo noch
die bei ihm an mehreren Stellen im Mittelpunkt stehende Interpretation des
Beispiels aus Num 15,32ff[50], aus der auch die einzelnen mit dem „Feuer"
verbundenen Bausteine stammen. Insgesamt wird aus den beiden längeren
Texten die grundsätzliche Verknüpfung des Wortfeldes von ἡσυχάζειν mit
den Sabbatbestimmungen des Gesetzes und der Interpretation der eigenen
Sabbatpraxis bei Philo deutlich.

Das ist dann auch der Hintergrund für zwei weitere Texte, in denen allgemein die Sabbatruhe mit diesem Wortfeld weiter beschrieben wird, wie z. B.
Spec Leg II 102:

„Die Menschen legen dann die schwere Bürde ihrer Beschäftigung ab, die sie vom
frühen Morgen bis zum späten Abend drückte; sie eilen nach Hause, *begeben sich zur
Ruhe.*"[51]

Oder auch weiter Spec Leg II 250[52]:

„Als nach jenem Auszuge aus Ägypten das ganze Volk durch die pfadlose Wüste
wanderte, da verharrten, sobald der siebte Tag kam, soviele Tausende, wie ich früher
erwähnte, *in tiefer Ruhe* in ihren Zelten."[53]

Aus diesen angegebenen Texten wird auch deutlich, daß man kaum von einem „apokalyptischen Hintergrund" in Bezug auf den philonischen Sprachgebrauch im Zusammenhang von ἡσυχάζειν/ἡσυχία ausgehen darf, wie bei
Roetzel behauptet und vorausgesetzt[54]. Vielmehr steht dieses Wortfeld bei
Philo in erster Linie in einer ursprünglichen Beziehung zum jüdischen Sabbatgebot, die sich mit einer philosophisch bedingten Hochschätzung der Bildung und Erziehung verbindet[55].

Natürlich ist hier am Ende festzuhalten, daß sich die Ausführlichkeit Philos und seine inhaltliche Beschreibung und Apologie des Festes von der kurzen Erwähnung im Thessalonicherbrief grundlegend unterscheidet. Und
doch ist es vor allem ein Unterschied im Genus, weniger in der angegebenen
Sache, die auch bei Philo offensichtlich als Spannung zwischen „Ruhe" und

---

[49] οὗ ἡσυχάσαντος ἐνενοήθη καὶ τὰ κατὰ μέρος ... συνησυχάσειν.

[50] Vgl. weiter z. B. Spec Leg II 250.

[51] καὶ ἐπανελθόντες οἴκαδε πρὸς ἡσυχίαν.

[52] Vgl. weiter z. B. Vita Cont 30f wie oben zu Spec Leg II 62 (o. Anm. 47).

[53] ... ἐν ταῖς σκηναῖς κατὰ πολλὴν ἡσυχίαν δεέτριβον.

[54] Roetzel 1986, 329f.

[55] Das gilt auch besonders für den dort von Roetzel betont herausgestellten Text („with
distinct eschatological associations") aus De praemiis et poenis 157, der genau die Sabbat-
frage nach Lev 26,33–35 bzw. Lev 26,43 auslegt! Vgl. ebd.

der menschlichen Arbeit besteht. Daß bei Philo darüber hinaus auch ein anderer Akzent bezüglich der (Hand-)Arbeit herrscht und die Betonung der meditativen Aneignung der Weisheit und Philosophie im Vordergrund steht, ist natürlicherweise vom unterschiedlichen Leserkreis aber auch von der eigenen sozialen Einbettung her bedingt. Und schließlich ist auch eine direkte Abhängigkeit des Paulus von den Schriften Philos kaum wahrscheinlich zu machen. Daß sich damit die eigentliche Botschaft des Apostels fundamental von der Religionsphilosophie des Alexandriners unterscheidet, steht also außer Frage.

Und trotzdem zeigt sich zum einen bei der direkten Verwendung der Terminologie aber auch bei den Denkvoraussetzungen eine tiefe Ähnlichkeit und Verwandtschaft, die sich kaum anders als mit einer vergleichbaren Rezeption bestimmter Bibeltexte durch beide Autoren erklären läßt.

III.

Mit einem letzten Argument, um die Vermutung zu begründen, daß hier weniger mit einem politischen Prinzip zum Einfluß auf die (bürgerliche) Öffentlichkeit gerechnet werden muß („ruhig zu sein und nicht aufzufallen"), sondern daß hier die urchristliche, jüdische Grundvorstellung der elementaren theologischen/anthropologischen Spannung von Ruhe und Arbeit im Mittelpunkt steht, ist hier abzuschließen.

Aus der Exegese von 1 Thess 2,14−16 ist wahrscheinlich zu machen, daß dem Apostel die Vorwürfe des paganen Antijudaismus gegenüber dem Judentum bekannt waren, die er hier wahrscheinlich selbst aufgreift und für seine Ziele umsetzt[56].

Dieser pagane Antijudaismus hatte natürlich auch die (fremde und unverständliche) jüdische Sitte der Einhaltung des Sabbats betroffen. Im militärischen Bereich brachte das von jeher den Konflikt, daß Juden an diesem Tag normalerweise nicht einsetzbar waren[57]. Im merkantilen Rahmen waren an diesem Tag die jüdischen Geschäfte (befremdlicherweise für Außenstehende) geschlossen; jüdische Arbeitskräfte erschienen nicht zur Arbeit; Sklaven waren nicht (oder nur eingeschränkt) verfügbar[58]. Darum ist nicht sonderlich überra-

---

[56] Vgl. Holtz 1986, z. St. S. 105f; auch Haacker 1982, 109 z. St.; ders. 1986, bes. 98.

[57] Vgl. vor allem die Makkabäerbücher, z. B. der Brief des Demetrios I: 1 Makk 10,25ff (34); weiter auch die 7 Haupttexte bei Josephus zu den jüdischen Privilegien in den kleinasiatischen Städten: Ant 14,225−227 (Ephesus). 241−243 (Laodicea). 244−246 (Milet). 256−258 (Halicarnass). 262−264 (Ephesus) usw. bei Goldenberg 1979, 415ff.

[58] Leider hat dieses Phänomen meines Wissens noch keiner genau untersucht, Goldenberg 1979, 441 Anm. 110. Vgl. die Sabbatbestimmungen Neh 10,32 zum Handel; ausführlicher Neh 13,15ff; eine gute thematische Zusammenstellung auf knapp 10 Seiten bietet Whittaker 1984, 63−73.

schend, daß auch *Tacitus* in seinem bekannten Bericht über die Juden sein
Befremden über die Sabbatpraxis zum Ausdruck bringt (Annalen 5,4,3):

„Man sagt, daß sie (sc. die Juden) jeweils den 7. Tag *zur Ruhe bestimmen*, weil jener
(Tag) *das Ende der Arbeit* herbeigebracht hat; weiterhin auch noch das 7. Jahr dem
Nichtstun zu weihen, soll von *ihrer Freude zur Trägheit* stammen."[59]

Wenn man dabei noch bedenkt, wie sehr man – vor allem in römischer Zeit –
eine ökonomische Effektivität als besondere Tugend glorifiziert hat[60], dann ist
auch der wiederholte Angriff auf eine jüdische Sabbatkultur in den paganen
Quellen alles andere als überraschend; die Beachtung eines solchen regelmäßi-
gen Feiertages behindert und stört eben den „Fortschritt"!

Auf der anderen Seite berichtet Josephus gerade auch in diesem Zusammenhang eine verbreitete Attraktivität der Sabbatobservanz im Umkreis der Synagoge. So behauptet er nicht allein eine grundlegende Anziehungskraft der
Juden im ganzen Mittelmeerraum[61], sondern schildert etwas später ein immer
größer werdendes Interesse[62], und schließlich, in Zuspitzung seiner Apologie,
spricht er sogar von „Massen", so daß „keine Stadt, ... keine einzige Nation
existiert, wo der Sabbat, an dem wir nicht arbeiten, nicht schon lange beachtet
wird"[63].

Hier im Beziehungsgeflecht von Neugierde und Abgrenzung zwischen Ju-
den, Christen und Heiden sehe ich den wirklich entscheidenden und konkreten
Hintergrund für die ausdrückliche Empfehlung des Apostels, die „Ruhe", das
„Nichtstun", das „Feiern" – neben der Arbeit – nicht aus den Augen zu lassen.
Denn seine abschließenden Empfehlungen haben, wie an der ausdrücklichen
Erinnerung an die anfänglichen Weisungen noch zu erkennen ist[64], einen
grundsätzlichen Charakter, der mit der selbstverständlich vorausgesetzten
Verpflichtung gegenüber der biblischen Lebensordnung ganz ursprünglich zu-
sammenhängt, ohne daß weitere Begründungen für seine Leser nötig wären.

Allerdings scheint schon von Anfang an ein besonderes Problem darin zu
liegen, daß die (kleinen) christlichen Gemeinden nicht mehr automatisch an
den von der Öffentlichkeit weithin geschützten jüdischen (Ausnahme-)Privile-

---

[59] „Septimo die *otium placuisse ferunt, quia is finem laborum* tulerit; dein *blandiente inertia*
septimum quoque annum *ignaviae* datum." Nach STERN 1980, Bd. 2, 18. Weitere Zeugnisse
zur Befremdlichkeit der jüdischen Sabbatpraxis bei Seneca, De superstitione (nach Aug CivD
VI,11; STERN 1974, Bd. 1, 431) und Juv XIV (STERN 1980, Bd. 2, 102) u.ö.; vgl. STERN 1980,
Bd. 2, 37f weiter zu Tacitus.

[60] Zum „Flair" des notorischen Arbeitsfleißes z.B. der Stadt Korinth vgl. ELLIGER 1987,
206 u.ö., so daß – schon nach Herodot – die Korinther sich nicht die alte übliche Wertung zu
eigen gemacht hätten, nach der „nur als edel gilt, wer von körperlicher Arbeit frei ist".

[61] Vor allem Ap II,123 (10), aber auch Bell 7,45 (Syrien) u.ö.

[62] Ap II 210 (28) und 280 (38); vgl. auch ähnliche Andeutungen bei Philo, Vit Mos 2,17–20.

[63] Ap II, 282 (38); zu Apg 17 und Kornelius (Apg 10,2) und überhaupt die Frage nach den
„Gottesfürchtigen" (vgl. o. Anm. 11).

[64] S.o. Anm. 4.

gien partizipieren konnten. Schon bei der Schilderung der Neuordnung der jüdischen Rechte unter Cäsar in der Diaspora spielte der Akzent der überkommenen Tradition, also das Alter der jeweiligen Rechtsordnungen, eine entscheidende Rolle[65], so daß Sueton die Leitlinie Cäsars zusammenfaßte[66]:

„Er löste alle Rechte auf, ausgenommen die alten Ursprungs."

Damit wäre der Schutz z. B. der Rechte auf die Möglichkeit des Zusammenkommens und überhaupt die Einhaltung eines Ruhetages für die christliche Gemeinde nur da möglich, wo sie sich noch in einer – mehr oder weniger intensiven – Beziehung zur Synagogengemeinde befindet. Das ist keine Selbstverständlichkeit, sondern dafür ist ein besonderes Engagement nötig, nach Möglichkeit diese Beziehung nicht abbrechen zu lassen.

Ist die hier nahegelegte Exegese richtig, dann kann man als Zwischenergebnis festhalten: wie schon vorher in diesem ersten paränetischen Block des Briefes arbeitet Paulus auch in den abschließenden Sätzen 1 Thess 4,11f in Gegenüberstellungen[67]:

als erstes, quasi als (negative) Abgrenzung von der Arbeit, der positive Aufruf zum sabbatlichen, feiertäglichen Leben. Darum wäre angemessen zu übersetzen: „(euch engagiert darum zu kümmern) die Sabbatruhe zu bewahren…".

als zweites die positive Wertschätzung der Arbeit durch die parallele Angabe von πράσσειν und ἐργάζεσθαι. Durch die Verdoppelung und das Achtergewicht wird hierauf im Zusammenhang auch der Ton liegen.

Dadurch wären 4,11f drei konkrete Bereiche als eine einheitliche, ganzheitliche Lebensführung bei den apostolischen Weisungen im Blick:

der *religiöse Bereich,* der seinen Hintergrund in der biblischen Bestimmung des Feiertages enthält,

der *politische Bereich,* öffentlichen Stabilität wegen sich um die eigenen Angelegenheiten zu kümmern und nicht seine Nase in Dinge zu stecken, die einen nichts angehen; etwas, was man oft mit dem Stichwort und der (sog. bürgerlichen) Vorstellung von „Ruhe" verbindet,

und der *ökonomische Bereich,* ganz nach dem Beispiel und Vorbild des Apostels selbst, für den eigenen Unterhalt zu sorgen[68].

---

[65] Durchgängig in den Verordnungen und Briefen Ant 14 (s. o. Anm. 56).

[66] Zitiert von Markus (Ausgabe Loeb) in der Fußnote zu Ant 14,215; vgl. auch die Diskussion über die Gewährung und beständige Erneuerung der jüdischen Privilegien in der Diaspora bei APPLEBAUM 1974, 455ff und SMALLWOOD 1981, 134ff; aber auch RABELLO 1984, 1290ff und vor allem GOLDENBERG 1979, passim.

[67] So allein schon in der grundlegenden Gegenüberstellung der „Überschrift" 4,1: „Gott gefallen – Menschen gefallen" (dazu auch 1 Kor 7,23; Gal 1,10; Röm 8,8), die in der folgenden Paränese entfaltet wird; so z. B. 4,3ff: (negativ) „Unzucht" – (positiv) „Verhältnis zur Frau" – (negativ) „Privilegien gegenüber den Glaubensgeschwistern ausnützen".

[68] Vgl. im Brief selbst 1 Thess 2,9; aber weiter auch die angegebenen Texte o. Anm. 14.

IV.

Wie können nun auf diesem Hintergrund Identität und Außenverhältnis der
Gemeinde angemessen bestimmt werden? Durch die intendierte Kontrastierung von Gemeinde und Außenwelt ist der Apostel gezwungen, in wenigen
Strichen Gemeinsames und Trennendes, Möglichkeiten und Gefahren der
jungen Gemeinde zu benennen. Wie der abschließende Finalsatz zeigt, ist auf
jeden Fall eine eindeutige Scheidung zwischen Christen und Nichtchristen,
zwischen Gemeinde und Welt vorausgesetzt[69]. Trotzdem bleibt aber durchgängig der Blick nach außen gegenwärtig und bestimmend. In dieser Perspektive
der grundsätzlichen Unabhängigkeit muß sich damit die Identitätsfindung der
Gemeinde bewegen: im eigenen Leben transparent zu bleiben, auch für die
Außenstehenden[70], aber sich nicht von fremden Faktoren abhängig zu machen[71].

Es geht darum nicht an, in den Text ein irgendwie abschätziges Werturteil
nach außen als Negativfolie hineinzulesen, trotz des Wissens um die Widerstän-
de und Erfahrung von Behinderungen durch die Umgebung. So sprechen schon
allein die inhaltlichen Angaben eines „anständigen Lebens"[72] für gelebte Kontakte und ihre Möglichkeiten und nicht für abgebrochene Beziehungen, ge-
schweige denn eine eigenhändig vorangetriebene Ablösung.

Vor allem der letzte der drei grundlegenden Aspekte betont den eher „privaten" Charakter der apostolischen Paränese. Nach dem Vorbild des Apostels
selbst hat auch die ethische Mahnung zur Arbeit der Gemeinde den Aspekt der
Selbstversorgung und Unabhängigkeit[73]. Auch wenn die paulinischen Briefe
nur am Rande das Thema der „Arbeitsethik" berühren, so setzt die konkrete
Mahnung später im Zusammenhang mit der Kollekte für die Jerusalemer
Gemeinde voraus, daß die Thessalonicher durchaus etwas „haben", also damit

---

[69] Paulus hält in der Praxis aber getrennte Welten ohne Beziehungen zueinander weder für
möglich noch für wünschenswert. Denn er geht davon aus, daß selbst die Begegnung mit
moralisch verwerflichen Menschen grundsätzlich nicht zu vermeiden ist; es sei denn, man
würde aus der Welt auswandern (1 Kor 5,9f). Trotzdem setzt er auch in der korinthischen
Korrespondenz eine selbstverständliche Grenzziehung voraus (1 Kor 5,12f); vgl. zum Ganzen
KLAIBER 1982, 59f und in diesem Band (279f) HECKEL, mit zusätzlichem Verweis auf Gal 1,13.

[70] Dies ist sicher im missionarischen Sinne zu verstehen, die Türen so weit wie möglich
offen zu halten, und sich nicht im falschen Sinne abzukapseln; vgl. HENGEL 1986, 198: „Den
Nichtchristen darf kein – falsches – Ärgernis gegeben werden." Im Sinne, keinen Anstoß zu
geben, vgl. die positive Aufforderung 1 Kor 10,32 und die Selbstempfehlung des Apostels 2
Kor 6,3; zum Ganzen VAN UNNIK 1980.

[71] Die Gefahr einer solchen Abhängigkeit zeigt sehr schön der Peristasenkatalog 3 Hen
103,9–15 (bes. V. 11) im apokalyptischen Kontext.

[72] Zu περιπατῆτε εὐσχημόνως vgl. Röm 13,13; auch 1 Kor 7,35;14,40; vgl. GREEVEN 1935,
769 mit Hinweis auf die Inschriften in Priene und Magnesia im Blick auf eine gute, transparen-
te Verwaltungstätigkeit.

[73] ἰδίαις halte ich für ursprünglich und durch Homoioteleuton des Artikels ausgefallen; die
Selbständigkeit bei der Arbeit wird so auch begrifflich wirksam.

in der Lage sind, etwas abzugeben[74]. Im Blick auf das Außenverhältnis der Gemeinde soll aber nun einem Lebensstil das Wort geredet werden, der eben nicht als schamlos oder unschicklich hingestellt werden kann. Vielmehr soll er sich beispielhaft und positiv in der Öffentlichkeit wahrnehmen lassen können[75].

Das bedeutet einerseits ad intra: die Bestätigung und Vergewisserung, auf dem eingeschlagenen Weg nach den apostolischen Leitlinien weiter fortzuschreiten. Das schließt nun aber die gegenseitige Ermahnung nicht aus, sondern ein[76]. Andererseits bleibt auch bei dieser Zielbestimmung gemeindlichen Lebensstiles die durchgängige Blickrichtung ad extra beibehalten[77]. Nach Möglichkeit sollen also die Gemeindeglieder weiterhin ihren bisherigen Tätigkeiten nachgehen[78]. Auch wenn hier nicht ausdrücklich formuliert, ist die Bindung an den „Herrn" eine ausschließliche, die keinerlei Konkurrenz verträgt[79]. Das schützt die Anweisungen des Apostels vor einer Idealisierung oder gar Vergötzung jeglicher Tätigkeit.

Im synthetischen Parallelismus erscheint als zweite Angabe „sich um die eigenen Angelegenheiten zu kümmern". Auch hier ist sprachlich die Abgrenzung nach außen präsent[80]. Ja, die Privatsphäre und größtmögliche Unabhängigkeit steht hier noch stärker als beim letzten Glied im Vordergrund. Was dabei nun konkret in das Blickfeld des Apostels tritt, ist kaum mehr näher zu verdeutlichen. Nur durch einen Umkehrschluß würde man zu einer Abgrenzung gegenüber der öffentlichen, politischen Arbeit gelangen; das ist wohl kaum umfassend gemeint. Verbirgt sich aber vielleicht dahinter ein apostoli-

---

[74] Vgl. Gal 2,10; 2 Kor 8 und 9; Röm 15,25–28.31; wie auch Apg 24,17. Zur Einordnung dieser Texte zum Thema Arbeit in den Zusammenhang des frühen Christentums u.a.: HENGEL 1986; auch SCHRAGE 1982, 220–222.

[75] Hierin wäre dann auch der korrespondierende Sinn des ἄτακτος aus 5,14 zu suchen; ein Eintragen der Verhältnisse aus 2 Thess 3,6ff sollte hier aber nicht vorschnell versucht werden; vgl. HOLTZ 1986, z. St. 177.

[76] Wie 5,14f zeigt, ohne daß diese allgemeine Anweisung aber auf das Arbeitsethos beschränkt werden könnte. Hier, wie 5,11.18, wird im Brief παρακαλεῖν darum für die Gemeindeglieder untereinander verwendet.

[77] Neben der Beziehung zu anderen christlichen Gemeinden (4,6.10 wie schon 1,7) auch hier offensichtlich weit darüber hinaus, wie der abschließende Finalsatz zeigt (vergleichbar mit 1,8: ἐν παντὶ τόπῳ). Dieser Blick ad extra ist nicht nur immer wieder in der paulinischen Paränese präsent (vgl. Röm 12,17f; Phil 2,15), sondern wird urchristliches Gemeingut (vgl. die Sachparallelen Kol 4,5; 1 Petr 2,12.15;3,16 u.ö.). Darüber hinaus vgl. VAN UNNIK 1980.

[78] HENGEL 1986, 198 vermutet die drohende Gefahr einer Straßenbettelei oder Abhängigkeit von öffentlichen Speisungen.

[79] Vgl. 1 Kor 7,23;6,19f; Röm 14,13f; ist hierin auch der entscheidende politische Konfliktstoff in der lukanischen Darstellung zu vermuten Apg 17,7: „gegen die Gesetze des Kaisers zu verstoßen"? Diese grundlegende Wurzel der Paränese erscheint schon zu Beginn des Abschnittes 4,1f und wird wieder in 4,6 aufgenommen.

[80] Vgl. neben den angegebenen Texten aus dem 2 Makk (s. o. zu Anm. 15) noch 2 Makk 9,20; epAr 126 die „privaten" gegenüber den allgemeinen Interessen und vor allem Test Abr(B) 4,2 im Sinne der privaten (Haus-)Arbeit.

scher Vorbehalt gegenüber aktiver und provozierender Propaganda[81]? Die Annahme des Evangeliums durch die Thessalonicher könnte die Gefahr in sich bergen, zur Distanz und sozialen Isolation zu führen, indem man bereit ist, den vertrauten Lebenskreis zu verlassen und die bisherigen Erwerbsgewohnheiten über Bord zu werfen[82]. Aber nur eine Gemeinde, die sich auf die sie umgebende Struktur einläßt – ohne in ihr aufzugehen –, kann diese durchdringen.

Im Gegenüber zu diesen Tätigkeitsfeldern ist also nach den obigen Ausführungen der vorausgesetzte Hintergrund für die erste Angabe die sabbatliche Praxis wahrscheinlich gemacht worden. Das ganzheitliche Leben der Gemeinde kann nicht abstrahieren von dem zugrundeliegenden lebensnotwendigen Zweiklang Ruhe und Arbeit, Feiertag und Alltag[83], wie er in der Tradition vorgegeben wird. Die Verankerung dieser Bestimmungen für die junge christliche Gemeinde ist damit ein herausragendes Beispiel der Bedeutung der Strukturierung von Zeit. Dieser Aspekt kann zwar offensichtlich religiös überschätzt werden[84], aber ist nicht einfach nur ein beliebiger Zug, der einfach übergangen werden könnte. Vielleicht konnte sich an der formalen Struktur der Voranstellung dieser Angabe 1 Thess 4,11 die These festmachen, die ‚biblische Lehre von der Arbeit' beginne mit der Lehre von der Ruhe und habe dort ihre Wurzel[85].

Damit ist schließlich festzuhalten, daß zwar die paulinischen Anweisungen im 1. Thessalonicherbrief zunächst nie nach außen, sondern grundsätzlich nach innen an die Gemeinde selbst gerichtet sind. Die Identität der Gemeinde hängt damit offensichtlich nicht an einem, wie auch immer gearteten, Feindbild[86] als Negativfolie; faktisch wird dabei aber immer wieder einmal die vorausgesetzte Grenzziehung, präsent durch die Argumentation, durchbrochen. Die Grenzen zwischen Gemeinde und ihrem jüdischen und heidnischen Umfeld müssen durchlässig bleiben, um Menschen den Zugang zur Gemeinde weiter offen zu halten. Zwar kann das Leben „nach den Strukturen dieser Welt" nach der Meinung des Apostels unter keinen Umständen letzte Maxime und Verpflichtung sein; ihm geht es aber auch nicht um die Eigenart um jeden Preis[87].

---

[81] Das erwägt zumindest VON DOBSCHÜTZ 1909, z. St.

[82] Möglicherweise steht hinter der lukanischen Darstellung Apg 17,5 nicht nur eine Replik der Ereignisse der ersten Zeit, sondern grundsätzlich die Sorge um das Abgleiten in den Einflußbereich von Fremdbestimmungen und zu τῶν ἀγοραίων ἄνδρας zu verkommen.

[83] Vgl. durchweg in der LXX den Gegensatz von ἐργάζω/ἔργα und (κατα-/ἀνα-) παύω/ἀνάπαυσις: Ex 20,10;23,12;31,15ff;34,21; auch Dtn 5,12ff usw., im Dtn und später aber seltener; vgl. auch die positive Aufnahme des Sabbats als σκιὰ τῶν μελλόντων Kol 2,16f.

[84] Vgl. dazu die allgemeinere Abgrenzung Gal 4,3, aber auch die sicher bewußt offenere und relativierte Formulierung Röm 14,5.

[85] Vgl. H. D. PREUSS, Arbeit I, TRE 3, 1978, 613–618 (616).

[86] In dieser Weise aufgrund von vorgegebenen Traditionen (vgl. HECKEL in diesem Band 288f) nur 4,5.

[87] Neben den Abgrenzungen 4,5.12 auch 4,13;5,6; vgl. grundsätzlich Röm 12,2.

Vielmehr ist das letzte Ziel der apostolischen Ethik[88] das Stichwort, unter dem
– zu Recht – der ganze Abschluß von 4,1–12 steht, die φιλαδελφία, die sich
allerdings immer wieder neu an ihre grundlegenden Wurzeln erinnern lassen
muß, um nicht in fundamentalistischer Gesetzlichkeit zu erstarren oder orien-
tierungslos den naheliegendsten Wertmaßstäben zu erliegen!

Bibliographie

1. Kommentare

E. Best, A Commentary on the First and Second Epistles to the Thessalonians, BNTC,
1972.

E. von Dobschütz, Die Thessalonicher-Briefe, KEK 10[7], 1909.

J. E. Frame, A Critical and Exegetical Commentary on the Epistles of St. Paul to the
Thessalonians, ICC 1912.

G. Friedrich, Der erste Brief an die Thessalonicher, NTD 8[15] (1976) [2]1981.

K. Haacker u. a., „Aus der Freiheit leben". Kleinere Paulusbriefe I, Bibelauslegung für
die Praxis 23, 1982.

T. Holtz, Der erste Brief an die Thessalonicher, EKK XIII, 1986.

F. Laub, 1. und 2. Thessalonicherbrief, NEB 13, 1985.

I. H. Marshall, 1 and 2 Thessalonians, 1983.

W. Marxsen, Der erste Brief an die Thessalonicher, ZBK 11,1, 1979.

B. Rigaux, Saint Paul. Les épitres aux Thessaloniciens, EtB, 1956.

G. Wohlenberg, Der erste und zweite Thessalonicherbrief, KNT 12, 1903.

2. Sonstige Literatur

Applebaum, S. 1974, The Jewish People in the First Century, Bd. 1, 1974, bes. 420–463.

Borgen, P. 1984a, Philo of Alexandria, in: M. E. Stone (Ed.), Jewish Writings of the
Second Temple Period, CRINT II,2, 1984, 233–282.

– 1984b, Philo of Alexandria. A critical and synthetical survey of research since World
War II, ANRW II 21,1, 1984, 98–154.

Carras, G. P. 1990, Jewish Ethics and Gentile Converts. Remarks on 1 Thes 4,3–8; in:
Collins 1990, 306–315.

Collins, R. F. 1984a, Recent Scholarship on the First Letter to the Thessalonians, in:
ders., Studies on the first letter to the Thessalonians, BETL 66, 1984, 3–75.

– 1984b, „This is the will of God, Your Sanctification" (1 Thess 4,3), in: ders., Studies..., 1984, 299–325.

– 1990 (Hg.) The Thessalonian Correspondence, BETL 87, 1990.

Elliger, W. 1987, Paulus in Griechenland, 1987.

Goldenberg, R. 1979, The Jewish Sabbath in the Roman World up to the Time of
Constantine the Great, ANRW II 19,1, 1979, 414–447.

Greeven, H. 1935, Art. εὐσχήμων, ThWNT 2, 1935, 768–770.

---

[88] Vgl. das περιπατεῖν in V. 1 und 12, was dem jüdischen הלכה entspricht; s. z. B. Seese-
man, ThWNT 5, 1954, 944f und neuerdings vor allem Tomson 1990.

HAACKER, K. 1986, Paulus und das Judentum im Galaterbrief, in: E. Brocke/J. Seim, Gottes Augapfel. Beiträge zur Erneuerung des Verhältnisses von Christen und Juden, 1986, 95–111.

HAHN, F. 1986, Schabbat und Sonntag, EvTh 46 (1986), 495–507.

HENGEL, M. 1986, Die Arbeit im frühen Christentum, ThBeitr 17 (1986), 174–212.

– 1988, Judentum und Hellenismus, WUNT 10, (1969) ³1988.

– 1991, Der vorchristliche Paulus, in: M. Hengel/U. Heckel (Hg.), Paulus und das antike Judentum, WUNT 58, 1991, 177–291.

HEINEMANN, I. 1932, Philons griechische und jüdische Bildung, 1932.

HOLTZ, T. 1981, Zur Frage der inhaltlichen Weisungen bei Paulus, ThLZ 106 (1981), 385–400; zitiert nach ders., Geschichte und Theologie des Urchristentums. Gesammelte Aufsätze, WUNT 57, 1991, 205–222.

LÜTGERT, W. 1909, Die Vollkommenen im Philipperbrief und die Enthusiasten in Thessalonich, BFChTh XIII/6, 1909.

MALHERBE, A. J. 1983, Exhortation in First Thessalonians, NT 25 (1983), 238–256.

– 1987, Paul and the Thessalonians. A Philosophic Tradition of Pastoral Care, 1987.

MERK, O. 1968, Handeln aus Glauben. Die Motivierungen der paulinischen Ethik, MThSt 5, 1968.

PAX, E. 1977, Beobachtungen zur Konvertitensprache des ersten Thessalonicherbriefes, SBFLA 21 (1977), 220–261.

PLEVNIK, J. 1990, Pauline Presuppositions, in: COLLINS 1990, 50–61.

RABELLO, A. M. 1984, L'observance des fêtes juives dans l'Empire romain, ANRW II 21,2, 1984, 1288–1312.

REYNOLDS, I./TANNENBAUM, R. 1987, Jews and Godfearers at Aphrodisias, 1987.

ROETZEL, C. J. 1986, Theodidaktoi and Handwork in Philo and 1 Thessalonians, in: VANHOYE 1986, 324–331.

RORDORF, W. 1962, Der Sonntag. Geschichte des Ruhe- und Gottesdiensttages im ältesten Christentum, Zürich 1962.

SANDERS, E. P. 1992, Judaism. Practice and belief, 1992.

SCHULZ, S. 1987, Neutestamentliche Ethik, 1987.

SCHRAGE, W. 1982, Ethik des Neuen Testaments, 1982.

SMALLWOOD, E. M. 1981, The Jews under Roman rule. From Pompey to Diocletian. A study in political relations, (1976) ²1981.

SPICQ, C. 1978, Notes de Lexicographie Néo-Testamentaire, Bd. 1, 1978.

STERN, M. 1974/1980, Greek and Latin Authors on Jews and Judaism, Bd. 1, 1974; Bd. 2, 1980.

TOMSON, P. J. 1990, Paul and the Jewish Law. Halakha in the Letters of the Apostle to the Gentiles, CRINT III,1, 1990.

VAN UNNIK, W. C. 1980, Die Rücksicht auf die Reaktion der Nicht-Christen als Motiv in der altchristlichen Paränese, in: ders., Sparsa Collecta, NT.S 30, 1980, 307–322.

VANHOYE, A. 1986, L'Apôtre Paul. Personnalité, style et conception du ministère, BEThL LXXIII, 1986.

WHITTAKER, M. 1984, Jews and Christians. Graeco-Roman Views, 1984.

WOLFF, H. W. 1971, Menschliches. Vier Reden über das Herz, den Ruhetag, die Ehe und den Tod, 1971, 32–45.

– 1973, Anthropologie des AT, 1973.

Vorbildliche Heiden

Überlegungen zum 1. Clemensbrief 55,1

von

Jorg Christian Salzmann

I

Um die Wende vom Ersten zum Zweiten Jahrhundert wurden in der christlichen Gemeinde von Korinth aus uns nicht mehr bekanntem Grunde einige „Presbyter" abgesetzt. Ein Brief aus Rom riet den Korinthischen Christen, die Gemeindeältesten wieder einzusetzen; überdies empfahl er den „Aufrührern", sich aus Korinth zurückzuziehen und ins Exil zu gehen (ἐκχωρεῖν).

Als Muster für eine derartige Lösung des innergemeindlichen Konflikts führt dieser Brief, der sogenannte Erste Clemensbrief, „auch Beispiele von Heiden" an (1 Clem 55,1). Bei genauerem Hinsehen sind es überhaupt nur Beispiele aus dem heidnischen Raum, die das Anliegen des Verfassers genau treffen: daß jemand freiwillig zum Wohle der Allgemeinheit ins Exil geht. Folgerichtig führt er diese Beispiele zuerst an, nur unzulänglich kaschiert durch ein „auch", so als hätte er vorher schon biblische oder christliche Vorbilder genannt. Nur in einem anderen Zusammenhang waren sie schon vorgekommen[1]. An unserer Stelle weiß Clemens dann lediglich verschiedene Formen der Selbstaufopferung bei biblischen Helden oder Christen zu rühmen; am nächsten kommt dem Gedanken des Exils noch das Beispiel der Judith, die in die Gefahr des heidnischen Lagers „hinausging", um ihr Volk zu retten (1 Clem 55,4).

Der Gedanke, innergemeindliche Spannungen durch freiwilliges Exil einiger Gemeindeglieder zu lösen, wird also eine Frucht der hellenistischen Bildung des Verfassers sein. Auffällig ist, daß der Erste Clemensbrief die „Beispiele von Heiden" ebensowenig namentlich ausführt wie die der Christen; lediglich die biblischen Gestalten Judith und Esther und ihre Taten werden näher beschrieben (1 Clem 55,4—6). Um allerdings wirklich zu verstehen, was dabei im einzelnen gemeint ist, muß man auch hier beider Geschichte kennen.

Der Erste Clemensbrief setzt also bei den Empfängern voraus, daß die

---

[1] Vgl. 1 Clem 5,1;6,1;46,1.

genannten Beispiele so bekannt sind, daß sie nur stichwortartig erwähnt zu werden brauchen. Er rechnet offensichtlich damit, daß die Gemeinde in Korinth wenigstens einige Geschichten von heidnischen Königen und Anführern kannte, die durch ihr Exil die Bürger ihrer Stadt vor Schlimmem bewahrten.

Solche Kenntnis wird wohl weniger auf einer Vertrautheit mit „stoisch-kynischer Diatribe"[2] beruht haben als vielmehr auf der allgemeinen Schulbildung jener Zeit. Nirgends wird beispielsweise bei Epiktet das Exil als heroisches Mittel zur Rettung anderer erwähnt. Wohl aber kannte man, evtl. schon vom Leseunterricht her, aus Herodot[3] das Beispiel des Solon, der Athen freiwillig verließ (ἀποδημεῖν), um dem Wohle der Stadt zu dienen[4]. In seinen „Attischen Nächten" spricht Gellius, ein Zeitgenosse des Ersten Clemensbriefes, vom „exilium voluntarium" des Solon[5]; hier wird also der Weggang Solons aus Athen ausdrücklich als freiwilliges Exil interpretiert.

Auch das Beispiel des Lykurg von Sparta dürfte allgemein bekannt gewesen sein. Nach dem Bericht des Plutarch, dessen Quelle wir freilich nicht kennen, ging Lykurg außer Landes und nahm sich dann das Leben, damit die Gesetze, die er erlassen hatte, ewige Geltung erhielten[6]. In der Schrift des Plutarch über das Exil hingegen taucht das Motiv des freiwilligen Exils nicht auf; es wird also im Bericht über Lykurg auf ältere, womöglich allgemein bekannte Quellen zurückgehen.

Weniger wahrscheinlich ist, daß den Empfängern des Ersten Clemensbriefes auch Scipio Africanus Maior (oder mit ihm vermischt auch noch Scipio Africanus Minor) als Beispiel für freiwilliges Exil einfiel[7]. „Viele" Vorbilder gab es eigentlich nur für die andere der beiden Verhaltensweisen, die der Erste Clemensbrief anführt: das Aufsichnehmen eines freiwilligen Todes zugunsten der Gemeinschaft[8]. So wird das πολλοί in 1 Clem 55,1 im Blick auf das freiwillige Exil der rhetorischen Absicht des Verfassers zuzuschreiben sein,

---

[2] So FISCHER 1981, 93 Anm. 319, unter Verweis auf SANDERS 1943, 41–56. Sanders weiß Beispiele dafür zu nennen, daß der Opfertod mancher Helden gerühmt wird; im Blick auf das Exil führt er jedoch nur Stellen an, die es dem Stoiker empfehlen, auferlegtes Exil gleichmütig zu tragen.

[3] Diogenes Laertius spielt I,50 auf Hdt I,31 an (ebenfalls eine Solon-Geschichte), ohne die Sache weiter auszuführen, da sie hinlänglich bekannt sei („καὶ τὰ θρυλούμενα").

[4] Hdt I,29,1.

[5] Gel XVII,21; vgl. dagegen (wohl dichter am historischen Kern): Diog L I,65: ἄπειμί τοι ἐκ μέσου ὁ μόνος ἐχθρὸς Πεισιστράτου.

[6] Vitae Parallelae Lykurg 29 (vgl. auch 31).

[7] So KNOPF 1920, 132 (Scipio Africanus Maior); bei Livius, XXXVIII,52,11, wird das Verhalten des Scipio Africanus Maior, der sich dem Prozeß in Rom entzog, in der Tat so gedeutet, daß er Rom damit eine Blamage ersparen wollte. – Nach Polybios, XXXV,4, ging Scipio Africanus Minor freiwillig an die Front nach Spanien; das ist allerdings etwas anderes als ein Exil.

[8] S. die Kommentare von LIGHTFOOT 1869; KNOPF 1920; FISCHER 1981 z. St.; auch SANDERS 1943, 41ss.

welcher die Gegner durch die Fülle von Vorbildern[9] dazu bringen will, seinem Vorschlag zu folgen.

Der Erste Clemensbrief appelliert also an die Allgemeinbildung seiner Empfänger, wenn er „Beispiele von Heiden" anführt. Natürlich wird auch der Einfluß popularphilosophisch-stoischer Gedanken auf den Verfasser des Ersten Clemensbriefes nicht abzustreiten sein. Es bleibt die Frage, in welcher Weise die Einflüsse hellenistischer Bildung, wo immer sie herkommen mögen, verarbeitet werden[10]. Im Blick auf unsere Stelle ist es daher von Interesse, wie der unbefangene Rekurs auf ὑποδείγματα ἐθνῶν sich zu dem christlichen Selbstverständnis des Briefverfassers verhält. In einem weiteren Schritt ist zu fragen, ob und wie andere frühchristliche Theologen zu vorbildhaftem Verhalten von Heiden Stellung beziehen. Erst dann läßt sich bewerten, was geschieht, indem Clemens „auch Heiden" als Vorbilder für die Christen heranzieht.

II

Für den Verfasser des Ersten Clemensbriefes ist die Welt ein Kampfplatz zur Bewährung der Christen[11], und lebhaft weiß er von den erlittenen Verfolgungen zu berichten[12]. So wird auch die Bezeichnung der Christen als Fremdlinge in der Briefadresse seiner Weltsicht entsprechen, nach der die Christen als Auserwählte[13] aus dieser Welt herausgerufen sind. Zwar hat Gott die ganze Welt geschaffen, und die Harmonie der Schöpfung ist ein Beispiel seiner Güte[14]; zwar hat das Blut Jesu Christi der ganzen Welt die Gnade der Buße gebracht[15]; aber es ist dennoch nur die fest umgrenzte Schar derjenigen, die an Jesus Christus glauben und danach leben, die am Ende gerettet wird[16].

Zugleich jedoch führt der innergemeindliche Konflikt den Verfasser dazu, die Gegner auch in den eigenen Reihen der Christen zu sehen. So ist der Kampf der Christen gegen die Sünde in ihren vielen Gestalten gerichtet[17], und es gilt, sich als Christ durch das Leben in der Gemeinde vor Gott zu bewähren.

In dem Maße, wie die Bedrohung von innen erfahren wird und womöglich auch die äußere Verfolgung nachläßt, ist es möglich, der Welt „außen" relativ neutral gegenüberzustehen. So kann die römische Regierung, anfangs als

---

[9] πολλοί bzw. πολλαί steht in 1 Clem 55,1−3 fünfmal pointiert am Satzanfang!
[10] Darauf weist für 1 Clem 20 mit Recht hin van UNNIK 1950.
[11] 1 Clem 7,1.
[12] 1 Clem 5,1−6,2; vgl. auch 1 Clem 1,1.
[13] 1 Clem 6,1;58,2;59,2;64,1.
[14] 1 Clem 20.
[15] 1 Clem 7,4.
[16] Vgl. z. B. 1 Clem 29f.
[17] 1 Clem 35,4f; vgl. 1 Clem 37.

Verfolger vor Augen, auch einfach als „unsere Regierung" (ἡγούμενοι[18]) bezeichnet werden, und ihre Soldaten werden ganz unbefangen als Beispiel für Ordnung und Disziplin herangezogen[19]. In dieser Weise werden dann auch heidnische Könige als Vorbilder für die Konfliktlösung durch das Exil genannt.

Dieselbe Diskrepanz im Verhältnis gegenüber den Heiden, wie wir sie im Text des Ersten Clemensbriefes beobachtet haben, findet sich auch wieder in dem großen Gebet am Ende des Briefes. Einerseits wird Gott hier als der apostrophiert, der die Pläne der Heiden zunichte macht[20], und die Heidenvölker sollen die Macht Gottes daran erkennen, daß er sein Volk aus der Gefangenschaft erlöst[21]; andererseits bittet der Beter um Gehorsam gegen „unsere Herrscher und unsere Regierung", denen dann in einiger Ausführlichkeit die Fürbitte der Christen gilt[22].

Es ist auffällig, daß bei alledem die Juden überhaupt nicht vorkommen. Für den Verfasser ist klar, daß die Christen das auserwählte Volk Gottes sind[23], und ohne weiteres kann er alttestamentliche Aussagen über das Gottesvolk auf die Christen beziehen[24]. Das jüdische Volk wird nur noch als die historische Größe Israel in der heiligen Schrift begriffen und hat als solche bestenfalls die Funktion eines Beispiels für die Christen. Die theologischen Reflexionen eines Paulus über Juden und Heiden sind für den Ersten Clemensbrief und seine Lebenswelt nicht mehr relevant. Die Christen leben in der „heidnischen" Umgebung des römischen Staates; mit dem fraglos überkommenen Bewußtsein, Gottes Volk zu sein[25], liegt in der Verhältnisbestimmung von Gottes Volk und seiner heidnischen Umwelt oder gar dem römischen Staat die neue theologische Aufgabe, welche jedoch von Clemens nicht reflektiert wird.

Wir können also zusammenfassen: Für den Verfasser des Ersten Clemensbriefes sind die Heiden zwar als Verfolger der Christen ein klares Gegenüber; als „Auserwählte" hebt sich die kleine Schar der christlichen Gemeinde von ihnen ab. Zugleich jedoch werden die Heiden als Teil der eigenen Welt wahrgenommen und können mit ihrem Verhalten sogar zu Vorbildern für die Christen werden. Das geschieht im alltäglichen Erleben eines Bürgers der Hauptstadt des römischen Reiches wie auch vermittelt durch die heidnische Schulbildung. Die daraus resultierende Spannung ist theologisch nicht verarbeitet.

---

[18] 1 Clem 37,2.
[19] 1 Clem 37,1–3.
[20] 1 Clem 59,3.
[21] 1 Clem 59,4.
[22] 1 Clem 60,4ff.
[23] So z. B. eindeutig in 1 Clem 64,1.
[24] Deutlich in 1 Clem 8,3;15,2;29,2.
[25] Die Diskussion darüber mit den Juden war eigentlich noch nicht ausgestanden, wie Just., Dial. 130 zeigt.

III

Das angezeigte Problem ist von den christlichen Apologeten des Zweiten Jahrhunderts angegangen worden. Ihre Lösung lief auf den Grundgedanken hinaus: alles Gute bei den Heiden ist eigentlich christlich[26]. Schon Paulus hatte den Heiden ja eine gewisse Gotteserkenntnis zugestanden, allerdings mit der charakteristischen Wendung, daß auf diese Weise die Heiden vor Gott keine Entschuldigung hätten und wie die Juden unter der Macht der Sünde stünden[27]. Für ihn war es auch noch undenkbar, daß etwa Christen ihre Streitigkeiten vor einem heidnischen Gericht regelten[28].

Apologeten wie Justin hingegen appellierten an die Gerechtigkeit und Vernunft der Christenverfolger und mußten ihnen diese deshalb auch zubilligen. Das war mit den Werkzeugen der bereits im Judentum entwickelten Apologetik auch möglich: der Altersbeweis etwa, mit dem man behauptete, die heidnischen Philosophen hätten ihre Erkenntnisse von Mose abgeschrieben, machte die biblischen Propheten als Philosophen hoffähig, und zugleich konnte man Gottes- und Wahrheitserkenntnis bei den Heiden anerkennen. Freilich waren sie jetzt gegenüber der jüdischen bzw. christlichen Wahrheitserkenntnis sekundär. Auf diese Weise wurde es möglich, den Heiden gegenüber deren eigene Schriftsteller zu Zeugen für die christliche Wahrheit aufzurufen[29].

Justin hat dann diesen Gedanken nicht mehr historisch, sondern kosmologisch gefaßt: Bruchstückhaft leuchtet die Wahrheit bei den Heiden auf, da sie teilhaben am in der Welt verteilten Logos Spermatikos, der nichts anderes ist als Jesus Christus selbst[30]. Zwischen dem historischen Altersbeweis und der Theorie vom Logos steht bei Justin noch die Behauptung, daß die Dämonen die von Gott den Propheten geoffenbarten Wahrheiten abgeguckt und nachgeäfft hätten[31].

Ganz ähnlich wie der Erste Clemensbrief kann auch Justin beispielhaftes Verhalten der Heiden rühmen; er weist nämlich darauf hin, daß die römischen Soldaten bereit sind, für ihren Fahneneid zu sterben[32]. Charakteristischerweise aber wird hier die Beziehung zu den Christen in einem Schluß a minori ad maius hergestellt: wieviel mehr müssen die Christen bereit sein, für ihren Glauben zu sterben! Das bedeutet: vorbildliches Verhalten von Heiden kann anerkannt werden, weil alle heidnische Tugend letztlich christlich ist und von den Christen allemal überboten werden kann. So kann Justin auch Sokrates und Christus

---

[26] Klassisch formuliert bei Just., Apol II,13,4: ὅσα οὖν παρὰ πᾶσι καλῶς εἴρηται, ἡμῶν τῶν Χριστιανῶν ἐστι...

[27] Röm 1–2.

[28] 1 Kor 6.

[29] So z. B. Pseud-Just., coh. Gr. 35.

[30] Apol. II,13,3f; vgl. Apol. I,44,10: σπέρματα ἀληθείας.

[31] Apol. I,54,4.

[32] Apol. I,39,5.

nebeneinanderstellen und selbstverständlich behaupten, daß Christus größer ist. Für sein heidnisches Publikum findet er dazu das schlagende Argument, daß dem Sokrates nur wenige Philosophen anhängen, dem Christus aber zusätzlich auch viele einfache Leute[33].

Sollte mit dem Argument, die Selbstaufopferung sei auch den Heiden nichts Fremdes, die christliche Botschaft verständlicher gemacht werden, so bot es doch zugleich der antichristlichen heidnischen Polemik eine Handhabe. Sie konnte nämlich zurückfragen: was ist denn dann so Besonderes am Opfertod Christi? Mit diesem Problem setzt sich Origenes in seinem Johanneskommentar auseinander[34]. In diesem Kommentar zitiert er auch einmal unsere Clemensbriefstelle[35], wobei allerdings der Bezug auf das Exil verschwunden ist; er interessiert hier nicht mehr.

Möglicherweise setzt sich damit eine christliche Gedankentradition durch, die in ihren Anfängen schon dem Verfasser des Ersten Clemensbriefes vorgelegen haben könnte. Denn es ist auffällig, daß im Ersten Clemensbrief 55,1 zuerst von heidnischen Königen und Herrschern die Rede ist, die ihr Leben zur Lösung einer Krise ließen, und erst dann auf das Exil eingegangen wird. Zwar lagen für den antiken Menschen Tod und Exil nicht weit auseinander[36], doch hätte im Ersten Clemensbrief seiner Absicht gemäß eigentlich zuerst vom freiwilligen Exil die Rede sein müssen und dann allgemeiner von der Selbstaufopferung. Die ersten Anfänge christlicher Apologetik aber hatten vielleicht schon vor Clemens versucht, mit dem Hinweis auf den Opfertod von Heiden eine Brücke zum Verständnis des Todes Jesu Christi zu bauen. Clemens hätte dann in diesen Gedanken seine Idee vom Exil eingefügt und erst dadurch auch den Opfertod von Heiden als für die Christen vorbildlich hingestellt.

Im Blick auf das Exil findet sich bei Origenes eine Argumentation, die es dem Verfasser des Ersten Clemensbriefes ermöglicht hätte, ohne heidnische Vorbilder auszukommen. Origenes rühmt nämlich die Jünger Jesu, daß sie um der Botschaft von der Auferstehung Jesu willen ein unstetes Wanderleben auf sich nahmen[37]. Doch trifft das die Grundidee des Clemens zur Konfliktlösung in Korinth nicht genau, die eben doch ihrem Wesen nach hellenistisch ist.

Origenes mußte den Heiden gegenüber die Einmaligkeit des Opfertodes von Jesus Christus als dem λόγος Gottes betonen. Grundsätzlich gab es aber auch die andere Möglichkeit, daß man annahm, die christliche Wahrheit bekomme

---

[33] Apol. II,10,5ff.

[34] Comm in Joh XXVIII,19(14) – GCS 10, p. 412ss; bes. p. 413,18ss; ebenso: Comm in Rom IV,11 (PG 14,1000,B7–D2). – Den Hinweis auf die Origenes-Stellen verdanke ich dem Kommentar von LIGHTFOOT 1869.

[35] Comm in Joh VI,54(36) – GCS 10, p. 163ss; das Interesse des Origenes liegt hier bei der Heilswirkung des Opfertodes der christlichen Märtyrer.

[36] Deutlich z. B. Epict. Ench. 21.

[37] Cels I,31 – GCS 2, p. 82,7–13.

ebenso wie die der Heiden nur einen Aspekt des Eigentlichen zu fassen. Dieser Weg wurde wenigstens teilweise von den Gnostikern beschritten.

Besonders deutlich zeigt sich das in der gnostischen Schrift Exegesis de Anima (NHC II,6). Hier werden zum Erweis der gnostischen Erkenntnis zwar überwiegend Belege aus dem Alten und dem Neuen Testament herangezogen, doch erscheinen zum Schluß hin auch Homerzitate, die in völlig gleicher Weise wie die biblischen Stellen behandelt werden[38]. Spricht in den biblischen Zitaten etwa „der Prophet"[39], so hier „der Dichter". Nicht alle biblischen Stellen werden allegorisch ausgelegt, doch wo es sich anbietet, wird diese Methode angewendet. Die Homerstellen können allesamt nur aufgrund der Allegorie benutzt werden, doch ist hier kein grundlegender Unterschied gegenüber der Anwendung der Bibelzitate zu erkennen. Das heißt: hier wie dort ist göttliche Wahrheit in den autoritativen Worten enthalten; mit Hilfe der Allegorie kann sie aufgespürt werden. Biblische und heidnische Quelle stehen gleichberechtigt nebeneinander. Damit ist die Kategorie des Heidentums theologisch letztlich irrelevant geworden.

Es wäre reizvoll, der Frage nachzugehen, ob die Allegorie als Denkfigur zu den Wurzeln der jüdischen und christlichen Apologetik gehört. Sie ist ja so etwas wie eine Spurensuche bei der Verfolgung der Wahrheit und setzt das Konzept voraus, daß Wahrheitserkenntnis anteilig in verschiedenen (und nicht nur philosophischen) autoritativen Texten vermittelt wird. Damit wird es denkbar, daß auch in Texten, denen man eigentlich widersprechen muß, sich Bruchstücke der Wahrheit verbergen. Der Schritt zum λόγος σπερματικός des Justin erscheint von hier nicht sehr weit.

Umgekehrt ist es auffällig, daß im Ersten Clemensbrief die Schriftauslegung stark daran orientiert ist, Beispiele für die richtige Verhaltensweise zu finden. Es ist kein Zufall, daß nur hier im uns erhaltenen frühchristlichen Schrifttum das Stichwort ὑπόδειγμα gehäuft vorkommt[40]. Wenn man sich dann nicht wirklich auf die biblischen Beispiele beschränkt, ist es kein Wunder mehr, daß auch Heiden als Vorbilder dastehen, ohne daß über die damit aufgeworfenen Probleme weiter reflektiert wird.

IV

„Vorbildliche Heiden" wurden von den Christen im Zweiten Jahrhundert mit unterschiedlichen Augen gesehen. Der eher naiven Betrachtungsweise des

---

[38] 136,28–137,11; zitiert wird aus der Odyssee, wobei Helena als Allegorie für die Seele verstanden wird. – Zur Homerexegese vgl. Siegert 1992, 55ff.

[39] Z.B. 134,16 – zur Einleitung eines Psalmzitates!

[40] S. Anm. 1; dazu noch 1 Clem 63,1; auch 1 Clem 12,4; zu den übrigen (verstreuten) Stellen, an denen das Wort vorkommt, s. das Wörterbuch von W. Bauer.

Ersten Clemensbriefes stehen die integrativen Denkmodelle der Apologeten gegenüber. Problematisch ist bei denen, daß die Heiden mit allem, was sie an Positivem haben, für das Christentum vereinnahmt werden, alles Negative dagegen „heidnisch" bleibt. Damit nehmen die Apologeten ihre Gegner nicht wirklich ernst. Die Heiden des römischen Reiches setzten dagegen einen Relativismus, der allen ihre Götter ließ, soweit sie bereit waren, die anderen Gottheiten anzuerkennen und sich am öffentlichen Kult zu beteiligen[41]. Von gnostischer Warte aus konnte man diesen Relativismus teilen, weil man die Wahrheit auf einer höheren Ebene zu erkennen glaubte.

Zwischen uns Christen in einer säkularisierten Welt und den vom Heidentum umgebenen Christen des Zweiten Jahrhunderts liegt eine lange Geschichte, die hier nicht nachgezeichnet werden kann. Eine wichtige Station wäre da etwa die Rückbesinnung auf Paulus in der Reformation, die bei Luther dazu führte, daß er dem natürlichen Menschen kein richtiges Urteil in Glaubensdingen zutraute; hier gilt vielmehr, daß „die vernunfft des teuffels hure" sei[42]. Zwischen solch einem Satz und Justins Überlegungen zum Logos bei den Heiden liegen Welten.

Die Beobachtung des Ersten Clemensbriefes aber, daß es „vorbildliche Heiden" gibt, und die Frage, wie man ihnen als Christ begegnen soll, sind nach wie vor aktuell. Für das Gespräch zwischen den Religionen kann es hilfreich sein, wenn Christen das anerkennen: es gibt vorbildliche Heiden. Schon im Zweiten Jahrhundert versuchten andere als der Verfasser des Ersten Clemensbriefes auch, das theologisch einzuordnen, und ihre Versuche sind unserem Denken wohl nicht ganz fremd. Ob sie aber genügen?

Bibliographie

FISCHER, J. A. (Hg.) 1981: Die Apostolischen Väter, Darmstadt, 8. Aufl. 1981 (SUC 1).

FREUDENBERGER, R. 1981: „Christenverfolgungen 1. Römisches Reich", TRE 8, 23−29 (mit Bibliographie).

KNOPF, R. 1920: Die Apostolischen Väter I: Die Lehre der Zwölf Apostel. Die zwei Clemensbriefe, HNT.E 1, Tübingen 1920.

LIGHTFOOT, J. B. 1869: S. Clement of Rome. The two Epistles to the Corinthians, London & Cambridge 1869.

SANDERS, L. 1943: L'Hellénisme de saint Clément de Rome et le Paulinisme, StHell 2, Löwen 1943.

SIEGERT, F. 1992: Drei hellenistisch-jüdische Predigten II, WUNT 61, Tübingen 1992.

VAN UNNIK, W. C. 1950: Is 1 Clement 20 Purely Stoic?, VigChr 4 (1950) 181−189.

– 1992: Leider noch nicht zugänglich war mir LINDEMANN, A., Die Clemensbriefe, HNT 17, Tübingen 1992.

---

[41] Zu dem Vorwurf der Gottlosigkeit und des Hasses gegen die Menschen, welcher den Christen gemacht wurde, s. z. B. FREUDENBERGER 1981 (mit Bibliographie).

[42] WA 18,164,25−26.

„Leben wir nicht alle unter dem selben Sternenzelt?"

Übersetzung und Bemerkungen zum Traktätchen ‚*Contra Paganos*'
(Cod. Paris. Lat. 8084, fol.156^r–158^v = CPL 1431)*

von

CHRISTOPH MARKSCHIES

Herrn Professor Alexander Böhlig zum 2. 9. 1992

1. Vorbemerkung und Einführung

Scheinbar abgelegen publizierte oder literarisch zunächst wenig interessante Texte drohen in Vergessenheit zu geraten, auch wenn sie eigentlich mitten in den Zusammenhang historischer Entwicklungen hineingehören und Erscheinungen unter Umständen besser illustrieren als bekanntere Texte. Ein betontes Interesse an gern übersehenen Texten könnte also davor bewahren, historische und systematische Darstellungen stets mit den alten *dicta probantia* aus der Kirchengeschichte mehr zu garnieren als wirklich zu illustrieren. Um solche Texte neu zu erschließen, muß man freilich versuchen, sich zunächst so weit wie möglich in die Vergangenheit hineinzubegeben – hinaus aus den Anthologien und Quellensammlungen der Gegenwart.

Die folgenden Ausführungen können als Versuch eines Beleges dieser Ansicht gelesen werden – die Zeit, aus der das Text-Beispiel gewählt wurde, ist das unruhige und krisenhafte vierte Jahrhundert nach Christus. Im Mittelpunkt der Darstellung steht dabei die Schlußphase der „letzte(n) Erhebung des Heiden-

---

* Folgende zusätzliche Abkürzungen sind verwendet: ‚DPAC' bezieht sich auf das ‚Dizionario Patristico e di Antichità Cristiane' (3 Bde., Casale Monferrata 1983–1988); ‚OrRR' auf den Sammelband „Die orientalischen Religionen im Römerreich, hg. v. M. J. Vermaseren, EPRO 93, Leiden 1981. – Für die Einführung in die paläographischen Fragen danke ich den Herren Professoren Dr. D. Harlfinger und W. Milde; Professor Dr. E. Heck und Dr. Karla Pollmann unterzogen den ganzen Text, Dr. Claus Friedrich meine Übersetzung einer kritischen Durchsicht, wofür ihnen ebenfalls herzlich gedankt sei. – Die Ausführungen zur Handschrift beruhen auf einer Autopsie im Oktober 1991; bei dem Personal der Handschriftenabteilung der Bibliothèque Nationale möchte ich mich zuletzt für freundliche Unterstützung bedanken.

tums in Westrom" in den Jahren 382 bis 394[1]; bei dem Beispiel handelt es sich um das gegen die Erhebung gerichtete titellose Gedicht ‚*Contra Paganos'* *(Adversum Nicomachum)*[2] – wohl in der althistorischen und altphilologischen, aber kaum in der patristischen Disziplin bekannt, nachdem es zum ersten Male 1867 von Léopold Delisle[3] aus dem Codex Lat. 8084 der Bibliothèque Nationale in Paris ediert worden war, dem sogenannten *„Puteaneus"*[4], einem Prudentius-Codex. Dieser edle Pergamentband stammt aus dem Besitz von *Vettius Agorius Basilius Mavortius*[5], dem westlichen Konsul des Jahres 527[6], einem ausgesprochenen homme des lettres[7].

Ins Deutsche wurde dieser schwierige und korrupte Text bisher (aus guten Gründen) nicht übertragen. Wenn hier nun ein erster Versuch unternommen wird, dann auch nur, um den Text für die Diskussion in der theologischen Wissenschaft zugänglicher zu machen, die diese Polemik bisher kaum beachtet hat – vielleicht auch deswegen, weil wir es hier in vielen Punkten mit einem klassischen Dokument der Halb- und Viertelbildung zu tun haben, in stilisti-

---

[1] So im Titel von BLOCH 1945, 129. Aus der reichen *Literatur* sei nur hingewiesen auf: GEFFCKEN 1929, 161 mit den Anmerkungen auf S. 300; SCHULTZE 1887, 284–294 (S. 289f legt das *Carmen* der Darstellung zugrunde!); SEECK 1913, 217–259 mit den Anmerkungen auf den Seiten 526–544 und WYTZES 1977, *passim*, bes. S. 13–28. – Zum Spezialproblem des Berichtes von Zosimus, Theodosius habe die Senatoren nach dem Sieg 395 zusammengerufen (IV 59 [CUFr II/2, 328–330 PASCHOUD], vgl. ENSSLIN 1953, 500–507; DEMANDT 1989, 136 Anm. 43 (*ergänze dort:* WYTZES 1977, 23–26) und PASCHOUD 1975, 71–109.

[2] So CPL 1431 (p. 241); vgl. auch SCHANZ/HOSIUS/KRÜGER 1914, 221. In der in Arbeit befindlichen Neufassung von R. HERZOG/P. L. SCHMIDT (Hg.) wird der Text als § 625 firmieren. Die Begriffsgeschichte des Wortes *paganus* hat u. a. ALTANER 1967, 582–596 dargestellt.

[3] DELISLE 1867, 297–303 – z. T. mit erheblichen Lücken in den Zz. 66/70, 73–75, 82–84 und 101. Über vorausgehende kleinere Exzerpte orientiert DOBBELSTEIN 1879, 5; über L. Delisle selbst MILKAU 1910.

[4] Nach seinem Editor Jacques du Puy († 1656) genannt; dazu die Abbildung bei LOWE 1950, Nr. 571a [p.[17] – ein Stück Prudentiustext] bzw. 571b (= fol. 156ᵛ, Carmen Z. 22–30); BISCHOFF 1986, 81.239; ROBERT 1884, 405–413; dazu vgl. auch die Bemerkungen von M. LAVARENNE in Prudence, Tom. 1, CUFr, XXIV–XXV mit weiterer Literatur in n. 1; CUNNINGHAM 1958, 32–37. Eine *Abschrift* des hugenottischen Gelehrten Claudius Salmasius (Claude de Saumaise, 1588–1653) findet sich in Paris. Lat. 17904 – vgl. BAEHRENS 1877, 212.

[5] Zum *Besitzer* s. MARTINDALE 1980, 736f. In die BN gelangte der Codex 1675 aus der Sammlung des frz. Rechtsgelehrten Claude Dupuy (1545–1594), über die Geschichte der Handschrift davor ist nichts bekannt (SEIDER 1981, 119; B. BISCHOFF vermutete (BISCHOFF 1966, 58 Anm. 29), sie stamme aus Corbie. Vgl. auch WINSTEDT 1904, 112–115 (Belege von philologischer Arbeit am Text) und WINSTEDT 1907, 10–12.

[6] So die Notiz Paris. Lat. 8084 fol. 45ʳ (vgl. MOMMSEN 1909, 487; dort auch Zitate aus einer Beschreibung der *Lagen* der Handschrift durch PAUL KRÜGER [p. 488]: f. 1ʳ–41ʳ enthält die Quaternionen der Nummern I–VI; f. 45ʳ–123ʳ enthält die Nummern I–X; f. 124ʳ–155ʳ die Nummern I–IIII [dazu KRÜGER: „non tres sunt codices in idem volumen compacti, sed placuit librario quaterniones non continuo ordine numerare", p. 488]). Fol. 71 wurde zweimal gezählt, 56 fälschlich als 55 gezählt (weitere Angaben bei ROBERT 1884, 406f).

[7] Dies illustriert seine Arbeit am Horaz; MARTINDALE 1980, 737; vgl. JANNACONNE 1948, 228–234.

scher, metrischer und argumentativer Hinsicht – wer aber beschäftigt sich schon gern mit Halb- und Viertelbildung? Andererseits gehört ja zu einer ehrlichen Kirchengeschichtsschreibung, auch von solchen Zeugnissen zu reden. Noch heute – wenn denn dieser Ausblick dem Patristiker gestattet ist – wird die bissig-polemische Auseinandersetzung mit den vielen Fremdreligionen, Ideologien und Weltanschauungen im eigenen Lande und Polemik gegen sie weitgehend nicht von der akademischen Theologie durchgeführt. Auf diesem Feld der Auseinandersetzung gibt es heute wie damals Traktätchen mit drastischer Rhetorik, nicht immer glücklichen Bildern und kaum befriedigender Argumentation[8]. Mit dem Text, dessen Übersetzung wir im Folgenden vorstellen, liegt kein Protokoll innerreligiösen Dialoges, freien Meinungsaustausches unter ‚Weltbürgern' vor, sondern ein Erzeugnis der Traktätchen-Literatur – ein altkirchliches Pamphlet von genau der schlichten Machart, von der diese Zeugnisse nun eben gelegentlich sind.

Es wäre schade, wenn die alte Kirchengeschichte das Archivieren und Studieren dieser altkirchlichen Traktätchen-Literatur ganz der Altphilologie, ganz der alten Geschichte überließe[9] und sich nur der gelehrten und zugleich poetischen Apologetik eines Prudentius oder Ambrosius zuwenden würde. Gewiß: Ambrosius antwortet Symmachus im berühmten Konflikt um den Viktoria-Altar stilistisch ungleich eleganter, argumentativ anregender und menschlich abgeklärter[10] – die zwei römischen Aristokraten wechseln danach bekanntlich, als sei nichts geschehen, weiter ihre fast nichtssagenden Empfehlungsbriefe[11]. Wenn man aber verstehen will, warum die Massen eben nicht mehr den kapitolinischen Juppiter-Tempel, sondern die Kirchen besuchten, wird man nach ihren schlichteren Gewährsleuten fragen müssen.

Wie wenig die deutsche Patristik solch' niedere Literatur bisher beachtete, mag ein kurzer Blick in die Forschungsgeschichte des Textes zeigen, die nahezu ausschließlich aus Arbeiten von Altphilologen und Althistorikern besteht:

---

[8] Diese Charakterisierung bezieht sich selbstverständlich nicht auf die verdienstvolle Bildungs- und Vermittlungsarbeit der verschiedenen Gemeindedienste, Weltanschauungszentralen und Sektenbeauftragten.

[9] Vgl. zuletzt die römische Akademieabhandlung der MOMIGLIANO-Schülerin LELLIA CRACCO RUGGINI (1979). Diese verdienstvolle Arbeit berücksichtigt viel zu wenig die *Gattung* und Verwurzelung des Carmens in der *apologetischen Tradition*. Wenn sie als Profil der Restauration des Symmachus und Flavian das starke politische Engagement und die traditionell-römische Religiosität herausarbeitet, um dann diese im Traktätchen zu vermissen, dann erwartet sie von einem poetischen apologetischen christlichen Text viel zu stark Spiegelung der historischen Situation.

[10] KLEIN 1972 und WYTZES 1977, passim; DIHLE 1973, 81–98.

[11] Symmachus, Ep III 30–37 (CUFr II, 41–45 CALLU). Die literarischen Auseinandersetzungen datieren auf das Jahr 384 (vgl. KLEIN 1972, 14); die Briefe aus den Jahren 386–398. Zur Charakterisierung der Symmachus-Korrespondenz auch SEEFELDER 1901, 8f.

Kurz nach *Delisles* Erstveröffentlichung hatten sich einige Autoren zum Gedicht geäußert[12]. Seit *Theodor Mommsen* 1870 im Hermes die Aufmerksamkeit auf den Text lenkte und eine wesentlich verbesserte Edition von *Moritz Haupt* mitteilte[13] (abgedruckt z. B. in *Hammans* Supplementum zur Migneschen *Patrologia Latina*)[14], folgten weitere Arbeiten[15], darunter 1879 die Dissertation eines belgischen Geistlichen mit französischer Übersetzung[16]; 1912 eine Königsberger Dissertation bei Richard Wünsch[17]. Vom Text liegen vier brauchbare wissenschaftliche Editionen vor, neben der ersten vollständigen von *Mommsen/Krüger/Haupt* eine zweite in *Bücheler/Rieses* Ausgabe der Anthologia Latina (1894)[18], seit kurzem eine andere in deren Neubearbeitung von *Shackleton Bailey* (1982)[19]; schließlich eine problematische vierte in *Baehrens'* *Poetae Latini Minores* (1881)[20]. Zuverlässige Texte bieten auch *G. Manganaro* (1961); *F. Roncoroni* (1972)[21] und *S. Mazzarino* (1974); *Manganaro* gab eine italienische Übersetzung bei, ins Englische wurde der Text 1981 von *B. Croke* und *J. Harris* übertragen[22].

Nun könnte man annehmen, das *carmen* sei weitgehend erschlossen. Allein – bereits der Text und seine Überlieferung bieten erhebliche Schwierigkeiten, von denen zunächst die Rede sein muß. Erst dann – und hierin könnte ein spezifisch patristischer Beitrag zum Verständnis des Textes, der bisher fehlt, liegen – kann das *carmen* als ein *apologetischer Text* in der Tradition anderer lateinischer Apologeten interpretiert werden (S. 356–359).

---

[12] Nach DE ROSSI 1868a, 49–58; 1868b, 61–75 MOREL 1868, 450–459 und ELLIS 1868, 66–80.

[13] 4, 1870, 350–364 = MOMMSEN 1909, 485–498 (Edition p. 489–493).

[14] Vol. I, Paris 1958, 780–784.

[15] USENER 1877, 36; SCHENKL 1879, 72–74; IHM 1897, 209–212. SEEFELDER 1901, I–VI (Text) und 1–65 (Erläuterungen), FABRE 1948, 124; CLOVER 1985, 163–176; MANGANARO 1960, 210–224; MATTHEWS 1970, 464–479; MAZZARINO 1974, 398–461; WYTZES 1977, 159–170 und 347f. Eine instruktive Einleitung findet sich im dritten Band der italienischen Bearbeitung der Patrologie QUASTENS von A. DI BERARDINO (Patrologia Vol. III,316f).

[16] DOBBELSTEIN 1879; traduction p. 49–54. Kritische Worte zu dieser Arbeit bei SEEFELDER 1901, 2 Anm. 16. Die Übersetzung ist zu frei und umgeht dadurch eine Reihe von Problemen des Textes.

[17] BARKOWSKI 1912. Sein Zeilenkommentar bringt reiche religionsgeschichtliche Erörterungen, die freilich nicht immer unbedingt zum Verständnis der schwierigen Sätze helfen. Vieles ist lediglich aus JOHANNES GEFFCKENS gelehrtem Kommentar zu Aristides und Athenagoras (GEFFCKEN 1907) übernommen. „Diese Dissertation ist jedoch keine abschließende Untersuchung; das Gedicht verdient eine neue Behandlung" (BLOCH 1945, 169 Anm. 68).

[18] Vol. 1/1, Leipzig 1894, 20–25.

[19] Stuttgart 1982, 17–23 mit ausführlicherer Begründung in SHACKLETON BAILEY 1979.

[20] Vol. 3, Leipzig 1881, 287; schon vorher hatte BAEHRENS (1877, 221–225) eine Edition (p. 222–225) mit Erläuterungen gegeben. SEEFELDER rügt die Ausgabe ihrer Konjekturen wegen heftig (1901, u. a. schon S. 2); scharf auch GEFFCKEN 1929, 300: „Vor Bährens' Ausgabe (…) muß natürlich wieder dringend gewarnt werden."

[21] MANGANARO 1961a, 23–45 bzw. RONCORONI 1972, 61–65.

[22] MANGANARO 1961a, 23–45 (Edition und Übersetzung auf p. 26–45); MAZZARINO 1974, 462–469; CROKE/HARRIS 1981, 80–83.

2. Die Handschrift

Die Probleme beginnen bereits in der handschriftlichen Überlieferung des
Paris. Lat. 8084, nämlich beim Verhältnis der 122 Verse des Gedichtes zum
voraufgehenden Prudentius-Text: Dieser Zusammenhang ist keineswegs so
eng, wie angenommen werden könnte. Das Gedicht befindet sich auf den
letzten drei Pergamentblättern der Handschrift (fol. 156^r−158^v), bildet also
schon von seiner Stellung her eine Art *Anhang* nach den Prudentius-Texten[23].

Die separierte Position bestätigt der auffällige Unterschied der Schriftarten
zwischen dem Gedicht CPL 1431 und den Prudentius-Werken, der m. E. bisher
noch nicht genügend ausgewertet worden ist[24]. Bei den Maurinern R. Tassin
und Ch. Toustain[25], die 1757 die ersten vier Zeilen abbildeten und zugleich

---

[23] Ich gebe – da die Editionen BERGMANS (CSEL 61, 1926), LAVARENNES (CUFr, 1955) und
CUNNINGHAMS (CChr. SL 126, 1966; dazu scharfe Bemerkungen von K. THRAEDE in Gnomon
40, 1968, 681−691) zu knapp gehalten sind – eine kurze Beschreibung des Inhaltes, indem ich
die mit roter Tinte geschriebenen Titel bzw. Versanfänge zitiere, die häufig beigefügten
Metrum-Angaben aber weglasse (zum Inhalt jetzt auch Cunningham, p. X−XII):
(fol. 1^r−45^r Liber Cathemerinon; fol. 45^v unbeschrieben)
    fol. 1^r *„Hymnus ad Gallicantum.* (= Hymnus I)
                Ales diei nuntius
                Lucem propinquam praecinit
                nos excitator mentium
                iam xps ad uitam uocat"
    fol. 22^r *„Hymnus Ieiunantium"* (= Hymnus VII)
(fol. 46^r−73^r Apotheosis; fol. 73^v unbeschrieben)
    fol. 46^r *„Est tria summa Deus trinum specimen uigor unus (. . .) Sanctus ab aeterno
             subsistit Spiritus ore";* klein geschriebener Titel am Kopf der Seite *„Prudentii
             Liber Apotheosis"*
(fol. 74^r−99^v Harmatigenia; fol. 99^v zu einem Drittel beschrieben)
    fol. 74^r *„Fratres ephebi, fossor et pastor, duo (. . .) sistunt ad aram de laborum fructi-
             bus";* klein geschriebener Titel am Kopf der Seite: *„Prudentii Lib II Amarti-
             genia"*
(fol. 100^r−124^r Psychomachia; fol. 124^r schließt mit Punkt-Schmuckleiste; außer fol. 100^r stets
als oberste Zeile *„Psychomachia"*)
    fol. 100^r *„Senex fidelis prima credendi uia"* (= Praefatio; klein geschrieben: *„Lib III"*
             von anderer Hand ergänzt *„Psychomachia"*)
             (fol. 124^r−157^v Hymnen aus ‚Peristephanon Liber')
fol. 124^v *„Hymnus in Honorem Sanctorum Martyrum Emeterii et Chelidonii Chalagurritano-
          rum"* (Hymnus I)
    fol. 127^v *„Hymnus in Honorem Passionis Laurentii beatissimi Martyris"* (Hymnus II)
    fol. 142^v (etwas über Seitenmitte:) *„Hymnus in Honorem Passionis Eulaliae beatissi-
             mae Martyris"* (Hymnus III)
    fol. 147^v (Ende des ersten Drittels:) *„Hymnus in Honorem sanctorum Decem et Octo
             Martyrum Caesaraugustanorum"* (Hymnus IV).
[24] Vor allem P. Krüger (bei MOMMSEN 1909, 488) nimmt überhaupt ausführlicher auf ihn
Bezug: „scriptum est litteris semiuncialibus elegantissimis, quae non multum differunt ab iis
quas videmus in fragmento Veronensi de iure fisci et Neapolitano digestorum". Der schöne
Aufsatz von ROBERT (1884, 405−413) beschreibt nahezu ausschließlich den Prudentius-Text.
[25] Eine anschauliche Darstellung der patristischen Editionstätigkeit und der paläographi-

erstmals edierten, wurde gar von den „vers de S. Prudence" gesprochen[26]! Allerdings bemerkte man schon damals den deutlichen Unterschied der Schriftarten und erklärte ihn chronologisch[27]: Bis fol. 155^v wurde der Text in der kanonisierten *Capitalis*[28] (als der anerkannten Buchschrift[29]) geschrieben, die letzten drei Blätter dagegen mit brauner Tinte in einer *unzialen Majuskel-Schrift*[30], als deren Zweck Bischoff „Fixierung und eventuelle zweckmäßige Korrektur eines innerhalb der Kursive erreichten Zustandes mittels ‚kalligraphischer Ausführung'" nennt[31]. Der Duktus dieser Schrift wirkt, wie schon den

---

schen Arbeit der Mauriner gibt „Dom Renatus Prosper Tassius, Gelehrtengeschichte der Congregation von St. Maur, Benedictiner Ordens". Dort wird z. B. über Bernard de Montfaucon (*1655; zur Athanasius-Ausgabe p. 309–311; zur Paläographie p. 309; zur Hexapla-Ausgabe 1713 p. 314–316; †1741: p. 292–302 [Leben] und 302–343 [Werke]) über Johann Mabillon (*1632; zu einer Kontroverse um die Folgen seiner hagiographischen Werke 1668 p. 319f; zu der Colbert gewidmeten Schrift ‚De Re Diplomatica' p. 371–374; zum Ausschlagen des von Colbert angetragenen Jahres-Gehaltes von 2000 Livres p. 320; zum deutschen Gerücht, er sei in Holland zum Calvinismus konvertiert p. 325; †1707: p. 314–336 [Leben] und 337–416 [Werke]); den Irenäus-Editor Renatus Massuet (p. 585–592) und eben Karl Franz Toustain (1700–1754: Vol. II, p. 481–499) berichtet.

[26] TASSIN/TOUSTAIN 1757, 158.

[27] Die Schrift der drei Blätter ist bestimmt (TASSIN/TOUSTAIN 1757, 158) als „Écriture onciale gallicane": „Si cette écriture onciale très-élegante, qui remplit les trois derniers feuillets du ms. royal, n'est ni de la même main ni de de la même antiquité que la capitale du IVe siècle, qui règne dans tout le reste du livre, elle est au moins du Ve ou du commencement du suivant" (p. 159).

[28] *Schriftproben* dieses Teils der Handschrift finden sich häufig (Bibliographie bei LOWE, CLA V, p. [56]), z. B. schon im oben erwähnten paläographischen Grund-Werk der Mauriner (TASSIN/TOUSTAIN 1757, Pl. 43 vor p. 159 n. I); ferner bei DE WAILLY 1837, Vol. II pl. 2 nach p. 246 (fol. 25^r Z. 8–11; Erläuterungen bei DE WAILLY auf p. 282f, im wesentlichen eine französische Übersetzung von Bemerkungen MABILLONS [s. u.] zur Prudentiushandschrift). – Weitere Faksimile-Ausgaben sind bei ROBERT 1884, 407 genannt, hinzuweisen ist besonders auf STIENNON 1973, 191–195 (Prud., Ham. Anfang – V. 13 = fol. 75^v; VV. 200–214 = fol. 80^v; Peri. II 199–218 = 132^v); MALLON/MARICHAL/PERRAT 1939, Tafel XXX Nr. 42; SEIDER 1981 Nr. 44 (auf Tafel XXI).

DOBBELSTEIN (1879,1) verweist für den Prudentius-Text (bis fol. 155^v) auf *Jean Mabillon*, den Ordensbruder und Freund BERNARD DE MONTFAUCONS, und sein Werk „De re diplomatica" (Vol. V, tab. 6, n° 2 [Paris ²1709, p. 354; Neapel ³1789, 370, dort nach dem Supplement ‚Domni Johannis Mabillonii vitae synopsis]): „et il remarque qu'un caractère particulier de cette écriture, c'est la forme spéciale de l'H (rejetée après l'R dans *Christus*), laquelle ressemble beaucoup à celle du K" (das bezieht sich auf den bei MABILLON abgebildeten Titel von Cath. VI „*Hymnus ante Somnum*").

[29] BISCHOFF 1986, 80: „*F*" und „*L*" werden über das Zweilinienband hinaus nach oben verlängert.

[30] „Script is a broad round unical, the letters firmly and precisely formed, F, P and G are confined between the two lines; the stem of Y rests on the line. The uncial hand is contemporary with the Rustic [sc. der voraufgehenden Prudentius-Seiten]; it is thus a help in dating uncial script" (E. A. LOWE, CLA V, p. [16]).

[31] BISCHOFF 1986, 91/99. Die Bögen des „Leitbuchstabens" *M* sind noch recht mäßig gebogen, also eher ein Zeichen früherer Entstehung. Das *A* hat einen Bogen, keinen Winkel, das in das Pergament eingeritzte Zwei-Liniensystem wird durch *D* und *L* überschritten. Die Cauda des *G* ist ebenfalls noch nicht in der extremen Weise eine Verlängerung des Buchsta-

Pariser Benediktinern auffiel, außerordentlich flüssig und elegant. Die erste Zeile *(Dicite qui colitis lucos antrumque Sibyllae)* wurde mit roter Tinte geschrieben. Dieser Usus, die Zahl der Zeilen (gewöhnlich 21)[32] und der Seitenspiegel verbinden – trotz der unterschiedlichen Schriftart – die beiden Teile, also die vorangehenden Prudentius-Texte und unser *Carmen*.

Beim *Material* der Seiten und bei der *Tinte* können aber doch Unterschiede beobachtet werden: Das sehr feine antike Pergament der drei letzten Blätter des Bandes ist im Gegensatz zu den vorhergehenden Seiten nahezu durchsichtig[33]; auch ihr geringfügig kleineres Format[34] unterscheidet sie von den voraufgehenden etwas größeren und weniger diaphanen Blättern des Prudentius-Codex. (Allerdings finden sich dort auch solche durchscheinenden und kleineren Lagen[35].) Außerdem differiert die Zusammensetzung der *Tinte*, denn die Lesbarkeit der Gedicht-Seiten (und eben nur dieser!) wird heute besonders durch den fortgeschrittenen Tintenfraß erschwert, der auf fol. 157ʳ und 158ʳ am äußeren Rand (etwa ein Drittel der Seite) besonders extrem – nämlich bis zur Unlesbarkeit – fortgeschritten ist[36]. Bei den Prudentius-Blättern fehlt diese unangenehme Erscheinung entsprechend. *Diese* Beobachtungen sprechen eher dafür, daß unser Gedicht ursprünglich wohl nicht zur Handschrift gehörte. Da aber andererseits die Schriften und das Pergament-Material zeigen, daß beide zeitlich nicht sehr weit voneinander entfernt entstanden sind, wird man nur noch sagen können, daß das Traktätchen auf fol. 156ʳ–158ᵛ zumindest in einem eigenen, eventuell nur geringfügig späteren Arbeitsschritt der Prudentius-Ausgabe zugefügt wurde[37].

---

bens um das Doppelte, der rechte Bogen des *H* schon recht gebraucht und nach innen rückgebogen. Außerdem „empfangen die Senkrechten die volle Breite der Feder" (aaO. 100). ALEXANDER RIESE datierte die Handschrift 1894 auf das 6. Jh. (Anthologia Latina I/1, XI).

[32] Dazu vgl. die detaillierte Beschreibung bei ROBERT 1884, 406; zur Färbung der ersten Zeile auch o. S. 329 Anm. 23.

[33] Dazu GARDTHAUSEN 1911, 95.

[34] Das Format schwankt zwischen ca. 285 × 245 und 290 × 250 Millimeter – das ‚Normalmaß' beträgt dagegen ca. 300 × 255 Millimeter.

[35] Fol. 26–28;70;72;110–113 und 126. MOREL beschreibt die Blätter (1868, 452) folgendermaßen: „Les trois feuillets sont de ce parchemin excessivement mince et transparent qu'on croit être de la peau d'antilope et qui fait à peu près l'effet de notre papier *pelure d'oignon*." – Der Codex scheint, wie die nur halb erhaltenen Bemerkungen am Seitenrand fol. 58ᵛ/59ʳ zeigen, wohl schon bei der Einbindung in den heutigen Lederband (des frühen 19. Jh.s?) gegenüber dem ehemaligen Ausmaß erheblich beschnitten gewesen zu sein.

[36] So aber schon KRÜGER: „in secundi autem versa et tertii recta (f. 157ᵇ.158ᵃ) litterae partim exesae partin evanidae eo difficilius distinguuntur, quod alterius paginae scriptura perlucet" (1870, 488). Der Verfall scheint sich in den 120 Jahren noch etwas fortgesetzt zu haben, ich konnte anläßlich meiner Nachkollation nicht mehr alle Lesungen der Ausgaben des 19. und frühen 20. Jh.s verifizieren, z. B. Z. 87 *Iuno*. In den erhaltenen Passagen bestätigen sie sich aber (von einem kleinen Versehen bei RIESE in Z. 30 abgesehen, wo die Hs. statt der Ed. *quae* ein zu *quᵃe* korr. *que* bietet [zur Beschreibung auch MOREL 1868, 452f]).

[37] Man muß auch bedenken, daß biblische Texte „anscheinend nur selten in der Capitalis geschrieben" wurden (BISCHOFF 1986, 81 [Belege in Anm. 33]), „andere christliche Prosatexte

Diese Tatsache, das kostbare Material und die elegante Schrift belegen, daß
der Auftraggeber diesen Text offenbar – ganz entgegen unserer heutigen
Einschätzung von der sprachlichen, stilistischen und literarischen Qualität – für
einen *wichtigen* Nachtrag, eine Ergänzung[38] oder Erläuterung der voraufste-
henden Schriften hielt. Da das eigentlich in die Kontroverse gehörende Werk
des ehemaligen spanischen Statthalters und Hofbeamten, sein *Contra Symmachum*[39], in unserer Prudentius-Handschrift gerade fehlt, vielleicht als kleinen
Ersatz dafür?

Merkwürdigerweise trüben einige Erscheinungen den Eindruck einer besonderen Qualität der Seiten – und erinnern damit wieder an unsere Kennzeichnung des Inhaltes als „Traktätchen": Pro Blatt finden sich bis zu 10 Zeilen, an
denen der jeweilige Text nicht im Liniensystem Platz fand, die letzten Silben
sind dann in recht krakeliger Schrift leicht erhöht und verengt hinzugefügt[40].
Da sich auf den ersten fünf Seiten (fol. 156^r/156^v; 157^r/157^v; 158^r) jeweils 21
Zeilen, auf der letzten 158^v nur noch 17 Zeilen befinden, trübt diese Erscheinung den Eindruck von Eleganz erheblich. Er wird auch beeinträchtigt durch
eine ganze Reihe von Spuren einer „prononciation vicieuse"[41]: „tout cela
indique un copiste peu au courant de la langue et écrivant sous la dictée" – von
den zusätzlichen metrischen und stilistischen Problemen des Autors soll weiter
unten die Rede sein (S. 351f). Außerdem kann es sich, wie eine Lücke im Text
zeigt[42], nicht um das *Original* handeln, es liegt vielmehr eine *Abschrift* vor.

---

sind in dieser Schrift überhaupt nicht erhalten" (81f). „Wohl in ihrer Eigenschaft als christliche
Epiker sind auch Prudentius und Sedulius in Capitalis kopiert worden."

[38] Dies würde natürlich besonders dann gelten, wenn man am Beginn des 6. Jh. noch eine
ursprüngliche inhaltliche Beziehung oder gar Verwandtschaft zwischen den Texten empfun-
den hätte. POINSOTTE versuchte zu zeigen, daß Prudentius und unser *carmen* nicht nur eine
Reihe von gemeinsamen Quellen haben (wie für Vergil längst bekannt), sondern eine solche
Beziehung („la présence notable" des *carmen* im Werk des Prudentius [1982, 58]) bestand.
Allerdings überzeugen schon die Belege für die erste Annahme nicht vollständig. Zwischen
Z. 33 des Gedichtes und Apoth. 862 bzw. 942 (CUFr II, 32 bzw. 35 LAVARENNE) erkenne ich
z.B. keinen tieferen Zusammenhang (aber POINSOTTE 1982, 39); wie unterschiedlich die
ganzen Verse von Tableau N° 2 jeweils ausfallen, zeigt bereits ihre Nebeneinanderstellung (cf.
Bsp. 6 [p. 42]; Bsp. 14 und 16 [p. 43]; 23 und 28 [p. 44]. – Die Belege zeigen m. E. nur eine
kaum verwunderliche formale und inhaltliche *Konvergenz*, die durch die gemeinsame Absicht
leicht zu erklären ist.

[39] BARNES 1976, 373–386; DÖPP 1980, 65–81 – die beiden Bände der PLRE enthalten
keinen Artikel.

[40] P. KRÜGER (bei MOMMSEN 1909, 488): „ubi necesse fuit litteris minutis versum explevit".
Ich gebe Beispiele für das gut erhaltene Blatt 156^r: Z. 3 sacellu^m; Z. 4 sorore^m; Z. 5 nefa^{ndae};
Z. 7 locuta est; Z. 10 plum^a; Z. 11 imb^{er}; Z. 12 adult^{er}; Z. 15 tyran^{ni}; Z. 18 voc^{es}; Z. 19 Ado^{nis}
(folgt in Hss. ein Punkt); fol. 158^v ist gar Z. 107 das ganze *actis* dazugepinselt.

[41] DOBBELSTEIN (1879, 4) nennt als Beispiele *Danain* für *Danaen* (Z. 11); *Parthenopis* für
Parthenopes (Z. 12); schließlich *Magalis* für *Megales* (Z. 65), die Verwechslung von i/y, ae/e, u/
o, c/s und t. Ebenso schon DELISLE (1867, 297): „Il y a dans le style et dans la verification de ce
petit poëme beaucoup de traces de barbarie") und ELLIS (1868, 67).

[42] In Z. 84, s. u. S. 340 mit Anm. 129.

Trotzdem bleibt bei einer Analyse der Pariser Handschrift aber der prächtige
Eindruck haften, den das kostbare feine Pergament und seine elegante flüssige
Unzialis beim Betrachter hervorrufen: Es war also ein Traktat billigerer Mach-
art seinem Besitzer so viel wert wie der „unbestritten (...) größte altchristliche
Dichter des Abendlandes"[43]. Wie gern wüßte man da mehr von ihm und seinen
Motiven!

François Dolbeau, der 1978 einen bis dahin nicht edierten Bibliothekskatalog der im
Südbelgischen gelegenen Benediktiner-Abtei Lobbes veröffentlichte[44], hat 1981 darauf
hingewiesen, daß sich unter dem darin aufgeführten Werk Nr. 238 mit dem Titel *Damasi
episcopi uersus de Praetextato praefecto urbis*[45] ein verlorenes weiteres Manuskript des
Gedichtes verborgen haben könnte. Der so betitelte Text befand sich mit dem bekannten *cento* der Proba[46] und Werken des Blossius Aemilius Dracontius[47] in einem Ban-
de[48]. Dolbeau versuchte, um diese Hypothese zu stützen, auch Spuren einer Benutzung
des *carmen* bei einem Abt des Klosters, Heriger von Lobbes († 1007) nachzuweisen[49].
Während die einstmalige Existenz einer Handschrift des *carmen* in Lobbes seither
durchaus im Bereich des Möglichen liegt, bleibt die Autoren-Angabe im Titel problematisch: Wir wissen zwar von Hieronymus, daß Damasus neben seinen bekannten
Epigrammen (CPL 1635) ein (verlorenes) *carmen* über die Jungfräulichkeit *uersu prosa-
que conposita*[50] verfaßt hat, aber das etwas hilflose Traktätchen mag man dem begabten
Stilisten der *tituli* dann doch nicht zuschreiben[51]. Die längst bekannten lexikalischen
Gemeinsamkeiten[52] lassen sich besser als Anspielungen auf das Werk des verehrten
Bischofs denn als Selbstzitate deuten. Ich halte den Titel von Lobbes also (gegen

---

[43] ALTANER/STUIBER 1978, 408.

[44] Heute im Besitz der Bollandisten in Brüssel (Manuskript Boll. 98 fol. 298–311ᵛ); *Text*
des Kataloges bei DOLBEAU 1978, 1–36; *Kommentar* in DOLBEAU 1979, 191–248. Auf fol. 311
eine Liste der Äbte des Klosters; fol. 299–310 der Katalog.

[45] *Text:* DOLBEAU 1978, 30; vgl. auch DOLBEAU 1981, 38–43 (dort p. 39 Anm. 9/10 Literatur
zu Bibliothek und Katalog).

[46] CPL 1480; eine Übersetzung bei WILSON-KASTNER 1981, 45–68; zur Autorin auch
SHANZER, 1986, 234f.

[47] Wohl Lau. (CPL 1509), eventuell Sat. (1511) – dazu DOLBEAU 1981, 40.

[48] *Centon Valeriae Probae Aniciae de †vigiliis† (= vergilii libris?) veteris ac novi testamenti.
Damasi episcopi versus Praetextato praefecto urbis. Libri Dracontii quos fecit in divinis
laudibus et de suo paenitentia et indulgentiis paschalibus et de nativitate et miraculis Christi.
Vol. II* (DOLBEAU 1981, 39).

[49] DOLBEAU 1981, 41f. Kritisch zu dem Wert der drei Anspielungen äußerte sich SHANZER
(1986, 241).

[50] Ep 22,22 (CUFr I, 133,25 LABOURT).

[51] So auch Hieronymus (Vir. III. 103): *Damasus, Romanae urbis Episcopus, elegans in
versibus componendis ingenium habuit multaque et brevia opuscula heroico metro edidit*
(Biblioteca Patristica, 208 CERESA-GASTOLDO); einen Hinweis auf einen weiteren Ps.-Dama-
sus-Text gibt IHM (1897, 212); weitere Texte bei H. J. FREDE VL 1/1, 293f. Zu *Damasus* jetzt
PIÉTRI 1986, 29–58 bzw. FONTAINE 1986, 113–146.

[52] *concepta venena* (Z. 51 = Epigr. 46,8); *mille nocendi vias* (Z. 52 = Epigr. 21,2, vielleicht
aber auch lediglich Anspielung auf Vergil, Aen. VII 338); *pia foedera* (Z. 84 = Epigr. 1,5)
altaria supplex (...) *cumulat donis* (Z. 116/17 = Epigr. 33,3) – s. auch Anmerkungen der
Übersetzung zu den Stellen.

Dolbeau) für den Titel eines Kopisten. Die Frage nach Autor und Adressat ist daher gesondert zu verhandeln (s. u. S. 343−351).

Es folgt nun eine streng wörtliche Übersetzung des Textes, darauf ein knapper philologischer Kommentar dieses Übersetzungsversuches. Wir nehmen weiter das hier beobachtbare „Feindbild", die Sicht vom Gegner, in den Blick und fragen in einem letzten Abschnitt nach den Aufschlüssen, die der Text über eine ganz schlichte und gewöhnliche christliche Gegenreaktion gegen die „letzte Erhebung des Heidentums" gibt. Bei aller Kritik am „Traktätchen" und seiner fehlenden Feinsinnigkeit darf man natürlich auch nicht die Gegenseite in einem Gloriolenschein zeichnen. Die gedankliche und theoretische Kraft der „letzten Erhebung" kann nicht allein von jener eindrucksvollen Formulierung des Toleranzgedankens[53] her beurteilt werden, die der *Praefectus Urbis Romae* Q. Aurelius Symmachus[54] in seiner dritten *Relatio* in folgende eindrückliche Worte bringt:

Eadem spectamus astra, commune caelum est, idem nos mundus involvit. Quid interest, qua quisque prudentia verum requirat? Uno itinere non potest perveniri ad tam grande secretum[55].

Diese Äußerung kann aber schon deswegen nicht als repräsentativ für die ganze Richtung genommen werden, weil sie in einem bestimmten Streit fällt (dem ums Götterbild in der Kurie), weil man durch sie vom Kaiser eine ganz bestimmte Zusicherung erreichen will (die der Wiederaufrichtung des Bildwerkes als einer öffentlich sichtbaren Wendemarke gegenüber dem Siegeszug des Christentums): Die Forderung nach Toleranz, die sofort an Gedanken der

---

[53] SEARLE BATES 1947, 197−202; WYTZES 1977, 50−53. Als Wurzel hätte man die entsprechenden Äußerungen des Porphyrius über die Monarchia des *einen* Gottes im Vergleich zu den vielen unter ihm stehenden Göttern zu betrachten: μονάρχης γάρ ἐστιν οὐχ ὁ μόνος ὤν, ἀλλ' ὁ μόνος ἄρχων (Frgm. 75 [p. 91/450] HARNACK = Makarius Magnes, Apocr. IV 20) − zur Vorgeschichte dieser Konzeption der göttlichen *monarchia* wäre auf meinen Aufsatz ‚Platons König oder Vater Jesu Christi?' zu verweisen, den ich gelegentlich einmal auf das dritte bzw. vierte Jh. erweitern möchte. − Zur neuplatonischen Verwurzelung dieser Gedanken auch COURCELLE 1963, 157f. Vehement bestritten wurde diese Deutungs-Richtung von KLEIN (1986, 83−92).

[54] JONES/MARTINDALE/MORRIS 1971, PLRE I, 865−870. Ein Stammbaum der Familie bei MARTINDALE 1980, PLRE II, Stemma 22 (p. 1322) oder schon bei O. SEECK (MGH.AA VI/1, XL). Eine zusammenfassende Darstellung bei KLEIN (1986a, passim); eine neue zweisprachige Ausgabe seiner *Orationes* durch A. Papst (Q. A. Symmachus, Reden, TzF 53, Darmstadt 1989).

[55] „Wir sehen die gleichen Sterne, der Himmel ist uns gemeinsam, das gleiche Weltall schließt uns ein. Warum ist es so wichtig, nach welcher Lehre jeder die Wahrheit sucht? Man kann nicht nur auf einem einzigen Wege zu einem so erhabenen Geheimnis finden" (§ 10 [TzF 7, 104,76−105,78 KLEIN]). Dazu vergleiche auch die Erklärungen der verschiedenen Gottesnamen und die Ablehnung des Polytheismus in der Praetextatus-Rede bei Macrob, Sat I 17,2−5 (BSGRT I, 82,3−20 WILLIS; vgl. BLOCH 1945, 140f und WYTZES 1977, 49f mit Kommentar S. 276−280).

europäischen Aufklärung erinnert, steht ja nicht am Ende eines Traktates über Gottesverehrung und menschliche Freiheit – der Vorwurf an Symmachus, nur aus taktischen Gründen hier die Maximalforderungen gegen das Christentum lediglich eine Weile auszusetzen, bis die politische Situation einmal günstiger gelegen käme, bleibt im Raume stehen[56]. Für eine vollständige Sicht des Verhältnisses zwischen Christen und Heiden an der Wende vom vierten ins fünfte Jh., die hier natürlich nicht intendiert sein kann, müßte ohnehin das Kleinschrifttum der einen Seite mit dem der anderen verglichen werden, damit nicht das trübe Niveau *pars pro toto* die ganze Richtung in ein schiefes Licht bringt[57].

3. Vorläufige Übersetzung von Cod. Paris. Lat. 8084, fol. 156ʳ – 158ᵛ

Es folgt eine sehr wörtliche Übersetzung dieses Textes, die vor allem auch die Wortstellung zu bewahren sucht[58]. In den Anmerkungen dazu sind lediglich knappe Erläuterungen gegeben und Anspielungen aufgelöst. Ausführlichere Erläuterungen zu einer Anzahl von schwierigen Versen[59] finden sich im folgenden vierten Abschnitt. Der Text bleibt allerdings in nicht wenigen Versen sehr problematisch – entsprechend bleibt auch meine Übersetzung vorläufig, die also auch nur Leser und Leserin zu eigener Beschäftigung mit dem Text anregen und dabei behilflich sein will.

---

[56] ZIEGLER deutete das Wirken des Usurpators Eugenius als ein ursprünglich ebenfalls dem Programm der Religionstoleranz verpflichtetes Wirken; E. habe sich erst den Heiden zugewendet, als die Christen diese Haltung entschlossen ablehnten (1970, 85−104, bes. 95).

[57] Vgl. auch die Darstellungen der „Anschauungen und Ideale der heidnischen Partei" bei WYTZES 1977, 48−97.

[58] Auf eine Wiedergabe des *lateinischen Textes* mußte aus Platzgründen im Rahmen dieses Sammelbandes leider verzichtet werden. Der Übersetzung liegt die Ausgabe von RIESE zugrunde, verschiedene Abweichungen vom Text bei MOMMSEN/KRÜGER/HAUPT, dessen Apparat beim Abdruck in MOMMSENS gesammelten Schriften vom Herausgeber EDUARD NORDEN erweitert wurde (1909, 489−493), sind in den Anmerkungen notiert. – Ich hoffe, in absehbarer Zeit eine vollständige Neuausgabe des *carmen* mit kritischem Apparat vorlegen zu können, die nicht nur auf Ergebnissen dieser Abhandlung, sondern auf erneuter Untersuchung der Pariser Handschrift mit modernen Hilfsmitteln beruhen wird.

[59] Nämlich Z. 13;23/24;26/27;31;33;40;43;75;96 und 121.

Übersetzung

156ʳ Sagt, die ihr verehrt die heiligen Haine und die Grotte der Sibylle,
den Wald des Ida[60], das erhobene Capitol[61] des Donnerers,
das Palladium, des Priamos Laren[62] und der Vesta Heiligtum,
und unzüchtige Götter, die mit dem Bruder vermählte Schwester,
5 den schändlichen Knaben, Zeugnisse der gottlosen Venus[63],
ihr, die euch allein die purpurne *praetexta*[64] zu Geweihten macht[65],
denen[66] der Dreifuß des Phoebus[67] niemals Wahres gesprochen hat,
die der lügenhafte etruskische Wahrsager[68] immer betrügt.
Dieser euer Juppiter, überwunden durch Liebe zu Leda,
10 wollte, um einen Schwan vorzutäuschen, mit Gefieder weiß werden,
(von Liebe) dahingerafft, so daß er zur Danae plötzlich als goldener Regen strömte,
durch Parthenopens Meerengen[69] als ehebrecherischer Stier brüllte[70].
Wenn diese Ungeheuer (euch) gefallen, die durch keine Keuschheit geheiligt sind?
Vertrieben wird, vor den Waffen des Juppiter flüchtend, der Herrscher des Olymps[71],
15 verehrt dann noch irgendein[72] Schutzsuchender die Tempel des Despoten,
während er doch sieht, daß der Vater unter dem Zwang des Sohnes in die Flucht getrieben
worden ist?
Zuletzt: Wenn durchs Schicksal Juppiter selbst beherrscht wird[73],
was nützt es den Armseligen, Stimmen zu vergeuden, die untergehen werden?
es wird beklagt in Tempeln der wohlgestalte Jüngling Adonis[74],
20 die nackte Venus weint, es freut sich der Heros Mars[75].
Juppiter inmitten weiß nicht, zu beenden ihre Streitereien,
156ᵛ und die zankenden Götter treibt[76] Bellona durch ihre Geißel[77] an.

---

[60] *Idaeumque nemus* Vergil, Aen. III 112.

[61] *Capitolia celsa Tonantis:* vor allem im christlichen Latein wird das Wort übertragen im Plural verwendet: *Et quascumque solent Capitolia claudere laruas* (Prud., Symm. I 632 [CUFr III, 157 Lavarenne]). Anders Seefelder (1901, 27): Der Dichter nenne „unmittelbar vorher und nachher ganz bestimmte Heiligtümer". Es sei das römische Capitol gemeint.

[62] Zu diesem Inhalt des Vesta-Tempels s. Wissowa 1912, 159 mit Anm. 5.

[63] *Veneris monumenta nefandae* Aen. VI 26 (vom Minotaurus; hier natürlich *Cupido*; Riese denkt an *Catamitus*).

[64] Vgl. Talbert 1984, 218 Anm. 22.

[65] Sc. die Purpur-Toga zu Priestern, vgl. Z. 6.13.24.34.46.76 und 88.

[66] *Quis* entspricht *Quibus* (vgl. Aen. VII 444; X, 168).

[67] Aen. VI 347 *neque te Phoebi cortina fefellit*.

[68] Vgl. Gell. (IV 5,1−7 [SCBO I, 169,21−170,15 Marshall]).

[69] Sc. vor Neapel; von Geisau 1975, 532.

[70] Vielleicht sind die Konjunktive *flueret* und *mugiret* als dubitative Konjunktive zu verstehen: ,Hätte ein Gott etwa wirklich all dies getan haben sollen?" – die Antwort ist dann klar (Kühner/Stegmann 1955, II/1, § 47,2, p. 181).

[71] Z. 14−16 beziehen sich natürlich auf die Vertreibung Saturns; *arma Iovis fugiens* Vergil, Aen. VIII 320; *regnator Olympi* II 779; VII 558; X 437.

[72] Zu *et quisquam* Thesaurus Linguae Latinae V/2, 890,7−9; Vergil, Aen. I 48.

[73] S. u. S. 359 Anm. 259.

[74] *formosus (...) Adonis* (Ecl. X 18).

[75] *Mavortius* wörtlich ,dem Mars zugehörig', z. B. von Rom (Aen. I 276).

[76] Eher nicht: „quält".

[77] *Bellona flagello* Aen. VIII 703.

Ist es zuträglich, bei diesen Anführern (der Götter), Vornehme, zu hoffen auf Heil
durch ihre Priester? Sollte es möglich sein, eure Streitigkeiten zu schlichten[78]?
Sagt[79]: Euer *praefectus* – was hat er für die Stadt beigetragen,   25
als er zu Juppiters geraubtem Thron im Staatskleid[80] herangegangen war,
da er doch die Strafen für seine Verbrechen, nachdem der Tod kaum verzögert worden ist[81],
                                                                                    bezahlt.
Nach drei Monaten ist jener, nachdem er aufgehetzt die ganze Stadt
gereinigt hat, ans Ziel seines Lebensweges gekommen[82].
Was war dies für eine Raserei des Geistes? Was für eine Tollheit des Verstandes[83]?   30
Sicherlich könnte ja Juppiter[84] eure Ruhe stören!
Wer hat dich in Staatstrauer[85] getrieben, sehr schöne Stadt Rom?
Hätten sie etwa zu den Waffen fliehen sollen, die das Volk längst nicht mehr hat?
Aber war auf Erden keiner heiliger[86] als jener[87],
den Numa Pompilius, unter vielen der erste Wahrsager,   35
genau lehrte durch nichtigen Brauch und Blut der Schafe[88],
zu besudeln[89] (was für ein Wahnsinn!) durch stinkenden Leichenbrand die Altäre?
Ist er selbst es nicht, der den†Wein des Vaterlandes einst preisgegeben hat,
der altehrwürdige Häuser, Türme und die Obdächer der Vorfahren[90]
zerstörte, als er der Stadt die Zerstörung zufügen wollte[91],   40
mit Lorbeer die Pfosten schmückte[92], Gastmähler gab,
beschmutztes Brot, behaftet mit Weihrauchdampf[93],   157ʲ

---

[78] *componere lites* (Vergil, Ecl. III 108).

[79] Vgl. Z. 1: *Dicite. Variatio* von Z. 25 in Z. 46.

[80] MOMMSEN 1887, 616. Tertullian, Idol. 18,3: (...) *etiam idolis induantur praetextae et trabeae et laticlaui*" (CChr.SL 2, 1119,31 REIFFERSCHEID/WISSOWA).

[81] Dazu vgl. den Kommentar, S. 353f.

[82] Wohl bittere Ironie für: ,Bis er dann starb'; vgl. Aen. X 472: *metasque dati pervenit ad aevi*.

[83] *quae tanta insania, cives?* Aen. II 42; IV 595; VII 461; XII 37.

[84] „*Iovis*" ist Nominativ: Commodian, Instr. I 5,8;6,1;7,4 (CChr.SL 128,5/7 MARTIN – dazu HECK 1976, 72–76).

[85] GEORGES II, 504; LEWIS/SHORT, 1020; BLAISE, 481. BAEHRENS (1877, 217): „Wer hat über dich, schöne Roma, den Kriegszustand proklamirt?".

[86] Zu *sacratus* vgl. oben zu Z. 6 Anm. 65.

[87] Sc. der *Praefectus urbis* von Z. 25.

[88] *pecudumque cruore* Vergil, Aen. IV 201. Die Gesprächsteilnehmer der *Saturnalia* des Macrobius beziehen sich mehrfach auf Numa als Urheber religiöser Bräuche (BSGRT Vol. 2, Index, 222), z. B. in I 4,7 (I, 13,24f); vgl. auch unten S. 360 Anm. 272.

[89] Codex: *polluit; polluere* mit MOREL, BAEHRENS, RIESE, SEEFELDER; MOMMSEN hat *polluit*. ,Etwas lehren' würde doch wohl mit dem Akkusativ ausgedrückt werden, weswegen BAEHRENS *uanos ritus* konjiziert. K. POLLMANN (mdl.) schlägt als Übersetzung des handschriftlichen Bestandes vor: „er lehrte ihn nach nichtigem Brauch; er ließ ihn beschmutzen (...), wobei der Leichenbrand verweslich roch". Weniger sinnvoll ist es, bei der Übersetzung von *insanum* Zeugma anzunehmen: „genau lehrte ... zu besudeln (den Wahnsinnigen) ...".

[90] *Antiquasque domos* Vergil, Georg. II 209; *turris ac tecta* Aen. XII 132.

[91] Durch die Befestigung der Stadt Rom?

[92] Dazu unten, S. 360 mit Anm. 267.

[93] „Damit sollte das Wiederaufleben des Heidentums eigentlich recht ad oculos demonstriert werden" (SEEFELDER 1901, 42).

anbot, zum Scherz[94] fragend, welche er hinrichten lassen sollte,
mit Halseisen plötzlich deren Glieder zu umgeben war er gewohnt,
45 durch immer neuen Betrug Elende[95] zu besudeln bereit?
Ich bitte euch – euer Geweihter[96], was hat er für die Stadt geleistet?
Der gelehrt hat Hierius, unter der Erde die Sonne zu suchen[97],
als ihm zufällig der Grabenarbeiter einen Birnbaum aus dem Landgut behauen hatte,
und vom dem er sagte, daß er[98] ein Gott sei, ein Begleiter des Bacchus und Lehrer
50 er, des Sarapis Verehrer, stets der Etrusker[99] Freund:
Der sich darum bemüht, hat auszugießen über Sorglose gesammelte Gifte[100],
weil er tausend Wege zu schaden[101], ebensoviele Künste erforschte,
diejenigen, die er verderben wollte, hat er zerschlagen, die bleiche Schlange,
gegen den wahren Gott vergeblich Krieg zu führen[102] ist er bereit,
55 der im stillen doch immer betrauert die Zeiten des Friedens,
und den eigenen Kummer nicht weiter bekannt machen konnte[103].
Welcher *Tauroboliatus*[104] hat dir geraten, das Kleid zu wechseln,
so daß du – obwohl aufgeblasen (und) reich – plötzlich bettelarm warst,
und bedeckt mit Lumpen, durch geringe Gabe zum Bettler[105] geworden,
60 unter die Erde geschickt, besudelt vom Blut des Stieres,
schmutzig, verfärbt, die blutbespritzten Kleider aufzubewahren[106],

---

[94] Seefelder verbindet mit *poneret:* Flavian habe ‚entweihtes Brot' des christlichen Abendmahles in verhöhnender Absicht angeboten (1901, 43).

[95] *miseros* sind wohl Christen; vgl. Z. 83/120.

[96] Dazu oben Z. 6, Anm. 65. Die Frage ist *variatio* von Z. 25.

[97] Oder: „gelehrt hat, unter der Erde die winterliche Sonne zu fragen" bzw. zu beklagen (*queror*); vgl. Kommentar, S. 355.

[98] Wer? Priapus? Ihm (1897, 210 Anm. 5) denkt an Col X 31 (*truncum forte dolatum, Arboris antiquae*). Aber was haben Sonne und Priap miteinander zu tun, der hier dann ‚Lehrer des Bacchus' genannt wäre?

[99] Vgl. Z. 8; die Zeilen 50/68 sind weitgehend identisch gebaut, nur die Namen unterscheiden sich:
Sarapidis cultor, Etruscis semper amicus
Saturni   cultor, Bellonae semper amicus.

[100] Codex: *concerta uenena.* Korrektur nach Damasus, Epigr 46,7 (SSAC 2, 187 Ferrua) *postea quam fellis vomuit concepta venena*).

[101] *mille nocendi artes* Aen. VII 338 (z.B. auch bei Damasus, Epigr 21,2 [SSAC 2, 146 Ferrua = ILCV I, 1993 p. 394 = ICUR V 13274 p. 75]: *vias [...] mille nocendi;* Claudian, Carm. Min. XXX [= Laus Serenae] 230–234 [MGH.AA 10, 327 Birt]). Abwegig Shackleton Bailey (1979,7): *quod dedere*.

[102] *bellare paras* Aen. VIII 400. *luridus anguis* bezieht sich natürlich auf den Teufel, der im Stadtpräfekten wirkt: Vgl. Prud., Cath. IX 88 (CUFr I, 53 Lavarenne).

[103] *interius* mit Seefelder (1901, 48): „über einen weiten Raum hin"; anders Barkowski (1912, 44) „dolorem intimum vulgare".

[104] *Taurobolus* = ταυροβόλος (LSJ s.v. [p. 1760]); vgl. Nilsson 1961, 651–653; besonders p. 653 Anm. 2 der Hinweis auf CIL VI/1 512 (Berlin 1876, S. 99) = Duthoy 1969, Nr. 25 (p. 19f). Diese Inschrift stammt aus Rom (vgl. dazu die Vorbemerkungen).

[105] Codex: *stepefactusepeta; epaeta* = ἐπαίτης, der Bettler, wörtlich: ‚der Parasit', ‚der Mitesser'.

[106] Von *suasit* sind beide Infinitive (*mutare* bzw. *servare*) abhängig, die Partizipien asyndetisch verbunden.

während du gleichzeitig hoffst, zwanzig Jahre lang rein zu leben[107]?
Du hast dich als Zensor darum bemüht, das Leben Besserer zu opfern[108],
daher im Vertrauen darauf, daß deine Handlungen verborgen sein könnten,   157
weil du durch Hunde der Megale[109] immer umgeben warst,   65
du, den die lüsterne Meute (Ungeheuerlichkeit!) als einen Triumphierenden[110] begleitet.
Ein Greis von sechzig Jahren, er ist ein Jüngling[111] geblieben,
des Saturn Priester[112], stets der Bellona Freund[113]:
der[114] alle davon überzeugt hatte, daß die Faunen Götter seien,
die Begleiter der Nymphe Egeria sowie Satyrn und Panes[115],   70
er, der Nymphen und des Bacchus Begleiter und der Hekate[116] Priester;
den die Reigentänze auszuführen und schwankende Thyrsos-Stäbe zu tragen[117],
und Zymbeln zu schütteln eingeweiht hat[118] die berezyntische Mutter[119],
†mit denen die mächtige Galatea[120] (zu schütteln) befahl, vom höchsten Juppiter entspros-
     sen,
durch das Urteil des Paris schöne Zier erlost habend.   75
Es wird wohl keinem Eingeweihten[121] möglich sein, die Scham zu bewahren,
wenn sie die Stimme zu schwächen[122] pflegen durch megalesisches Treiben[123].
Viele Christusverehrer[124] wollte er so in seinem Wahn verderben,

---

[107] CIL VI/1 512 = DESSAU, ILS 4154 *iterato viginti annis exp[le]tis tavrobilii svi aram constiv[it* (s. u. S. 358 mit Anm. 246).

[108] Ich lese *ambieras*, der Codex bietet *abieras*. SEEFELDER (1901, 50) versteht den Text so: Er sei von den Taurobolien fortgegangen, als ‚Sittenrichter' über andere Gericht zu sitzen. Aber sind mit *meliores* hier nicht doch Christen gemeint? Dann wäre zu übersetzen: „Du warst (vom Opfer) fortgegangen als Richter/Zensor, das Leben Besserer zu opfern."

[109] Codex *magalis*; sc. die Bettelpriester der Megale (= Kybele; Apul., Met. VIII 24,2 [SQAW 1, 240−4−6 HELM]).

[110] Vgl. Kommentar, S. 355.

[111] *efoebus* = ἔφηβος (vgl. Prud., Peri. XIV 72 [CUFr IV, 198 LAVARENNE]). Den Sinn trifft wohl DOBBELSTEINS Übersetzung: „Vieillard de soixante ans il continuait à vivre dans les débauches de sa jeunesse" (1879, 52).

[112] Lewis/Short, s. v. II.B. „in later relig. lang." (mit Belegen).

[113] Vgl. Z. 50.

[114] Vgl. Kommentar, S. 355.

[115] Reiche Belege dazu bei BARKOWSKI 1912, 52f.

[116] *Trivia* bezieht sich bei Vergil auf Diana (Aen. VI 35/X 537: *Triviaeque sacerdos*). Möglicherweise liegt hier ein wenig schmeichelhafter Vergleich vor; in Petr 133,3 bezieht sich *„Nympharum Bacchique comes"* auf Priapus.

[117] Aen. VII 390f: *mollis tibi sumere thyrsos, te lustrare choro.*

[118] *„et Matris quate cymbala circum"* Vergil, Ecl. IV 64.

[119] Sc. *Magna Mater*, Aen. VI 784; IX 619; NILSSON 1961, 642f.

[120] Aphrodite − vgl. Alciphr., Ep I 22(19),2 [BSGRT 24,6−8 *Schepers*]; Eusthatius, *Commentarii ad Homeri Iliadem* zu XVIII 48 (p. 1131 = Vol. IV, 136,9−137,6 VAN DER VALK) und BARKOSKI 1912, 55 mit Anm. 2.

[121] Zu *sacrato* vgl. Z. 6 mit Anm. 65. − Der Konjunktiv *liceat* ist als *Potentialis* der Gegenwart aufgefaßt; anders CROKE/HARRIS (1982, 82): „Let no priest be allowes."

[122] Sc. sich heiser zu schreien pflegen beim unsittlichen Treiben des Festes der *Magna Mater*.

[123] Vgl. unten Z. 107.

[124] Prud., Cath. III 56 (CUFr I, 14 LAVARENNE); Symm. II 1003 (III, 192); Per. III 72 (IV, 52).

die ohne Gesetz sterben wollten. Er hätte (denen)[125] Ehren verleihen sollen,
80 die er durch die Kunst eines Dämons wieder betörte, als sie ihn vergessen hatten,
da er doch mit Geschenken die (christlichen) Gesinnungen gewisser (Menschen) zu brechen,
oder andere zu entweihen[126] durch schmählichen[127] Lohn,
und zu schicken wünschte die Unglücklichen als Opfer[128] für die Unterirdischen hinunter in
den Tartarus mit sich.
Der auflösen wollte …[129] Gesetze, fromme Satzungen[130].
158ʳ Er bewirkte, daß Leucadius[131] das afrikanische Krongut verwaltete, und
86 Marcianus zugrunde richten (wollte), damit er ihm[132] Prokonsul sei.
Was haben dir die göttliche Wächterin von Paphos, was die Patronin der Ehe[133], Juno,
und der Greis Saturn[134] bieten können, dir, dem Geweihten[135]?
Was hat dir versprochen der Dreizack des Neptun, du Wahnsinniger[136]?
90 Welche Weissagungen hat geben können die tritonische Jungfrau[137]?
Sag mir, warum suchtest du bei Nacht den Tempel des Sarapis auf?
Was hat versprochen der betrügerische Merkur dir, als du (zu ihm) unterwegs warst?
Was nützt es verehrt zu haben die Laren und den doppelstirnigen Janus[138]?
Was (nützt) dir die mächtige Erde[139], die schöngestaltige Mutter der Götter[140]?
95 Was hat dir, dem Geweihten[141], gefallen der Beller Anubis[142],
was die beklagenswerte Ceres, Mutter, unterirdische Proserpina[143],

---

[125] Ich ergänze *iis*; fehlt ein *ut* wie Z. 85?

[126] *fecere profanos* Aen. XII 779.

[127] Codex: *parva* (klein im Vergleich zum kostbaren Gut des Glaubens, von dem sie abfallen); Konjektur *prava* seit MAEHLY.

[128] *inferias* ist Prädikativum zu *quos*; vgl. Z. 120.

[129] Es fehlt ein Fuß; RIESE ergänzt: *semper*, MAEHLY *demens;* CRACCO RUGGINI *sanctae* (1979, 100 n. 302).

[130] So als Asyndeton (ein vom Verfasser gern verwendetes Stilmittel) übersetzt; inhaltlich weniger wahrscheinlich: „der wollte …, daß (menschliche) Gesetze fromme Satzungen auflösen". Die Konjektur *legis* ergäbe: „die frommen Satzungen des (christlichen) Gesetzes"; vgl. *cum lacerat sanctae matris pia foedera caecus* (Damasus, Epigr. 1,5 [SSAC 2, 82 FERRUA]). CROKE/HARRIS übersetzen (1982, 82): „He who wanted pious agreements to replace the laws."

[131] Dazu unten S. 350 mit Anm. 218.

[132] Sc. Leucadius ‚in seinem (des Flavian) Interesse' (= *sibi*); dagegen SHACKLETON BAILEY 1979, 7: ‚*perdere M-um studuit, proconsul ut esset*' bzw. in Anthologia Latina I/1, 21: ‚*sivit*'.

[133] *pronuba Iuno* Aen. IV 166.

[134] *Saturnusque Senex* Vergil, Aen. VII 180; Comm, Instr. I 4,1 (CChr. SL 127,4 MARTIN); Prud., Symm. I 234 bzw. 627 (III, 144/156 LAVARENNE).

[135] Vgl. Z. 6 mit Anm. 65.

[136] *Demens;* vgl. oben Z. 78.

[137] *Tritonia Virgo* (sc. Minerva) Aen. XI 483; WILAMOWITZ-MOELLENDORFF 1931, 232: „Ein peinliches Rätsel bleibt der homerische Beiname Τριτογένεια, denn bedeutungsvoll muß er gewesen sein, und verstanden hat ihn niemand". Eine spätere Etymologie bei Nonnus, Dionys. V 73.

[138] *Ianus bifrons* Aen. XII 198.

[139] *Terra parens* Vergil, Aen. IV 178.

[140] So auch Firm. Mat., Err. Prof. Rel. 3,1 (CUFr, 81 TURCAN).

[141] Vgl. Z. 6 mit Anm. 65.

[142] *latrator Anubis* mit Aen. VIII 698 (vgl. Z. 100) und Prud., Symm. II 532 (CUFr III, 177 LAVARENNE).

[143] Dazu s. u. S. 355 f.

was (nützt) dir der hinkende Vulkanus, an einem Fuß verkrüppelt[144]?
Wer hat dich, als du klagtest, nicht verlacht, als du kahlköpfig an den Altären[145]
zu der sistrumtragenden Pharia[146] demütig bittend, gerade betetest.
Und obgleich, während der Beller Anubis den unglücklichen Osiris betrauert[147],   100
er ihn suchte, als er, der wieder gefunden war, (erneut) verlieren konnte[148],
nach den Tränen sollte[149] er[150] dann getragen haben den gebrochenen Zweig der Olive?
Wir haben gesehen, daß Löwen aus getriebenem Silber[151] Joche trugen,
während sie miteinander verbunden hölzerne, knarrende Wagen zogen[152].
Und daß dieser[153] mit der Rechten und der Linken silberne Zügel hielt,   105
daß ausgezeichnete Vornehme den Triumph-Wagen der Kybele bewachten,   158
den eine durch das megalesische Treiben versammelte Schar zog[154],
(wir haben ferner gesehen, daß) sie den Stamm eines abgehauenen Baumes[155] trugen durch
                die Stadt,
den kastrierten Attis plötzlich verkündigten als Sonne.
Ach, solange du dich durch magische Künste um der Vornehmen Anerkennung bemühst,   110
so, Beklagenswerter, ruhst du nun gnadenhalber[156] in einem kleinen Grab.
Dennoch freut sich unter deinem Konsulat[157] als einzige die Dirne Flora
der Spiele schändliche Urheberin, und der Liebe Lehrerin,
für die neulich wiederhergestellt hat den Tempel Symmachus, dein Erbe[158].
Alle Ungeheuer, die du so zahlreich in Tempeln stehend verehrt hast,   115
beschwört selbst mit Opferschrot in den Händen[159] die Gattin am Brandaltar,
während sie (ihn) überschüttet mit Geschenken, und die Gelübde auf der Schwelle des
                Tempels,
einzulösen den Göttern und Göttinnen sie sich anschickt, und die oberen Götter bedroht,
wobei sie durch magische Formeln wünscht den Acheron zu bewegen,
kopfüber hat er[160] den Unglücklichen als Opfer für die Unterirdischen hinunter in den   120
Tartarus geschickt[161].

---

[144] *debilis uno* Aen. V 271.
[145] Georg. II 193. Die Isispriester waren kahlköpfig.
[146] D. i. Isis, die auf der Insel Pharos verehrte (ἡ Φαρία Ἶσις).
[147] Codex: *Cumque Ossyrim miserum lugis latrator Anubis*; vgl. Z. 95.
[148] Nämlich jeweils bei der spielerischen Deutung des Mythos beim Fest im Herbst (Wissowa 1912, 354).
[149] Codex: *portaret*; Riese nimmt in V. 100 anstelle von *latrator anubis* eine verlorene Aussage über Isis an und konjiziert hier: *portares*.
[150] Anubis nach dem Ende der Trauer über den verlorenen Osiris.
[151] *argentum factum* nach Seefelder (1901, 62): ‚schön gearbeitetes Silber'; i. e. *Ablativus Qualitatis* zu *leones*.
[152] *trahunt stridentia plaustra* Vergil, Georg III 536.
[153] Codex: *leuaque situm*; Konjektur nach Mommsen, Riese und Seefelder 1901, 62).
[154] Vgl. oben Z. 77.
[155] Nämlich einer Pinie (am 22. März). Der Autor des Gedichtes verdreht Z. 107/108 die Reihenfolge beim Märzfest (s. u. S. 361f).
[156] *donatus*, dafür Maehly „*donate*"; Codex bietet „*iacis*".
[157] Dazu unten, S. 345/350.
[158] Dazu unten, S. 345 Anm. 185.
[159] *ipsa molam manibusque piis altaria iuxta* Aen. IV 517; *Haec Damasus cumulat supplex altaria donis* (Damasus, Epigr. 33,3 [SSAC 2, 167 Ferrua]).
[160] Sie? Subjekt?
[161] Weitgehend parallel zu Z. 83.

Hör auf, nach solcher Wassersucht[162] den Gemahl zu beweinen[163],
der von Juppiter herab das Heil für Latium erhoffen wollte.

4. Gliederung, Autor und Adressat – einige philologische Bemerkungen und sachliche Erläuterungen

In diesem Abschnitt soll der Text *gegliedert* werden, die Übersetzung wird an einigen ausgewählten Stellen durch einen philologischen Kommentar erläutert und schließlich werden Thesen zu den schwierigen Fragen nach *Autor* und *Adressat* der Polemik referiert werden.

Das *carmen* wurde – wie dies einem Traktätchen wohl ansteht – in recht einfacher und klarer Architektur abgefaßt[164]:

Z. 1–24   *Die Unsittlichkeit der heidnischen Götter; die Vergeblichkeit der Hoffnung auf sie:*
　　　　　Z. 9–16   Die Unsittlichkeit Juppiters;
　　　　　Z. 17f   das Gebet ist sinnlos, auch Juppiter steht unter dem Schicksal;
　　　　　Z. 19   die Götter streiten;
　　　　　Z. 23   daher ist es sinnlos, auf sie zu hoffen.
Z. 25–45   *Was nützte der ‚fromme‘ Präfekt der Stadt Rom?* (I)
　　　　　Z. 26–30   Die sinnlosen religiösen Maßnahmen des Präfekten;
　　　　　[Z. 31–33   erneute Anrede an Rom: Trauer um ihn nützt nicht!]
　　　　　Z. 34–45   der ‚fromme‘ Präfekt, seine praktische Unsittlichkeit.
Z. 46–115   *Was nützte der ‚fromme‘ Präfekt der Stadt Rom?* (II)
　　　　　Z. 47–115   der ‚fromme‘ Präfekt, seine praktische Unsittlichkeit[165].
Z. 116–122 *Schluß-Bemerkung und Anrede an die Gattin des Präfekten*

Der Inhalt des Traktätchens besteht also – grob gegliedert – aus *zwei Fragen* nach der *Nützlichkeit* für das Heil (*salus*, Z. 23): Zunächst wird gefragt, was angesichts der Unsittlichkeit und Verdorbenheit des Olymp einerseits und der Machtlosigkeit der Götter andererseits die Götterverehrung den angeredeten Menschen nützt. Das entspricht in Stil und Inhalt der traditionellen Götterpolemik der christlichen Apologetik[166]. In einem zweiten Schritt wird gefragt, was

---

[162] Zu dieser Übersetzung s. Kommentar, S. 356.

[163] Die bei MANGANARO 1961a, 45 n. 30 genannte Inschrift CIL VI 1779 = DESSAU ILS 1259 stellt m. E. keine deutliche Parallele dar (anders auch HEINZBERGER 1976, 322f Anm. 46). Für kaum wahrscheinlich halte ich, daß die Inschrift den Dichter des *carmen* gar inspiriert hat.

[164] Eine ausführliche Gliederung auch bei DOBBELSTEIN 1879, 48f und SEEFELDER 1901, 20–24. Umstellungen, wie sie BAEHRENS (1877, 218f) vornimmt, sind unnötig.

[165] Hier ist auf die Besonderheit des *Personenwechsels* aufmerksam zu machen: Z. 47–56 wird *über* den Präfekt in der 3. Pers. Sing. gesprochen, von Z. 57–66 wird er direkt *angeredet*, ebenso in Z. 87–99 und 110–115. In den direkten Anreden wird das Motiv „Was nützt euch" als Anrede variiert: „Was nützt *dir*" (Z. 57 und 87) zu Beginn der Anrede-Abschnitte, dann als Anapher *Quid (tibi)* in Z. 92–97.

[166] GEFFCKEN 1907, 41f.59–73 ausführlich u. S. 358–60.

der scheinbar ‚fromme‘, zugleich aber ebenfalls verdorbene Präfekt der Stadt
Rom nützt. Vorgetragen wird das drastischst-mögliche, aber zugleich billigste
Argument: Der Präfekt sei ja vor kurzem gestorben, es habe deswegen alles
nicht genützt (Z. 27). Damit gerät aber der ganze Text in eine Art argumentativer ‚Schieflage‘: Es verwundert, daß zweimal nach dem Nutzen eines *verstorbe-
nen* Präfekten gefragt wird, in langen Versen dessen vergebliches (bzw. sogar
unsittliches) Wirken breit vorgeführt wird, um die Hörer – die heidnischen
proceres von Z. 23 – von der Sinnlosigkeit der heidnischen Option zu überzeugen. Schließlich wird der Verstorbene direkt angeredet (Z. 57−66, Z. 87−99
und Z. 110−115). Man kann diese Argumentation mit der bereits verschiedenen Figur nur dann verstehen, wenn man sich klarmacht, daß es sich bei ihr
offenbar um eine für die Stadt Rom (und die heidnische Bewegung)[167] zentrale
Figur handelt – ihr Scheitern soll das Scheitern der heidnischen Restauration
insgesamt dokumentieren: Der Mann in aller seiner Größe liegt nun „im
kleinen Grab" (V. 111).

Die umstrittene Frage nach der *Identität des unbekannten Autors* braucht uns
hier nicht ausführlich zu beschäftigen: H. J. Frede erwägt, ob demselben Verfasser auch das pseudo-cyprianische *Carmen ad quendam senatorem*[168] und
Carmen 32 des Ps.-Paulinus von Nola[169] zuzuschreiben seien[170]. Danuta Shanzer meinte dagegen, unser Text weise enge Beziehungen zum *Cento* der Proba[171] auf[172]. Die einzige dabei genannte Parallele[173] überzeugt allerdings
nicht[174]; so daß auch die Versuche, das Traktätchen mit Hilfe dieses Gedichtes
zu datieren, spekulativ bleiben. Dies gilt auch für den Vorschlag von Jean-
Michel Poinsotte, wegen angeblicher Bezüge zum Werk des Prudentius[175] den

---

[167] Gerade wegen der Aufwertung Konstantinopels durch die christlichen Kaiser bestand
zwischen Heidentum und alter Reichshauptstadt ein Zusammenhang, illustriert durch die
Kontorniaten. Darunter versteht man eine Gattung von Pseudomoneta, die von der heidnischen Aristokratie ausgegeben und zu Neujahr und anderen Gelegenheiten verteilt wurde
(Dokumentation bei Alföldi 1943 bzw. Alföldi 1976; zum Thema auch Kötting 1961,
26−29).

[168] CSEL 23/1, 227−230 [um 394; CPL 1432 = Frede, VL 1/1, 79]; englische Übersetzung
bei Croke/Harris 1982, 84f.

[169] CSEL 30, 329−338 [CPL 206 = Frede VL 1/1, 475]; englische Übersetzung bei Croke/
Harris 1982, 86−89.

[170] Eine Zuschreibung an den römischen Bischof Damasus aufgrund des Werk-Titels aus
dem Katalog von Lobbes (*Damasi episcopi uersus de Praetextato praefecto urbis*) scheidet, wie
oben gezeigt (S. 333 mit Anm. 51/52) aus; Frede bleibt mit Recht skeptisch (Ergänzungen zu
Kirchenschriftsteller (VL 1/1), *pro manuscripto* [Dezember 1982] zu „AN Pag").

[171] Dazu s. o. S. 333 Anm. 46.

[172] Shanzer 1986, 232−248.

[173] Z. 22/23 *Iurgantesque deos (...) proceres* mit Cento Z. 17 *iurgantesque deos procerem*
(CSEL XVI, 570 Schenkl) – aber *proceres* steht in unterschiedlichen Bedeutungen.

[174] So auch R. Herzog bei Herzog/Schmidt 1989, 337.

[175] S. o. S. 332 Anm. 38.

Autor mit Claudius Antonius, dem *Consul* des Jahres 382[176], zu identifizieren[177]. Man wird dann eher auf Seefelders schon 1901 geäußerte Position zurückkommen, daß der Verfasser „vielleicht in der geistlichen Umgebung des Papstes Damasus" zu suchen sei[178].

Ähnliches gilt für die in der bisherigen Literatur meist als zentrale diskutierte Frage, *gegen wen* sich das Gedicht richtet. Z. 24/25 ist ein *Praefectus* angeredet, also entweder ein *Praefectus Urbis Romae*[179] oder ein Reichspräfekt, hier wohl *Praefectus Praetorio Italiae et Africae*[180]. Zu den Aufgaben des Stadtpräfekten gehörte die Sorge um die religiösen Angelegenheiten[181] – hier würde also von

---

[176] JONES/MARTINDALE/MORRIS 1971, PLRE I, 77; MATTHEWS 1975, 48.65.76f.94 und 109.

[177] POINSOTTE 1982, 58.

[178] SEEFELDER 1901, 25.

[179] Nach der *Fasti* der PLRE sind für die Jahre nach 384 folgende Amtsinhaber bekannt:

Q. Aurelius Symmachus	(PLRE: Symmachus IV)	Sommer 384 – Jan./Febr.	385
Pinianus	(PLRE: Pinianus I)	Febr. 385 –	08.02.387
Sallustius	(PLRE: Sallustius IV)		11.06.387
Sextus Rusticus Iulianus	(Iulianus XXXVII)		387/388
Sextus Aurelius Victor	(Victor XIII)		389
Ceionius Rufinus Albinus	(Albinus XV)		389/391
Faltonius Probus Alypius	(Alyphius XIII)		12.06.391
Fl. Philippus	(PLRE: Philippus VIII)		18.11.391?
Nicomachus Flavianus	(PLRE: Flavianus XIV)		392/394
Basilius	(PLRE: Basilius I)		05.03.395
Andromachus	(PLRE: Andromachus I)	21.04.395 –	06.07.395
Florentinus	(PLRE: Florentinus I)	14.09.395 –	26.12.397
Lampadius	(PLRE: Lampadius I)	Anfang	398
Felix	(PLRE: Felix II)	06.03.398 –	29.03.398
Quintilius Laetus	(PLRE: Quintilius Laetus II)		398/399?
Nicomachus Flavianus	(PLRE: Flavianus XV)	06.07.399 –	08.11.400.

[180] Nach der *Fasti* der PLRE sind für die Jahre nach 384 die Amtsinhaber bekannt:

Nonius Atticus Maximus	(PLRE: Maximus XXXIV)		13.03.384
Vettius Agorius Praetextatus	(Praetextatus I)	21.05.384 –	09.09.384
Fl. Neoterius		01.02.385 –	07.385
Principius	(PLRE: Principius II)	31.08.385 –	11.12.385
Fl. Eusignius		23.01.386 –	19.05.387
Trifolius		14.06.388 –	19.01.389
Felix Iuniorinus Polemius	(Polemius V)	16.01.390 –	22.07.390
Nicomachus Flavianus (nur *Italien*)	(PLRE: Flavianus XV)	18.08.390 –	08.04.392
Nicomachus Flavianus	(PLRE: Flavianus XV)	Frühjahr 393 –	05.09.394
Numenius Aemilianus Dexter	(Dexter III)	18.03.395 –	01.11.395
Eusebius	(PLRE: Eusebius XXXII)	19.12.395 –	23.12.396
Fl. Mallius Theodorus	(PLRE: Theodorus XXVII)	31.01.397 –	20.01.399

[181] CHASTAGNOL 1960, 137–178. Allerdings konnten nicht mehr alle in Anm. 179 genannten Personen diese Aufgabe im traditionellen Sinne erfüllen: Iulianus, durch den Usurpator Maximus ins Amt gehoben, starb darin (Amm. Marc XXVII 6,2 [SQAW 21/4, 68,19–22 SEYFARTH]); Ceionius Rufinus Albinus war mit einer Christin verheiratet (Aug., Ep 136 [So PLRE! CSEL 44,93,1–96,10 GOLDBACHER]); Faltonius war zu den (heidnischen) Feierlichkei-

christlicher Seite nicht heidnische *superstitio*, sondern nur die Wahrnehmung der Berufspflichten kritisiert. Die verschiedenen Bezüge des Gedichtes auf Rom machen nun aber keineswegs sicher, daß es sich nur um einen Stadtpräfekten gehandelt haben kann[182]. Da nach Ausweis des Gedichtes der Präfekt trotz sorgfältiger religiöser Vorsorge bereits vor kurzem gestorben ist (Z. 27–29) und er außerdem „Consul" genannt wird (Z. 112), kommen ja auch nicht sehr viele Persönlichkeiten in Frage. Er muß außerdem bereits sechzig Jahre alt gewesen sein (Z. 67)[183] und wird in einer gewissen Beziehung zu Symmachus stehen, der ‚sein Erbe' genannt wird (Z. 114[184]). Dieser hat, so heißt es (ebenfalls in Z. 114), den Flora-Tempel wiederhergestellt[185]. Rätselhaft bleibt der Hinweis auf die Möglichkeit, daß die Stadt Rom ja „zu den Waffen, die das Volk längst nicht mehr hat, hätte fliehen" können (Z. 32f) – an welches konkrete historische Ereignis hier gedacht ist, bleibt unklar[186].

---

ten zur Inauguration des Virius Nicomachus Flavianus (XV) als Consul des Jahres 394 (unter Eugenius) eingeladen (Symmachus, Ep II 83 [CUFr I, 207 CALLU]). Sein Sohn (XIV) wurde unter ihm *Praefectus Urbis* und hatte nach der Hinrichtung des Tyrannen am 6. 9. 394 (Belege JONES/MARTINDALE/MORRIS 1971, PLRE I, 293) entsprechende Schwierigkeiten (MARTINDALE 1980, PLRE I, 346); Andromachus war ein Freund des Symmachus Ep. II 79,1 (205 Callu); desgleichen Florentinus (JONES/MARTINDALE/MORRIS 1971, PLRE I, 362) und Felix (MARTINDALE 1980, PLRE II, 459); Lampadius vielleicht mit Augustin bekannt (Ep 246 [CSEL 57, 583/585]). Quintilius Laetus wird von Hieronymus als Christ bezeichnet: Ep 54,6 (CUFr III, 29,20–22 LABOURT).

[182] Das zeigt MATTHEWS 1970, 468–71 in Auseinandersetzung mit MANGANARO 1960, 221. Die Dissertationen von BARKOWSKI (1912, 20f) und HEINZBERGER (1976, 322 Anm. 45) diskutieren ausführlich die Frage, ob Z. 25 *urbi* auf *praefectus* bezogen werden kann. Das scheint aber m. E. vom *ductus* der Argumentation her ganz unwahrscheinlich.

[183] Die PLRE (JONES/MARTINDALE/MORRIS 1971, 348) erschließt das Geburtsjahr Flavians d. Ä. aus eben dieser Zeile; Praetextat dürfte (aaO. 722) um 310 geboren sein. – Für einen PVR wäre dies ein ungewöhnliches Alter (MATTHEWS 1970, 475).

[184] Falls sich dieser Ausdruck nicht rein metaphorisch lediglich auf die Tätigkeiten im heidnischen Kult bezieht: CLOVER (1985, 165) erwägt sogar, ob nicht *„Symmachus"* im Sinne von „ally" gemeint sei – die einschlägigen lateinischen Lexika bieten keinen Beleg einer solchen Verwendung des grch. Wortes in lateinischen Texten. Bei CLOVER auch ein zusammenfassendes Referat der Identifikationsvorschläge auf S. 166f.

[185] Der Flora-Tempel lag am heutigen ‚Clivo dei Publici', der vom nordwestlichen Ende des ‚Circo Massimo' an S. Prisca vorbei auf den Aventin führt, oberhalb der *carceres* des Zirkus. Von ihm ist aber nichts erhalten (COARELLI 1975, 294). Nachrichten zur Gründung und zur Erneuerung in der frühen Kaiserzeit bei LUGLI 1962, 323f (die Nachricht des Traktätchens ist Zeugnis Nr. 218 und die einzige für diese Rekonstruktion; vgl. MAZZARINO 1974, 399f n.2 und 426f); zum Fest bei MANGANARO 1961, 43 n.29.

[186] BARKOWSKI (1912, 30) nimmt an, daß damit den heidnischen Kreisen vorgeworfen werden soll, daß sie trotz aller Sympathie für den Präfekten nicht zu seiner Unterstützung gegen Kaiser Theodosius zu den Waffen gegriffen hätten. HEINZBERGER (1976, 170–173) greift die von MATTHEWS 1970, 477f erneuerte Deutung Mommsens an, „daß Flavian im Hinblick auf den drohenden Krieg mit Theodosius das ‚iustitium', den Ausnahmezustand in Rom ausgerufen und daran gedacht habe, die Bevölkerung zu bewaffnen": Flavian sei im Frühjahr 394 gar nicht in Rom gewesen.

In der Literatur wurden zur Identifikation des ‚Präfekten' vor allem L. Aurelius Avianus Symmachus (Phosphorius)[187], Vettius Agorius Praetextatus[188] (daher Titel des *carmen* nach L. Cracco Ruggini: *carmen contra Vettium*), Virius Nicomachus Flavianus d. Ä.[189] und Gabinius Barbarus Pompeianus[190] als Personen, gegen die der Traktätchen-Schreiber polemisiert, genannt. Vor allem auf Praetextat und Flavian passen eine Reihe von Zügen des Traktätchens:

Der ältere *Flavian* begünstigte das Heidentum[191] (394 soll er in Mailand gedroht haben, aus der [Haupt-]Basilika einen Stall zu machen und die Kleriker zum Militär einzuberufen[192]), setzte 393/94 – wohl auch aufgrund des

---

[187] Mazzarino 1974, 409–415. Es handelt sich um Symmachus III der PLRE (Jones/Martindale/Morris 1971, 863–865). Offenbar starb er als *consul designatus* für 377 (ebd., 864); Julians Ep. 82 (= 445 A [CUFr I/2, 137 Bidez = Ep. 29 TuscBü p. 76 Weis]) zeigt, daß es sich um einen nicht unwichtigen und überzeugten Heiden handelte.

[188] So nach Ellis 1868, 66–80 jetzt wieder Cracco Ruggini (1979, passim). Diese Deutung könnte durch den von Dolbeau edierten Titel (s. o. S. 333 Anm. 45) gestützt werden: Damasus starb am 11. 12. 384 (Jones/Martindale/Morris 1971, PLRE I, 722–724; vgl. auch Piétri 1976, 427–431 [Damase et le Paganisme]), seinem Nachfolger gratuliert der PVR Pinianus [Coll. Avell. 4 = CSEL 35,47–25–48,8 Günther] unter Datum vom 24. 2. 385. Ellis (1868, 68) sieht im „*praetexta*" von Z. 6. eine mögliche Anspielung auf den Namen.

[189] So seit Morel 1868, 450–459 vor allem Mommsen (1909, 495 = 1870, 360). Lenaz wendet (1978, 559–570) gegen diese Identifikation ein, für Flavian charakteristische Züge würden fehlen: die Herakles-Verehrung, seine Zauberei und das ‚Wind-Wunder', d. h. der gewaltige Nordostwind, der bei der Schlacht am Flüßchen Frigidus (heutiges Nordslovenien, Adjovščina, etwa 25 km östlich des Grenzüberganges in Gorízia; vgl. Seeck 1913, 252–257; eine Karte am Ende von Vol. II/2 der Zosimus-Ausgabe von F. Paschoud [Paris 1979]) die Truppen von Flavian und Arbogast in panischem Schrecken fliehen ließ (Seeck schreibt vom Winde ‚Boreas': „Als ich mich in diesen Gegenden aufhielt, warf er in Triest einen Lastwagen um, obgleich dieser so schwer beladen war, daß der danebenstehende Kutscher von ihm erdrückt wurde" (1913, 255f]). – Lenaz berücksichtigt in dieser Argumentation aber viel zu wenig die poetische und argumentative Struktur unseres Traktätchens; von der „thaumaturgy" des Präfekten ist im übrigen die Rede (Z. 35f), wie wohl auch vom Herkules-Kult (dazu unten S. 360 mit Anm. 267 und 268). – Eine ähnliche Argumentation wie Lenaz auch bei Manganaro 1960, 214.

[190] Manganaro (1960, passim). Bei der ersten römischen Belagerung durch Alarich (Demandt 1989, 144f) schlug er vor, durch Wiederaufnahme der heidnischen Opfer Rettung für die Stadt zu erwirken (Zos., V 41,1 [CUFr III/1, 61,2–5 Paschoud mit einer ausführlichen Note zu Pompeianus p. 275–280]). Zur These Manganaros jetzt auch Heinzberger 1976, 162–196 (zustimmend) und vorher schon Matthews 1970, passim (ablehnend, kann sich p. 475f auf die Altersangabe in Z. 67 berufen; ferner Wytzes 1977, 348f und Cracco Ruggini 1979, 120–123.

[191] Vgl. z. B. Klein 1986a, 51 mit Anm. 76. Ob auch seine lateinische Übersetzung der Apollonius-Vita des Philostrat (Sidonius Apollinaris, Ep VIII 3,1 [MGH.AA 8, 127,15f Krusch]) damit in Zusammenhang stand, kann nur vermutet werden. Zu Flavian vgl. auch Wytzes 1977, 149–176 (zu Apollonius bes. 152–154); zum Heidentum innerhalb der Beamtenschaft Haehling 1978, passim; zur Übersetzungstätigkeit des Kreises allgemein Cameron 1977, 13–15.

[192] Paulinus von Mailand, *Vita Ambrosii* 31,2 (92,7–11 Bastiaensen; zur Übersetzung von *sub armis probare* seine Anmerkung p. 313; gemeint ist wahrscheinlich die *basilica nova* [aaO. 295]); vgl. auch Cracco Ruggini 1979, 60 n. 163.

bekannten Orakels[193] – auf den Usurpator Eugenius[194], wurde 394 *Consul*[195] und beging schließlich nach Eugenius' Scheitern Anfang September 394 Selbstmord[196]. *Praetextatus*[197], dessen *cursus honorum* inschriftlich nahezu lückenlos vorliegt[198], strenge gegen christliche Tempelzerstörung während seiner Präfektur 384 eine Untersuchung an[199] und gehörte zu den gebildetsten und eifrigsten Heiden seiner Zeit[200].

Nach dem Berichte des Ammianus Marcellinus ließ er „alle Erker abschaffen (...), und (...) von den geweihten Gebäuden die Mauern der Privathäuser abrücken, die mit jenen unverschämterweise zusammenhingen"[201]. Diese Nachricht wurde mit dem Vorwurf unseres Gedichtes verbunden, er habe „altehrwürdige Häuser, Türme und die Obdächer der Vorfahren" mutwillig zerstört (Z. 39)[202] – was aber beispielsweise auch Symmachus vorgeworfen wurde[203].

---

[193] Aug., Civ. D. XVIII 53 *Petrum autem maleficia fecisse subiungunt, ut coleretur Christi nomen per trecentos sexaginta quinque annos, deinde conpleto memorato numero annorum, sine mora sumeret finem* (CChr.SL 48, 653,33–36 DOMBART/KALB; dazu CRACCO RUGGINI 1979, 59f n. 161 oder BLOCH 1945, 172f).

[194] Sozomenus (H.E. VII 22,5 [GCS 335,18–20 BIDEZ]) schreibt ihm sogar eine recht aktive Rolle zu: Er habe Eugenius überredet, die Waffen zu ergreifen, „indem er ihm nachdrücklich versicherte, daß das Geschick wolle, daß er Kaiser sein und den Sieg im Kampf erringen werde" – der Rechtsanwalt führt diese Prophezeiung auf die magischen Künste des Präfekten zurück; viel vorsichtiger äußert sich Rufin, H.E. II (= XI) 33 (GCS Eusebius II/2, 1037,9–11 MOMMSEN). Eine übersichtliche und materialreiche Darstellung auch bei BLOCH 1945, 165–183 bzw. bei O'DONNELL 1978, 136–140.

[195] ICUR I 419 (p. 183f = DIEHL ILCV 3822 [Vol. II, 286]; 420 (p. 184; vgl. OLCV 4231 adn. [Vol. II, 379]) und 421 (p. 184); Symmachus, Ep. II 84 (208 CALLU); zum Konsulat auch BLOCH 1945, 167 mit Anm. 65. HEINZBERGER 1976, 178 weist darauf hin, daß Theodosius sein Konsulat nicht anerkannt habe – aber ob dies jedem Christen bekannt war, wie H. voraussetzt?

[196] Rufinus, H.E. II 33 (= XI 33 [GCS Eusebius II/2, 1038,1f MOMMSEN]; vgl. auch Paulinus, Vita 31,4 (92,20 BASTIAENSEN mit Kommentar p. 308); O'DONNELL, 1978, 129–143; STRAUB 1966, 860–877 – STRAUB stellt besonders die Versöhnung der Christen mit der heidnischen Partei nach dem Tode des Usurpators heraus (1966, 875; vgl. dort den Hinweis auf CIL VI/1 1783 [p. 400f] =DESSAU ILS 2948). Zur Haltung des E. auch ZIEGLER 1970, 85–104.

[197] Zu ihm vgl. WYTZES 1977, 133–148; weitere Literatur bei KLEIN 1986a, 47.

[198] Auf einem Sockel, auf dem einmal eine von der Gattin gestiftete Bildsäule stand (CIL VI/1 1779 [p. 397] = DESSAU, ILS 1259; eine Abbildung des im Museo Capitolino, Rom [Inv. 208], befindlichen Stückes als Figs. 7/8 am Ende von MOMIGLIANO 1963; vgl. auch HELBIG/SPEIER 1966, 76–79). Es werden darin u. a. eine Reihe von heidnischen Priesterämtern genannt: *augur, pontifex vestae, pontifex solis, quindecemvir, curialis herculis, sacratus Libero et Eleusinis, hierophanta, neocorus, taurobilatus, pater patrum* (Z. 2–8). Vgl. auch die Ehreninschrift CIL VI/1, 1778 – eine vorzügliche Wiedergabe der (heute im Museo Nazionale in Rom, Inv. 80733 befindlichen) Inschrift als Taf. II bei WYTZES 1977. Dort auch der Text der vier Seiten von CIL VI/1, 1779 (S. 138–140); vgl. ebenso DUTHOY 1969, 20f (Nr. 27 = 1778; Nr. 28 = 1779).

[199] Symmachus, Rel. XXI (MGH.AA VI, 295,5–296,8 SEECK).

[200] Ich denke besonders an seine Aristoteles-Übersetzungen (WYTZES 1977, 141 und besonders CAMERON 1977, 16f).

[201] XXVII 9,10 (SQAW 21/4, 80,29–32 SEYFARTH).

[202] ELLIS 1868, 73.

[203] Rel. XXI 5 (295,27–32 SEECK).

Praetextat starb als *consul designatus* (vgl. Z. 112)[204]. Der Kirchenvater Hieronymus überliefert von ihm den gegenüber Bischof Damasus geäußerten Satz[205]:

Facite me Romanae Urbis episcopum et ero protinus Christianus[206].

R. Ellis wies zusätzlich, um die Identifikation zu stützen, auf seinen plötzlichen Tod hin[207].

Beide Personen, Flavian und Praetextat, treten in den *Saturnalia* des Macrobius auf, waren Freunde und Briefpartner des Symmachus[208]. Praetextat bekleidete das Amt des Prätorial-Präfekten, als Symmachus Stadtpräfekt geworden war. Mit diesen Personen geraten die zentralen Träger der heidnischen Restauration in den Blick, sehr gebildete, literaturbegeisterte und kunstsinnige Aristokraten: Das britische Museum in London bewahrt beispielsweise eine wohl von einem Mitglied der *Symmachi* in Auftrag gegebene wunderschöne Darstellung einer Apotheose[209] (vielleicht gar der des Q. Aurelius im Jahre 402[210]) auf einer Elfenbeintafel eines Diptychons auf. Wenn man sich die

---

[204] Zur Designation vgl. MOMMSEN 1887, 588–590; SCHULTZE 1887, 252 meint, damit sollte „der heidnischen Partei eine Genugthuung gegeben werden".

[205] Dazu WYTZES 1977, 93 Anm. 224: „Damasus wird den Scherz wohl nicht so ernst aufgenommen haben wie der humorlose Hieronymus. Die beiden Herren kannten sich gut. Es war Praetextatus gewesen, der den Streit zwischen Ursinus und Damasus um den Bischofsstuhl von Rom zugunsten des letzteren entschieden hatte" (dazu Amm. Marc XXVII 9,9 [SQAW 21/4,80,8f SEYFARTH]).

[206] C. Joh. Hier 8 (PL 23, 377 C): *Miserabilis Praetextatus, qui designatus consul est mortuus. Homo sacrilegus, et idolorum cultor, solebat ludens beato papae Damaso dicere:* (...).

[207] ELLIS 1868, 80: Symmachus, Rel. X 1 (= Ep X 30) *invida sorte subtractus est* (288,22 Seeck).

[208] *Flavian:* Ep II 1–91 (CUFr I, 152–212 CALLU); *Praetextat:* Ep I 44–55 (107–116); zu *Symmachus* vgl. z. B. WYTZES 1977, 98–132; PASCHOUD 1965, 215–235; MATTHEWS 1973, 175–195. Allerdings unterschätzt PASCHOUD „den religiösen Ernst der röm[ischen] Senatoren" (so LIPPOLD 1980, 188 [Anm. 211]). Zu Symmachus vgl. auch die Beiträge des ‚Colloque Genèvois sur Symmaque à l'occasion du mille six centième anniversaire du conflict de l'autel de la victoire' (Paris 1986) und die Monographie von KLEIN (1986a). Bei O'DONNELL 1978, 133 sind alle Nachrichten aus Symmachus' Briefen zusammengestellt, die für den *cursus honorum* Flavians von Relevanz sind.

[209] BM Inv. 57,10–13,1; eine vorzügliche Farbabbildung als Plate 10 bei LOVERANCE 1988, p. 12; vgl. DELBRÜCK 1926/29, Nr. 59 S. 227–230: DELBRÜCK las das Monogramm im mittleren Medaillon allerdings als „*Hormisdas Vir Clarissimus*" (PPO Illyrici 448 n. Chr.; PPO Orientis 450, vgl. MARTINDALE 1980, PLRE II, 571) und deutete es als Darstellung der *consecratio* des Antoninus Pius zu dessen 400. Jubiläum von Regierungsantritt bzw. Tod (138/61). Heute wird unter der Figur mit breitem Gesicht, glattem, in großen Strähnen in die Stirn gekämmtem Haar und dem Vollbart aus kurzen Locken gern Julian Apostata verstanden (so z. B. STUTZINGER 1983, 673, die auf Hom. 26,4 in 2 Cor [CPG II, 4429 = PG 61,580–81] hinwies, in der Chrysostomus die *consecratio* Julians kritisierte [STRAUB 1962, 528–550; STRECKER 1962, 462–476]). Für eine Auflösung als „*Symmachorum*" sprachen sich dagegen u. a. WEIGAND 1937, 121–138 und VOLBACH 1952, Nr. 56 aus.

[210] PLRE I, 868. – Die Deutung auf Symmachus selbst wird jetzt offenbar auch im BM

vierzehn Stadtpräfekten [PVR] zwischen 384 und 400 vornimmt, bemerkt man zudem, daß eine größere Zahl von ihnen mit dem ersten dieser Reihe, Q. Aurelius Symmachus, persönlich gut bekannt, z. T. verwandt war, so wie Flavianus d. J.[211]. Das Interesse des Symmachus-Kreises am Heidentum äußert sich in einem starken persönlichen Engagement vieler seiner Angehörigen im *Kultus*: Der *cursus honorum* des Praetextat nennt elf Ämter, auch Q. Aurelius Symmachus übte selbst das Priesteramt aus[212] und korrespondierte mit Nicomachus Flavianus d. Ä. (um 390)[213] und Praetextat (um 383)[214] darüber. – Nach der Streichung der Zuschüsse für den heidnischen Kult durch Theodosius bedeutete die Übernahme solcher Ämter natürlich auch neben allem theoretischen Bekenntnis zum Heidentum die praktische Subventionierung der alten Religion und ihres Vollzuges durch diese reichen Aristokraten-Familien[215]!

Ich selbst halte für die wahrscheinlichste Lösung in dieser sehr umstrittenen Frage nach wie vor die ‚Mehrheitsmeinung', m. E. ist mit dem Präfekten in unserem Traktätchen *Flavian d. Ä.* gemeint[216]. Dies zeigt neben den bereits

---

vertreten, vgl. LOVERANCE 1988, p. 12: „showing the apotheosis [...] of a Roman senator". Eine Analogie zu einer Deutung des Monogramms auf *„Symmachorum"* läge in der einen Hälfte des *„Nicomachorum-Symmachorum"* Diptychons vor (heute im Victoria and Albert Museum, die andere im Musée de Cluny [Paris]). Auf diesem von beiden Familien zusammen verschenkten Diptychon sind eine Ceres-Priesterin am Kybele-Altar und eine Juppiter opfernde Bacchus-Priesterin dargestellt (DELBRÜCK 1926/29, Nr. 54, 209–214; STUTZINGER 1983, 533–535 mit weiterer Literatur; besprochen auch von HEINZBERGER 1976, 190f). Ein deutliches Plädoyer für die Identifikation legte CAMERON auf dem Genfer Symmachus-Kolloquium vor (1986, 41–64, bes. 45–53; in der folgenden Diskussion von CRACCO RUGGINI bestritten [p. 65–70]).

[211] Die Verwandtschaft illustriert folgende Graphik:

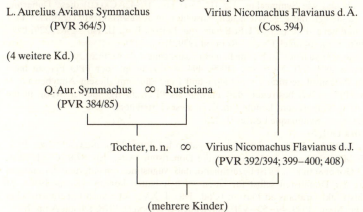

L. Aurelius Avianus Symmachus   Virius Nicomachus Flavianus d. Ä.
(PVR 364/5)   (Cos. 394)

(4 weitere Kd.)

Q. Aur. Symmachus ∞ Rusticiana
(PVR 384/85)

Tochter, n. n. ∞ Virius Nicomachus Flavianus d. J.
(PVR 392/394; 399–400; 408)

(mehrere Kinder)

[212] Dazu die Inschrift CIL VI, 1699 = DESSAU, ILS 2946: *PONTIFICI MAIORI* und der Kommentar bei JONES/MARTINDALE/MORRIS 1971, PLRE I, 866; vgl. auch WYTZES 1977, 60.

[213] Ep II 53 (I, 189f CALLU), um 390p (CALLU) bzw. vor September 394.

[214] Ep I 47,1 (110); dazu WYTZES 1977, 62.

[215] WISSOWA 1912, 98 mit Anm. 2.

[216] Für Flavian votiert auch O'DONNELL 1978, 140–143.

oben erwähnten Argumenten (Führer der heidnischen Bewegung, Beziehung
zu Symmachus, westlicher Consul des Jahres 394) m. E. auch die Erwähnung
von Leucadius und Marcianus (Z. 85/86). Dem afrikanischen Krongutsverwal-
ter[217] Leucadius[218] wird vorgeworfen, daß er den Marcianus[219] auf Anstiften
des Präfekten „verderben" wollte[220], um selbst das Amt des Proconsuls antre-
ten zu können. Wann diese Ereignisse exakt spielten, bleibt zwar unklar, da
eine unabhängige Erwähnung des Ereignisses (und des Leucadius) bisher nicht
aufgetaucht ist. Theoretisch bleibt also eine Datierung dieses Ereignisses auf
das Jahr 384 (im Rahmen einer Argumentation für Praetextat) natürlich möglich[221], kann man auch wie Seefelder an die Jahre 376/77 denken[222], als Flavian
Vicarius Africae war[223]. Allerdings macht die bekannte Chronologie der Äm-
terlaufbahn des Marcianus[224] m. E. die Datierung auf 393/94 nahezu *unaus-
weichlich:* 384 war er ja noch Vicarius einer westlichen Diözese, Leucadius

---

[217] Zu *fundos curaret Afrorum* vgl. die Beschreibung der kaiserlichen Krongutverwaltung
bei DEMANDT 1989, 239f.

[218] JONES/MARTINDALE/MORRIS 1971, PLRE I, Leucadius 2: „Probably a Christian, bribed
by Flavianus (...) to support Eugenius by the offer of office (...); this suggests that he was
rationalis rei privatae fundorum domus divinae per Africam" (p. 505; vgl. Notitia Dignitatum,
Occ. XII 16 [155 SEECK] – so schon MOMMSEN 1909, 359 = GS VII, 494). Eine von SEEFELDER
(1901, 4) und MOMMSEN (aaO.) erwogene Identität mit Leucadius (1), 383/384 *praeses* in
Britannien, Gallien oder Spanien, bleibt unbeweisbar, ebenso die These HEINZBERGERS, es
läge „a) ein Schreibfehler oder b) ein Pseudonym" vor (1976, 327f Anm. 96 mit entsprechenden Vorschlägen).

[219] JONES/MARTINDALE/MORRIS 1971, PLRE I, 555: Am 22. 3. 384 als *Vicarius* der westli-
chen Reichshälfte bezeugt (Cod. Theod. IX 38,7 [I/2, 497,1 MOMMSEN]). Aus der Zeile des
Carmens schließen die Autoren der Prosopographie, daß er 393/94 Proconsul der *Africa* war.
Unsicher ist, ob und wie Symmachus, Ep III 33 (CUFr II, 42f CALLU) diese Datierung
unterstützen kann; vgl. die gegensätzlichen Ansichten in JONES/MARTINDALE/MORRIS 1971
PLRE I, 556 und bei J.-P. CALLU (CUFr Symmaque Lettres Tom. II, Paris 1982, 229) bzw.
MATTHEWS 1986, 171 n. 14 (auch CRACCO RUGGINI 1979, 103 n. 312).

[220] Was *perdere* genau heißt, ist hier nicht mehr zu erkennen, da weitere Quellen fehlen (so
schon SEEFELDER 1901, 57); MOMMSEN (1909, 494 = 359) meint, der PPO Flavian habe
Marcianus als Proconsul gestürzt (= *perdere*) und Leucadius mit diesem Amt betraut. –
HEINZBERGER (1976, 179f) bestreitet, daß Flavian als PPO „in irgendeiner Weise in die
Verhältnisse Afrikas eingreifen" konnte – m. E. ist dieses Urteil überzogen.

[221] So J.-P. CALLU, Symmaque Lettres II, 229.

[222] SEEFELDER 1901, 57.

[223] Ein inschriftlicher Beleg und weitere Angaben bei JONES/MARTINDALE/MORRIS 1971,
PLRE I, 347. Möglicherweise begünstigte er die Donatisten: Aug., Ep. 87,8 (CSEL 34/II,
403,29–404,3 GOLDBACHER – „Es ist bezeichnend, daß Augustinus ihn aufgrund der mutigen
Unterstützung der Donatisten selbst für einen solchen halten konnte" [KLEIN 1986a, 51
Anm. 76]); das Edikt Gratians an Flavian (Cod. Theod. XVI) jetzt auch mit französischer
Übersetzung bei MAIER 1989, 49–52 – vgl. hierzu auch O'DONNELL 1978, 130 mit Anm. 7.

[224] Sicher ist neben seinem Vikariat im Jahr 384, daß er 409 unter dem Usurpator Attalus
PVR (Zosimus VI 7,2 [CUFr III/2, 10,13 PASCHOUD, mit Bemerkungen p. 44]) wurde. Attalus, erst 409 von Kaiser Honorius selbst zum PVR ernannt (MARTINDALE 1980, PLRE II, 181)
war kurzzeitig AUGUSTUS von Alarichs Gnaden (DEMANDT 1989, 145). Zur von CALLU
erwogenen Identifikation des Marcianus mit dem Augustinfreund gleichen Namens äußert
sich MANDOUZE 1982 (I, 692) äußerst kritisch.

hätte also, wenn er ihn damals auf Anstiftung des Reichspräfekten Praetextat ‚verdorben' hätte, für ein Prokonsulat gar nicht gewonnen. Man wird also mit A. H. M. Jones[225] diese Stelle nur als Bericht über Flavian und ein Ereignis des Jahres 393/94 verstehen können. Auch die Nachrichten über die magischen Praktiken (Z. 34–36) passen am besten zu Berichten über Flavian[226]. Gewiß bleibt diese Identifikation unsicher und auch ein wenig zirkulär[227]; sie spielt für unsere Überlegungen allerdings auch nur eine untergeordnete Rolle. – Die argumentative Wertigkeit des *tracta vix morte* (Z. 27) wird aber m. E. überschätzt[228].

Wenn auch der Autor im Dunkeln bleibt und der Streit um die Identifikation des Präfekten nicht abebben wird, kann man über die *Adressaten* doch Genaueres sagen: *Angeredet* sind mit dem Gedicht offenbar vor allem die Mitglieder der ‚Senatspartei', die als *proceres* (Z. 23)[229] bezeichnet werden. Ihr Selbstverständnis als *pars melior humani generis*[230] wird ihnen vom Autor bestritten und im Gegenteil: Den Christen, die der Präfekt verführt oder gar umgebracht hat, wird das Prädikat *meliores* (Z. 63) zugesprochen. Z. 32 weitet den Blick auf die *pulcherrima Roma*[231].

Im folgenden sind einige wenige Bemerkungen zu *Vokabular, Stil und Sprache* des *carmen* notiert. Eine Reihe von Begriffen, die der unbekannte Autor verwendet, sind erst relativ spät im Lateinischen zu belegen[232]. Der Umgang mit den Nebensätzen erschien schon früheren Interpreten merkwürdig: „Besonders auffallend aber erscheint der Gebrauch des Coniunctivs in einigen Nebensätzen"[233]. Im Blick auf die Wortwahl des Gedichtes fällt die durchge-

---

[225] Jones/Martindale/Morris 1971, PLRE I, 505 bzw. 555.

[226] Vgl. die Übersetzung aus Sozomenus (VII 22,5) oben S. 347 Anm. 194 und Rufin, H. E. II (XI) 33 (GCS Eusebius II/2, 1037,8 Mommsen: *ex fibrarum praescientia securam Eugenio victoriam nuntiare*).

[227] Darauf hat vor allem Shanzer (1986, 240) hingewiesen. In der Tat beruhen die Angaben über Leucadius in der PLRE nur auf unserem Gedicht. Für Marcianus allerdings existieren (Jones/Martindale/Morris 1971, PLRE I, 555f) – wie gesagt – weitere Angaben, die m. E. eine Datierung der Ereignisse auf die achtziger Jahre sehr unwahrscheinlich machen.

[228] Z. 27 – vgl. unten, S. 353f. Mit diesem Ausdruck argumentieren vor allem Manganaro 1960, 213f und Heinzberger 1976, 183f.

[229] Als Anrede für die Senatoren z. B. bei Cassiodor, Var. I 41 (MGH.AA 12,37,15 Mommsen) und Prud. (Symm. I 502 [III 153]).

[230] Symmachus schreibt 376 an Praetextat: *Orationem meam tibi esse conplacitam nihilo setius gaudeo, quam quod eam sedunda existimatione pars melior humani generis senatus audiuit* (Ep. I 52 [114 Callu]).

[231] Vergil, Georg. II 534.

[232] *vaporus* (Z. 42; Blaise [p. 837] nennt Arnobius, VI 21 [CSLP 344,10 Marchesi]= und Prud., Peri. VI 115; Lewis/Short [p. 1957, vgl. Glare, 2010f] noch Nemesianus, Ecl. IV 63 [ediert von Volpilhac, Némésien, Oeuvres, CUFr, Paris 1975, 61]; „*christicola*" (Z. 78; Blaise, p. 149 – eine Analogiebildung zu *caelicola*).

[233] Seefelder 1901, 15 (z. B. Z. 52). Dazu auch Barkowski 1912, 10f; er verwirft eine (auch inhaltlich ausgeschlossene) Übersetzung der Konjunktive in Z. 11/12 als Potentialis („hätte

hende Benutzung des *Vergil* auf[234], aus dem in fast jeder zweiten Zeile ganze Formulierungen zitiert werden – dichterische Konvention und ein weiteres, gern übersehenes Zeugnis der intensiven christlichen Vergil-Rezeption, die nicht auf die ‚hohe akademische Theologie‘, nicht auf Lactanz, Ambrosius, Augustin und Prudentius beschränkt blieb[235]. (Natürlicherweise schätzte auch die Gegenseite den *poeta noster* hoch[236]). Von den etwa dreißig Anspielungen findet sich fast ein Drittel am *Versende*; dies wird mnemotechnische Gründe haben, da die Zeilenenden, deren Wort- und Versakzent zusammenfallen, sich leichter merken lassen. Zweimal sind in der Art eines *cento* Vergil-Verse zusammengestellt (14/39); bei den anderen führt das Nebeneinander von Zitat und eigener Dichtung durch den Anonymus z. T. zu harten Konstruktionen und bewirkt einen stilistisch inhomogenen Eindruck des Textes. Die Vergil-Klauseln werden z. T. ohne Rücksicht auf ihren präzisen ursprünglichen Sinn und Kontext rezipiert (z. B. Z. 71).

Hinsichtlich der *Metrik* genüge ebenfalls eine knappe Bemerkung: Das Gedicht wurde im daktylischen Hexameter verfaßt, der „Bau der Verse ist im allgemeinen korrekt und fließend. Eine angemessene Abwechslung zwischen Daktylen und Spondeen, wie dies zur guten Rhythmisierung gehört, läßt sich in den meisten Fällen beobachten"[237]. Allerdings wurde schon häufiger die freie Prosodie beobachtet: Z. 45 *profā̆nare* versus Z. 82 profānos (Dichrona); Z. 41 *dā̆ret* versus Z. 44/65 *circumdā̆re*; in den Eigennamen: Z. 100 *Osī̆rim*; Z. 50/91 *Sā̆rapis*; die Längung kurzer Silben: Z. 73 *quaterē* (allerdings vor Zäsur); Z. 117 *votā̆que*; die Kürzung langer Silben: Z. 44 *gallā̆ribus*; Z. 121 *hydrŏpem*; vor allem aber des auslautenden „i" in Z. 52 *nocendī̆*[238].

Es folgen nun einige Bemerkungen zur Übersetzung schwieriger Zeilen:

Z. 6:   J. Wytzes fragt: Könnte hier „nicht auch der Hintergedanke mitspielen, daß bei den Christen für das Priesteramt mehr nötig sei" (sc. als die ‚purpurne *praetexta*‘; WYTZES 1977, 160).

Z. 13:   Wir folgen einer Interpretation der korrupten Stelle, die ohne Konjekturen auskommt, und müssen lediglich die asyndetische Konstruktion durch ein Prädikat ergänzen (eine Übersicht über die Konjekturen bei SEEFELDER 1901, 29f). Das Versmaß spricht eher – was Seefelder nicht erwähnt – für die Lesung *nullā*, also den Ablativ. Problematisch daran bleibt, daß *pudicā* dann als ‚Keuschheit‘ übersetzt worden ist. CROKE/HARRIS 1982, 80

---

fließen sollen"; „hätte brüllen können"): „Offensioni modo est, quod poeta idem verbum eodem loco cum infinitivo et coniunctivo conexuit."

[234] Eine große Anzahl davon wies IHM (1897, 209/10) nach; freilich belegt er auch gewöhnliche Wortverbindungen, bei denen die Anspielung nicht sicher ist.

[235] Zur christlichen Vergil-Rezeption: CALLU 1978, 161–174; SCHELKLE 1939 (eine ‚Nachlese‘ bei KESSELING 1942, 383f); HÜBNER 1981, 245–263; WLOSOK 1983, 63–86; SCHWEN 1937, passim; zuletzt HECK 1990, 102–120.

[236] Macrob., Sat. I 24,16/17 (BSGRT I, 131,3–8 WILLIS).

[237] SEEFELDER 1901, 17.

[238] Weitere Belege bei SEEFELDER 1901, 17; BAEHRENS 1877, 212f und RONCORONI 1972, 73.

übertragen: „If these monstrous rites find favour are no hallowed things modest?" Falls man den metrischen Hinweis auf *null*ā vernachlässigen möchte, wäre außer der Übersetzung als Plur. Neutr. möglich die als Nom. Sing. in einem verkürzten Hauptsatz („so ist keine Priesterin keusch"). Wenn man der Konjektur Haupts (statt *si* hier *sic*) folgt, wäre zu konstruieren: „Diese Ungeheuerlichkeiten gefallen wirklich?" Aber die Crux mit den Worten *nulla sacrata pudica* bliebe bestehen.

Z. 23–25: Die Übersetzung ist schwierig, da *sacratis* (s. o. Z. 6 und Anm. 65) nicht nur „Priester", sondern auch „Götter" heißen kann – zur Verbindung mit *ducibus* vgl. BARKOWSKI 1912, 19. Der Kontext und seine Beschreibung der von Bellona angetriebenen olympischen Götter (Zz. 4–22; dazu auch SEEFELDER 1901, 31) spricht freilich eher für unsere Übersetzung „bei diesen Anführern (der Götter) zu hoffen auf Heil für bzw. durch ihre Priester" als für „bei diesen (politischen) Anführern zu hoffen auf Heil für die Götter". Das handschriftliche *tractatus* (Z. 25) sollte mit Riese in das sinnvollere *trabeatus* geändert werden (dazu Mommsen 1887, 616). FRÖHNER (1889, 67) interpunktiert: *... sperare salutem? sacratis vestras liceat ...* SALEMME (1976, 91–93) hat vorgeschlagen, *quom Iovis ad solium raptim tractatus obisset, cum poenas scelerum tractus vix morte rependit?* zu lesen. Er paraphrasiert: „In che cosa giovó il vostro prefetto alla città, quando pagò a stento con la morte le pene dei misfatti che s'era portate dietro, essendo morto dopo essere stato trascinato rapidamente nel tempio di Giove?" (92).

Z. 26/27: Der Codex hat einen kaum verständlichen Satz: *Quem Iovis ad solium raptum tractatus abisset*; beibehalten werden sollte aber unbedingt *Iovis ad solium* (= Aen. XII 849). *raptum* bezieht sich m. E. auf Z. 14f (den von Saturn geraubten Thron – anders BARKOWSKI 1912, 25: ‚Thron im Himmel') weswegen die Konjekturen *raptor* (Riese) oder *raptim* (Ellis/Maehly) überflüssig sind; zum Gang im Staatskleid (*trabeatus* lesen Morel/Mommsen/Riese) selbst vgl. Zosimus V 41,3: τῆς γερουσίας εἰς τὸ Καπιτώλιον ἀναβαινούσης (CUFr III/1, 61,13f PASCHOUD). Wenn man den Text auf Flavians Zug zu den Alpen bezieht (so DE ROSSI 1868b, 62 mit den entsprechenden Quellenangaben), wäre in folgendem Sinne zu übersetzen: „Was hat euer Präfekt der Stadt genützt, als er bei den Statuen Juppiters starb?" (SEEFELDER 1901, 33). Anders FRÖHNER (1889, 68): „Ihr rühmt, Flavianus sei zum throne Jupiters aufgestiegen, während sein später tod kaum hinreicht, um seine verbrechen zu büssen." WÜNSCH konjiziert *tractatis abisset* (BARKOWSKI, 26; vgl. auch MAZZARINO 1974, 451f und HEINZBERGER 1976, 165).

tracta morte wird gewöhnlich in der Folge von TH. MOMMSEN als „ea, quae secuta est post longos cruciatus" (362 = GS VII, 497) verstanden: „neulich durch den grausamen Tod", ähnlich z. B. MANGANARO (1961, 31: „pagando con una morte lenta il fio delle scelleratezze" – zur Diskussion über die von ihm genannte Stelle bei Gerontius, Vita S. Melaniae Iunioris 34 [p. 14 Rampolla del Tindaro] vgl. HEINZBERGER 1976, 176.183f). BARKOWSKI (1912, 22) meint, mit Hilfe von Rufin (XI 33) zeigen zu können, „quod ‚trahere' etiam pro ‚adducere', ‚contrahere' adhibetur. (...) Simili modo etiam nostro loco ‚tracta' interpretari possumus ‚Cum ad alios homines mors veniat, Flavianus ipse eam sua sponte adduxit h. e. invenire studuit." Ich meine dagegen, daß mit den Worten ausgedrückt werden soll, daß der Tod trotz der Opfer von Z. 25f kaum in die Länge gezogen wurde – obwohl er „zwanzig Jahre fein zu leben versuchte" (Z. 62).

Z. 28: *Mensibus iste tribus* könnte heißen: „durch drei Monate" oder „nach drei Monaten", also die *Dauer* der Reinigungsriten oder den Zeitpunkt des Todes *nach* den Riten – letzteres ist m. E. wahrscheinlicher.

Z. 29: Möglich ist: *totam qui concitus orbem lustravit* „hat er eilends die ganze Welt durchreist" (und ist dann gestorben), so konjizieren MOMMSEN (1909, 490 = 1870, 354), BAEHRENS (1877, 216) und DOBBELSTEIN (1879, 8). Wer *urbem* liest, wird kaum mit „durcheilen" übersetzen (so auch schon SEE-FELDER 1901, 35). Ich leite *concitus* von *concieo* (GLARE, 386f) ab.

Z. 31–33: Ist gemeint: Wenn es ihn denn gäbe, könnte Juppiter eure Ruhe stören (– und dann wäre die lange Sühne-Zeit [Z. 28] sinnvoll)? SEEFELDER (1901, 37) folgt BAEHRENS und THOMAS, die für *sed iovi seditio ut* lesen: „Was für eine Raserei ist über euch gekommen, daß ihr durch einen Aufstand eure bisherige Ruhe zu stören vermochtet" (ähnlich MANGANARO 1961a, 31). In Z. 33 ergänzt er dann ein „*ut*" und versteht es als konsekutiven Nebensatz: „so daß sie (tatsächlich) die Waffen ergriffen, die das Volk (eigentlich) längst nicht mehr hat?" – aber welcher Waffengang soll historisch damit denn bezeichnet sein? Dazu ELLIS (1868, 70): „This looks like an allusion to some of the riots at Rome during the reign of Valentinian; Ammianus Marcellinus (XXVII.3) mentions such riots in the Prefecture of Lampa-dius" (i. e. 3,8 [SQAW 21/4,59,33–60,3 SEYFARTH]); zu C. Ceionius Rufius Volusianus gen. Lampadius vgl. JONES/MARTINDALE/MORRIS 1971, PLRE I, 978–980. Schon MOMMSEN (1909, 495 [= 1870, 360] Anm. 1) verwies auf Cic., Phil 5,31: *tumultum decerni, iustitium edici, saga sumi dico oportere, dilectum haberi* als Beleg für den ‚staatspolitischen Akt des Appells an die Bevölkerung' (vgl. HARTKE 1940, 93). Zum *sagum* auch KÖTTING 1961, 30 mit PIGANIOL 1947, 266; zum *iustitium* anläßlich der Staatstrauer vgl. MOMMSEN 1887, 263–65; anders RONCORONI/SHACKLETON BAILEY: *ad sac-<r> a confugeret populus.*

Z. 38: MOMMSEN vermutete, es sei an eine Schmälerung des *canon vinarius* gedacht (1909, 498 = 1870, 363). Haupt konjizierte: *venum patriae* nach Lucan IV 206 (*tradita venum castra*) – so auch SHACKLETON BAILEY; FRÖH-NER (1889, 68) *murum*. SEEFELDER (1901, 42) folgt SEECK (MGH.AA VI/1, CXVIII): *cultum patriae* (= Christentum). Abwegig WYTZES (1977, 162 Anm. 46), der *cultum* auf die „Schönheit der Privathäuser, die mit Stücken von Tempeln ausgeschmückt waren", bezieht. BARKOWSKI (1912, 33) nennt vergleichbare Ausdrücke, um die metaphorische Bedeutung zu belegen: ‚*vinum iniquitatis*' (Spr 4,17); ‚*vinum erroris*' (Aug., Conf. I 16,26) und ‚*vinum laetitiae*' (Serm. 28,4).

Z. 43/44: BAEHRENS konjiziert für „*in risum*" „*invisum*"; ‚Welcher einen Feind dem Tod zu überliefern suchte und deshalb befahl, um seine Glieder Ketten zu werfen' (*iussit* für *suevit*). Dann wäre „*iussit*" ungewöhnlich konstruiert, so auch SEEFELDER (1901, 41). Er möchte (wie BARKOWSKI 1912, 38) *gallari-bus* des Codex beibehalten (wir lesen mit RIESE *collaribus*): „Flavian suchte bei jenen festlichen Veranlassungen [*sc.* denen in Z. 41 genannten],

Proselyten zu machen und so die Christen dem ewigen Tode zuzuführen (morti dedere). Er pflegte ihnen hierbei die hieratische Auszeichnung der galli [*sc. der Kybele-Diener*], die gallaria, anzuziehen" (43). Dies wirkt außerordentlich gesucht (vgl. auch SANDERS 1972, 984–1034).

Z. 47–49: Der Sinn dieser Zeilen bleibt außerordentlich umstritten: Zunächst geht es um die Frage, ob hier *„hierium"* (Codex, RIESE); *hibernum* (Mithras als *hibernus sol* – so USENER; dazu CUMONT 1898, 52; MOMMSEN 1909, 494), ἱερέα (Haupt) oder der *Vicarius Africae* Hierius (erwähnt in Cod. Theod. XVI 2,29 vom 23. 3. 395 [I/2, 844 MOMMSEN]; vgl. MANDOUZE 1982, 555) gemeint ist. Ellis denkt an den Philosophen Himerius (JONES/MARTINDA-LE/MORRIS 1971, PLRE I, 436), der Flavian eine Abschiedsrede, einen προπεμπτικόπος, schrieb (Or. 36 Colonna; vgl. Photius, Bibl. Cod. 165 [CUFr II 108a 33f] und 243 [CUFr VI, 376b 5–377 a 24 HENRY]) und ein Enkomion für Praetextat, als dieser Prokonsul der Achaia war (362–64 p; Photius Cod. 165 [108b 4f]). Seefelder verbindet *hierum solem* und übersetzt „die heilige Sonne" (46) – zur Suche der Sonne aus dem Dunkel in den Mysterien vgl. Apul. Met. XI 23,8 *nocte media vidi solem candido coruscantem lumine* (SQAW 1, 346,8f Helm). Ich entscheide mich wegen des sonst kaum erklärbaren historischen Details vom Birnenbaum für den Eigennamen ‚Hierius' – *in dubio pro tradito* (und somit gegen ‚himerium') – ähnlich auch BARKOWSKI (1912, 39).

Z. 66: Codex: *Quem laciua corum monstrum comitare couantem*; Riese schlägt *plostrum* (sc. *Magnae Matris*) vor (Triumph-Wagen); *comitaret ovantem* wird mit Verg., Georg. I 346 konjiziert. Das *monstrum* muß man als Parenthese verstehen (wie Z. 37); der *chorus* ist die Bettelpriesterschar. FRÖHNER (1889, 68) liest: *quem lavacrorum monstrum*.

Z. 69: Codex: *Quictis faunosique*. Für die Lesung als *qui cunctis* spricht die analoge Konstruktion in Z. 26.35.47; nur FRÖHNER (1889, 68) liest *quietis*: „Die *quieti* sind die todten, die im reiche der seligen in den bacchischen thiasos aufgenommen werden" – das ist absurd.

Z. 74: *Quis* entspricht wie in Z. 7 dem Relativpronomen *quibus* (s. o. S. 336 mit Anm. 66); ich ergänze (etwas abweichend von SEEFELDER [1901, 55]) *quatere*, was ja sowohl mit Akk. („etwas schütteln") wie mit Abl. („mit etwas schütteln") verbunden werden kann. Seefelder erwägt (von Claudian, Carm. min XXX [= Laus Serenae] 126) zu lesen: *Quis Galatea potens lusit*. BARKOWSKI (1912, 54) versteht das Wort mit Wünsch ebenfalls als Ablativ, aber verbindet es mit *potens*.

Z. 80: Möglich wäre auch die Übersetzung: „und sie, die durch die Kunst eines Dämons sich selbst vergessen hatten, für sich gewinnen sollen".

Z. 96: Der Pariser Codex hat: *Quid miserande Caeris subtes Proserpina mater.* Das kann eigentlich nicht stimmen, oder kannte der Verfasser den Mythos (z. B. bei Firm. Mat., Err. Prof. Rel. 7,1–9) doch nicht so genau? MAEH-LY, RIESE, BAEHRENS greifen m. E. zu weit in den Text ein: *miseranda Ceres mater, Proserpina subter*; ebenso USENER (1877, 36 Anm. 34): *Ceres, subrepta Proserpina matri* (vgl. auch RONCORONI 1972: *subtracta... matri*). Ich würde dann Mommsens Konjektur bevorzugen: *miseranda Caeres, subter Proserpina mater.* Damit erhielte man ein Asyndeton, das bevorzugt der Verfasser ja. (SEEFELDER ist es nicht gelungen [1901, 60], „eine schlagende und überzeugende Änderung des Verses zu finden". Aber rechtfertigt eine mythologische Unkorrektheit bei diesem Verfasser die Korrektur?) Barkowski (1912, 66) bietet eine Reihe von Belegen für den Titel ‚Mutter' für P., da z.B. bei Commodian (Instr. I 12 [11,1 Martin]) berichtet wird, sie und Zeus seien des Bacchus Eltern.

Z. 103:   Fröhner (1889, 68) konjiziert *factos* und bezieht es auf den Wagen.

Z. 122:   *hydropem* bzw. Codex *ydropem* ist griech. ὑδρόπα. Schenkl (1879, 72) erklärte diese Stelle: „nachdem ihn die Wassersucht dahingerafft hat". So auch Seefelder (1901, 63): „Der Dichter mochte das Bedürfnis fühlen, am Schlusse seiner grollenden Auseinandersetzung noch eine Art von Trost einfließen zu lassen, indem er die Gattin Flavians daran erinnert, daß bei dessen schwerem körperlichen Leiden doch keine oder wenig Hoffnung auf ein längeres Leben vorhanden gewesen sei." Dobbelstein übersetzte „ne continue pas à pleurer un mari (…)" (1879, 54), weil er auf den metaphorischen Gebrauch des Wortes bei Prud., Peri. II 239 (IV, 39 Lavarenne) hinwies und eine derartige Aktivität, wie sie beim Präfekten überliefert wird, angesichts dieser Krankheit für sehr unglaubhaft hielt (p. 46). Beides ist keineswegs sicher; vgl. die Übersetzung M. Lavarennes und die übrigen Belege bei Blaise, Dictionnaire, s. v. (397); zu dem Krankheitsbild selbst vgl. Pschyrembel 1982, s. v. Hydrops und das Zitat des Arztes Aretaeus v. Kappadozien (1. Jh. n. Chr.) bei Mazzarino 1974, 402f (CMG II, 62,5f Hude).

5. Das christliche Feindbild des Textes und die Realität

Schon bei oberflächlicher Lektüre des Textes fallen seine drastischen Beschimpfungen auf: Der Präfekt wird „bleiche Schlange" genannt (Z. 53), der „viel tausend Wege" weiß, den Christen zu schaden (Z. 52), ein Betrüger am öffentlichen Gut (Z. 37), dazu noch ein hoffnungslos dem allerdümmsten Aberglauben anheimfallender Tölpel (Z. 48f): Z. 48f wird man doch so zu verstehen haben, daß ein Arbeiter auf dem Landgut Flavians einen Birnbaum zu einer Priapus-Statue[239] behaut, die der Beamte als Gott anbetet. Obwohl der angeredete Präfekt damals schon 60 Jahre alt war (Z. 67), habe er sich mit solchen und anderen Aktionen wie ein dummer Junge verhalten. Dazu wird ihm vorgeworfen, er sei in allerlei unsittliche Kulte (z. B. den Dionysos- und Kybele-Kult) verwickelt gewesen (Z. 71–76)[240].

Natürlich gehören diese Aussagen zur literarischen Form der Apologetik –

---

[239] Belege für den zeitgenössischen Priapus-Kult nennen Barkowski 1912, 41 und Herter 1932, 240–289; Horaz ironisiert in Sat I 8,2 die Frage des Schreiners, ob aus dem Baumstamm eine Bank oder ein Priapus geschnitzt werden soll. Auch dort wird eine Zeremonie beschrieben, bei der sozusagen „unter der Erde" (vgl. 8,26f) die Totengeister beschworen werden.

[240] Hier bleibt – wenn man etwa die Invektiven bei Minucius Felix gegen den Saturn-Kult und daher motiviertes Kinderopfer (30,3[29,9–12 Kytzler]) zum Vergleich danebenhält – unser Text sogar relativ moderat.

das *carmen* gehört zur Gattung *apologetischer Dichtungen*[241], die in diesem Punkt ja bisweilen recht deutlich werden konnten. Aber die Polemik tritt im Gedicht des Paris. Lat. 8084 so gehäuft und direkt auf, daß man es direkt als ‚Pamphlet' bezeichnen muß. Dies liegt nun m. E. daran, daß sich eine Tendenz, die ohnehin schon zur Gattung gehört, mit dem verbindet, was wir ‚Traktätchen-Stil' genannt haben. Dazu paßt dann auch, daß der Text innerhalb seiner Gattung weder stilistisch noch literarisch einen besonders herausgehobenen Platz einnimmt[242].

Trotzdem lassen sich hinter der Polemik durchaus recht konkrete Züge eines ‚Feindbildes' erkennen, die man auf ihre historische Angemessenheit befragen muß: Zu dem bekannten Bild des toleranten Symmachus-Kreises, wie es die dritte *Relatio* im Streit um den Viktoria-Altar zeichnet, will es kaum passen, daß der Christenhasser die hocherwünschten Zeiten des Friedens in jenem unruhigen Jahrhundert bedauert haben sollte, weil er da nicht verfolgen konnte[243]. Ebensowenig stimmt dazu, daß der Präfekt – wie der unbekannte Autor besonders zornig vermerkt – durch Bestechungsgelder oder andere Gaben (*munera*, Z. 81) Christen zum Abfall vom Glauben brachte und damit geradewegs in die Hölle schickte (Z. 83)[244]; er nennt gar zwei konkrete Personen mit den Namen (Z. 85f). Handelt es sich hier um Vorwürfe eines von Haß, Neid und Mißgunst verzerrten christlichen Blickes oder stimmt unser Bild von der ‚Voraufklärung' in der römischen Kurie nicht?

Wir spüren selbst aus der reinen Polemik der Zeilen, daß beim Symmachus-Kreis kein abgeklärtes Toleranzdenken einer nachbarocken Kultur vorlag, sondern lebendige Religiosität der heidnischen Antike: Der Präfekt hat Sühneriten für die ganze Stadt vollzogen (Z. 28), er hoffte, durch das Taurobolienopfer noch 20 Jahre zu leben (Z. 62), aber starb doch bald darauf (Z. 27–29).

Ein solcher Umgang mit dem Taurobolium scheint in diesen heidnischen Kreisen durchaus verbreitet gewesen zu sein: Vom Stadtpräfekten des Jahres 365, C. Ceionius Rufius

---

[241] Vergleichbare Texte stellen z. B. das ps.-cyprianische *Carmen ad quendam senatorem* (CPL 1432); *Carmen* 32 des Ps.-Paulinus von Nola (206) oder Commodians *Carmen apologeticum* (1471) dar (vgl. oben S. 343 mit Anm. 168/169) – das ps.-tertullianische *Carmen adversus Marcionitas* (CPL 36) verwendet analoge Muster literarischer Auseinandersetzung im *inner*-kirchlichen Streit (POLLMANN 1991, passim); zur literarischen Form unseres *carmen* auch MAZZARINO 1974, 447–449.

[242] MOMMSEN 1909, 485 (= 1870, 350) nannte das Gedicht daher auch ‚non minus pium et Christianum quam ineptum et barbarum'; SEEFELDER 1901, 20 meinte, es sei „für die christliche Poësie nicht zu retten".

[243] Und bei der allgemeinen christenfreundlichen Lage kann er diesen Kummer nicht einmal mehr öffentlich machen (Z. 55f)! – eine interessante Deutung auf den Frieden, den seit der Herrschaft Kaiser Konstantins die christliche Religion genießt, bei MAZZARINO 1974, 427–434.

[244] Zur Formulierung *inferias (...) sub tartara misit* vgl. Vergil, Aen. IV 243; VI 543; XI 81f;397; XII 14; zum Totenopfer vgl. WISSOWA 1912, 234f.

Volusianus[245], berichtet eine stadtrömische Inschrift des Jahres 390[246], er habe für sich abermals *viginti anni exp(le)tis* eine *ara taurobolii* aufgestellt[247].

Allerdings empfindet man die vorwurfsvolle Beschreibung der intensiven Religiosität des Kreises heute weniger als informativ, denn als unangenehm, besonders, wenn man sich ins Gedächtnis ruft, wie stark diese Invektiven traditionelle Muster christlicher Apologetik enthalten[248]: Die Vorwürfe gegen die inzestuösen Götter (Z. 4f) gehören ebenso zum gewöhnlichen Standard-Inventar[249] der Apologeten wie die Erregung über die speziellen Affären des höchsten Gottes, *„eures* Juppiters"[250], die Kritik an der Verführung von Leda, Danae und Europa (Z. 9−12)[251] und an seinem Umgang mit dem Vater Saturn (Z. 16)[252]. Ebensowenig beweist der Verfasser in seiner Ironie über die jährliche Darstellung von Verlust, scheinbarer Suche und Auffindung des Osiris in dessen Mysterien[253] oder in seiner Entrüstung über die schändliche Leidenschaft (Z. 13/115)[254] irgendeine Originalität. Die (Vergil entlehnte) Beschreibung des Gottes Vulkan findet sich auch bei Minucius Felix[255]; Kritik am delphischen Orakel (Z. 7) bietet z. B. schon Cicero[256].

Selbst das gliedernde Stilmittel des wiederholten *dicite* ist aus der apologetischen Tradition entlehnt[257]; auch Firmicus Maternus fragt schon fünfzig Jahre

---

[245] JONES/MARTINDALE/MORRIS 1971, PLRE I, 978−980.

[246] CIL VI/1 512 (Berlin 1876, S. 99) = DUTHOY 1969, Nr. 25 (p. 19f) = DESSAU, ILS 4154.

[247] *Femin[e] Deae Isidis Sacerdotis Fi[livs]/iterato viginti annis exp[le]/tis tavrobolii svi aram constitv[it]/ et consecravit* (Z. 10−14).

[248] Zu diesem Problem auch ALAND 1983, 10,13f; für Z. 19−22 (Adonis, Mars, Venus und Bellona) auch BARKOWSKI 1912, 17f.

[249] Vgl. z. B. Lact., Inst. I 10,1−14 (SC 326,102−108 MONAT); Firm. Mat., Err. Prof. Rel. 4,1 (CUFr, 83f TURCAN); weitere Stellen bei GEFFCKEN 1907, 61f und BARKOWSKI 1912, 7f.

[250] Z. 7 vgl. z. B. Arnobius, IV 22 (CSLP 227,20 MARCHESI): *de vestro Iove.*

[251] Aus der Reihe von Belegen aus der lateinischen Apologetik, die BARKOWSKI (1912, 10) aufzählt, treffen freilich nur Firm. Mat., Err. Prof. Rel. 12,2 (101 TURCAN) und Prud., Symm. I 59−78 (CUFr III 138f LAVARENNE) als Parallelen.

[252] Minucius Felix, Octavius 23,13 (21,19); Lact., Inst. I 13,1−15 (140−148 MONAT); Firm. Mat., Err. Prof. Rel. 12,6 (103); Arnobius,IV 24 (229,15−17); Commodian, Instr. IV (*Iuppiter hic natus in insula Creta Saturno / Ut fuit adultus, patrem de regno priuauit* [CChr.SL 128,5,1f MARTIN]) und Prud., Symm. I 45 (138).

[253] Firm. Mat., Err. Prof. Rel. 2,3 (78f TURCAN); in 2,9 (p. 81) Zitat der Formel εὑρήκαμεν συγχαίρομεν (78,16f; WISSOWA 1912, 354 Anm. 1). Eine ausführliche Beschreibung auch bei Minucius Felix (Octavius 22,1 [19,11−19 KYTZLER]); weitere Angaben bei BARKOWSKI 1912, 67.

[254] Firm. Mat., Err. Prof. Rel. 12,7 (103).

[255] Dazu vergleiche:

Carmen,	Z. 97	*Vulcanus claudus pede*	*debilis uno*;
Minucius Felix, Octavius	22,5	*Vulcanus claudus deus et*	*debilis* (21,1 K.)
Verg.,	Aen. V 271		*debilis uno*.

ELLIS (1868, 77) rechnet mit einem direkten Zitat; weitere Belege zu Vulkan bei GEFFCKEN 1907, 68.

[256] Divin. II 116−118; vgl. dazu auch Minucius Felix, Octavius 26,6 (25,1−5 KYTZLER).

[257] Firm. Mat., Err. Prof. Rel. 4,2 (CUFr, 84 TURCAN): *„dic mihi".*

zuvor: „Was *nützt* der Kult?"[258] Tertullian zitiert bereits das *fato stat Iuppiter ipse*[259]. Schließlich ist die Grundfrage nach dem *verus deus* (Z. 54) ein Grundmotiv christlicher Apologetik von Anfang an[260]. Soweit findet sich also im Text nichts Neues. Gerade wenn man sich klarmacht, daß der Adressat bereits verstorben ist, klingen die harten Invektiven des Textes also gar nicht mehr bissig, sondern zu erregt, ja etwas lächerlich – die heidnische Bewegung hat ja längst mit dem Tode des Eugenius und der verlorenen Schlacht am Frigidus den vernichtenden Schlag hinnehmen müssen. Außerdem wird selbst das, was an anderer Stelle von Christen positiv gesehen (oder gar rezipiert) werden kann, verdammt: die sibyllinischen Orakel beispielsweise[261].

Trotzdem kann man diesem Text einige historische, religionsgeschichtliche und archäologische Informationen abgewinnen: Seine verschiedenen Aussagen über römische Religionsformen, den Adonis-Tempel (Z. 19)[262], die Mithras-Mysterien (Z. 47)[263], Taurobolien (Z. 57–62)[264], den Osiris- (Z. 100–

---

[258] *Dicant mihi: Quid (...) profuit* 3,4(82); vgl. auch 7,9 (96).

[259] Apol 25,8 (CChr.SL 1,136,42 DEKKERS): „Dem Schicksal beugt Juppiter selbst sich" (Carl BECKER); zum Zitat im Carmen (Z. 17) vgl. LENAZ 1980, 293–309.

[260] ‚*Deus christianus, Deus noster, uerus Deus*' Tertullian, Nat. I 13f (CChr.SL 1, 32,13.28 DEKKERS); τὸν παρ' ἡμῶν (...) κηρυττόμενον τοῦτον μόνον εἶναι θεὸν ἀληθῆ Athanasius, Gen 40 (OECT 110,9f THOMSON); aber natürlich schon Weish 15,1 bzw. Joh 3,33 und Röm 3,4.

[261] Zu diesen Orakeln vgl. WISSOWA 1912, 536–542 – die reichen Belege des jüdischen und christlichen positiven Umganges mit diesem Text können hier natürlich nicht entfaltet werden, vgl. z. B. Lac.,Inst. I 6,6–7,13 (SC 326, 76,30–90,71 MONAT) und die Diskussion um Konstantins (?) Or.S.C. 18 (GCS Eusebius I, 179,19–181,2 HEIKEL mit den im App. notierten Par.); zu A. KURFESS' Ausgabe der ‚Sibyllinische Weissagungen' (TuscBü, München 1951, bes. 204–279 und 321) die (wie gewohnt sehr scharfe) Rezension von SCHEIDWEILER in ThLZ 78, 1953, 283–285); zur *Verfasserfrage* die gegensätzlichen Voten von DÖRRIES (1954, 146–161) und VOGT (1957, 364–367) und jetzt DE DECKER 1978, 75–89 bzw. BARNES 1981, 73–76 und 323–25.

[262] Vielleicht im Heiligtum der syrischen Gottheiten auf dem Gianicolo in Rom (Via Dandolo 47; die jetzige Anlage aus dem 4. Jh., evtl. aus den Jahren 377–392 [VON GRAEVE 1972, 316] – also ein Zeugnis der „letzten Erhebung des Heidentums"; dort befand sich offenbar eine Art ‚Mausoleum des Adonis' u. a. auch mit einer Adonis- und Bacchus-Statue [VON GRAEVE 1972, 336 mit Anm. 88 und 339f]). Zum Kult selbst vgl. WISSOWA 1912, 359.

[263] LEASE 1980, 1306–1332; jetzt CLAUSS 1986, 265–285; CLAUSS 1990 (S. 39f; ‚Mithras und die heidnische Erneuerung'); COLPE 1973, 29–43. – Gegen die ‚düstere, schauerliche Finsternis' in den ‚verborgenen Höhlen' des Mithras-Kultes polemisiert Firm. Mat., Err. Prof.Rel. 5,1 (CUFr, 85 TURCAN).

[264] Vgl. dazu die Inschriften in CIL VI, 497–504 aus den Jahren 305–390 n.Chr. (= DUTHOY, Nr. 11–17); vorausgesetzt ist hier die Bluttaufe (Prud., Peri. X 1006–1050 [CUFr IV, 154f LAVARENNE]); CUMONT 1931, 60–66; NILSSON 1961, 651–654; LATTE 1960, 353–356; DUTHOY 1969. Zur Kritik vgl. Firmicus Maternus (27,8 [CUFr, 144 TURCAN]), einem Vergleich mit dem *agnus Dei* und dessen vergossenem Blut. DUTHOY stellt die Forschungspositionen zur Formulierung des Sinnes des Rituals zusammen (105–108); eine rekonstruierende Skizze des Vorganges als Fig. 30 bei VERMASEREN 1977, 104.

102)[265] und Kybele-Kult (Z. 103−109)[266] unterscheiden sich z. T. von der vorangehenden lateinischen Apologetik, die nicht immer so präzise beschreibt, wogegen sie polemisiert. Wir sehen nicht nur alle Züge des zeitgenössischen Religions-Synkretismus, sondern auch die bewußte Wiederbelebung alten Brauchtums:

Die Nachricht, der Präfekt Flavian habe „die Pfosten mit Lorbeer" geschmückt (Z. 41), könnte sich auf den Herkules-Kult beziehen[267], ebenso dann die ‚Gastmähler' und besonders ‚das lasterhafte Brot' auf dem Opferschmaus im Rahmen dieses Kultes[268]. Diskussionswürdig bleibt auch der Vorschlag Victor Schultzes[269], Z. 28f auf das *amburbium* zu beziehen, auf die Herumführung der Opfertiere um die Stadt[270]. Dagegen halte ich die Beschimpfung des Präfekten als „bleiche Schlange" (Z. 53) nicht für eine Anspielung auf die Rolle des Tieres bei der Initiation im Kult des Juppiter Sabazius[271], sondern für eine Hervorhebung seiner dämonischen Seiten. Numa wird – wie gewohnt – als Archeget römischer Religion hier in Beziehung zu Flavian gesetzt (Z. 35)[272]. Einen

---

[265] Apuleius berichtet Met XI 27−28 sehr allgemein von den Osiris-Mysterien in Rom (bes. 27,3−28,4 [SQAW 1,349,35−350,30 Helm; Gwyn Griffiths 1975, 329−334]; Cumont 1931, 79−93); die Ausdrucksweise im *carmen* („konnte er den, der wieder gefunden war, [erneut] verlieren" [Z. 100]) spricht für die Annahme einer spielerischen Nachgestaltung des Dramas (der trauernde Anubis [Z. 100] könnte also Flavian selbst gewesen sein, vgl. Apuleius, Met XI 11,1 [332,37 Helm]). – Vielleicht werden die Festivitäten des Osiris und der Magna Mater auch deswegen hintereinander beschrieben, weil der jeweils letzte Tag „*Hilaria*" genannt wurde (Wissowa 1912, 354).

[266] Zum Verhältnis zwischen Taurobolium und diesem Kult Duthoy 1969, 108f. – Die Megalesien wurden vom 4.−10. 4. gefeiert (Boyancé 1954, 337−342; eine Übersicht über den Festkalender auch bei Latte 1960, 436, Spalte 6, vgl. auch S. 261), zu den Örtlichkeiten in Rom die instruktive Übersicht bei Vermaseren 1977, 41−57. – Vgl. auch Klein 1986a, 36−46.

[267] So Ellis 1868, 72). Er verweist auf Macrob., Sat. III 12,2: *Videmus et in capite praetoris urbani* [sc. des Praetextat] *lauream coronam cum rem divinam Herculi facit* (BSGRT 190,21f Willis); Barkowski (1912, 35) auf Juvenal (VI 79 – freilich von der Hochzeit Quintilians). Barkowskis Vorschlag (51), auch den Ausdruck *efebus* (Z. 67) auf den Kult zu beziehen, wirkt überzogen.

[268] Vgl. Wissowa 1912, 278f. Barkowski (1912, 36) nennt ein Zitat aus dem Geschichtswerk des Poseidonius (Frgm. 53 Edelstein/Kidd [Vol. I, p. 78,5] = 82 Theiler = Athenaeus IV 153 C/D), in dem über ἄρτοι μεγάλοι im stadtrömischen Herakles-Heiligtum (vgl. Coarelli 1975, 288) berichtet wird.

[269] Schultze 1887, 289.

[270] Wissowa 1912, 142; Pax 1950, 373−375. So auch schon De Rossi 1868a, 54; er weist darauf hin, daß das letzte *amburbium* (nach Vopiscus in seiner Aurelian-Vita 20,3 [BSGRT Scriptores Historiae Augustae II, 164,9f Hohl]) unter Aurelian – und also ein gutes Jahrhundert früher – begangen wurde. – Für Manganaro 1961a, 31 und Heinzberger 1976, 185f ist die Zeit-Angabe ein zentrales Argument ihrer Neudatierung: Nur Pompeianus (s. o. S. 346 Anm. 190) amtierte drei Monate als PVR.

[271] So Ellis 1868, 74 – er bezieht sich auf Firm. Mat., Err. Prof. Rel. 10,1 (100 Turcan; vgl. auch Wissowa 1912, 376); zu Sabazius und den Schlangen jetzt Fellmann 1981, 318−20. Barkowski (1912, 43) bezieht den Ausdruck *luridus* auf die Wassersucht (Z. 121).

[272] So beispielsweise bei Tertullian, Apol 25,12. Zu den offenbar pythagoreischen Fälschungen von Schriftrollen Numas im Jahr 181 v. Chr. vgl. Varro bei Aug., Civ. D. VII 34 (CChr.SL 47,214,7−15 Dombart/Kalb); Latte 1960, 268−270 und Pilhofer 1990, 98−103.

Hinweis[273] Richard Wünschs folgend kann man auch die Nachricht, Flavian habe sich zum Bettler gemacht (ἐπαίτης; Z. 59), als Traditionspflege interpretieren: Augustus soll nach einem Bericht des Sueton einmal im Jahr „das Volk um Almosen" angebettelt haben „und streckte den Leuten, die ihm ein As geben wollten, die hohle Hand hin"[274]. Den Sarapis-Tempel sucht er bei Nacht auf (Z. 91) – vielleicht zum Zwecke des Orakels im Tempelschlaf, vielleicht um durch *incubatio* Heilung von der Wassersucht zu finden[275].

Die Zeilen zeichnen insgesamt ein vermutlich recht zutreffendes Panorama der heidnischen kultischen Aktivitäten, deuten aber auch den philosophischen Hintergrund an: Die Identifikation des Attis mit der Sonne (Z. 109) läßt sich z. B. mit der bei Macrobius berichteten (neuplatonisch motivierten) Identifikation von Adonis und Attis mit der Sonne verbinden[276]. Die Identifikation der ‚fruchtbaren Erde‘ mit der ‚schönen Mutter der Götter‘ (Z. 94), sc. der *magna mater*, findet sich auch schon in der Stoa (erhalten bei Varro[277]).

Die heidnische Erneuerung hat sich wahrscheinlich besonders um Kulte mit optisch eindrücklichen Abläufen und Festen bemüht, nachdem der christliche Kirchenbau und der farbenprächtige Kultus darin die Massen anzogen. Daher glaube ich, daß die ausführliche Beschreibung der Feste der Magna Mater (der „Berezyntischen Mutter"[278]) durch den unbekannten Autor (Z. 74/103−109) nicht auf dessen Lust zu bitterer Polemik zurückgeht, sondern einen Schwerpunkt der Bewegung identifiziert. Dabei läßt sich sogar eine gewisse Gründlichkeit seiner Darstellung konstatieren:

Z. 105−107 beziehen sich auf die *hilaria* am 25. März, an denen die Göttin auf einem Wagen, auf dem auch silberne Löwen stehen[279], im Triumphzug der Vornehmen durch die Stadt gebracht wurde[280], Z. 108 beschreibt das mitten in der allgemeinen Fastenzeit (16.−24. März: *castus Matris Deum*) liegende Fest *arbor intrat*, das die *dendrophoroi*

---

[273] BARKOWSKI 1912, 46.

[274] Aug 91,2 *quotannis die certo emendicabat populo cauam manum asses porrigentibus praebens* (BSGRT 100,1f IHM).

[275] So BARKOWSKI 1912, 63: „Der Sarapis- und Isiskult kannte das Schlaforakel verbunden auch mit Heilwirkung" (ZINTZEN 1975, 584 – für Isis vgl. Tibuli, I 3,23−27 [SQAW 2, 31 HELM]).

[276] *Adonis: Adonis quoque solem esse non dubitabitur inspecta religione Assyriorum* (Macrob., Sat. I 21,1 [BSGRT I, 115,21f WILLIS; dazu VON GRAEVE 1972, 338]); *Attis:* Arnobius, Adv. Nat. V 42 (*sed si Attis sol est...* [CSLP, 302, 3 Marchesi]); Macrob., Sat. I 21,9 (*Solem vero sub nomine Attinis ornat fistula et virga* [I, 117,10f]).

[277] Aug., Civ. D VII 24 (CChr.SL 47, 205,13f/206,28−30 DOMBART/KALB).

[278] Vgl. aus Servius' Vergilkommentar, also dem Werk eines ungefähren Zeitgenossen (WESNER 1923, 1834−1848): *Qualis Berecyntia Mater Phrygia: nam Berecyntos castellum est Phrygiae iuxta Sangarium fluvium,ubi mater deum colitur. per hanc autem comparationem nihil aliud ostendit, nisi Romanos duces inter deos esse referendos* (II, 111,19−23 THILO).

[279] Vgl. WISSOWA 1912, 319 Anm. 5 bzw. CRACCO RUGGINI 1979, 70f n. 206; bei VERMASEREN 1977, 59 eine Abbildung des Wagens mit den beiden Löwen nach einem Altar von der Via Appia aus dem Jahr 294 (Rom, Villa Albani Inv. 215.208 = OrRR, EPRO 93, Tafel III auf S. 294).

[280] WISSOWA 1912, 319f bzw. VERMASEREN 1977, 113−123.

gestalten. Vor Sonnenaufgang wurde eine Pinie gefällt, mit Veilchen und einem Bild des ‚kastrierten Attis' ausgeschmückt und zum Tempel gebracht[281]. Die Identifikation dieses Gottes mit der Sonne (Z. 109) deutet u. U. auf eine nach-julianische Stufe des Kultes[282]. Die Umkehrung der Reihenfolge zwischen *arbor intrat* und *hilaria* im Traktätchen muß sich nicht aus der Unkenntnis des Verfassers erklären, sie kann polemisch bedingt sein. (Auf die Festivitäten des März folgten im April die *Ludi Matri deum Magnae Idaeae* bzw. *Ludi Megalesiaci*, sie begannen am 4. April[283]).

Mit solcher Wiederbelebung der farbigen heidnischen Rituale versuchte die stadtrömische Aristokratie am Ende des vierten Jahrhunderts, mitten in der für alle deutlichen Krise des alten römischen (und neuen christlichen) Reiches, eine scheinbar so unumkehrbare Entwicklung – zum Heil des Reiches, nicht nur Latiums – umzustoßen, wie der unbekannte Autor am Ende des Gedichtes richtig bemerkt: Man erhoffte, da der Christengott in der Reichskatastrophe so erkennbar versagt zu haben schien, das Heil für Latium wieder von Juppiter.

Zwar genoß das Heidentum in Rom selbst noch eine – im Vergleich zum sonstigen Reichsgebiet – privilegierte Sonderstellung[284]. Aber der römische Festkalender vom Jahre 354[285] zeigt, wie stark sich das offizielle Rom und die Kirche schon arrangiert hatten. Er „bringt neben der Liste der Konsuln und Präfekten auch das Verzeichnis der christlichen Bischöfe; neben dem kirchlichen Festkalender und dem Osterzyklus stehen die heidnischen Feste"[286]. Außerdem konnten die Heiden unschwer erkennen, daß die Situation sich weiter zu ihren Ungunsten entwickelte[287]: Der christliche Stadtpräfekt Furius Maecius Gracchus[288] hatte bereits 376 feierlich ein Mithräum geschlossen,

---

[281] Vgl. dazu Arnobius, Adr. Nat V 7 (von der Magna Mater): *Tunc arborem pinum, sub qua Attis nomine spoliaverat se viri, in antrum suum defert* (CSLP, 257,11−13 MARCHESI). Diese Tätigkeit und die Trauer der Göttermutter bilden die *arbor intrat*-Handlung und das Fasten ab.

[282] COLPE zu Julian, Or. 5 (158d/180c): „Die Seelen, Funken des himmlischen Feuers, das Attis ausstrahlt, stürzen mit ihm von der Milchstraße hinab (...). Der Sonnengott aber erlöst die gefallenen Seelen" (1981b, 642).

[283] SCULLARD 1985, 151−156 – allerdings beschränkt sich seine Darstellung auf die republikanische Zeit; LATTE 1960, 261f.

[284] So selbst Ambrosius, Ep 72(17),5 (CSEL 82/3, 13,36−39 ZELZER = TzF 7,118,31−33 KLEIN). Zur Bedeutung der heidnischen Romideologie in dieser Zeit WYTZES 1977, 73−80 und KLEIN 1986b,119−138; schließlich PASCHOUD 1967.

[285] Ed. Th. MOMMSEN, MGH.AA IX, 13−148 – dazu WISSOWA 1912, 97 mit Anm. 2; LATTE 1960, 367; MOMIGLIANO 1963, 86f; MOMMSEN 1850, 536−579; SCHULTZE 1892, 88−98. Zu den heidnischen *Festen* jetzt MARCUS 1990, 107−121.

[286] KÖTTING 1961, 7. KÖTTING nimmt den Text als Beleg des nach wie vor großen Einflusses des Heidentums. Nun zeigt allerdings schon ein Blick in MOMMSENS vorzügliche Ausgabe, wie stark die christlichen Texte schon rein von der Menge her (ab p. 70) den Kalender dominieren. Ein ‚rein heidnischer' Festkalender fehlt; die *fasti* der politischen Beamten wird man kaum als Zeichen besonderen Heidentums deuten, sie haben vor allem praktische Bedeutung.

[287] Eine Gesamtdarstellung dieses Prozesses beispielsweise bei SCHULTZ 1892, 169−184.

[288] JONES/MARTINDALE/MORRIS 1971, PLRE I, 399.

nachdem er dessen Schmuck zerstört hatte[289]. Zosimus, einer der letzten
großen heidnischen Historiker, berichtet, daß die Nichte des Kaisers Theodo-
sius und Gattin des Stilicho[290], Serena, etwa im Jahre 394 (Paschoud: 389) in
Rom die Halskette der Rea ausgerechnet im palatinischen Tempel (?) der
Magna Mater abnehmen ließ, um sie sich selbst anzulegen[291]. Theodosius, den
Zosimus für einen der Hauptverantwortlichen der Katastrophe des römischen
Reiches hielt[292], befahl am 24. 2. 391 dem Stadtpräfekten Ceionius Rufius
Albinus das Verbot jeglichen heidnischen Kultes[293]. Ob er dann eigens in einer
Ansprache dem Senat 394 nochmals erklären mußte, daß er die Riten und
Opfer wegen ihrer Kosten abschaffen wolle, da er zusätzliche Mittel der militä-
rischen Lage wegen benötige[294], bleibt allerdings umstritten[295]. Wir kennen
zwar (für die Jahre nach 374) noch eine recht große Anzahl heidnischer Kultstätten[296], so daß Gracchus' oben erwähnte Handlung nur ein Fanal blieb, noch
kein Auftakt größerer Aktionen – jedenfalls in Rom – war[297], aber die heidnische Partei wird gerade solche Handlungen und ihre Folgen für die römische
Situation sehr wohl wahrgenommen haben. Wie aufmerksam diese jeweiligen
Zeichenhandlungen in Rom registriert wurden, zeigt für die Gegenseite die
extrem schnelle Reaktion des Ambrosius (ein erster Brief, bevor das *corpus
delicti* des Symmachus überhaupt auf dem Tisch liegt!) und sein direkter und

---

[289] Hier., Ep 107,2 (V, 146,5−11 LABOURT); Prud., Symm. I 561 (CUFr III, 154 LAVAREN-
NE).

[290] JONES/MARTINDALE/MORRIS, 1971, PLRE I, 824 und die ausführliche Anmerkung bei
F. PASCHOUD, Zosime Tome III/1, CUFr, Paris 1986, 258−262.

[291] V 38,3/4 (CUFr III/1, 56,23−12); einen ausführlichen Kommentar zum ,sacrilège de
Séréna' bei F. PASCHOUD, aaO. 263−266; zur Deutung der Geste selbst DEMANDT/BRUNNER
1977, 499f; unbefriedigend GRANT 1981, 181.

[292] IV 59,1−4 (CUFr II/2, 328,19−330,11 PASCHOUD mit Anmerkung 213 auf p. 470−473).

[293] Cod. Theod. XVI 10,10 (I/2, 899f MOMMSEN); vgl. dazu LIPPOLD 1980, 46; SEECK 1913,
233 (in der Anm. dazu S. 533 „an die Tatsache dieses Gesetzes dürfte die erfundene Geschichte bei Zosim[us] IV 59 anknüpfen"); WYTZES 1977, 156; zu *Albinus* vgl. JONES/MARTINDALE/
MORRIS 1971, PLRE I, 37f. Allerdings ist die Gültigkeit des Textes umstritten: CAMPENHAUSEN
(1929, 243) hielt es im Blick auf den Westen eher für eine „drohende Geste"; wahrscheinlicher
erscheint aber (mit NOETHLICHS 1971) die universelle Geltung (CRACCO RUGGINI 1979, 57f).

[294] Zosimus IV 59,2 (329,11−15; dazu STRAUB 1967, 134−158); vgl. Cod. Theod. XVI 10,19
(I/2, 902f MOMMSEN).

[295] S. o. S. 326 mit Anm. 1.

[296] Im *Curiosum urbis romae* (JORDAN 1871, 541−574); zum Text und seinen Handschriften
aaO. p. 3−39; zum vollkommenen Fehlen christlicher Kultstätten in dieser nach *regiones*
geordneten amtlichen Liste p. 10−12 – natürlich besagt die reine Aufzählung noch nichts
darüber, ob die Heiligtümer geöffnet waren und wie sie frequentiert wurden). Vgl. dazu auch
aus einem zeitgenössischen ,Reiseführer': *sunt autem in ipsa Roma et virgines septem ingenuae
et clarissimae, quae sacra deorum pro salute civitatis secundum antiquorum morem perficiunt
und vocantur virgines Vestae (...) colunt autem* (sc. Romani) *et deos ex parte, Iovem et Solem:
nec non et sacra Matris Deum perficere dicunt et aruspices ad eos certum est* (aus § 55 der
,Expositio totius mundi et gentium' von der Mitte des 4. Jh.s [RIESE, 1878, 120,11−13 und
20−22 = SC 124, 192, 19−194, 33 ROUGÉ]).

[297] So auch bei SCHULTZE 1892, 170.

massiver Druck auf den Kaiser. Wenn es um die Abwendung einer schweren Reichskrise ging, dann konnte es eben nicht mit allgemeinen Erwägungen zur Religionstoleranz getan sein. Das zeigen z. B. auch die erbitterten verbalen Invektiven des ‚Ambrosiaster' in seinem Kapitel *‚Adversus Paganos'*[298] gegen die aus dem Orient stammenden Religionen. Die Senatspartei mußte es umgekehrt schließlich als ihre ohnehin traditionelle Aufgabe empfinden, zur Abwendung dieser existenzbedrohenden politischen und ökonomischen Wirren auch religiöse Mittel einzusetzen[299].

Trotz aller Polemik und inhaltlichen Problematik[300] trifft das apologetische Gedicht genau die umstrittene, zugleich aber Heiden und Christen gemeinsam bewegende Frage: Von wem ist unter den Bedingungen der allgemeinen Reichskrise *Heil* zu erwarten? Wer kann dem angeschlagenen Gemeinwesen Beistand leisten? Wer hilft? Wer nützt in dieser Situation? Der Autor des *carmen* antwortet: ‚Eure Götter nützen euch nichts, wie das Schicksal eures großen Präfekten handgreiflich zeigt'. Dieser Trumpf sticht, auch wenn die argumentative Strategie keinerlei Originalität aufweist[301].

Es überrascht, daß sich in unserem Gedicht trotzdem kaum Spuren jener *gemeinsamen* Einsicht von Christen *und* Heiden finden, Spuren einer pessimistischen Wertung der unruhigen Zeitläufte[302]. Die Frage nach dem *Nutzen* des heidnischen Kultes wird gestellt, ohne daß von den ‚Erfolgen' des christlichen Gottes geredet wird. Die Ende des 4. Jh.s deutlich sichtbare Krise des alten Reiches spielt in unserem Traktätchen nur eine implizite Rolle.

Trotz dieser vollkommen einsichtigen Zuspitzung auf die in der Tat zentrale Frage ernüchtert, ja ermüdet der Traktat wegen seiner heftigen, aber wenig originellen Polemik – nicht nur seiner geringen sprachlichen, literarischen oder metrischen Qualität wegen, wie dies auch schon längst bemerkt wurde[303]: Seefelder hat dem Text nach Form und Inhalt gar eine „stümperhafte Behand-

---

[298] Qu.test. 114 (CSEL 50,303,5–318,3 Souter; bes. 114,11 zu Isis und Osiris [p. 308,15–20] und 114,24 zu dem Satz *quod anterius est (...) falsum esse non potest* [p. 314,10–19] – eine instruktive Einleitung zur Schrift in der ‚Patrologia' des Institutum Patristicum Augustinianum (Vol. III, 173f); vgl. auch Cracco Ruggini 1979, 32 n. 78 und Lenaz 1980, 305–307.

[299] Zu den religiösen Obliegenheiten des Senates Talbert 1984, 386–391. Zum ‚übersteigerten Adelsbewußtsein' Klein 1986b, 123f.

[300] Klein spricht sogar von „leidenschaftlichem Haß" (1986a, 52) – viel hängt davon ab, wie ehrlich der Verfasser die Verse 121/22 und ihre Anrede an die Gattin meinte.

[301] Lagrange 1919, 419–480, zum *carmen* p. 465.

[302] Zum heidnischen Zeitbild Demandt 1984, 45–55 und jetzt auch Pabst 1986; für die christliche Sicht vgl. beispielsweise das Werk *De Cursu temporum* des Quintus Iulius Hilarianus von 397 (ed. C. Frick, Chronica Minora I, BSGRT, Leipzig 1892, 153–174 = CPL 2280; zum Autor Mandouze 1982, 557f).

[303] „Der Ton des Produktes ist aufgeregt, der Relativsatz wird zu Tode gehetzt; auch die Frageform drängt sich im Einklang mit dem exaltierten Wesen in den Vordergrund (...). Der Eindruck, den das ganze Machwerk auf den Leser macht, ist ein unbefriedigender" (Schanz/Hosius/Krüger 1914, 200); zur Charakterisierung auch Manganaro 1960, 211.

lung des Stoffes“ bescheinigen wollen[304]. Freundlicher urteilt Frank M. Clover, der auf ein Fragment voraristotelischer Logik hinweist:

καὶ δεῖν ἔφη Γοργίας τὴν μὲν σπουδὴν διαφθείρειν τῶν ἐναντίων γέλωτι τὸν δὲ γέλωτα σπουδῇ[305].

Ob hier nun tatsächlich der unbestreitbare Eifer der heidnischen Gegner durch den gezielten rhetorischen Einsatz des Mittels der „Lächerlichkeit“ zerstört wurde, wird man bezweifeln müssen. Eher gelingt Clover eine elegante moderne Rechtfertigung schlichten Unvermögens. Freundlich beurteilt aber auch Albrecht Dihle den Text:

> „Die wiederaufgenommene Kultpraxis trug (...) die Züge eines sehr künstlichen Unternehmens, und eben dies verspottet der Verfasser des Gedichtes (...) mit unerbittlicher Schärfe. Der Text liefert bei aller Übertreibung in den polemischen Darstellungen dem Historiker wertvolle Hinweise darauf, wie man sich die Vorgänge im religiösen Leben jener Zeit in Rom vorzustellen habe.“[306]

Man wird auch nicht einfach die Debatte um den literarischen und kulturellen Niedergang (mit all ihren problematischen Zügen) zur Erklärung der stilistischen Unausgewogenheit eines Textes verwenden dürfen[307]. Zeigt unser Text, daß die langsame (und nicht unumstrittene[308]) Entstehung einer christlichen Poesie begleitet wurde von der Adaption auch einer ‚unteren, zweiten Etage‘ der profanen Poesie? Oder wird, wenn in der Gattung ‚apologetischer Gedichte‘ literarisch ‚hochwertige‘ und weniger ‚bedeutsame‘ Texte unterschieden werden, viel zu sehr von bestimmten ‚klassischen‘ Autoren und einer klassizistischen ‚Norm‘ her gedacht? Diese eher literaturwissenschaftlichen Fragen bedürfen weiterer sorgfältiger Untersuchungen[309].

Leichter fällt eine geistesgeschichtliche Einordnung: Man hat bei Lektüre des anonymen Pamphletes ‚Gegen Flavian‘ fast den Eindruck, als ob ein drastisches (und unzutreffendes) Urteil in dem sonst so verdienstvollen und

---

[304] SEEFELDER 1912, 19.

[305] Aristot., Rhet. III 18,1419b 4f (vgl. Gorgias, Frgm. 22 bei RADERMACHER 1951, 47); CLOVER 1985, 163.

[306] DIHLE 1989, 598.

[307] MARROU 1981 (mit der ‚Retractatio‘, besonders deren Abschnitt XII zum Bildungsproblem der ‚Spätantike‘, 515f); vgl. auch den Sammelband ‚Erziehung und Bildung in der heidnischen und christlichen Antike‘ (hg. v. H.-Th. JOHANN, WdF 377, Darmstadt 1976). – Vielleicht findet sich in der Formulierung *per freta Parthenopes* (Z. 12) sogar ein Hinweis auf einen relativ *guten* Bildungsstand des Verfassers von CPL 1431. So jedenfalls CLOVER (1985, 168–176), der sie als „picturesque allusion to Campania“ versteht, die kritisieren wolle, „that senators who resided in Campania (*wie z. B. Praetextat, Flavian und Gabinius Barbarus Pompeianus*) had the audacity to worship Jupiter“ (1976).

[308] *Negant Camenis nec patent Apollini/dicata Christo pectora* Paulinus von Nola, Carmen X 21f (CSEL 30, 25 HARTEL); vgl. auch VAN DER NAT 1977, 221–225.

[309] Diese Dimension fehlt m. E. in dem Werk von RABY (1953) vollkommen. Vgl. die auf dem Hintergrund einer marxistisch-leninistischen Ästhetik und Geschichtstheorie entstandenen Äußerungen von KIRSCH 1989, 140–150 bzw. die verdienstvolle Übersicht bei FONTAINE 1981 – zum *carmen* p. 219.

gelehrten Werk von Ernst Lucius und Gustav Anrich über „Die Anfänge des Heiligenkultes in der christlichen Kirche" hier auf einen Christen zurückfällt und anzuwenden wäre:

„Die Heiden der nachconstantinischen Zeit waren eben Nachkommen von Geschlechtern, die, feig und denkfaul, ihnen nur ein ganz geringes Erbe an geistiger und sittlicher Energie zu hinterlassen vermocht, Kinder einer alternden, ausgelebten Welt, ohnmächtige Zeugen der Auflösung derselben. Das stolze Selbstgefühl, das frühere Zeiten ausgezeichnet, jenes unbedingte Vertrauen auf die eigene Stärke und Tüchtigkeit, das Jahrhunderte hindurch die Philosophie in der Welt verbreitet hatte, sie waren nirgends mehr zu finden."[310]

6. Schluß

Wir beobachteten an unserem Traktätchen traditionelle, müde und abgeschlaffte Polemik – es ist keine erfreuliche Vorstellung, daß man *so* damals in gewissen Kreisen der Kirche versucht hat, den Massen das Übergehen vom Heidentum zur neuen Religion zu ,erleichtern'. Wenn man aber diesen Eindruck mit dem vergleicht, den ein heutiger Leser von der geistigen Kraft der „letzten Erhebung" des Heidentums gewinnt, läßt sich eine interessante Gemeinsamkeit beobachten: Auch dort wenig originelle (gar philosophische) Gedanken, viel Tradition, viel Äußerlichkeiten. Die althistorische Forschung hat uns in den letzten Jahren gelehrt, diesen energischen letzten Versuch der Senatspartei nicht unter das alte Leitmotiv des Bildes einer „alternden, ausgelebten Welt" zu stellen. Man konnte sich ja als Theologe an dieser Sicht J. Burckhardts[311], die sich nach den Forschungen von Karl Christ[312], Alexander Demandt[313] und H. I. Marrou[314] aber nicht mehr einfach wiederholen

---

[310] LUCIUS/ANRICH 1904, 108.

[311] BURCKHARDT 1929, 206: „Wenn irgendwo sich die Lebenskrisis der alten Welt deutlich offenbart, so ist es in der Abenddämmerung des Heidentums (...). Es fragte sich nun, ob nicht das Christentum die Bestimmung haben sollte, die Nationalitäten aufzufrischen und auch dem Staatswesen einen neuen Halt zu geben". B. spricht vom „Greisenleben der antiken Welt" (207); glaubt, an der Physiognomie von Darstellungen der Söhne Konstantins etwas beobachten zu können, „was im schlimmen Sinne das Pfäffische heißt" (211); über die Figurengedichte des PVR Publilius Optatianus Porphyrius (JONES/MARTINDALE/MORRIS 1971; PLRE I, 649; HANSLIK 1975/79, 1240; OPELT 1983, 2488f – Edition durch G. Polara, 2 Bde., CSLP, Turin 1973): „Er war aus irgend einem Grunde in die Verbannung geschickt worden und legte es nun darauf an, durch ganz verzweifelte poetische Luftsprünge sich bei Constantin wieder zu Gnaden zu bringen, was ihm denn auch gelang" (229).

[312] CHRIST 1970, 1–31; dort u. a. kritisch zu Otto SEECKS ,darwinistischer' Konzeption „Ausrottung der Besten" (17 mit Anm. 48). Im Sammelband auch eine Bibliographie zum Thema bis 1968 von MORLANG (456–487).

[313] DEMANDT 1980, 178–204; 1983, 211–222; 1984, *passim*.

[314] MARROU 1977.

läßt[315], trefflich auferbauen und von der abgelebten Spätantike ein davon unberührtes Christentum ausnehmen.

Heute müssen wir deutlicher differenzieren: Wir sehen zum einen am *carmen contra paganos*, daß sich auch im Christentum Züge einer alternden, ausgelebten Welt fanden: Römisches Kaisertum und christliche Apologetik (wenn man sie mit Lukas beginnen lassen möchte) waren ja fast gleichaltrig. Zum anderen aktivierte das Heidentum in der neuen Minderheitenexistenz, in der es sich wiederfand, eine philosophische Theorie des religiösen Synkretismus, die Theorie des Religionspluralismus; hier ist neben den bereits erwähnten Sätzen des Symmachus („Man kann nicht nur auf einem einzigen Wege zu einem so erhabenen Geheimnis finden"[316]) auf die Schrift des Sallustius[317] zu verweisen, die gewöhnlich ‚Über die Götter und den Kosmos' betitelt wird.

Dieser Text zwingt denen, die heute am Ende eines nicht minder krisengeschüttelten Jahrhunderts Theologie treiben wollen, die Überlegung nach ihrem eigenen Verhältnis zu den anderen Religionen im Religionssynkretismus unserer Tage auf. Ist es zunächst nicht vielfach ein Verhältnis blasierter Ignoranz wie in diesem Gedicht[318]? Freilich gibt es heute, wie der Marburger Systematiker Carl Heinz Ratschow schon 1979 programmatisch schrieb, „kein innertheologisches Selbstgespräch mehr, das sich nicht auf Schritt und Tritt vor den Religionen zu verantworten hätte"[319]. Das ist keine diskussionswürdige dogmatische Forderung, sondern eine schlichte seelsorgerliche Erfordernis der Wirklichkeit unserer Gemeinden, die in den Städten oft schon islamischen Moscheen oder Zentren der fernöstlichen Bewegungen rein räumlich benachbart sind.

Soll man – wenn denn erst einmal das Gespräch wirklich als Dialog informations- und gesprächswilliger Partner aufgenommen ist – nun in der eigenen theologischen Linie dem Weg des Pamphletes gegen Flavian folgen, seiner scharfen, ja intoleranten Abgrenzung, die das erneute theologische Nachdenken offenbar verachtet hat? Soll der Theorie des aufgeklärten (oder: abgeklärten?) Religionspluralismus Folge geleistet werden, wie sie die Senatspartei

---

[315] So auch COLPE in seiner ‚Einführung in die Geschichte und neue Perspektiven', OrRR, 1981a, 30f. Zum Thema jetzt auch QUACQUARELLI 1986.

[316] *Uno itinere non potest perveniri ad tam grande secretum* (§ 10 [TzF 7, 104,77–105,78 KLEIN]); s. o. S. 334.

[317] Zum Autor vgl. die Bemerkungen in JONES/MARTINDALE/MORRIS 1971, PLRE I, 796 und in der Edition von A. D. NOCK (Cambridge 1926 = Hildesheim 1988, CI–CIV). JONES/MARTINDALE/MORRIS schlagen eine Identifikation mit dem PPO Galliarum der Jahre 361–63 und Konsul des Jahres 363 vor.

[318] „Nach wie vor kann man Theologie studieren und theologische Examina bestehen unter Ausschluß der Weltöffentlichkeit der Religionen. Das ist ein tiefer Schade. Das Gespräch des Christentums mit den Religionen wird nur von Profis geführt. Auf der Ebene der gelebten Religion ist davon keine Rede" (RATSCHOW 1979, 119).

[319] RATSCHOW 1979, 119.

vorschlägt? Oder sind das gar veraltete Alternativen[320] derer, die das erneute mühsame Be- und Nachdenken scheuen? Verändert das wechselseitige Lernen gar die gesprächswilligen Religionen? Viele Fragen. Haben wir nicht zunächst einfach von der menschlichen Hochachtung zu lernen, aus der heraus ein Prudentius gegen Symmachus argumentiert[321], bevor über alles andere nachgedacht wird?

Wie auch immer die Entscheidung fällt – auch heutige evangelische Theologie als Theorie eines denkenden Glaubens wird, gerade weil sie der intoleranten Linie des *carmen* nicht folgen darf, trotz allem von ihm zumindest seine zentrale Frage übernehmen und sie in aller Offenheit eines Gespräches doch deutlich stellen: Was nützt der jeweilige Kultus, wie bewährt sich die jeweilige Religion im privaten (und öffentlichen[322]) Leben und vor allem im Sterben?

Bibliographie

ALAND, B. 1983: Christentum, Bildung und römische Oberschicht. Zum ‚Octavius‘ des Minucius Felix, in: Platonismus und Christentum, FS für H. Dörrie, hg. v. H.-D. Blume und F. Mann, JbAC Ergbd. 10, Münster 1983, 11–30.

ALTENDORF, H. D. 1974: Römische Senatsaristokratie und Christentum, in: Kirchengeschichte als Missionsgeschichte, Bd. I, hg. v. H. Frohnes und U. W. Knorr, München 1974, 227–243.

ALFÖLDI, A. 1943: Die Kontorniaten. Ein verkanntes Propagandamittel der stadtrömischen heidnischen Aristokratie in ihrem Kampfe gegen das christliche Kaisertum, Festschrift der ungarischen numismatischen Gesellschaft zur Feier ihres vierzigjährigen Bestehens, Budapest 1943.

ALFÖLDI, A./ALFÖLDI, E./CLAY, C. 1976: Die Kontorniat-Medaillons, Teil 1 – Katalog, Deutsches Archäologisches Institut – Antike Münzen und geschnittene Steine, Bd. VI/1, Berlin 1976.

ALLARD, P. 1892: Le paganisme romain au IVme siècle, RQH 49 (1892), 345–372.

ALTANER, B. 1967: Paganus. Eine bedeutungsgeschichtliche Untersuchung, in: DERS., Kleine patristische Schriften, hg. v. G. Glockmann, TU 83, Berlin 1967, 582–596 (zuerst: ZKG 58 [1939], 130–141).

ALTANER, B./STUIBER, A. 1978: Patrologie. Leben, Schriften und Lehre der Kirchenväter, Freiburg/Basel/Wien 81978.

BAEHRENS, E. 1877: Zur lateinischen Anthologie, RhM 32 (1877), 211–226.

BARKOWSKI, O. 1912: De Carmine Adversus Flavianum Anonymo. Dissertatio Inauguralis quam ad Summos in Philosophia Honores ab Amplissimo Philosophorum Ordine Regimontano Rite impretrandos scripsit. O. B., Königsberg 1912.

---

[320] Das mag man vom Hintergrund von RATSCHOWS eigener Lösung fragen (1979, 120–128).

[321] KLEIN weist (1986a, 164) auf dessen Symm. I 624f („*pereuntum adsertor diuum*“ [CUFr III, 156]) und II 647 („*tragicus cantor*“ [p. 180]) hin.

[322] Mit dem unaufgebbaren Nutzen der jeweiligen Religion für das Staatswesen argumentierten beide Seiten (KÖTTING 1961, 18f).

BARNES, T. D. 1976: The Historical Setting of Prudentius' Contra Symmachum, AJPh 97 (1976), 373−386.

− 1981: Constantine and Eusebius, Cambridge/London 1981.

BATES, M. S. 1947: Glaubensfreiheit. Eine Untersuchung, New York 1947.

BERGMANN, J. 1908: De codicum Prudentianorum generibus et uirtute, SAAW 157/5, Wien 1908.

BISCHOFF, B. 1966: Hadoard und die Klassikerhandschriften aus Corbie, in: DERS., Mittelalterliche Studien. Ausgewählte Aufsätze zur Schriftkunde und Literaturge-schichte Vol. I, Stuttgart 1966, 49−63 (zuerst englisch in Didaskaliae. Studies in Honor of A. M. Albareda, ed. by S. Prete, New York 1961, 41−57).

− 1986: Paläographie des römischen Altertums und des abendländischen Mittelalters, Grundlagen der Germanistik 24, Berlin ²1986.

BLOCH, H. 1945: Ein neues inschriftliches Zeugnis der letzten Erhebung des Heidentums in Westrom 393/394 n. Chr. (zuerst engl.: A New Document of the Last Pagan Revival in the West, 393−394, HThR 38 [1945], 199−244, übers. v. K. Nicolai), in: Das frühe Christentum im römischen Staat, hg. v. R. Klein, WdF 267, Darmstadt 1982, 129−186.

− 1963: The Pagan Revival in the West at the End of the Fourth Century, in: The Conflict between Paganism and Christianity in the Fourth Century. Essays ed. by A. Momigliano, Oxford-Warburg-Studies, Oxford 1963, 193−218.

BONNEY, R. 1975: A New Friend for Symmachus?, Hist. 24 (1975), 357−374.

BOYANCÉ, P. 1954: Cybèle aux Mégalésies, Latomus 13 (1954), 337−342.

BURCKHARDT, J. 1929: Die Zeit Constantins des Großen, Jacob Burckhardt-GA II, hg. v. F. Stähelin, Berlin und Leipzig 1929.

CALLU, J.-P. 1978: „Impius Aeneas?" Echos virgiliens du bas-empire, in: Présence du Virgile. Actes du Colloques des 9, 11 et 12 Décembre 1976 (Paris E.N.S., Tours), Caesarodunum XIII bis, Numéro spécial, éd. par R. Chevallier, Paris 1978, 161−174.

CAMERON, A. 1977: Paganism and Literature in Late Fourth Century Rome, in: Christia-nisme et Formes Littéraires de l'Antiquité Tardive en Occident, Fondation Hardt. Entretiens sur l'Antiquité Classique 23, Vandœuvres-Genève 177, 1−40.

− 1986: Pagan Ivories, in: Colloque Genèvois sur Symmaque à l'occasion du mille six centième anniversaire du conflit de l'autel de la victoire (...) avec la participation de A. Papst et J. Szidat, Vol. publié par F. Paschoud, Paris 1986, 41−64.

VON CAMPENHAUSEN, H. Freiherr 1929: Ambrosius von Mailand als Kirchenpolitiker, AKG 12, Berlin/Leipzig 1929.

CHASTAGNOL, A. 1960: La Préfecture urbaine à Rome sous le Bas-Empire, Publications de la Faculté des Lettres et Sciences Humaines d'Alger 34, Paris 1960.

CHRIST, K. 1970: Der Untergang des Römischen Reiches in antiker und moderner Sicht, in: Der Untergang des römischen Reiches, WdF 269, Darmstadt 1970, 1−31.

CLAUSS, M. 1986: Mithras und Christus, HZ 243 (1986), 265−285.

− 1990: Mithras. Kult und Mysterien, München 1990.

CLOVER, F. M. 1985: The New Assessment of the Carmen Contra Paganos, in: Bonner Historia-Augusta-Colloquium 1982/1983, Antiquitas. Reihe 4, Bd. 17, Bonn 1985, 163−176.

COARELLI, F. 1975: Rom. Ein archäologischer Führer [= Guida Archeologica di Roma, 1974; übers. v. A. Allroggen-Bedel], Freiburg 1975.

COLPE, C. 1973: Die Mithrasmysterien und die Kirchenväter, in: Romanitas et Christia-nitas, FS J. H. Waszink, hg. v. W. den Boer u. a., Amsterdam/London 1973, 29−43.

- 1981a: Einführung in die Geschichte und neue Perspektiven', in: Die orientalischen Religionen im Römerreich (= OrRR), hg. v. M. J. Vermaseren, EPRO 93, Leiden 1981, 1–40.
- 1981b: Art. Gnosis II (Gnostizismus); RAC XI, Stuttgart 1981, 537–659.

COURCELLE, P. 1963: Anti-Christian Arguments and Christian Platonism: from Arnobius to St. Ambrose, in: The Conflict between Paganism and Christianity in the Fourth Century. Essays ed. by A. Momigliano, Oxford-Warburg-Studies, Oxford 1963, 151–192.

CRACCO RUGGINI, L. 1979: Il paganesimo romano tra religione e politica (384–394 d. C.): per una reinterpretazione del 'Carmen contra paganos', Atti della accademia nazionale dei Lincei, Memorie. Classe di scienze morali, storiche e filologiche, VIII 23/1, 1979, 3–141.

CUMONT, F. 1896/1898: Textes et monuments figurés relatifs aux mystères de Mithra, 2 Bde., Brüssel 1896/1898.

- 1931: Die Orientalischen Religionen im römischen Heidentum. Nach der 4., franz. Aufl. unter Zugrundelegung der Übersetzung Gehrichs bearb. v. A. Burckhardt-Brandenberg, Darmstadt [8]1981 (= Leipzig [3]1931).

CUNNINGHAM, M. P. 1958: Some Facts about the Puteanus of Prudentius, TA-PhS 84 (1958), 32–37.

DECKER, D. DE 1978: Le 'discours à l'assemblée des saints' attribué à Constantin et l'oeuvre de Lactance, in: Lactance et son temps, hg. v. J. Fontaine u. M. Perrin, Paris 1978, 75–89.

DELBRÜCK, R. 1926/29: Die Consulardiptychen und verwandte Denkmäler, Studien zur spätantiken Kunstgeschichte 2, Berlin 1926/29.

DELISLE, L. 1867: Note sur le Manuscrit de Prudence No 8084 du Fonds Latin de la Bibliothèque Impériale, BECh Sér. 6 Tom. 3, Paris 1867, 297–303.

DEMANDT, A. 1980: Das Ende des Altertums in metaphorischer Deutung, Gymnasium 87 (1980), 178–204.

- 1983: Erklärungsversuche zur Auflösung des römischen Reiches, MDAI.R 90 (1983), 211–222.
- 1984: Der Fall Roms. Die Auflösung des römischen Reiches im Urteil der Nachwelt, München 1984.
- 1989: Die Spätantike. Römische Geschichte von Diocletian bis Justinian (284–565 n. Chr.), HAW III/6, München 1989.

DEMANDT, A./BRUNNER, G. 1977: Der Prozeß gegen Serena im Jahre 408 n. Chr., Hist. 24 (1977), 479–502.

DIHLE, A. 1973: Zum Streit um den Altar der Viktoria, in: Romanitas et Christianitas, Studia Iano Henrico Waszink a.d. VI Kal. Nov. A. MCMLXXIII XIII lustra complenti oblata, ed. W. den Boer/P. G. van der Nat/C. M. J. Sicking/J. C. M. van Winden, Amsterdam/London 1973, 81–98.

- 1989: Die griechische und lateinische Literatur der Kaiserzeit. Von Augustus bis Justinian, München 1989.

DOBBELSTEIN, G. 1879: De Carmine Christiano Codicis Parisini 8084. Contra Fautores Paganae Superstitionis ultimos, Diss. Phil. Löwen 1879.

DÖPP, S. 1980: Prudentius' Gedicht gegen Symmachus, JbAC 23 (1980), 65–81.

DÖRRIES, H. 1954: Das Selbstzeugnis Kaiser Konstantins, AAWG.PH 34, Göttingen 1954.

DOLBEAU, F. 1979: Un nouveau catalogue de manuscrits de Lobbes aux XIe et XIIe siècles, RechAug 13 (1978), 1−36; RechAug 14 (1979), 191−248.

− 1981: Damase, le *Carmen contra paganos* et Hériger de Lobbes, REAug 27 (1981), 38−43.

DUTHOY, R. 1969: The Taurobolium. Its Evolution and Terminology, EPRO 10, Leiden 1969.

ELLIS, R. 1868: On a Recently Discovered Latin Poem of the Fourth Century, JP 1 (1868), 66−80.

ENSSLIN, W. 1953: War Kaiser Theodosius I. zweimal in Rom?, Hermes 81 (1953), 500−507.

FABRE, P. 1948: Essai sur la chronologie de l'œuvre de saint Paulin de Nole, Paris 1948.

FELLMANN, R. 1981: Der Sabazios-Kult, in: Die orientalischen Religionen im Römerreich (= OrRR), hg. v. M. J. Vermaseren, EPRO 93, Leiden 1981, 316−340.

FONTAINE, J. 1981: Naissance de la poésie dans l'occident chrétien. Esquisse d'une histoire de la poésie latine chrétienne du IIIe−VIe siècle, EAug, Paris 1981.

− 1986: Damase poète théodosien: l'imaginaire poétique des *Epigrammata*, in: Saecularia Damasiana. Atti del Convegno internazionale per il XVI centenario della morte di Papa Damaso I (11-12-384 − 10/12-12-1984) promosso dal Pontificio Istituto di Archeologia Cristiana, SAC 49, Rom 1986, 113−146.

FRÖHNER, W. 1889: Kritische Analekten, Ph.S 5/1, Göttingen 1889, 1−96.

GARDTHAUSEN, V. 1911: Griechische Palaeographie, 1. Bd. Das Buchwesen im Altertum und im byzantinischen Mittelalter, Leipzig 1978 (unveränd. Nachdruck der 2. Aufl. ebd. 1911).

GEFFCKEN, J. 1907: Zwei griechische Apologeten, Sammlung wissenschaftlicher Kommentare zu griechischen und römischen Schriftstellern, Hildesheim/New York 1970 (= Leipzig und Berlin 1907).

− 1929: Der Ausgang des griechisch-römischen Heidentums, RWB 6, Darmstadt 1963 (= Heidelberg 1929).

VON GEISAU, H. 1975: Art. Parthenope, KP IV, München 1975, 532.

GRANT, R. M. 1981: Christen als Bürger im römischen Reich, Sammlung Vandenhoeck, Göttingen 1981 (= Early Christianity and Society, San Francisco 1977, übers. v. M. Mühlenberg).

VON GRAEVE, V. 1972: Tempel und Kult der syrischen Götter am Janiculum, JdI 87 (1972), 314−347.

GWYN GRIFFITHS, J. 1975: Apuleius of Madauros, The Isis-Book (Metamorphoses, Book XI), EPRO 39, Leiden 1975.

VON HAEHLING, R. 1978: Die Religionszugehörigkeit der hohen Amtsträger des römischen Reiches seit Constantins I. Alleinherrschaft bis zum Ende der theodosianischen Dynastie, Antiquitas. Reihe 3, Bd. 23, Bonn 1978.

HANSLIK, R. 1975/79: Art. Publilius B.2., KP IV, München 1975/79, 1240.

HARTKE, W. 1940: Geschichte und Politik im spätantiken Rom. Untersuchungen über die Scriptores Historiae Augustae, Klio. Beiheft 45, Leipzig 1940.

HECK, E. 1976: Iuppiter-Iovis bei Commodian, VigChr 30 (1976), 72−76.

− 1990: *Vestrum est − poeta noster*. Von der Geringschätzung Vergils zu seiner Aneignung in der frühchristlichen lateinischen Apologetik, MH 47 (1990), 102−120.

HEINZBERGER, F. 1976: Heidnische und christliche Reaktion auf die Krisen des weströmischen Reiches in den Jahren 395−410 n. Chr., Diss. Phil. (masch.), Bonn 1976.

HELBIG, W. 1966: Führer durch die öffentlichen Sammlungen der klassischen Altertümer in Rom, 4., völlig neu bearbeitete Aufl. hg. v. H. Speier, 2. Bd. Die städtischen Sammlungen (...), die staatlichen Sammlungen, bearb. von B. Andreae u. v. a., Tübingen 1966.

HERTER, H. 1932: De Priapo, RGVV 23, Gießen 1932.

HERZOG, R./SCHMIDT, P. L. 1989 (Hg.): Handbuch der lateinischen Literatur der Antike, Bd. 5 Restauration und Erneuerung (284–374 n. Chr.), HAW VIII/5, München 1989.

HÜBNER, W. 1981: Die *praetoria memoriae* im zehnten Buch der *Confessiones*. Vergilisches bei Augustin, REAug 27 (1981), 245–263.

IHM, M. 1897: Das Carmen contra Flavianum (Cod. Paris. 8084), RhM 52 (1897), 208–212.

JANNACCONE, S. 1948: Le Par. 8084 de Prudence et la *Recensio* de Mavortius, REL 26 (1948), 228–234.

JOHANN, H.-TH. (Hg.) 1976: Erziehung und Bildung in der heidnischen und christlichen Antike, WdF 377, Darmstadt 1976.

JONES, A. H. M./MARTINDALE, J. R./MORRIS, J. 1971: The Prosopography of the Later Roman Empire, Vol. I A.D. 260–395, Cambridge u. a. 1971.

JORDAN, H. 1871: Topographie der Stadt Rom im Altertum Bd. II, Berlin 1871.

LUGLI, I. 1962: Fontes ad Topographiam Vetris Vrbis Romae pertinens, colligendos atque edendos curavit I. Lugli, Vol. VIII, Libri XIX–XX, Rom 1962.

KESSELING, P. 1942: Virgil bei Augustin, PhW 27/30 (1942), 383f.

KIRSCH, W. 1989: Die lateinische Versepik des 4. Jh.s, SGKA (B) 28, Berlin 1989.

KLEIN, R. 1972: Der Streit um den Victoriaaltar. Die dritte Relatio des Symmachus und die Briefe 17,18 und 57 des Mailänder Bischofs Ambrosius. Einführung, Text und Übersetzung von R. K., TzF 7, Darmstadt 1972.

– 1986a: Symmachus. Eine tragische Gestalt des ausgehenden Heidentums, Impulse der Forschung 2, Darmstadt ²1986.

– 1986b: Die Romidee bei Symmachus, Claudian und Prudentius, in: Colloque Genèvois sur Symmaque à l'occasion du mille six centième anniversaire du conflict de l'autel de la victoire (...) avec la participation de A. Papst et J. Szidat, Vol. publié par F. Paschoud, Paris 1986, 119–138.

KÖTTING, B. 1961: Christentum und heidnische Opposition in Rom am Ende des 4. Jahrhunderts, Schriften der Gesellschaft zur Förderung der Westfälischen Wilhelms-Universität zu Münster 46, Münster 1961.

KÜHNER, R./STEGMANN, C. 1955: Ausführliche Grammatik der lateinischen Sprache, Satzlehre, 2 Tle., 3. Aufl. durchg. v. A. Thierfelder, Hannover 1955.

[INSTITUTUM PATRISTICUM AUGUSTINIANUM] 1978: Patrologia Vol. III. Dal Concilio di Nicea (325) al Concilio di Calcedonia (451) I Padri latini, a cura di A. di Berardino, Casale Monferrato 1978.

LAGRANGE, M. J. 1919: Attis et le christianisme, RB 16 (1919), 419–480.

LATTE, K. 1960: Römische Religionsgeschichte, HAW V/4, München 1960.

LEASE, G. 1980: Mithrasim and Christianity, ANRW II 23.2, Berlin 1980, 1306–1332.

LENAZ, L. 1978: Annotazioni sul ‚Carmen contra paganos', Studia Patavia 25 (1978), 541–572.

– 1980: Regitur fato si Iuppiter ipse..., Una postilla al Carmen contra Paganos, Perennitas, Studi in onore di A. Brelich, Rom 1980, 293–309.

LIPPOLD, A. 1980: Theodosius der Große und seine Zeit, Beck'sche Schwarze Reihe Bd. 209, 2., durchg. u. erw. Aufl., München 1980.

LOVERANCE, R. 1988: Byzantium, [British Museum], London 1988.

LOWE, E. A. 1950: Codici Latini Antiquiores. A Paleographical Guide to Latin Manuscripts prior to the 9th Century, Part V France: Paris/Oxford 1950.

LUCIUS, E./ANRICH, G. 1904: Die Anfänge des Heiligenkults in der christlichen Kirche, hg. v. G. Anrich, Tübingen 1904.

MABILLON, J. 1709: De re Diplomatica libri VI. in quibus quidquid ad veterum Instrumentorum antiquitatem, materiam, scripturam & stilum; quidquid a sigilla, monogrammata, subscriptiones ac notas chronologicas; quidquid inde ad antiquariam, historiam, forensemque disciplinam pertinet, explicatur & illustratur (...) opera & studio J. Mabillon (...), Ed. secunda ab ipso Auctore recognita, emendata & aucta, Paris 1709 [Signatur UB Tübingen: Fg. 1].

– 1789: [identischer Haupt-Titel], tertia atque nova Editio Dissertationibus Variorum locupletata, notisque nunc primum inlustrata a Marchione Bumbae Iohanne Adimari, Neapel 1789 [UB Tübingen: Fg. 1ᵃ].

MAIER, J.-L. 1989: Le Dossier du Donatisme, Tome II De Julien l'Apostat à saint Jean Damascène (361−750), TU 135, Berlin 1989.

MALLON, J./MARICHAL, R./PERRAT, CH. 1939: L'Écriture latine de la capitale romaine à la minuscule, Paris 1939 [Tafelband].

MANDOUZE, A. 1982: Prosopographie de l'Afrique Chrétienne (303−533), Prosopographie Chrétienne du Bas-Empire I, d'après la documentation élaborée par A.-M. La Bonnardière (...), Paris 1982.

MANGANARO, G. 1960: La Reazione Pagana a Roma nel 408−9 D.C. e il Poemetto Anonimo „Contra Paganos", GIF 13 (1960), 210−224.

– 1961a: Il poemetto anonimo ‚Contra Paganos', Testo, traduzione e commento NDid. 11 (1961), 23−45.

– 1961b: Rezension von A. Chastagnol, La Préfecture urbaine à Rome sous le Bas-Empire, Paris 1960, Iura 12 (1961), 402−410.

MARCUS, R. A. 1990: The end of Ancient Christianity, Cambridge (u. a.) 1990.

MARKSCHIES, CH. 1991: Platons König oder Vater Jesu Christi? Drei Beispiele für die Rezeption eines griechischen Gottesepithetons bei den Christen in den ersten Jahrhunderten und deren Vorgeschichte, in: M. Hengel/A. M. Schwemer (Hg.), Königsherrschaft Gottes und himmlischer Kult im Judentum, im Urchristentum und in der hellenistischen Welt, WUNT I/55, Tübingen 1991, 385−439.

MARROU, H.-I. 1977: Décadence romaine ou antiquité tardive? IIIe−IVe siècle, Paris 1977.

– 1981: Augustinus und das Ende der antiken Bildung, Paderborn u. a. 1981 [= Saint Augustin et la fin de la culture antique, ⁴1958, übersetzt von L. Wirth-Poelchau in Zus. mit W. Gerlings, hg. v. J. Götte].

MARTINDALE, J. R. 1980: The Prosopography of the Later Roman Empire, Vol. II A.D. 395−527, Cambridge u. a. 1980.

MATTHEWS, J. 1970: The Historical Setting of the ‚Carmen contra Paganos' (Cod. Par. Lat. 8084), Hist. 19 (1970), 464−479; auch in: DERS., Political Life and Culture in Late Roman Society, Collected Studies Series 217, London 1985, Nr. VII mit Postskript p.3f.

– 1973: Symmachus and the Oriental Cults, JRS 63 (1973), 175−195; auch in: DERS., Political Life and Culture in Late Roman Society, London 1985, Nr. VII.

– 1975: Western Aristocracies and Imperial Court A.D. 364−425, Oxford 1975.

– 1986: Symmachus and his Enemies, in: Colloque Genèvois sur Symmaque à l'occasion du mille six centième anniversaire du conflit de l'autel de la victoire (...) avec la participation de A. Pabst et J. Szidat, Vol. publié par F. Paschoud, Paris 1986, 163–175.

MAZZARINO, S. 1974: Il carmen ‚Contro i Pagani‘ e il problema dell’ ’èra Costantiniana, in: DERS., Antico, tardoantico ed èra constantiniana, Vol. I, Bari 1974, 398–461.

MILKAU, F. 1910: Léopold Delisle, ein Nekrolog, Leipzig 1910 [Sonderdruck aus ZfB 27 (1910)].

MOMIGLIANO, A. 1963: Pagan and Christian Historiography in the Fourth Century A. D., in: The Conflict between Paganism and Christianity in the Fourth Century. Essays ed. by A. M., Oxford-Warburg-Studies, Oxford 1963, 79–99.

MOMMSEN, TH. 1850: Über den Chronographen vom J. 354, zuerst in: ASGW 2 (1850), 547–693, in: DERS., Gesammelte Schriften Bd. VII Philologische Schriften, Berlin 1909, 536–579.

– 1887: Römisches Staatsrecht Bd. I, unveränderter Nachdruck der 3. Aufl. [Berlin 1887], Graz 1952.

– 1909: Carmen codicis Parisini 8084, zuerst: Hermes 4 (1870), 350–364; in: DERS., Gesammelte Schriften Bd. VII Philologische Schriften [hg. E. Norden], Berlin 1909, 485–498.

MOREL, CH. 1868: Recherches sur un Poème Latin du IVe Siècle retrouvé par M. L. Delisle, RAr 17 (1868), 450–459.

VAN DER NAT, P. G. 1977: Zu den Voraussetzungen der christlichen lateinischen Literatur: Die Zeugnisse von Minucius Felix und Laktanz, in: Christianisme et Formes Littéraires de l’Antiquité Tardive en Occident, Fondation Hardt. Entretiens sur l’Antiquité Classique 23, Vandœuvres-Genève 1977, 191–225.

NILSSON, M. P. 1961: Geschichte der Griechischen Religion, HAW V/2, Bd. 2 Die hellenistische und römische Zeit, 2., durchg. und erg. Aufl. München 1961.

NOETHLICHS, K.-L. 1971: Die gesetzgeberischen Maßnahmen der christlichen Kaiser gegen Häretiker, Heiden und Juden, Diss. Phil. (masch.) Köln 1971.

O’DONNELL, J. J. 1978: The Career of Virius Nicomachus Flavianus, Phoenix 32 (1978), 129–143.

OPELT, I. 1980: Die Polemik in der christlichen lateinischen Literatur von Tertullian bis Augustin, BKAW 2.R. 63, Heidelberg 1980.

– 1983: Art. Optaziano, DPAC II, Casale Monferrata 1983, 2488f.

PABST, A. 1986: Divisio regni. Der Zerfall des Imperium Romanum in der Sicht der Zeitgenossen, Habelts Dissertationsdrucke, Reihe Alte Geschichte 23, Bonn 1986.

PASCHOUD, F. 1965: Réflexions sur l’idéal religieux de Symmaque, Hist. 14 (1965), 215–235.

– 1967: Roma Aeterna. Études sur le Patriotisme Romain dans l’occident Latin a l’époque des grandes invasions, Biblioteca Helvetica Romana 7, Rom 1967.

– 1975: La Fin du Règne de Théodose dans l’,Histoire Nouvelle‘ de Zosime et la Source Paienne d’Eunape, in: DERS., Cinq Études sur Zosime, CEA, Paris 1975, 71–109.

PAX, W. 1950: Art. Amburbale, RAC I, Stuttgart 1950, 373–375.

PENSABENE, P. 1978: Saggi di scavo sul Tempio della Magna Mater del Palatino, Quaderni per l’archeologia etrusco-italica 1, 1978, 67–87.

PIÉTRI, CH. 1976: Roma Christiana. Recherches sur l’Eglise de Rome, son organisation, sa politique, son idéologie de Miltiade à Sixte III (311–440), BEFAR 244, Rom 1976.

– 1986: Damase évêque de Rome, in: Saecularia Damasiana. Atti del Convegno internatzionale per il XVI centenario della morte di Papa Damaso I (11-12-384-10/12-12-1984) promosso dal Pontificio Istituto di Archeologia Cristiana, SAC 49, Rom 1986, 29–58.

PIGANIOL, A. 1947: Histoire romaine IV/2, L'empire chrétien, Paris 1947.

PILHOFER, P. 1990: Presbyteron Kreitton. Der Altersbeweis der jüdischen und christlichen Apologeten und seine Vorgeschichte, WUNT II/39, Tübingen 1990.

POINSOTTE, J.-M. 1982: La présence des poèmes antipaïens anonymes dans l'œuvre de Prudence, REAug 28 (1982), 33–58.

POLLMANN, K. 1991: Das Carmen adversus Marcionitas, Hyp. 96, Göttingen 1991.

PSCHYREMBEL, W. 1982: Klinisches Wörterbuch mit klinischen Syndromen und Nomina Anatomica, 254., neubearb. Aufl., Berlin/New York 1982.

QUACQUARELLI, A. 1986: Reazione pagana e trasformazione della cultura (fine IV secolo d.C.), Quaderni di VetChr 19, Bari 1986.

RABY, F.J.E. 1953: A History of Christian-Latin Poetry from the Beginnings to the Close of the Middle Ages, Oxford ²1953.

RADERMACHER, L. 1951: Artium scriptores: Reste der voraristotelischen Rhetorik, Wien 1951.

RATSCHOW, C.H. 1979: Die Religionen, HST 16, Gütersloh 1979.

RIESE, A. 1878: Geographi Latini Minores, coll., recens., prolegomenis instruxit A.R., Heilbronn 1878.

ROBERT, U. 1884: Notice paléographique sur le manuscrit de Prudence No 8084 du Fonds Latin de la Bibliothèque Nationale, in: Mélanges Graux. Recueil de travaux d'érudition classique dédié a la mémoire de Charles Graux (...), Paris 1884, 405–413.

ROBINSON, D.N. 1915: An Analysis of the Pagan Revival of the Late Fourth Century with Special Reference to Symmachus, TPAPA 46 (1915), 87–101.

ROMANELLI, P. 1963: Lo scavo al tempio della Magna Mater sul Palatino e nelle sue adiacenze, Monumenti antichi Lincei 46 (1963), 201–330.

RONCORONI, F. 1972: Carmen Codicis Parisini 8084, RSLR 8 (1972), 58–79.

DE ROSSI, G.B. 1868a: Il culto idolatrico in Roma nel 594. Notizie raccolte da un inedito carme scoperto in Parigi, BArC 6 (1868), 49–58.

– 1868b: Il trifono del cristianesimo in Occidente nel 394. Notizie raccolte da un inedito carme scoperto in Parigi, BArC 6 (1868), 61–75.

SALEMME, C.: Nota a *Carmen Codicia Parisini* 8084, 23 ss., BSL 6 (1976), 91–93.

SANDERS, G.M. 1972: Art. Gallos, RAC VIII, Stuttgart 1972, 984–1034 (übers. v. W. Speyer).

SCHANZ, M./HOSIUS, C./KRÜGER, G. 1914: Geschichte der römischen Literatur 4/1, Die Literatur des 4. Jh.s, HAW VIII 4/1, München 1970 (Nachdruck der 2., verm. Aufl. 1914).

SCHELKLE, K. 1939: Virgil in der Deutung Augustins, TBAW 32, Stuttgart 1939.

SCHENKL, C. 1879: Zur lateinischen Anthologie, WSt 1 (1879), 72–74.

SCHULTZE, V. 1887/1892: Geschichte des Untergangs des griechisch-römischen Heidentums, Bd. I Staat und Kirche im Kampfe mit dem Heidentum, Bd. II Die Ausgänge, Jena 1887/1892.

SCHWEN, CH. 1937: Vergil bei Prudentius, Inaugural-Dissertation, genehmigt von der philologisch-historischen Abteilung der Philosophischen Fakultät der Universität Leipzig, Borna 1937.

SCULLARD, H.H. 1985: Römische Feste. Kalender und Kult, übers. von M. Buchholz, redigiert und mit einem Vorwort versehen von H.G. Buchholz, Kulturgeschichte der antiken Welt 25, Mainz 1985 [urspr. engl.: Festivals und Ceremonies of the Roman Republic, London 1981].

SEECK, O. 1909: Art. Flavianus 14, PRE VI/2, Stuttgart 1909, 2506–2511.

– 1913: Geschichte des Untergangs der antiken Welt, Bd. V, Berlin 1913.

– 1922: Geschichte des Untergangs der antiken Welt, Bd. IV, Stuttgart ²1922.

SEEFELDER, 1901: Abhandlung über das carmen adversus Flavianum, in: Programm des Königlichen Realgymnasiums Gmünd, Gmünd 1901, I–VI (Text) und 1–65 (Erläuterungen).

SEIDER, R. 1981: Paläographie der lateinischen Papyri, 2.Tl. Literarische Papyri, 2. Halbband: Juristische und christliche Texte, Stuttgart 1981.

SHACKLETON BAILEY, D. R. 1979: Towards a text of ‚Anthologia Latina‘, PCPS.S 5, Cambridge 1979.

SHANZER, D. 1986: The Anonymous Carmen contra Paganos and the Date and Identity of the Centonist Proba, REAug 32 (1986), 232–248.

STIENNON, J. 1973: Paléographie du Moyen Age, avec la collaboration de G. Hasenohr, Paris 1973.

STRAUB, J. 1962: Die Himmelfahrt des Iulianus Apostata, zuerst in: Gymnasium 69 (1962), 310–326, auch in: DERS., Regeneratio imperii. Aufsätze über Roms Kaisertum und Reich im Spiegel der heidnischen und christlichen Publizistik, Darmstadt 1972, 159–177, bzw. in: Römischer Kaiserkult, hg. v. A. Wlosok, WdF 372, Darmstadt 1978, 528–550.

– 1966: Art. Eugenius, RAC VI, Stuttgart 1966, 860–877.

– 1967: Konstantin als ΚΟΙΝΟΣ ΕΠΙΣΚΟΠΟΣ [zuerst englisch: Constantine as „κοινὸς ἐπίσκοπος“. Tradition and innovation in the representation of the first Christian emperor's majesty, DOP 21 (1967), 57–78], in: DERS., Regeneratio imperii, 134–158.

STRECKER, G. 1962: Art. Entrückung, RAC V, Stuttgart 1962, 462–476.

[STUTZINGER, D. u. a.] 1983: Spätantike und frühes Christentum. Ausstellung im Liebighaus. Museum Alter Plastik [Frankfurt/M. 16.12.1983–11.3. 1984], Frankfurt 1983.

TALBERT, R. J. A. 1984: The Senate of Imperial Rome, Princeton 1984.

[R. P. TASSIN/CH. TOUSTAIN] 1757: Noveau traité de diplomatique, où l'on examine les fondaments de cet art: on établit des règles sur le discernement des titres et l'on expose historiquement les caractères des bulles pontificales et diplomes, donnés en chaque siècle (...) par deux religieux Bénédictins de la Congrégation de S. Maur, Tome Troisieme, Paris 1757 [Signatur UB Tübingen: Fg. 3].

– 1773/74: Dom Renatus Prosper Tassius, Mitgliedes und Priesters der Congregation von St. Maur und vornehmsten Verfassers des neuen Lehrgebäudes der Diplomatik, Gelehrgeschichte der Congregation von St. Maur, Benedictiner Ordens (...) aus dem Französischen ins Teutsche übersetzt [*zeitgenössischer handschriftlicher Zusatz in UB Tübingen Signatur KE I 34:* von Anton Rudolph, Diac. u. Prof. Gymnas. zu Erfurt], Frankfurt/Leipzig, 1773/74.

[TRAUBE, L.] 1909: Die lateinischen Handschriften in alter Capitalis und in Uncialis, aufgrund von L. Traubes Aufzeichnungen bearb. durch P. Lehmann, in: Vorlesungen und Abhandlungen von L. T., hg. v. F. Boll, Bd. 1. Zur Paläographie und Handschriftenkunde (...), München 1909, 157–263.

USENER, H. 1877: Anecdoton Holderi. Ein Beitrag zur Geschichte Roms in ostgothischer Zeit, Leipzig 1877.

VERMASEREN, M. J. 1977: Cybele und Attis. The Myth and the Cult, London 1977.
- 1981: Die orientalischen Religionen im Römerreich (= OrRR), EPRo 93, Leiden 1981.
VOGT, J. 1957: Art. Constantinus der Große, RAC III, Stuttgart 1957, 306−379.
VOLBACH, W. F. 1952: Elfenbeinarbeiten der Spätantike und des frühen Mittelalters, Römisch-Germanisches Zentralmuseum zu Mainz, Katalog 7, Mainz ²1952.
DE WAILLY, N. 1837: Éléments de Paléographie. Pour servir a l'étude des documents inédits sur l'histoire de France publiés par ordre du Roi et par les soins du ministre de l'instruction publique par N. de W., Paris 1837.
WESNER, P. 1923: Art. Servius 8, RE II A, Stuttgart 1923, 1834−1848.
WEIGAND, E. 1937: Ein bisher verkanntes Diptychon Symmachorum, JdI 52 (1937), 121−138.
VON WILAMOWITZ-MOELLENDORFF, U. 1931/32: Der Glaube der Hellenen, 2 Bde., Berlin 1931/32.
WILSON-KASTNER, P. 1981: A Lost Tradition. Women Writers of the Early Church, ed. by P. Wilson-Kastner (...), Lanham 1981.
WINSTEDT, E. O. 1904: Mavortius' Copy of Prudentius, CIR 18 (1904), 112−115.
- 1907: Mavortius and Prudentius, CQ 1 (1907), 10−12.
WISSOWA, G. 1912: Religion und Kultus der Römer, HAW IV/5, München ²1912.
WLOSOK, A. 1983: Zwei Beispiele frühchristlicher ‚Vergilrezeption': Polemik (Lact., div. inst. 5,10) und Usurpation (Or. Const. 19−21), in: 2000 Jahre Vergil. Ein Symposion, hg. v. V. Pöschl, Wolfenbütteler Forschungen 24, Wolfenbüttel 1983, 63−86.
WYTZES, J. 1977: Der letzte Kampf des Heidentums in Rom, EPRO 56, Leiden 1977.
ZIEGLER, J. 1970: Zur religiösen Haltung der Gegenkaiser im 4. Jh. n. Chr., Frankfurter Althistorische Studien 4, Kallmünz (Oberpfalz) 1970.
ZINTZEN, C. 1975: Art. Tempelschlaf, KP V, München 1975, 583f.

3. Ein Beispiel für die innerpagane Polemik

Vomunt ut edant, edunt ut vomant

Beobachtungen zur Epikurpolemik in der römischen Literatur

von

ARND REHN

I. Einleitung

In diesem Beitrag, der sich hauptsächlich mit „heidnischen" Texten befaßt, kann es nicht um polemische Äußerungen gegen die Heiden gehen, da dieser Ausdruck in der römischen Literatur keine Rolle spielt[1]. Der Autor verfolgt vielmehr polemische Äußerungen gegen Philosophen oder Philosophenschulen. Dabei wird deutlich, daß die Epikurpolemik in der antiken Literatur eine dominierende Rolle spielt. Bestimmte Topoi treten immer wieder auf, doch nicht alle antiken Autoren stimmen in diese Polemik mit ein. Es soll nun ein Gang durch die römische Literatur gemacht werden, ausgehend von Seneca, über Horaz, Plutarch, Aristides, Lukian, Cicero, Petron, Tacitus, wieder zurück zu Seneca. Ausgangspunkt der Betrachtung ist das bekannte Wort Senecas:

„Sie speien um zu essen, sie essen um zu speien."[2]

II. Seneca, ad Helviam matrem de consolatione X,3

a) *Geschichtliche Situation und Kontext*

Seneca war im Jahr 41 n. Chr. auf Betreiben Messalinas von Claudius auf die Insel Korsika in die Verbannung geschickt worden. Er wurde des Ehebruches mit Iulia Livilla, der Tochter des Germanicus und Schwester des Caligula, bezichtigt[3]. Er empfindet tiefen Schmerz über die Verbannung, versucht aber

---

[1] Man könnte freilich an den Begriff „Barbaren" denken und seine Verwendung in der lateinischen Literatur untersuchen. Dies soll hier nicht gemacht werden. Vgl. zu dieser Frage: JÜTHNER 1923; HENGEL 1976, 77–115.

[2] Seneca konstruiert einen schönen Chiasmus, um die Bedeutung des Satzes zu erhöhen.

[3] Tac. Ann. 13,42,2; Dio C 60,8,5; Scholion zu Juvenal 5,109; vgl. ROSENBACH 1983, 370f. MAURACH, 1991, 29ff. GRIMM 1978, 54ff. SORENSEN 1984, 102ff.

diesen mit dem Heilmittel der Philosophie zu überwinden[4]. Von Korsika aus schreibt Seneca zwei seiner drei Trostschriften, die erstere im Jahr 43, in der er seine Mutter wegen seiner Verbannung trösten will. Die zweite Trostschrift an Polybius, geschrieben im Winter 43/44, wird in der Literatur zwiespältig bewertet. Seneca bittet im Grunde den mächtigen Freigelassenen, dessen jüngerer Bruder gestorben war, um seine Rückkehr, umgarnt dies aber in einer Trostschrift. In der Trostschrift an seine Mutter beabsichtigt er der Sehnsucht der Mutter das Maß anzuweisen bzw. ihr klar zu machen, daß Leid zur Chance werden kann, zu lernen und über sich selbst hinauszuwachsen.

Seneca bedient sich, um seinen Fall als ertragbar hinzustellen, etlicher Argumente. In diesen Zusammenhang fällt die Kritik an der üppigen und luxuriösen Lebenshaltung bestimmter Personen mit dem bekannten Wort *„edunt ut vomant, vomunt ut edant."* Seneca erkennt in der Verbannung am eigenen Leibe, was für den Körper notwendig ist und was nicht. Diese Erkenntnis verbindet er mit Polemik gegen die, die diese Erkenntnis nicht haben und anders handeln.

b) Text

„Mit Haltung also hat Marcellus[5] seine Verbannung ertragen und die Ortsveränderung hat nichts in seinem Gemüt verändert, mag ihr auch die Armut gefolgt sein. Wer auch immer noch nicht in den Wahnsinn der alles zerstörenden Habsucht und Verschwendung gefallen ist, sieht dies ein. Und wem kann das fehlen, wenn er nur irgend sittliche Festigkeit besitzt. Was mich allerdings betrifft, ich erkenne, daß ich nicht Reichtum, sondern zeitraubende Beschäftigungen verloren habe. Die Wünsche des Körpers sind gering: Kälte will ferngehalten, mit Nahrung Hunger und Durst gelöscht werden; was immer darüber hinaus begehrt wird, man müht sich ab für Fehlhaltungen, nicht für Bedürfnisse.

Nicht ist es nötig, jede Tiefe zu durchforschen, noch mit Hinschlachten von Tieren den Leib zu belasten, noch Muscheln des entferntesten Meeres von unbekannter Küste ans Licht zu schaffen[6].

Die Götter und Göttinnen mögen die Leute vernichten, deren Genußsucht eines so beneidenswerten Reiches Grenzen überschreitet. Jenseits des Phasis[7] wollen sie fangen

---

[4] Das folgende Epigramm drückt den Schmerz aus: „Fremdes corsisches Land, von jähen Felsen umschlossen, schauerlich, menschenleer starrt dein ödes Gebiet. Nicht bringt Früchte dein Herbst, nicht ziehet Ernten dein Sommer. Und dein Winter voll Reif kennet mit Pallas Geschenk. Nicht ein erfreulicher Lenz streut hier erquickende Schatten, in dem unselgen Land wächst nicht ein Gräschen empor. Nicht die Gabe des Brot's und des Quells, nicht die letzte des Feuers. Zwei, die Verbannung nur und der Verbannte sind hier." Epigramm 3, Anth. lat. 237; Übersetzung sc. SORENSEN 1984, 107.

[5] Marcus Claudius Marcellus, Konsul 51 v. Chr., Freund Catos und entschiedener Gegner Caesars lebte nach der Schlacht bei Pharsalos in freiwilligem Exil in Kleinasien. Nachdem von Cicero und dem Senat erfolgreich seine Rückberufung betrieben worden war, wurde er 46 v. Chr. vor seiner Ankunft in Rom bei Athen ermordet.

[6] Vgl. Sen. Ep 60,2: „Wie lange werden zur Einrichtung einer Tafel viele Schiffe, und zwar nicht aus einem Meer, heranfahren?" Ähnlich: Juv 14,6f.

[7] Legendärer Fluß am östlichen schwarzen Meer, jetzt Rion.

lassen, was eine ehrgeizige Küche ausmacht, und nicht verdrießt es bei den Parthern, von denen wir noch nicht Strafen[8] eingeholt haben, Vögel einzuhandeln. Von allen Seiten schleppt man alles Bekannte für den verwöhnten Schlund heran; was der von üppigen Genüssen geschwächte Magen kaum verträgt, holt man vom äußersten Ozean herbei.

Sie speien um zu essen, sie essen um zu speien und Gerichte, die sie in der ganzen Welt zusammensuchen, halten sie nicht zu verdauen für würdig.

Wenn einer derartiges so verachtet, was schadet ihm die Armut, wenn einer es begehrt, nützt ihm sogar die Armut: gegen seinen Willen nämlich wird er geheilt ... Gaius Caesar (Caligula), den mir die Natur hervorgebracht zu haben scheint, um zu zeigen, was höchste Charakterschwächen bei höchster Stellung vermögen, hat an einem einzigen Tag für zehn Millionen Sestertien gespeist, und obwohl zu diesem Zweck vom Einfallsreichtum aller unterstützt, hat er dennoch kaum herausgefunden, wie die Steuereinnahmen von drei Provinzen ein Essen werden."[9]

III. „isti" – wer ist gemeint?

Seneca bezeichnet die Menschen, die er polemisch kritisiert mit „isti". Nicht nur aus Ciceros Reden gegen Verres, sondern auch aus den Werken Senecas geht hervor, daß „iste" in der lateinischen Sprache einen peiorativen Charakter hat[10].

Wer ist hier mit „isti" gemeint?

a) *Topoi gegen Epikur und die Epikureer*

Der unbefangene Leser wird zunächst an die Epikureer denken, galten sie doch als „Erzhedonisten", unverbesserliche Genießer und Lüstlinge. Sagte doch Epikur: „Der Weise wird gerne Schauspiele sehen und sich so gut wie nur irgend jemand an dionysischen Vorstellungen und musikalischen Genüssen erfreuen ..."[11]

Stellte Epikur doch – oberflächlich betrachtet – Lust und Lustgewinn in allen Lebensbereichen als Lebensziel hin. Weithin bekannt war auch das Wort des Metrodor, mit dem Plutarch seine bitterböse Polemik gegen die Epikureer beginnt:

„Sie glauben, das Gut liege im Bauch und in allen anderen Öffnungen des Fleisches,

---

[8] „Anspielung auf die Niederlage des Crassus gegen die Parther bei Karrhai, 53 v. Chr., Seneca ignoriert die erfolgreichen Verhandlungen, durch die Augustus 20 v. Chr. die römische Waffenehre wiederhergestellt hatte." ROSENBACH, 1983, 371.

[9] Die entscheidende Passage lautet: Dii istos deaeque perdant, quorum luxuria tam invidiosi imperii fines transcendit. Ultra Phasin capi volunt quod ambitiosam popinam instruat, nec piget a Parthis, a quibus nondum poenas repetimus aves petere."

[10] Vgl. Sen. Ep 120,21;122,18. BUSA/ZAMPOLLI 1975, 691.

[11] Vgl. Epikur, Von der Überwindung der Furcht, Bibliothek der Antike, München 1991, ed. O. Gigon, 116.

durch die Lust und nicht Schmerz eindringt; und alle vortrefflichen und klugen Erfindungen seien um der Lust des Bauches willen und der guten Erwartung für diese entstanden, wie der weise Metrodor gesagt hat."[12]

Plutarch tritt durch seine drei gegen die Epikureer gerichteten Schriften neben Cicero als einer der schärfsten Gegner Epikurs auf.

Seneca könnte mit diesem Ausdruck aber auch auf bekannte oder unbekannte Schlemmer der damaligen „high society" an Caligulas oder Claudius' Hof anspielen[13].

Zweifellos sind die Epikureer immer wieder die „Buhmänner" der Antike[14]. Aus einer Randbemerkung des Epikureers Torquatus, der im ersten Buch von Ciceros „de finibus bonorum et malorum" die Lehre Epikurs vertreten hat, geht hervor, daß die Polemik gegen die Epikureer gravierend gewesen sein muß:

„So habe ich also meine Meinung dargelegt, und zwar in der Absicht, nun dein Urteil darüber kennenzulernen. Die Möglichkeit dies zu tun, wie ich es wünschte, ist mir vor dem heutigen Tage noch niemals geboten worden."[15]

Epikurs Nachwirkung bestand zeitweise unter anderem oder hauptsächlich darin, daß er das oft nötige Feindbild zu liefern hatte. „Epikur und der Epikureismus nehmen in der Geschichte der Philosophie eine einzigartige Stellung ein: Epikur ist die Auszeichnung zuteil geworden: Fast alle philosophischen Schulen, obgleich selber gegeneinander im heftigen Streit, standen doch einmütig gegen ihn, den Mann schlechter Gesinnung. Das Christentum, das von den griechischen Philosophien lernte, schloß Epikur aus. Die seit dem Altertum geläufige, obgleich stets widerlegte Meinung ist, Epikur sei der gottlose

---

[12] Metrodor, frg. 7 Koerte, Plutarch, non posse suaviter vivi secundum Epicurum, 3,1087d; vgl. ADAM 1974.

[13] Der Nachwelt wurde ein Verzeichnis der Speisen überliefert, die bei einer ca. 70 v. Chr. gehaltenen priesterlichen Antrittsmahlzeit serviert wurden. Die Vorspeise bestand aus Meerigeln, rohen Austern nach Belieben, zwei Muschelarten, einer Drossel auf Spargel, einer gemästeten Henne, Austern- und Muschelragout, schwarzen und weißen Maronen, dann folgten wieder verschiedene Muscheln und Meerestiere mit Feigenschnepfen, Lenden von Rehen und Wildschweinen, Geflügel in einer Teigkruste, Purpurschnecken mit Feigenschnepfen. Das Hauptmenü: Saueuter, Schweinskopf, Frikasse von Fischen, Frikasse von Saueuter, Enten gebraten, gesottene Hasen, Geflügel, eine Mehlspeise und picentinische Brote. Das Verzeichnis des Nachtisches fehlt. Bei dieser Mahlzeit war Caesar als Pontifex Maximus anwesend. Entnommen aus FRIEDLÄNDER 1923, 289. Quelle: Macr. III,13,10ff. Vgl. auch Horaz II,4 u. II,8.93.2.

[14] HOSSENFELDER 1991, 140; KRÄMER 1980, 294−326 bemerkt: „Das überkommene Vorurteil hat nicht einmal vor dem Historismus der modernen Wissenschaft Halt gemacht, wie etwa die Distanzierung H. Useners in seiner Vorrede (p. V) zur Ausgabe der Epicurea von 1887 zeigt: ‚Epicuro ut operam darem, non philosophiae Epicureae me admiratio commovit, sed ut accidit homini grammatico, librorum a Laertio Diogene servatorum abscuirtas et difficultas.' Dieser Rückzug auf die reine Wissenschaft hätte wohl kaum stattgefunden, wenn es sich beispielsweise um Plato gehandelt hätte…"

[15] Cic. Fin. I,72.

Lehrer zügellosen Lebensgenusses, dem Wollust das höchste Glück sei und der nichts als Materie kenne."[16]

Die Epikureer, oder mit den Epikureern sympathisierende herausragende Zeitgenossen, taten ein Übriges dazu:

„In all dem Getriebe von Hoffnung und Sorge, von Ängsten und Ärgernissen nimm jeden Tag, der dir heraufleuchtet als letzten Tag. Beglückend überrascht dich dann die Stunde, die unverhofft hinzukommt. Willst Du mal herzhaft lachen, so komm zu mir zu Besuch: mich findest rund und behäbig, in wohlgepflegter Leiblichkeit, ein richtiges Schweinchen aus Epikurs Herde."[17]

Horaz, sicherlich Eklektiker mit epikureischem Einschlag, bezeichnet sich freimütig als Schweinchen aus der Herde Epikurs, auch dieser Ausdruck ist typisch[18].

b) *Urteile und Vorurteile über Philosophen*

Nicht nur die Kritik an Epikur und an den Epikureismus, sondern die Philosophen an sich und bestimmte Eigenarten von ihnen waren in der Antike Anlaß zu deftiger Polemik und herber Kritik. Maecenas z. B. warnt Augustus in seiner berühmten Rede bei dessen Amtsantritt vor den Philosophen:

„Denn Wahrsagekunst ist zwar notwendig, und daher sollst du unbedingt einige Männer zu Haruspices und Auguren bestellen, an die sich jene wenden werden, die in irgendeiner Sache um Rat fragen wollen, doch Zauberer soll es keinesfalls geben! Denn oft veranlassen Leute dieser Art, indem sie zuweilen Wahres, meist aber Lügenhaftes vorbringen, eine große Menge zu Umsturzversuchen.
Eben dieses Spiel treiben auch nicht wenige von denen, die sich als Philosophen ausgeben. Mein Rat lautet daher: Nimm dich auch vor ihnen in acht! Denn hüte dich, weil Du etwa in Areios und Athenodorus wackere und ehrenwerte Männer kennengelernt hast, deswegen zu glauben, daß auch all die anderen, die da behaupten Philosophen zu sein, ihnen gleichen. Unermeßliches Leid fügen nämlich den Gemeinwesen wie den Einzelnen gewisse Personen zu, die diesen Beruf lediglich als Vorwand benutzen."[19]

---

[16] JASPERS, 1969, 43ff.

[17] „Inter spem curamque timores inter et iras,
omnem credi diem tibi diluxisse supremum,
grata superveniet quae non sperabitur hora
me pinguem et nitidum bene curata vises
cum ridere voles, Epicuri de grege porcum."
Horat. Ep 1,4,12−16.

[18] MAGUINES 1952, 27−46. Vgl. auch KOHLER 1911.

[19] Dio C 52,36.3f. Vgl. auch Horat. Ep 2,1,156:
„Graecia capta ferum victorem cepit et artis
intulit agresti Latio."
„Das eroberte Griechenland eroberte den wilden Sieger und brachte dem bäuerlichen Latium die Künste." Dieser Gedanke, auch von Livius XXIV,4,1 überliefert, dem alten Cato oft in den Mund gelegt, schildert die geistige Situation Roms. Die Welt wird von Cicero in Griechenland, Italien und Barbarenland eingeteilt. Vgl. Cic. Fin. I,72, ähnlich Quintilian Inst. Orat

Bei Aristides, der bei dem Streit der Philosophie gegen die Rhetorik in seiner Apologie der Rhetorik zu einem Angriff gegen die Philosophie schreitet, ist folgende herbe Kritik gegen die Philosophen oder gegen die, die es nach Plato überhaupt noch selbständig sein wollen, zu lesen:

„Noch niemals haben sie eine fruchtbringende Rede gesprochen oder erfunden oder verfaßt, nicht Festen Schmuck verliehen, nicht die Götter geehrt, nicht Städten Rat erteilt, nicht Trauernde getröstet, nicht Hadernde versöhnt, nicht die Jugend oder jemand anders ermahnt, nicht auf Schmuck für ihre Reden gedacht. Sondern in Löcher kriechend, sinnen sie dort ihre herrliche Weisheit aus, indem sie gegen einen Schatten prahlen, Windhalme ernten, aus Sand Seile drehen, ich weiß nicht welches Gewerbe auflösen: denn so viel sie an Weisheit gewinnen so viel vermindern sie ihren Gewinn, indem sie glauben stolz sein zu dürfen, wenn sie von der Rhetorik übel reden; etwa wie die Sklaven zwischen den Zähnen ihren Herren fluchen, besonders die stets geprügelten, oder wie ein Satyr auf der Bühne dem Heracles flucht und sich versteckt, wenn dieser auf ihn losgeht. Es ist aber ganz natürlich, daß sie von allen übel reden, denn daran haben sie Überfluß, und wenn sie auch keiner Person gedenken, sagen sie doch das, was sie sagen, übel: sie teilen also nur von dem ihrigen mit. Nähme man ihnen die Lüge und die Bösartigkeit, so raubte man die Kraft aus ihrem Leben. Und dabei halten sie der Welt den herrlichen Namen der Philosophie entgegen wie ein Schaustück, als ob es der Name allein täte, als ob ein Thersites durch den Namen des Hyazinth oder Narziß schön, ein Margites durch den des Nestor weise würde."[20]

Die polemischen Äußerungen bei Aristides steigern sich:

„Sie schmähen die übrigen aus bloßem Neid. Hielte man ihnen mitten in ihren Vorträgen über Enthaltsamkeit Kuchen und Gebackenes entgegen, so würden sie die Zunge sinken lassen wie Menelaos das Schwert, als er die Helena erblickte. Wenn sie aber Helena sähen – oder vielmehr nur eine Magd wie die Phrygierin bei Menander – dann würde das Gebaren der Satyrn bei Sophocles gegen das ihre als bloßer Scherz erscheinen. Um ihre

---

V,10,24; Juv 10,138; Tertullian Apol 10. J. Jüthner kommentiert: „Je mehr Rom als Beherrscherin der Welt in den Vordergrund trat, desto reicher wurde der Zuzug griechisch Sprechender und desto weiter verbreitete sich die Kenntnis der griechischen Sprache. Gesandte, Bittsteller, Vorgeladene erschienen, makedonische Prinzen und griechische Vornehme nahmen gezwungen oder freiwillig, für längere Zeit Aufenthalt in Italien und empfingen oder spendeten Anregung, ganz zu schweigen von dem Heer von Ärzten, Philosophen, Lehrern, Kaufleuten, Sklaven und Freigelassenen sowie Abenteurern aller Art, die für die unteren Schichten die Kulturträger abgaben." JÜTHNER 1923, 63. Die Römer hatten durch die fortschreitende Hellenisierung immerhin erreicht, selbst nicht mehr Barbaren genannt zu werden, was noch der alte Cato beklagt hatte (Plin. nat. hist. XXIX,14). Ein äußeres Zeichen dieser Entwicklung war die Teilnahme an den olympischen Spielen. „Aber als die Kaiserzeit in ihrer Weise den panhellenischen Gedanken aufnahm und die Römer in die Rechte und Pflichten der Hellenen eintraten, da blieb oder ward für das römische Allhellas Olympia das rechte Symbol; erscheint doch unter Augustus der erste römische Olympionike und zwar kein geringerer als Augustus' Stiefsohn der spätere Kaiser Tiberius." MOMMSEN 1986, Bd. V, 262 Anm. 38 (1904, 265).

[20] Aristides, Or. 46,II,398ff. Übersetzung sc. FRIEDLÄNDER 1923, 263ff. Friedländer bringt weitere Beispiele, so den Grabspruch Trimalchios, der Hauptfigur in Petrons Roman Satyricon: „Er hat klein angefangen und ist groß geworden, er hat 30 Millionen Sesterzen hinterlassen und nie einen Philosophen gehört." Petr 71,12. Vgl. FRIEDLÄNDER 1923, 259.

Untreue und Habsucht zu erkennen, braucht man ihnen nichts anzuvertrauen, denn sie nehmen schon selbst so viel sie können. Das Rauben nennen sie teilen, den Neid philosophische Gesinnung, die Dürftigkeit Verachtung des Geldes. Sie rühmen sich der Menschenliebe, haben aber noch nie einem anderen genützt, bringen vielmehr denen Nachteil, die sich an sie wenden. Während sie die übrigen, auch wenn sie ihnen begegnen, nicht sehen, reisen sie um der Reichen willen in die Fremde, wie die Phryger zur Olivenernte. Sie wittern sofort ihre Nähe, bemächtigen sich ihrer und verheißen, ihnen die Tugend mitzuteilen. Allen übrigen erwidern sie kaum auf eine Anrede freundlich, aber die Köche, Bäcker und sonstigen Diener der Reichen grüßen sie schon von weitem- ,noch ehe sie genau zu erkennen sind, als wären sie eigens dazu aus dem Bett aufgestanden. Sie drängen sich vor den Toren reicher Häuser und verkehren mehr mit den Pförtnern als mit den Hausherren, indem sie ihre Kriecherei durch Unverschämtheit unterstützen."[21]

Ähnliche Worte finden sich auch bei Lukian, der vor allem in den Schriften „Der Verkauf der philosophischen Sekten", „der Fischer", „Hermotim" und „Lapithae" die verschiedenen philosophischen Sekten polemisierend karikiert.

Zunächst werden verschiedene Philosophen auf dem Sklavenmarkt zum Verkauf angeboten. Dieser Verkauf, bei dem es Lukian, wie später deutlich wird, nicht so sehr um die Begründer der Schulen sondern um ihre Nachfolger geht, erregte viel Ärger und böses Blut unter der Philosophenzunft. Die großen Philosophen bekommen also einen Tag Urlaub aus der Unterwelt, um gegen Lukian alias Parrhesiades zu Gericht zu sitzen.

Das Urteil lautet: Tod!

„Frisch Aristoteles, – Ah, bravo, die Bestie ist gefangen! Haben wir Dich du schändlicher Bube? Nun, du sollst fühlen, wer die Männer sind, die du gelästert hast. – Was wollen wir nun mit ihm anfangen? Wir müssen eine Todesart für ihn erdenken, die uns allen Genugtuung gebe; denn er hat von der Hand eines jeden unter uns siebenmal zu sterben verdient.

---

[21] Aristides fährt fort: „Sieht man sie zum erstenmal, so nehmen sie weniger Anstand, zu fordern, was ihnen nicht zukommt, als andere ihr Eigentum zurückverlangen. Denn die sind ja die, welche die Unverschämtheit Freimütigkeit nennen, die Gehässigkeit Aufrichtigkeit, das Nehmen Menschenliebe. Sie fordern zwar kein Geld, verstehen aber es zu nehmen. Schickt man ihnen zu wenig, so beharren sie bei ihren Grundsätzen, kommt Ihnen aber ein straffes Beutelchen vor die Augen, dann hat Perseues die Gorgo überwältigt: der Vorwand ist äußerst schlau: Die Frau und die Kinderchen. Ihre Definition von Seelengröße ist in der Tat ganz neu, dadurch, daß sie nicht darin besteht Großes hinzugeben, sondern Kleines nicht anzunehmen. Einige haben sich sogar zum Grundsatz gemacht, die Gabe doch anzunehmen und hinterher zu schmähen. Indem sie zugleich wie Parasiten heucheln und wie Höhere insolent betragen verbinden sie gleich den Gottlosen in Palästina die entgegengesetzten Fehler, Niedrigkeit und Anmaßung, und wie jene entfernen sie sich weit von dem Wesen der Hellenen, namentlich der besseren, indem sie im übrigen stummer sind als ihr eigener Schatten; wenn es aber auf Schmähen und Verleumden ankommt, möchte man sie nicht mit dem tönenden Erz zu Dodona, sondern mit den im Finstern summenden Mücken vergleichen." Aristides, Or. 46,II,c.307ff, pag. 402, Dindorf. Aristides polemisiert hier auch gegen die Christen seiner Zeit. Vgl. DINDORF 1829, Vol. II, 397. Vgl. dazu auch LENZ 1964, 135ff: Die Affen des Archilochos und die bunte Kuh.

Aristippus: Meine Meinung ist, daß er nach einer tüchtigen Geißelung ans Kreuz geschlagen werden soll.

Chrysippus: Erst steche man ihm die Augen aus.

Pythagoras: Vor allem muß ihm die Zunge, womit er gefehlt hat, ausgeschnitten werden. Was dünkt dich Empedokles?

Empedokles: Ich würde ihn in den Krater des Ätna werfen lassen, wo ihm die Lust wohl vergehen wird, Männer zu schmähen, die so weit über ihm sind.

Plato: Das Beste wäre vielleicht, wenn er, wie ein anderer Pentheus oder Orpheus, zerrissen oder von einem Felsen herabgestürzt würde, denn so könnte doch jeder mit einem Stücke von ihm davongehen.

Lukian: Das wäre mir ungelegen. Schonet meiner, ich beschwöre euch beim Iuppiter Hikesius.

Sokrates: Dein Tod ist beschlossen, diesmal kommst du nicht davon. Du wirst wissen, was Homer sagt:

Zwischen Löwen und Menschen besteht kein sicheres Bündnis."[22]

Lukian gelingt es dann aber doch die Sache hinauszuschieben und sich wegen des Verkaufes der Philosophen unter Anrufung der Philosophie als Richterin zu rechtfertigen. Dabei verteidigt er sich wie folgt:

„Übrigens läßt sich schwerlich etwas Ungereimteres erdenken, als daß eben diese Leute, die sich größtenteils so viel Mühe um das geben, was ihr gelehrt habt, nicht anders leben, als ob sie eure Schriften bloß studierten, um das Gegenteil zu tun. ... Sie staunen die Reichen mit Ehrfurcht an, hungern und dursten nach Geld, sind jähzorniger als die kleinen Hunde, furchtsamer als die Hasen, zudringlicher und schmeichelhafter als die Affen, geiler als die Esel, diebischer als die Krähen, streitsüchtiger und hartnäckiger als die Gockelhähne. Was ist also billiger, als daß sie zum Gespötte werden, wenn sie einander alle Augenblicke in die Haare geraten, einander an den Türen der Reichen vorzudrängeln suchen, bei allen großen Gastmählern sein wollen und, wenn sie da sind, die schamlosesten Schmarotzer machen, sich sehr unanständig abfüllen, immer fürchten ein anderer bekomme mehr als sie, beim Wein auf eine unschickliche und langweilige Art philosophieren und einen Becher nach dem anderen leeren..."[23]

---

[22] Luc, Piscator 34ff.

[23] Lucian fährt fort: „Die sauberen Herren sind nur Freunde, solange weder Gold noch Silber aufs Tapet kommt: zeigt man ihnen aber nur einen Silberling, so ist der Friede gebrochen. Alles ist Zwietracht und Aufruhr, die Bücher ausgelöscht, die Tugend davongeflogen. Da geht es ihnen wie den Hunden, wenn man einen Knochen unter sie wirft: sie fahren auf, beißen sich untereinander mit größter Wut und bellen hinter dem her, der sich des Knochens bemächtigt hat und mit derBeute davonrennt. Man erzählt, einem gewissen König von Ägypten sei einst der Gedanke gekommen, Affen tanzen zu lehren. Die Affen, wie es ihnen leicht ist, alle menschlichen Handlungen nachzumachen, lernten auch so gut, daß sie bald imstande waren, sich mit ihrer Kunst in Purpurröcken und mit Larven vor dem Gesicht auf öffentlichen Schauplätzen sehen zu lassen. Wie sie nun, zum großen Vergnügen aller Zuschauer im besten Tanzen begriffen waren, fiel es einem Zuschauer ein, eine Handvoll Nüsse, die er eben bei sich hatte, unter sie zu werfen. Auf einmal war der Tanz vergessen, die Affen wurden aus Kriegstänzern wieder die Affen, die sie waren, balgten sich und bissen sich miteinander um die Nüsse herum, und in wenigen Augenblicken waren die Masken zerknickt, die Kleider zu Fetzen zerrissen und der Affentanz, um den so viel Aufhebens gewesen war,

Nicht weniger bissig geht es beim Gastmahl der Lapithen zu, in dem sich z. B. zwei Philosophen – es hatte sich zuvor auch als grober Fehler erwiesen, daß immer zwei Portionen in einer Schüssel und auf einem Tisch vor zwei Gäste gestellt worden waren und so z. B. ein Stoiker und ein Epikureer zur engeren Tischgemeinschaft verdammt wurden – um das fettere Huhn dramatisch streiten, dabei ein Becher als Racheakt fliegt,

„... aber der Becher verfehlte das Ziel, er irrte seitwärts, spaltete die Hirnschale des Bräutigams und verursachte bei ihm eine sehr breite und tiefe Wunde. Die Frauenzimmer stürzten sich mit gräßlichem Geschrei zwischen die Streiter, besonders die Mutter des Bräutigams, da sie Blut fließen sah. Auch die Braut sprang auf und zeigte durch ihre angstvolle Verwirrung den Anteil, den sie an dem Verwundeten nahm. Inzwischen tat sich der Streitgenosse des Zenothemis, Alcidamas, hervor. Er arbeitete mit seinem Knittel wie ein Hercules um sich her, schlug dem Kleodemus ein Loch in den Kopf, zerschellte dem Hermon den Backenknochen und verwundete noch einige Hausbedienstete, die ihnen zu Hilfe eilen wollten.

Gleichwohl ließen sich diese nicht zum Weichen bringen, sondern Kleodemus mit seinem Zeigefinger bohrte dem Zenothemis ein Auge aus und biß ihm die Nase ab; und Hermion war dem Diphilus, der dem Alten zu Hilfe kommen wollte, mit solcher Gewalt auf den Boden, daß ihm alle Sinne vergingen.

Auch der ehrliche Histiäus bekam seinen Teil, da er die Streitenden auseinanderbringen wollte; denn Kleodemus, der ihn vermutlich für den Diphilus ansah, gab ihm einen so kräftigen Fersentritt in die Zähne, daß er, um mit seinem Homer zu reden, blutausspeiend zu Boden fiel. Der ganze Saal war jetzt lauter Aufruhr und Jammer. Die Weiber, die um den Chäres herumwimmelten, wollten sich durch keinen Zuspruch beruhigen lassen.

Das Schlimmste von allem aber war, daß Alcidamus, wie er sich einmal als Meister vom Kampfplatze sah, gar nicht aufhören wollte, sondern zuschlug wohin es traf; und gewiß würden noch viele gefallen sein, wenn nicht sein Knittel zum guten Glück in Stücke gegangen wäre.

... Übrigens malten mir die umgeworfenen Tische, die hin und wieder fliegenden Becher und das vergossene Blut ein leibhaftes Bild der Lapithen und Zentauren an der Hochzeit des Pirithous vor Augen. Damit nichts fehlte, unsre Not vollständig zu machen, warf Alcidamas zuletzt die Lampe um und stürzte uns auf einmal in die tiefste Nacht. Die Sache war um so bedenklicher, weil nicht gleich wieder anderes Licht zu bekommen war und indessen viel Ungebührliches in der Finsternis verübt wurde."[24]

Nur vor dem Hintergrund der beherrschenden Stellung der Philosophie insgesamt, vor allem der Stoiker und der Epikureer, kann eine solche Polemik aufkommen und Schwächen verschiedener Philosophenschulen, vor allem der Kyniker, Stoiker und Epikureer, dem Leser vor Augen malen. Mit Hilfe solcher Polemik sollte eine Lebensführung gerechtfertigt werden, die mit philosophischen Grundsätzen nichts zu tun hat.

---

hatte unter dem großen Gelächter der Zuschauer ein Ende. Dies ist in wenigen Worten die Geschichte unserer sogenannten Philosophen." Luc., Piscator 34ff.

[24] Luc., Lapithae 32ff.

c) Das polemische Epikurbild bei Cicero

Die philosophische Auseinandersetzung, die Cicero gegen Epikur und seine Anhänger führt, findet besonders in drei Werken Ciceros statt:

In „de natura deorum" wird die theologische Auseinandersetzung geführt, in „de finibus bonorum et malorum" geht es um die ethischen Fragen und in den Tusculanen wird vor allem der Sinn der Philosophie, der Wert der Tugend, die Todesfrage und die Todesfurcht behandelt.

In diesen Schriften handelt es sich um eine weitgehend sachliche Auseinandersetzung, teilweise allerdings verzerrt Cicero Epikur bewußt, und polemisiert auch, wie z. B. Tusc. III, 41:

„Warum machen wir Umstände, Epikur, und nennen nicht dies die Lust, die auch Du zu meinen pflegst, wenn Du das Gesicht gewachsen hast? Sind das deine Worte oder nicht? In jenem Buche nämlich, das Deine ganze Lehre enthält, ich werde mich gleich als Übersetzer betätigen, damit keiner meine, ich erfände etwas, sagst Du folgendes: Ich weiß nicht, was ich als das Gute begreifen soll, wenn ich jene Genüsse abziehe, die man durch den Geschmack wahrnimmt, jene, die durch den Liebesgenuß entstehen und durch das Hören von Gesängen, oder auch jene, die als angenehme Bewegungen durch die Augen beim Wahrnehmen von Gestalten entstehen und was sonst an Genüssen dem gesamten Menschen durch irgendeines der Sinnesorgane vermittelt wird. Man kann auch nicht sagen, daß bloß die Freude des Geistes ein Gut sei. Denn die Freude des Geistes erkenne ich an der Hoffnung, daß unsere Natur, wenn sie sich all jene Dinge aneignet, die ich oben genannt habe, von Schmerz frei sein werde. Das sagt er mit eben diesen Worten, damit ein jeder auch erkenne, was für eine Lust Epikur meint. Dann wenig später: Ich habe oft jene, die man Weise nannte, gefragt, was sie denn als Güter übrig ließen, wenn sie jenes abzögen, außer sie wollten bloß nichtige Worte machen. Ich habe nichts von ihnen erfahren können. Mögen sie von Tugenden schwatzen und von Weisheiten, sie werden nichts anderes nennen können als eben den Weg, durch den jene Genüsse zustande kommen, die ich oben erwähnt habe. Was nachfolgt spricht dieselbe Meinung aus, und sein ganzes Buch über das höchste Gut ist voll von solchen Worten und Gedanken.

Zu einem solchen Leben wirst Du also Telamon einladen, um ihm seinen Kummer zu erleichtern, und wenn Du einen der Deinigen von Trauer überwältigt siehst, so wirst Du ihm lieber eine Delikatesse als ein sokratisches Buch geben? Du wirst ihn eher ermahnen, sich eine Wasserorgel anzuhören als die Stimme Platons? Du wirst ihm einen Blumengarten zum Anschauen geben und ihm ein Bukett an die Nase halten? Wirst Du Parfums verbreiten und ihn auffordern, sich mit Kränzen und Rosen zu schmücken? … Wirst Du so die ganze Trauer wegwischen?

Das muß man aus Epikur entnehmen, oder er muß das, was ich soeben wörtlich übersetzt habe, streichen oder vielmehr das ganze Buch wegwerfen. Denn es ist mit Lüsten vollgestopft."[25]

Eine Äußerung aus den Briefen an seinen Freund Fabius Gallus bestätigt diese Auffassung:

---

[25] Cic. Tusc. III,41.

„Ich fürchte alle Krankheiten, hauptsächlich aber – einer der Punkte, in denen die Stoiker Deinen Epikur schlecht aussehen lassen, weil er sagt, Harnleiden und Koliken machten ihm Beschwerden; das eine halten sie für eine Folge der Gefräßigkeit, das andere für die Folge einer noch schändlicheren Zuchtlosigkeit – hauptsächlich also hatte ich Angst vor der Dysenterie. Aber anscheinend hat mir die Luftveränderung oder auch die geistige Entspannung ... gut getan."[26]

In den anderen Dialogen wird der Aufbau eines „Feindbildes" nicht unbedingt zugelassen, gelegentlich aber doch auch Spott getrieben, wie bei der Einführung des Epikureers Velleius, der im ersten Buch von „de natura deorum" die epikureische Lehre von der Sorglosigkeit und Zurückgezogenheit der Götter schildert:

„Darauf begann Velleius in dem ganz zuversichtlichen Ton, wie ihn diese Epikureer immer an sich haben und scheute dabei nichts so sehr, als etwa den Eindruck zu erwecken, über etwas im Zweifel zu sein, wie wenn er geradewegs aus der Versammlung der Götter und aus Epikurs Zwischenwelten herabgestiegen wäre ..."[27]

Dieser polemisch ironische Ton wird sogar von einem solch edlen und noblen Gelehrten wie Titus Pomponius Atticus, dem Bankier und engen Vertrauten Ciceros gebraucht, als er Cicero im Sommer des Jahres 44 heftig wegen seiner geplanten Überfahrt nach Griechenland tadelt, als ein Verhalten, wie es nur einem Epikureer, in diesem Fall ein gewisser Phaedrus, nachgesehen werden könnte[28].

Aber es gibt auch Äußerungen Ciceros, die mit der zumindest teilweise vorhandenen Sachlichkeit der philosophischen Werke überhaupt nichts zu tun haben, so u.a.[29] die Invektive gegen den Epikureer Lucius Calpurnius Piso, den Schwiegervater Caesars, der Gönner des Epikureers und Epigrammatikers Philodemos von Gadara war[30].

Der Consul Piso hatte sich, als es um die Verbannung Ciceros im Jahre 58 ging, geweigert, den wegen der Hinrichtung der Catilinarier belasteten Cicero vor der Verbannung zu bewahren. Der wegen der Schmach der Verbannung beleidigte Cicero verzieh ihm das nie. Außerdem wehrte sich Piso geschickt,

---

[26] Cic. Fam. VII,24,1.2
[27] Cic. Nat. Deor., I,18.
[28] Cic. Att. 16,7,2–5.
[29] Cic. Fam. XIII,1,3.
[30] Von Philodemos ist uns eine Einladung zu einem epikureischen Freundesmahl erhalten, die O. Hiltbrunner durch ein literarisches Kleinod kommentierte: „Auf Morgen holt Dich in seine bescheidene Hütte, verehrtester Piso, ab der neunten Stunde dein Freund, der Liebling der Musen: er feiert das jährliche Festmahl des Zwanzigsten. Wenn du aber deswegen Abschied nimmst von zarter Schweinsbrust und auf Chios gereiften Trank des Bakchos, so wirst Du doch dafür Freunde sehen von lauterstem Herzen, wirst Reden hören, weit süßer als die im Phäakenlande. Falls Du jedoch einmal deinen Blick auch auf uns wenden willst, Piso, dann werden wir aus einem bescheidenen ein üppiges Festmahl halten." HILTBRUNNER 1972, 168–182.

sachlich und überzeugend gegen die Angriffe Ciceros, indem er ihm die alleinige Schuld für seine eigene Verbannung gab[31].

Es würde nun zu weit führen hier das Feindbild, das Cicero in mehreren Reden[32] aufbaut, ausführlich zu zitieren. Zur Charakteristik des Tons genügt der Katalog der Schimpfwörter mit denen der Epikureer in der Rede „In Pisonem", die Cicero im Jahr 55 v. Chr. als Antwort auf eine Rede Pisos nach dessen Rückkehr aus der Provinz Makedonien gehalten hat, angeredet wird:

„Untier (cap. 1), Furie (8), Dreck (13), Galgenstrick (14), Consul aus der Kaschemme (18), Vieh, faules Fleisch, Schindangeraas, kastriertes Schwein (19), Epikur im Bart, Laternenträger Catilinas (20), unflätiger Säufer (22), Hund des Clodius (23), Dreck Caesoninus (27), ungeschlachtetes und scheußlichstes Ungeheuer, weggeworfener und halblebender Mensch (31), Insubrer (34), Unser Epikur, das Produkt des Schweinestalls, nicht der Philosophenschule (37), Dieb, Tempelschänder, Raubmörder, Geier der Provinz (38), Schmach der behosten Sippe (53), Philosoph, Schurke, Unhold, Schandbube (56), Menschlein, Epikur aus Ton und Dreck (59), Finsternis, Dreck, Schmutz (62), unsauberes und unmäßiges Vieh (72), Esel (73), weggeworfenes Aas (82), Strafe und Furie der Untertanen (91)."[33]

Die nominalen Beschimpfungen lassen sich unter folgenden Gesichtspunkten einordnen:

1. Entehrende Abstrakta und Konkreta
2. Herabsetzung geistiger und körperlicher Eigenschaften
3. Ehrenrührigkeit des Lebenswandels
4. Entehrende Berufsbezeichnung
5. Herabsetzung als Verbrecher und Sklave
6. Vorwurf der Unmännlichkeit
7. Vorwurf der Widernatürlichkeit
8. Ehrlose Herkunft
9. Mythologische Bezeichnungen
10. Spitznamen
11. Tierbenennungen
12. Vergleiche mit Frauen, Tieren und Sachen[34].

Ciceros Kritik kann wie folgt ausgedrückt werden: Die Tugend ist das höchste Gut und als solche zu erstreben. Dies lehnt Epikur ab, folglich lehne ich ihn auch ab. Für die Philosophen bleibt immer die Tugend das höchste Gut, Epikur dagegen nennt die Lust. Cicero versteht nicht, daß bei Epikur Lust und Sinnlichkeit nicht einfach gleichgesetzt werden, sondern Lust für Epikur bereits bei der „Ataraxia" beginnt, und somit Lust und Freisein von Schmerzen

---

[31] Vgl. GELZER 1969, 182f.

[32] KOSTER 1980, 120.

[33] Vgl. KOSTER 1980. Vgl. auch OPPELT 1969, 109ff, wo sich eine ähnliche Aufzeichnung findet.

[34] In enger Anlehnung an KOSTER 1980, 363/364.

für ihn zunächst einmal dasselbe sind. Epikur wird vorgeworfen, er mache dadurch, daß er den Selbstwert der Tugend leugne, diese zur Magd der Lust[35].

d) Das differenzierte Epikurbild bei Seneca

Doch nun zurück zu Seneca und seinem Vorwurf der Widernatürlichkeit gegen bestimmte Prasser seiner Zeit. Die Beschäftigung mit einer Senecakonkordanz zeigt, daß Seneca hier nicht die Epikureer gemeint haben kann[36].

Eine Untersuchung all der Textstellen, in denen Epikur und die Epikureer erwähnt werden, belegt, daß Seneca völlig sachlich, teils zustimmend, teils ablehnend auf Epikur eingeht, überspitzt ausgedrückt hätte er ein paar Mal auch „Epicurus noster" sagen können, so weit geht er aber nicht. Im Brief 33 spricht Seneca grundsätzlch aus, daß ihm die Worte Epikurs „flosculi", Lesefrüchte sind, die er zur Bestätigung der eigenen Meinung herauspflückt, wie ein Sprichwort oder ein Dichterzitat[37].

1. Epikur bekommt in den Luciliusbriefen, die Seneca an den Epikureer Lucilius schreibt, eine von Seneca gegenüber seinem epikureischen Briefpartner legitimierte Vorbildfunktion:

„Du erweise dich uns, wie du es tust, als tapferer Gefährte und beschränke dein Gepäck. Nichts von dem, was wir besitzen, ist notwendig: Zum Gesetz der Natur laßt uns zurückkehren! Reichtum liegt bereit; entweder ist umsonst, was wir benötigen oder billig: Brot und Wasser verlangt die Natur. Niemand ist unter diesen Umständen arm. Wer immer in diesen Grenzen sein Verlangen einschließt, wetteifert mit Iuppiter selbst um das Glück, wie Epikur sagt, von dem ich einen Ausspruch diesem Brief beifügen will. „So tue du", sagt er, „alles, als ob es Epikur sähe." Es nützt ohne Zweifel einen Wächter bei sich zu haben, auf den zu blickst, der an deinen Erwägungen teilnimmt, wie du weißt... Wenn du das geschafft hast und bei dir selbst die Würde vor dir selbst zu existieren begonnen hat, will ich dir zu erlauben beginnen, was ebenso Epikur rät: Dann vor allem zieh dich auf dich selbst zurück, wenn du gezwungen wirst, dich in der Masse aufzuhalten."[38]

Tu alles so, als sähe dich Epikur, das ist der eine Ratschlag hier, und auch das von den Epikureern bevorzugte zurückgezogene Leben kann Seneca hier seinem Briefpartner weiterempfehlen.

2. Seneca gibt sich Mühe, Epikurs Lehre insgesamt gerecht zu werden, indem er auch die Textstellen, die bei epikurfeindlichen Schriftstellen unterschlagen werden, zitiert und somit seiner Leserschaft den „ganzen" Epikur vorstellt.

Epikur hat z. B. in seinem berühmtem Menoikeusbrief betont:

---

[35] Vgl. SCHILDHAUER 1932, 6.
[36] Vgl. BUSA/ZAMPOLLI s. v. „iste" etc.
[37] POHLENZ Bd. I, 1964, 306.
[38] Sen. Ep. 25,4−7: Vgl. NICKEL 1982, 20f.

„Wir halten auch die Selbstgenügsamkeit für ein großes Gut.“[39]

Seneca geht darauf ein, wenn er dem Lucilius schreibt:

„Bestimmte Tage hatte jener Lehrer des Genusses, Epikur, an denen er karg den Hunger stillte, um zu sehen, ob etwas fehle an dem vollen und vollendeten Genuß, oder wieviel fehle und ob es wert sei, daß man es mit großer Mühe ausgleiche: das jedenfalls sagt er in den Briefen, die er unter dem Archontat des Charinos an Polyanios schrieb. Und wirklich rühmt er sich, von nicht ganz einem As ernähre er sich, Metrodorus, der noch nicht so weit sei, von einem ganzen.

Glaubst Du, daß es bei dieser Ernährung Sättigung gibt? Sogar Genuß gibt es! Genuß – aber nicht jenen leichten und flüchtigen und immer wieder zu erneuernden, sondern beständigen und sicheren. Denn keine angenehme Sache sind Wasser und Gerstengraupen oder ein Stück Gerstenbrot, aber höchster Genuß ist es, fähig zu sein, auch aus diesen Dingen Genuß zu gewinnen und darauf sich eingestellt zu haben, was uns zu entreißen keine Ungerechtigkeit des Schicksals vermag.“[40]

Epikur war ein Lebenskünstler, der einerseits den Genuß freilich nicht verachtete, aber gleichzeitig Minimalist war, und bereits mit geringsten Mengen zufrieden und glücklich sein wollte.

3. Seneca geht mehrfach auf die Bescheidenheit Epikurs ein, so in Brief 110,18, wo er Epikur zitiert:

„Dem wahren Reichtum wende dich lieber zu; lerne mit wenigem zufrieden zu sein, und jenes Wort sprich stolz und mutig: haben wir Wasser, haben wir Gerstengraupen, mit Iuppiter selbst wollen wir um das Glück streiten. Wir wollen es, ich bitte dich, auch dann, wenn Wasser und Graupen nicht vorhanden sein sollten. Schimpflich ist es, ein glückliches Leben auf Gold und Silber zu gründen, ebenso schimpflich, auf Wasser und Graupen.“[41]

4. Nicht nur in den Epistulae morales, die 15–20 Jahre nach der Trostschrift an seine Mutter geschrieben worden sind, sondern auch in seinen übrigen Schriften enthält sich Seneca der Polemik gegenüber Epikur und seinen Nachfolgern und sucht die sachliche Auseinandersetzung, ja er verteidigt Epikur sogar:

„Jener Genußsüchtige, rülpsend stets und trunken – weil er weiß, er lebt im Genuß, glaubt er, er lebe auch in sittlicher Vollkommenheit, dann schreibt er seinen Charakterschwächen Weisheit zu und bekennt sich offen zu dem, was eigentlich zu verbergen ist. Daher leben sie, nicht von Epikur dazu veranlaßt, im Genuß, sondern ihren Lastern hingegeben bergen sie ihre Genußsucht im Schoße der Philosophie und eilen dahin, wo sie hören, daß die Lust gelobt wird. Und sie schätzen die Sache nicht richtig ein, dieser Ansicht beim Hercules bin ich nun mal, jene Lust nämlich des Epikur, wie trocken und nüchtern sie auch immer sei, sondern bei seinem bloßen Namen fliegen sie herbei, weil sie für ihre Begierden eine Art von Verteidigung und Bemäntelung suchen.“[42]

---

[39] Epikur, Brief an Menoikeus, c. 130. Übersetzung NICKEL 1982, 28.
[40] Sen. Ep. 18,9.10.
[41] Sen. Ep. 110,18.
[42] Sen. de vita beata XIII,2.

Die differenzierte Epikurbetrachtung bei Seneca wendet sich gegen die Legitimation eines lasterhaften Lebenswandels durch das bloße Stichwort „Epikur". Seneca betont vielmehr den Minimalismus Epikurs, der nicht die Völlerei lehrte, sondern mit einem Minimum an Mitteln ein Maximum an Wohlbefinden erreichen wollte[43].

IV. Die „cena Trimalchionis" in Petrons Satyricon

Mit den „edentes" et „vomentes" unserer Ausgangsstelle hat Seneca den Kaiserhof Caligulas an sich, sowie Emporkömmlinge und Neureiche des Kaiserhofes in früherer und späterer Zeit im Blick, so z. B. den Apicius, der oft im Zusammenhang mit Sejan genannt wird[44] und von dem Seneca selbst in der gleichen Trostschrift folgendes aussagt:

„Sein Ende zu kennen ist der Mühe wert. Als er hundert Millionen[45] Sesterzen an die Küche aufgewandt hatte, als er so viele Geschenke der Kaiser und die ungeheuer große Steuer des Kapitols durch Gelage verschlungen hatte, da er von den Schulden überwältigt war, hat er zum ersten Mal gezwungenermaßen Bilanz gezogen; er rechnete aus, daß ihm 10 Millionen Sesterzen übrig sein werden, und als ob er darum im schlimmsten Hunger leben solle, wenn er mit 10 Millionen gelebt hätte, beendete er sein Leben."[46]

Petron karikiert in seinem Schelmenroman solche Mahlzeiten wie folgt:

„Jetzt kamen Diener und deckten Behänge über die Polster; darauf waren Jagdnetze eingestickt und Jäger auf der Pirsch mit Jagdspießen und Jagdgeräten aller Art. Noch wußten sie nicht, was wir vermuten sollten, als sich außerhalb des Speisesaals ein Heidenlärm erhob, und schon begannen lakonische Jagdhunde auch um den Tisch herumzurennen. Sogleich trug man eine Platte herein; auf der lag ein enormes Wildschwein, das noch dazu eine phrygische Freiheitskappe trug. An seinen Hauern hingen zwei aus Palmblättern geflochtene Körbchen, wovon das eine mit nußförmigen Datteln, das andere mit Datteln aus Theben gefüllt war. Herumgelegt waren kleine Schweinchen aus Kuchenteig, so angeordnet, als ob sie an den Eutern lägen, womit angedeutet war, daß es sich um eine Bache handelte. Diese Schweinchen waren Geschenke zum Mitnehmen.

Zum Tranchieren der Wildsau kam nicht jener Carpus herein, der das Geflügel zerhackt hatte, sondern ein Riesenkerl mit Bart, die Beine mit Binden umwunden; er trug einen kurzen Jagdmantel aus buntgewebtem ägyptischem Damast. Er zog einen Hirschfänger und stieß mit aller Gewalt dem Wildschwein in die Flanke: da flogen Drosseln aus der Wunde heraus. Vogelfänger standen schon mit Leimruten bereit und fingen die durch den Saal flatternden Vögel sogleich ein. Trimalchio ließ jedem Gast seinen Anteil davon servieren, und fügte hinzu: Nun könnt ihr sehen, was für prima

---

[43] Krämer aaO, 1980, 302.
[44] Dio C. 57,19,1; Tac. Ann. IV,1.
[45] Mart. III,22 gibt „nur" 60 Millionen als verschwendet an.
[46] Sen., ad Helviam matrem 10,9.

Eichelmast die Waldsau gefressen hat. Gleich gingen auch Burschen an die von den Hauern herabhängenden Körbchen heran und verteilten zum Takt der Musik die beiden Dattelarten unter den Gästen. Inzwischen saß ich ungestört in meinem Eckchen und zerbrach mir den Kopf, warum der Keiler wohl mit einer Freiheitsmütze hereingekommen sei. Nachdem ich mir sämtliche Kalauer hatte durch den Kopf gehen lassen, faßte ich den Mut meinen Gewährsmann von vorhin hartnäckig zu fragen und gab an, was mir Kopfzerbrechen mache. Darauf er: ‚Auch das, immer zu Diensten, kann ich Dir genau sagen; es ist nämlich kein Rätsel, sondern liegt auf der Hand: Dieser Keiler sollte gestern zur Krönung des Essens dienen, aber die Gäste haben ihn laufen lassen; da kehrt er heute wie ein Freigelassener zur Tafel zurück.' Ich ließ ein Donnerwetter über meine Dummheit los und stellte keine weitere Frage mehr, um nicht den Eindruck zu erwecken, als hätte ich nie bei feinen Leuten gespeist."[47]

Seneca, Petron[48] und Tacitus, der paradoxerweise in der „Germania" die Germanen, die eigentlich Barbaren sind, als Vorbilder[49] hinstellt, erkennen und kritisieren, daß bestimmte Gruppierungen[50] der Oberschicht des römischen Reiches, das einst das hehre Ziel hatte, den Barbaren „mores" und „virtus"[51] beizubringen, nach Hellenisierung und versuchter augusteischer Re-

---

[47] Petr 41; Vgl. cap. 50f; „Zustände, Bräuche, Tatsachen und Personen weisen ebenso deutlich wie Sprache, Stil und Metrik in die julisch-claudische Epoche, und zwar am ehesten in die Regierungszeit Neros." KNOCHE 1973, 68. Petron, der auf Initiative von Ofonius Tigellinus bei Nero in Ungnade gefallen war, schickte kurz vor seinem Tod Nero eine Aufzählung seiner Verfehlungen zu, vor allem der sexuellen Ausschweifungen und Verfehlungen, unter namentlicher Aufzählung der Partner und Partnerinnen. Vgl. KNOCHE 1973, 70.

[48] Tac. Ann. 16,17,1 und 18,1ff. K. Büchner schreibt über Petron: „Es ist nicht der erste beste Akrobat, der einen solchen Roman auch schreiben könnte. Aristokratisches Wesen, feinste Bildung, die sich nicht selbst wichtig nimmt, Weltläufigkeit weisen eindeutig auf einen Verfasser hohen Standes.... Ein solcher Geist, wie es der Schöpfer dieses Romans ist, weiß um die Brüchigkeit der Zeit, aber er leidet nicht unter ihr. Er betrachtet sie mit Abstand und feinstem Unterscheidungsvermögen." BÜCHNER 1968, 407f.

[49] Tac. Ger. 19. Tac. Agr. 30. Vgl. FUCHS 1964, 17ff.

[50] Differenzierung sowie eine nüchterne und ausgewogene Analyse sind gefordert. Pauschale Verurteilung der römischen Herrschaft und Kultur verkennen die wirkliche Situation und führen zu einer einseitig negativen Bewertung der Leistung des Imperium Romanum. Von den Kaisern waren lediglich Caligula und Nero im Hinblick auf die Essgewohnheiten negative Vorbilder. Sueton z. B. rühmt die vernünftige und mäßige Lebensführung des Augustus. Vgl. Suet. Aug. 76–79.82. CHRIST 1988, 1–13.

[51] Vergil Aen. VI, 851ff:
„Excudent alii spirantia mollius aera,
credo equidem, vivos ducent de marmore vultus
orabunt cuasas melius caelique meatus
describent radio et surgentia sidera dicent:
Tu regere imperio populos Romane memento
– hae tibi erunt artes – pacisque imponere morem,
parcere subiectis et debellare superbos."
Zärtlicher mögen andre die atmenden Erze gestalten,
glaube ich wohl, und dem Marmor lebendige Mimen entnehmen,
bessere Redner, werden sie sein und die Bahnen des Himmels

stauration teilweise weit hinter den gesetzten philosophischen und ethischen Ansprüchen zurückgeblieben sind. Aus den Barbarenländern, denen man Tugend beibringen wollte, wird nun herbeigeschafft, was den reichen Prassern am Kaiserhof zur Vollendung lasterhaften Treibens dient.

Vielleicht übernahm Seneca deshalb im Jahr 48, obwohl er eigentlich nach Athen reisen wollte, um so freimütiger und mutiger den Auftrag Agrippinas, den jungen Nero zu erziehen, ein Auftrag, an dem er sich 14 Jahre lang mit immer erdrückenderen Kompromissen versuchte, so daß er im Jahre 62 schließlich von einem blutrünstigen Ofonius Tigellinus abgelöst wurde und im Jahr 65 nach der pisonischen Verschwörung getötet wurde.

Seneca weist am Ende seines Lebens auf einen weiteren Aspekt der Schwelgerei hin, der Beachtung verdient:[52]

„Die Verschwender streben danach, ihr Leben fortwährend zum Gegenstand der Gespräche zu machen. Bleibt es verschwiegen, so glauben sie, ihre Mühe verloren zu haben. Sooft etwas, das sie treiben, dem Gerücht entgeht, sind sie mißvergnügt. Es gibt viele, die ihr Vermögen verprassen, viele die Mätressen halten: um sich unter diesen einen Namen zu machen, genügt es nicht üppig zu leben, man muß es in auffallender Weise tun, eine gewöhnliche Verschwendung verursacht in einer so beschäftigten Stadt kein Gerede."[53]

Solche Leute waren es, von denen Seneca sagt: „Vomunt ut edant, edunt ut vomant."

V. Zusammenfassung

Die Polemik gegen Epikur und die Epikureer bei den antiken Autoren enthält sehr undifferenziert immer wieder bestimmte Topoi wie Fressen, Saufen und sexuelle Ausschweifungen[54]. Auffallend ist das bewußte Verkürzen der epikureischen Lehre[55]. Die Epikureer bildeten die Negativfolie, von der sich andere Philosophenschulen wie z. B. die Stoiker oder Akademiker, abheben wollten.

---

deuten mit ihrem Stab und die steigenden Sterne verkünden:
Römer, sei Du eingedenk der Völker durch Herrschaft zu walten
– dies werden deine Künste sein – Gesittung des Friedens zu setzen,
die Unterworfenen zu schonen und niederzuzwingen die Stolzen.
Vgl. SCHENK, GRAF VON STAUFFENBERG 1976, 177−198. Der herrscherliche Ordnungswille Roms und die Verklärung römischer Staatlichkeit kommen deutlich zum Ausdruck.

[52] MAURACH 1991, 34.

[53] Sen. Ep. 122,14. Mart. XII,41: „Du bist nicht zufrieden, Tucca, ein Schlemmer zu sein, du willst auch als solcher erscheinen und genannt werden."

[54] KRÄMER 1980, 303: „Immerhin führt auch dieser relative Minimalismus Epikurs dazu, daß etwa das erotisch sexuelle Bedürfnis, das als bloß natürlich und nicht notwendig gilt, weitgehend als Adiaphoron behandelt und nach Möglichkeit ganz ausgeklammert wird."

[55] Vgl. ADAM 1974, 22.

Seneca macht dieses Spiel nicht mit. Er differenziert, bleibt sachlich und unterschlägt vor allem nicht Lehrsätze Epikurs, die eine primitive Kritik nicht zulassen[56].

Literaturverzeichnis

ABEL, K. 1967: Bauformen in Senecas Dialogen, Heidelberg, 1967.

ADAM, H. 1974: Plutarchs Schrift: Non posse suaviter vivi secundum Epicurum, Amsterdam 1974.

BUSA, R./ZAMPOLLI, A. 1975: Concordantiae Senecanae, Hildesheim/New York 1975.

BÜCHNER, K. 1968: Römische Literaturgeschichte, Stuttgart 1968[4].

CHRIST, K. 1988: Geschichte der römischen Kaiserzeit, München 1988.

DINDORF, W. 1829: Aristides ex recensione Guilielmi Dindorfii, Lipsiae 1829.

FRIEDLÄNDER, L. 1923: Darstellungen aus der Sittengeschichte Roms, Leipzig 1923[10].

FUCHS, H. 1964: Der geistige Widerstand gegen Rom in der antiken Welt, Berlin 1964.

GELZER, M. 1969: Cicero ein biographischer Versuch, Wiesbaden 1969.

GIGON, O. 1991: Epikur, Von der Überwindung der Furcht, München 1991.

GRIMAL, P. 1978: Seneca, Macht und Ohnmacht des Geistes, Darmstadt, 1978.

HENGEL, M. 1976: Juden, Griechen und Barbaren, Stuttgart 1976.

HILTBRUNNER, O. 1972: (s. o. in: Antidosis, Kraus, ed. R. Hanslik/A. Lesky/H. Schwabl Wiener Studien Beiheft 5 Wien 1972.

HOSSENFELDER, M. 1991: Epikur, München 1991.

JASPERS, K. 1969: Aneignung und Polemik, München 1969.

JÜTHNER, J. 1923: Hellenen und Barbaren, das Erbe der Alten, NF. VIII, Leipzig, 1923.

KNOCHE, U. 1971: Die römische Satyre, Göttingen 1971[3].

KOHLER, P. 1911: Epikur und Stoa bei Horaz, Freiburg 1911.

KOSTER, S. 1980: Die Invektive in der griechischen und römischen Literatur, Beiträge zur klassischen Philologie 99, Meisenheim 1980.

KRÄMER, H.J. 1980: Epikur und die hedonistische Tradition, Gymnasium 87, 1980, S. 294–326.

LENZ, W. 1964: Aristeasstudien, München 1964.

MAGUINNESS, W.S. 1952: Der Eklektizismus des Horaz, Hermathema 38, 1952, 27–56 wieder abgedruckt in: Römische Philosophie, ed. G. Maurach, WdF 193, Darmstadt 1976, 169–189.

MAURACH, G. 1991: Seneca, Leben und Werk, Darmstadt 1991.

MOMMSEN, TH. 1986: Römische Geschichte, München 1986, Neudruck der Ausgabe von 1904[9].

NICKEL, R. 1982: Philosophie als Lebenshilfe, Seneca und Epikur, Freiburg 1982.

OPPELT, I. 1969: Vom Spott der Römer, München 1969.

---

[56] Seneca stimmt somit dem optimistischen, rationalistischen und atheistischen Aufklärer Epikur, der das Glück nicht nur für wünschbar, sondern auch für machbar hält, unter der These von der optimalen Erfüllung der Temporalität des menschlichen Lebens zu. Gleichzeitig vergißt Seneca nicht, daß die sogenannte katastematische oder zuständliche Lust, die mit dem Zustand der Schmerzfreiheit beginnt und in ein dauerhaftes Wohlgefühl, verbunden mit einer beständigen positiven Grundstimmung, bei Epikur bereits das Ziel, das nicht zu überbieten ist, darstellt. Die kinetische oder punktuelle Lust kommt lediglich hinzu.

POHLENZ, M. 1964: Die Stoa, Göttingen 1964³.

ROSENBACH, M. 1983: L. Annaeus Seneca, Philosophische Schriften, Darmstadt 1983.

SCHILDHAUER, H. 1932: Seneca und Epikur, Greifswald 1932.

SCHOTTLÄNDER, R. 1955: Epikurisches bei Seneca, Philologus 99, 1955, 133ff. Wieder abgedruckt in: G. Maurach, Seneca als Philosoph. WdF 414, 167ff, Darmstadt 1975.

SORENSEN, V. 1984: Seneca, ein Humanist an Neros Hof, München 1984.

STAUFFENBERG, A. GRAF SCHENK 1976: Vergil und der augusteische Staat, Wege zu Vergil, WdF 19, Darmstadt 1976.

ZACHER, K. D. 1985: Zur Lustlehre Epikurs, Würzburger Jahrbücher für die Altertumswissenschaft, N.F. Bd. 11, 1985, 63–72.

Stellenregister

I. Altes Testament

Genesis

1,11	28
1,21	28
1,24f	28
2,2f (LXX)	5, 306
2,14	193
3,1	137
4,7	306
5,1−32	4
6,9f	4
9,4	5
9,25	212
10,1−32	4
12,1−3	3, 218, 220
15,9	186
15,16	82
15,18−21	65
17	5
17,10	273
21,22−34	3
23	3
24,3	287
25,22	188
25,23	196
25,26	197
25,27	195
25,29	187
25,32	188
25,34	188
26,26−33	3
26,34	187
27,20f	188
27,22	181, 194
27,28	190, 199, 201, 203
27,33	193
27,38	190
27,39	190
27,40	183, 194
27,41	189, 205
28,1	287
28,14	40
32,7	201
34,2	201
36,6	189
36,11	179
36,23	179
36,40−43	200
37	5
39−50	5
42,7	68
49,1	189
49,8	193

Exodus

1,5	189
5,1	24
12−13	5
12,33	24
12,48f	80, XIV
15,2	188
15,15	191
15,17f	78, 118
16	5
16,10	5
18	12
18,13f	24
19,1	202
19,2	201
19,5	68
19,6	42, 102f
19,15	24
20,2	201
20,5	82
20,10	314
21,8	74
23,4f	46
23,6	83
23,9	83
23,12	314
25,2ff	5

II. Apokryphen des Alten Testaments

III. Pseudepigraphen des Alten Testaments

IV. Qumran

V. Frühjüdisch-hellenistische Literatur

VI. Neues Testament

VII. Apokryphen zum Neuen Testament und Apostolische Väter

VIII. Gnostica

IX. Kirchenväter und christliche Schriftsteller

X. Rabbinisches Schrifttum

XI. Targumim

XII. Pagane Literatur

XIII. Inschriften, Papyri

Namen- und Sachregister

Hebräische und aramäische Begriffe

Griechische Begriffe

Lateinische Begriffe

Wissenschaftliche Untersuchungen zum Neuen Testament

Alphabetisches Verzeichnis
der ersten und zweiten Reihe

HENGEL, MARTIN und HERMUT LÖHR (Hrsg.): Schriftauslegung. 1994. *Band 73.*

HENGEL, MARTIN und ANNA MARIA SCHWEMER (Hrsg.): Königsherrschaft Gottes und himmlischer Kult. 1991. *Band 55.*

– Die Septuaginta. 1994. *Band 72.*

HERRENBRÜCK, FRITZ: Jesus und die Zöllner. 1990. *Band II/41.*

HOFIUS, OTFRIED: Katapausis. 1970. *Band 11.*

– Der Vorhang vor dem Thron Gottes. 1972. *Band 14.*

– Der Christushymnus Philipper 2,6 – 11. 1976, [2]1991. *Band 17.*

– Paulusstudien. 1989. *Band 51.*

HOLTZ, TRAUGOTT: Geschichte und Theologie des Urchristentums. Hrsg. von Eckart Reinmuth und Christian Wolff. 1991. *Band 57.*

HOMMEL, HILDEBRECHT: Sebasmata. Band 1. 1983. *Band 31.* – Band 2. 1984. *Band 32.*

KAMLAH, EHRHARD: Die Form der katalogischen Paränese im Neuen Testament. 1964. *Band 7.*

KIM, SEYOON: The Origin of Paul's Gospel. 1981, [2]1984. *Band II/4.*

– »The ›Son of Man‹« as the Son of God. 1983. *Band 30.*

KLEINKNECHT, KARL TH.: Der leidende Gerechtfertigte. 1984, [2]1988. *Band II/13.*

KLINGHARDT, MATTHIAS: Gesetz und Volk Gottes. 1988. *Band II/32.*

KÖHLER, WOLF-DIETRICH: Rezeption des Matthäusevangeliums in der Zeit vor Irenäus. 1987. *Band II/24.*

KORN, MANFRED: Die Geschichte Jesu in veränderter Zeit. 1993. *Band II/51.*

KOSKENNIEMI, ERKKI: Apollonios von Tyana in der neutestamentlichen Exegese. 1994. *Band II/61.*

KUHN, KARL G.: Achtzehngebet und Vaterunser und der Reim. 1950. *Band 1.*

LAMPE, PETER: Die stadtrömischen Christen in den ersten beiden Jahrhunderten. 1987, [2]1989. *Band II/18.*

LIEU, SAMUEL N. C.:Manichaeism in the Later Roman Empire and Medieval China. 1992. *Band 63.*

LÖHR, HERMUT siehe HENGEL.

MAIER, GERHARD: Mensch und freier Wille. 1971. *Band 12.*

– Die Johannesoffenbarung und die Kirche. 1981. *Band 25.*

MARKSCHIES, CHRISTOPH: Valentinus Gnosticus? 1992. *Band 65.*

MARSHALL, PETER: Enmity in Corinth: Social Conventions in Paul's Relations with the Corinthians. 1987. *Band II/23.*

MEADE, DAVID G.: Pseudonymity and Canon. 1986. *Band 39.*

MENGEL, BERTHOLD: Studien zum Philipperbrief. 1982. *Band II/8.*

MERKEL, HELMUT: Die Widersprüche zwischen den Evangelien. 1971. *Band 13.*

MERKLEIN, HELMUT: Studien zu Jesus und Paulus. 1987. *Band 43.*

METZLER, KARIN: Der griechische Begriff des Verzeihens. 1991. *Band II/44.*

NIEBUHR, KARL-WILHELM: Gesetz und Paränese. 1987. *Band II/28.*

– Heidenapostel aus Israel. 1992. *Band 63.*

NISSEN, ANDREAS: Gott und der Nächste im antiken Judentum. 1974. *Band 15.*

OKURE, TERESA: The Johannine Approach to Mission. 1988. *Band II/31.*

PHILONENKO, MARC (Hrsg.): Le Trône de Dieu. 1993. *Band 69.*

PILHOFER, PETER: Presbyteron Kreitton. 1990. *Band II/39.*

PÖHLMANN, WOLFGANG: Der Verlorene Sohn und das Haus. 1993. *Band 68.*

PROBST, HERMANN: Paulus und der Brief. 1991. *Band II/45.*

RÄISÄNEN, HEIKKI: Paul and the Law. 1983, [2]1987. *Band 29.*

REHKOPF, FRIEDRICH: Die lukanische Sonderquelle. 1959. *Band 5.*

REINMUTH, ECKART: Pseudo-Philo und Lukas. 1994. *Band 74.*

– siehe HOLTZ.

REISER, MARIUS: Syntax und Stil des Markusevangeliums. 1984. *Band II/11.*

RICHARDS, E. RANDOLPH: The Secretary in the Letters of Paul. 1991. *Band II/42.*

RIESNER, RAINER: Jesus als Lehrer. 1981, [3]1988. *Band II/7.*

– Die Frühzeit des Apostels Paulus. 1994. *Band 71.*

RISSI, MATHIAS: Die Theologie des Hebräerbriefs. 1987. *Band 41.*

RÖHSER, GÜNTER: Metaphorik und Personifikation der Sünde. 1987. *Band II/25.*

ROSE, CHRISTIAN: Die Wolke der Zeugen. 1994. *Band II/60.*

RÜGER, HANS PETER: Die Weisheitsschrift aus der Kairoer Geniza. 1991. *Band 53.*

SALZMANN, JORG CHRISTIAN: Lehren und Ermahnen. 1994. *Band II/59.*

SÄNGER, DIETER: Antikes Judentum und die Mysterien. 1980. *Band II/5.*

– Die Verkündigung des Gekreuzigten und Israel. 1994. *Band 75.*

SANDNES, KARL OLAV: Paul – One of the Prophets? 1991. *Band II/43.*
SATO, MIGAKU: Q und Prophetie. 1988. *Band II/29.*
SCHIMANOWSKI, GOTTFRIED: Weisheit und Messias. 1985. *Band II/17.*
SCHLICHTING, GÜNTER: Ein jüdisches Leben Jesu. 1982. *Band 24.*
SCHNABEL, ECKHARD J.: Law and Wisdom from Ben Sira to Paul. 1985. *Band II/16.*
SCHUTTER, WILLIAM L.: Hermeneutic and Composition in I Peter. 1989. *Band II/30.*
SCHWARTZ, DANIEL R.: Studies in the Jewish Background of Christianity. 1992. *Band 60.*
SCHWEMER, A. M.: siehe HENGEL.
SCOTT, JAMES M.: Adoption as Sons of God. 1992. *Band II/48.*
SIEGERT, FOLKER: Drei hellenistisch-jüdische Predigten. Teil 1 1980. *Band 20.* – Teil 2 1992. *Band 61.*
– Nag-Hammadi-Register. 1982. *Band 26.*
– Argumentation bei Paulus. 1985. *Band 34.*
– Philon von Alexandrien. 1988. *Band 46.*
SIMON, MARCEL: Le christianisme antique et son contexte religieux I/II. 1981. *Band 23.*
SNODGRASS, KLYNE: The Parable of the Wicked Tenants. 1983. *Band 27.*
SOMMER, URS: Die Passionsgeschichte des Markusevangeliums. 1993. *Band II/58.*
SPANGENBERG, VOLKER: Herrlichkeit des Neuen Bundes. 1993. *Band II/55.*
SPEYER, WOLFGANG: Frühes Christentum im antiken Strahlungsfeld. 1989. *Band 50.*
STADELMANN, HELGE: Ben Sira als Schriftgelehrter. 1980. *Band II/6.*
STROBEL, AUGUST: Die Stunde der Wahrheit. 1980. *Band 21.*
STUHLMACHER, PETER (Hrsg.): Das Evangelium und die Evangelien. 1983. *Band 28.*
SUNG, CHONG-HYON: Vergebung der Sünden. 1993. *Band II/57.*
TAJRA, HARRY W.: The Trial of St. Paul. 1989. *Band II/35.*
THEISSEN, GERD: Studien zur Soziologie des Urchristentums. 1979, [3]1989. *Band 19.*
THORNTON, CLAUS-JÜRGEN: Der Zeuge des Zeugen. 1991. *Band 56.*
TWELFTREE, GRAHAM: Jesus the Exorcist. 1993. *Band II/54.*
WEDDERBURN, A. J. M.: Baptism and Resurrection. 1987. *Band 44.*
WEGNER, UWE: Der Hauptmann von Kafarnaum. 1985. *Band II/14.*
WILSON, WALTER T.: Love without Pretense. 1991. *Band II/46.*
WOLFF, CHRISTIAN: siehe HOLTZ.
ZIMMERMANN, ALFRED E.: Die urchristlichen Lehrer. 1984, [2]1988. *Band II/12.*

Einen Gesamtkatalog erhalten Sie gern vom Verlag
J. C. B. Mohr (Paul Siebeck), Postfach 2040, D-72010 Tübingen